BASTEI
LÜBBE

JASON DARK

JOHN SINCLAIR

Sarggeflüster

**Acht
spannende
Grusel-
Abenteuer**

BASTEI LÜBBE TASCHENBUCH
Band 73 916

Erste Auflage: Mai 1998

© Copyright 1998 by
Bastei-Verlag Gustav H. Lübbe GmbH & Co.,
Bergisch Gladbach
All rights reserved
Lektorat: Rainer Delfs
Titelbild: Enric / Publiderec
Umschlaggestaltung: QuadroGrafik, Bensberg
Satz: VID Verlags- und Industriedrucke GmbH & Co. KG,
Villingen-Schwenningen
Druck und Verarbeitung:
Groupe Hérissey, Évreux, Frankreich
Druck-Nr.: 42045
Printed in France
ISBN 3-404-73916-7

Inhalt

Die Drohung

Es war die Hölle!

Eine Hölle aus Eis, Schnee, Sturm und mörderischen Temperaturen. Der Wind brachte eine Kälte mit, in der ein Mensch kaum überleben konnte.

Wo der Blick auch hinging, man sah nur eine weiße Wüste und Gletscherberge.

Und doch waren in dieser Südpolhölle zwei Menschen unterwegs. Forscher, die einen besonderen Auftrag hatten. Sie wollten ins Landesinnere vordringen, um dort geologische Untersuchungen in die Wege zu leiten.

Der Sturm hatte sie überrascht, obwohl am Südpol jetzt Sommer war. Innerhalb einer Nacht fiel das Thermometer um zwanzig Grad, die Kälte wurde zu einer mörderischen Klammer, die alles mit sich zog und nie mehr jemanden freigab.

Die beiden Männer kämpften. Sie waren gut ausgerüstet und lebten seit zwei Jahren auf einer Halbinsel, wo sich noch weitere wissenschaftliche Stationen befanden. Von dort aus unternahmen sie mit ihrem Motorschlitten eine Fahrt zum Mount Rex. Hinein ins Landesinnere. Zweihundert Meilen von ihrer Station entfernt.

Ein Wahnsinn.

Vor allen Dingen jetzt, nach diesem verdammten Wetterumschwung, mit dem keiner gerechnet hatte.

Der Sturm schleuderte ihnen die winzigen Eiskristalle ins Gesicht. Allerdings war von ihren Gesichtern kaum etwas zu sehen. Sven Jansson, der Norweger, hatte ebenso eine schützende Maske vor sein Gesicht gezogen wie sein Kollege Arthur Cornwall, der Engländer. Sie trugen dicke Kunststoffjacken aus einem wärmeisolierenden Material, das vor gar nicht langer Zeit erst entwickelt worden war.

Der Schlitten arbeitete einwandfrei. Der Motor lief ruhig. Treibstoff besaßen sie noch genügend, auch mit Proviant waren sie eingedeckt. Die empfindlichen Meßinstrumente jedoch hatten sie zurücklassen müssen. Durch ein zu hohes Gewicht verbrauchte der Schlitten zuviel Treibstoff, und der Sprit war in dieser Region ebenso lebenswichtig wie die warme Kleidung.

Das Land war nicht eben. Und es wechselte seine äußere Erscheinungsform von Minute zu Minute. Immer wieder türmte der Sturm neue Schneewälle hoch, überdeckte und füllte gefährliche Eisspalten und schuf Todesfallen für die beiden Männer.

Die Wissenschaftler verständigten sich durch Zeichen. Sprechen konnten sie nicht. Auch nicht schreien, denn der Orkan riß ihnen sofort jedes Wort von den Lippen.

Sven Jansson und Arthur Cornwall führten einen stetigen Kampf gegen die Unbilden der Natur.

Plötzlich saßen sie fest.

Beide hatten die Schneewehe zu spät gesehen. Der Schlitten verkantete. Er sauste mit seinem vorderen Teil, der ähnlich einem Bob gebaut war, voll in den Schnee.

»Shit!« Arthur Cornwall schrie das Wort so laut, daß es sogar gegen das Heulen des Orkans zu hören war.

Der Motor röhrte weiter auf, wollte den Schlitten voranschieben, doch der Widerstand der Schneewehe war zu stark.

Sven Jansson stieß seinen Partner an und nickte. Der Engländer verstand das Zeichen.

Sie mußten runter von ihrem Gefährt.

Bisher hatten sie geduckt auf ihrem Schlitten gesessen und dem Sturm so wenig Widerstand wie möglich geboten. Jetzt mußten sie herunter, und der Orkan packte sie mit voller Wucht.

Arthur Cornwall taumelte zur Seite, konnte sich jedoch halten. Seinem Kollegen erging es nicht so gut. Er wurde von der Wucht in den Schnee geschleudert, und sofort wollte ihn ein Schleier aus Eiskristallen zudecken.

Fluchend befreite sich Sven Jansson. Geduckt näherte er sich dem Heck des Schlittens, wo die beiden Männer ihr Werkzeug festgezurrt hatten. Dort befanden sich handliche Schaufeln, Hacken und Spaten. Es würde schwere Arbeit sein, ein Kampf gegen die Zeit, denn die Schneemassen waren dabei, den Motorschlitten vollständig zuzudecken.

Die Männer schufteten verbissen. Zu verständigen brauchten sie sich nicht, jeder wußte genau, was er in dieser Notlage zu tun hatte. Nicht zum erstenmal steckten sie in dieser Situation. Da konnte sich einer auf den anderen verlassen.

Es gab kaum Schnee, fast nur noch Eis. Die beiden Wissenschaftler schwangen ihre Arme und hackten gegen die harte Wand aus gefrorenem Wasser an.

Die Werkzeuge bestanden aus bestem Stahl. Die Spitzen knallten gegen das Eis, schufen Löcher und Spalten. Kopfgroße Brocken fielen ab. Während Arthur Cornwall, der kräftigere der beiden, das Eis zerhämmerte, schaufelte der Norweger die Eisbrocken zur Seite.

Eine halbe Stunde verging.

Die beiden Männer arbeiteten so verbissen, daß sie selbst unter ihrer dicken Kleidung schwitzten.

Und sie hatten Erfolg.

Sie schaufelten den Motorschlitten frei.

Sven Jansson hob die Hand, und der Engländer senkte seine Spitzhacke. Die Wissenschaftler wirkten in ihrer Kleidung wie Ungeheuer. Von ihren Gesichtern waren Mund und Nase nur schwer zu erkennen, da beides teilweise mit Eiskristallen bedeckt war.

Cornwall ging bis an den Bug des Schlittens, packte ihn dicht oberhalb der Kufen, stemmte seine Füße ein und begann zu schieben.

Das Gefährt rührte sich nicht.

Sven Jansson half mit.

Zu zweit schafften sie es. Sie drückten den Schlitten zurück. Auf einmal ging alles leichter, die Kufen rutschten, und das Gefährt war frei.

Endlich!

Sie grinsten sich zu, obwohl der eine den anderen gar nicht sehen konnte. Aus lauter Freude schlugen sie sich auf die Schultern.

»Wir können!« brüllte Sven Jansson. Unter der schützenden Gesichtsmaske klang seine Stimme dumpf.

Beide Männer stiegen auf den Schlitten. Der Engländer ließ den Motor an. Die Maschine war eine Spezialkonstruktion, aus besonders kälteunempfindlichem Material hergestellt, und sie lief auch bei extremen Bedingungen.

Der Motor knatterte ein paar Sekunden und lief dann ruhig. Das Werkzeug hatte der Norweger zuvor verstaut. Sein Kollege legte den Rückwärtsgang ein.

Langsam schob sich der Schlitten nach hinten.

Nach wie vor heulte und tobte der Sturm. Unzählige Eiskristalle schleuderte er über die beiden Wissenschaftler. Riesige Schneewolken wurden hochgewirbelt und als tanzende Figuren über die weiten Plateaus der Antarktis geschleudert.

Die Kufen faßten. Der Motor hatte seine höchste Drehzahl erreicht. Er schob den Alu-Schlitten weiter in die Eishölle hinein. Die Männer umfuhren den Eiswall, in dem sie zuvor festgesteckt hatten. Sie befanden sich am Rand einer riesigen Ebene, über die der Orkan mit Höllenstärke brüllen konnte und nirgendwo Widerstand fand. Was nicht niet- und nagelfest war, riß er kurzerhand mit. Er schleuderte Eisbrocken vor sich her, als wären es nur kleine Murmeln.

Sven Jansson und Arthur Cornwall hatten Angst, diese gewaltige Fläche zu überqueren, doch es blieb ihnen keine andere Möglichkeit. Um die Basis zu erreichen, mußten sie diesen Weg nehmen.

Jetzt waren sie dem Sturm hilflos ausgeliefert. Auf der vorherigen Fahrt waren sie immer noch durch Hügel und Geländetäler gedeckt worden – nun aber mußten sie kämpfen.

Um jeden Fußbreit Boden!

Der Orkan beutelte das Fahrzeug durch, schien mit tausend unsichtbaren Händen danach zu greifen, um es vom Boden hochzureißen. Immer wieder lenkte Cornwall gegen, er fluchte und schimpfte sich den Ärger von der Seele.

Mensch gegen Natur!

Wer würde gewinnen?

Dabei wußten die beiden Männer nicht, daß sie sich einem Gebiet näherten, das auf keiner Karte der Welt eingezeichnet war und doch eine schicksalhafte Bedeutung haben sollte – nicht nur für die beiden Wissenschaftler.

Noch ahnten sie nichts davon, denn sie befanden sich

inmitten eines mörderischen Wirbels, im Zentrum eines Infernos aus Schnee, Sturm und Kälte.

Waagerecht jagten die Eiskristalle den Männern entgegen. Längst waren die Schneebrillen verklebt. Sehen konnten sie kaum noch etwas, und das Thermometer sank immer tiefer.

Sie kämpften sich weiter.

Legten Meile für Meile zurück, aber es war doch nur wie ein Tropfen auf den heißen Stein.

Die Entfernung zur Basis war noch immer unüberbrückbar groß. Und bald kam die Nacht.

Der Motor hielt durch.

Noch . . .

Aber die Kälte wurde zu einem schleichenden Gift, das sich durch jede Ritze und Spalte fraß und dabei den Atem raubte. Die Männer hatten es schwer. Zwangsläufig ließ ihre Konzentration nach. Sie fuhren einfach nur weiter.

Immer nach Norden . . .

Die breite Spalte vor ihnen übersahen sie. Der Schnee hatte sie nicht zuwehen können, und in der Tiefe der Spalte war ein rötliches Glosen.

War das der Eingang zur Hölle?

Die Männer fuhren auf die Spalte zu. Sie sahen sie nicht, auch als sie nur noch wenige Yards davon entfernt waren.

Plötzlich bekam ihr Schlitten das Übergewicht. Der vordere Teil kippte weg, es gab einen Ruck, dann fiel der Schlitten mitsamt den beiden Wissenschaftlern in den Spalt . . .

Sven Jansson stieß einen Schrei aus. Er hatte zuerst bemerkt, was geschehen war. Er warf sich auf dem Schlitten nach vorn, wollte sich festhalten, doch seine Fäuste trafen nur die glatte Eiswand, gegen die im nächsten Moment der schwere Schlitten prallte, zurückfederte und gegen die andere Seite stieß.

Dabei fiel er wie ein Stein in die Tiefe.

Arthur Cornwall, der Engländer, klammerte sich ebenfalls am vorderen Handlauf des Schlittens fest. Unter seinem Gesichtsschutz klangen die Angstschreie dumpf.

Sekunden dehnten sich in die Länge.

Der Schlitten kippte, überschlug sich, stieß irgendwo gegen, wurde zurückgedriftet, jagte noch tiefer in die Spalte hinein und kam damit dem düsteren Glosen in der unauslotbaren Tiefe näher und näher.

Beim nächsten Stoß wurde Sven Jansson aus dem Gefährt geschleudert. Er hatte sich nicht mehr halten können, sein Körper fiel, der Schrei verebbte. Auch Arthur Cornwall verlor den Halt. Eine unheimlich starke Kraft schleuderte ihn nach vorn, über den Bug des Schlittens hinweg, und er knallte mit dem Kopf gegen die Wand.

Die dicke Mütze dämpfte den Schlag etwas. Trotzdem war er noch so stark, daß der Engländer sein Bewußtsein verlor. Ein ganzes Weltall zerplatzte vor seinen Augen. Er fiel und fiel, bis hinein in das glosende, düstere Rot, das sich am Boden dieser Schlucht ausbreitete.

War ihr Absturz zu Beginn rasend schnell gewesen, so verlangsamte er sich jetzt, je mehr sie sich dem Grund der Schlucht näherten. Es schien, als würden unsichtbare Hände ihren Fall stoppen und sie dem Boden entgegentragen.

In der Tat schwebten die beiden Wissenschaftler. Und sie landeten sacht wie Federn auf einer mit dickem Moos und Farnen bedeckten Erde, die überhaupt nicht in die Antarktis paßte, sondern eher in einen tiefen Dschungel.

Es war heiß und feucht. Die Luft konnte man kaum atmen, wie in einem tropischen Regenwald.

Wie Puppen lagen die Wissenschaftler auf der Erde, eingemummt in ihre dicke Kleidung, auf der die letzten Schneereste bereits weggetaut waren.

Ihr Schlitten hatte den Fall nicht überstanden. Er war mit voller Wucht auf den Boden geprallt, zerbrochen und in seine Einzelteile zerlegt. Einige davon waren in ein Sumpfloch gefallen und dort versunken.

Den Männern war nichts passiert. Sie lagen am Boden, als ob sie schliefen.

Die Zeit verging.

Um die Wissenschaftler herum war es jedoch nicht still. Aus Sumpflöchern stiegen fahle Dämpfe, die sich zu seltsamen Figuren formten. Blasen trieben der Oberfläche zu und zerplatzten dort mit dünnem Knall. Gewaltige Insekten summten und segelten im Zickzackkurs durch die schwülfeuchte Luft. In der Ferne war ein urwelthaftes Donnern zu vernehmen, das Ähnlichkeit hatte mit dem Grollen eines schweren Gewitters.

Riesige Bäume wuchsen in den graudüsteren Himmel ohne Sonne und Wolken. Dafür flogen gewaltige Vögel durch die Lüfte. Regelrechte Ungeheuer mit langen Hälsen und spitzen Schnäbeln. Alles war anders, war düsterer, grausamer . . .

Arthur Cornwall regte sich als erster. Er besaß die bessere Konstitution.

Zuerst zuckten seine Arme, dann zog er die Beine an, atmete tief durch und setzte sich mit einem Ruck auf.

Sprachlos blickte er in die Runde. Seine Augen weiteten sich ungläubig, der Schweiß rann ihm über das Gesicht. Er blinzelte, schaute noch einmal und stöhnte auf.

»Das gibt es doch nicht. Ich . . . ich träume.«

Es war kein Traum.

Er riß sich den Gesichtsschutz ab, der nur noch ein schweißnasser Lappen war, drehte sich zur Seite und rüttelte seinen Kameraden so lange, bis dieser aufwachte.

»Verdammt, was ist los? Das Eis . . . wir . . .« Plötzlich schwieg auch Sven Jansson. Dafür schleuderte er die Kapuze vom Kopf, entfernte ebenfalls den Gesichtsschutz und wischte sich über die Augen. »Art, mein Gott, wo sind wir hier?«

»Ich weiß nicht.«

Sven ruckte herum. »Aber die Landschaft. Sie ist . . .«, er schluckte. »Sie ist so wie vor Zigmillionen von Jahren.«

»Ja, das stimmt.«

Nach diesem Satz schwiegen die Männer. Aber beiden rann ein Schauer über den Rücken. Unwillkürlich legten sie ihre Köpfe in den Nacken und schauten nach oben.

Es war keine Spalte oder Schlucht zu sehen. Nur der düstere Himmel. Und in der Ferne, aber dennoch dicht über dem Boden, das geheimnisvolle Glosen.

Sven schlug sich gegen die Stirn. Er hatte fast hellblondes Haar und dichte Augenbrauen. Sein Gesicht war von zahlreichen Sommersprossen bedeckt, und die Ohren standen weit ab. Er sah aus wie ein zu groß geratener Lausebengel. »Ich glaube, ich spinne. Mensch, Art, das gibt's nicht. Wir sind doch Wissenschaftler. Wir waren am Südpol. Dort ist nur Eis, Eis und Eis. Aber kein Dschungel. Sieh die Farne an, die riesigen Bäume. Verdammt, die sind ausgestorben. Die gab es vor Millionen von Jahren.« Er warf sich im Sitzen herum und krallte seine Hände in die Jacke seines Freundes. »Art, das ist die Urzeit. Wir sind in der Urzeit gelandet!«

Arthur Cornwall nickte nur. Sprechen konnte er nicht. Dem bulligen Engländer mit dem herabhängenden Oberlippenbart und den braunen Augen war im wahrsten Sinne des Wortes die Stimme im Hals steckengeblieben.

»Art, Mensch. Sag was!«

Cornwall hob nur die Schultern.

»O verdammt, o verdammt!« Sven hämmerte mit der Faust auf den moosbedeckten Boden. »Jetzt sind wir verloren.«

»Noch leben wir«, meinte Arthur trocken.

»Du hast Humor.«

»Das einzige, was mir noch bleibt.«

Sven stand auf. Er zog seine Jacke aus. »Die ist mir zu warm.« Darunter trug er noch eine dicke Jacke, die er jedoch anließ, ebenso wie die Hose und die dicken Stiefel. Er ging ein paar Schritte zur Seite, sah den zerstörten Schlitten und blieb kopfschüttelnd davor stehen. »Den können wir nicht mehr gebrauchen.«

»Nein«, sagte Arthur, schlüpfte ebenfalls aus seiner dicken Kleidung und schaute sich um. »Wir sind hierhergekommen und werden auch irgendwie wieder wegkommen.«

»Du hast gut reden.«

Art schüttelte den Kopf. »Willst du denn hier sitzenbleiben und Däumchen drehen?«

»Nein.«

»Wenn du keinen besseren Vorschlag hast, dann komm.«

»Ohne Waffen?«

Art Cornwall bückte sich und suchte in den Trümmern des Schlittens herum. Proviant besaßen sie noch, einiges Werkzeug und auch ihre Waffen.

Zwei Pistolen der Marke Luger.

Art nahm beide Schießeisen in die Hände. »Die sind geladen«, sagte er, »damit können wir uns einige Tierchen vom Hals halten.«

»Die Saurier werden sich freuen«, erwiderte Sven Jansson.

»Glaubst du, daß es welche gibt?«

»Sicher.«

Arthur Cornwall grinste bitter. »Als Junge habe ich kein naturkundliches Museum ausgelassen. Vor allen Dingen haben mich die Saurier fasziniert. Ich habe staunend vor den Skeletten gestanden und mir gewünscht, die Tiere lebend zu sehen.«

»Das Vergnügen wirst du bald haben«, erwiderte Sven Jansson. »Fragt sich allerdings nur, ob es ein Vergnügen sein wird.«

»Stimmt auch wieder.«

Die Männer verteilten das Gepäck. Es standen zwei Rucksäcke zur Verfügung, die sie sich auf die Rücken schnallten. In Strömen lief ihnen der Schweiß vom Körper, bereits jetzt, wo sie noch keinen Schritt gelaufen waren.

Die Luger-Pistolen steckten sie in die Gürtel. Dann begann der Abmarsch.

Sie entschieden sich dafür, auf das rötliche Licht zuzugehen. Dort konnte es unter Umständen etwas anderes geben als nur den menschenmordenden Dschungel.

Vielleicht fanden sie da etwas Schutz oder Unterschlupf.

Mit dieser Hoffnung im Herzen beschleunigten sie ihre Schritte. Es war eine Quälerei für die Männer. Sie schritten zwischen mannshohen Farnen einher, von dem jeder so groß war wie eine Tanne. Fingerlange Insekten schwirrten auf sie zu, und nicht immer gelang es ihnen, sie zu erschlagen oder abzuwehren.

Sven hielt sich ein paar Schritte hinter seinem Freund. Beiden machte die Hitze ungeheuer zu schaffen. Sie umgingen blubbernde Sumpflöcher, über die Dunstschwaden wallten und wie träge Finger nach ihnen zu greifen schienen.

Riesentiere sahen sie nicht. Keine Saurier, keine Schlangen oder andere Urzeittiere.

Das Gelände war nicht eben, sondern hügelig. Wenn sie mal wieder einen der Hügel erklettert hatten, sahen sie in der Ferne dünne Rauchfahnen in der Luft stehen.

»Das sind Vulkane«, meinte Art und wischte sich zum hundertsten Male den Schweiß von der Stirn.

»Dann weißt du auch sicherlich, in welch einer Zeit wir gelandet sind?« fragte der Norweger.

»Ich denke, du bist Geologe.«

»Ich will es aber von dir wissen.«

»Okay, Freund aus Norwegen. Diese Tiere und diese Landschaft gab es in der Jura-Zeit. Also rund hundert Millionen Jahre vor Christi Geburt.«

»Mahlzeit.«

Art grinste. »Hast du Hunger?«

»Nein, nur so.«

»Komm weiter«, sagte der Engländer.

Die Männer gingen stets geradeaus, direkt auf das rote Licht zu. Sie wußten nicht, wie viele Stunden vergangen waren, doch das Licht war stärker geworden.

Es gab Flüsse und kleinere Seen. Letztere lagen ruhig da, doch die Männer waren sicher, daß es unter der von Algen bedeckten Oberfläche gärte.

Die letzte Strecke war am schlimmsten. Sie quälten sich den Berg hoch. Härteres Gestein befand sich unter ihren Füßen.

Vulkangestein, erkaltete Lava.

Plötzlich wurde das Glühen stärker.

Die Wissenschaftler befanden sich nur noch ein paar Yards von der Hügelkuppe entfernt. Abrupt blieben sie stehen. Das Bild, das sich ihren Augen bot, schockte sie bis ins Mark.

Auf der Kuppe stand eine Gestalt.

Ein Skelett mit einer Sense in der Hand und einem weiten pechschwarzen Umhang um die knochigen Schultern.

Es war der Schwarze Tod!

»Und deshalb werden in Zukunft die James-Bond-Typen unter unseren Beamten immer weniger Chancen haben. Die Männer, auf die sich die schlagkräftigste Organisation der Welt stützen muß und stützen wird, dürfen keine schießwütigen Gesellen sein, sondern Männer mit scharfem Verstand, logischem Denkvermögen und somit Spezialisten, die mit einem Computer umgehen können, als wäre er ihre eigene Frau oder Freundin.«

Über den letzten Witz lachte nur der Redner, nicht aber die Zuhörer.

Und ich noch weniger.

Der Knabe da vorn am Podium gefiel mir gerade. Ein vertrockneter Computerknilch. Grauer Anzug, weißes Hemd, Fliege aus blauer Seide mit roten Punkten. Ein Theoretiker und Technokrat, der uns, den Leuten der Praxis, etwas erzählen sollte.

Schon jetzt – es war erst eine halbe Stunde vergangen – herrschte Langeweile.

Die ersten gähnten ganz offen.

Auch ich hielt mich nicht mehr zurück. Mein Chef, Superintendent Sir Powell, war nicht dabei. So konnte ich meinen Gefühlen freien Lauf lassen.

Der Kollege neben mir dachte wohl ähnlich wie ich. Nur gähnte er nicht, sondern lehnte sich zurück und zog ein kleines Geduldsspiel aus der Tasche. Man mußte mehrere Kugeln in verschiedene Löcher bringen. Dieser Beschäftigung widmete sich der Mann mit Hingabe.

Immer wieder bewegte er das Spiel, ließ die Kugel nach links, rechts, oben oder unten wandern und hatte Spaß, wenn eine in eines der Löcher fiel.

»Wollen Sie auch mal?« fragte er mich und hielt mir das Spiel hin. »Ich meine, wir können ja um Zeit spielen. Wer verliert, gibt nach diesem dämlichen Vortrag einen aus.«

»Und so möchte ich Ihnen erklären, wie Sie demnächst Verbrechen verhüten können, bevor sie überhaupt stattgefunden haben«, drang die Stimme des Vortragenden an unsere Ohren. Der Knabe hatte sich wirklich gesteigert und war so richtig in Form gekommen.

»Jetzt wird er zum Tier«, flüsterte der Kollege mit dem Geduldsspiel.

»Kennen Sie ihn?« fragte ich.

Er nickte. »Das ist mein Chef. Uns hält er des öfteren solche Vorträge.«

»Das sagen Sie so einfach?« fragte ich.

»Sicher. Dank meines kleinen Spielchens hier halte ich das sogar aus. Sobald der was sagt, die Ohren immer auf Durchzug schalten. Ist die beste Methode. Nicht nur in unserer Abteilung.«

Ich gab ihm recht. »Manchmal ist es wirklich besser.«

»Und wenn jemand Erfolg hat, von den Mitarbeitern, meine ich, dann sind sie es natürlich nicht gewesen. Immer nur die Chefs. Ob sie nun Chiefinspektoren, Superintendenten oder Commissioner sind.«

»Und Objektleiter«, ergänzte ich.

»Gibt's das auch?«

»Ich denke, Sie sind beim Yard.«

Der Kollege grinste. »Sicherlich, aber nicht im Hauptgebäude. Wir arbeiten an der Uni an neuen Programmen.«

»So ist das. Dann können Sie nicht wissen, daß mein Chef eine Art Objektleiter für die Geisterbekämpfung ist.«

»So ist das.« Plötzlich leuchteten seine Augen auf. »Dann sind Sie ja John Sinclair.«

»Stimmt genau.«

»Ruhe da vorn!« kreischte das Männchen und unterbrach seinen ach so wichtigen Vortrag.

Die anderen Zuhörer schauten uns an und grinsten.

Mir fiel die Quatscherei wirklich auf den Wecker. Ich saß sowieso ziemlich hinten. Der Ausgang war nahe, so daß ich rasch verschwinden konnte.

Als der kühle Luftzug meinen Nacken traf, drehte ich mich um. Ein Saaldiener hatte die Tür geöffnet. In der Hand trug er ein Schild. »Telefon für Mr. Sinclair.«

Ich atmete auf. Da hatte der liebe Gott noch mal Erbarmen mit mir gehabt.

Ich winkte dem Knaben zu, er nickte und verschwand, während ich meinen Stuhl zurückschob und aufstand.

»Sie Glückspilz«, sagte mein Nachbar.

»Jeder bekommt das, was ihm zusteht«, erwiderte ich lächelnd und verschwand schnell.

Der Saaldiener hatte auf mich gewartet. »Wenn Sie mir bitte folgen würden, Sir?«

»Wohin?«

»Ich habe das Gespräch in eine Zelle gelegt.«

»Danke.«

Die Zelle befand sich der Garderobe gegenüber. Im Innern roch es muffig. Der Aschenbecher neben dem Telefon quoll von Zigarettenkippen über.

Auf der Ablage lag der Hörer. Ich nahm ihn in die Hand und sagte meinen Namen.

Wie immer hatte ich hinterlegen müssen, wo ich zu erreichen war. Das aber nur in dringenden Fällen. Nun, dieser Anruf schien dringend zu sein.

»Ich muß mit Ihnen reden, Mr. Sinclair«, hörte ich eine aufgeregt klingende Männerstimme.

»Okay, aber wer sind Sie?«

»Mein Name ist Rod Huxley.«

»Damit kann ich nichts anfangen.«

Er lachte. »Das glaube ich. Jetzt sagen Sie, wo wir uns treffen können.«

»Damit ich in die Falle renne?«

»Es ist keine Falle.«

»Geben Sie mir ein Stichwort.«

Er zögerte. Sein schweres Atmen drang an mein linkes Ohr. Dann meinte er: »Das Buch der grausamen Träume!«

Plötzlich stand ich unter Spannung. Vor meinem geistigen Auge tauchte eine verlassene Sumpfgegend auf, in der ich Ziita, die Hexe mit den sieben Armen, besiegt hatte.

Sie wollte das Buch unbedingt haben, doch der Schwarze Tod war schneller gewesen. Er hatte es ihr und mir entrissen. Nach diesem Fall hatte ich immer wieder geforscht, doch nie wieder etwas von dem Buch gehört. Dabei war ich hinter der Schrift her wie der Teufel hinter der armen Seele. Denn in diesem Buch stand geschrieben, wie ich meinen Erzfeind, den Schwarzen Tod, vernichten konnte.

21

»Haben Sie das Buch?« fragte ich.

»Nein, aber ich weiß, wo Sie es finden können. Sie müssen sich jedoch beeilen. Wahrscheinlich sind mir die anderen schon auf der Spur. Ich habe keine ruhige Minute mehr. Für mich ist es ein wahres Glück, daß ich England überhaupt lebend erreicht habe.«

Der Anrufer schien nicht zu lügen. Im Laufe der Jahre bekommt man ein Gefühl dafür, ob es jemand ehrlich meint oder nicht. Er schien keineswegs mit falschen Karten zu spielen.

»Okay, ich werde kommen. Wo kann ich Sie treffen?«

»St. James Park. Children's Ground.«

»Am Kinderspielplatz?«

»Ja.«

»Okay, warten Sie dort. Sie kennen mich?« fragte ich ihn.

»Keine Bange. Ich werde Sie schon nicht verfehlen. Doch beeilen Sie sich.«

Das wollte ich auch, denn seine Worte hatten mich alarmiert. Das Buch der grausamen Träume! In grauer Vorzeit war es geschrieben worden. Von wem, das wußte niemand. Aber darin sollten die Geheimnisse der Hölle offenbart worden sein, und es wurde auch einiges über die Vernichtung der Dämonen geschrieben. Der Schwarze Tod mußte erledigt werden, deshalb nahm ich jede Chance wahr, die mich auf seine Spur führte.

Es war noch nicht lange her, da hatte er Karin Mallmann ermordet. Direkt nach der Hochzeit, als sie und ihr Mann Will die Kirche verließen. Noch jetzt sah ich oft den schmerzgepeinigten Will Mallmann vor mir, wie er seine tote Frau in den Armen hielt. Ein Bild, das ich nie vergessen würde.

Ich hatte danach hin und wieder mit Kommissar Mallmann telefoniert und dabei das Gefühl gehabt, irgendwie zu stören. Will war ein anderer Mensch geworden. Er vergrub sich in seine Arbeit und wollte nur vergessen.

Doch er haßte die Mächte der Finsternis wie ich. Und besonders den Schwarzen Tod.

Wer konnte es ihm verdenken?

Ich nahm meinen Mantel von der Garderobe, hängte ihn

mir über und verließ den Vortragssaal. Er gehörte noch zum Komplex von New Scotland Yard.

Zum St. James Park war es nicht weit. Trotzdem nahm ich den Bentley, obwohl ich lieber zu Fuß gegangen wäre. Man konnte nie wissen, vielleicht war ich später auf den Wagen angewiesen.

Ich fuhr über die Dean Farrar Street, dann weiter über die Dartmouth Street und erreichte die Südostecke des Parks, der wie eine dunkle Wand vor mir lag. Es leuchteten wenige Laternen. Sie schufen einsame Lichtinseln und standen meistens entlang des breiten Spazierweges.

Der Bentley rollte auf dem Birdcage Walk in Richtung Westen. Es ist die Straße, die parallel zur Südgrenze des Parks verläuft und direkt zum Buckingham Palace führt. Dort gehen der St. James Park und der Green Park ineinander über. Weiter westlich beginnt dann der riesige Hyde Park.

Der Kinderspielplatz lag an der Südseite. Verkehr herrschte um diese Abendstunde kaum, denn bei Dunkelheit hatte niemand Lust, einen der Parks zu betreten. Ich ließ den Wagen ausrollen und lenkte ihn dabei auf einen schmalen Weg, der wie die Spitze eines Speers in den Park hineinragte.

Ich stieg aus.

Meine Beretta trug ich bei mir, ebenfalls das geweihte Kreuz. Sollte das dennoch eine Falle sein, würde ich mich schon zu wehren wissen.

Der Spielplatz war auf einer großen Wiese errichtet worden. Wo tagsüber und bei Sonnenschein die Kleinen fröhlich herumtollten und lärmten, lag jetzt alles in tiefer Ruhe.

Ich sah die Klettergeräte, die Schaukeln, die Balancierstangen und die kleinen Karussells, die man noch durch Muskelkraft in Bewegung setzte. Nur von meinem Anrufer sah ich nichts.

Der Nachtwind strich über mein Gesicht und fuhr durch die kahlen Zweige der Bäume. Die Lichtglocke über der Londoner City sah ich als hellen Widerschein am dunklen Himmel.

Ich schritt hin und her.

Manchmal ging ich über Sand, dann befand sich wieder das braungrüne Wintergras unter meinen Füßen.

Da sah ich die Gestalt.

Sie löste sich aus der Deckung eines Baumstamms und kam langsam auf mich zu . . .

Der Mann blieb stehen. Uns trennten etwa drei Yards. »Mr. Sinclair?« fragte er.

»Ja.« Ich ging näher.

»Stopp! Können Sie sich ausweisen?«

Ich grinste, obwohl er es sicherlich in der Dunkelheit nicht sehen konnte. »Mißtrauisch, wie?«

»Das muß ich sein.«

»Okay.« Ich zog mit vorsichtigen Bewegungen meinen Ausweis und warf ihn dem Mann zu.

Geschickt fing er die Hülle auf, leuchtete das Dokument mit einer winzigen Taschenlampe an und las.

»In Ordnung?« fragte ich.

Als Antwort ging er auf mich zu und legte mir den Ausweis in die Hand.

Ich steckte das Dokument wieder weg. Dabei schaute ich mir diesen Huxley an. Er war etwa so groß wie ich. Nur hatte er dunkles Haar, das ihm bis über die Hälfte der Ohren wuchs. Den Mantelkragen hatte er hochgeschlagen, vom Gesicht sah ich nicht viel. Besonders fiel der Bart am Kinn auf.

»Was wollten Sie mir sagen?« Ich kam sofort zur Sache.

»Wir können uns auch setzen. Da vorn ist eine Bank.«

Wir nahmen Platz. Ich lehnte eine angebotene Zigarette ab. Huxley rauchte sie in der hohlen Hand.

Ich wartete auf seine Erklärung, und die kam auch sehr schnell. »Sie sind der Schweigepflicht unterworfen, Mr. Sinclair. Deshalb muß das, was ich Ihnen mitteile, unter uns bleiben.«

»Selbstverständlich«, beruhigte ich ihn.

»Daß ich Rod Huxley heiße, wissen Sie. Ich war Geheimagent und arbeitete für den Secret Service.«

»Ein heißer Job.«

Er lachte. »Da haben Sie recht. Aber jetzt bin ich in Pension. Ich hätte nie gedacht, daß plötzlich einmal Geister oder Dämonen meinen Weg kreuzen würden. Bisher habe ich das alles als Spinnerei abgetan, aber ich bin eines Besseren belehrt worden. Ich war vor kurzem privat im Harz. Genau eintausendeinhunderteinundvierzig Meter hoch, auf dem Brocken. Dieser Berg hat seine Geschichte. Man sagt ihm nach, daß sich dort die Hexen versammeln. In der Walpurgisnacht reiten sie auf glühenden Besen durch die Luft und treffen sich auf dem Gipfel des Berges mit dem Teufel, um ihm zu Willen zu sein. Aber die Geschichten werden sie ja selbst kennen. Ich fand ein Versteck nahe der Grenze. Eine Höhle, die schon zum Gebiet des Brocken gehört. Ich kundschaftete die Höhle aus, ging immer tiefer hinein und kam an einen Platz, an dem sich tatsächlich die Hexen versammelt hatten. Sie sahen mich nicht, sondern tanzten um ein gewaltiges Feuer ihren höllischen Reigen. Dabei sangen und schrien sie. Einige Worte konnte ich verstehen. Es ging um ein Buch und um den Schwarzen Tod. Ich wollte schon fliehen, als ich den Titel des Buchs erfuhr. Und ich hörte einen Namen. Ihren, Mr. Sinclair.«

Der Agent legte eine kurze Pause ein, die mir Zeit zum Nachdenken gab.

Es war im Reich der Dämonen eine bekannte Tatsache, daß ich an dem Buch der grausamen Träume stark interessiert war. Deshalb mußte der Schwarze Tod es vor mir schützen. Aber nicht nur vor mir allein, sondern auch vor seinen eigenen Artgenossen, die gern an der Spitze eine Wachablösung sahen. Sie wollten den Dämon nicht mehr als ihren Führer anerkennen, da er in letzter Zeit zu viele Niederlagen eingesteckt hatte. Deshalb wollten auch sie das Buch in ihren Besitz bringen, denn dort konnten sie nachlesen, wie der Schwarze Tod zu vernichten war. Deshalb brauchte er für das Buch der grausamen Träume ein gutes Versteck. Fast wäre es sogar der Hexe Ziita gelungen, die Schrift an sich zu nehmen. Doch der Schwarze Tod war letzten Endes schneller gewesen und hatte es sowohl mir als auch ihr entrissen. Er konnte es nicht mehr bei sich tragen, deshalb brauchte er ein sicheres Versteck. Vor allen Dingen eins, auf das jemand achtete. Dämonen und Geister, die ihm treu ergeben waren. Das schienen die Hexen vom Brocken zu sein. Nun, ich kannte die Sage, war aber bisher noch nie direkt damit konfrontiert worden. Nach Huxleys Aussagen sah die Sachlage schon ganz anders aus.

»Haben Sie sonst noch etwas in Erfahrung bringen können?« erkundigte ich mich.

»Nein, es wurde nur das Buch erwähnt und Ihr Name. Ich zog mich dann zurück, war aber etwas unvorsichtig, so daß die Hexen mich entdeckten. Ich mußte fliehen. Himmel, es war eine mörderische Sache. Daß sie mich nicht gefunden haben, wundert mich heute noch. Ich konnte mich die Nacht über im tiefen Wald verstecken, und als es Tag wurde, huschte ich über die Grenze. In der nächstgrößeren Stadt setzte ich mich ans Telefon und rief meine Dienststelle an. Ihr Name klingt englisch. Ich erfuhr sehr schnell, wer Sie sind und welch einen Job Sie ausüben. Mich hielt nichts mehr. So schnell wie möglich fuhr ich nach London.«

»Und Sie sind den Hexen tatsächlich entkommen?«

Er drehte den Kopf, schaute mich an und nickte.

»Kaum zu glauben, denn wenn sie erst einmal jemand entdeckt haben, dann jagen sie ihn so lange, bis sie ihn haben.«

»Bei mir hat es nicht geklappt.«

»Aber Sie werden jetzt noch verfolgt?«

Er trat die zweite Zigarettenkippe aus. »Gesehen habe ich keine, doch ich habe das Gefühl.«

Ich nickte. »Das kenne ich.« Tief atmete ich ein. »War das alles, was Sie mir sagen wollten?«

»Ja.«

»Und fahren Sie irgendwann wieder rüber?«

Er hob die Schultern. »Ich weiß nicht so recht. Eigentlich bin ich kein ängstlicher Mensch, aber wieder in den Harz zu gehen erscheint mir doch ein wenig riskant.«

»Ich danke Ihnen, daß Sie mir die Geschichte erzählt haben«, sagte ich.

»Das war doch selbstverständlich.« Huxley erhob sich, und auch ich stand auf.

Huxley schaute zu Boden. »Ja, Mr. Sinclair«, sagte er, »da ist noch was.« Er griff in die Tasche. »Ich habe etwas in der Höhle gefunden, was Sie vielleicht interessieren könnte. Ich . . .« Er stockte plötzlich, und auch ich sagte kein Wort mehr, sondern wirbelte herum und griff zur Waffe.

Wie ein Blitz aus heiterem Himmel war das Rauschen über uns gekommen. Plötzlich wischten grün schillernde Schleier durch die Luft, ich hörte ein Kreischen und Brausen, und im nächsten Moment rasten die Schleier auf uns zu.

»Deckung!« brüllte ich Huxley zu, packte ihn am Arm und riß ihn zu Boden.

Ich wollte mit ihm unter die Bank, schaffte es nicht mehr, denn in diesem Moment war die erste Gestalt fast heran.

Es war eine der schaurigen Hexen, und sie ritt tatsächlich auf einem feurigen Besen . . .

»O nein«, stöhnte der Norweger, »das darf doch nicht wahr sein. Nicht hier!«

Auch Arthur Cornwall war geschockt. Mit allem hätten die beiden gerechnet, mit grausamen Sauriern, menschengroßen Vögeln, aber nicht mit einem riesigen schwarzen Skelett, in dessen Schädel nur die Augenhöhlen weiß leuchteten.

Das rötliche Licht umgab die Horror-Gestalt wie eine Aura des Bösen, und als das Skelett jetzt seine Sense schwang, zog sie einen blutig-roten Streifen nach.

Die beiden Wissenschaftler fühlten sich wie Winzlinge. Unendlich klein und ebenso hilflos. Sie wußten nichts von dem Schwarzen Tod, kannten keinerlei Zusammenhänge, sondern waren direkt und unvorbereitet mit dem Grauen konfrontiert worden.

Unbeweglich stand der Schwarze Tod auf der Stelle. Wie ein mächtiger Diktator, der über sein Reich schaut und es mit Stolz betrachtet.

Die Männer zitterten vor Angst. Sie tasteten nicht einmal

nach ihren Waffen, denn ihnen war klar, daß sie damit nichts ausrichten konnten.

Nicht gegen diesen Gegner!

Art Cornwall fand als erster die Sprache wieder. »Verstehst du das?« hauchte er.

Sven schüttelte den Kopf. »Nein. Wo sind wir hier nur gelandet?«

Darauf wußte Cornwall auch keine Antwort. Doch beide spürten sie das Grauen, das von dieser schrecklichen Gestalt ausging. Es war eine Aura des Schreckens, die sie traf, fast wie eine körperliche Berührung, und sie schüttelten sich vor Angst.

»Das Ende«, hauchte Sven Jansson, »das ist das Ende, Art. Uns kann niemand mehr helfen.«

Damit hatte er gar nicht mal so unrecht. Allein das Blatt der Sense war so groß wie ein ausgewachsener Mann. Wenn das Skelett einmal damit zuschlug, waren beide verloren.

Doch der Schwarze Tod tat nichts. Nur einmal schüttelte er sich, und ein urwelthaftes Grollen drang aus seinem Maul. Dann wölkte plötzlich Qualm auf, der geradewegs aus dem vulkanischen Boden stieg, das Skelett umhüllte und im nächsten Augenblick durch einen Windzug wieder davongetrieben wurde.

Das Skelett aber war verschwunden!

Leer lag die Kuppe des Hügels vor den beiden Wissenschaftlern.

»Haben wir geträumt?« fragte Sven Jansson nach einer Weile des Schweigens.

»Nein. Wir haben dieses Skelett gesehen. Es hat existiert! Auch diese verdammte Umgebung hier ist kein Traum. Das kannst du mir glauben.«

Der Norweger nickte. »Aber wie kommt diese Gestalt hierher?«

»Frag mich was leichteres.«

»Laß uns weitergehen.«

Art Cornwall war mit dem Vorschlag seines Freundes einverstanden. Er fragte nur: »Wohin willst du? Kennst du hier eine nette Kneipe mit knackigen Girls?«

»Ach, hör auf.«

Die Männer hatten angenommen, sich sofort wieder an den Abstieg machen zu können, das jedoch erwies sich als Fehleinschätzung. Sie befanden sich auf einem regelrechten Plateau, das so weit reichte, wie das Auge blicken konnte.

Die Vegetation war nicht anders als im Tal. Üppige Pflanzen, oft groß wie ein ausgewachsener Mann, mit farbenprächtigen Blüten und beindicken Stengeln. Sie wuchsen zwischen den gewaltigen Bäumen, deren Kronen regelrechte grüne Dächer bildeten, die kaum einen Tropfen Regen hindurchließen.

Es war eine Umgebung, wie man sie in Büchern gezeichnet fand, die sich mit der Erdgeschichte beschäftigten und die einem Menschen Angst einflößen konnte.

Menschen hatte es zu dieser Zeit noch nicht gegeben. Nur die riesigen Tiere, die aber – und das wußte man aus Funden – reine Pflanzenfresser waren.

Trotzdem hatten die Menschen Furcht. Sie arbeiteten sich weiter voran. Manchmal war der Boden knochenhart, dann wurde er wieder weich und sumpfig, so daß die Stiefel der Männer fast im Morast versanken.

Eine sehr seltsame Gegend.

Manchmal kamen sie überhaupt nicht weiter. Dann versperrten lianenartige Gewächse ihren Weg, die sie mit ihren eigenen Händen zur Seite schaufelten. Oft klebten die Dinger aneinander. Wenn sie das Zeug abrissen, zog es sich wie Gummilösung in die Länge.

Schlingpflanzen griffen nach ihren Füßen und bildeten regelrechte Stolperfallen.

Sven Jansson atmete schwer. Er keuchte und schwankte wie ein Betrunkener durch den Dschungel.

Und noch immer hatten sie kein Tier zu Gesicht bekommen.

Stets wurden sie von Insekten umkreist, doch sie bissen nicht mehr zu. Sie schienen den Befehl zu haben, die Männer nur zu beobachten.

Schließlich sank Sven auf die Knie. Er fiel ganz langsam, so als würde ihn jemand am Band halten und ihn dem Boden immer mehr entgegendrücken.

»Art!« keuchte er.

Cornwall drehte sich um.

»Verdammt, Art, ich . . . ich kann nicht mehr.« Sven lag auf dem Bauch, winkelte die Arme an und versuchte sich hochzustützen, was ihm jedoch nicht gelang.

Er fiel wieder zurück.

Art Cornwall ging neben ihm in die Knie, umfaßte beide Schultern und zog ihn hoch. »Mensch, Sven!« fuhr er seinen Kameraden an. »Reiß dich zusammen. Komm hoch!«

»Ich . . . ich . . .« Jansson schluckte. Sein Gesicht zeigte Spuren tiefster Erschöpfung. Er war einfach nicht mehr in der Lage weiterzugehen. Die hinter ihm liegenden Ereignisse hatten zuviel Kraft gekostet.

Art Cornwall konnte den Freund unmöglich liegenlassen. Es war ja nicht nur die Hitze, die sie fertigmachte, sondern auch der Wassermangel. Hatte es am Südpol zuviel Wasser gegeben, so fehlte es ihnen jetzt. Die Zungen lagen wie alte Lappen im Rachen, das Luftholen war eine Qual, aber sie durften jetzt nicht aufstecken. Denn dann waren sie verloren. Inmitten einer fremden Natur würden sie der ganzen Erbarmungslosigkeit dieser Welt ausgesetzt sein. Überleben hieß hier kämpfen.

»Ich nehme einen Teil deines Gepäcks«, sagte der Engländer und machte sich daran, den Rucksack loszuschnallen.

»Nein, nicht. Laß mich nur einen Moment hier liegen, dann geht es schon wieder. Nur eine kurze Pause.«

»Okay.« Arthur Cornwall ließ sich neben dem Norweger auf den Boden fallen.

Beide schwiegen. Reden kostete Kraft und Luft. Sie brauchten beides nötiger denn je.

Ihre Uhren hatten den Absturz ebenfalls überstanden. Doch als Art Cornwall auf das Zifferblatt schaute, sah er, daß sich die Zeiger nicht mehr bewegten.

Die Zeit stand still.

Ein schlechtes Omen?

Cornwall glaubte fest daran.

Ohne Uhr verlor man jegliches Zeitgefühl. Als moderner Mensch war er daran gewöhnt, immer wieder auf sein Chronometer zu schauen. Er konnte sich zwar anhand der Sonne und am Stand der Sterne orientieren, doch beides gab es in dieser Welt nicht.

Keine Sonne, keine Sterne. Nur dieser schreckliche graue Himmel, der wie ein gefräßiges Ungeheuer auf sie wirkte, das irgendwann einmal alles verschlingen würde.

Arthur Cornwall stieß seinen Freund an. »Kannst du wieder weiter?«

»Werde es versuchen.«

Art half dem Norweger auf die Beine. Er mußte ihn auch die nächsten Yards noch stützen, dann konnte Sven Jansson allein gehen.

Sie schritten weiter. Der Wald schien kein Ende zu nehmen. Immer tiefer drangen sie ein, die Luft blieb gleich feucht und warm. Sie raubte ihnen das letzte Quentchen Luft aus den Lungen.

Dann aber änderte sich die Landschaft. Zwar blieb der Wald, doch die Abstände zwischen den Bäumen wurden lichter. Regelrechte Schneisen waren hineingebrochen worden.

Auch noch etwas anderes sahen sie.

Schwarze dunkle Steine, mehr hoch als breit. Einige so gewaltig wie ein Haus.

Erstaunt blieben die beiden Männer stehen. Diese Steine erinnerten sie an das geheimnisvolle Stonehenge, ein Gebiet, das sie einmal als Geologen besucht hatten.

Wie Zwerge kamen sie sich zwischen diesen gewaltigen Brocken vor. Sie schlichen hindurch und gelangten an den Rand eines Platzes.

Abrupt blieben sie stehen.

»Mein Gott«, flüsterte Sven Jansson, »das ist ja ein richtiger Friedhof . . .«

Die Hexe griff an!

Sie schälte sich aus der Schwärze des Parks. Ein grünes Ungeheuer mit einem verzerrten Gesicht, das mich an das einer Mumie erinnerte. Die Zähne waren gefletscht, aus ihrem Rachen drang ein böses Kichern, vermischt mit einem kreischenden Fauchen.

Und die Hexe ritt auf einem feurigen Stiel, der wie ein brennender Speer in der Luft lag. Den rechten Arm hatte sie erhoben, ihre knochige Faust umklammerte einen Stab, den sie mit ungeheurer Wucht auf uns zu schleuderte.

Huxley kam nicht sofort vom Boden weg.

Das war sein Untergang, denn der Stab sollte nicht mich treffen, sondern ihn.

Er traf ihn mitten in die Brust.

Plötzlich glühte der Stab hell auf, verbreitete ein blendendes Licht, als hätte jemand eine Magnesiumfackel entzündet.

Ich hörte Huxley schreien, konnte mich jedoch nicht um ihn kümmern, da ich von der rechten Seite her ebenfalls angegriffen wurde. Diesmal von einer zweiten Hexe.

Auch sie war mit diesem Stab bewaffnet, hatte den Arm erhoben und wollte ihn schleudern.

Ich fiel auf die Knie, riß meine Beretta hervor und feuerte.

Wie ein Cowboy auf einem Pferd, so elegant hockte die Hexe auf ihrem Höllenbesen. Als ich abdrückte, ruckte sie hoch und wischte über meinen Kopf hinweg. Sie stach förmlich in den dunklen Himmel hinein, und ich hatte das Nachsehen.

Kam sie zurück?

Ja, beide fegten heran.

Diesmal war ich besser gewappnet. Erstens hatte ich die Beretta schußbereit und zweitens besaß ich noch das Kreuz, dessen Kette ich blitzschnell über meinen Kopf streifte.

Die Beretta in der rechten, das Kreuz in der linken Hand, so erwartete ich die beiden heranfliegenden Hexen.

Eine ließ sich etwas zurückfallen, während ihre Artgenossin vorprellte.

Wie ein Fanal leuchtete der besenähnliche Stab, auf dem sie saß. Wieder hielt sie ihre fürchterliche Waffe hoch erhoben, um mich zu töten.

Ich glaubte nicht mehr, daß Huxley noch lebte. Sein Todesschrei war echt gewesen.

Ich feuerte.

Hintereinander jagte ich die Kugeln aus dem Lauf. Die geweihten Geschosse schüttelten die Hexe durch und schleuderten sie von ihrem Besen.

Sie stieß einen grauenhaften Schrei aus, überschlug sich mitten in der Luft und verging noch im Flug. Eine stinkende, giftgrüne Wolke trieb davon.

Die zweite Hexe vergaß ihre Attacke, als sie sah, was mit ihrer Artgenossin geschah. Sie drehte mit ihrem feurigen Besen ab und verschwand, schneller, als eine Kugel sie einholen konnte, über den Wipfeln der Bäume.

Ich blieb zurück.

Und Rod Huxley, der mir vor seinem Ableben noch wichtige Informationen hatte zukommen lassen.

Rod Huxley konnte niemand mehr helfen. Ich kniete neben ihm. Seine Augen waren verdreht. Das Weiß in ihnen fiel besonders in seinem schwarzen Gesicht auf.

Ja, er war verbrannt.

Der Hexenstab, diese teuflische Waffe, hatte einen Menschen getötet. Ich schluckte hart. Jetzt hätte ich gern eine Decke gehabt, um den Toten zu verbergen, zu schrecklich war sein Anblick.

Aber er hatte mir kurz vor dem Angriff der Hexen noch etwas sagen oder zeigen wollen. Er griff dabei in die rechte Jackentasche, wenn ich mich erinnerte.

Zum Glück war seine Kleidung nicht verbrannt. Meine Hand fuhr in die Tasche, und ich fühlte Papier.

Es war ein Briefumschlag, den ich da zum Vorschein brachte. Mit den Fingern fühlte ich nach und stellte fest, daß sich etwas in dem Umschlag befand.

Ich öffnete ihn.

Ein Foto fiel mir in die Hände.

Es war zu dunkel, um genau erkennen zu können, wen das Bild zeigte. Mein Feuerzeug gab mir ausreichend Licht.

Ich hielt die Flamme seitlich neben das Bild. Der Wind trieb sie hin und her, warf Licht und Schatten auf das Foto, doch ich erkannte auch so, wen die Fotografie zeigte.

Eine Frau.

Mir stockte fast der Herzschlag, denn ich kannte sie. Das Bild zeigte ein Porträt der toten Karin Mallmann!

Das war ein Schock, ein echter Hammer!

Wie kam dieser Mann an das Bild? Ich rief mir seine letzten Worte ins Gedächtnis zurück. Er hatte in der Höhle etwas gefunden. War es dieses Bild?

Höchstwahrscheinlich!

Ein schrilles Pfeifen erreichte meine Ohren. Klar, die Schüsse waren von den patrouillierenden Bobbys gehört worden. Jetzt kreisten sie den Ort ein, um nachzuschauen.

Lichter geisterten durch den Park. Sie hüpften auf und ab, ein Beweis, daß die Polizisten Taschenlampen in den Händen hielten. Die ersten Strahlen trafen mich, blendeten.

Ich hielt bereits meinen Ausweis hoch, so daß die Jungs sofort Bescheid wußten.

»Sir!« Der erste nahm Haltung an.

Ich gab einen knappen Bericht, deutete auf den Toten und bat den Mann, die Mordkommission zu verständigen.

Er trabte los.

Ich zündete mir eine Zigarette an und rauchte langsam, während mich mehrere Bobbys umstanden.

In meinem Kopf irrten zahlreiche Ideen und Gedanken herum. Nicht nur das Buch der grausamen Träume war erwähnt worden, sondern es tauchte sogar ein Bild der toten Karin Mallmann auf. Hatte der Tote vielleicht Will Mallmann gekannt? Hatte er je Kontakt mit ihm gehabt? Eine Frage, die ich noch in dieser Nacht lösen wollte.

Ich mußte den Kommissar in Deutschland anrufen.

Alle Spuren wiesen in dieses Land.

Wer zog da wieder seine Fäden?

Der Schwarze Tod? Oder Asmodina? Mit ihr hatte ich in letzter Zeit auch einigen Ärger gehabt. Ihr Leichenhaus war zwar zerstört, doch ich glaubte nicht, daß sie sich zurückgezogen hatte.

Sie würde weiterkämpfen und auch zuschlagen.

Der Bobby kehrte zurück und meldete, daß die Mordkommission bald eintreffen würde.

»Danke sehr.«

Lange wollte und konnte ich mich hier nicht mehr aufhalten. Diese Nacht würde wieder kurz werden, da war ich sicher.

Die Wagen der Mordkommission fuhren quer über den Rasen und erreichten den Spielplatz. Nachtdienst hatte Chiefinspektor Tanner, ein alter Bekannter von mir. Wie immer trug er seinen alten Mantel und einen noch älteren Filz auf dem Kopf. Mit dem Daumen schob er die Krempe zurück, blieb neben mir stehen, drehte sich dann langsam um und stöhnte erst einmal.

»Nein, nein, nein!«

Ich antwortete dreimal mit Ja.

»Warum muß mir so etwas passieren? Ein Anruf, eine Leiche – okay. Ich komme hin, und wen sehe ich da? Sinclair, Oberinspektor Sinclair. Alptraum meiner schlaflosen Nächte. Ich brauche mir den Toten nur anzuschauen und weiß, daß ich erst gar nicht zu beginnen brauche.«

»Ist doch herrlich.«

»Ja, aber die Statistik. Wieder ein Mordfall, den ich nicht aufklären konnte. Wenn ich mit Ihnen zusammentreffe, Sinclair, gibt es nur Minuspunkte in der Akte.«

»Wenn ich Zeit habe, bedaure ich Sie. Ich möchte nur, daß Ihre Leute die Leiche untersuchen.«

»Werden Sie jetzt verschwinden?« fragte Tanner nach einer Weile.

»Genau, mein lieber Tanner.«

»Dann wünsche ich Ihnen Hals- und Beinbruch.«

»Danke!«

Ich rief den Geheimdienst an und sagte, wo ich zu treffen war.

Jetzt steckte ich wieder in einem heißen Fall.

Wie heiß dieser Fall allerdings werden würde, das ahnte selbst ich nicht . . .

Natürlich wird beim Yard auch in der Nacht gearbeitet. Dieser Bau gleicht einem Bienenstock, in dem ein emsiges Kommen und Gehen herrscht. In meinem Büro war es dunkel.

Ich schaltete das Licht ein und betrat den leeren Raum. Etwas komisch war es schon, so ohne Glenda Perkins, der guten Seele des Büros. Leichter Kaffeegeruch lag noch in der Luft und auch ein Hauch von Glendas Parfüm.

Ich pflanzte mich hinter meinen Schreibtisch und zog mir das Telefon auf den Schoß. Ich mußte unbedingt Kommissar Mallmann in Deutschland anrufen.

Der Ruf ging zwar durch, dann war es aber in der Leitung tot. Ich versuchte es ein zweites und drittes Mal, wiederum hatte ich keinen Erfolg. Da schien sich wohl die Leitungsmaus festgebissen zu haben. Auch egal. Ich mußte sowieso rüber auf den Kontinent, und dabei konnte ich den guten Will treffen.

Der Mann vom Geheimdienst war noch nicht erschienen, und so hatte ich Zeit, mir das Bild der toten Karin Mallmann genauer anzuschauen.

Ich studierte jede Einzelheit und gelangte zu der Überzeugung, daß die Aufnahme von einer lebenden Karin Mallmann gemacht worden war, nicht von der Leiche.

Woher hatte dieser Huxley das Bild? Wenn er es wirklich in dem Stollen oder Gang gefunden hatte, dann stellte sich die Frage, wie es dorthin kam.

Vielleicht konnte mir Will Mallmann helfen.

Deshalb wählte ich noch einmal, kam aber wieder nicht durch.

Ich vergaß die Telefoniererei, denn man meldete mir einen gewissen Mr. Miller vom Geheimdienst.

Er stürmte in mein Büro, als hätte er die Energie gepachtet. Strahlend sein Lächeln, beide Arme vorgestreckt, kalt die Augen.

»Nehmen Sie Platz, Mr. Miller«, sagte ich.

»Wie ist er ums Leben gekommen? Und von wem wurde er umgebracht?«

»Von einer Hexe«, begann ich mit der Antwort auf die zweite Frage.

»Was erzählen Sie mir?«

»Von einer Hexe, Mister. Sie haben sich nicht verhört.«

»Das kann doch nicht sein.«

»Ist aber so.«

Er zündete sich eine Zigarette an. Während er den Rauch schräg an mir vorbeiblies, meinte er: »Ich habe schon einiges von Ihnen gehört und mich auch über Ihre Abteilung informiert. Ich weiß, daß Sie sich mit Fällen beschäftigen, die, sagen wir mal, nicht gerade normal sind. Aber wenn Sie mir jetzt noch sagen, daß die Hexe auf einem Besenstiel geritten ist, flippe ich aus.«

»So ähnlich war es.«

Er zeigte seine Zähne. »Und wo ist die Hexe jetzt?«

»Ich habe sie vernichtet.«

»Das wird ja immer schöner. Wollen Sie mich auf den Arm nehmen?«

Ich holte tief Luft. »Da Sie sich über mich erkundigt haben, werden Sie wissen, daß ich mich mit Dingen beschäftige, die den Bereich des Normalen sprengen. Das heißt, meine Gegner sind Dämonen, Geister, Vampire, Werwölfe. Es gibt diese Wesen, die Sie vielleicht nur aus dem Film kennen. Und ich habe auch gegen Hexen gekämpft. Vor einer Stunde noch im St. James Park.«

Miller blieb vor Staunen der Mund offenstehen. So etwas hatte er noch nie gehört.

»Sie sind doch okay?« fragte er nach einer Weile.

»Wollen Sie darauf eine Antwort?«

»Na ja, hm . . .«

Ich schlug mit der flachen Hand auf den Schreibtisch.

»Sie wollen in den Osten?« fragte er, nachdem ich mehr über Huxley erzählt hatte.

»Ja. Er berichtete von einem Bauern, Fluchtplänen – ich möchte das alles überprüfen.«

Miller schluckte. »Wissen Sie eigentlich, auf was Sie sich da einlassen?«

»Nein, aber ich werde es schon früh genug merken.«

»Hoffentlich nicht erst in einem Sarg«, erwiderte er düster.

»Ein Friedhof am Ende der Welt!« hauchte Sven Jansson und schüttelte sich. »Welch eine Bedeutung mag er haben?«

»Keine Ahnung«, erwiderte der Engländer und ging langsam vor. Unter seinen Füßen befand sich kein vulkanisches Gestein mehr, sondern Gras. Saftiges hohes Gras, vermischt mit Unkraut und borstigen Pflanzen. Zahlreiche Grabsteine ragten wie schiefe Buckel aus dem Erdreich hervor. Es gab sogar eine alte, kniehohe Mauer, die den Platz an einer Seite begrenzte.

Zwischen den Grabsteinen lagen Nebelfetzen wie abgerissene Schleier, und über dem gesamten Komplex breitete sich der graue Himmel aus, der trotzdem ein irgendwie fahles Licht abstrahlte, das den Totenacker beleuchtete.

Die Männer spürten die Atmosphäre des Bösen fast körperlich, und beide hatten den Eindruck, als würden sie von zahlreichen unsichtbaren Augen belauert.

Noch ließ sich niemand sehen.

Sie schritten weiter. Zurück blieben die hohen Steine, und die Männer hatten Mühe, ihre Angst zu unterdrücken. Ihnen entgegen segelte lautlos ein gewaltiger Vogel. Er war erst kaum zu erkennen, dann stieß er aus dem düsteren Himmel herab, und jetzt identifizierten die Wissenschaftler ihn.

Es war ein Rabe.

Aber fünfmal so groß wie ein normaler Vogel dieser Art. Sein Flügelrauschen war das einzige Geräusch, und die Männer duckten sich, als er über ihre Köpfe strich, dann kehrtmachte und einen kahlen, blattlosen Baum anflog, um sich auf einem der knorrigen Äste niederzulassen.

Dort blieb er hocken und beobachtete.

Erst jetzt fielen Sven und Art die glutroten Augen auf. Der Rabe stieß ein schauriges Krächzen aus. Das Geräusch trieb den Männern einen Schauer über den Rücken. Sie froren trotz der herrschenden Schwüle.

»Wir müssen von hier verschwinden!« raunte Sven. Dabei ließ er keinen Blick von dem geheimnisvollen Raben.

»Wo willst du denn hin?« fragte Art Cornwall.

»Aber auf einem Friedhof . . .«

»Solange wir nicht in den Gräbern liegen«, erwiderte der Engländer mit Galgenhumor, »ist mir das völlig egal.« Er deutete zu dem großen Raben hinüber. »Außerdem beobachtet er uns ständig.«

»Glaubst du, daß er der Wächter ist?«

»Bestimmt.«

»Wir könnten es mal versuchen«, schlug der Norweger vor.

Art Cornwall verzog das Gesicht. »Sei lieber vorsichtig, Sven. Dem Biest traue ich nicht.«

Jansson zog seine Luger. »Dann brenne ich ihm eben eins auf den Pelz«, knurrte er böse.

Der Rabe schien sein Vorhaben zu ahnen. Er breitete plötzlich die Flügel aus und begann zu krächzen.

»Ist das Biest groß.« Art schluckte.

Sven ging vor.

»Bleib hier!« zischte Cornwall. »Außerdem müssen wir Munition sparen. Wer weiß, was noch alles auf uns zukommt.«

»Ach, hör auf.« Sven ließ sich nicht beirren. Schritt für Schritt näherte er sich dem Raben.

Der Vogel senkte den Kopf. Die roten Augen starrten den Wissenschaftler jetzt direkt an. Langsam falteten sich die Schwingen des Totenvogels wieder zusammen.

Der Norweger blieb stehen. Er hob den rechten Arm und zielte genau. Sein Finger legte sich um den Abzug.

Der Rabe plusterte sein Gefieder auf. Er sah jetzt aus wie ein großer schwarzer Ball.

»Nicht schießen!« rief Art Cornwall.

Und Sven senkte tatsächlich die Waffe. Er drehte den Kopf. »Du hast recht, Art, ich werde es anders versuchen.«

Immer mit einem Auge in die Höhe peilend, setzte er sich in Bewegung. Er ging langsam, als müßte er gegen einen Sturm ankämpfen. Doch es war kein Wind, sondern die Angst, die seine Schritte zögern ließ.

Der Rabe folgte ihm mit seinen Blicken, während Art Cornwall stur dastand und die Hände fest aneinandergepreßt hielt. Den Rucksack hatte er von seinem Rücken gleiten lassen. Er lag neben ihm am Boden.

Noch zwei Schritte, dann befand sich Sven Jansson unterhalb des Astes, auf dem der Rabe hockte.

Jetzt noch einer.

Er passierte ihn.

Sven atmete auf.

Er wollte loslachen, doch schon das Grinsen erstickte im Ansatz. Plötzlich stieß sich der Rabe ab. Er jagte zuerst auf Cornwall zu, machte jedoch dicht vor ihm eine Kehrtwendung und suchte nun sein eigentliches Ziel aus.

Sven Jansson!

Art erwachte aus seiner Starre. »Sven!« brüllte er.

Es hätte der Warnung nicht bedurft, denn das Flügelschlagen sagte Jansson genug.

Auf der Stelle fuhr er herum und riß den rechten Arm hoch, kam jedoch nicht dazu, einen Schuß abzugeben, denn der Rabe war bereits zu nah.

Und er stieß zu.

Sein Kopf hackte vor. Sven sah den etwas gekrümmten Schnabel dicht vor seinen Augen, konnte sogar die Zunge erkennen und warf sich zur Seite.

Der Hieb traf nicht seinen Kopf, sondern die Schulter.

Obwohl der Norweger noch seine dicke Jacke trug, was sein Glück war, hackte der Schnabel in seine Schulter und riß eine Wunde.

Sven schrie. Er wollte zur Seite ausweichen, rutschte und fiel hin.

Jetzt war der Rabe nicht mehr zu bremsen. Wuchtig stieß er auf Sven Jansson herab, und seine krallenbewehrten Füße hakten sich in dem Haarschopf des Norwegers fest.

Sven Jansson riß die Arme hoch. Er wollte sich vor dem Biest schützen und sein Gesicht abdecken, denn er hatte große Angst, daß ihm der Vogel die Augen aushacken würde.

Wie Donnergrollen klang das heftige Flattern der Flügel in seinen Ohren.

Art mußte eingreifen. Seine Hand hatte in den letzten

Sekunden auf dem Griff der Waffe gelegen, jetzt riß er die Luger mit einer fast wütenden Bewegung hervor.

Schießen konnte der Engländer.

Und treffen auch.

Das bewies er Sekunden später, als das Blei aus dem Lauf fuhr und in den Körper des Raben hieb.

Der Vogel kreischte wütend auf. Für einen Augenblick stieg er in die Luft. Obwohl ihn die Kugel getroffen hatte, war er nicht tot. Er schien auch kaum verletzt zu sein, sondern fiel wieder auf den am Boden liegenden und um sich schlagenden Sven nieder und hackte abermals seine Krallen in dessen Haare.

Arthur Cornwall war entsetzt. Er hatte sich fest auf einen Erfolg verlassen, doch nun geschah dies.

Scharf saugte er die Luft ein. Was in den nächsten Sekunden geschah, kam ihm wie ein Traum vor.

Der Rabe entwickelte ungeheure Kräfte. Wieder breitete er seine Flügel aus, hielt den schreienden Sven weiterhin an den Haaren fest und schleifte ihn zurück auf den Friedhof. Zwischen zwei Grabsteinen ließ er ihn liegen.

Der schwarze Vogel mit den roten Augen aber stieg in die Höhe und nahm wieder auf seinem Baumast Platz. Mit bösem Blick beobachtete er die beiden Männer.

Sven lag auf dem Boden und jammerte. Beide Hände hatte er gegen seinen Kopf gepreßt. Als Art Cornwall auf den Freund zuging, sah er das Blut zwischen den Fingern des Verletzten hervorquellen. Die Krallen hatten kleine Wunden gerissen.

»Kannst du aufstehen, Sven?« fragte der Engländer.

Jansson schaute seinen Leidensgenossen an. Sein Blick flackerte. Etwas Blut rann ihm über die Stirn und zeichnete dort ein makabres Muster.

»Art – wir sind verloren. Es gibt keine Hilfe mehr. Dieser Vogel, das ist eine Bestie.«

»Okay, Sven, ich weiß, aber du hättest nicht gehen sollen. Ich hatte dich gewarnt.«

»Sollen wir ewig hierbleiben?« schrie der Norweger.

»Ich weiß es nicht.«

Plötzlich lachte der Rabe grollend auf. Es war ein Gelächter, das ein Mensch hätte ausstoßen können. Der Vogel schlug wild mit beiden Flügeln und bewegte sich auf dem Ast hin und her. Weit hatte er den Schnabel aufgerissen, die spitze Zunge hing ihm aus dem Rachen hervor, und sein Lachen hallte als schaurige Höllenmelodie über den alten Friedhof.

Art schüttelte den Kopf. Wut übermannte ihn. Wut über ihr Schicksal, und ein regelrechter Haß auf den Vogel kam hinzu. Außerdem hatte der Freund seine Luger verloren. Sie lag hinter dem Ast, auf dem der Rabe saß.

Doch die Pistole mußten sie wiederhaben.

In der Nähe sah Art einen faustgroßen Stein liegen. Während der Vogel noch immer lachte, packte Cornwall den Stein und schleuderte ihn mit aller Kraft auf das Tier zu.

Er traf genau.

Der Rabe wurde buchstäblich vom Baum gefegt und fing sich erst dicht über dem Boden.

Art Cornwall aber rannte los. Mit einem wahren Panthersatz warf er sich auf die Pistole zu, bekam sie zu packen, und bevor der Rabe ihn angreifen konnte, hatte er die Waffe an sich genommen und war zu seinem Freund zurückgelaufen

Schwer atmend blieb er neben ihm sitzen. »So«, keuchte er, »die haben wir zurück!«

Der Rabe setzte sich wieder auf seinen Stammplatz. Jetzt lachte er nicht mehr. Nur seine Augen schienen noch mehr zu glühen und haßerfüllter zu starren als zuvor.

Art Cornwall lächelte Sven an. »Jetzt untersuchen wir erst einmal deinen Kopf«, sagte er. »Bleib liegen, ich hole die Rucksäcke. In einem befindet sich die Notapotheke.«

»Ja, danke.«

Cornwall holte den Rucksack und öffnete ihn. Dann klappte er die Seiten auseinander, wühlte mit beiden Händen nach und fand, was er suchte.

Ein schwarzes Kissen mit einem roten Kreuz darauf. Das Kissen enthielt schmerzstillende Tabletten, Verbandsmull, eine Schere, Pflaster und einiges mehr.

Beide Männer nahmen eine Vitamintablette, bevor Art die Wunden seines Freundes untersuchte.

Sie waren nicht so schlimm. Er desinfizierte sie mit Jod und kannte auch keine Gnade, als Sven aufschrie. Es war schon grotesk. Die beiden Männer hockten in einer Urweltlandschaft zwischen zwei Grabsteinen. Das glaubte ihnen niemand. Wahrscheinlich jedoch würden sie niemals über ihre Erlebnisse berichten können.

Fachmännisch verband Art seinem Freund den Kopf. Der weiße Verband leuchtete in dem Dämmerlicht wie ein Wegweiser.

»Danke!« keuchte der Norweger. »Ohne dich wäre ich verloren.«

»Hör auf, Mensch. Beim nächstenmal bist du an der Reihe. Dann kannst du dich revanchieren.«

Sven setzte sich auf. »Weg werden wir hier kaum kommen«, meinte er. »Dieser verdammte Rabe läßt uns keine Sekunde aus den Augen.«

»Wir müßten ihn überlisten«, schlug Arthur Cornwall vor und sah sich suchend um.

»Aber wie?«

Cornwall hob die Schultern. »Wozu haben wir unser Gehirn? Wir sind Menschen, der Rabe ist nur ein Tier.«

»Das aber menschlich denkt«, vollendete Sven die Bemerkung seines Freundes.

»Vielleicht war es mal ein Mensch«, meinte Art sehr ernst.

Sven schaute ihn an, als hätte er den Verstand verloren. »Macht dir das heiße Klima zu schaffen – oder was ist? Das ist ein Tier, aber kein Mensch.«

»Wir haben hier schon die unmöglichsten Dinge erlebt. Wir sind in die Jurazeit zurückgeworfen worden, in der die gewaltigen Saurier leben, finden hier einen Friedhof vor, der direkt in unsere normale Welt passen könnte, und warum, zum Teufel, soll ein Rabe kein Mensch sein, frage ich dich?«

»Weil so etwas nicht geht.«

»Ich glaube langsam an nichts mehr.« Art Cornwall stand auf. Er drehte sich um und erschrak bis ins Mark.

Vor ihm stand wiederum das Skelett.

Nur Sven hatte noch nichts bemerkt. Er redete eifrig weiter, bis er Arts erstickten Schrei hörte.

Da schwieg auch er.

Der Schwarze Tod aber lachte. »Nie!« dröhnte es aus seinem Maul. »Nie werdet ihr vom Friedhof am Ende der Welt verschwinden können. Ich bin hier der Herrscher. Ich bin die Drohung. Ich bin der Tyrann. Nichts geschieht ohne meinen Willen. Und wenn ich die Pforten der Hölle öffnen will, so kann ich das. Habt ihr verstanden?«

Die Männer nickten eingeschüchtert.

Der Schwarze Tod beugte seinen mächtigen Schädel vor. Diesmal schimmerten die Augenhöhlen glutrot wie die des Raben auf dem Baumast. »Nicht ohne Grund habe ich euch in diese Welt geholt«, sagte er, »denn ihr sollt für mich arbeiten.«

Art faßte sich ein Herz. »Und was sollen wir tun?« fragte er flüsternd.

»Ein Grab ausheben!«

»Für uns?«

»Nein!« grollte der Schwarze Tod. »Nicht für euch, sondern für meinen Feind. Für John Sinclair. Seinen Leichnam will ich hier auf dem Friedhof verscharren . . .«

Will Mallmann war in den letzten Wochen um Jahre gealtert. Der Tod seiner Frau hatte ihn ungeheuer hart getroffen. Nach diesem schrecklichen Mord hatte er seinen Urlaub genommen und sich in der Wohnung vergraben.

Kein Telefon, kein Radio – nichts . . .

Will saß nur da und grübelte. Selbst von seinen alten Freunden wollte er nichts mehr wissen. Ihn interessierte kein John Sinclair, kein Bill Conolly und auch der Chinese Suko nicht. Manchmal hatte er sich gefragt, ob das Leben für ihn überhaupt noch einen Sinn hatte – jetzt, nachdem Karin tot war.

Die Bilder waren ihm geblieben. Erinnerungen eines Urlaubs im Bayerischen Wald. Porträtfotos von Karin, dann

Aufnahmen, die sie mit ihren Schulkindern zeigte. Mal verträumt, mal lachend, dann wieder ernst oder heiter.

Fotos aus einer Zeit, die unbeschwert war.

Bis zu Karins Tod.

Eiskalt hatte der mächtige Dämon zugeschlagen und die Frau von seiner Seite gerissen.

Will verzweifelte fast. Obwohl er lange Junggeselle geblieben war, hatte er sich so stark in Karin verliebt, daß nach ihrem Tod in ihm etwas zerbrochen war.

Will Mallmann war nicht mehr der alte. Auch seine Stereo-Anlage interessierte ihn nicht mehr. Drei Wochen blieb er in seiner Wohnung, aß wenig und trank kaum, während die Falten in seinem Gesicht immer tiefer wurden.

Doch die Zeit des Urlaubs verging. Will mußte wieder an seinen Arbeitsplatz.

Die Kollegen wußten Bescheid. Einige von ihnen waren sogar dabeigewesen, als der schreckliche Mord passierte. Will wurde zu seinem Chef gerufen und hatte mit ihm ein langes Gespräch. Der Kriminalrat baute ihn innerlich wieder auf. Er war wie ein Psychiater.

Will Mallmann fand wieder etwas Spaß an seiner Arbeit. Mehr noch, er wurde regelrecht besessen. Er war der erste am Morgen und der letzte, der abends ging. Manchmal schuftete er bis weit in die Nacht hinein.

Mit Dämonen und anderen Geschöpfen der Finsternis hatte er nichts zu tun. Er bearbeitete seine normalen Fälle und erzielte glänzende Erfolge.

Das BKA stellte dank Wills Initiative manch langgesuchten Gesetzesbrecher.

Doch Will Mallmann vergaß seine Karin nicht.

Nach wie vor stand ihr Bild auf seinem Schreibtisch. Allerdings mit einem Trauerflor verziert.

Das gleiche Foto befand sich auch in seiner Wohnung. Es stand auf seinem Nachttisch, direkt neben seinem Bett. Will Mallmann schaute es immer sehr lange an, bevor er einschlief.

Ruhig hatte er noch keine Nacht verbracht. Immer wieder

quälten ihn Alpträume, oft schreckte er schweißgebadet hoch und hatte das Gefühl, Karin würde im Zimmer stehen.

Doch er war allein.

Kommissar Mallmann schaute auf seine Uhr. Schon zwei Stunden vor Mitternacht. Der Tag und der Abend waren wieder einmal wie im Fluge vergangen. Zwar wurde im BKA auch nachts gearbeitet, doch hinter den meisten Fenstern war es dunkel.

Will Mallmann erhob sich seufzend von seinem Schreibtisch und zog den schwarzen Trench über. Dann löschte er das Licht und verließ seinen Arbeitsplatz. Mit dem Lift fuhr er nach unten.

Der Nachtportier grüßte ihn freundlich. »Immer noch im Dienst, Herr Kommissar?«

Will lächelte spärlich. »Jetzt nicht mehr, mein Lieber.«

»Dann wünsche ich Ihnen eine gute Nacht, Herr Kommissar.«

»Danke sehr.«

Will Mallmann verließ das Gebäude und schritt auf den Parkplatz zu, wo sein Opel Manta stand. Er setzte sich hinter das Lenkrad, zückte den Zündschlüssel und startete. Willig sprang der Wagen an. Will war ein schneller Fahrer. Gewesen – mußte man jetzt sagen. Nach Karins Tod hatte er sogar die Lust am Autofahren verloren.

Eins jedoch war geblieben.

Der Haß auf den Schwarzen Tod.

Diesen Dämon haßte er bis aufs Blut, und er war sicher, daß er ihm irgendwann einmal wieder gegenüberstehen würde. Allerdings verkannte Will die Situation, denn der Schwarze Tod war noch die rechte Hand des Teufels und dabei ungeheuer mächtig. Er brauchte nur mit dem Finger zu schnippen, und Will war vernichtet.

Schon einmal hatte Will sich auf ihn stürzen wollen, waffenlos und voller Haßgedanken. Bill Conolly hatte ihn im letzten Augenblick davon abhalten können, sonst wäre Will Mallmann in sein Verderben gerannt.

Wie ein Schlafwandler fuhr der Kommissar den Weg zu seiner Wohnung. Er kannte hier jeden Stein, jede Ampel, jeden Fleck Erde. Wie immer kam ihm seine Wohnung ungeheuer leer vor, als er sie betrat. Obwohl vor Karin Mallmanns Ableben auch niemand auf ihn gewartet hatte, war es doch etwas anderes. Karin hatte einige Zeit bei ihm gewohnt und Leben in die Wohnung gebracht. Sie hatte stets frische Blumen gekauft und die Tische damit dekoriert. Alles war frischer und farbiger gewesen, doch nun . . .

Seufzend zog der Kommissar seinen Mantel aus und hängte ihn an die Garderobe.

Er verspürte Durst nach diesem langen Tag im Büro, ging an den Kühlschrank und holte eine Flasche Bier hervor. Es war die letzte. Er mußte wieder für Nachschub sorgen.

Will nahm kein Glas, sondern trank kurzerhand aus der Flasche. Das kühle Bier tat gut, es war Balsam für seine Kehle. Der Kommissar setzte sich an den Tisch und leerte die Flasche.

Er dachte darüber nach, ob er noch die Flimmerkiste anstellen sollte, verzichtete aber darauf.

Will stellte die Flasche weg, löschte das Licht und begab sich ins Bad.

Dort standen noch immer Karins Kosmetika. Will hatte sie einfach nicht wegräumen können. Manchmal war es ihm, als wäre Karin nur eben weggegangen und würde bald wiederkommen.

Der Kommissar machte sich etwas vor, das gab er selbst zu. Doch das ging niemanden etwas an. Er hatte auch sein Telefon leiser gestellt. Will wollte keine Anrufe.

Er hatte sich völlig zurückgezogen. Nachdenklich betrachtete er sein Gesicht im Spiegel. Das helle Licht der Leuchtstoffröhre zeichnete jede Falte nach und auch die Ränder unter den Augen des Kommissars.

Er sah erschöpft aus. Kein Wunder, wenn man so wenig Schlaf bekam. Automatisch zog er sich aus, stellte sich kurz unter die Dusche, schlüpfte in einen frischen Schlafanzug und begab sich ins Schlafzimmer.

Jeden Abend das gleiche Ritual. Auf dem Nachttisch lagen

zwei wertvolle Kunstbücher. Sie hatten schon Staub angesetzt, Will war nicht dazu gekommen, sie zu lesen.

Auch jetzt legte er sie zur Seite, nur das Bild seiner toten Frau blieb stehen.

Will schaltete die Lampe ein. Der Strahl fiel so, daß er direkt das Bild traf.

Karin lächelte darauf, ihre Augen strahlten den Betrachter wie zwei Sterne an. Will strich mit dem Finger über das Bild. Lange betrachtete er es und atmete dabei schwer.

Dann löschte er das Licht.

Und wieder einmal wollte der Schlaf nicht kommen. Will wälzte sich hin und her. Klar und deutlich stand die Szene in der Schloßkirche vor seinen Augen. Es war wie immer, wie jede Nacht . . .

Irgendwann fiel der Kommissar in einen bleiernen Schlaf. Es dauerte eine Zeit, bis die Träume kamen.

Er kannte sie schon auswendig.

Der Schwarze Tod tauchte auf.

Die Drohung persönlich, wie er seine Sense schwang und sie auf winzige Menschen niederfahren ließ.

Will erkannte seine Freunde in den Menschen sowie Karin und sich selbst.

Karin klammerte sich an ihn, schrie um Hilfe. Will warf sich vor das herabsausende Sensenblatt, doch es fuhr durch seinen Körper, ohne ihn zu verletzen und traf die hinter ihm stehende Karin. Ihr verzweifeltes Stöhnen hallte in seinen Ohren, wurde leiser und verstummte.

Dann vernahm er nur noch ihre Stimme. »Will!« hauchte sie. »Will, bitte . . .«

Mallmann murmelte etwas Unverständliches und wälzte sich dabei auf die andere Seite.

Und wieder: »Will . . .«

Der Kommissar schlug die Augen auf.

Dunkelheit. Nur durch die Rollos drang das etwas hellere Grau der Nacht.

Will setzte sich im Bett auf und lauschte. Hatte nicht Karin seinen Namen gerufen?

Mallmann war verwirrt und fuhr sich über die Augen. Oder hatte er nur geträumt?

Er drehte sich nach rechts, seine Hand fuhr an der Wand entlang und fand den Schalter.

Es wurde hell.

Mallmann rieb sich über die Augen, weil die Strahlen zu sehr schmerzten. Er holte tief Luft. Von einem Augenblick zum anderen war er aus seiner Traumwelt herausgerissen worden. Durch eine Stimme.

Aber im Zimmer war niemand.

Und doch hatte er die Stimme vernommen. Die einer Frau. Sie gehörte Karin.

Sie hatte ihn gerufen, da war sich Will Mallmann sicher.

Er beugte sich zur Seite. Wieder rutschte seine Hand auf den Schalter zu, dabei traf sein Blick zwangsläufig das Bild seiner toten Frau.

Will hatte das Gefühl, unter Strom zu stehen. Seine Hand fiel nach unten, er war völlig verwirrt.

Die Lippen hatten sich bewegt!

Ja, die Lippen auf dem Bild.

Will Mallmann wußte nicht, was er sagen sollte. Er war konsterniert, hatte die Fassung verloren und schüttelte den Kopf. Er rieb sich über die Augen, glaubte an eine Täuschung, schaute jedoch weiterhin auf das Foto.

Abermals bewegten sich Karins Lippen. Will Mallmann war völlig aus dem Häuschen. Ihm war klar, daß ihm seine Frau etwas mitteilen wollte. Aber warum formulierte sie es nicht deutlicher?

Will hockte im Bett, hatte die Hände zu Fäusten geballt und starrte auf das Foto. »Sag doch etwas!« hauchte er. »Bitte, sag was . . .«

Das Bild schwieg.

Will Mallmann wischte sich aufgeregt über die Stirn. Er war jetzt sicher, daß er Karins Stimme gehört hatte. In seinen Träumen hatte sie ihn gerufen und geweckt.

Vielleicht hatte das helle Licht sie verscheucht?

Will probierte es aus und kippte den Schalter um, so daß die Dunkelheit den Raum verhüllte.

Der Kommissar legte sich auf den Rücken und lauschte in die Finsternis.

Sekunden verstrichen, reihten sich aneinander, wurden zu Minuten. Will Mallmann atmete nur flach. Seine Arme hatte er angewinkelt, die Hände lagen auf der Brust, und die Finger hielten das Bild umklammert.

Er konzentrierte seine Gedanken auf Karin, stellte sie sich vor und fieberte danach, daß sie sich mit ihm in Verbindung setzte.

Draußen war es ruhig. Will lebte in einer reinen Wohngegend, so daß von der Straße her keine störenden Geräusche an seine Ohren drangen.

Er konnte sich voll und ganz auf den vor ihm liegenden Versuch konzentrieren.

Tatsächlich, es klappte.

Plötzlich war die Stimme da.

Wenn auch nur schwach, jedoch zu verstehen.

»Will . . . Will . . .« Wie ein Hauch drang es an seinen Ohren. »Will, hörst du mich . . .?«

»Ja!« stöhnte der Kommissar.

Plötzlich war er in Schweiß gebadet. Wie eine Schicht klebte er auf seinem Körper. Der Schlafanzug war naß. Wills Brust hob und senkte sich unter schweren Atemzügen.

Er hatte sie gehört.

Seine Karin!

Sie sprach weiter. »Vorsicht, Will . . . Gefahr . . . Der Schwarze Tod . . . Falle für John . . .«

Dann war die Verbindung weg. Von einer Sekunde zur anderen. Wie eine Schallplatte, die abgelaufen war. Der Kommissar vernahm nur seine eigenen schweren Atemzüge.

Er rief noch ein paarmal nach der Toten, doch sie meldete sich nicht mehr.

Will Mallmann setzte sich auf. Die Bettdecke rutschte von seiner Schulter, er fror. Ein paar Herzschläge blieb er in dieser Stellung sitzen, und seine Gedanken rasten.

Karin hatte ihn gewarnt. Aus dem Jenseits hatte sie die Gefahr erkannt. Begriffe wie der Schwarze Tod und John waren gefallen, womit sie nur John Sinclair gemeint haben konnte.

Will Mallmann hatte in seinem Leben viel gelesen. Auch über das Leben nach dem Tod. Manche Wissenschaftler waren der Meinung, daß es ein Leben nach dem Tod gab und daß dieses Leben völlig normal ablief, allerdings auf einer anderen Ebene.

Auf der feinstofflichen!

Wenn sich Tote meldeten, dann immer nur bei Leuten, denen sie sehr nahegestanden hatten. Verwandte, Ehepartner – wie bei Will Mallmann.

Auf einmal schien ein Kraftstrom durch seinen Körper zu laufen. Er war mit einem sprudelnden Quell zu vergleichen, der den Sauerstoff in Wills Blut aktivierte und eine alte, monatelange Lethargie fortblies, als hätte es sie nie gegeben.

Will spürte wieder die Energie, die ihn gepackt hielt.

Das Leben war da. Und eine Tote hatte die Lebenden gewarnt. Will Mallmann schwang seine Beine aus dem Bett. Er nahm die Warnung ernst, und es war ein Name gefallen.

John Sinclair!

Ein wenig hatte Will Mallmann ein schlechtes Gewissen, als er an den Geisterjäger dachte. In den letzten Wochen hatte er sich kaum an ihn erinnert, zu groß war der Schmerz gewesen, doch das empfand der Kommissar plötzlich nur als eine Episode. Jetzt war er wieder der alte, und er würde die Herausforderung annehmen. In dieser Nacht noch, in dieser Stunde.

Will Mallmann durchquerte den Schlafraum und ging zum Telefon. Die Nummer in London kannte er auswendig. Will ahnte dabei nicht, daß ich ein paarmal versucht hatte, ihn anzurufen, und noch bevor er wählte, schrillte plötzlich das Telefon...

Ich drückte die letzte Nummer in die Tastatur. Viel Hoffnung hatte ich nicht mehr, den Kommissar noch zu erreichen, doch ich wollte nichts unversucht lassen.

Der Ruf ging durch, und es wurde bereits nach dem ersten Läuten abgehoben.

»Mallmann!«

»Sinclair!«

»John!« Will Mallmann schrie meinen Namen, so daß ich vor Schreck den Hörer ein Stück von meinem Ohr entfernt hielt.

»Himmel, Will, was ist denn los?«

Mein Freund aus Deutschland war völlig aufgelöst. So hatte ich ihn selten erlebt, vor allen Dingen nicht in den letzten Wochen und Monaten.

Die Worte überschlugen sich fast, als er mir berichtete, was ihm widerfahren war.

Er hatte mit Karin, seiner verstorbenen Frau gesprochen.

Die Eröffnung überraschte mich zwar, doch sie warf mich nicht um. Ich wußte ebenfalls von dem Leben nach dem Tod, war damit sogar vor einigen Wochen konfrontiert worden, als mich ein Fall in das Reich des Spuks geführt hatte.

Und jetzt Karin Mallmann.

»Was genau hat sie gesagt?« wollte ich wissen.

Mallmanns Stimme klang dünn, als er erklärte: »Sie hat vom Schwarzen Tod gesprochen, von einer großen Gefahr, und sie hat auch deinen Namen erwähnt, John.«

Ich überlegte fieberhaft. Das konnte einfach kein Zufall sein. Bei einem Mann fand ich Karins Bild. Gleichzeitig meldete sie sich bei ihrem Mann. Ereignisse, die zeitlich sehr dicht zusammenlagen. Ich war mir sicher, daß sich in den Dimensionen des Schreckens irgend etwas gegen mich zusammenbraute. Schon lange brodelte es. Der Schwarze Tod mußte etwas tun, sonst verlor er die Herrschaft völlig, denn Asmodina lauerte bereits im Hintergrund. Wahrscheinlich sammelte er seine Truppen, zog wie eine Spinne die Fäden, um zu einem gewaltigen Schlag auszuholen.

Eine Gänsehaut rann mir über den Rücken, als ich daran dachte, denn ich unterschätzte die Macht des Dämons keineswegs. Und hatten die Hexen am Brocken nicht auch das geheimnisvolle Buch erwähnt, das Buch der grausamen Träume, in dem geschrieben stand, wie man den Schwarzen Tod vernichten konnte?

Die Zeichen standen auf Sturm. Ich fühlte das Prickeln in meinem Innern und war sicher, daß die große Entscheidungsschlacht zwischen mir und meinem Erzfeind dicht bevorstand.

Die Frage stellte sich nur, ob ich es überleben würde. Wenn ich das Buch nicht in die Hände bekam, wohl kaum. Deshalb mußte ich es unbedingt finden. Die Spuren wiesen nach Deutschland.

»Bist du noch dran?« fragte Will Mallmann.

»Natürlich.«

»Was sagst du dazu?«

Ich holte erst Luft, bevor ich die Antwort gab. »Nenne es Glück oder Zufall, Will, aber irgendwie arbeiten wir am gleichen Fall. Das heißt, ich komme rüber zu dir.«

»Wann?«

»Mit der nächsten Maschine.«

»Okay. Und dann?«

Ich erklärte ihm, daß ich in den anderen Teil Germanys müßte.

Will stieß einen Seufzer aus. »Um Himmels willen, John, das ist schwierig, wenn nicht sogar unmöglich.«

»Es braucht ja nicht offiziell zu sein.«

»Die Grenze ist zu gut bewacht.«

»Vielleicht finde ich eine Stelle, wo wir durchschlüpfen können.« Ich dachte dabei an den toten Huxley. Sicherlich gab es Unterlagen über seinen Fluchtweg.

Will Mallmann erkundigte sich natürlich nach dem eigentlichen Grund meines Anrufs, denn bisher war ich nicht dazu gekommen, ihm den mitzuteilen.

Er war überrascht, als er hörte, daß ich das Bild seiner toten Frau bei einem Toten entdeckt hatte.

»Das gibt es doch nicht«, flüsterte er.

»Es ist aber so.«

»Und wo besteht da eine Verbindung zwischen all den Dingen?«

Ich lachte. »Um das herauszufinden, komme ich ja zu dir, Will. Die Spur nehmen wir nicht hier in England auf, sondern bei dir in Germany.«

»Dann drücke ich uns jetzt schon die Daumen«, sagte Will.

»Das kannst du auch.«

Die beiden Wissenschaftler schauten sich überrascht und irritiert zugleich an.

Der Schwarze Tod lachte schaurig, als er ihre Verblüffung bemerkte. »Ja«, grollte er, »ihr sollt ein Grab ausheben für diesen verdammten John Sinclair!«

»Und wer ist der Mann?« erkundigte sich Arthur Cornwall nach einer Weile.

»Ein Feind!« zischte der Schwarze Tod. Seine Worte klangen so haßerfüllt, daß es den Männern kalt den Rücken hinunterlief. So hatten sie noch nie jemanden sprechen hören. In diesen beiden Worten steckten soviel an Wut, Zorn, Haß und Abscheu, daß sich die Männer zu fürchten begannen.

Ja, dieser Grausame konnte hassen. Viel stärker als die Menschen. Sie fragten auch nicht, woher das Skelett kam und welche Aufgabe es zu erfüllen hatte, für sie ging es nur ums Überleben.

»Womit sollen wir das Grab ausheben?« erkundigte sich der Engländer.

Die Knochenhand wies nach rechts. Dort lagen Spaten und Hacken. Wie von Geisterhand geführt, waren sie hier auf dem Friedhof erschienen. So etwas ermöglichte nur die Schwarze Magie.

»Und wann erscheint dieser John Sinclair?« erkundigte sich Arthur Cornwall.

»Irgendwann«, erhielt er zur Antwort. »Er wird als Lebender diesen Friedhof erreichen, dann werde ich ihn töten, und ihr sollt ihn verscharren. Wenn er hier ist, kann ich euch meine Macht beweisen! Fangt jetzt mit der Arbeit an.«

Der Schwarze Tod hatte die letzten Worte kaum gesprochen, als seine Gestalt durchsichtig wurde und schließlich zu einem grauen Schemen zerfloß.

Zurück blieben die Wissenschaftler und natürlich der Rabe, der die Menschen keine Sekunde aus den Augen ließ.

Sven Jansson schaute auf das Werkzeug. »Verstehst du das, Art?« fragte er.

Der Engländer schüttelte den Kopf. »Nein, ich habe es mir allerdings abgewöhnt, noch groß zu denken.«

»Und warum?« Sven blickte den Freund erstaunt an. »So kenne ich dich gar nicht.«

»Weil wir nichts machen können, verdammt. Wir sind Gefangene dieses riesigen Skeletts. Tut mir leid.«

»Ich denke immer darüber nach, woher es kommt.«

Der Engländer blies die Wangen auf. »Das ist mir doch egal, zum Teufel.«

»Teufel ist gut.« Sven senkte seine Stimme. »Vielleicht ist das sogar der Teufel, und wir sind in der Hölle gelandet. Möglich ist schließlich alles.«

»Ich glaube nicht, daß es der Satan ist«, widersprach Art.

»Wer dann?«

»Du glaubst an Dämonen?« fragte Art.

»Jetzt ja.«

Der Norweger nickte, verzog jedoch sein Gesicht, da die Wunden bei dieser Bewegung schmerzten. »Komm«, sagte er mit dumpfer Stimme. »Laß uns anfangen zu graben.« Er ging vor und nahm einen Spaten auf, während sein Freund stehenblieb.

»Was ist mit dir?« fragte Sven.

Art deutete in die Runde. Sein ausgestreckter Finger wies auf jeden einzelnen Grabstein. »Ich frage mich, wer dort unter der Erde liegt«, murmelte er.

»Willst du nachschauen?«

»Reizen würde es mich schon.«

Sven hob beschwörend seine rechte Hand. »Laß nur die Finger davon, Art.«

»Ich habe nur laut gedacht.«

»Hoffentlich.«

Auch Art Cornwall nahm jetzt Werkzeug zur Hand. Der Schwarze Tod hatte ihnen nicht gesagt, wo sie das Grab ausheben sollten. Sie suchten sich kurzerhand einen freien Fleck aus und stachen den Spaten in die Erde.

Schweigend arbeiteten sie.

Die Luft war um kein Grad kühler geworden. Nach wie vor drückte die Feuchtigkeit und trieb den Männern das Wasser aus den Poren. Salziger Schweiß rann ihnen in die

Augen. Sie atmeten nur durch den offenen Mund, keuchend und stoßweise.

Der Boden war feucht und deshalb schwer. Schaufel für Schaufel schleuderten sie zur Seite, so daß sich neben dem Grab schon bald ein Hügel auftürmte.

Sven stieß schließlich den Spaten in das Erdreich und setzte sich. »Weißt du, wie tief solch ein Grab normalerweise ist?« fragte er.

Cornwall hörte ebenfalls auf zu arbeiten, wischte sich mit dem Ärmel den Schweiß von der Stirn und schüttelte den Kopf. »Nein, keine Ahnung. Ich habe noch keines ausgehoben.«

Sie gruben weiter, schaufelten immer mehr Erdreich hoch und schleuderten es auf den Hügel.

Der Berg wurde höher, und das Grab, das für einen gewissen Sinclair sein sollte, nahm mehr und mehr Gestalt an.

Nach einer Weile warf Art Cornwall den Spaten weg, stemmte die Hände ein und sagte: »Das müßte reichen.«

Nickend gab Sven Jansson seine Zustimmung. »Auf diesen Sinclair bin ich wirklich mal gespannt«, sagte er. »Hast du von ihm schon mal was gehört?«

Art schüttelte den Kopf. »Nein, aber England ist groß. Ich kann nicht jeden kennen.«

»Trotzdem muß er ein besonderer Mann sein, wenn das Skelett sich so um ihn kümmert. Normalerweise ist es für diesen Dämon doch einfach, Menschen wie uns zu töten. Daß Sinclair ein Übermensch ist, glaube ich nicht.«

Die beiden Wissenschaftler unterhielten sich wieder völlig normal. Die Angst war zum größten Teil gewichen. Sie hatten sich ihrer Umgebung angepaßt, so daß das Sprichwort »Der Mensch ist ein Gewohnheitstier« wieder einmal seine Bestätigung fand.

Doch die Ruhe war trügerisch.

Beide Männer hörten zur selben Zeit das tosende Grollen. Wie ein Unwetter lag es in der Luft und trieb Sven als auch Art den Angstschweiß auf die Stirn.

Sie zogen ihre Waffen und glitten bis an die alte Mauer des Friedhofs zurück.

Der große Rabe breitete seine Flügel aus, krächzte aufgeregt und sprang auf dem Ast hin und her.

Etwas war im Anmarsch.

Der Boden begann zu vibrieren. Genau im Rhythmus einer Schrittfolge. Es schien, als würde sich ein Riese dem Friedhof und damit den beiden Männern nähern.

Tief im Wald ertönte ein schauriges Fauchen. Plötzlich kreisten gewaltige Vögel in der Luft, eine Mischung aus Geier und Echse. Sie stießen in den grauen Himmel, als hätten sie vor irgend etwas schreckliche Angst.

Bäume knickten wie Streichhölzer weg. Die Männer vernahmen die krachenden Geräusche, das Fauchen wurde lauter, der Boden erbebte jetzt, und das Stampfen schwoll zu einem regelrechten Donnern an.

»Mein Gott!« flüsterte Sven. »Was kann das sein?«

»Vielleicht ein Tier«, meinte Art.

Er hatte mit seiner Vermutung recht. Es war tatsächlich ein Tier. Aber was für eins.

Zuerst sahen die Männer nur einen gewaltigen Schatten, zwei Bäume knickten um, und durch die entstandene Lücke sahen die beiden Wissenschaftler das gräßliche Untier.

Ein riesiges, mit langen Zähnen ausgestattetes Maul, groß wie ein Scheunentor, wurde aufgerissen, und das Fauchen schallte den Männern entgegen wie die Trompeten des Jüngsten Gerichts.

»Lieber Himmel«, flüsterte Art Cornwall. »Ein Tyrannosaurus Rex, das gefährlichste Tier überhaupt . . .«

An Saurier dachte ich natürlich nicht, als ich mein Büro verließ und zur Wohnung fuhr. Ich hatte mich entschlossen, Suko mit nach Deutschland zu nehmen. Der Chinese war eine sehr große Hilfe, wenn es hart auf hart ging.

Natürlich schlief er, stand aber schon beim zweiten Klingeln in der offenen Tür und schaute mich erstaunt an.

»Du hier?«

»Frag nicht so lange, sondern nimm noch eine Mütze voll Schlaf. In drei Stunden geht unsere Maschine.«

»Und wohin, wenn ich fragen darf?«

»Nach Deutschland. Wir fliegen bis Hannover.«

»Was sollen wir da?«

»Pommes frites schneiden. – Ich erkläre dir alles später«, sagte ich grinsend und verschwand in meiner Wohnung.

Suko war solche Dinge gewohnt.

Ich legte mich auch noch hin. Seltsamerweise schlief ich rasch ein, trotz der vergangenen Ereignisse.

Ich träumte von Hexen auf glühenden Besen. Doch über allem schwebte wie eine gewaltige Drohung die Gestalt des Schwarzen Tods.

Zwei Stunden später dachte ich unter der Dusche über meinen Traum nach und hatte das Gefühl, daß mir wirklich eine Entscheidungsschlacht bevorstand.

Wichtig war jedoch erst mal das Buch der grausamen Träume. Wenn ich die Schrift in Händen hielt, war schon viel gewonnen.

Ich war noch beim Anziehen, da klopfte Suko bereits gegen die Tür. Den Koffer hielt er in der Hand und grinste wie ein Honigkuchenpferd.

»Was hat Shao gesagt?« fragte ich.

»Gar nichts. Sie wundert sich nur immer wieder.«

»Dann ergeht es ihr nicht anders als mir. Sind die Waffen klar?« erkundigte ich mich.

Suko nickte. »Fliegen wir mit großem Gepäck?«

»Ja.«

»Worum geht es denn?«

Ich weihte den Chinesen ein und sagte ihm, daß es wahrscheinlich gegen den Schwarzen Tod ging.

»Du meinst, es kann zur Entscheidung kommen?«

»Bestimmt.«

Suko wollte etwas sagen, doch das Telefon klingelte. Ich hob ab und war nicht erstaunt, meinen Chef, Superintendent Sir Powell, an der Leitung zu haben.

»Was höre ich da? Sie wollen nach Germany fliegen?«

Ich erklärte ihm die Lage.

Sir Powell hörte aufmerksam zu. »Wenn Sie den Einsatz für gerechtfertigt halten, bitte.«

»Ja, ich muß rüber.«

»Gut, John. Ich drücke Ihnen beide Daumen.«

»Nehmen Sie die Zehen auch noch hinzu«, sagte ich. »Wir können es brauchen.«

Fünf Minuten später waren wir unterwegs zum Flughafen. Wir hatten ein Taxi bestellt, und der Wagen war sehr schnell da.

Während der Fahrt sprachen wir kein Wort miteinander. Jeder hing seinen Gedanken nach.

Ich konnte die Waffen mit durch den Zoll nehmen und brauchte keine Kontrolle über mich ergehen zu lassen. Ebenso würde es uns in Hannover gehen, dafür sorgte Kommissar Mallmann.

Viel Betrieb herrscht zum Glück nicht, und auch die Maschine war nur zur Hälfte besetzt. Eine nette Stewardeß servierte uns ein gutes Frühstück, und ich machte ebenso wie Suko noch ein kleines Nickerchen.

Die Ansage weckte mich.

»Anschnallen zur Landung.«

Über Hannover lag ein trüber Himmel. Er unterschied sich nicht von dem in London. Der Winter hatte sich wieder etwas zurückgezogen, die Temperaturen lagen über dem Gefrierpunkt, und mit Glatteis war nicht zu rechnen.

Ruhig setzte der Riesenvogel auf.

Wir waren mit die ersten Passagiere, die ausstiegen. Kommissar Mallmann erwartete uns bereits. Er war mit der Maschine aus Frankfurt gekommen.

Ich erschrak, als ich ihn sah. Wie hatte sich der gute Will in der letzten Zeit verändert.

Unter seinen Augen lagen dicke Ringe. Tief furchten die Falten sein Gesicht, der Mund zeigte eine sorgenvolle Krümmung. All das wies darauf hin, wie sehr ihn Karins Tod mitgenommen hatte.

Auch sein Händedruck war nicht so fest und die Begrüßung längst nicht so überschwenglich wie sonst.

Trotzdem fragte ich: »Wie geht es dir, Will?«

»Es ging mir mal schlechter«, erwiderte er. »Aber nach deinem Anruf spüre ich so etwas wie Energie, die in meinen Körper zurückkehrt, wenn du verstehst, was ich meine.«

»Sicher, Will.«

Suko war noch hungrig. Er schlug vor, ins Flughafen-Restaurant zu gehen, und wir waren einverstanden.

Will Mallmann bestellte sich ebenfalls ein Frühstück, ich beließ es bei einer Tasse Kaffee.

Zwischen zwei Bissen meinte der Kommissar: »Ich habe einen Leihwagen besorgt.«

»Das war gut.« Unwillkürlich mußte ich lächeln, denn Will aß mit einem wahren Heißhunger. Von Karin hatte er bisher noch nicht gesprochen, doch das Thema kam zwangsläufig.

»Woher hatte dieser Pensionär das Bild?« wollte Will wissen.

Ich hob die Schultern. »Es tut mir leid, Huxley wurde getötet, bevor er mir das sagen konnte.«

»Wirklich von einer Hexe?«

»Ja.«

»Es ist kaum zu fassen.« Will Mallmann hatte lange zu den Zweiflern gehört. Er hatte nicht an Dämonen und Geister geglaubt, war aber schließlich überzeugt worden.

Will brannte eine Frage auf den Lippen: »Wie kommen wir über die Grenze?«

»Wenn wir Glück haben, heil«, erwiderte ich und gab eine kurze Erklärung ab: die Information, die mir der Ex-Agent Huxley anvertraut hatte. »Auf diesem Weg werden wir in den anderen Teil Deutschlands gelangen. Er ist natürlich nicht ungefährlich«, sagte ich, »doch zum Glück ist er nicht vermint.«

»Gibt es dort überhaupt keine Sicherung?« wollte Suko wissen.

»Doch, Grenzsoldaten«, sagte Mallmann.

»Kennst du ihre Wacheinteilung?« fragte ich.

Will grinste. »Ja.«

Damit waren Suko und ich beruhigt.

Will ließ es sich trotz unserer Proteste nicht nehmen, das Frühstück zu bezahlen. Ich schaute derweil durch die große Scheibe auf das Rollfeld. Eine Maschine startete, es war ein imposanter Anblick. Ich hoffe nur, daß wir von diesem Flughafen aus ebenfalls den Rückflug antreten konnten, ohne daß der Schwarze Tod uns vernichtet hatte.

»Träumst du, John?« Sukos Stimme unterbrach meine Gedanken.

Ich schreckte hoch. »Sorry, ich habe nur ein wenig nachgedacht.«

»Es waren aber keine guten Gedanken«, vermutete Will Mallmann.

»Kann sein.«

Über eine Rolltreppe fuhren wir in das untere Geschoß. Will Mallmann mußte noch zur Wagenvermietung, um den Schlüssel und die Papiere abzuholen.

Zwei Minuten später war alles erledigt. Wir konnten in den dunkelblauen Mercedes 230 einsteigen.

Der Kommissar fuhr selbst. »Ich hatte mir gedacht, es ist besser, wenn wir einen großen Wagen mieten, darin haben wir wenigstens Platz.«

»Hauptsache, wir gelangen ans Ziel«, meinte Suko und lehnte sich im Fond behaglich zurück. Er hatte den Raum für sich allein, was ihm ausnehmend gut gefiel.

Von Hannover aus fuhren wir auf der Autobahn in Richtung Göttingen. Sie war ziemlich frei, und Mallmann konnte bequem seine 130 fahren, eine gute Reisegeschwindigkeit.

Autobahnfahrten sind meistens langweilig, vor allen Dingen dann, wenn man nicht selbst fährt. Bis Göttingen brauchten wir nicht zu fahren, bei Goslar bogen wir von der Schnellstraße ab.

Im Osten waren schon die bewaldeten Hänge der Berglandschaft zu sehen. Der Harz grüßte herüber. Auf den meisten Höhen lag noch Schnee. Als ich Will darauf ansprach, da lachte er.

»Im Harz ist das Klima rauh. Da bleibt der Schnee oft bis in den Mai hinein liegen.« Er räusperte sich. »Vor allen Dingen auf den höchsten Bergen.«

Von Goslar ging es nach Bad Harzburg. Wir stießen förmlich in den tiefen Harz hinein, fuhren aber auch höher, und schon bald glitzerte es rechts und links der Straße weiß.

Schnee.

Es war eine schöne Gegend. Die Orte schienen allesamt ihr Festkleid angelegt zu haben. Lifte transportierten die Skifahrer in abfahrtswürdige Höhen. Spaziergänger schritten in der klaren Luft tüchtig aus, und die Kinder hatten ihren Spaß beim Rodeln.

Wir erreichten Bad Harzburg. Dieser Ort, das Zentrum des Harzer Fremdenverkehrs, liegt schon nah an der Zonengrenze. Hier pulsiert das Leben fast das ganze Jahr hindurch.

Will Mallmann erklärte das alles.

Hinter der Stadt wurde es einsam. Wir fuhren geradewegs auf die Grenze zu. Militär begegnete uns. Jeeps, Lastwagen.

»Das ist der Bundesgrenzschutz«, klärte Will uns auf.

Wir fuhren durch zwei kleine Orte, deren Namen ich vergessen habe. Auf den Tannen und Fichten lag kein Schnee mehr. Der Wind hatte ihn weggefegt, nur noch der Boden war von dieser weißen Schicht bedeckt.

Die Fahrbahn wurde enger. Manchmal schien sie von den Hängen regelrecht zusammengepreßt zu werden.

Wieder ein Ort.

Militär auch hier. Ich sah Schilder, die auf Kasernen hinwiesen. Wir fuhren von der Straße ab.

Die Reifen des Wagens wühlten durch den Schlamm eines Feldweges. Unter dem Schnee war es matschig. Der Mercedes schaukelte wie ein müder Gaul, hielt sich jedoch tapfer.

Wir sahen erste Warnschilder. Dreisprachig stand dort der Text. Man warnte vor Minen und Selbstschüssen.

Ich schluckte.

Von der Zonengrenze hatte ich bisher nur gehört, sah sie also zum ersten Mal in meinem Leben. Es ist schon komisch, wenn man weiß, daß ein Land durch solch eine Grenze geteilt ist.

Wahnsinn ...

»Was ist mit dir, John?« fragte Will Mallmann.

»Ich dachte über die Grenze nach.«

»Das darfst du gar nicht. Sonst kannst du schwermütig werden.«

»Du kennst dich doch hier aus?« Mit dieser Frage versuchte ich, meine Gedanken in andere Bahnen zu lenken.

»Nein, ich war noch nicht hier.«

Der Kommissar stoppte mitten auf dem Feldweg und holte die Karte aus der Innentasche, die ich nach Huxleys Angaben gezeichnet hatte. Zwischen seinem und meinem Sitz breitete er sie aus.

Suko schaute zwischen unseren Schultern durch.

»Wir befinden uns hier«, erklärte der Kommissar und setzte seinen Zeigefinger auf einen Strich. »Das ist der Weg, den wir fahren.« Der Finger wanderte weiter. »Hier ist die Grenze. Ihr seht, der Weg führt genau darauf zu.«

Ich machte Will auf die eingezeichneten Wachtürme aufmerksam.

»Das soll uns nicht weiter jucken. Auch nicht am Tage, denn es geht gleich unterirdisch weiter.«

»Ich lasse mich überraschen.«

Der Kommissar lächelte. »Ich auch.«

Wir fuhren noch etwa fünfhundert Meter, dann fuhr Will mit dem Wagen rechts eine kleine Schneise ins Gebüsch.

Wir stiegen aus.

Im Wagen lief die Heizung, doch hier traf uns ein kalter, rauher Wind.

Ich stellte den Kragen hoch.

Will deutete nach vorn. »Da könnt ihr schon die Wachtürme sehen. Sie stehen überall entlang der Grenze. Und wenn ihr weiterschaut, die Bergspitze dort, die höchste, das ist der Brocken, wo sich der Sage nach die Hexen versammeln.«

»Müssen wir da hoch?« fragte Suko.

»Vielleicht«, erwiderte ich.

»Ich hätte Bergschuhe mitnehmen sollen«, erwiderte der Chinese.

»Es gibt auch einen Lift«, sagte Mallmann.

Danach schwiegen wir. Der Kommissar übernahm die Führung, als wir in Richtung Osten genau auf die Zonengrenze zumarschierten. Am Himmel stand eine blasse Wintersonne. An vielen Stellen war der Schnee schon weggetaut.

Wir gingen durch tiefen Matsch, der uns manchmal bis zu den Knöcheln reichte.

Plötzlich versperrten uns zwei Männer den Weg.

Sie waren so schnell aufgetaucht, daß selbst Suko sie nicht gesehen hatte. Mitten auf dem schmalen Weg blieben sie stehen. Die Maschinenpistolen hingen über ihren Schultern.

»Wo wollen Sie hin?« wurden wir angesprochen. Den Dienstrangabzeichen nach mußten die Männer Offiziere sein.

Will Mallmann übernahm das Reden. Er holte ein Papier hervor und übergab es.

Ein Offizier las. Sein Gesicht hellte sich auf. »Sie sind uns bereits avisiert worden. Ihre Dienststelle hat angerufen. Außerdem kam ein Fernschreiben.«

Der Kommissar steckte das Papier wieder ein. »Danke, meine Herren.«

Der Offizier fragte: »Sind Sie sich der Gefahr bewußt, in die Sie sich begeben?«

»Ja.«

»Sie kennen den Tunnel?«

»Nein. Doch ich hoffe, daß Sie ihn mir zeigen, Herr Major.«

Der Major knetete seine hageren Wangen. »Ich habe den Befehl, Ihnen behilflich zu sein. Folgen Sie mir bitte, meine Herren!«

Wir gingen im Gänsemarsch. Die beiden Offiziere bewegten sich besser durch das Gelände, sie waren es gewohnt, hin und wieder Streife zu laufen. Außerdem kannten sie sich hier aus.

Schon bald schlugen wir uns nach rechts in die Büsche.

Zweige peitschten gegen unsere Kleidung. Tropfen klatschten gegen mein Gesicht. Die Füße versanken im Schlamm.

Der Wald wurde dichter. Es gab keinen Weg mehr. Fichtenzweige wollten sich an unserer Kleidung festhaken. Ich hatte den Arm angewinkelt und hielt ihn schützend vor mein Gesicht.

Wir liefen etwa zehn Minuten, dann blieben die beiden Offiziere stehen.

»Hier ist es«, sagte der Major.

»Wo?« fragte Will Mallmann, und auch ich blickte erstaunt zu Boden, weil ich nichts sah.

Der Major lächelte wissend, bückte sich, nickte seinem Kameraden zu, und gemeinsam hievten sie ein Stück Boden einfach in die Höhe.

Überrascht schauten wir in einen Schacht und auf den Beginn einer Leiter.

»Haben Sie Taschenlampen mitgenommen?« fragte der Major.

Wir nickten.

»Dann wünsche ich Ihnen viel Glück. Sie werden einige Kilometerchen unterirdisch gehen müssen. Am Ende des Tunnels finden Sie abermals eine Leiter. Alles andere ist dann Ihre Sache.«

Will bedankte sich bei den Offizieren. Sie grüßten und verschwanden.

»Wer macht den Anfang?« fragte der Kommissar.

Ich tippte gegen meine Brust, schob Mallmann zur Seite und kletterte als erster die Leiter hinunter.

Die Sprossen waren feucht und bogen sich durch, aber sie hielten. Ich zählte genau dreizehn Stufen.

Gut, daß ich nicht abergläubisch bin.

Will Mallmann folgte mir, und als letzter stieg Suko die Leiter hinunter. Er deckte zuvor, und zwar von innen, den Einstieg wieder zu.

Unser Marsch konnte beginnen.

Sven Jansson und Art Cornwall waren unfähig, sich zu rühren.

So etwas hatten sie noch nie gesehen, aber das Ungeheuer vor ihnen war tatsächlich ein Tyrannosaurus Rex, der größte Fleischfresser, der je auf der Erde gelebt hatte.

Da er das Maul aufgerissen hatte, sahen die Männer die langen, gebogenen Zähne, die sie an die verkürzten Hauer der Elefanten erinnerten. Die Arme waren im Gegensatz zu den Beinen, die ein ungeheures Gewicht zu tragen hatten, winzig. Der schuppige Körper sah plump aus, doch neben den Reißzähnen schien der gewaltige Schwanz am gefährlichsten zu sein. In ihm steckte solch eine Kraft, daß die Bestie mit einem Schlag mehrere Bäume fällen konnte.

Im Augenblick verhielt sie sich ruhig. Die relativ kleinen, tückischen Augen beobachteten. Sven und Art hatten das Gefühl, daß nur sie angesehen würden.

»Der bringt uns um«, flüsterte der Norweger, »da haben wir keine Chance mehr.«

Er hatte die Worte kaum ausgesprochen, als der Tyrannosaurier ein grollendes Fauchen ausstieß, den schweren Kopf schüttelte und weiterging.

Wieder dröhnte der Boden. Einmal bewegte die Bestie ihren Körper unwillig zur Seite, und der gewaltige, schuppige Schwanz schlug zwei Bäume um.

»Wir müssen weg!« schrie Sven. »Verdammt, laß uns flüchten.« Er wollte über die Mauer steigen, als der Saurier plötzlich einen Sprung nach vorn tat.

Es wirkte plump, dabei warf die Bestie den Kopf hoch, riß die Kiefer noch weiter auf, und erst jetzt sahen die beiden Menschen, daß der Saurier sie gar nicht haben wollte, sondern den Raben.

Er war nicht weggeflogen, sondern stand mit flatternden Flügeln über dem Friedhof in der Luft.

Der Tyrannosaurier warf den Kopf hoch, die Kiefer klappten zu, um den Raben zu verschlingen.

Geschickt wich das Tier aus.

Die Hauer verfehlten ihn.

Das machte die Bestie noch wütender. Wild fuhr sie herum. Der lange Schwanz hob sich vom Boden ab, fuhr wie eine gewaltige Sense über den Friedhof, und die Wissenschaftler sahen ihn dicht vor sich.

Art Cornwall schaffte es nicht mehr, in Deckung zu gehen. Während Sven flach am Boden lag, wurde er gestreift.

Es war ein gewaltiger Hieb, der Art herumwarf und wie ein Stück Papier wegschleuderte. Er prallte zu Boden, überschlug sich ein paarmal und blieb still liegen.

»Art!« schrie Sven, doch sein Kollege hörte nicht. Er war entweder bewußtlos oder tot.

Da stieß der Rabe nach unten. Genau in dem Augenblick, als sich der Saurier dem Bewußtlosen zuwenden wollte, um ihn zu verschlingen.

Sven bekam alles mit. Für ihn war es wie ein Alptraum. Er sah allerdings auch, daß der Rabe nicht nur die Funktion des Wächters besaß, sondern auch die des Beschützers.

Der Vogel attackierte den gefährlichen Saurier!

Und er war schnell und wendig. Vergleichbar war der Kampf David gegen Goliath. Obwohl der Vogel eine übernormale Größe besaß, konnte er eigentlich gegen den Saurier nichts ausrichten.

Der Rabe stellte es schlau an.

Dicht vor dem aufgerissenen Kiefer des Sauriers zog er seine Kreise. Immer wieder schnappten die Zähne zu, und jedesmal verfehlten sie den Vogel.

Die glühenden Augen des Raben waren huschende rote Punkte, wenn er hin- und herflatterte. Obwohl der Wissenschaftler sich in Todesangst befand, faszinierte ihn dieser Kampf.

Abermals flog der Vogel einen Angriff. Er schien direkt in das aufgerissene Maul hineinzufallen, so sah es jedenfalls aus, doch bevor die Zähne ihn zermalmen konnten, stieg er hoch.

Wieder schnappten die Kiefer ins Leere.

Der Rabe ließ sich fallen. Er landete direkt auf dem Maul der Bestie, dicht unter dem Auge.

Und dann hackte er zu.

Nicht nur sein Körper war um das Fünffache gewachsen, der Schnabel natürlich auch. Und mit dessen Spitze schlug er in das Auge des Sauriers.

Das Ungeheuer drehte durch.

Es stieß ein Brüllen aus, wie Sven es noch nie gehört hatte. Wild warf es den Schädel hin und her. Der Schwanz peitschte in die Höhe, krachte zu Boden, wurde weitergerissen und fetzte dort eine tiefe Furche in die Erde.

Dickes Blut quoll aus dem Auge, das der Rabe zerstört hatte.

Der Vogel war wieder in die Höhe geflogen. Er schwebte über dem tobenden Ungeheuer und lauerte auf eine Chance, erneut angreifen zu können.

Die Bestie tobte sich aus.

Sie rollte und wand sich am Boden, stieß grollende, fauchende Laute aus. Das Gebrüll übertönte sogar noch das Donnern eines Erdbebens, ein Teil der Grabsteine wurde hinweggefegt wie lose Papierblätter.

Auch krachte das Schwanzende gegen die kleine, brüchige Mauer. Was noch stehengeblieben war, rasierte die Bestie fast alles weg.

Sven robbte zurück. Ein Stein traf ihn an der Schulter, ein anderer im Genick. Der letzte riß die Haut auf, und der Norweger spürte das Blut aus der Wunde rinnen.

Große Angst hatte er um seinen Kollegen. Art Cornwall lag leblos inmitten des Friedhofes. Wie durch ein Wunder war er von dem rasenden Ungeheuer noch nicht zertrampelt worden.

Der erste Schmerz war abgeklungen, und der Tyrannosaurus Rex beruhigte sich wieder.

Doch er war in seiner Sehkraft behindert. Das räumliche Sehen war eingeschränkt. Er mußte seinen mächtigen Schädel drehen, wenn er nach rechts schauen wollte, denn das andere Auge hatte ihm der Vogel ausgehackt.

Der Rabe lauerte auf seine nächste Chance.

Mit ausgebreiteten Flügeln schwebte er über der Bestie. Er hatte den Schnabel aufgerissen, und ein triumphierendes Krächzen drang aus seinem Maul.

Eiskalt wartete der Vogel den nächsten Angriff ab.

Sven Jansson hatte sich wieder aufgestützt. Er kniete auf dem Boden, schaute über die noch stehengebliebenen Reste der Mauer hinweg und wollte mitbekommen, was der Rabe anstellte.

Er griff an.

Kam schräg von rechts, so daß die Bestie ihn nicht sehen konnte.

Und als sie ihn sah, war es zu spät. Da hackte der Schnabel bereits in das Auge des Sauriers.

Einmal, zweimal . . .

Das Ungeheuer warf den Kopf hoch, der Schwanz fuhr ebenfalls in die Höhe und peitschte nach vorn, über den Körper des Sauriers hinweg, um den Vogel zu treffen.

Der Rabe war zu schnell.

Wie ein Pfeil zischte er weg.

Der Saurier drehte sich auf der Stelle. Abermals hörte Sven das schreckliche Gebrüll. Der Boden erzitterte, als der Schwanz immer wieder aufschlug.

Das Tier war jetzt blind!

Und wurde zur Beute von anderen, da es nichts mehr sehen konnte. Beinahe menschlich reagierte der Koloß, als er sich herumdrehte und wegrannte.

Der Tyrannosaurus Rex stürzte in den Urwald hinein. Er war in Panik geraten und brach sich mit seinem tonnenschweren Gewicht eine Bahn. Wo er hinstampfte, hinterließ er breite Schneisen.

Das mörderische Brüllen wurde leiser, war danach nur noch als entferntes Grollen zu vernehmen und verstummte schließlich völlig.

Jetzt würden sich die anderen Tiere auf den angeschlagenen Riesen stürzen und ihn endgültig umbringen.

Langsam erhob sich Sven Jansson. Er konnte nicht begreifen, daß er noch lebte. Sein Blick glitt vorsichtig in die Runde. Der Rabe hockte wieder auf seinem Ast, als wäre nichts gewesen.

Mit zitternden Knien schlich Sven vor. Um zu seinem Partner zu gelangen, stieg er über umgekippte Grabsteine hinweg. Neben Art ging er in die Knie.

Er fühlte nach dessen Puls und tastete auch den Herzschlag ab. Arthur lebte – er war nur bewußtlos.

Ein Riesenstein fiel dem Norweger vom Herzen. Sie hatten es überstanden.

Er hörte ein gewaltiges Rauschen über sich, und er sah eine Rotte von riesigen Vögeln in die Richtung fliegen, wo der Saurier verschwunden war.

Die Vögel würden die Bestie zerhacken.

Leicht schlug er Art ins Gesicht. An der Stirn seines Freundes wuchs eine gewaltige Beule, die immer dicker wurde und zu einem regelrechten Horn anschwoll. Sven hoffte, daß Art keine Gehirnerschütterung erlitten hatte.

Endlich schlug der Engländer die Augen auf, schaute sich verstört um und stöhnte.

»Alles okay, Art«, sagte Sven. »Wir haben es überstanden, wir sind davongekommen.«

Sven lächelte ihn an.

»Au, mein Kopf!« stöhnte Cornwall. »Da hat einer mit dem Hammer draufgeschlagen.«

»So ähnlich war es auch«, erwiderte Sven.

»Wo ist die Bestie?« flüsterte Art.

»Verschwunden.«

»Wie?« Art hustete. »Du hast sie doch nicht verscheucht?«

»Ich nicht«, sagte Sven Jansson. Er deutete zum Baum, wo der Rabe hockte. »Der da.«

Cornwall grinste. »Willst du mich auf den Arm nehmen?«

»Du bist mir viel zu schwer. Aber glaub es mir, der hat das Ungeheuer wirklich verscheucht.« Er berichtete, wie der Rabe dem Saurier die Augen ausgehackt hatte.

Arthur Cornwall verstand die Welt nicht mehr. »Wenn ich in der jüngsten Vergangenheit hier nicht die tollsten Dinge erlebt hätte, würde ich sagen, du lügst mich an. Aber so glaube ich dir jedes Wort.«

»Das kannst du auch.«

»Und nun?« fragte Art. »Wie geht es weiter?« Er hob den Arm, suchte die Beule an seiner Stirn, fand sie und verzog schmerzlich das Gesicht. »Da hat man mir ganz schön eine rübergezogen«, stöhnte er.

»Steh erst mal auf.« Sven streckte seinen Arm aus, faßte Arts Hand und zog den Engländer hoch. Stehen konnte Art nicht. Vor seinen Augen drehte sich die Welt. Sven mußte hart zufassen, damit Cornwall nicht hinfiel.

Er übergab sich.

»Doch eine Gehirnerschütterung«, murmelte der Norweger.

Art spie, keuchte und holte tief Luft. »Aber nur eine kleine«, stöhnte er. »Sonst würde es mir viel dreckiger gehen.«

Auf seinen Freund Sven Jansson gestützt, wankte der englische Geologe auf die Überreste der Mauer zu und hockte sich dort auf einen Stein. Das Kinn stützte er in beide Hände.

»Wenn wir jetzt Wasser hätten«, stöhnte er.

»Ich habe nur Whisky im Gepäck.«

»Geh mir weg damit.«

Dann schwiegen sie. Minutenlang saßen sie nebeneinander, und der Rabe ließ sie nicht aus den Augen.

»Ob die anderen uns schon suchen?« murmelte Cornwall nach einer Weile.

»Keine Ahnung. Wahrscheinlich nicht. Die warten, bis der Sturm aufhört.«

»Dann ist es zu spät. Ach, verdammt, ist ja sowieso alles zu spät«, knurrte Art. »Wir sitzen hier, als würden wir auf jemanden warten.«

»Was letzten Endes auch stimmt«, entgegnete Sven Jansson. »Wir warten auf John Sinclair.«

»Um bei seiner Beerdigung dabeizusein.«

Jansson nickte. »So ist es!«

Der Tunnel zwischen Ost und West schien lange Zeit nicht mehr benutzt worden zu sein, denn wir sahen keinerlei Fußabdrücke in dem feuchten Erdreich.

Und naß war es in dieser Tiefe.

Von der niedrigen Decke tropfte überall Wasser. Wo es besonders stark herunterfiel, hatte es sich zu Pfützen gesammelt, die aufblitzten, wenn der Lampenstrahl sie traf.

Ich ging nach wie vor an der Spitze und hielt eine flache, aber lichtstarke Lampe in der Hand. So konnten die anderen – sie waren ebenfalls mit Taschenlampen ausgerüstet – die ihren schonen.

Manchmal wurde die Decke von rohen Holzbalken gestützt, und hin und wieder war ein Teil sogar eingestürzt. Die Hindernisse mußten wir jedesmal umgehen, was oft gar nicht so einfach war, denn der Gang war an manchen Stellen auf halber Höhe verschüttet.

Zum Glück lief er nicht in Windungen weiter, sondern führte stur geradeaus.

So unter der Erde und wenn man jeden Augenblick damit rechnen konnte, verschüttet zu werden, erscheint einem der Weg doppelt so lang. Ich hatte das Gefühl, schon zwei Kilometer gelaufen zu sein, dabei war es nicht mal einer.

»Jetzt müßten wir etwa an der Grenze sein«, sagte Kommissar Mallmann hinter mir mit dumpfer Stimme.

Ich stellte meinen linken Daumen hoch. »Wenn die da oben wüßten . . .«

»Mal den Teufel nicht an die Wand, John«, sagte der Kommissar. Seine Stimme klang ängstlich.

»Sind die so schlimm?«

»Schlimmer.«

Wir gingen weiter. Niemand hielt uns auf, kein Monster stellte sich uns in den Weg, kein Vampir oder Werwolf lauerte hier unten. Wir waren völlig allein.

Hin und wieder tropfte mir Wasser in Nacken und Gesicht. Ein Tropfen rann auf meine Lippe, er schmeckte irgendwie metallisch.

Auf einmal wurde der Gang enger. Ich blieb stehen, Will lief gegen mich.

»Schlaf nicht ein«, sagte Suko.

»Hauptsache, er schnarcht nicht«, erwiderte ich. Ich schwenkte meinen rechten Arm und schlug einen Halbkreis. Der Gang wurde so schmal, daß man ihn nur mehr als Spalt bezeichnen konnte. Zudem sank die Decke niedriger.

Aufrecht oder leicht gebückt konnten wir nicht mehr stehen.

»Ich gehe mal vor«, sagte ich, wartete die Antwort der beiden nicht ab, sondern setzte mich in Bewegung. Seitlich mußte ich mich durch den Spalt quetschen und dabei noch meinen Bauch einziehen.

Danach erreichte der Gang seine normale Breite und Höhe wieder zurück.

»Ihr könnt kommen!« rief ich den beiden zu.

Mallmann schaffte es so gut wie ich, doch Suko hatte leichte Schwierigkeiten. Ich zog ihn schließlich durch.

»Du bist ein wahrer Freund«, sagte er und grinste.

»Ich wollte schließlich nicht, daß du in dem Spalt verhungerst.« Wir schritten weiter unter der Erde her und hätten beinahe einen Freudenschrei ausgestoßen, als der Lampenstrahl die versprochene Leiter aus der Dunkelheit riß.

»Geschafft«, sagte Will Mallmann und atmete auf.

Auch ich war zufrieden, und Suko erging es nicht anders. Diese Lauferei unter der Erde war nicht das Wahre.

Ich hatte die ganze Zeit über den Anfang gemacht, also kletterte ich jetzt auch als erster die Stufen hoch. Die Lampe hielt ich so, daß ihr Schein gegen das Unterteil der Luke fiel.

Wenn uns jemand verraten hatte, würde man mir den Kopf abschießen, wenn ich ihn ins Freie streckte.

Ein bißchen mulmig war mir schon zumute, als ich die Klappe mit den Schultern hochstemmte.

Frische, kühle Luft fächelte mir ins Gesicht. Ich hielt die Klappe etwa einen Zoll hoch und peilte nach draußen.

Kein Mensch war zu sehen.

Nur Wald und ein Stück graublauen Himmels. »Scheint alles okay zu sein«, rief ich zu den Freunden hinunter.

»Dann weiter«, sagte Will.

Ich drückte die Luke völlig auf. Etwas fiel dumpf zu Boden. Der Tarnbelag, wie ich später feststellte.

Ein großer Schritt brachte mich endgültig ans Tageslicht. Rasch kletterten auch Kommissar Mallmann und Suko ins Freie. Suko tarnte den Ausstieg, während Will und ich uns umsahen.

Wir standen inmitten eines dichten Waldstücks. Umgeben von Tannen, Fichten und anderen Bäumen. Schmutzige Schneereste lagen auf dem Boden, ein paar Raben zogen am grauen Himmel ihre Kreise, ansonsten war es still.

»Kein Mensch zu sehen!« flüsterte Will.

»Aber auch kein Dorf«, bemerkte ich.

»Das werden wir schon finden.« Will Mallmann gab sich

zuversichtlich, und diese Zuversicht steckte Suko und mich an.

»Wie heißt denn der nächste größere Ort?« erkundigte ich mich bei Will Mallmann.

»Ilsenburg, glaube ich. Aber da können wir nicht hin. Dort liegt bestimmt Militär. Außerdem müssen wir sowieso mit Streifen rechnen.«

»Mit anderen Worten: Es ist schwierig, wenn nicht sogar unmöglich, bei Tage weiterzugehen«, stellte ich fest.

»Das glaube ich fast«, meinte Will Mallmann.

»Wir verlieren Zeit«, bemerkte Suko.

Dagegen konnte niemand etwas sagen.

Ich war ein paar Schritte zur Seite gegangen, um nachdenken zu können. Wir mußten zu dieser Kontaktperson. Hans Bauer hieß der Mann.

Und er wohnte in einem Ort namens Gramlage. Das Dorf war so klein, daß man es in einem normalen Atlas gar nicht fand. Fragen konnten wir auch schlecht.

Das Krächzen der Raben unterbrach meine Gedanken. Es war ziemlich laut. Unwillkürlich schaute ich hoch.

Zehn, zwanzig Vögel zählte ich mindestens. Sie hatten sich in die entlaubte Krone eines Baumes gehockt, krächzten wild und hackten mit ihren Schnäbeln auf und nieder.

Ich stutzte.

Was war das? Die Raben sahen zwar normal aus, doch als ich schärfer hinblickte, erkannte ich es.

Sie hatten rote Augen!

Das waren keine normalen Vögel.

Diese Vermutung wurde uns im nächsten Augenblick bereits bestätigt, denn die Raben griffen an . . .

Oben auf der Spitze des Berges, wo die Wolken ihren höllischen Reigen tanzten und der kalte Wind über rauhes, zerklüftetes Gestein pfiff, fühlten sie sich wohl.

Sie – das waren die Hexen.

Sie tanzten mit dem Wind um die Wette, waren tagsüber

schattenhafte Nebelgebilde und von keinem menschlichen Auge zu sehen. Sie bewachten den Berg wie einen Schatz.

Und einen Schatz enthielt er auch.

Das Buch der grausamen Träume.

Der Schwarze Tod hatte es noch einmal vor meinem Zugriff retten können und einen Platz gefunden, an dem er es sicher glaubte.

Das war der Brocken!

Seit Jahrhunderten gehörte der Berg den Hexen. Sie wiederum waren dem Schwarzen Tod, der rechten Hand des Satans, eng verbunden, wenn nicht hörig. Sie befolgten seine Befehle und hüteten das Buch wie ihren Augapfel. Sie bewachten auch den Berg, achteten darauf, daß keine Feinde in die Nähe des wertvollen Schatzes gelangten. Normale Menschen interessierten sie nicht. Sie nahmen hin, daß dort oben eine Radarstation stand, es kümmerte sie auch nicht, wenn ein Skilift Touristen hochbeförderte – wichtig war nur, daß die Menschen ihre Kreise nicht störten. Doch wenn Gefahr im Verzug war, dann griffen sie ein. Nur nachts konnten sie ihre wahre Gestalt annehmen, tagsüber irrten sie als geisterhafte Schemen über die Bergspitze hinweg, von den Wolken nicht zu unterscheiden.

Die Gefahr jedoch war nahe.

Einer hatte sie überrascht und belauscht. Er hatte gehört, daß sie sich über das Buch der grausamen Träume unterhielten, und zufällig oder bewußt die richtigen Schlüsse gezogen. Er war, so rasch es ging, in seine Heimat gereist, um dort einen Mann zu treffen, der für die Hexen eine tödliche Gefahr bedeutete.

John Sinclair.

Die Hexen hatten dem Schwarzen Tod sofort darüber berichtet, und der hatte umgehend Maßnahmen ergriffen.

Der Zeuge wurde zwar getötet, doch an John Sinclair kamen sie nicht direkt heran, ihn wollte der Schwarze Tod vorerst schonen.

Vorerst!

Er hatte bereits alles vorbereitet und sein eigenes Spiel begonnen. Die Spuren waren so gelegt, daß John Sinclair in die

Falle hineintappen mußte, denn der Schwarze Tod kannte seine Reaktionen. Zu oft hatten sie sich bereits gegenseitig bekämpft.

Und Sinclair kam.

Durch Überlegen und logisches Denken hatte er herausgefunden, wo der Hebel anzusetzen war.

Sinclair befand sich bereits in der Nähe des Brockens.

Das wußten auch die Hexen.

Sie reagierten entsprechend. Sie nahmen eine andere Gestalt an, nicht ihre normale, sondern die der Raben. Und als Raben jagten sie zu Tal, um John Sinclair zu töten.

Vier Raben lösten sich von ihren Plätzen. Wie Torpedos stürzten sie auf uns zu.

»Vorsicht!« Ich schrie meinen Freunden eine Warnung zu, mehr konnte ich nicht tun, denn ich wurde gleichzeitig von zweien dieser Biester angegriffen.

Blitzschnell warf ich mich zu Boden.

Die Vögel wischten über mich hinweg. Ich rollte mich herum und bemerkte aus den Augenwinkeln, wie Will Mallmann und Suko ihre Waffen zogen. Ich hatte dem Kommissar ebenfalls eine mit geweihten Kugeln geladene Waffe überlassen.

»Nicht schießen!«

Die beiden zuckten zurück. Dabei mußte Will Mallmann einen harten Schnabelhieb am Kopf hinnehmen, der ihm die Haut aufriß. Sofort quoll Blut aus der Wunde.

Wenn wir noch weiterleben wollten, durften wir auf keinen Fall einen Schuß abgeben. Denn hier in der Nähe befanden sich überall Grenzsoldaten, und ein Schuß würde sie aufschrecken.

Wir mußten die Raben so besiegen.

Ich sah, daß Suko den Kommissar packte und ihn in ein Gebüsch warf, wo starke Zweige ihm Deckung gaben. Dann holte er die Dämonenpeitsche hervor, schlug einmal einen Kreis und rollte die Riemen hervor.

Ich nahm den Dolch.

Pfeilschnell zischten zwei Raben auf mich zu. Ich schaute in zwei glühende Augenpaare und glaubte, darin den Widerschein der Hölle leuchten zu sehen.

Das waren grausame Tötungsmaschinen, die uns da attackierten und unser Leben wollten.

Ich sprang den Raben entgegen, winkelte meinen linken Arm an, hielt ihn vor mein Gesicht und riß den rechten hoch. Ein Schnabel hackte in meinen Mantelärmel. Ich spürte den Hieb bis auf die Haut, doch gleichzeitig durchstieß der geweihte Dolch den Körper des zweiten Raben.

Ein grausamer, fast menschlich klingender Schrei erklang. Plötzlich wallte eine grüne, stinkende Wolke vor mir hoch, und der Rabe verging.

Doch da war noch der zweite.

Ich traf ihn mit der Faust und schleuderte ihn zurück.

Dann warf ich mich mit gezücktem Dolch vor.

Gleichzeitig schlug Suko mit der Peitsche zu. Er war ein Meister in ihrer Handhabung. Die magischen Riemen räumten unter den Raben auf, denn von den Bäumen stürzte die nächste Angriffswelle auf uns herab.

Suko kämpfte wie ein Berserker, und auch ich gab keinen Zoll Boden preis. Mit dem Rücken hatte ich mich an einen Baumstamm gepreßt, den Dolch hielt ich so, daß die Spitze nach oben wies.

Hart stieß ich die Klinge vor.

Wieder löste sich ein Rabe auf.

Wir waren umgeben von stinkenden Wolken, das Krächzen hallte in unseren Ohren wider, und doch hörte ich den Angstschrei.

Ich sprang zur Seite und wirbelte herum.

Will Mallmann hatte geschrien.

Drei Raben hockten auf den federnden Zweigen des Gebüsches und wollten dem Kommissar die Augen aushacken.

Will wehrte sich verbissen. Mit Faustschlägen schaffte er sich etwas Luft, doch ein vierter Vogel griff ihn von hinten an.

Er jagte geradewegs auf Wills Kopf zu.

Um den Kommissar zu erreichen, war die Distanz für mich

zu groß. Bis dahin konnte der Rabe ihn schon getötet oder zumindest schwer verletzt haben.

Es gab noch eine Chance.

Ich mußte meinen Dolch schleudern.

Es war eine ausgezeichnete Waffe, die ausgewogen in der Hand lag. Im Laufe der Zeit hatte ich mich daran gewöhnt und konnte damit umgehen wie ein Messerwerfer.

Ich hob den rechten Arm, ließ mir einen Atemzug Zeit, um zu zielen. Ich schleuderte den Silberdolch wuchtig auf den heranrasenden Raben zu.

Er traf.

Mit einem harten Schlag hieb er in den Körper dieses höllischen Vogels, kurz bevor er Will Mallmann erreichte. Wie er verging, sah ich nicht mehr, denn ich mußte Will aus seiner prekären Lage befreien.

Vier Sprünge brachten mich zu ihm. Mit bloßen Händen packte ich den ersten Raben und schleuderte ihn gegen den Baumstamm. Einen zweiten traf mein Faustschlag.

Der dritte Vogel flatterte in die Luft. Das gab mir Zeit, den Dolch aufzuheben.

Mit ihm in der Faust kreiselte ich herum.

Ich brauchte nicht mehr einzugreifen. Die höllischen Vögel verließen den Kampfplatz, schraubten sich in den grauen Winterhimmel und verschwanden.

Tief atmete ich ein. – Schon einmal hatte ich gegen Geistervögel gekämpft. Damals in Irland, wo mich ein Abenteuer hingeführt hatte.

Ich streckte den rechten Arm aus und half Will Mallmann hoch.

Der Kommissar sah schlimm aus. Ein Schnabelhieb hatte ihn auf dem Kopf getroffen. Da Will so etwas wie eine kleine Glatze hatte, rann ihm das Blut über die Stirn. Er holte ein Taschentuch hervor und preßte es auf die Wunde.

Auch Suko sah nicht gerade wie frisch gebadet aus. Ihm hatte ein Schnabelhieb die Wange aufgehackt, mich hatte es am Gelenk und am Arm erwischt.

Aber wir lebten!

»Die Helden lecken sich ihre Wunden«, sagte Will und verzog schmerzlich das Gesicht, als er zu stark auf seine frische Blessur drückte.

»Jetzt wissen wir wenigstens, daß wir erwartet werden«, sagte ich.

Die anderen nickten.

»Und aufgefallen sind wir wohl auch nicht«, meinte Suko.

Da hatte er recht. Kein Grenzsoldat ließ sich blicken. Und wer kümmerte sich schon um wilde Vögel?

Suko schaute mich an. »Sollen wir tatsächlich bis zum Dunkelwerden hier warten?«

Ich dachte nach. An Wills Gesicht las ich ab, daß auch er nicht begeistert war, im Wald zu bleiben. Unsere Gegner wußten Bescheid, daß wir in der Nähe waren. Verstecken konnten wir uns nicht mehr, höchstens vor den Grenzsoldaten. Also mußten wir so rasch wie möglich nach Gramlage gelangen, wo dieser Hans Bauer wohnte.

»Hast du dich entschieden?« fragte Will.

»Ja. Wir gehen nach Gramlage.«

»Endlich ein vernünftiges Wort«, sagte Suko grinsend.

Zuerst mußten wir den Wald verlassen, und das war schwierig genug. Gramlage lag weiter im Osten. Wir sahen, wo die fahle Sonne stand, und hielten uns fast entgegengesetzt.

Eine halbe Stunde waren wir bereits durch den Wald marschiert, als wir auf eine Straße stießen. Sie war nicht asphaltiert und führte in Schlangenlinien am Berg entlang. Rechts und links breitete sich dichter Wald aus. Weiter vorn sahen wir den Gipfel des Brockens. Der Schnee grüßte hell zu uns herüber.

Motorengeräusch schreckte uns auf. Blitzschnell verschwanden wir im Straßengraben.

Ein Geländewagen – besetzt mit vier Soldaten – passierte uns. Die Männer schauten nicht nach links und rechts, sondern fuhren weiter.

»Wenn sie uns erwischen, sind wir dran. Wir haben nämlich kein Visum.« Will Mallmann hatte immer noch Befürchtungen. Gerade weil er beim BKA beschäftigt war, würden sich die anderen über ihn besonders freuen. Wir verließen unsere Deckungen wieder und gingen dicht am Straßenrand weiter.

Wenig später erreichten wir eine Kreuzung. Und dort sahen wir auch die Wegweiser.

Gramlage – 2 km.

Will rieb sich die Hände. »Wer sagt's denn.«

Dann hätten wir eigentlich in Deckung gehen müssen, doch ein Treckerfahrer hatte uns schon gesehen. Das Gefährt schob sich aus einem schmalen Feldweg, und der Trecker zog einen leeren Anhänger hinter sich her.

Auf dem Sitz hockte ein alter Mann mit einem grauen Bart und einer wetterharten Gesichtshaut, das von zahlreichen Falten gezeichnet war. Doch die Augen blickten hell und klar. Nicht verschlagen.

Der Mann stoppte seinen Trecker.

Wir standen ziemlich dumm herum.

»Wo wollen Sie denn hin?« sprach der Alte uns an.

Will antwortete: »Nach Gramlage.«

»Da können Sie mitfahren. Steigen Sie hinten auf.«

Wir wechselten einen schnellen Blick. Der Alte bemerkte ihn und schmunzelte. »Ich heiße Kröger«, sagte er.

Wir stellten uns ebenfalls vor.

»Sie kommen aus dem Westen, wie?« fragte Kröger.

»Woher wissen Sie das?« erkundigte sich Will.

»An der Kleidung sehe ich es. Außerdem leben meine beiden Söhne in Göttingen. Ich wollte auch rüber, aber meine Frau meinte, wir wären zu alt. Ein Parteispitzel bin ich nicht. Steigen Sie auf, und dann ist alles klar. Sie wissen, daß Sie in der Sicherheitszone eigentlich nichts zu suchen haben.«

Wir nickten.

Ein netter Mensch, dieser Mann, dachte ich, als ich mich auf die nicht sehr saubere Ladefläche schwang.

Bevor der Alte anfuhr, drehte er sich noch einmal um. »Ihre Wunde auf dem Kopf werde ich bei mir zu Hause verarzten«, sagte er zu Will Mallmann.

»Danke, sehr freundlich, aber es geht schon.«

»Nichts geht, junger Mann. Damit kann man sich leicht eine Blutvergiftung holen. Wie ist das denn passiert?«

Will sah ein, daß sich der Alte durch eine Ausrede schlecht abspeisen ließ, und meinte: »Mich hat ein Vogel angegriffen!«

Kröger zog die Augen zusammen. »Vielleicht ein Rabe?« fragte er.

»Ja . . .«, dehnte Will.

Da fuhr der Alte ab.

Ich hatte seine Reaktion genau bemerkt und machte mir meine Gedanken. Dieser Mann war bestimmt in der Gegend um den Brocken aufgewachsen oder hatte lange Zeit hier gelebt. Er schien einiges zu wissen. Ich würde ihn danach fragen, wenn wir bei ihm waren.

Der Trecker rumpelte los. Es war ein älteres Modell und verursachte dementsprechend viel Krach. Aus dem Auspuff blies eine schwarzgraue Fahne gegen unsere Gesichter.

Die Landschaft konnte man ohne weiteres als lieblich bezeichnen. Sanfte Hügel, große Wiesen, Wälder. Die höheren Berge wie der Brocken lagen hinter den Hügeln.

Ich hielt des öfteren Ausschau nach den Raben. Wir hatten zwar einige dieser Höllenvögel vernichten können, doch ich glaubte fest daran, daß sie noch nicht aufgegeben hatten. Sie würden uns weiter unter Beobachtung halten.

Ich sah auch einige Vögel. Ob es allerdings Raben waren, konnte ich nicht feststellen. Die Entfernung war zu groß.

Herr Kröger drehte sich um. »Wollen Sie in Gramlage jemanden besuchen?« fragte er laut gegen das Knattern des Motors an.

Die Frage war an Will Mallmann gerichtet, und der Kommissar zögerte mit der Antwort.

»Sie können ruhig ehrlich sein, ich bin kein Spitzel, wirklich nicht.«

Ich antwortete: »Ja, wir wollen zu einem gewissen Hans Bauer.«

Kröger schmunzelte. »Hatte ich mir fast gedacht.« Mehr sagte er nicht, sondern fuhr weiter.

Suko stieß mich in die Seite. »Da scheint wohl das ganze Dorf zu wissen, was mit diesem Hans Bauer los ist.«

»Wir müssen mit allem rechnen.«

Plötzlich war mir gar nicht mehr so wohl zumute. Ich hatte das Gefühl, in eine Falle zu laufen.

Zu merken war allerdings nichts davon. Der Weg beschrieb eine weite Kurve. Er führte jetzt zwischen braunweißen Feldern hindurch. Weiß deshalb, weil auf Furchenrändern noch Schnee lag. Der Wind fiel von den Bergen, und die Sonne wurde immer blasser.

Wir hatten Nachmittag.

Hinter der Kurve lag der Ort Gramlage. Zuerst sah ich nur ein paar Dächer. Manche davon weiß an den Wetterseiten. Rauchwolken stiegen aus den Schornsteinen in den grauen Himmel. Sie wurden vom Wind sofort zerfetzt.

Die Häuser konnte man an beiden Händen abzählen, so klein war das Dorf. In der Nähe lagen ein paar Gehöfte. Dazwischen weiter verstreut die Stallungen.

Die Straße wurde auch in Dorfnähe nicht besser. Kein Pflaster, kein Asphalt. Nur der noch gefrorene, harte Boden.

Die bessere Unterlage begann erst in Gramlage. Doch bis zur Hauptstraße fuhren wir gar nicht. Der alte Kröger bog vorher nach rechts ab.

»Unsere Ankunft braucht nicht jeder zu sehen«, erklärte er, als er in einen schmalen Weg einbog, der an der linken Seite von einem Holzzaun begrenzt wurde.

Der Alte stoppte.

»Aussteigen!« rief er.

Wir sprangen von der Ladefläche und blieben neben dem Anhänger stehen.

Umständlich kletterte der Alte von seinem Sitz, rieb sich die trockenen Hände und bedeutete uns, ihm zu folgen.

Im Gänsemarsch schritten wir hinter ihm her. In der Nähe bellte ein Hund. Wir hörten auch helle Kinderstimmen, bekamen jedoch keinen Menschen zu Gesicht.

Am Ende des Zauns bogen wir nach links ab. Herr Kröger stieß ein Gattertor auf, und wir standen auf seinem Hof.

Das Bauernhaus war nicht groß und im Fachwerkstil errichtet worden. Es hätte dringend einer Renovierung bedurft. Vor dem Haus standen zwei uralte Linden. Ihre Äste bildeten ein Dach über zwei grüngestrichenen Bänken.

Im Sommer war es sicherlich gemütlich hier.

»Eigentlich wollten wir ja zu Hans Bauer«, sagte ich.

Der Alte nickte. »Ich weiß, aber lassen Sie sich überraschen, meine Herren.«

Es blieb uns nichts anderes übrig, als ihm zu folgen. Er stieß eine dicke Holztür auf, und wir betraten das Bauernhaus.

Vor uns lag ein Gang. Links ging es zu den Stallungen, das war nicht zu überhören. Das Grunzen der Schweine klang deutlich an unsere Ohren. Rechts führten drei Steinstufen zu einer Tür hoch.

Der Alte stieß sie auf.

Wir betraten eine Küche, wie ich sie noch aus alten Büchern und Beschreibungen kannte. Groß, mit einem gefliesten Boden, wuchtigen Holzmöbeln, einem gewaltigen Herd und dicken Wänden.

An dem Tisch saß ein Mann. Als wir eintraten, wandte er sich langsam um.

»Darf ich vorstellen?« sagte der alte Kröger. »Das ist mein Knecht Hans Bauer!«

Wir waren wirklich überrascht. Und diese Überraschung stand auch auf unseren Gesichtern zu lesen. Mit allem hatten wir gerechnet, damit jedoch nicht. Da hatte uns der Zufall genau den richtigen Mann in die Hände gespielt.

Herr Kröger lachte, als er unsere Gesichter sah. »Knecht ist natürlich zuviel gesagt«, meinte er schmunzelnd. »Hans Bauer ist eigentlich Landmaschinenmechaniker. Er wohnt bei mir, und die anderen Bauern leihen ihn sich aus.«

Jetzt wußten wir Bescheid.

Bauer stand auf.

Er war jünger als ich und größer. Er hatte schwarze Haare, etwas wulstige Lippen und ein breitflächiges Gesicht. Er trug eine Cordhose und ein grobes Baumwollhemd.

Per Handschlag begrüßte er uns. Ich hatte Angst, daß meine Finger zerquetscht würden, so hart griff er zu.

Dann stellten wir uns vor. Als er meinen Namen hörte, stutzte er: »Sind Sie Engländer?«

»Ja.«

Ich merkte, wie er nachdachte. Seine Stirn legte sich dabei in Falten.

»Ich kannte Rod Huxley«, sagte ich.

Jetzt lächelte er. »Dann wissen Sie meinen Namen von ihm, nicht wahr?«

Ich nickte.

»Und warum ist Rod nicht mitgekommen?«

»Er ist tot«, erwiderte ich.

Hans Bauer zuckte zusammen. »Tot?« murmelte er fassungslos. »Wirklich tot?« Er wischte sich fahrig über die Stirn und wußte nicht, wohin er schauen sollte. »Wer hat ihn denn umgebracht?« fragte er mit heiserer Stimme. »Hat man ihn erwischt? An der Grenze?«

»Nein, er ist in London umgekommen. Ich war dabei, konnte aber nichts tun.«

»Haben Sie den Mörder gestellt?« fragte er mich.

»Ja und nein.« Ich schaute Hans Bauer fest an. »Glauben Sie an das Übersinnliche?«

»Sie meinen an Geister oder so?«

»Genau!«

Hans Bauer und der alte Kröger tauschten einen schnellen Blick. Dann senkte Bauer die Augenlider und hob die Schultern. Er wollte wohl nicht mit der Sprache heraus.

»Rod Huxley ist von einer Hexe getötet worden«, sagte ich in die lastende Stille hinein.

Beide Männer zuckten zusammen.

»Was sagen Sie da?« fragte der alte Kröger.

Ich wiederholte den Satz.

»O Gott«, flüsterte Hans Bauer, »die Hexen vom Brocken. Sie haben ihn geholt.«

Jetzt horchte ich auf. »Was wissen Sie über die Hexen?«

»Nichts, nichts. Ich . . .«

»Moment mal«, mischte sich Kommissar Mallmann in unseren Dialog. »Ich schätze, es ist an der Zeit, daß wir das Versteckspiel aufgeben. Wir sind nicht hergekommen, um hier den Fluchthelfer zu spielen. Der Grund ist ein ganz anderer.«

Der Kommissar packte aus. Er nannte den wahren Grund für unser Kommen.

Die Männer hörten mit ernsten Gesichtern zu. Schließlich seufzte der alte Kröger auf.

»Einmal mußte es ja kommen«, sagte er.

»Wie darf ich das verstehen?« fragte ich.

»Wir wohnen hier in einer Gegend, wo der Aberglaube zu Hause ist«, berichtete er. »Aber es ist nicht nur Aberglaube, das meiste stimmt. Ich weiß, daß die Hexen existieren. Sie haben ihren Platz auf dem Gipfel des Brocken und verwandeln sich tagsüber, falls sie sich nicht verstecken, in Raben. Sie sind von diesen Vögeln angegriffen worden, das haben Sie selbst erzählt. Eine große Erklärung kann ich mir deshalb sparen, aber es stimmt, daß die Hexen einem hohen Dämon dienen.«

»Vielleicht dem Schwarzen Tod?« fragte ich.

»So nennt man ihn.«

»Können Sie mir sagen, ob wir den Schwarzen Tod hier finden?« forschte ich weiter.

»Nein, gesehen habe ich ihn nie. Ich kenne nur die alten Sagen und Legenden.«

Will Mallmann holte ein Bild seiner toten Frau aus der Tasche. »Haben Sie diese Person schon einmal gesehen?«

Der Alte nahm ihm das Bild aus der Hand, hielt es dicht vor seine Augen und schüttelte den Kopf. »Nein.« Dann reichte er das Bild weiter an Hans Bauer.

Der meinte nach einer Weile: »Gesehen habe ich die Frau noch nie im Leben.«

»Wie kommt es dann, daß wir das Foto bei dem toten Huxley gefunden haben?« fragte ich.

Kröger hob die Schultern. Hans Bauer tat es ihm nach.

Ich fragte weiter. »Haben Sie irgendwann etwas über das Buch der grausamen Träume gehört?«

»Nein!« Die Antwort des Alten kam spontan. Er drehte sich um. »Du vielleicht, Hans?«

Bauer schüttelte den Kopf.

»Was hat es mit dem Buch denn auf sich?« fragte mich Herr Kröger.

»Es soll sich hier irgendwo befinden.«

»Nichts davon gehört.«

»Die Hexen bewachen das Buch!« setzte ich nach.

Der Alte lächelte schmal. »Dann befindet es sich in guten und sicheren Händen«, erwiderte er. »An die Hexen kommen Sie nicht heran. Die sind einfach zu stark.«

»Das lassen Sie mal meine Sorge sein. Wir müssen das Buch finden, und wenn die Hexen es haben, werden wir ihnen einen Besuch abstatten.«

»Wollen Sie auf den Brocken?« fragte Hans Bauer staunend.

»Ja.«

»Aber wie?«

Ich schaute Bauer an. »Ganz einfach. Ich habe gehört, daß es einen Lift gibt, der uns zum Gipfel bringt.«

»Der fährt jetzt nicht mehr.«

»Sicher nicht. Für uns könnte er mal eine Ausnahme machen. Das heißt, wir werden dafür sorgen, daß er fährt. Wenn wir erst oben sind, finden wir auch das Buch.«

»Oder die Hexen töten Sie«, sagte der Alte mit dumpfer Stimme.

»Das ist unser Risiko!« Ich zündete mir eine Zigarette an. Hans Bauer rauchte auch. »Wie lange dauert es, bis wir die Talstation erreicht haben?« erkundigte ich mich.

»Stunden!«

»Zu Fuß – klar. Aber mit dem Wagen reduziert sich die Zeit.«

Herr Kröger lächelte. »Woher wollen Sie ein Auto nehmen? Ich habe keins. Hans Bauer auch nicht.«

Daran hatten wir nicht gedacht. Mist auch. Jetzt hingen wir hier fest, während sich das Buch praktisch nur wenige Kilometer von uns entfernt befand.

Da hatte Hans Bauer eine Idee. »Ein Freund von mir besitzt einen uralten Wartburg, den wird er mir sicherlich leihen.«

»Wo wohnt der Mann?« fragte ich.

»Hier im Dorf.«

»Können Sie hingehen?«

Hans Bauer schnappte sich seine Lederjacke, zog sie über und war schon unterwegs.

Wir warteten. Dabei drehten sich unsere Gespräche natürlich um das Thema Hexen, doch aus dem alten Kröger war nichts herauszubekommen. Er konnte nur das wiedergeben, was die Sagen und Legenden erzählten.

Etwa eine halbe Stunde später vernahmen wir von draußen knatternde Geräusche.

»Das ist Hans«, sagte der Alte. Er lief zur Tür und öffnete sie. Hans Bauer trat ein.

»Geschafft«, meldete er grinsend. »Wir haben den Wagen. Ist zwar keine Luxuskarosse, aber die Strecke wird er schaffen. Ich fahre Sie dann hin.«

Wir waren einverstanden, wollten auch keine Zeit mehr verlieren und verabschiedeten uns.

Herr Kröger wünschte uns viel Glück.

Im Wagen wurde es eng. Suko nahm auf dem Beifahrersitz Platz. Will und ich saßen hinten.

Wieder fuhren wir nicht durch den Ort, sondern nahmen Schleichwege. »Das ist besser«, sagte Hans Bauer.

Ich nickte nur und schaute schräg nach draußen. Den Brocken konnte ich sehen. Scharf hob sich sein Gipfel von den übrigen Bergen ab.

Ich sah allerdings auch noch etwas anderes.

Ein dunkler Schwarm umkreiste den Gipfel.

Raben! Oder Hexen! Egal, wie. Sie erwarteten uns bereits . . .

Nur wenige Eingeweihte kannten die Höhle, denn ihr Eingang lag versteckt im Berg, war gut getarnt und wurde ausgezeichnet bewacht. Nicht nur von den Hexen, sondern auch von einem Ring aus Schwarzer Magie.

Wem es tatsächlich gelang, in das Innere einzudringen, der war verloren.

Wie auch Rod Huxley. Zwar hatte er fliehen können, doch

die Hexen holten ihn selbst in London ein und brachten ihn um.

So wurde das Geheimnis gewahrt, und dies bereits über Jahrhunderte hinweg. Das wußte auch der Schwarze Tod. Deshalb hatte er das Buch der grausamen Träume in die Obhut der Hexen gegeben. Es erschien ihm zu riskant, es in einer anderen Dimension zu verstecken, denn auch in den Reichen der Finsternis lauerten seine Feinde.

Da war Myxin, der Magier, dessen Haß bereits seit den Tagen von Atlantis bestand. Für Myxin wäre es ein Freudentag geworden, hätte er das Buch in die Finger bekommen. Er suchte es mit einer wahren Hingabe und ungewöhnlichem Eifer, setzte sich dabei auf die Fährte des Schwarzen Tods, verfolgte ihn überallhin, doch gefunden hatte er das Buch bisher nicht.

Der Schwarze Tod hütete sich, Myxin zum Berg der Hexen zu führen. Er lockte ihn vielmehr auf andere Spuren und Fährten. Seine großen Verstecke kannte Myxin nicht, was ihn wiederum ungeheuer wurmte und ihn, als Dämon, praktisch auf die Seite der Bekämpfer des Bösen trieb.

Noch eine Feindin hatte der Schwarze Tod.

Asmodina, die Tochter des Teufels. Sie wollte ebenfalls seine Ablösung. Dabei ging sie schlau vor und griff den Schwarzen Tod nie direkt an, sondern wiegelte Dämonenscharen gegen ihn auf. Gewaltige Schreckensheere, die früher auf sein Kommando gehört hatten, lagen nun ihr zu Füßen.

Noch war der Kampf nicht entschieden, doch er trieb unaufhörlich einem Höhepunkt zu. Einen Friedenspakt zwischen den Dämonen würde es nie geben, da beide zu unterschiedlich waren und von ihrem Ehrgeiz fast zerfressen wurden.

Aber noch eine Dämonengröße spielte im Reich des Schreckens eine gewisse Rolle. Das war der Spuk. Jener Gestaltlose, in dessen Reich die Seelen der getöteten dämonischen Kreaturen dahinvegetierten und verdammt waren in alle Ewigkeiten, nachdem sie von Maddox, dem unheimlichen Richter, abgeurteilt worden waren.

Der Joker in diesem höllischen Spiel war ich.

Allen hatte ich schon Niederlagen beigebracht, regelrechte Rundumschläge verteilt und schmerzhafte Wunden zugefügt. Das vergaßen die Herrscher im Reich der Finsternis nicht, und vor allen Dingen war es der Schwarze Tod, der mich gern als Leiche gesehen hätte.

Oder für immer verdammt . . .

Aus diesem Grunde hatte der Schwarze Tod ein Spiel eingefädelt, das seiner würdig war. Er griff zu Tricks, lenkte und steuerte im Hintergrund, nur um mich, den einen starken Gegner, auszuschalten. Wenn er das schaffte, stand er in der Gunst des Teufels wieder ganz oben. Und dafür ging er sogar ein großes Risiko ein.

Er ließ mich über Umwege wissen, wo ich das Buch der grausamen Träume finden konnte, denn er wußte genau: Wenn ich kam, hatte er mich.

Das Buch als Lockmittel war einfach zu stark.

Auch die Hexen wußten Bescheid. Sie unternahmen noch nichts, um mich aufzuhalten.

Denn so sollten drei Menschen in ihr Verderben rennen . . .

Zweimal streikte der Motor, dann lief der Wagen weiter. Es war wirklich ein altes Schätzchen und wäre in England längst auf dem Schrott gelandet. Doch hier schien man die Wagen zu fahren, bis sie wirklich auseinanderbrachen.

Wir nahmen Schleichwege, damit uns nicht irgendwelche Patrouillen anhielten. Einmal sahen wir einen Wagen aus der Ferne, das war auch schon alles.

Zahlreiche Hinweisschilder deuteten alle auf ein Ziel. Den Brocken.

Dieser Berg war wirklich berühmt und wurde von vielen Touristen besucht.

Die Sonne neigte sich im Westen bereits stark dem Horizont entgegen, als wir die Seilbahnstation erreichten.

Sie war in der Tat geschlossen.

Man hatte sie an den Berg gebaut, und eine Leiter führte zu dem Haus hoch.

Hans Bauer fuhr wieder zurück. Ich wollte ihn für die

Fahrt entlohnen, doch er winkte ab. »Kommen Sie nur gesund wieder«, sagte er.

»Das wollen wir doch hoffen.«

Suko war bereits vorgegangen. Von der Plattform dicht vor der Eingangstür winkte er uns zu. »Es ist offen!«

Wir stiegen ebenfalls hoch.

Schnell, denn nicht weit entfernt sah ich einige Spaziergänger, und die brauchten uns nicht gerade zu entdecken.

Will Mallmann schloß die Tür. »Geschafft«, murmelte er.

Suko hantierte bereits an der Gondel. Ich zog die Tür zu der kleinen Kabine auf, in der sich die Steueranlage befand. Alles war ziemlich übersichtlich.

Ich mußte einige Hebel umlegen, dann fuhr die Seilbahn. Nichts war gesichert. Das Vertrauen, das die Verantwortlichen in ihre Landsleute steckten, kam uns zugute.

Wenige Minuten später bewegten sich die Gondeln. Ich ging zur Seite, stellte mich einer Gondel in die Fahrbahn, wartete, bis sie nahe genug heran war, und ließ mich fallen.

Ich saß.

Es gab einen Ruck, als die Gondel die Station verließ. Vor mir sah ich den Berg.

Eine verdammt lange Strecke, auf der viel passieren konnte . . .

Im Club trafen langsam die ersten Mitglieder ein. Ein Butler empfing die Gentlemen und geleitete sie in den Clubraum. Zumeist in die Bibliothek, wo es Leseecken gab und die Herren ungestört waren.

Der Club konnte sich durchaus als exklusiv und vornehm bezeichnen. Die Mitglieder trugen zumeist das Adelsprädikat und hatten die entsprechenden Positionen inne.

Viele arbeiteten für den Staat. Sie saßen in hohen Ämtern der Stadt oder Verwaltung. Andere wiederum verdienten ihr Geld in der Industrie als Manager und Anwälte.

Frauen hatten keinen Zutritt, und auch das Personal war nur männlichen Geschlechts.

»Sir?« sagte der Empfangschef, als Superintendent Sir Powell den Club betrat, dem Butler zunickte und sich aus seinem Mantel helfen ließ.

»Ist Sir Andrew schon eingetroffen?« fragte Powell.

»Leider noch nicht, Sir! Wenn Sie sich ein wenig gedulden möchten . . .«

Powell zog seine Rockschöße glatt. »Bleibt mir ja nichts anderes übrig.«

Er betrat die Bibliothek. Seine Ankunft war bereits bemerkt worden. Auf seinem Platz stand bereits das obligatorische Glas Wasser ohne Kohlensäure. Es wurde auf einem silbernen Tablett serviert. Man hielt eben noch auf Etikette.

Sir Powell nahm in seinem Ledersessel Platz. Die hohe Lehne reichte ihm bis zum Kragen. Mit seiner Figur füllte er die Wölbung des Sessels aus.

Man sah sich, und man nickte sich zu. Gesprochen wurde kaum. Sir Powell erhielt seine Zeitungen. Es waren Gazetten aus aller Welt. Er las sie jeden Abend.

Die Zeit verging. Der Superintendent hatte bereits drei Blätter durchgelesen, und Sir Andrew war noch immer nicht da. Mein Chef wurde sichtlich unruhiger, obwohl ihm äußerlich kaum etwas anzumerken war. Hin und wieder bewegten sich nur seine Augenwimpern etwas schneller.

Einer der steifen Diener steuerte Sir Powells Platz an. Er blieb vor dem Superintendenten stehen, verbeugte sich leicht und sagte fragend: »Sir?«

Powell hob den Kopf.

»Sie entschuldigen die Störung, Sir. Aber ich darf Sie zum Telefon bitten.«

Powell nickte. Wenn er im Club angerufen wurde, dann ging es meist um wichtige Dinge. Er rückte seine Brille mit den dicken Gläsern zurecht, hinter denen die Augen eulenhaft groß wirkten. Mit steifen Schritten folgte er dem Butler.

Die Telefonkabine war schalldicht isoliert. Sir Powell konnte dort in einem Sessel Platz nehmen.

Der Anrufer war Sir Andrew. Er entschuldigte sich mit wenigen Worten, aber es war ihm nicht möglich, in den Club zu kommen. Geschäfte hielten ihn zurück.

Sir Powell hatte dafür Verständnis. Ihm war es des öfteren ebenso ergangen.

Sie verabredeten sich für den nächsten Tag und beendeten das Gespräch.

Der Superintendent verließ die Sprechzelle und winkte dem Butler. »Meinen Mantel, bitte.«

»Sehr wohl, Sir. – Auch ein Taxi?«

»Ja.«

Der Butler gab dem Portier ein Zeichen, und der wußte Bescheid. Er rief einen Wagen. Sir Powell knöpfte inzwischen seinen Mantel zu. Er hatte die Knopfleiste zur Hälfte bewältigt, als das Taxi bereits vorfuhr.

»Das ging schnell, Sir«, sagte der Butler.

Sir Powell nickte nur. Gemessen, wie es eines Gentleman würdig war, schritt er zum Ausgang.

Eilfertig riß der Portier dem Gast die Tür auf. Sir Powell reichte ein Trinkgeld und steuerte das Taxi an.

Die Fondtür stand offen. Von dem Fahrer war nicht viel zu sehen. Die nächste Laterne stand zu weit weg, sie erreichte mit ihrem Schein nicht einmal den Wagen.

Es war kühl in London. Und naßkalt. Ein richtig ungemütliches Wetter. Zum Glück lag kein Nebel über der Stadt.

Sir Powell schlug die Tür zu, nachdem er im Fond Platz genommen hatte. Er gab seine Adresse an.

Das Taxi fuhr los.

Fahrer und Gast waren durch eine Scheibe getrennt. Dieser Wagen gehörte zu den altmodischen Taxis, die immer noch durch London fuhren. Die beiden Männer konnten sich nicht verständigen, es sei denn, sie würden schreien.

Sir Powell schrie nie. Er war schließlich ein Gentleman. Bequem lehnte er sich zurück, hatte seine Hände auf die Oberschenkel gelegt und schaute nach vorn.

Das Gesicht des Fahrers hatte Sir Powell noch immer nicht gesehen. Es interessierte ihn auch nicht, und das war sein Fehler. Obwohl der Superintendent steif und wie leblos wirkend im Fond des Wagens hockte, entging ihm nicht, daß der Fahrer plötzlich abbog und in Richtung Westen auf die Themse zufuhr.

Sir Powell krauste die Stirn. Das war nicht der direkte Weg, den er verlangt hatte.

Der Fahrer beschleunigte.

Er fuhr wesentlich schneller, als es überhaupt gestattet war. Das paßte Sir Powell gar nicht.

Die Straße wurde schmaler. Dann riß der Fahrer den Wagen herum und fuhr über einen schmalen Weg, der rechts und links von hohen Fabrikmauern gesäumt wurde.

Sir Powell saß noch immer steif im Fond. Er schien irgendwie unbeteiligt, doch in seinem Schädel jagten sich die Gedanken. Er wußte mit einemmal, daß er keinen normalen Taxichauffeur vor sich hatte, sondern in die Hände eines Gangsters gefallen war.

Sir Powell bewahrte die Ruhe. Andere hätten geschrien oder mit den Fäusten gegen die Scheiben getrommelt, der Superintendent saß noch immer steif und aufrecht wie ein Ladestock im Fond.

Doch der Fahrer wollte sichergehen. Er bewegte seine Hand und legte einen kleinen Hebel am Armaturenbrett herum.

Im Fond begann es zu zischen.

Das Gas war farb-, aber nicht geruchlos.

Sir Powell krauste die Stirn. Es roch nach Schwefel oder faulen Eiern. Ihm wurde klar, daß der Gestank nicht von draußen kam, sondern aus dem Innern des Wagens.

Sofort hielt Sir Powell die Luft an.

Dabei suchten seine Augen nach den Düsen, aus denen das Gas entwich.

Er fand sie nicht.

Das Gas strömte weiter. Sir Powell konnte die Luft nicht ewig anhalten. Irgendwann mußte er einatmen, und dann war es vorbei.

Der Superintendent warf noch einen Blick aus dem Fenster. Er konnte schon nicht mehr klar sehen. Die Mauer verwischte, wurde zu einem blutroten, furiosen Etwas.

Sir Powell schwankte.

Er fiel einmal nach rechts, dann wieder nach links. Der Luftmangel zwang ihn, Atem zu holen.

Er sog ihn nur flach durch die Nase ein.

Die Dosis allerdings reichte schon.

Plötzlich hatte er das Gefühl, in einem riesigen Saal zu sitzen, dessen Boden unter seinen Füßen schwankte, dann umkippte und ihn mit in die Tiefe riß.

Aus!

Powell fiel zur Seite. Er landete auf dem Sitz, rollte dann in den Raum zwischen Vorder- und Rückbank und blieb dort liegen.

Der Fahrer hatte mitbekommen, daß Powell ausgeschaltet war. Er verringerte seine Geschwindigkeit, schaute sich kurz um, und ein dunkler Totenschädel grinste auf den Besinnungslosen nieder.

Der Fahrer war kein Geringerer als der Schwarze Tod!

Die schmale Straße endete vor einer Mauer. Naß glänzten die braunroten Ziegel. Doch bevor der Wagen gegen die Mauer fuhr, riß der Schwarze Tod ihn nach rechts.

Wenig später rumpelten die Reifen über das Gelände einer stillgelegten Fabrik.

Der Schwarze Tod stoppte.

Er stieg aus und schritt langsam auf die Fondtür zu.

Um ihn herum war es still. Nicht einmal die Ratten quiekten. Sie hatten sich in ihre Löcher verkrochen, denn sie spürten instinktiv das Grauen, das dieser Dämon verbreitete.

Er öffnete die Tür.

Sir Powell fiel ihm entgegen. Knochenhände fingen ihn auf, hievten ihn aus dem Wagen, stellten ihn hoch und lehnten ihn gegen die Karosserie.

Der Schwarze Tod drosch die Türen zu. Bevor Sir Powell in sich zusammensackte, nahm er ihn auf die Arme und trug den schweren Mann wie ein leichtes Federkissen über das Gelände der Fabrik.

Sein Ziel war der verfallene Bau, in dem früher die Mitarbeiter einer Spinnerei gewirkt hatten.

Mit dem Fuß trat der mächtige Dämon die rostige Eisentür

auf. Sie quietschte erbärmlich in den Angeln. Unter ihrer Kante knirschten Staub und Mörtel.

Der Schwarze Tod betrat mit Sir Powell die dunkle Halle. Er ging einige Schritte und betrat einen mit Tierblut gezeichneten Kreis, um den herum seltsame Namen geschrieben waren.

Diese in einer Sprache, wie sie kein Mensch auf der Erde redete.

Der Schwarze Tod stieg in den Kreis.

Genau in der Mitte blieb er stehen.

Noch immer lag der bewußtlose Sir Powell auf seinen ausgebreiteten Armen.

Dumpfe, abgehackt klingende Laute drangen plötzlich aus dem Maul des Dämons. Es hörte sich an, als würde ein Tier zu sprechen versuchen, doch es war die Sprache der finsteren Schwarzen Magie, die der Dämon von sich gab.

Der rote Kreis flammte plötzlich auf. An den Rändern wuchs eine kalte Flammenwand hoch, wanderte nach innen, erfaßte den Dämon und Sir Powell und verpuffte mit einem satten Laut.

Sofort fiel sie ineinander.

Zurück blieb – ein leerer Kreis.

Sir Powell und der Schwarze Tod waren verschwunden!

Es war eine alte Seilbahn, das sah man sofort. Die Stabilisation ließ einiges zu wünschen übrig. Wenn Windböen heranrauschten, schwankte die Gondel lebensgefährlich von einer Seite zur anderen.

Wohl fühlte ich mich nicht dabei und warf hin und wieder einen skeptischen Blick nach oben zum Seil, auf dem die Rollen tanzten.

Jetzt wußte ich auch, aus welchem Grund man die Seilbahn stillgelegt hatte.

Es herrschten zu starke Winde und Turbulenzen in dieser Höhe. Es bestand nicht nur die Gefahr, daß jemand von uns aus der Gondel geschleudert wurde, der Wind konnte uns auch gegen einen der Stützpfeiler werfen, was wiederum höllisch gefährlich war.

Das Gestänge knarrte und ächzte. Viel Sitzfläche hatte ich nicht, alles war viel zu schmal. Vor mir breitete sich ein gewaltiges Waldstück aus. Die Wipfel der Nadelbäume bogen sich im Wind. Die Bahn fuhr ziemlich hoch über Grund. Wenn ich jetzt hinuntersprang, war es leicht, sich beide Beine zu brechen.

Ich warf einen Blick zurück. Das war gar nicht so einfach, denn dabei mußte ich mich schwerfällig drehen. Auf dem schmalen Sitz fand ich kaum Platz.

Suko winkte mir zu.

Hinter ihm fuhr Will Mallmann. Bei meinen Freunden schien alles klar zu sein, was mich wiederum sehr beruhigte.

Dicht über den Baumwipfeln rauschte ich hinweg. Der Ausblick war phantastisch. Die Sonne sank immer weiter. Schon schob sich die graue Mauer der Dämmerung heran, aber noch lag der Gipfel des Brocken klar vor mir.

Zum Glück befand sich die Radarstation auf der anderen Seite des Gipfels, so daß man uns von dort oben nicht sehen konnte. Unentdeckt jedoch würden wir nicht bleiben. Dafür lag das Gebiet zu nahe an der Grenze.

Ich tastete nach meinen Waffen.

Das Kreuz, die Beretta, der Dolch – alles hatte ich bei mir. In meinen Taschen steckte die magische Kreide, und Suko trug die Dämonenpeitsche außer seiner Beretta bei sich. Zusätzlich hatte er sich noch die Gemme um seinen Hals gehängt.

Wir waren gerüstet.

Aber würden diese Waffen auch gegen den Schwarzen Tod etwas ausrichten?

Ich glaubte nicht daran, denn dieser Dämon war nicht so einfach zu besiegen. Die Erfahrung hatte ich leider schon oft genug machen müssen, und deshalb war es für uns lebenswichtig, das Buch der grausamen Träume zu finden.

Hier in der Nähe mußte es versteckt sein. Alle Anzeichen deuteten darauf hin.

Wenn ich genauer darüber nachdachte, wurde ich doch ein wenig mißtrauisch. Jahrelang hatten wir versucht, den Schwarzen Tod zu vernichten. Immer wieder war er uns entwischt. Wir hatten Einblick nehmen können in das Reich der Dämonen, wußten von den gefährlichen Strukturen, von Machtkämpfen und Intrigen. Uns war auch bekannt, daß andere Dämonen das Buch der grausamen Träume unbedingt in die Hände bekommen wollten. So lauerte Myxin, der Magier, darauf, um an die Stelle des Schwarzen Tods treten zu können.

Plötzlich lag das Buch in greifbarer Nähe! So schnell, so überraschend, daß ich kaum nachdenken konnte.

Wirklich seltsam . . .

Unter mir strömte Wasser zu Tal. Es tanzte und rauschte über blanke Steine, bahnte sich seinen natürlichen Weg und mündete später in irgendeinen Fluß.

Die Wiesen sahen braungrün aus. Schneereste klebten an ihnen wie festgeleimt.

Je höher ich fuhr, desto kälter wurde es. Der Wind biß mir ins Gesicht, ich stellte den Mantelkragen höher.

Die Dämmerung nahm jetzt zu. Der Gipfel des Brocken verschwamm schon im Grau des heranziehenden Abends.

Wo steckten die Raben?

Ich ließ meinen Blick schweifen, sah sie jedoch nicht. Sie mußten sich irgendwo verborgen haben, vielleicht unten im Tal oder aber in den Kronen der Bäume.

Aus dem Grund stiegen Nebelfetzen auf. Nicht dicht, sondern eher schleierhaft. Es war der übliche Abendnebel, den man in den Bergen immer fand.

Aber die Nebelwand vor mir, die paßte irgendwie nicht dazu.

Sie war plötzlich entstanden, praktisch von einer Sekunde auf die andere.

Wie ein riesiger Ball hing sie in der Luft. Ein Ball, der von den Seilen in der Mitte geteilt wurde.

Die Gondel fuhr genau darauf zu.

Wie viele Yards trennten uns noch? Fünfzig, vierzig? Ich wußte es nicht, ich wußte nur, daß es jetzt verdammt gefährlich wurde. Der Angriff der Hexen stand dicht bevor. Diesmal würden sie sich bestimmt nicht mit einer einfachen Attacke zufriedengeben, sondern sofort voll einsteigen.

Und ich kam nicht aus der Gondel.

Ich drehte mich noch einmal um. Suko hatte die Nebelwand auch schon gesehen, er zeigte mit dem Finger darauf.

Ich hob die Hand und drehte mich wieder um.

Zum Greifen nahe schien die Wand zu sein. Ich erkannte sie jetzt besser.

Sie stand längst nicht so ruhig in der Luft, wie ich angenommen hatte, sondern schien von innen zu vibrieren, zu brodeln.

Dort lauerten sie . . .

Auch war der Nebel nicht etwa nur grau oder grauweiß, sondern deutlich kristallisierten sich die roten, verwaschenen Punkte hervor, die durch die feinen Nebeltröpfchen zu zerfasernden Kreisen wurden.

Ich zog meine Beretta, hielt sie jedoch in der linken Hand, um die rechte frei zu habe.

Die Gondel schwankte und rappelte.

Unter mir lag der Boden in einer Entfernung, die ich ohne Fallschirm gar nicht hinter mich bringen konnte. Die verdammten Hexen hatten sich einen besonderes guten Platz für ihren Angriff ausgesucht.

Nur noch zwei Yards trennten mich.

Jetzt noch einer . . .

Ich tauchte hinein.

Die Gondel schüttelte sich. Plötzlich konnte ich nichts mehr sehen. Die graue Suppe war überall. Die Gondel fuhr zwar weiter, doch ich hatte das Gefühl, sie würde stehenbleiben. Ich hörte, wie sich die Rollen bewegten, und dann sah ich aus der Nebelsuppe die fratzenhaften Gesichter der Hexen auftauchen.

Es waren keine Raben, die Hexen hatten ihre wahren Gestalten angenommen.

Wie auch in London, als sie Huxley getötet hatten.

Sie waren überall. Vor mir, hinter mir, neben und über mir. Schemenhaft nahm ich ihre Krallenhände wahr, die sie nach mir ausstreckten.

Eine Hand berührte mich an den Schultern.

Ich schlug mit dem Waffenlauf zu, doch die Hand verschwand nicht. Eisern hielt sie fest. Ich spürte, wie die Kälte durch den Stoff drang und meine Haut vereisen wollte.

Gleichzeitig tauchte vor mir ein verzerrtes, uraltes Gesicht auf mit weit aufgerissenem Mund, aus dem mir ein gräßliches Fauchen entgegenfuhr.

Die Augen waren rote, rollende Kugeln in dem häßlichen Gesicht.

Ich schoß.

Das Gesicht zerplatzte.

Schwefelgestank traf meine Nase. Ich drehte mich auf meinem Sitz und feuerte die nächste Kugel in das Gesicht der Hexe, die ihre Hand auf meine Schulter gelegt hatte.

Sie verging.

Sekundenlang hatte ich Luft.

Dann hörte ich einen Schrei.

Suko und Will hatten ihn ausgestoßen. Es rieselte mir kalt den Rücken hinunter, weil auch sie von den grausamen Hexen attackiert wurden.

So schnell es ging, zog ich mein Kreuz hervor. Es war im letzten Augenblick, denn dicht vor mir tauchte eine Hexe auf, die auf einem glühenden Besenstiel ritt und einen Stab gegen mich schleuderte, durch den auch Rod Huxley ums Leben gekommen war.

Er hätte mich in Höhe der Brust durchbohrt, wäre nicht mein Kreuz dagewesen.

Als würde es eine unsichtbare Wand bilden, so wurde der Stab abgelenkt und wischte an meiner Schulter vorbei.

Zu einer zweiten Attacke ließ ich das Höllenwesen nicht kommen.

Eine geweihte Silberkugel setzte seinem Leben ein Ende.

Ich wollte meinen Dolch ziehen. Ein Stoß in den Rücken warf mich nach vorn. Fast wäre ich über die Halterung gekippt, doch im letzten Augenblick konnte ich mich abstützen.

Dann gab es einen Ruck.

Unwillkürlich schrie ich auf. Es war die Angst, in die Tiefe zu stürzen. Ich schaute nach oben und glaubte, verrückt zu werden.

Zwei Hexen schwebten über mir und machten sich an dem Seil zu schaffen.

Sie trennten es durch!

Ich wollte die beiden mit zwei Kugeln erledigen, doch andere Hexen griffen mich von hinten an und bogen mir den Arm zurück. Die Rollen der Seilbahn liefen nur noch auf einem Seil. Das zweite hing bereits in Fetzen herab. Wenn sie es endgültig durchtrennten, würde die Gondel wie ein Stein in die Tiefe fallen.

Mein und das Leben meiner Freunde hing in diesen schrecklichen Augenblicken wirklich am seidenen Faden . . .

ENDE

Ein Friedhof
am Ende
der Welt

Das höhnische Gelächter der Hexen gellte in meinen Ohren. Die beiden hatten auch allen Grund zu lachen. Sie schwebten über mir in der Luft und bissen mit ihren mörderischen Zähnen das letzte Seil durch, das die Gondel noch hielt. Wenn es zerfetzt wurde, fiel ich in die Tiefe.

Ich kämpfte wie ein Berserker.

Zwei weitere Hexen hatten meinen rechten Arm gepackt und bogen ihn nach hinten. Ich hielt zwar die Beretta in der Hand, doch ich bekam den Arm nicht herum und konnte demnach nicht auf die verdammten Hexen feuern.

Sie besaßen ungeheure Kräfte, gegen die ich im Augenblick nichts ausrichten konnte.

Wie es Suko und Will Mallmann erging, wußte ich nicht. Sie befanden sich in den Gondeln hinter mir. Sehen konnte ich sie nicht, da eine Nebelwolke alles verdeckte.

Mein Kreuz hing vor der Brust und bot mir einen einigermaßen sicheren Schutz gegen die Angriffe von vorn. Ein Stab war bereits auf mich geschleudert worden. Doch das Kreuz hatte einen magischen Schutzschild errichtet, und der Stab war davon abgeprallt.

Noch hielt das Seil.

Aber es konnte sich nur um Sekunden handeln, bis die Hexen es durchgebissen hatten.

Und dann . . .

Ich hatte durch eine blitzschnelle Drehung wieder etwas mehr Bewegungsfreiheit und konnte den Haltebalken vor meinem Bauch in die Höhe schlagen.

Da riß das Seil.

Was in den nächsten Sekunden geschah, kann ich gar nicht so schnell erzählen, wie es sich abspielte. Als das Seil endgültig riß, sah ich aus den Augenwinkeln schemenhaft ein Gestänge rechts neben mir.

Einer der Träger!

Hinter mir ließen die Hexen los. Sie glaubten, mich endgültig erwischt zu haben.

Ich aber warf meinen Oberkörper mit aller Macht nach vorn und gleichzeitig nach rechts.

Die Beretta ließ ich fallen, da ich beide Hände brauchte, um mich festzuklammern.

Mit voller Wucht knallte ich gegen eine Querstrebe des Trägers, der aussah wie ein riesiges spitzwinkliges Dreieck. Ich schleuderte meine Arme hoch, während vor meinen Augen ein ganzes Weltall aufblitzte.

Meine Finger klatschten gegen etwas Hartes, Kaltes, bogen sich reflexhaft nach innen, bekamen einen schienenähnlichen Gegenstand zu fassen und hielten fest.

Ein gewaltiger Ruck ging durch meinen Körper, die Knie schlugen gegen einen Stahlträger, aber ich gab um keinen Deut nach. Eisern hielt ich fest.

Neben mir raste die Gondel in die Tiefe. Ich hörte einen krachenden Aufschlag – dann nichts mehr.

Eine Gänsehaut kroch über meinen Rücken. Wenn ich daran dachte, daß ich normalerweise in der Gondel gesessen hätte, wurde mir ganz anders.

Tief holte ich Luft.

Meine Rippen schmerzten. Nachwirkungen des harten Aufpralls gegen den Träger.

Ich hatte mich gerettet, wenigstens für den Augenblick. Doch die Hexen dachten nicht daran, aufzugeben. Sie hatten ihr Opfer einmal gehabt, und jetzt war es drauf und dran, ihnen zu entkommen. Im Augenblick waren sie noch zu sehr durcheinander, doch sie würden sich neu formieren und mich angreifen.

Ihr Heulen und Schreien umtobte mich wie ein teuflischer Gesang. Meine Beretta hatte ich fallen lassen müssen, um beide Arme freizuhaben. Jetzt bereute ich es. Denn mit den geweihten Kugeln hätte ich mir die verdammte Brut vom Hals halten können.

So nahm ich den Dolch.

Mit der linken Hand hielt ich mich fest, die Finger der rechten umklammerten den Griff der geweihten Waffe.

Ich zog die Beine an und stieß sie wieder nach unten. Verzweifelt versuchte ich irgendwo Halt zu finden, eine Stütze, damit ich mich drehen konnte. Doch an dem glatten Metall rutschte ich immer wieder ab.

Zudem war es mir nahezu unmöglich, mich mit der linken

Hand noch länger festzuhalten. Die Finger wollten von selbst abrutschen. In meiner Verzweiflung schrie ich auf, sah, wie eine der Hexen von der rechten Seite kam und ihren mörderischen Stab schleudern wollte.

Da ließ ich los.

Ein harter Schlag traf meinen Kopf, als ich mit dem Kinn auf die Ecke der Strebe prallte. Die Zähne klackten aufeinander. Ich rutschte weiter ab, drehte mich im Fallen, hieb mit der Schulter gegen einen äußerst harten Gegenstand, warf noch einmal die Arme hoch und hatte Glück, daß ich eine Querstrebe zu fassen bekam. Doch sie bremste meinen Fall nur, stoppte ihn aber nicht.

Ich raste weiter.

Dann erfolgte der Aufprall.

Mit den Hacken zuerst schlug ich auf den steinigen Boden, spürte den Schlag bis in die letzten Haarspitzen, fiel nach hinten, überkugelte mich mehrere Male und hatte das Gefühl, von zahlreichen Armen gefangen zu werden.

»Jetzt haben sie dich«, dachte ich noch. Danach spürte und fühlte ich nichts mehr.

Suko und Will Mallmann hatten die Nebelsuppe ebenfalls bemerkt, und sie sahen, wie die vordere Gondel, in der ich saß, hineintauchte.

Beide wußten, daß dieser Nebel nicht natürlichen Ursprungs war. Er war künstlich – oder magisch. Schwarze Magie, böser Zauber hatte ihn entstehen lassen.

Plötzlich gab es einen Ruck im Seil.

Gleichzeitig bewegte sich die Nebelwolke etwas nach vorn, umhüllte Suko, so daß Will Mallmann ihn nicht mehr sah, dafür jedoch stand die Gondel plötzlich still.

Die singenden Geräusche waren verstummt, beide Männer hörten nur noch das Pfeifen des Windes. Wie von unsichtbaren Händen weitergeschoben, wanderte die Wolke vor und gab den Chinesen wieder frei.

Sofort drehte sich Suko auf dem engen Sitz.

Will winkte ihm zu, legte beide Hände gegen den Mund und brüllte: »Verstehst du das?«

»Nein!« Suko schaute nach unten.

Ein Geröllhang fiel schräg in die Tiefe. An seinem Ende begann das Waldstück, über das sie vor wenigen Minuten gefahren waren.

Die Entfernung nach unten war wegen der Schräge des Hangs schlecht zu schätzen, aber sie würde als Knochenbrecher reichen. Keine gute Aussicht.

»Was sollen wir machen?« schrie Will.

Suko hatte sich bereits entschlossen. »Ich werde mich in die Nebelwolke reinhangeln!«

»Was?«

Der Chinese wiederholte seine Antwort nicht, sondern stellte sich in die Gondel. Das war schon eine artistische Leistung, denn das Gefährt schwankte von einer Seite zur anderen. Suko mußte sein Gewicht so verlagern, daß die Gondel nicht kippte.

Er breitete die Arme aus, versuchte das Gleichgewicht zu finden, und er schaffte es auch für Sekunden, bevor ein Windstoß die Gondel wieder beutelte.

An der senkrechten Trägerstange hielt sich der Chinese fest und unternahm einen erneuten Versuch, dem Will Mallmann mit schockgeweiteten Augen zuschaute.

Er konnte nur die Daumen drücken.

Aus der Nebelwand drang ein Schrei.

Suko erkannte an der Stimme, daß ich es gewesen war, und verdoppelte seine Anstrengungen.

Er stellte sich auf die Sitzfläche, spreizte die Beine, streckte den rechten Arm aus und umklammerte mit der Hand die Haltestange.

Urplötzlich gab es einen Ruck.

Im selben Augenblick – und bevor Suko noch reagieren konnte – fiel die Gondel vom Seil.

Eine wahnwitzige Sekunde lang hatte Suko Angst, in die Tiefe zu stürzen, doch die Rollen fielen auf das zweite, mitlaufende Sicherheitsseil der Bahn und hielten.

Suko klammerte sich an der Stange fest. Sein Gesicht war verzerrt. Er ahnte, daß es nur ein Vorspiel gewesen war, und der Chinese sollte recht behalten.

Ohne irgendeinen Anstoß zu bekommen, setzte sich die Gondel in Bewegung.

Aber nicht nach vorn, sondern zurück.

Die Gondel fuhr der Station entgegen.

Zuerst nur langsam, dann aber von Sekunde zu Sekunde schneller werdend.

Die Fliehkräfte wirkten, warfen die beiden Männer hin und her. Suko hatte sich hingehockt. Er befand sich jetzt mit den Gesicht zur Fahrtrichtung, konnte Kommissar Mallmanns angstverzerrtes Gesicht sehen.

Unter ihm glitt der steinige Hang rasend schnell hinweg. Und der Wald rückte immer näher.

Die Gondel wurde immer schneller.

Suko hatte Bilder von Seilbahnunglücken gesehen, wenn die Kabinen mit voller Wucht in die Station rasten. Da gab es keine Überlebenden mehr.

Und deshalb mußten sie vorher abspringen.

Unbedingt!

Aber bei der Geschwindigkeit ein fast tödliches Risiko. Sie würden mit zerschmetterten Knochen auf dem Boden landen.

Doch da war der Wald.

Einen Sturz in die Baumkronen konnte man noch eher überleben. Diese beiden Möglichkeiten schossen Suko im Bruchteil einer Sekunde durch den Kopf.

Er warnte Mallmann.

Der Chinese brüllte gegen den heulenden Wind an, der ihm die Worte vom Mund reißen wollte.

Immer schneller glitt der Grund unter ihm weg.

Das Hangende!

Suko stellte sich hin.

»Spring!« brüllte er Will Mallmann zu und stieß sich ab. Rasend schnell sah er die Baumwipfel auf sich zukommen, wurde hineingeworfen, hörte im Unterbewußtsein noch Will Mallmanns Schrei, bevor ein Ast ihm das Gesicht aufriß und der harte Schlag an der Stirn sein Bewußtsein endgültig auslöschte ...

Wohl jeder Mensch erschrickt, wenn mitten in der Nacht das Telefon schrillt.

Bill Conolly erging es nicht anders.

In seinem Haus gab es mehrere Apparate. Einer stand dicht am Bett. Er hatte das Läutwerk zwar etwas leiser gestellt, doch es war noch so laut, daß Bill Conolly davon wach wurde.

Wie von der Sehne geschnellt fuhr er hoch. Ein Griff zum Schalter, weiches Licht erfüllte das Schlafzimmer des Ehepaares, und Bill hob den Hörer ab.

Verschlafen meldete er sich.

Im Nebenbett richtete sich Sheila Conolly auf. Bill bemerkte es gar nicht. Er hörte nur auf die Stimme.

»Bin ich mit Mr. Conolly verbunden?« fragte jemand. Der Oxford-Akzent war nicht zu überhören.

»Am Apparat.«

»Einen Augenblick bitte, ich verbinde Sie weiter.«

»Was ist denn?« murmelte Sheila verschlafen. Sie wischte sich eine Haarsträhne aus der Stirn. Dabei rutschte die Decke von ihrer Schulter und gab einen Blick auf das hauchdünne Seiden-Negligé frei, das Sheila trug.

»Ich habe keine Ahnung, wer mich sprechen will«, erwiderte Bill. »Die verbinden weiter.«

»Doch nicht irgendeine Zeitung?«

»Nein, Unsinn, die melden sich anders. Außerdem . . .« Bill sprach nicht weiter, sondern hörte zu.

»Entschuldigen Sie die Störung, Mr. Conolly. Mein Name ist Winston Wakefield. Ich hätte Sie wirklich nicht um diese Zeit angerufen, aber es ist dringend.«

»Okay, Mr. Wakefield. Was ist so dringend?«

»Ich möchte Sie bitten, ins Yard Building zu kommen. Alles andere werden Sie dort erfahren.«

»Natürlich, ich komme.«

»Danke sehr.« Winston Wakefield legte auf.

Bill schwang die Beine aus dem Bett und reckte sich. Dabei drehte er seinen Körper nach links und blickte Sheila an.

»Was ist denn los?« fragte sie. »Du mußt weg?«

Bill Conolly stand auf und griff schon nach einem frischen Unterhemd. »Ich soll zum Yard Building fahren. Mehr hat man mir nicht gesagt.«

»Du weißt nicht, um was es geht?«

»Nein.«

»Vielleicht um John?«

»Möglich.«

Sheila stand ebenfalls auf, ging um das Doppelbett herum und trat Bill in den Weg. Sie legte ihre Hände auf seine nackten Schultern. »Bitte, sei vorsichtig, Bill!«

»Natürlich, Darling. Was soll denn schon passieren? Ich fahre doch nur zur Polizei.«

»Trotzdem, ich habe Angst.«

Bill hauchte seiner Frau einen Kuß auf die Lippen. »Keine Sorge, schlaf du wieder.«

Der Reporter zog sich schnell an. Er war immer bereit und benötigte nicht viel Zeit, in seine Kleidungsstücke zu kommen. Er hängte seinen Mantel über den Arm, steckte die Autoschlüssel ein und verließ das Haus.

Wenig später röhrte der Auspuff des Porsche, und Bill fuhr den Kiesweg hinunter in Richtung Ausgang.

Er war ziemlich beunruhigt, auch deshalb, weil dieser Winston Wakefield keinerlei Andeutungen gemacht hatte, worum es eigentlich ging. Bill dachte über den Namen nach. Gehört hatte er ihn bereits. Nur wo und in welch einem Zusammenhang, das fiel ihm nicht ein.

Er würde es spätestens in einer halben Stunde erfahren, wenn er sein Ziel erreicht hatte.

Um diese Zeit – es war drei Uhr morgens – herrschte auch in einer Millionenstadt wie London kaum Verkehr. Bill schaffte es, in einer Rekordzeit das Yard Building zu erreichen.

Der Nachtportier kannte Bill Conolly. Der Reporter war schließlich nicht zum erstenmal dort.

»Man erwartet Sie bereits, Mr. Conolly«, meldete er.

»Und wo?«

»In Mr. Sinclairs Büro.«

»Ist John bereits hier?« fragte Bill.

»Nein.«

»Wissen Sie Näheres?«

Der Portier hob die Schultern. »Sorry, Sir, mich weiht man nicht in die Fälle ein.«

Bill lächelte. »Vielen Dank auf jeden Fall.« Er schritt auf den Lift zu und schoß hoch.

Die Tür zu meinem Büro stand offen. Bill hörte schon im Gang die Stimmen. Es waren nicht nur männliche, sondern auch eine weibliche darunter.

»Jane!« entfuhr es dem Reporter, »Himmel, was machst du denn hier?«

Die blondhaarige Detektivin lächelte schmal. »Das gleiche wie du.« Sie gab den Weg frei, damit Bill Conolly das Büro betreten konnte.

Dort hielten sich mehrere Männer auf. Zigarren- und Zigarettenrauch trieb in dicken Schwaden unter der Decke. Der Reporter schaute ziemlich überrascht aus der Wäsche. Er grinste, als er die ernsten Mienen sah.

»Bin ich hier eigentlich richtig?«

Ein grauhaariger Mensch mit der Miene eines Trauerkloßes trat einen Schritt vor und streckte Bill Conolly die rechte Hand entgegen. »Ich bin Sir Winston Wakefield«, stellte er sich vor, »und habe Sie gebeten, zu kommen.«

Bill sagte ebenfalls seinen Namen. Er verzog das Gesicht, weil er alles etwas komisch fand. Sie standen noch im Vorzimmer herum. Dann bat Sir Winston die Herrschaften in das Büro des Oberinspektors Sinclair. Das heißt, nur Jane und Bill gingen mit.

Wakefield schloß die Tür höchstpersönlich. Er blieb einige Sekunden nachdenklich stehen und strich mit zwei Fingern über seinen Oberlippenbart. »Bitte, nehmen Sie Platz«, sagte er dann.

Jane und Bill setzten sich.

Die Detektivin sah auch verschlafen aus. In der Eile hatte sie ihr Haar nicht frisiert, sondern hinten im Nacken als Pferdeschwanz gelegt, der von einem Gummiband gehalten wurde.

»Sir Powell ist entführt worden!«

Endlich rückte Winston Wakefield mit der Nachricht heraus. Er sagte dies in einem Tonfall, als wäre bereits alles entschieden. Er tat, als gäbe es keine Chance mehr, den Superintendenten zu retten.

»Wie ist das möglich?« fragte Bill. »Und wieso haben Sie uns kommen lassen und nicht John Sinclair?« Er lächelte. »Wir sind doch keine Polizeibeamte.«

Sir Winston winkte ab. »Sie haben völlig recht, Mr. Conolly«, erwiderte er in seiner leicht nasalen Aussprache. »Aber besondere Umstände erfordern eben besondere Maßnahmen. Lassen Sie mich dieses bitte genau erklären.«

Bill wußte, wo der Whisky stand. Er öffnete ein Schreibtischfach und entnahm ihm ein Glas und eine Flasche. Einen kleinen Schluck gönnte er sich.

»Es ist wegen der trockenen Luft«, sagte er. Bill war auch froh darüber, daß mir nichts passiert war, denn er hatte mit dem Schlimmsten gerechnet.

»Miss Collins, Mr. Conolly«, sagte Sir Winston, »wir haben Grund zu der Annahme, daß Superintendent Powell nicht von normalen Gangstern entführt worden ist, sondern von – ähm – einer Gestalt, die . . . ähm, also, ich . . .«

»Sagen Sie doch ruhig Geister oder Dämonen«, unterbrach Bill Conolly den Beamten.

»Ja, das meine ich auch. Obwohl ich persönlich nach wie vor der Meinung bin . . .« Er senkte den Blick, und abermals fuhren seine Fingerspitzen über den eisgrauen Oberlippenbart.

»Persönliche Meinungen sollte man hintanstellen, wenn es um das Schicksal eines Menschen geht«, mischte sich Jane Collins ein. »Bitte, kommen Sie doch zur Sache.«

»Ich bin bereits dabei.«

»Davon merkt man nicht viel«, murmelte Bill.

Sir Winston Wakefield begann zu berichten. »Sir Powell hatte den Club besucht und verließ ihn zu nächtlicher Stunde, nachdem der Portier ihm ein Taxi herbeigerufen hatte. Er stieg auch in den Wagen ein, der Portier hat es genau beobachtet. Doch er sah noch mehr. Der Fahrer drehte sich um, bevor er startete. Da der Portier in der Tür stand, sah er das Gesicht des Drivers. Nun, es . . . es war kein Gesicht, sondern ein dunkler Totenschädel.«

Jetzt horchten Bill Conolly und Jane Collins auf. Ein dunkler schwarzer Totenschädel.

Das konnte nur eins bedeuten.

Der Schwarze Tod hatte zugeschlagen und Sir Powell entführt.

»Ausgerechnet jetzt ist John Sinclair nicht da«, murmelte Bill und schlug mit der Faust auf seine flache linke Hand. »Verdammt auch.«

Sir Winston Wakefield räusperte sich. »Wir vom Ministerium nehmen an, daß die Entführung mit dem Fall in Zusammenhang steht, den John Sinclair momentan zu bearbeiten hat.«

»Und der wäre?« erkundigte sich Bill.

»Er ist in die DDR gefahren, um in der Nähe des Brocken einige Rätsel zu lösen, die unmittelbar mit dem Tod eines ehemaligen Geheimagenten namens Rod Huxley in Zusammenhang stehen.«

»Davon weiß ich nichts«, sagte Jane.

Bill schüttelte den Kopf und meinte: »Mir ist ebenfalls nichts davon bekannt.«

»Und was sollen wir hier?« fragte Jane und schaute den hohen Beamten scharfäugig an.

Bill lachte etwas abfällig. »Ist doch klar, wir sollen die Karre aus dem Dreck ziehen.«

»So drastisch würde ich das nicht nennen«, sagte Sir Winston Wakefield. »Wirklich nicht.«

»Wie denn?« fragte Bill zurück. »Fest steht, daß Sie mit Ihrem Latein am Ende sind, und da Sie nicht wissen, was Sie jetzt unternehmen sollen, sehen Sie sich gezwungen, uns einzuschalten, damit wir für Sie die Kastanien aus dem Feuer holen.«

Sir Winston Wakefield bekam einen roten Kopf. So hatte wohl schon lange keiner mehr mit ihm gesprochen. Die meisten hatten geduckt, aber Bill sagte die Wahrheit.

»Ich warte auf Ihre Antwort!« Bill konnte die hohen Beamten nicht leiden, diese Sesseldrücker, die alles besser wußten und sich durch ihre Parteizugehörigkeit hochgedient hatten.

»Ja, Sie sollen uns behilflich sein.«

»Wir haben also die Aufgabe, Sir Powell zu finden?« lächelte Jane Collins.

»Genau.«

»Wenn es nicht mehr ist . . .«

Bill Conolly fragte: »Welche Fakten und welche Spuren gibt es eigentlich?«

»Nur den einen Zeugen.«

Bill schaute Sir Wakefield spöttisch an. »Etwas wenig, nicht wahr?«

»Machen Sie was dran!«

»Und ob. Ich möchte mit dem Mann reden.«

Winston Wakefield nickte. »Das hatte ich mir fast gedacht. Er wartet draußen. Ich lasse ihn holen.« Der Beamte drehte sich um und verschwand aus dem Raum.

Bill Conolly kniff Jane ein Auge zu und flüsterte: »Die Herren vom Ministerium reagieren schnell, wenn ein hohes Tier entführt wird. Da springen sie über ihren eigenen Schatten und bitten sogar eine kleine Privatdetektivin und einen Reporter zu sich.« Bill nahm eine Zigarette. »Bist du dabei?«

Jane Collins rauchte ebenfalls einen Glimmstengel und bejahte. »Schon allein wegen John.«

»Du glaubst an einen Zusammenhang zwischen den Fällen?«
»Sicher.«

Sie schwiegen, denn Sir Winston Wakefield kehrte zurück. In seiner Begleitung befand sich der Zeuge. Der war fast noch vornehmer als die Queen persönlich. So hoch trug er die Nase.

Sir Winston machte die »Herrschaften« miteinander bekannt. Der Portier – er hieß Monkford – nickte hoheitsvoll.

»Bitte erklären Sie den Herren, was Sie genau beobachtet haben!« bat der Mann von der Regierung.

»Nun, es war so. Ich rief für Sir Powell ein Taxi. Es kam auch sehr schnell.«

»Ist das nicht ungewöhnlich?« fragte Jane.

»Nein, der Club ist bekannt, und in der Nähe warten immer einige Wagen.« Er schluckte einen ›Kloß‹ hinunter, und sein Adamsapfel bewegte sich auf und nieder. »Der Wagen kam, Sir Powell stieg ein. Bevor der Driver abfuhr, drehte er sich um. Da sah ich einen Totenkopf.« Er räusperte sich. »Das kann ich sogar beschwören.«

»Obwohl es dunkel war?« hakte Bill nach.

»Vor dem Haus befindet sich eine Laterne. Sie gibt soviel Licht, daß sie auch das Innere eines Wagens ausleuchtet.«

»Sie sind ganz sicher?«

»Ja, Sir.« Er zupfte an seinen Rockschößen. »Ich habe lange

nachgedacht, ob ich die Polizei anrufen sollte; es schien mir richtig zu sein.«

Bill wandte sich an den Regierungsmenschen. »Haben Sie bereits eine Fahndung nach dem Taxi eingeleitet?«

Sir Winston Wakefield nickte. »Natürlich. Wir haben auch herausgefunden, daß der Wagen gestohlen war.«

»Und der Fahrer?«

»Tot.«

Bill Conolly atmete tief durch. Der Schwarze Tod schlug mit aller Härte zu, deren er fähig war. Rücksichtslos verfolgte er sein Ziel und ging dabei über Leichen. Nur – was war dieses Ziel? John Sinclair befand sich im anderen Teil Deutschlands. Wahrscheinlich ist er dorthin gelockt worden, dachte Bill, damit der Schwarze Tod hier freie Bahn hat. Sir Powell war entführt worden. Warum? Wollte der Dämon ihn vielleicht als Druckmittel einsetzen?

Gut möglich. Denn Sir Powell war der Organisator beim Yard. Er saß wie eine Spinne im Netz und zog seine Fäden. Man konnte ihn als den theoretischen Kopf bezeichnen, während John Sinclair der Mann an der Front war.

»Wir haben das Taxi selbstverständlich untersuchen lassen«, bemerkte Sir Winston. »Es gab genügend Fingerabdrücke. Die Auswertung ist noch im Gange. Ich glaube allerdings nicht, daß etwas dabei herauskommt. Doch wir sollten jeder Spur nachgehen.«

Bill Conolly nickte.

»Und was sollen wir jetzt unternehmen?« erkundigte sich Jane Collins.

»Ich möchte Sie beide bitten, uns bei der Suche nach Sir Powell behilflich zu sein. Ich weiß, daß gerade Sie John Sinclair oft zur Seite gestanden haben. Sie kennen sich in der Materie aus. Ich gebe Ihnen alle Vollmachten. Versuchen Sie, Sir Powell zu finden!«

Jane und Bill tauschten einen Blick. Er bedeutete ein Einverständnis.

Bill meinte nur: »Allerdings frage ich mich, ob wir überhaupt eine Chance haben, denn Anhaltspunkte gibt es so gut wie keine.«

Da widersprach niemand. Doch die Gedanken der Anwesenden waren an ihren ernsten Gesichtern abzulesen ...«

Es war ein Gefühl, wie Sir Powell es noch nie erlebt hatte.

Er schwebte und fiel gleichzeitig.

Der Superintendent hatte die Augen weit aufgerissen. Er sah Szenen, die er höchstens aus Erzählungen kannte. Wie ein Kinozuschauer durchlebte er Welten, sah grausame Gestalten, spürte die Kälte und die Leere des Alls, wurde herumgerissen, sackte taumelnd weiter, hörte Stimmen, sah gräßliche Gestalten – und spürte einen Ruck.

Zuerst blieb er liegen.

Sekundenlang holte er Atem, saugte eine Luft in seine Lungen, die warm, feucht und schwül war. Sofort brach ihm der Schweiß aus, das Blut rauschte in seinen Ohren, die Lungen stachen, wenn er tief Luft holte.

Nur widerwillig öffnete er die Augen, als hätte er Angst, mit der Wahrheit konfrontiert zu werden.

Ein grauer Himmel, darunter hohe Baumwipfel, dicht belaubt und ein regelrechtes Dach bildend. Er lag auf einer weichen Unterlage. Sie kam ihm fast wie ein Teppich vor, und als er die Arme bewegte, fühlten seine Finger das Gras.

Ruckartig richtete sich Sir Powell auf.

Diese hastige Bewegung verursachte Schwindel, das Blut schoß ihm in den Kopf, alles drehte sich vor seinen Augen. Es dauerte eine Weile, bis sich Sir Powell gefangen hatte.

Dann folgte der Schrecken.

Jetzt sah er genau, wohin man ihn verschleppt hatte.

In den Dschungel!

Aber in welch einen? So hohe Bäume gab es nicht auf der Erde. Und auch die vom Boden hochwachsenden Farne hatten gewaltige Ausmaße. Er jedoch lag auf einer Lichtung, inmitten des Urwalds. Und er sah die Grabsteine, die aus dem Boden ragten. Einige von ihnen waren herausgerissen und lagen verstreut herum.

Ein Friedhof im Dschungel?

Weiter vorn wuchs ein Berg gegen den grauen Himmel. Nebelschwaden hüllten den unteren Teil ein, und über der grauen Fläche des unbekannten Himmels zogen gewaltige, urwelthafte Vögel ihre lautlosen Kreise.

Das war eine Welt, wie es sie nicht mehr gab, einfach nicht mehr geben durfte.

Sir Powell holte tief Luft. Er glaubte, einer Täuschung erlegen zu sein, wischte sich über die Augen, doch das Bild blieb.

Er befand sich tatsächlich in einer anderen Welt!

Diese Erkenntnis war für ihn ein Schock. Der Superintendent sah sich selbst als Schreibtischstratege, er hatte nie körperlich gekämpft, sah man von seinen Kriegserlebnissen ab, aber dort war er Offizier gewesen – und jetzt dies hier.

Grauenvoll . . .

Hinzu kamen die gewaltigen, unbekannten Vögel mit ihren riesigen Schnäbeln und der enormen Spannweite ihrer Flügel. Diese Tiere segelten über diesen Dschungelfriedhof wie unheimliche Wächter.

Trotz der Wärme lief es Sir Powell kalt den Rücken hinab.

Er stand auf.

Mit beiden Händen stützte er sich ab und mußte zuvor das Schwindelgefühl niederkämpfen, bevor er sich an den neuen Zustand gewöhnt hatte.

Langsam schritt er zwischen den Grabsteinen hindurch. Er wußte nicht, wo er zuerst hinblicken sollte, alles war so fremd, so unheimlich und grauenhaft.

Sir Powell war ein knallharter Analytiker, der mit seinem Verstand die Dinge zerlegte und entsprechende Gegenmaßnahmen ergriff. Hier streikte sein Intellekt. Er begriff nichts.

Doch er ahnte, daß dies nicht die normale Welt war, in der er sich befand.

Ein Dschungel lebt, ist erfüllt von kreischenden Vogelstimmen und von den Lauten unzähliger wilder Tiere.

Hier aber war alles ruhig. Es schien, als halte die Natur den Atem an.

Sir Powell hörte nur seine eigenen Schritte. Er schritt über den uralten Friedhof, suchte dabei nach einer Spur von Leben, nichts rührte sich.

Noch immer trug er seinen dunklen Anzug, das weiße Hemd,

die Krawatte, dazu die Halbschuhe. Er kam sich in dieser Kleidung deplaziert vor, wußte jedoch, daß er nichts ändern konnte. Er war seinem Feind hilflos ausgeliefert.

Und das war der Schwarze Tod!

Schon oft hatte Sir Powell darüber gehört und gelesen. Immer wenn er Sinclairs Berichte durchsah, stach ihm sofort der Schwarze Tod ins Auge. Er wußte, welche Macht dieser Dämon verkörperte. Allerdings hatte er Sir Powell nie direkt angegriffen, er hielt sich nur an die anderen Mitglieder des Sinclair-Teams. Doch nun stand der Superintendent dem Schwarzen Tod wehrlos gegenüber. Das bereitete ihm Angst. Dieser Dämon war nicht auszurechnen, nicht zu analysieren und auch nicht mit den Mitteln des Verstands zu besiegen.

Man mußte ihn bekämpfen! Ihn mit seinen eigenen Waffen attackieren, nur so konnte man ihn vernichten.

Sir Powell blieb stehen. Er schaute sich um, suchte den Schwarzen Tod – er sah ihn nicht. Der Dämon hatte sich zurückgezogen und Powell allein gelassen.

Wirklich allein.

Sir Powell sah plötzlich einen Mann, der über die letzten Reste einer alten Mauer hinwegkletterte. Er trug um seinen Kopf einen weißen Verband und winkte Sir Powell zu.

Ein zweiter Mann folgte ihm.

Beide trugen andere Kleidung als Sir Powell. Allerdings keine Tropenanzüge, wie sie eigentlich vonnöten gewesen wären.

Sir Powell ging den beiden Männern entgegen. Zwei Schritte voneinander entfernt blieben sie stehen.

Die Wissenschaftler sahen erschöpft aus. Der kurze Aufenthalt in dieser Welt hatte bereits seine Spuren hinterlassen. Schweißfeucht waren ihre Gesichter und staubverklebt. Ihre Augen blickten stumpf, als hätten sie Schreckliches gesehen.

Zuerst sprach niemand der drei Männer ein Wort. Dann stellte Art Cornwall eine Frage, die ziemlich dumm klang, es jedoch in Anbetracht der Situation gar nicht war.

»Sind Sie ein Mensch?«

Sir Powell nickte. »Ja.«

»Und wie sind Sie hergekommen?«

Sir Powell nahm seine Brille ab und wischte die beschlagenen

Gläser mit einem Taschentuch sauber. »Wenn ich Ihnen das erzähle, werden Sie es mir kaum glauben. Man hat mich gekidnappt, einfach aus meinem Club geholt, in eine leerstehende Fabrik geschafft und dort eine magische Beschwörung durchgeführt. Ich habe eine Dimensionsreise hinter mir und bin in dieser Welt erwacht. Mein Name ist Powell. Sir James Powell.«

Die beiden Forscher stellten sich vor. Der Superintendent war froh, einen Engländer getroffen zu haben.

Er erfuhr, daß die beiden als Wissenschaftler am Südpol arbeiteten und auf welche Weise sie in diese Welt verschlagen worden waren.

»Wissen Sie eigentlich, Mr. Powell, wo wir hier sind?« fragte Sven Jansson, der Norweger.

»Ich kann höchstens raten.«

Sven lachte.

»Sie und wir haben einen Zeitsprung gemacht. Das heißt, wir befinden uns etwa hundert Millionen Jahre vor unserer Zeitrechnung.«

Die Antwort war wie ein Schlag ins Gesicht. Selbst Sir Powell verlor die Fassung.

»Stimmt das?« hauchte er.

Cornwall nickte. »Wir machen Ihnen nichts vor. Sie müssen sich damit abfinden.«

Sir Powell nickte. »Es bleibt mir wohl nichts anderes übrig«, erwiderte er leise.

Von der Stirn her lief mir etwas klebrig in das linke Auge und füllte es aus. Ich drehte mich mühsam herum, hob den Arm und fuhr mit der Hand über mein Gesicht.

Als ich sie zurückzog, klebte Blut an Zeige- und Mittelfinger.

Das wiederum erinnerte mich wieder an meinen Kopf und an die unter der Schädelplatte tobenden Schmerzen. Und es erinnerte mich an das, was hinter mir lag.

Eine Seilbahnfahrt, die Wolke, der Angriff der Hexen, die Heimtücke, als sie das Seil kappten, mein Sturz aus der Gondel, der Träger, an dem ich mich festhalten konnte, der Absturz, dann die Bewußtlosigkeit.

Erwacht war ich an dem steinigen Hang. An irgendeinem Stein hatte ich mir die Stirn aufgeschlagen. So stark, daß das Blut aus der Wunde quoll und über mein Gesicht lief.

Im Liegen tastete ich mich ab. Mir schmerzten zwar die Rippen, ich hatte auch einige Prellungen, mir aber zum Glück nichts gebrochen.

Deshalb atmete ich auf.

Den roten Blutschleier vor meinen Augen hatte ich weggewischt. Mein Blick wanderte in die Höhe.

Sehr lange konnte ich nicht bewußtlos gewesen sein, denn es war noch nicht völlig dunkel.

Durch Verdrehen der Augen sah ich auch das Seil der Bahn oder vielmehr das, was davon übriggeblieben war. In Fetzen hing es fast bis zum Boden herab. Die Hexen hatten es tatsächlich zerbissen.

Siedendheiß fielen mir Suko und Will Mallmann ein. Auch sie hatten in den Gondeln gesessen und mußten ebenso in Mitleidenschaft gezogen worden sein wie ich. Hatten sie rechtzeitig abspringen können, oder war ihnen die Gondel zum Verhängnis geworden? Die Sorge um meine Freunde ließ mich meine eigene Situation vergessen.

Ich richtete mich auf.

Erst jetzt sah ich die Hexen!

Sieben von ihnen hatten einen Kreis um mich gebildet. Und jede hielt einen dieser Stäbe in der Hand, deren Spitzen auf ein gemeinsames Ziel wiesen.

Auf mich!

Will Mallmann sah Suko fallen. Er schickte ein kurzes Stoßgebet zum Himmel und stieß sich einen Atemzug später selbst ab.

Wie Suko fiel auch er nicht senkrecht in die Tiefe. Sein Körper hatte noch immer die Eigengeschwindigkeit der Gondel. Schräg fiel der Kommissar auf die Baumwipfel zu. Weit hatte er die Augen aufgerissen. Sein Körper überschlug sich zweimal. Will stieß einen irren Schrei aus und krachte dann in die Kronen zweier hoch aufragender Tannen.

Sein Gewicht knickte die ersten Äste, als wären sie Streichhölzer. Will fiel tiefer, er schlug mit den Armen um sich, versuchte Halt zu finden, rutschte jedoch wieder ab, spürte die Schläge im Gesicht, an den Beinen, an den Armen. Scharfe Krallenhände schienen seine Haut aufzureißen. Will überschlug sich, sackte ab, federte wieder etwas zurück. Sein Fall wurde einmal von dicht ineinanderverwachsenen Zweigen und Ästen stark gebremst, und instinktiv griff der Kommissar zu.

Er hatte Glück. Seine Finger umklammerten einen starken Ast wie den letzten Rettungsanker. Dabei war es ihm egal, ob die Tannen- oder Fichtennadeln in sein Fleisch drangen, der Kommissar hielt eisern fest.

Es war nicht mehr weit bis zum Boden, wie Will mit einem schnellen Blick feststellte.

Er ließ sich fallen.

Relativ weich landete er auf dem schrägen Berghang, verlor trotzdem das Gleichgewicht und fiel hin. Er rollte noch einmal um die eigene Achse, dann stoppte ihn ein Baumstamm.

Will Mallmann atmete auf. Er hatte es überstanden und lebte noch.

Im selben Augenblick hörte er ein fernes Krachen und Splittern. Will wußte sofort Bescheid. Die Gondel war in die Talstation gerast oder irgendwo zu Boden gestürzt.

Nachträglich lief dem Kommissar noch ein Schauer über den Rücken. Ihm wurde bewußt, welch ein Glück er letztendlich noch gehabt hatte.

Aber was war mit Suko geschehen?

Will Mallmann richtete sich sofort auf, humpelte die ersten Schritte und blieb dann stehen.

Nur das Rauschen der Bäume im Abendwind drang an seine Ohren. Sonst kein Geräusch.

Will orientierte sich kurz und sah zwischen den Baumwipfeln einen Seilbahnträger. Dort ungefähr war er abgesprungen, wie auch Suko. Er merkte sich die Stelle und machte sich auf den Weg dorthin, was wiederum gar nicht so einfach war, denn die die Unebenheiten des Geländes setzten ihm schwer zu.

Außerdem war der Boden mit zahlreichen abgefallenen Nadeln bedeckt und demnach rutschig. Will hielt sich oft an den Zweigen der Bäume fest und zog sich weiter hoch.

Zudem wurde es immer dunkler, so daß die Orientierung ziemlich schwer fiel.

Will blieb irgendwann stehen und rief laut Sukos Namen. Es war ihm egal, ob die Hexen ihn hörten, er wollte wissen, was mit dem Chinesen geschehen war.

Mallmann erhielt keine Antwort.

»Verdammt auch«, knurrte er und schritt weiter. Will wollte das Waldstück hinter sich lassen, danach begann der steinige Hang, an dessen Ende er die Nebelwolke gesehen hatte. In dieser Wolke war John Sinclair verschwunden.

Will hoffte, daß John noch lebte.

Plötzlich blieb er stehen. Er hatte etwas vernommen, was nicht in die Umgebung paßte.

Äste und Zweige brachen mit knackenden Geräuschen. Es hörte sich an, als würde jemand durch den Wald hasten und auf nichts Rücksicht nehmen.

Aber wer?

Will ging ein paar Schritte zur Seite, bückte sich und blieb hinter einer hochgewachsenen Fichte hocken. Er hoffte, von dieser Stelle aus einen guten Überblick zu haben.

Er stand günstig. Bis zum Waldrand waren es nur ein paar Schritte. Wills Augen hatten sich inzwischen an die Lichtverhältnisse gewöhnt. Er glaubte, eine Gestalt auf dem Boden liegen zu sehen, schaute genauer hin und erkannte Suko.

Der Chinese lag auf dem Boden.

Mallmann erhob sich aus seiner Deckung. Er triumphierte innerlich, daß er Suko gefunden hatte – und vergaß dabei die Gefahr. Er rechnete nicht mehr mit einem Feind, er achtete auch nicht mehr an die Geräusche, sondern lief vor und damit genau in die Falle.

Das Skelett tauchte von links auf.

Unheimlich war es anzusehen. Riesengroß. Es überragte sogar noch die Tannen.

Zwei Schritte vor Suko blieb Will Mallmann stehen. Er fuhr herum, sah das Skelett und stieß einen gellenden Schrei aus.

Er hatte den Schwarzen Tod erkannt.

Den Mörder seiner Frau!

In Mallmanns Augen irrlichterte es. Das Blut schoß ihm ins

Gesicht, vor seinen Augen breitete sich ein roter Schleier aus. Will Mallmann sah in diesen Augenblicken wirklich rot. Wie oft hatte er davon geträumt, dem Schwarzen Tod einmal gegenüberzustehen, ihn vernichten zu können, ihm den Tod seiner Frau heimzuzahlen.

An die Gefahr dachte er nicht mehr.

»Mörder!« brüllte er lauthals, riß seine Waffe hervor, legte auf den Dämon an und feuerte.

Er jagte Kugel auf Kugel aus dem Lauf. Sein Gesicht war verzerrt, in den Augen brannte der nackte Haß. Und er begleitete jeden Schuß mit einem Schrei.

»Da! Da! Da!« brüllte er und zog immer wieder durch.

Er traf auch. Jede Silberkugel durchbohrte den Umhang des Dämons, riß ein Loch hinein, mehr jedoch geschah nicht.

Der Schwarze Tod lachte nur.

Dann hatte sich Will Mallmann verschossen. Er drückte noch zweimal ab, bevor er dieses hohle Klicken überhaupt begriff. Keine Kugel mehr im Magazin . . .

Und der Schwarze Tod lebte noch immer. Wie ein Felsen stand er vor ihm. Seine Knochenhände umklammerten den Griff der mörderischen Sense, deren Schneide im letzten Licht des verlöschenden Tages funkelte.

Die geweihten Silberkugeln hatten ihm nichts anhaben können, Will hätte ebensogut mit Steinen werfen können, doch in seinem Haß hatte er an nichts mehr gedacht, da war die klare Überlegung ausgeschaltet.

Jetzt stand der Dämon vor ihm.

Und er triumphierte.

»Mallmann!« donnerte der Name des Kommissars aus seinem Maul. »Will Mallmann, deine Frau habe ich dir genommen, du lebst noch. Doch für dich habe ich mir ebenfalls etwas Besonderes einfallen lassen. Du wirst dich wundern!«

Will wankte zurück. Die Worte trafen ihn wie Peitschenschläge. Er wußte, daß er der Unterlegene war, und dieses Wissen raubte ihm fast den Verstand.

»Was ist mit Karin?!« brüllte er. »Sag es, du Scheusal! Was weißt du? Du . . .«

Wieder lachte der Schwarze Tod. Dann fuhr seine Sense herab, zeichnete einen blutigen Streifen nach und hackte eine Tanne um, als wäre sie aus Papier.

Der Kommissar sprang zur Seite. Er schaffte es nicht ganz. Die Äste streiften ihn und drückten ihn zu Boden. Will wollte sich aufraffen, als er die Hand im Genick spürte.

Die Knochenklaue des Schwarzen Tods hatte zugepackt.

Der Dämon hob Will Mallmann in die Höhe wie ein Bündel Lumpen. Er schüttelte ihn durch und lachte dabei.

»Der Tod, Will Mallmann, wäre eine zu große Gnade für dich. Ich habe mit dir etwas anderes vor. Für dich und auch für das Sinclair-Team sind die Plätze bereits reserviert. Auf euch wartet der Friedhof am Ende der Welt . . .«

Friedhof am Ende der Welt – die letzten Worte hallten in Will Mallmanns Kopf nach.

Dann wußte er nichts mehr.

Der Schwarze Tod jedoch hatte sein nächstes Opfer!

Sheila Conolly hatte einen Kaffee gekocht, in dem der Löffel fast stehenblieb.

Jane Collins war mit dem Reporter zu dessen Haus gefahren, um gemeinsam zu beratschlagen, was sie nun unternehmen sollten.

Jane nahm Milch, und auch Bill, der den Kaffee sonst schwarz trank, hellte ihn mit Milch auf.

Sheila war in die Problematik eingeweiht worden und stimmte dafür, daß Bill sich an der Suche beteiligte.

Sie tranken Kaffee. Der Reporter verzog das Gesicht. »Mann, das ist ja wie in der Hölle. Willst du uns vergiften?«

Sheila zog den Gürtel ihres Hausmantels enger und schaute Bill aus unschuldigen Augen an. »Du wolltest ihn doch stark haben, Darling.«

»Aber nicht so.«

Sheila lachte. Sie wurde jedoch sehr schnell wieder ernst. Während Bill im Kamin Holz nachlegte, fragte sie: »Was wollt ihr denn jetzt unternehmen?«

»Keine Ahnung!« erwiderte Jane Collins.

Der Reporter nickte bestätigend, nahm neben Sheila Platz und legte ihr seinen Arm auf die Schulter.

»Ihr wißt nicht, wie ihr den Fall anpacken wollt?« erkundigte sie sich erstaunt. »Aber du hast doch zugesagt, Bill.«

»Vielleicht sollte man auf John warten«, schlug der Reporter vor.

Jane schaute ihn schief von der Seite her an. »Das hätte mir auch einer mit langen Ohren sagen können.«

»Wir wissen doch nicht, um was es geht«, verteidigte sich Bill.

»Warum hast du dann ja gesagt?«

»Hätte ich ablehnen sollen?«

Jane hob die Schultern. »Gezwungen hat man uns nicht, das möchte ich mal festhalten.«

»Wenn man John nur telefonisch erreichen könnte«, murmelte Sheila.

Bill schüttelte den Kopf. »Ist nicht drin.«

»Kannst du dir denn denken, wohin der Schwarze Tod Sir Powell entführt hat?« fragte Jane.

»Nein.« Bill griff zu einer Zigarette. »Ich glaube nicht einmal, daß er sich noch auf dieser Welt befindet. Meiner Ansicht nach hat dieser Dämon ihn in irgendein Reich entführt, das jenseits unserer normalen Welt liegt.«

Jane Collins nickte zustimmend.

»Dann ist er verloren«, murmelte Sheila.

Da schnippte Jane mit den Fingern. Die Conollys horchten auf und schauten sie überrascht an.

»Hast du einen Geistesblitz?« fragte Sheila.

»Ja.«

Bill beugte sich gespannt vor. »Raus mit der Sprache, du weiblicher Sherlock Holmes.«

»Ich bin dafür, Myxin, den Magier, zu rufen!«

Laut lachte Bill Conolly auf. Er ließ sich wieder zurückfallen und schlug sich auf die Schenkel. »Der Hundesohn hat uns schon einmal hängenlassen. Du erinnerst dich doch, als John Sinclair auf dieser Insel steckte, wo sich Asmodinas Leichenhaus befand. Wir sollten doch dorthin teleportiert werden. Und was ist geschehen? Nichts.«

Jane nickte. »Das stimmt. Nur vergißt du eins, mein lieber Bill.

Damals hatten wir es mit Asmodina zu tun. Diesmal mit dem Schwarzen Tod. Ihn und dessen Magie kennt Myxin sicherlich besser. Wir sollten einen Versuch wagen.«

Bill war dagegen.

Jane Collins suchte bei Sheila Unterstützung. »Was meinst du dazu?«

»Ich finde die Idee gar nicht schlecht«, stimmte Sheila ihrer Bekannten zu. »Man sollte in diesem Fall wirklich alles versuchen.«

Bill schaute ärgerlich nach links und damit seine Frau von der Seite an. »Du warst doch damals gar nicht dabei«, nörgelte er. »Also kannst du auch nicht mitreden.«

»Laß sie doch«, sagte Jane. »Manchmal haben Unbeteiligte die besseren Ideen.«

»Meinetwegen, wenn ihr wollt.« Bill Conolly hob die Schultern. »Ich sage euch nur, daß dieser Myxin in meinen Augen ein regelrechter Scharlatan ist.«

Sheila wollte etwas antworten, doch sie schwieg. Sie blickte plötzlich zur Tür, denn dahinter hatte sie Schritte gehört. Tappende Schritte.

»Ich glaube, Johnny ist wach geworden«, sagte sie und wollte aufstehen, um nachzusehen.

Da wurde die Tür bereits aufgestoßen.

Der kleine Johnny stand auf der Schwelle. In seinem bunten Schlafanzug und mit müden Augen. Er zog ein Gesicht, als wollte er anfangen zu weinen.

Doch niemand der Anwesenden hatte einen Blick dafür. Alle starrten wie hypnotisiert auf den rechten Arm des Kleinen.

Johnny hatte ihn ausgestreckt, und auf seinem Handteller lag ein schwarzer Totenschädel . . .

Nachdem ich meine Überraschung verdaut hatte, konnte ich mich nur noch wundern.

Warum töteten sie mich nicht – oder warum hatten sie mich nicht umgebracht, als ich bewußtlos war?

Eine berechtigte Frage, allerdings auch eine, auf die ich eine Antwort fand.

Mein Kreuz hielt diese Kreaturen ab. Ich hatte es bereits einmal erlebt, als eine auf mich geschleuderte Lanze dicht vor meiner Brust abgelenkt wurde, eben weil ich das Kruzifix offen trug. Jetzt war es wohl nicht anders. Ich hatte zwar bewußtlos am Hang gelegen, doch der magische Schutzschirm war voll wirksam geworden.

Mein Kreuz als Lebensretter. Wieder einmal.

Körperlich ging es mir nicht besonders. Der Sturz auf den steinigen Boden setzte mir sehr zu. Die Schmerzen brachten mich beinahe um.

Sieben Hexen.

Siebenmal Haß in ihren Augen.

Ich schaute in die Gesichter dieser Dämoninnen. Es waren Fratzen. Eine grünlich schillernde, verrunzelte Haut, dünn wie Pergament, böse Augen, grausam verzerrte Lippen.

Die Hexen trugen Lumpen, manche von ihnen auch Kopftücher. Sie sahen wirklich so aus, wie ich sie von den Zeichnungen mittelalterlicher Bücher her kannte.

Echte Teufelsbuhlerinnen!

Und sie waren bewaffnet. Die Spitzen ihrer Lanzen zitterten nicht, so fest hielten sie die speerähnlichen Stäbe in ihren Fäusten.

Ich saß noch immer. Als ich mich leicht bewegte, folgten sie meinen Bewegungen mit den Blicken. Mein Unterarm stieß gegen die linke Brustseite, und da vermißte ich den vertrauten Druck der Beretta.

Sie war verschwunden.

Mir fiel ein, daß ich sie hatte fallen lassen müssen, um die Hände frei zu haben.

Nun stand ich ohne Pistole da.

Doch sie war mit mir in die Tiefe gefallen. Weit entfernt von mir konnte sie demnach nicht liegen.

Im letzten Licht des schwindenden Tages suchte ich den Boden des Hangs ab – und sah meine Waffe.

Zwischen zwei Hexen konnte ich hindurchschauen. Etwa ein Yard von ihnen entfernt lag die Beretta.

Ich wollte die Pistole unbedingt zurückhaben und war gespannt darauf, wie die Hexen reagierten.

Ich verlagerte das Gewicht meines Körpers nach rechts, stützte mich mit der rechten Hand ab, zog die Beine an und stemmte mich langsam in die Höhe.

Sieben Augenpaare folgten meinen Bewegungen.

Keine der Hexen traf Anstalten, eine Lanze zu schleudern.

Ein Schritt brachte mich näher an den Rand des Kreises. Beim nächsten schon hatte ich ihn verlassen und befand mich nun im Rücken dreier Hexen.

Sie drehten sich um.

Ihre Speere machten die Bewegungen mit. Ich spürte ein Prickeln auf der Haut und wußte nicht, ob es meine eigene Angst war oder die weißmagische Aura, die das Kreuz abstrahlte.

Neben der Beretta verhielt ich meinen Schritt, warf einen Blick zu den Hexen hinüber, sah ihre Bewegungslosigkeit, bückte mich und nahm die Waffe auf.

Niemand hinderte mich daran.

Ich mußte nachladen. Reservemunition hatte ich zum Glück mitgenommen. Ich schob ein neues Magazin in den Griff und fühlte mich jetzt wohler.

Für einen Augenblick spielte ich mit dem Gedanken, die Hexen zu erschießen. Es wäre wohl das beste gewesen.

Ich hob den rechten Arm.

Da hörte ich Schüsse.

In der dünnen Luft vernahm ich das peitschende Knattern und erkannte am Klang, daß aus einer Beretta geschossen worden war.

Nur – wer hatte gefeuert?

Suko oder Will Mallmann? Die Schüsse waren weiter hangabwärts am Waldrand aufgeklungen.

Ich vernahm auch einen Schrei und glaubte, sekundenlang ein rotes Schimmern zu sehen.

Dann nichts mehr . . .

Was war dort geschehen?

Nervös wischte ich über meine Stirn und spürte den kalten Schweiß auf dem Handrücken.

Das Kichern ließ mich herumfahren. Gleichzeitig vernahm ich

das hohle Pfeifen, und noch bevor ich mich versah, hatten sich die sieben Hexen in die Luft erhoben.

Wie Irrwische zischten sie in den grauen Himmel. Eine grünliche Aura umgab ihre Körper, und hinter ihren Reitbesen zeichnete ein fahler Streifen den Weg nach, den sie genommen hatten.

Die Hexen waren ungeheuer schnell und kaum mit einer Kugel zu treffen, weil sie immer im Zickzack durch die Luft ritten.

Ich hätte schneller reagieren sollen, denn nun hatte ich die Hexen als Gegnerinnen vor mir.

Verdammt auch.

Hinzu kamen die fernen Schüsse. Was war mit Will Mallmann oder Suko geschehen? Sollte ich nachschauen und sie suchen?

Eine Hexe wischte dicht über meinen Kopf hinweg. Meine Haare flatterten hoch, die Hexe stieß ein hohles Kichern aus, wendete vor mir und drohte mit der Faust.

Ich legte an und schoß.

Blitzschnell sackte sie dem Erdboden entgegen. So schnell, daß meine Kugel sie verfehlte. Die Hexe raste weiter den Hang hinauf, und ich sah, welches Ziel sie hatte.

Hangaufwärts schwebte ein düsteres Glosen in der Luft. Es schimmerte rotgrünlich und erinnerte mich an eine Wolke, in der ununterbrochen grüne Blitze hin- und herzuckten.

Befand sich dort die Unterkunft der Hexen? Fand ich da vielleicht ihr Versteck?

Ich wollte nicht lange darüber nachdenken, sondern folgte den fliegenden Hexen. Alle sieben hatten ihren Kurs geändert und bewegten sich auf das rotgrüne Flimmern zu.

Auch ich.

Wie ein alter Mann kletterte ich den Hang hoch. Meine Knochen schienen dick angeschwollen zu sein und schmerzten bei jeder Bewegung.

Die Hexen drehten in sicherer Entfernung ihre Kreise um mich. Sie wußten genau, welche Kugeln meine Waffe verschoß, und hielten sich deshalb immer außerhalb deren Reichweite.

Als Bergsteiger hatte ich mich noch nie betätigt, höchstens als Bergwanderer. Und das mit anderen Schuhen. Auf diesem Weg trug ich meine normalen Treter – Halbschuhe – und rutschte mehr als einmal ab. Je dunkler es wurde, um so intensiver strahlte das rotgrüne Licht. Ich allerdings näherte mich dem Ziel nur langsam.

Manchmal stießen die Hexen in dieses Licht ein. Mir erschien es wie eine Lockung. Ja, sie wollten mich zu einem bestimmten Punkt hinlocken. War das vielleicht die Höhle, in der auch Rod Huxley Unterschlupf gefunden hatte?

Ich glaubte fest daran. Außerdem war ich mir sicher, dem Versteck des Buchs der grausamen Träume immer näher zu kommen. Das war schließlich mein Hauptziel.

Ich wollte und mußte das Buch haben!

Schon bald ging mein Atem schwer und keuchend. Immer wieder knickte ich um, wenn ich auf scharfkantige Steine getreten war. Zwischen den Steinen wuchs karges Gestrüpp. Es war hart und widerstandsfähig, gab mir auch manches Mal Halt, wenn ich fest zupackte, um mich wieder höherzuziehen.

Schritt für Schritt näherte ich mich meinem Ziel.

Die Hexen wurden immer aufgeregter. Sie vollführten auf ihren Besen die bizarresten Tänze, stiegen mal senkrecht in den dunklen Himmel und rasten dann wieder dem Boden entgegen, um sich dicht davor abzufangen und wieder hochzufahren.

Sie trauten sich auch wieder näher an mich heran. Einmal blieb ich stehen und zielte auf sie.

Sofort drehten sie ab, so daß es einem Glücksspiel gleichkam, sie zu erwischen.

Ich wußte natürlich nicht, wie viele dieser Hexen noch in der Höhle lauerten.

Sieben standen draußen gegen mich. Ich war sicher, daß sie mir den Rückzug abschnitten, wenn ich die Höhle einmal betreten hatte.

Ein Zurück gab es nicht mehr. Ich hatte mich bereits zu weit vorgewagt.

Der Weg wurde etwas besser. Er stieg auch nicht mehr so steil an, sondern lief fast waagerecht auf die Höhle zu.

Den Eingang konnte ich nur ahnen. Er war ausgefüllt von der rotgrünen Nebelwolke, die hin und her wogte, sich bewegte, pulsierte und die zahlreichen Blitze aufsaugte wie ein trockener Schwamm das Wasser.

Es war unheimlich, in diese Wolke hineinzustarren.

Was lag dahinter? Eine fremde Dimension oder einfach nur die geheimnisvolle Höhle?

Die Hexen hatten sich zurückgezogen.

Sie befanden sich jetzt hinter mir. Ich hörte ihr Kreischen und ihr Gelächter. Auf meiner Stirn hatten sich trotz der Kühle kleine Schweißperlen angesammelt, die innere Erregung brannte in mir wie Fieber, ein Zeichen, daß die Entscheidung oder irgendein großes Ereignis unmittelbar bevorstand.

Fand ich hinter der Nebelwolke das Buch?

Ich warf noch einen letzten Blick zurück.

Die Hexen stießen auf ihren Besen in den dunklen Himmel. Sie sahen aus wie Kometen. Ich dachte an die Radarstation hoch oben auf dem Berg. Ihre Wellen würden die Hexen wohl nicht erfassen, da die Schwarze Magie in diesem Falle sicherlich stärker war.

Vor mir waberte die Nebelwand. Die Farben verwischten zu einem verwirrenden Muster. Ich mußte den Blick senken, sonst begannen meine Augen zu schmerzen.

Dabei sah ich das Kreuz.

Eine silberne Aura zeichnete die Konturen nach. Deutlich erkannte ich die vier Buchstaben, die die Namen der vier Erzengel symbolisierten.

Michael – Raphael – Gabriel – Uriel!

Vier Namen – vier Geister, die ihre Kräfte des Lichts in das Silber eingraviert hatten, um mich gegen die Gefahren der Hölle zu schützen.

Ich war der Erbe des Kreuzes.

Der Sohn des Lichts, wie ich einmal gehört hatte. Leider war dieses Rätsel nie gelöst worden, obwohl ich zwischendurch immer danach forschte.

Aber der Begriff war mir nie aus dem Kopf gegangen.

Der Sohn des Lichts . . .

Würde ich irgendwann einmal der Lösung etwas näher kommen? Ich hoffte es – hoffte es sogar sehr.

Mit diesem Gedanken ging ich vor und schritt direkt in die Nebelwolke hinein . . .

Sir Powell hatte sich inzwischen von seiner Überraschung erholt und festgestellt, daß er und die beiden Wissenschaftler eine verschworene Gemeinschaft bildeten – ja, bilden mußten.

Wer in dieser Welt überleben wollte, der durfte keinen Fehler begehen und dem durften auch keine passieren. Feindschaft oder Mißverständnisse untereinander konnten tödlich sein.

»Wie lange befinden Sie sich schon in dieser Welt?« fragte der Superintendent.

Art Cornwall hob die Schultern. »Das kann ich Ihnen nicht sagen. Was bedeutet hier schon Zeit, nicht wahr?« Er schaute Sven Jansson an, der nickend zustimmte.

Der Engländer wandte sich an seinen Landsmann. »Darf man fragen, wer Sie sind?«

Sir Powell nickte. »Meinen Namen kennen Sie ja inzwischen. Ich bin ein hoher Beamter von Scotland Yard.«

»Polizist?«

Sir Powell lächelte Art Cornwall an. »So kann man es auch nennen. Ich leite eine Abteilung, die sich nicht mit normalen Fällen beschäftigt.«

Sven Jansson hatte mitgehört und schüttelte den Kopf. »Verstehe ich nicht.«

»Nun, die Abteilung, der ich vorstehe, hat es sich zur Aufgabe gemacht, Geister und Dämonen zu jagen. Dieses Skelett, was Sie gesehen und von dem Sie mir erzählt haben, ist der Schwarze Tod. Und damit der Hauptfeind unserer Abteilung. Mein bester Mann, John Sinclair, versucht bereits seit Jahren, dieses Ungeheuer zu vernichten.«

»Moment mal!« rief Arthur Cornwall. »Sagten Sie eben John Sinclair, Sir?«

»Ja, kennen Sie ihn?«

»Das nicht, aber der Schwarze Tod hat seinen Namen erwähnt, und er hat uns eine Aufgabe übertragen.« Cornwall drehte sich halb um und deutete nach rechts. »Sehen Sie die Grube dort?«

Sir Powell nickte.

»Dieses Loch da soll ein Grab sein. Ein Grab für John Sinclair. Und der Vogel da auf dem Ast, dieser Rabe mit den glühenden

Augen, ist der Wächter des Schwarzen Tods. Er wird dafür Sorge tragen, daß niemand von uns diesen Friedhof verläßt.«

Obwohl Cornwall die Worte schnell herausgesprudelt hatte, begriff Sir Powell rasch. Er sagte: »Da Sie ein Grab für John Sinclair geschaufelt haben, muß man damit rechnen, daß er irgendwann hier auftauchen wird.«

»Bestimmt!« Cornwall nickte.

»Der Schwarze Tod wird ihn herlocken«, sagte Sven Jansson.

Das war auch Sir Powells Meinung. Er strich über sein Haar. Fieberhaft arbeiteten seine Gedanken. Sollte dieser Friedhof am Ende der Welt etwa für sie alle ein Grab werden? Nicht nur für John Sinclair, sondern auch für ihn, für Suko, den Chinesen oder Bill Conolly? Wollte der Schwarze Tod das Sinclair-Team für alle Zeiten vernichten?

Es sah danach aus. Sämtliche Spuren deuteten auf solch eine Lösung hin.

»Sie sind geschockt, nicht wahr, Sir?« fragte Arthur Cornwall.

»Das ist wohl der richtige Ausdruck«, gab Sir Powell zu. »Es tut mir leid, daß gerade Sie beide in diesen tödlichen Kreislauf mit hineingezogen worden sind.«

Art hob die Schultern. »Wir haben uns inzwischen daran gewöhnt. Am Anfang war es sehr schwierig. Außerdem wissen wir nicht, was uns noch alles erwartet. Wir kennen diese Welt ja nur aus Büchern.« Er berichtete Sir Powell vom Angriff des gewaltigen Tyrannosauriers.

»Und der Rabe hat ihn tatsächlich besiegt?« erkundigte sich der Superintendent staunend.

»Ja. Schauen Sie ihn sich an! Er hat die fünffache Größe eines normalen Vogels. Der hat der Bestie die Augen ausgehackt.« Cornwall deutete zum grauen Himmel. »Und dort die Vögel. Vor ihnen kann man Angst haben. Wenn die uns angreifen, ist alles aus.«

Sir Powell runzelte die Stirn. »Es ist natürlich schwer zu glauben, daß dieser Rabe . . .«

»Und doch ist es eine Tatsache«, warf der Norweger ein. »Mein Kopfverband kommt nicht von ungefähr. Wir hatten versucht zu fliehen, da griff der Rabe uns an. Solange wir uns innerhalb dieses Geländes aufhalten, tut er uns nichts, er ist gewissermaßen unser Wächter. Sollten wir jedoch versuchen, diesen Friedhof zu verlassen, wird er es verhindern.«

»Was können wir sonst tun?« fragte Sir Powell.

»Nichts!« lautete die Antwort des Engländers. »Aber auch gar nichts. Wir können nur warten.«

Sir Powell preßte die Lippen zusammen. So etwas gefiel ihm überhaupt nicht. Er schaute sich um, sah zum wiederholten Male die düstere Umgebung, sah den hinter dem Friedhof aufragenden Berg, der in seiner unteren Hälfte von Nebelschwaden umwallt wurde. Der Berg erinnerte in seinem Aussehen an einen Vulkan. Er glänzte graublau wie erkaltete Schlacke. Das Gestein schien porös zu sein, denn aus zahlreichen Spalten und Löchern drangen Nebelwolken, die in trägen Schwaden um den Berg trieben.

Es war wirklich eine unheimliche Gegend. Hinzu kam der Himmel in seinem eintönigen Grau. Keine Sonne, kein Mond und auch keine Sterne waren zu sehen.

Sir Powell ließ die beiden Männer stehen und schritt den Friedhof ab.

Er näherte sich dabei auch dem Raben, der dies sofort als einen Fluchtversuch ansah. Er plusterte das Gefieder auf und breitete die Flügel aus.

Der Superintendent blieb stehen. Er erschrak über die Spannweite dieser Flügel. Damit hätte er nicht gerechnet. Plötzlich wurde ihm klar, daß dieser Rabe sicherlich in der Lage war, einem Saurier die Augen auszuhacken.

Sir Powell ging keinen Schritt weiter. Er vernahm die warnende Stimme des englischen Wissenschaftlers. »Bleiben Sie lieber stehen, Sir.«

»Natürlich.«

Der Rabe öffnete den Schnabel und stieß ein warnendes Krächzen aus. Sir Powell sah die rote Zunge, die zwischen den beiden Schnabelhälften hing.

Begeistert war er von diesem Anblick nicht.

Er machte kehrt.

In diesem Augenblick begann die Luft über dem Friedhof zu flimmern. Während die Wissenschaftler zurücksprangen, blieb Sir Powell stehen und schaute furchtlos in das Flimmern hinein.

Eine Gestalt wurde sichtbar. Erst waren nur die Umrisse zu erkennen, dann jedoch schälte sich ein Skelett hervor.

Der Schwarze Tod war erschienen.

Plötzlich stand er auf dem Boden, eingehüllt in seinen langen Umhang. Die Sense, seine bevorzugte Waffe, hatte er über die rechte Schulter gelegt, doch über seiner linken Schulter hing ein Mensch.

Es war ein Mann.

Sir Powell riß weit die Augen auf. Er glaubte den Mann zu kennen, obwohl er sich nicht hundertprozentig sicher war.

Ein paar Sekunden vergingen, dann hatte sich der Schwarze Tod endgültig manifestiert.

Er überragte die beiden Männer. Wenn er die Arme hochhob und sie weit genug ausstreckte, konnte er fast die Wipfel der großen Bäume berühren.

Es war eine Gestalt zum Fürchten. Sir Powell hatte schon viel über diesen Dämon gehört, doch als er ihn jetzt zum ersten Mal sah, lief ihm eine Gänsehaut über den Rücken.

Der Schwarze Tod beugte sich nach links, und die Gestalt rollte von seiner Schulter ins Gras. Dort blieb sie auf dem Bauch liegen.

»Nummer zwei!« grollte der Dämon und schüttelte drohend seine Faust gegen die drei Männer. »Andere werden folgen, das schwöre ich euch!«

Er breitete die Arme aus, und der Umhang wurde dabei zu einem riesigen Cape, so daß der Schwarze Tod eine entfernte Ähnlichkeit mit einer Fledermaus annahm.

Noch einmal lachte er schaurig. In derselben Sekunde entstand das Flimmern, es hüllte den Dämon ein, und ebenso rasch, wie der Schwarze Tod aufgetaucht war, verschwand er wieder.

Sein »Opfer« ließ er zurück.

Sir Powell lief auf den Mann zu, blieb neben ihm stehen und drehte ihn auf den Rücken.

Langsam traten auch die beiden Wissenschaftler näher. Sie schauten Sir Powell über die Schulter.

»Lieber Himmel«, sagte der Superintendent leise. »Er ist es . . .«

»Kennen Sie ihn?« fragte Arthur Cornwall.

»Natürlich. Das ist Kommissar Mallmann. Ein Polizeibeamter aus Germany . . .«

Sheila Conolly wollte aufspringen und auf ihren Sohn zulaufen. Bill bemerkte es im letzten Augenblick. Seine Finger gruben sich in die Schulter seiner Frau und hielten sie zurück.

»Bleib hier!« zischte er.

»Nein, ich . . .«

»Du weißt nicht, was mit diesem Schädel los ist!« Bill drückte seine Frau in die Polster.

Jane Collins nestelte bereits am Verschluß ihrer Handtasche. Sie zog die Klappe hoch und holte die mit geweihten Silberkugeln geladene Astra-Pistole hervor.

Bill durchfuhr ein heißer Schreck. »Du . . . du willst doch nicht etwa schießen?«

»Nein!«

Sheila weinte. »Johnny!« flüsterte sie. »Mein Gott, was haben sie mit ihm gemacht . . .«

Der Kleine schien gar nicht zu merken, daß er zum Spielball dämonischer Kräfte geworden war. Er stand nach wie vor auf der Türschwelle und lächelte sogar, weil er seine Eltern sah.

Bill Conolly rutschte etwas vor, so daß er nur noch auf der Kante saß. »Johnny«, sprach er den Jungen leise an. »Was hast du da in deiner Hand?«

Johnny Conolly drehte den Kopf, so daß er seinen Vater anschauen konnte. »Ich? Nichts, Daddy!« Seine Augen wurden traurig. »Warum weint Mummy denn?«

»Weil . . .« Bill schluckte. Er wußte auch keine Antwort.

»Mummy weint nicht«, sagte statt dessen Jane Collins. »Willst du nicht zu uns kommen, Johnny?«

Der Kleine nickte. »Ja. Ich komme.«

Er trippelte los. Seine Füße patschten auf den Teppich. Den rechten Arm hielt er nach wie vor ausgestreckt, und noch immer lag der schwarze Totenschädel auf seiner Hand.

Wie hypnotisiert verfolgte Bill Conolly ihn mit den Blicken. Er hatte das Gefühl, dieser Schädel würde leben. Seiner Meinung

135

nach bewegte sich das Maul, auch die Augen drehten sich in den Höhlen.

Der Reporter spürte den Schweiß, der sich im Nacken sammelte und dann den Rücken hinablief.

Sheila saß wie erstarrt neben ihm. Sie hatte aufgehört zu weinen. Aus großen Augen starrte sie den Schädel an.

Johnny lief um den Tisch herum, vor dem sie saßen, und ging auf Bill zu.

Jane hatte die Pistole hinter ihrem Rücken versteckt, hielt sie jedoch in der Hand. Nur sollte der Kleine die Waffe nicht sehen.

Johnny Conolly ging an Jane Collins vorbei und blieb vor seinem Vater stehen. Aus großen Augen schaute er zu ihm hoch.

Sheila war etwas zur Seite gerückt. Ihr Gesicht war kalkweiß, die Unterlippe bebte, die Haltung verkrampfte sich. Sie atmete flach und stoßweise.

So schwer es Bill auch fiel, er mußte sich überwinden, um den Arm auszustrecken. Der Reporter wollte seinem Sohn den Totenschädel aus der Hand nehmen.

Langsam näherten sich seine Finger dem häßlichen Skelettkopf. Johnny stand nach wie vor an der Couch und schien nicht zu merken, was er in der Hand hielt.

Die Anwesenden hielten den Atem an. Wie ein unsichtbares Netz breitete sich die Spannung aus. Jeder fühlte es, spürte das Kribbeln auf der Haut, den leichten Schauder, der sie in diesen Sekunden berührte.

Nur noch einen Zoll befanden sich Bills Finger von dem Kopf entfernt. Da riß der Schädel das Maul auf und schnappte blitzschnell zu.

Bill schrie auf.

Er hatte die Hand nicht schnell genug wegziehen können, jedoch instinktiv die Finger gekrümmt, so daß die Zähne in seinen Knöchel schlugen, und da bissen sie sich fest.

Der Reporter sprang von der Couch hoch. Er gab nicht acht, stieß gegen Johnny, der umfiel, bevor Sheila ihn auffangen konnte. Dann aber riß sie ihren Sohn an sich.

Bill warf sich über den Tisch. Er mußte schreckliche Schmerzen haben, denn er schrie ununterbrochen. Mit ihm zusammen fielen auf der anderen Seite Gläser und Flaschen zu Boden. Ein

Aschenbecher traf ihn am Kopf. Bill wälzte sich auf dem Boden. Und der verdammte Schädel biß unvermindert zu.

Jetzt quoll schwarzer Rauch aus seinem Maul. In Schwaden trieb er über den Knöchel und Bill Conollys Unterarm.

Jane Collins hielt es nicht mehr auf ihrem Platz. Sie schob den Sessel zur Seite und legte die Waffe an.

»Bill!« brüllte sie, wobei sich ihre Stimme überschlug. »Bill, um Himmels willen, bleib ruhig liegen. Ich will den verdammten Schädel zerschießen.«

»Ich . . . ich kann nicht«, ächzte der Reporter. »Helft mir. Er ist . . . zu fest . . . ich . . .«

Es war die Hölle.

Bill schrie vor Schmerzen, der Kleine weinte laut, Sheila bebte, und Jane konnte keinen sicheren Schuß anbringen.

Der Reporter rollte über den Boden. Er riß zwei Stühle mit um und merkte nicht, daß er sich in seiner Panik dem Kamin näherte.

»Vorsicht!« gellte Janes Stimme.

Der Reporter rollte weiter.

Da sprang Jane Collins vor. Die Detektivin jagte auf ihn zu, packte ihn an der Schulter und wirbelte ihn herum. Dabei wollte sie die Mündung der Waffe an den Schädel pressen.

Doch der Schädel war schlau. Obwohl ein dämonisches Wesen, spürte er die Gefahr.

Urplötzlich ließ er Bills Hand los. Sofort zog der Reporter die blutende Rechte an sich, aber der Schädel hatte noch nicht genug. Jetzt attackierte er die Detektivin.

Er sprang auf sie zu.

Wie ein Blitz jagte er vom Boden hoch. Jane wollte die Waffe herumschwenken und abdrücken, doch der unheimliche Totenkopf war schneller.

Er verbiß sich in ihren rechten Unterarm.

Jane spürte die Zähne auf ihrer Haut und schleuderte in einem wahren Wutanfall den Arm gegen den Kaminaufbau.

Es krachte, als der Schädel gegen das Gestein prallte, doch er zersplitterte nicht.

Der Totenkopf blieb ganz.

»Bill . . . Bill, die Waffe!« ächzte sie.

Bill Conolly erhob sich ächzend. Er schwankte, und von seinem Arm tropfte Blut.

»Bill . . . bitte!« Jane war am Ende. Die Kraft des Schädels trieb sie zurück. Sie konnte sich kaum noch auf den Beinen halten, in den Knien knickte sie schon ein.

Der Reporter holte tief Luft. Obwohl in seinem Arm der Schmerz wütete, gab er sich einen Ruck und lief auf die Detektivin zu. Bill riß ihr die Waffe aus den Fingern, packte ihren Arm, an dem der Totenschädel hing, und bog ihn zurück.

Bevor Bill Conolly schießen konnte, öffnete der Schädel sein Gebiß und fiel zu Boden.

Im letzten Augenblick nahm der Reporter den Finger vom Abzug, sonst hätte er Jane Collins getroffen.

Der Schädel fiel zu Boden. Ein drohendes Knurren drang aus seinem Maul.

Aufschluchzend fuhr die Detektivin zurück, während Bill vor dem Totenkopf stand, die Astra gesenkt hielt und den Schädel bedrohte.

»Du Bastard!« hörte Bill eine grollende Stimme aus dem Maul. »Du mieser Bastard. Der Schwarze Tod schickt mich. Wenn du mich tötest, bist auch du verloren – wie John Sinclair und die anderen.«

»Wen meinst du damit?«

»Powell – Mallmann . . .«

»Aber der Kommissar ist nicht hier!« schrie Bill.

»Wir haben ihn trotzdem. Und Sinclair läuft bereits in unsere Falle. Auf dem Friedhof am Ende der Welt ist alles für euch vorbereitet. Dort sehen wir uns wieder . . .«

»Bill, erschieß ihn!« schrie Sheila.

Und Bill drückte ab.

Zweimal jagte er das Silber aus dem Lauf. Die geweihten Kugeln drangen in den Schädel ein und rissen ihn buchstäblich auseinander. Die Splitter flogen im Zimmer umher, als wäre eine Handgranate detoniert. Und noch während des Fluges lösten sie sich auf und wurden zu Staub.

Alle drei atmeten auf. Am meisten wohl Sheila Conolly. Sekundenlang sprach niemand ein Wort, bis Jane und Bill die Schmerzen in ihren Armen richtig zu spüren begannen.

»Wir müssen ins Bad«, sagte der Reporter. »Dort ist Verbandszeug!«

Sheila kümmerte sich inzwischen um den kleinen Johnny und brachte ihn in sein Zimmer.

Bill und Jane verbanden sich gegenseitig. Zum Glück waren es nur Fleischwunden, sie bluteten dennoch sehr stark.

Bill zog bei Jane den Verband stramm. »Verstehst du die Sache?« fragte er.

»Nein.« Jane verzog das Gesicht. »Nicht so fest, bitte!«

»Sorry. Ich frage mich nur, wo dieser verdammte Schädel hergekommen ist.«

»Du kannst ja Johnny fragen.«

Bill klemmte jetzt seinen Verband fest. »Nein, das werde ich nicht. Ich möchte den Jungen nicht belasten.«

Jane nickte. »Recht hast du.«

Sheila tauchte in der Tür auf. »Johnny schläft jetzt«, berichtete sie.

Jane und Bill waren beruhigt. »Wir sind auch soweit«, sagte der Reporter und drückte sich an seiner Frau vorbei. Im Flur blieb er stehen. »Hast du Johnny gefragt, woher der Schädel gekommen ist?«

»Nein.« Die Antwort klang entrüstet.

»Und du hast auch in seinem Zimmer nichts entdeckt?«

Sheila schüttelte den Kopf.

Bill nagte nachdenklich an der Unterlippe. Schon einmal hatten sich Dämonen des kleinen Johnny bemächtigt. Es war noch gar nicht so lange her, damals, als Sheila ihr Augenlicht verloren hatte. Da war ein Dämonenhenker aufgetaucht, hatte den Kleinen aus seinem Zimmer in den Garten gelockt, und wäre nicht im letzten Augenblick John Sinclair dazwischengefahren, hätte es für Johnny böse ausgesehen. Der Kleine war in diesem Haus nicht sicher. Aber wo sollten sie ihn hinbringen? In ein Internat? Kaum, denn dort hätten ihn die Dämonen ebenfalls gefunden. Und aussteigen konnte Bill Conolly nicht mehr. Dafür hatte er in der Vergangenheit den Mächten der Finsternis bereits einen zu großen Schaden zugefügt.

Bill wußte aber jetzt, daß das Verschwinden des Superintendenten in einem unmittelbaren Zusammenhang mit John Sinclairs Fall stand. Nur – wo war da das Verbindungsglied?

»Ich kann mir vorstellen, worüber du nachdenkst«, sagte Jane Collins. »Aber es gibt keine Spur. Wir treten immer noch auf der Stelle.«

Bill schlug mit der flachen Hand gegen die Wand. »Es muß doch eine Spur geben. Dieser Totenschädel ist nicht umsonst aufgetaucht.«

»Vielleicht sollte er uns warnen«, meinte Sheila.

»Oder drohen«, vermutete Jane.

»Wahrscheinlich beides«, sagte Bill. »Wenn ich nur genau wüßte, wo John Sinclair steckt. Er könnte uns vielleicht weiterhelfen, aber in der DDR ist er ja nicht zu erreichen.«

Jane bat um eine Zigarette. Bill hatte noch ein Päckchen in der Tasche, er reichte Jane einen Glimmstengel rüber. »Dieser Totenschädel sprach von einem Friedhof am Ende der Welt. Kannst du dir darunter etwas vorstellen?«

Die beiden Frauen schauten Bill fragend an, der plötzlich sehr nachdenklich geworden war. »Da fällt mir was ein«, murmelte er und sprach dann Sheila, seine Frau, an. »Erinnerst du dich noch an diese schreckliche Sache im Blindenheim?«

»Und ob.«

»Da ist doch von diesem Dämon mit den tausend Augen gesprochen worden. Ich selbst habe nicht in dessen Augen gesehen, aber John hat einen Blick hineinwerfen können. Er hat mir hinterher davon erzählt. Diese Augen zeigten Szenen aus der Zukunft. In einer Pupille hat John den Dämonenhenker gesehen, und das andere Auge zeigte einen Friedhof, soviel ich weiß. Ob mit diesem Friedhof derjenige gemeint ist, von dem auch der Schädel gesprochen hat?«

Sheila atmete tief ein. »Mensch, Bill, das ist eine Möglichkeit. Vielleicht sogar die Idee.«

»Weiter bringt uns das auch nicht«, dämpfte Jane den Optimismus der beiden.

»Wir hätten aber den Beginn des roten Fadens«, erwiderte Bill.

»Aber wo willst du den Friedhof finden?«

»Vielleicht kann ich den Dämon mit den tausend Augen beschwören«, sagte Bill.

»Das ist zu gefährlich«, warf Sheila ein.

»Weißt du eine bessere Lösung?«

»Nein.«

»Deshalb müssen wir es versuchen«, erwiderte der Reporter mit großer Überzeugungskraft. »Nicht nur John oder Sir Powell sind in Gefahr, sondern wir alle. Der Schwarze Tod hat zum alles entscheidenden vernichtenden Schlag ausgeholt. Deshalb müssen wir ihm zuvorkommen.«

»Sehr richtig«, hörten sie plötzlich eine Stimme.

Die drei kreiselten herum.

Ungehört war ein kleiner Mann mit grünlich schillernder Haut aufgetaucht. Er trug einen langen Mantel und hatte das Gesicht zu einem mokanten Lächeln verzogen.

Es war Myxin, der Magier!

Die Wolke umschloß mich wie ein Vorhang. Ich hatte große Angst, keine Luft mehr zu bekommen, weil diese Materie so dicht war, doch ich konnte völlig frei und normal atmen.

Das wunderte mich.

Um mich herum wallte und brodelte es. Die grünen Blitze wirbelten vor meinen Augen, blendeten mich. Ich spürte ein Kribbeln auf dem Körper, ging trotzdem unbeirrt weiter.

Und hatte nach drei Schritten die Wolke hinter mir.

Ich stand in der Höhle.

Kein Dimensionentor hatte mich aufgefangen, ich war nicht in ein anderes Reich geschleudert worden, sondern befand mich in einer stinknormalen Berghöhle.

Hier mußte auch Rod Huxley Unterschlupf gefunden haben. Eine Beschreibung hatte er mir nicht gegeben, doch ich war sicher, den richtigen Weg gefunden zu haben.

Es war nicht dunkel im Innern des Berges. Geheimnisvolles grünrotes Licht drang aus dem Gestein und zauberte eine fahle Farbe auf mein Gesicht. Auch das Kreuz verlor an Glanz. Jedoch nicht an Wirksamkeit, wie ich hoffte.

Der Boden unter mir war nicht glatt. Wenn ich ging, knirschten kleine Steine.

Hexen sah ich noch nicht. Dafür ein wahres Labyrinth von

kleineren Kavernen, die alle durch Tunnels und Gänge miteinander in Verbindung standen.

Hier also befand sich die Heimat der Hexen.

Plötzlich waren sie da!

Alle!

Sie zischten auf ihren Besen durch die Gänge, Stollen und
Schächte. Ich hörte ihr Geschrei, das schaurig und kreischend
zugleich in meinen Ohren gellte. Für sie mußte es eine Art Sie-
gesgesang sein, denn nun hatten sie mich, ihren Feind, in ihrem
ureigensten Reich.

Ein Entkommen war unmöglich.

Doch wo fand ich das Buch?

Ich suchte nach einem Hauptgang oder Hauptstollen. Ohne
Erfolg. Hier sah fast alles gleich aus.

Über mir wölbte sich eine halbrunde Decke. Bis dahin reichte
das Licht kaum, und als ich den Blick hob, sah ich die schatten-
haften Bewegungen.

Meine Nackenhärchen stellten sich auf.

Dort oben lauerte irgend etwas.

Vielleicht auf mich?

Im nächsten Augenblick hörte ich ein mir bekanntes Flattern.
Und dann fielen vier Fledermäuse über mich her. Bevor ich noch
den Arm hochreißen konnte, hockten die Biester schon auf meinen Schultern. Sie wollten sich in meinem Hals festbeißen.

Die erste Fledermaus schleuderte ich wutentbrannt zu Boden
und zertrat sie.

Die zweite nagelte ich mit meinem geweihten Dolch in der
Mitte durch. Die dritte biß zu; ich spürte den stechenden
Schmerz und schlug sie dann von meinem Hals weg, während
die vierte von allein der Decke entgegenflog.

Schwer holte ich Atem.

Ein reizender Empfang, fürwahr.

Ich schritt zur Seite, bis ich die Wand im Rücken spürte, und
suchte nach der Nebelwolke.

Sie war verschwunden!

Das gab es doch nicht.

Ich rieb mir über die Augen. Das Bild blieb. Keine Nebelwolke mehr zu sehen. Nicht das Verschwinden hatte mich so erschreckt, sondern etwas anderes.

Es gab keinen Ausgang mehr. Wo ich in den Berg hineingegangen war, versperrte jetzt eine Wand den Weg. Ich befand mich als Gefangener inmitten des Brocken!

Lebendig begraben ...

Anders konnte man diesen Zustand nicht bezeichnen. Ich verspürte plötzlich Angst, rannte zurück, glaubte an eine Täuschung, doch als ich gegen das harte Gestein prallte, da wußte ich, daß es verdammte Realität war.

Die Hexen hatten die Falle zuschnappen lassen.

Es dauerte einige Zeit, bis sich meine Nerven wieder beruhigt hatten. Jetzt war ich ihnen sicher und wurde nicht mehr angegriffen. Die Attacke der Fledermäuse hatte wohl nur als Ablenkung gedient.

Nur – wo fand ich das Buch?

Um diese Frage zu beantworten, mußte ich tiefer in den Berg hinein. Ich hielt mich nicht lange mit großen Überlegungen auf, sondern begann den Berg zu erforschen.

Ich schritt in den erstbesten Stollen hinein und hatte Glück, einen ziemlich breiten zu erwischen.

Von ihm wiederum zweigten zahlreiche Seitengänge ab, wie in einem Labyrinth.

In jedem Seitengang lauerten sie.

Ich sah glühende Augen, hörte das Hohnlachen und das grelle Kichern der Hexen, aber ich kümmerte mich nicht darum.

Mein Ziel war ein anderes.

Unbeirrt schritt ich den Gang entlang. Hinter mir hörte ich ein hohles Pfeifen. Im nächsten Atemzug wischte eine Hexe dicht an meinem Kopf vorbei, drehte sich auf ihrem Besen um, streckte mir die grüne Zunge heraus, winkte mit ihren Klauenfingern und lachte.

Dieses Winken sollte wohl ein Folgen bedeuten.

Warum nicht? Ich ging der Hexe nach.

Der Gang endete. Er mündete in ein unterirdisches Gewölbe, das aussah wie künstlich geschaffen.

Überrascht blieb ich stehen, denn mit dem, was meine Augen da zu sehen bekamen, hätte ich nie gerechnet.

Ich sah Wände aus poliertem schwarzen Stein. Sie vereinigten sich über mir zu einer gewaltigen Kuppel, die mich entfernt an einen künstlichen Himmel erinnerte, den ich einmal beim Besuch einer Sternwarte gesehen hatte.

Es war phantastisch, den Blick zu heben und gegen die Kuppel zu schauen. Man hatte das Gefühl, in die Unendlichkeit sehen zu können.

An den Wänden entdeckte ich Zeichen der Schwarzen Magie.

Da hing das Kreuz mit dem Kopf nach unten, da wurden Zeichen aus der christlichen Lehre verspottet und verhöhnt, ich sah obszöne Zeichnungen, auf denen Hexen mit dem Teufel buhlten. Ich sah schöne Frauen, die sich häßlichen Männern hingaben, aber das alles trat zurück, interessierte mich nicht mehr, denn in der Mitte des Gewölbes stand der Altar.

Er war ebenfalls aus schwarzem, poliertem Material gebaut. Zwei Platten bildeten ein T. Und auf der waagerechten Platte lag das, was ich so lange gesucht hatte.

Das Buch der grausamen Träume!

Allerdings fand ich es nicht frei vor, sondern es wurde von einem Würfel verdeckt. Einem ganz besonderen Quader. Er bestand aus Glas.

Aus schwarzem Glas . . .

Es erinnerte mich im Prinzip an die getönten Autofenster, so ungefähr sah auch der Würfel aus. Man konnte durch die Wände hineinsehen. Ich erkannte das aufgeschlagene Buch, aber ich traute mich einfach nicht, schneller zu gehen, um es an mich zu reißen.

Irgend etwas hielt mich zurück.

Meine Nerven standen unter Strom.

Sollte es wirklich so einfach sein, an das geheimnisvolle Buch zu gelangen?

Das konnte ich mir nicht vorstellen. Und wo befanden sich eigentlich die Hexen?

Ich schaute mich um.

Sie hatten mich nicht aus den Augen gelassen, sondern lauerten nach wie vor in meinem Rücken.

Jetzt kamen sie aus den zahlreichen Stollen und Gängen, zischten raketengleich in die Halle, jagten der Gewölbedecke entgegen, stießen wieder dem Boden zu und flogen einen Kreis um den Würfel mit dem darunterliegenden Buch. Das fahle, hinter den Hexenbesen aufflackernde Licht lief zusammen und bildete einen hellen Ring, der über dem Würfel schwebte.

Was bezweckten die Hexen damit?

Ich wußte es nicht. Ich wußte nur, daß ich jetzt und hier die große Chance wahrnehmen mußte.

Langsam ging ich auf den Würfel zu. Seine Kantenlänge maß etwas über einen halben Yard. Je näher ich herantrat, um so überraschter wurde ich.

Hatte ich vorhin angenommen, die Seitenflächen des Würfels wären glatt und durchsichtig, so wurde ich nun eines Besseren belehrt.

Die gläsernen Flächen zeigten Bilder, Gesichter, Figuren, Menschen.

Und zwar Menschen, die ich kannte!

Mein Herz übersprang einen Schlag, denn ich sah Kommissar Mallmann und Superintendent Powell . . .

Suko bekam plötzlich keine Luft mehr. Zudem schmerzte sein Schädel.

Er öffnete die Augen und schloß sie sofort wieder, weil der Strahl einer Lampe ihn blendete.

Jemand leuchtete ihm ins Gesicht.

Dann hörte er eine Stimme. »Er kommt zu sich. Packt ihn und schleift ihn zum Wagen!«

Suko fühlte starke Hände unter seinen Schultern. Man riß ihn auf die Beine und gab ihm keine Gelegenheit, sich zu erholen. Wie einen alten Sack schleiften sie ihn mit, zogen ihn über das Geröllfeld und liefen auf einen Geländewagen zu, der an dem schrägen Hang parkte.

Der Chinese wußte überhaupt nicht, was eigentlich los war. Sein Denkvermögen kehrte nur langsam zurück. In Etappen begann sein Gehirn zu arbeiten. Er dachte an die Seilbahnfahrt, an die Gefahr, als das Seil riß, und an den Absprung.

Von diesem Moment an klaffte eine Gedächtnislücke.

Und jetzt schleppten sie ihn weg.

Am Hang stand nicht nur ein Geländewagen, sondern auch ein Lkw der Armee. Mindestens zehn schwerbewaffnete Soldaten kümmerten sich um den Gefangenen. Taschenlampen blitzten, leuchteten Suko an, der noch gar nicht richtig da war.

Er mußte in den Geländewagen klettern.

Man setzte ihn auf den hinteren Sitz, während die Soldaten das Fahrzeug mit schußbereiten Waffen umstanden.

Ein Mann stieg ein. Er war schon älter, hatte ein mageres Gesicht und kalte Augen.

Suko schaute nach vorn. Von dem Berg war nicht viel zu sehen. Die Dunkelheit hatte ihr Tuch über ihn gelegt. Zudem war der Himmel bewölkt, so daß weder Mond noch Sterne ihr Licht auf die Erde warfen.

Suko sah sich in der Klemme. Und er bemerkte noch mehr. Zahlreiche Soldaten suchten das Gelände ab. Das Seilbahnunglück war natürlich nicht unbemerkt geblieben, jetzt brauchten sie einen Sündenbock. Suko hatten sie gefunden, nun rechneten sie damit, daß er noch Komplizen hatte.

»Ihr Name?« fragte der Offizier.

Suko zuckte mit den Schultern.

Die Lippen des Offiziers zitterten. »Wollen Sie mich hier auf den Arm nehmen? Ich hatte Sie etwas gefragt!«

»Nicht verstehen!« Suko stellte sich dumm. Er verstand die deutsche Sprache zwar nicht perfekt, einige Brocken konnte er aber. Das brauchte er den Soldaten allerdings nicht unter die Nase zu reiben. Er wollte so tun, als wäre alles ein fürchterliches Mißverständnis.

Der Offizier – es war ein Major – drehte sich um. »Versteht einer von Ihnen chinesisch?« rief er.

Damit konnten seine Leute nicht dienen.

Suko mußte grinsen, als der Major fluchte.

Er versuchte noch zweimal, mit dem Chinesen ins Gespräch zu kommen, doch Suko schaltete immer nur auf stur.

Schließlich war es der Major leid. Er schlug mit der Faust auf seinen Oberschenkel und befahl zwei Leute zu sich.

»Wir werden den Gefangenen mitnehmen. Die Spezialisten sollen sich um ihn kümmern. Fahren Sie ab, Peters!«

Ein blondhaariger Soldat nahm hinter dem Lenkrad Platz. Ein

zweiter Soldat setzte sich auf den Beifahrersitz, während der Major mit Suko im Fond blieb.

Der Chinese überlegte. Drei Gegner hatte er gegen sich. Normalerweise zuviel, doch sie kannten ihn nicht, wußten nichts von seiner Kampferfahrung. Vielleicht gelang es ihm, unterwegs zu fliehen. Außerdem hatten sie ihn nicht gefesselt.

Suko beschloß, jede kleine Chance sofort zu nutzen. Da er die fernöstlichen Meditationstechniken beherrschte, fiel es ihm nicht schwer, sich zu konzentrieren. Auch die Schmerzen drängte er zurück. Er dachte nur an die vor ihm liegende Flucht.

Suko mußte einfach weg!

Zum Glück hatte er sich den Weg ziemlich gut gemerkt, deshalb traute er sich durchaus zu, den unterirdischen Stollen wiederzufinden, durch den sie hergekommen waren.

Der Geländewagen wendete auf dem Hang, geriet in eine extreme Schräglage, kippte jedoch nicht um. Die hellen Scheinwerfer hüpften wie große gelbe Augen aufgeregt hin und her. Unter den Reifen rutschten Steine weg und rollten ins Tal.

Die Soldaten hatten lichtstarke Scheinwerfer aufgestellt, die den Hang ableuchteten. Verstohlen schaute sich Suko um. Er rechnete damit, daß auch Kommissar Mallmann gefunden wurde, doch bis zum Wald waren die Soldaten noch nicht vorgedrungen. Für Suko war es klar, daß die Männer den Wald durchsuchen würden.

Der Wagen schaukelte und bockte. Suko wurde von dem Major nicht aus den Augen gelassen. Daß sie ihn nicht gefesselt hatten, sagte ihm genug.

Man hielt ihn für harmlos.

Allerdings hatten sie ihm die Beretta weggenommen, und das paßte dem Chinesen überhaupt nicht. Die Waffe steckte im Koppel des Majors. Suko konnte sie mit einem schnellen Griff erreichen. Es juckte ihn zwar in den Fingern, doch er beherrschte sich. Der Zeitpunkt erschien ihm noch nicht günstig genug.

Sie fuhren an der Talstation vorbei. Hier sah Suko das ganze Ausmaß der Katastrophe. Die Gondeln waren in den Bau gerast und hatten ihn zerstört. Er sah aus wie nach einem Bombenangriff.

Es lag auf der Hand, daß die Soldaten Suko für den Schaden

verantwortlich machen würden. Gerade deshalb war eine Flucht von größter Wichtigkeit. Befand er sich erst einmal in der Verhörmühle, dann half ihm so leicht niemand mehr.

Sie erreichten den Weg, auf dem sie mit dem alten Leihwagen hergefahren waren.

Es kam jetzt darauf an, wohin sie Suko schafften. Wenn sie ihn in ein grenznahes Lager brachten, war er verloren. Fuhren sie jedoch in Richtung Gramlage, sah die Sache wesentlich besser aus.

Bald tauchte die Kreuzung auf, wo es links nach Gramlage abging.

Sie nahmen den Weg.

Suko fiel ein Stein vom Herzen, doch äußerlich ließ er sich nichts anmerken.

Der Geländewagen fuhr schneller als der Wartburg zuvor. Dabei schien der Fahrer den Weg mit einer Rennstrecke zu verwechseln, denn wie er in die Kurven ging, war schon beinahe lebensgefährlich.

Suko wurde hin und wieder gegen den Major geworfen, und er hätte bereits ein paarmal die Chance gehabt, sich seine Beretta zurückzuholen, doch er verkniff sich die Gelegenheit.

Noch war es zu weit bis zur Grenze.

Nur zweimal kamen ihnen andere Fahrzeuge entgegen. Beide fuhren rechts an den Straßenrand, wenn sich der Geländewagen ihnen näherte. Die irren Fahrten war man hier wohl gewohnt.

Sie erreichten Gramlage.

Suko sah die vereinzelten Lichter, und schon tauchte das Ortsschild im Licht der Scheinwerfer auf. Der Fahrer ging mit der Geschwindigkeit herunter, als sie durch den Ort fuhren.

Es befanden sich kaum Menschen auf der Straße. Aus einer Gastwirtschaft scholl lautes Stimmengewirr. Große Plakate an den Häusern wiesen auf die sozialistischen Leistungen hin, die der Staat angeblich hervorgebracht hatte.

Dann waren sie durch.

Jetzt mußte Suko handeln, denn im Scheinwerferlicht tauchte eine Kreuzung auf.

Rechts ging es zur Grenze, aus dieser Richtung war Suko gekommen.

Die Soldaten wollten nach links.

Damit war Suko nun gar nicht einverstanden. Er ließ den Fahrer zwar noch in den Weg einbiegen, dann schnellte sein rechter Arm zur Seite, und bevor der Major sich versah, hatte ihm Suko die Beretta aus dem Koppel gerissen.

Blitzschnell drückte er ihm die Mündung an den Hals.

»Sag dem Fahrer, er soll stoppen!« zischte der Chinese.

Selbst in der Dunkelheit sah Suko, wie der Offizier blaß wurde. Damit hatte er nicht gerechnet.

Rechts und links der Fahrbahn befand sich dichter Wald. Eine ideale Gegend hatte sich Suko ausgesucht. Niemand würde ihn hier stören.

Die vor ihnen sitzenden Soldaten hatten noch nichts bemerkt. Das war gut so.

»Sagen Sie Ihnen, sie sollen anhalten!« befahl Suko.

»Damit kommen Sie nicht durch!« preßte der Offizier hervor.

»Soll ich schießen?«

Da gab der Major den Befehl.

Der Fahrer stoppte.

Suko nahm die Pistole zurück, schlug einen Halbkreis und traf mit dem Lauf der Waffe den Hinterkopf des Beifahrers. Bevor der Major reagieren konnte, spürte er wieder den Druck der Mündung an seinem Hals.

Der Beifahrer sackte zusammen.

Der Fahrer bemerkte es aus den Augenwinkeln. »He, Karl, was . . .«

Da traf ihn der Hieb. Peters röchelte, fiel nach vorn, prallte auf das Lenkrad und rutschte zur Seite.

Diesmal hatte der Major aufgepaßt. Er rammte Suko seine Faust unter die Achselhöhle.

Der Chinese fiel zurück.

Sofort warf sich der Major auf ihn. Mit der linken Hand wollte er Sukos Kehle packen, mit der rechten faßte er nach seiner Waffe.

Er schaffte beides nicht.

Suko winkelte seinen Arm an und schlug ihn hoch. Der Ellbogen traf das Kinn des Majors. Es gab einen trockenen Laut, als die Zähne aufeinanderklackten. Der Offizier bekam glasige Augen. Seine Bewegungen wurden zeitlupenhaft. Seufzend sackte er zusammen.

Suko atmete auf.

Geschafft!

Er hatte nicht nur drei Gegner besiegt, sondern auch noch einen Wagen zur Verfügung. Ein gutes, geländegängiges Fahrzeug. Damit ließ sich etwas anfangen.

Zuerst jedoch mußte er die drei Bewußtlosen aus dem Fahrzeug hieven. Suko stieg aus, öffnete die Tür hinter der Fahrerseite und zog den Major hervor.

Bis zum Straßenrand waren es nur wenige Schritte. Dort legte der Chinese den Mann ins Gras. Wenige Minuten später lagen auch die beiden anderen Soldaten dort und »schliefen« einträchtig nebeneinander. Suko kannte seine Kopfnüsse. Es würde mindestens zwei Stunden dauern, bis die Kameraden erwachten. Er hoffte, dann schon über alle Berge zu sein.

Der Chinese setzte sich in den Wagen und wendete. Er fuhr zur Kreuzung zurück und orientierte sich erst einmal.

Auf dem Herweg waren sie quer durch das Gelände gelaufen. Mit dem Wagen konnte er zwar vieles anstellen, doch nicht durch einen dichten Wald fahren.

Suko fuhr ein Stück die Straße entlang, bevor er den Wagen nach etwa zwei Kilometern in den Wald lenkte und ihn unter den Zweigen einiger Bäume verbarg.

Von nun an ging er zu Fuß weiter.

Es war wirklich nicht einfach für den Chinesen, den richtigen Weg zu finden. Die Dunkelheit bereitete ihm große Schwierigkeiten. Er kannte das Gelände kaum, verlief sich zweimal und bewegte sich oft wie ein Blinder durch den Wald.

Er vernahm auch Hundegebell, dann ging er immer in Deckung. Über den Himmel zuckte hin und wieder ein fahles Licht. Es war der Widerschein der dicht an der Grenze stehenden starken Scheinwerfer, die sich drehten und das Gelände ausleuchteten.

Suko irrte weiter durch den Wald. Jetzt hätte er gern einen ortskundigen Führer bei sich gehabt, doch da blieb der Wunsch Vater des Gedankens.

Suko hatte es zwar gelernt, sich nach den Sternen zu orientieren, doch es waren keine da. Eine dicke Wolkendecke lag am Himmel.

Der Chinese kämpfte sich weiter durch den Wald. Er schob Zweige und Äste zur Seite, glaubte, Stellen wiedererkannt zu haben, und sah dann ein, daß er sich getäuscht hatte.

Die Zeit wurde knapp.

Suko spürte instinktiv, daß Gefahr in der Luft lag. Er besaß zwar nicht den sechsten Sinn, doch er meinte zu wissen, daß sich irgendwelche Menschen in der Nähe befanden.

Er wurde noch vorsichtiger.

Dann hörte er Schritte.

Gar nicht weit entfernt.

Sofort blieb der Chinese stehen und ging in die Hocke. Drohendes Knurren erreichte seine Ohren.

Hunde!

Verdammt, er war genau einer Streife vor die Füße gelaufen. Das hatte ihm noch gefehlt.

»Ruhig, Harro! Ruhig!« hörte er eine Stimme. »Es ist ja nichts. Bleib ruhig.«

Suko spitzte die Ohren. Etwas an der Stimme war ihm bekannt vorgekommen, doch was? Vielleicht der Tonfall, der etwas singende Dialekt? Er hatte die Stimme bereits gehört, und das nicht vor allzu langer Zeit.

Schritte. Laub raschelte. Kleinere Zweige knickten. Die Männer bewegten sich weiter, das Knurren der Tiere wurde aggressiver, viel lauter.

»Suko?«

Und plötzlich wußte der Chinese, wo er die Stimme schon gehört hatte.

Es war Hans Bauer.

Suko löste sich aus seiner Deckung. Er hob den Arm. »Hier bin ich, Hans!«

Eine Taschenlampe wurde eingeschaltet. Der Strahl kreiste, hüpfte auf und nieder und erfaßte Suko. Wenige Sekunden später standen zwei Männer neben dem Chinesen.

Hans Bauer und der alte Kröger.

»Das ist aber ein Zufall«, stöhnte Suko. Er war glücklich, keiner Grenzstreife in die Finger gefallen zu sein. Die Hunde verhielten sich ruhig. Sie hatten neben den beiden Männern Platz genommen.

Herr Kröger machte sich zum Sprecher. »Nein, es war kein Zufall, daß wir Sie gefunden haben. Hans Bauer hatte noch gewartet, als Sie mit der Gondel wegfuhren. Und er beobachtete, wie Sie in große Schwierigkeiten gerieten. Aus der Ferne sah er auch noch den Absturz der Gondel. Er fuhr rasch zurück und erstattete mir Bericht. Wir haben nicht lange überlegt und gedacht, wenn er sich durchschlagen will, wird er bestimmt versuchen, den Tunnel zu erreichen. Aber die Stelle zu finden ist selbst für einen Ortskundigen fast unmöglich. Deshalb sind wir losgezogen, um Ihnen zu helfen.«

»Das war gut so«, sagte Suko. Er reichte den beiden die Hand. »Sie haben in mir einen Freund gefunden. Sollten Sie jemals in Schwierigkeiten geraten, können Sie auf mich zählen. Doch jetzt muß ich zusehen, daß ich von hier verschwinde. Man wird die drei Soldaten vermissen.«

»Wir führen Sie!« sagte Herr Kröger.

Abermals tauchten sie im Dunkel des Waldes unter. Sie gingen Schleichwege, und nach etwa zehn Minuten erreichten sie den Eingang des unterirdischen Tunnels.

Dort verabschiedete sich Suko.

Es wurde auch Zeit. Irgendwo in der Ferne jaulte eine Alarmsirene. Klagend zitterte der Laut durch die Nacht. Jetzt würden die Soldaten an der Grenze wach werden.

Suko tauchte in den Tunnel hinab.

Der alte Kröger rammte die Luke zu und tarnte sie wieder.

Dann verschwanden die beiden Männer im nahen Wald.

Suko, der Chinese, lief unter der Erde seiner Freiheit entgegen.

Er wußte auch, was er zuerst tun würde, wenn er den Tunnel hinter sich gebracht hatte. Telefonieren . . .

Sven Jansson hob die Schultern. »Ehrlich gesagt, ich verstehe gar nichts mehr«, murmelte er. »Ein Kommissar aus Deutschland. Wie kommt der denn hierher?«

»Vielleicht auf die gleiche Art und Weise wie Sie«, erwiderte Sir Powell.

»Hat er denn etwas mit John Sinclair zu tun?« fragte Arthur Cornwall.

»Das kann man wohl sagen.« Der Superintendent nickte. »Er und John haben manche Fälle gelöst. Will Mallmanns Frau ist übrigens durch den Schwarzen Tod ums Leben gekommen.«

»O Gott«, flüsterte Sven.

Danach schwiegen die Männer. Es wurde wieder still. Das Krächzen des Raben erklang dafür doppelt so laut. Automatisch richteten die Männer ihre Blicke auf das Tier.

Der Rabe hüpfte nervös auf dem Ast herum. Er schrie und krächzte, breitete seine Flügel aus und schien ungeheuer aufgeregt zu sein.

»Was der nur hat?« murmelte Sven Jansson. »Den haben wir doch sonst nicht so erlebt!«

»Das weiß ich auch nicht.« Art Cornwall war ebenfalls ratlos.

Will Mallmann bewegte sich, und die drei Männer wurden abgelenkt. Der Kommissar faßte sich an den Kopf. Er wollte sich aufrichten. Die beiden Wissenschaftler unterstützten ihn. Schließlich stand er schwankend auf seinen Füßen.

»Wo . . . wo bin ich hier?« flüsterte er rauh.

Sir Powell übernahm den Dialog mit dem Kommissar. »Erkennen Sie mich nicht, Herr Mallmann?« sprach er ihn auf deutsch an, weil der Kommissar ebenfalls deutsch geredet hatte.

Will stutzte. Er runzelte die Stirn und schien in seiner Erinnerung zu kramen. »Doch, ich kenne Sie. Ich . . .«

»Mein Name ist Powell. Sir Powell. Superintendent bei Scotland Yard. Ich . . .«

»Klar, Sie sind Johns Chef. Wir haben uns bereits einmal in London kennengelernt . . .« Will Mallmann schluckte und holte tief Luft. »Nur, was tun Sie hier?«

»Das ist eine sehr lange Geschichte«, erwiderte Sir Powell. »Ich werde sie Ihnen später erklären.«

»Sie können mir die Wahrheit sagen!« Will Mallmann holte tief Luft und schaute sich um. »Verdammt noch mal, sind wir hier in einem Dschungel?«

»So ähnlich«, meinte Art Cornwall trocken.

»Aber der Dschungel ist nicht normal!« Will runzelte die Stirn.

»Die Bäume sind viel zu groß, so hohe gibt es nicht auf der Erde.«

»Es gab sie mal«, erklärte der Engländer mit dumpfer Stimme. »Vor hundert Millionen Jahren. Und genau in diese Zeit sind Sie hineingeraten, Kommissar. Sie haben eine Zeitreise hinter sich, man hat das Rad der Geschichte zurückgedreht. Sie befinden sich hier im Reich eines Dämons, genauer gesagt, Sie stehen auf dem Friedhof am Ende der Welt!«

»Es ist unmöglich«, sagte er. »Ich verstehe das alles nicht, ich war doch vorhin in Deutschland. Am Brocken. Ich bin aus der Seilbahn gesprungen, wurde bewußtlos, erwachte . . .« Er stockte. »Ja, da sah ich dann den Schwarzen Tod«, meinte er nach einer Weile.

»Er hat Sie hierher verschleppt«, sagte Sir Powell.

Will schaute den Superintendenten an. »Wie Sie, nicht wahr?«

»Ja.«

»Und warum?« Will breitete die Arme aus. »Was sollen wir denn auf diesem verdammten Friedhof?«

»Es wird unsere letzte Ruhestätte sein«, erklärte ihm Sir Powell. »Der Schwarze Tod will das Sinclair-Team hier für alle Zeiten begraben, damit er weiterhin der große Herrscher im Dämonenreich bleibt. Das genau ist sein Plan.«

Die drei Männer ließen Will erst einmal Zeit, die Worte zu verdauen. Und der Kommissar hatte daran zu knacken, das stand ohne Zweifel fest.

»Gibt es eine Möglichkeit, von hier zu fliehen?« erkundigte er sich.

»Nein.« Art Cornwall hatte die Antwort gegeben.

»Sie sind sich da völlig sicher, Mister?«

Der Engländer nickte.

Will Mallmann blickte zu Boden. »Dabei war ich vor ein paar Stunden noch mit John Sinclair zusammen«, berichtete er.

Sir Powell horchte auf. »Wieso das?«

Der Kommissar erzählte, was sie am Brocken erlebt hatten und wie sie über die Grenze gelangt waren.

Sir Powell hörte geduldig zu und fragte: »Kann man davon ausgehen, daß John Sinclair ebenfalls vom Schwarzen Tod gekidnappt worden ist?«

»Dann wäre er doch hier«, meinte der Kommissar.

»Stimmt auch wieder. Und Suko?«

Will lächelte schmal. »Ihn wird der Schwarze Tod ebenfalls nicht erwischt haben.«

»Es besteht noch Hoffnung«, stellte Sir Powell fest.

Art Cornwall lachte glucksend. »Sie sind ein Optimist. Wie soll man uns hier finden?«

»Indem John Sinclair eine ähnliche Zeitreise antritt, wie wir sie hinter uns haben«, erwiderte der Superintendent.

»Die Zeitmaschine muß erst noch erfunden werden«, sagte Sven Jansson spöttisch.

»Sind Sie mit einer Zeitmaschine hergekommen?«

»Nein, Sir. Bei uns war es etwas anderes. Wir sind durch eine Spalte im ewigen Eis des Südpols gefallen. Wie soll Sinclair denn zum Südpol kommen?«

Sir Powell lächelte ein wenig spöttisch. Die Augen hinter seinen dicken Brillengläsern funkelten. »Ihr logisches Denken, Mr. Jansson, sollten Sie ein wenig reduzieren. Es ist Schwarze Magie im Spiel. Und diese Schwarze Magie stellt unsere logisch aufgebaute Welt völlig auf den Kopf. Was Ihnen als unmöglich erscheint, was Sie als unglaublich ansehen, kann passieren. Sie müssen umdenken. Ihr wissenschaftlich geschulter Verstand kann das einfach nicht fassen, ich weiß. Aber es ist eine Tatsache, die Sie am eigenen Leibe gespürt haben. Oder liege ich da falsch?«

Die beiden Geologen schüttelten die Köpfe.

Sir Powell war zufrieden. »Wir sollten uns hier ein wenig umschauen«, schlug er vor. »Es ist immer besser, wenn man das Gelände kennt, auf dem man sich bewegt.«

»Der Friedhof ist die Grenze«, erklärte Art.

»Wieso?«

Cornwall deutete auf den übergroßen Raben. »Er ist unser Wächter. Wenn wir angegriffen werden, verteidigt er uns, aber er läßt uns nicht aus diesem Bereich fliehen. Ich finde es eigentlich komisch, daß der Vogel immer nur unseren Kommissar anschaut.«

»Tut er das?« fragte Mallmann.

»Ja, sehen Sie selbst.«

Will drehte sich um, so daß er den Raben ansehen konnte. In der Tat waren dessen Augen starr auf ihn fixiert. Sie schienen ihn regelrecht durchbohren zu wollen.

Will schüttelte sich, als würde er frieren.

»Vielleicht will der Vogel etwas von Ihnen«, meinte Sven Jansson. »Gehen Sie doch mal hin.«

»Das mache ich auch.« Der Kommissar schritt langsam auf den starken Baum zu.

Je näher er kam, um so nervöser wurde der Rabe. Er hüpfte herum, krächzte und schlug mit den Flügeln. Dabei riß er seinen Schnabel auf und schlug ihn klackend wieder zusammen.

Will Mallmann blieb stehen. Er stand jetzt genau vor dem Ast, schaute hoch, während der Rabe seinen Körper etwas nach vorn bog, so daß sich ihre Blicke trafen.

Rote Augen – oder . . .?

Plötzlich änderte sich die Farbe. Will sah, daß das Rot verschwand. Ein anderer Farbschimmer wurde stärker und überlagerte es.

Rehbraun . . .

Dann der Ausdruck dieser Augen. Will hatte ihn schon oft gesehen, immer wieder hatte er in die Augen geschaut, kannte sie lachend, weinend und jubilierend. Er kannte sie wie seine eigenen.

Das waren sie aber nicht.

Diese Augen gehörten nicht ihm, auch nicht dem unheimlichen Raben, sondern Karin, seiner verstorbenen Frau . . .

»Ich glaube, es hakt«, sagte Bill Conolly und stieß prustend die Luft aus. »Ausgerechnet Myxin!«

Der Magier lächelte. »Ich nahm an, ihr würdet meine Hilfe brauchen.«

»Das haben wir ja gesehen, als du uns zu Asmodinas Leichenhaus transportieren solltest.« Bill hatte nichts vergessen und rieb es Myxin auch weiterhin unter die Nase.

»Damals herrschte eine andere Magie«, sagte Myxin.

»Unsinn, du bist zu schwach.«

Da blitzte es in den Augen des Magiers. Bill hatte seine Karten überreizt. Jane merkte es sofort und zog den Reporter zurück. »Laß ihn«, sagte sie. »Hören wir zu, was er uns zu sagen hat.«

Bill überlegte. »Da vergeht aber verdammt viel Zeit.«

»Wir wissen doch nicht, wie wir weiterkommen sollen, und stehen hier auf dem Schlauch.«

»Okay, ihr habt mich überzeugt«, sagte Bill. Er schritt an dem Magier vorbei in den Livingroom. Sein rechter Arm schmerzte, doch Bill achtete nicht darauf. Er war hart im Nehmen.

Myxin setzte sich nicht, er blieb stehen. »Ich weiß, was euch passiert ist«, sagte er. »Dieser Totenkopf . . .«

»Warum hast du denn nicht eingegriffen? Läßt uns hier allein mit diesem Ding kämpfen!« beschwerte sich Bill.

»Ich kam zu spät.«

»Wie immer.«

»Bill!« mahnte Sheila ihren Mann.

»Ja, ja, schon gut. Ich halte mich zurück. Rede weiter, Myxin. Ich bin ganz Ohr.«

»Dieser Totenschädel war als Warnung oder als Botschaft gedacht«, berichtete er. »Der Schwarze Tod wollte damit seine Macht beweisen, denn er hat ihn geschickt. Ich habe seine Aktivitäten beobachten können. Er will euch alle auf den Friedhof am Ende der Welt holen. Dort sollt ihr sterben. Gräber für euch sind bereits geschaufelt.«

Myxin legte eine Pause ein und ließ seine Worte erst einmal wirken. Sheila war blaß geworden, Jane schaute zu Boden, und Bill krauste die Stirn.

»Friedhof am Ende der Welt?« wiederholte er. »Wie sollen wir das denn verstehen?«

»So wie es ist. Ihr werdet dort euer Grab finden. Zusammen mit John Sinclair.«

»Wie schafft er uns dorthin?« fragte die Detektivin.

»Für den Schwarzen Tod eine Kleinigkeit. Zeit spielt bei ihm keine Rolle, das müßt ihr euch ein für allemal merken. Dieser Friedhof liegt auch nicht in unserer Zeit, sondern schwebt in der Vergangenheit, obwohl er in der Gegenwart existiert.«

»Jetzt verstehe ich gar nichts mehr«, sagte Bill. »Ihr denn?«

Die Frauen schüttelten die Köpfe.

»Ich will es euch erklären«, meinte Myxin. »Vor Millionen von

Jahren hatte der Schwarze Tod dort sein Reich gehabt, wo sich heute der Südpol befindet. Damals war die Polkappe noch nicht mit Eis bedeckt. Es lebten dort Saurier in einem immergrünen Dschungel. Nun, ihr kennt die Entwicklung. Die Erde wurde zu dem, was sie heute ist, aber der Friedhof existiert noch immer. Unter dem Eis hat der Schwarze Tod eine magische Schutzzone geschaffen, wo die Zeit stehengeblieben ist. Und dorthin, auf den Friedhof, hat man eure Freunde entführt.«

Die Worte mußten die Anwesenden erst einmal verdauen.

»Unglaublich«, murmelte Bill.

»Aber wahr«, sagte Myxin.

»Ist John Sinclair bereits dort?« fragte Bill.

»Das weiß ich leider nicht. Aber ihr solltet auf meinen Vorschlag eingehen.«

»Und der wäre?« erkundigte sich Jane Collins.

»Wir begeben uns dorthin!«

»Einfach so?« grinste Bill.

»Ja, ich habe bereits alles vorbereitet.«

»Das lasse ich nicht zu«, meldete sich Sheila Conolly zu Wort. »Ich habe ein kleines Kind und . . .«

»Nicht du kommst mit, Sheila, sondern Bill!«

»Er allein?«

Myxin nickte.

»Moment mal«, sagte da Jane Collins. »Ich bin auch noch da und werde den guten Bill begleiten.« Sie lächelte Sheila an. »Du brauchst dir keine Sorgen um ihn zu machen, ich gebe schon acht.«

»Mich hat überhaupt noch keiner gefragt, ob ich überhaupt will«, beschwerte sich der Reporter.

»Muß ich das?« Myxin hatte die Frage gestellt.

»Nein!«

Sheila schaute ihren Mann an. »Du bist also fest entschlossen?«

»Natürlich.«

Sheila Conolly senkte den Kopf. Man sah ihr an, daß sie Mühe hatte, die Tränen zu unterdrücken.

Bill ging auf sie zu und legte tröstend seine Hand auf ihr langes blondes Haar. »Überlege doch mal, Sheila. Der Schwarze

Tod holt uns so oder so. Aber eine erkannte Gefahr ist nur eine halbe Gefahr. Jane und ich locken ihn durch unseren Einsatz von dir und Johnny weg. Ist das denn nichts?«

Sheila gab keine Antwort.

Jane Collins stand dem Reporter bei. »Bill hat recht, Sheila. Vielleicht ist es wirklich besser.«

Sheila hob die Schultern. Sie versuchte zu lächeln, doch es wurde nichts daraus. »Okay, Leute, macht, was ihr wollt, aber kehrt gesund zurück.«

»Danke.« Bill beugte sich vor und hauchte seiner Frau einen Kuß auf die Lippen.

Myxin räusperte sich. »Wir sollten uns beeilen. Es ist . . .«

Da genau schlug das Telefon an.

Die Menschen schraken zusammen. Myxin drehte unwillig den Kopf und schaute den Störenfried an.

Bill hob ab. Er meldete sich mit vollem Namen und war nicht wenig überrascht, als er plötzlich Sukos Stimme hörte.

»Du, Suko?«

»Ja, ich bin's.« Sukos Stimme klang, als wäre er meilenweit entfernt.

»Wo steckst du denn?« rief Bill in den Hörer hinein und hielt sich mit einer Hand das linke Ohr zu, weil Suko schwer zu verstehen war.

»Germany – West Germany . . .«

»Also im Westen?«

»Ja.«

Bill fiel ein Stein vom Herzen. »Und wo steckt John?«

»Ich weiß es nicht, Bill. Mich hat man überwältigt, nachdem wir von einer Seilbahn gesprungen sind.« Suko gab in Stichworten einen knappen Bericht.

Die beiden Frauen schauten den Reporter gespannt an und sahen, daß er blaß wurde. Schließlich kratzte er sich am Kopf und meinte: »Das ist ein Ding.«

»Was ist denn los?« zischte Jane fragend.

Bill Conolly winkte ab. Er mußte weiterhin zuhören. Suko erklärte ihm, daß er so rasch wie möglich nach London kommen wollte.

»Moment mal«, sagte der Reporter, deckte seine Hand über

die Muschel und wandte sich den anderen zu. »Suko will herkommen«, meldete er.

Damit war Myxin nicht einverstanden. »Wir verlieren zuviel Zeit«, erwiderte er. »Ich werde etwas anderes machen.«

»Und was?«

Anstelle einer Antwort nahm Myxin dem Reporter den Hörer aus der Hand.

Er sprach einige Minuten mit dem Chinesen. Die anderen hörten staunend zu, denn nun bekamen sie Myxins Macht zu spüren. Er erklärte dem Chinesen, wie er eine Beschwörung durchzuführen hatte. Danach reichte er Bill den Hörer zurück.

»Hast du alles verstanden?« erkundigte sich der Reporter etwas atemlos.

»Ja.«

»Und du läßt dich darauf ein?«

»Natürlich. Es ist der schnellste Weg!«

»Okay, dann wünschen wir uns viel Glück.« Der Reporter legte auf.

Myxin ging durch den Livingroom und löschte überall das Licht.

Es wurde dunkel.

»Setz dich zu den Frauen«, wies der Magier Bill Conolly an. »Es ist besser so. Bitte nicht sprechen, denn ich brauche für die Beschwörung unbedingte Ruhe.«

Bill nickte nur. Neben seiner Frau nahm er Platz und legte ihr eine Hand auf die Schulter. Sheila schmiegte sich eng an ihn. Er spürte die Wärme ihrer Haut, merkte aber auch, wie sehr sie zitterte. Sheila hatte Angst.

Wohl war es Bill Conolly nicht in seiner Haut.

Sechs Augen beobachteten Myxin, wie er durch das Zimmer schritt. Er ging ein Quadrat ab, bückte sich und holte aus seiner Manteltasche einen Stab.

Er war etwa unterarmlang, aus einem schwarzen Material, das an Hartgummi erinnerte. Vorn lief es spitz zu. Ähnlich wie ein großer Bleistift.

»Zum Glück hat Suko seine Waffen behalten können«, flüsterte Bill Conolly.

»Ruhe«, sagte Myxin. Er schaute Bill an, und der Reporter sah, daß seine Augen grün leuchteten.

»Okay, schon gut.« Bill grinste.

Myxin bückte sich. Er zeichnete mit seinem Stab die unsichtbaren Linien des Quadrats nach, das er abgegangen war.

Plötzlich flammten die Linien fahlgrün auf. Etwa handhoch flackerte der Schein über dem Boden.

Myxin nickte zufrieden und blieb inmitten des Quadrats stehen.

Die Anwesenden hielten den Atem an. Sie sahen, wie der Magier die Arme hob und die Hände dabei zur Decke streckte.

Ein regelrechtes Strahlennetz sprang aus seinen Fingern und legte ein verwirrendes Muster über den Livingroom der Conollys. Die Gesichter der Menschen wurden von einem fahlen Schein beleuchtet. Sheila schloß die Augen, Jane senkte den Blick, nur Bill schaute weiterhin dem Magier zu, der in die Knie gegangen war, die Hände auf den Boden legte und mit seinen Beschwörungen begann.

Stöhnende, ächzende Geräusche drangen aus seinem Mund. Er fuhr mit den Fingern über den Teppich. Laute einer außerirdischen Sprache ertönten. Kehlige Töne und dämonische Sprachfetzen wehten aus seinem Mund.

Das Netz nahm eine andere Form an. Die einzelnen Energiefäden liefen aufeinander zu. Ungeheure Kräfte waren in Bewegung geraten und preßten die Maschen zusammen.

Myxin fiel auf die Seite. Er wand sich am Boden, seine Gestalt zuckte, die Beschwörung mußte ungeheuer an seinen Kräften zehren.

Bill Conolly hob ein wenig seinen Blick. Er glaubte, nicht Myxin zu sehen, sondern einen anderen. Ein wurmähnliches Ungeheuer, das innerhalb des Quadrates umherkroch.

In der Luft knisterte es. Die Fäden fuhren zusammen, sie bildeten eine helle, sich rasend schnell drehende Spirale, die über dem Boden schwebte und dann wie die Spitze einer Lanze der Zimmerdecke entgegenfuhr.

Myxin stieß einen Schrei aus.

Grauenhaft klang er in den Ohren der Menschen. Myxin richtete sich auf, faßte nach der Spirale, stieß seine beiden Hände hinein – und . . .

Ein blendender Lichtstrahl erfüllte das Zimmer sekundenlang, fiel wieder zusammen, und eine Gestalt stand inmitten des magischen Quadrats.

Es war Suko!

Myxins Beschwörung hatte geklappt. Der Chinese war über diese gewaltige Entfernung hinweg teleportiert worden. Mit bleibendem Erfolg?

Bleich sah Suko aus. Bleich wie ein Toter. Die Augen hatte er weit aufgerissen, er schaute in den Raum, ohne die Anwesenden jedoch richtig zu sehen.

Myxin stand langsam auf. Er stellte sich vor Suko hin, streckte die Arme aus und berührte die Schläfen des Chinesen mit den Fingerspitzen.

Ein tiefes Stöhnen entrang sich Sukos Brust. Sein Blick wurde wieder klarer, trotzdem schaute er sich verwundert um und taumelte wie ein Betrunkener.

Bill Conolly sprang auf.

»Nicht das Quadrat betreten!« rief Myxin warnend.

Dicht an der Grenze blieb der Reporter stehen.

Myxin, der Magier, nahm Suko wie ein kleines Kind an die Hand und führte ihn aus dem Quadrat hinaus. Sorgsam geleitete er ihn zur Couch, wo Suko sich niedersetzte.

Sein Blick klarte auf.

»Sheila . . . Bill?« Suko runzelte die Stirn. »Du auch, Jane? Wo bin ich? Was ist eigentlich geschehen?«

Myxin lächelte. »Du erinnerst dich an deinen Anruf?«

»Ja.«

»Und dann?«

Suko hob die breiten Schultern. »Eigentlich an nichts mehr. Ich war plötzlich nicht auf dieser Welt. Ich schwebte zwischen den . . . ich war einfach woanders.«

»Er hat dich durch Magie hergeholt«, erklärte der Reporter.

»Aber John Sinclair . . .?«

Bill Conolly grinste schwach. »Wir müssen uns da voll und ganz auf Myxin verlassen. Er meinte, es wäre besser so.«

Der Magier nickte bestätigend.

Suko wischte sich über die Stirn. »Egal, was auch geschehen ist. Wir müssen John retten.«

»Und Sir Powell«, fügte Bill Conolly hinzu. »Er ist ebenfalls entführt worden.«

»Was?«

Bill nickte. »Ja, man hat uns angerufen. Der Schwarze Tod hat Sir Powell aus seinem Club entführt.«

»Das gibt es doch nicht«, flüsterte Suko. »Was hat dieser Dämon alles vor?«

»Er will das Sinclair-Team ausschalten«, erklärte Bill Conolly knallhart. »Für immer. Die Gräber sind für uns bereits geschaufelt. Wir werden auf dem Friedhof am Ende der Welt unsere letzte Ruhestätte finden.«

»Kann man denn nichts dagegen tun?« fragte Suko.

»Das werden wir eben versuchen.«

Der Chinese wandte sich an Myxin. »Wo liegt der Friedhof?«

»Am Südpol!« lautete die Antwort.

Suko versuchte zu lächeln, doch wurde nichts daraus. Er dachte, man würde ihn auf den Arm nehmen

»Aber dort werdet ihr John nicht finden. Wir müssen im Harz nach ihm forschen!«

»Wir sollten beides versuchen, Suko«, sagte Bill, »denn wir müssen auch an Sir Powell denken. Wie wär's, wenn Myxin dich zurück in den Harz teleportiert, während wir versuchen, diesen Friedhof am Ende der Welt zu finden?«

Suko nickte langsam. »Und wie wollt ihr dorthin gelangen?«

Myxin lächelte weise und milde zugleich. »Die Schwarze Magie ist vielfältig und vielschichtig. Dabei gibt es Dinge, die mit dem menschlichen Verstand nicht zu begreifen sind.«

Bill Conolly kratzte sich am Kopf. »Kannst du nicht deutlicher werden?« forderte er.

»Warum? Ihr müßt es hinnehmen.« Myxin deutete auf das Quadrat.

»Du zuerst, Suko. Ich werde dich in den Harz zurückteleportieren. Ich hoffe du findest John, bevor der Schwarze Tod ihn sich holt.«

Suko erwiderte nichts. Er trat in das Quadrat. Der Vorgang lief umgekehrt ab wie vorhin, dann war Suko wieder verschwunden.

Myxin blickte Bill und Jane an. »Jetzt ihr«, sagte er.

Bill Conolly blieb vor dem Magier stehen. »Und wo werden wir landen?« fragte er. Sein Herz klopfte schneller. Bill war erregt.

»Nicht dort, wo sich John Sinclair befindet.«

»Also doch ein Trick.«

»Nein. Aber die Mächte der Finsternis besitzen überall auf dieser Welt Stützpunkte. Einige davon liegen im Ewigen Eis. Ihr könnt und müßt mir vertrauen.«

Bill schaute Jane Collins an. Die Detektivin nickte. Sie hatte sich längst entschlossen.

In Sheilas Augen jedoch leuchtete die Angst. Bill schloß seine Frau in die Arme.

»Bitte, sei vorsichtig!« flüsterte sie ihrem Mann ins Ohr. »Ich . . . ich habe solche Angst!«

In Bills Kehle saß ein Kloß. »Wird schon schiefgehen«, murmelte er. »Wir sehen uns bald wieder. Und gib auf den Kleinen acht.«

»Ja.«

Bill löste sich von seiner Frau und stieg ebenfalls in das Quadrat, wo die anderen schon warteten.

Wenige Sekunden später nahm die magische Reise ihren Anfang . . .

Ich war echt geschockt. In den Glasseiten des Würfels spielten sich Szenen ab, die irgendwo an anderer Stelle der Welt oder des Universums abliefen.

Zum Greifen waren die Personen nah, aber doch so fern.

Ich senkte meinen Blick, um genauer nachzuschauen. In diesen Augenblicken interessierte mich das Buch auch nicht mehr, ich sah nur Kommissar Mallmann und meinen Chef, Sir Powell.

Sie befanden sich inmitten einer fremdartigen Welt und auf einem uralten Friedhof.

Friedhof?

Meine Gedanken liefen auf Hochtouren. Diese alten, verwitterten Steine, den Boden – all das hatte ich bereits einmal gesehen. Und zwar in dem Augenpaar, das sich mir zeigte, als ich vor kurzem einen Blick in die andere Dimension werfen konnte. Hatte man da nicht von dem Seher gesprochen, von dem Dämon, der die anderen überwachte, der Zukunft, Vergangenheit und Gegenwart in sich vereinigen konnte?

Natürlich!

In dem Auge des Dämons hatte ich diesen Friedhof bereits gesehen. Jetzt entdeckte ich ihn wieder. Vergessen hatte ich ihn auf keinen Fall. Soviel mir gesagt worden war, würde der Friedhof in meiner Zukunft eine Rolle spielen.

Vor Jahren schon hatte ich ebenfalls durch ein Auge in die Zukunft geschaut.

Durch das Dämonenauge, das dem Schwarzen Tod gehörte und von mir dann zerstört wurde.

Hier fand ich Parallelen!

Irgendwie waren unsere sichtbare Welt und auch Parareiche der Dämonen Teile eines gewaltigen kosmischen Kreislaufs. Dinge, die anscheinend nichts miteinander zu tun hatten, ähnelten sich oft auf verblüffende Weise. Schon längst hatte ich mich von dem Gedanken befreit, daß es einfach nur Vorgänge gab, die keinen Sinn hatten. Jeder Organismus, jeder Mensch und auch jeder Dämon besaß seine Funktion.

Wie auch dieser Würfel.

Für mich war es ein Würfel des Schicksals, vielleicht auch des Schreckens, denn wenn man Szenen sah, die sich erst in der Zukunft ereigneten, konnte man leicht daran zerbrechen.

Außer Will Mallmann und Sir Powell sah ich noch zwei Männer. Einer von ihnen trug einen Verband um den Kopf gewickelt. So genau ich auch hinschaute, ich kannte keinen der beiden. Vielleicht waren sie auch nur zufällig Gefangene dieser anderen schrecklichen Welt, die nicht in unsere Zeit hineinpaßte und schon längst ausgestorben war.

Ich sah, wie sich der Kommissar von den drei Männern entfernte und auf einen Baum zuschritt, wo ein Rabe hockte.

Was Mallmann dort wollte, erfuhr ich nicht, denn plötzlich begann das Bild zu verschwimmen, als würde es sich in Wasser auflösen. Zurück blieb die normale Scheibe des gläsernen Würfels.

Ich richtete mich aus meiner gebückten Haltung auf. Die Hexen hatten ihren Platz nicht verlassen. Nach wie vor schauten sie mich mit ihren fratzenhaften Gesichtern an und lauerten darauf, was ich wohl unternehmen würde.

Nun, ich wollte sie nicht enttäuschen.

Unter dem Würfel schimmerte aufgeschlagen das Buch der grausamen Träume. Die Seiten erschienen mir seltsam vergilbt und spröde. Wie ich gehört hatte, bestanden sie aus der Haut eines abtrünnigen Dämons, und die einzelnen Sätze waren mit Dämonenblut niedergeschrieben worden.

Ich versuchte, einzelne Worte zu erkennen, doch die Schrift war zu verschnörkelt. Wenn ich lesen wollte, mußte ich das Buch unter dem Würfel hervornehmen.

Ich streckte meine Arme aus und legte die Hände flach auf die Würfeloberfläche. Das Glas war warm, und ich spürte an meinen Fingerspitzen ein leichtes Vibrieren.

Vorsichtig umfaßte ich den Würfel und wollte ihn in die Höhe heben.

Es ging nicht.

Ich packte fester zu, so fest, daß meine Adern dick hervortraten. Der Würfel bewegte sich nicht um einen Zoll.

Damit hatte ich nicht gerechnet.

Ich hörte das hämische Lachen der Hexen. Sie hatten die Mäuler geöffnet, grüner Brodem wölkte daraus hervor und mir entgegen. Er stank entsetzlich.

Langsam hatte ich das Gefühl, daß man mich zum Narren halten wollte. Der Schwarze Tod steckte hinter allem, er hatte mich durch die Hexen in den Berg gelockt, präsentierte mir das Buch der grausamen Träume und sorgte dafür, daß ich es doch nicht an mich nehmen konnte.

Die Hexen lachten lauter. Sie geiferten und kreischten, blieben nicht mehr auf der Stelle, sondern jagten los und bildeten einen wirbelnden Kreis um mich und das Buch.

Ich drehte mich mit. Dabei schwang mein Kreuz hoch und bildete einen weißmagischen Gegenpol zu den schwarzblütigen Hexen.

Die wilde Tanzerei erschien mir als eine Art Vorspiel zu einer gewaltigen Attacke des Schwarzen Tods. Ich rechnete damit, von ihm angefallen zu werden, und schaute nach oben zu der gewölbten Decke, die mir wie ein Tor in die Unendlichkeit erschien.

Dort geriet etwas in Bewegung. Um genauer hinzuschauen, blieb mir keine Zeit mehr, denn eine der Hexen jagte auf mich zu.

Blitzschnell riß ich das Kreuz hoch.

Die Hexe fiel nach vorn, der glühende Stab rammte in den Boden. Das Kreuz hatte ihn vernichtet.

Plötzlich strahlte es auf.

Gerade die Insignien der vier Erzengel gleißten in einer Weise, daß sogar ich geblendet wurde. Weißmagische Strahlen fuhren aus den vier Enden, bildeten ein gewaltiges Netz, in das die Hexen hineinrasten.

Sie schrien auf, brüllten und kreischten. Verzweifelt versuchten sie die Lichtfesseln zu lösen, doch die Weiße Magie zerstörte ihre höllischen Körper.

Selbst ich fühlte den Schwindel, merkte die gewaltigen Kräfte, die das Kreuz freigesetzt hatte, um mich zu schützen.

Eine Hexe nach der anderen fiel aus dem Lichtnetz. Noch im Fall wurden sie zu Staub.

Eine letzte kreischte noch einmal wild auf. Sie hatte sich innerhalb des Lichtnetzes verfangen. Ihre linke Körperhälfte begann bereits zu verfallen. Grüngraue Schwaden krochen daraus hervor, und aus der Haut wurde Asche.

Trotzdem fand sie noch die Kraft, mir die nächsten Worte ins Gesicht zu schleudern. »Sohn des Lichts!« schrie sie. »Auch dich wird eines Tages der Satan holen, verlaß dich drauf!«

Sie wollte noch mehr sagen, doch der Zerfallsprozeß erreichte ihr Gesicht.

Sie verging, und die dunkle Asche rieselte zu Boden.

Ich aber hatte die Worte der Hexe nicht vergessen. Sohn des Lichts! So hatte mich die Hexe genannt. Und verdammt noch mal, dieser Begriff begegnete mir nicht zum erstenmal. Damals – in Rumänien – als ich Einzelheiten über die Herkunft des Kreuzes erfuhr, hatte ich von einer alten kranken Frau gehört, daß ich der Sohn des Lichts war. Ich, der Erbe des Kreuzes.

Jetzt hörte ich den Namen wieder.

Wie klein die Welt doch war!

Die Höhle war leer, wie ich mit einem raschen Rundblick feststellen konnte. Auch das Energienetz gab es nicht mehr. Die Hexen waren verschwunden. Sie hatten der Weißen Magie tödlichen Tribut zahlen müssen.

Aber Buch und Würfel waren nach wie vor da. Die Wände strahlten weiterhin das grünliche Licht ab. Ich schaute in die Stollen und Quergänge, suchte nach den Fratzen der Hexen, sah aber keine Spur mehr von ihnen.

Diejenigen, die nicht umgekommen waren, hatten die Flucht ergriffen und hielten sich versteckt.

Man ließ mich allein.

Mit dem Buch.

Urplötzlich traf mich ein Kältestoß. Ich hatte nach dem Würfel greifen wollen und zuckte zurück, denn der Kältehauch war von oben gekommen, wo die Decke in einem finsteren Dimensionstunnel verschwand.

Mir kroch eine Gänsehaut über den Rücken, als ich den Kopf in den Nacken legte und in die Höhe schaute.

Dort tat sich etwas!

Die Schwärze blieb zwar nach wie vor, doch die gewölbte Decke sah jetzt aus wie ein gewaltiger Tunnel, der in die Unendlichkeit zu führen schien.

Ein Dimensionstor war entstanden, und es brachte die Kälte des Alls mit.

Doch es war nicht leer.

Ein uraltes riesiges Gesicht erschien mit großen, wissenden Augen. Augen, die ich bereits einmal gesehen hatte. Der Beobachter, das Wesen, das zwischen den Fronten stand und das Dämonenreich unter Kontrolle hielt. Denn auch dort gab es Kriege und Machtkämpfe, der Beobachter wußte alles.

Wie zwei Planeten kamen mir die gewaltigen Augen vor. Sie schimmerten in einem intensiven Blau, so kalt, aber auch so strahlend, daß ich den Blick unwillkürlich zu Boden senkte. Ich konnte nicht in die Augen hineinschauen.

Damals hatte ich einen Friedhof und einen Henker darin gesehen, heute sah ich nichts.

Nur die Kälte strahlte mir entgegen.

Der eisige Hauch wurde stärker, er traf meinen Körper, schnürte mir die Brust zusammen, so daß ich nur sehr schwer Atem bekam. Ich taumelte zur Seite, hob die Arme etwas an und umklammerte mein silbernes Kreuz.

Ich hoffte, es aktivieren zu können, doch das Silber blieb kalt. Das andere war stärker.

Mit der Kälte kam der Wind. Ohne Vorwarnung packte er mich und schleuderte mich zu Boden. Ich wollte aufstehen, doch auf halber Höhe fegte mich der nächste Windstoß wieder von den Beinen.

Auch bei einem weiteren Versuch schaffte ich es nicht, auf die Füße zu gelangen. Dafür mußte ich mit ansehen, wie der Würfel plötzlich, wie von Geisterhand bewegt, in die Höhe stieg.

Und mit ihm das Buch.

Ich hatte nicht einmal die Kraft zu schreien. Lag hilflos am Boden und starrte dem Würfel nach, der sich immer weiter entfernte und auf die Augen zuschwebte.

Der Beobachter hatte sich das Buch der grausamen Träume geholt. Wieder einmal war ich der Verlierer.

Der Würfel verschwand, wurde kleiner und kleiner, bis ich ihn nicht mehr sah.

Die andere Dimension hatte ihn geschluckt.

Ich versuchte aufzustehen und war überrascht, daß es klappte.

Ich war wieder der Alte.

Mit leerem Blick starrte ich auf die Altarplatte, wo das Buch gelegen hatte.

Ja, hatte . . .

Jetzt war es weg.

Ich blickte nach oben, wollte die Augen noch einmal sehen und war überrascht, als mein Blick sie tatsächlich erfaßte.

Der Beobachter, der auch als Melder »arbeitete«, war noch da.

Warum? Wollte er mich verhöhnen, mich lächerlich machen, weil ich es nicht geschafft hatte?

Den Grund würde er mir sicherlich sagen.

Ich hatte mich nicht getäuscht. Die hallende Stimme schien aus der Unendlichkeit zu kommen, als sie meine Ohren traf.

»Ich weiß viel, John Sinclair, ich sehe viel. Ich kenne auch dich, weiß um deine Aufgabe, und ich habe dich siegen und verlieren gesehen. Der Schwarze Tod will dich vernichten. Er hat es bis jetzt nicht geschafft, doch nun hat er einen Plan ausgeklügelt, gegen den du nicht ankommen kannst, weil du zu schwach bist. Du willst das Buch, das weiß auch der Schwarze Tod. Deshalb hat er dich in diesen Berg gelockt, hat dich auf die Spur gebracht, so daß du das Buch finden mußtest. Doch er hätte es nie aus der Hand gegeben, denn es ist durch den Würfel des Schicksals gesichert. Nun weiß der Schwarze Tod, daß unter anderem in diesem Buch steht, wie du ihn vernichten kannst. Aber nicht nur das. Die Geheimnisse der Hölle sind darin offenbart. Wer das Buch besitzt, der hat auch die Macht. Zahlreiche Dämonen führen blutige Kriege deswegen. Ich habe es gesehen, habe aber nie eingegriffen, denn bisher lag das Buch sicher. Ich wollte allerdings auch nicht, daß ein Mensch dieses Buch in die Hände bekommt. Aus diesem Grunde nehme ich es an mich, denn wenn du es zu sehen bekommst und dementsprechend handelst, ist das Gleichgewicht gestört. Du, John Sinclair würdest zu mächtig, auch für mich. Doch ich will dir eine Chance geben. Ich werde dir die Seiten überlassen, auf denen geschrieben steht, wie du den Schwarzen Tod vernichten kannst. Denke nur nicht, es wäre leicht. Ungeheure Gefahren warten noch auf dich, und ob du es letztendlich schaffst, ist deine Sache. Leicht wird es nicht sein. Aber der Schwarze Tod soll im Kampf vernichtet werden. Es ist dir allein in die Hand gelegt, einen Dämon zu töten, der seit Hunderten von Millionen Jahren lebt, der immer Angst und Schrecken verbreitet hat. Ob er im Mittelalter die Pest brachte oder ob er Völker gegeneinander hetzte, immer wieder hatte er allein seine Hände im Spiel. Du bekommst die Seiten, Sohn des Lichts. Und handle nach bestem Wissen und Gewissen!«

Die Worte des Beobachters hatten mich so beeindruckt, daß es mir schon schwindelte. Ich mußte mich zusammenreißen, um eine Frage zu stellen.

»Wer bist du? Ein Dämon? Ein Geist des Lichts?«

»Keins von beiden. Ich bin der Seher und nehme meine Kraft

aus dem Kosmos. Das muß dir als Antwort genügen. Solltest du den Schwarzen Tod besiegen, wirst du in der Zukunft vielleicht von mir noch hören. Wenn du verlierst, wartet der Friedhof am Ende der Welt auf dich. Und zwar für immer.«

»Was heißt das?«

»Dein Grab ist bereits geschaufelt worden, John Sinclair. Und auch die Gräber deiner Freunde sind fertig. Ihr alle werdet euch auf diesem Friedhof treffen, und dort wird es zwischen dir allein und dem Schwarzen Tod zu einer Entscheidungsschlacht kommen. Nutze deine Chance. Du hast sie!«

Mir wirbelten tausend Gedanken durch den Kopf, lagen zahlreiche Fragen auf der Zunge, aber ich war einfach nicht in der Lage, sie zu formulieren. Die Eröffnung des Sehers hatte mich zu sehr geschockt.

Ich legte abermals den Kopf in den Nacken und schaute in die Höhe. Die Augen waren verschwunden. Der Beobachter hatte mich inmitten der Höhle allein gelassen.

Nur – wo waren die Seiten?

Da sah ich sie. Sie trudelten von oben herab, hafteten aneinander, so daß sie nicht wegflattern konnten. Ich lief ein wenig vor und blieb dann stehen.

Mühelos gelang es mir, die Seiten aufzufangen.

Zum erstenmal in meinem Leben hatte ich ein Fragment des Buchs der grausamen Träume in meinen eigenen Händen.

Ein Schauer rann mir über den Rücken.

Ich hielt die Blätter in der linken Hand, setzte mich auf den Altar und holte meine Bleistiftlampe hervor, um besser sehen zu können. Um mich herum war es still.

Mutterseelenallein saß ich in diesem gewaltigen Felsendom und begann zu lesen.

Und schon nach den ersten Sätzen packte mich eine ungeheure Faszination. Mir war, als würde ich das Gelesene selbst miterleben . . .

»Herr Mallmann! Herr Mallmann! Mein Gott, was ist geschehen?« rief Sir Powell erschrocken. Er und die beiden Wissenschaftler liefen auf den Kommissar zu.

Will wankte zurück. Alles drehte sich vor seinen Augen. Er sah nur den Raben und glaubte, nicht seinen Kopf zu erkennen, sondern das Gesicht seiner Frau.

»Karin . . .!« stöhnte er. Seine Knie schienen mit Pudding gefüllt zu sein und gaben nach.

Er wäre gefallen, hätten ihn die beiden Wissenschaftler nicht aufgefangen. Sven nahm Wills Schultern, während sein Kollege den Kommissar an den Beinen trug.

So schleppten sie ihn zurück.

Sir Powell warf einen scheuen Blick auf den Raben. Er konnte an dem Tier nichts feststellen, was den Kommissar so nervös gemacht hatte. Der Rabe sah aus wie immer.

Will wurde vorsichtig auf den Boden gebettet. Art Cornwall holte die Flasche mit Whisky und setzte sie dem Kommissar an die Lippen. Will schluckte. Ein Teil der Flüssigkeit rann an seinem Kinn entlang und lief in den Kragen.

»Geht es Ihnen besser?« fragte Art besorgt.

»Ja, okay.«

Sir Powell räusperte sich. »Was ist denn geschehen?« erkundigte er sich mit besorgter Stimme.

Mallmann wischte sich über die Stirn. »Ich . . . ich muß mich wohl getäuscht haben. Die Augen des Raben sahen plötzlich anders aus. Nicht mehr rot . . .«

»Wie denn?« fragte Sir Powell.

»Jetzt werden Sie mich auslachen, aber sie erinnerten mich an die meiner verstorbenen Frau.«

Nun war es heraus.

Sir Powell lächelte, hob die Schultern und meinte: »Sie haben recht. Es war sicherlich eine Täuschung.«

Will richtete sich auf und legte seine Hände um die angezogenen Knie. »Haben Sie denn nichts gesehen?« fragte er.

»Nein, der Vogel sah aus wie immer.«

»Ich habe in ihm wirklich meine verstorbene Frau gesehen.«

»Wie ist sie denn ums Leben gekommen?« wollte Sven Jansson wissen.

Will Mallmann senkte den Blick. Dafür gab Sir Powell die Antwort. »Der Schwarze Tod hat sie ermordet.«

Die Augen der Wissenschaftler wurden groß. »Dann stimmt es vielleicht doch, was er gesehen hat«, flüsterte Sven Jansson.

»Malen Sie den Teufel nicht an die Wand«, erwiderte Sir Powell leise.

Will Mallmann stand auf. »Er kann sprechen. Sir. Ich weiß, woran ich bin. Und ich bin fest davon überzeugt, daß es die Augen meiner verstorbenen Frau gewesen sind.«

»Aber wie ist das möglich?« rief Art Cornwall.

Will drehte sich zu ihm um. »Das fragen Sie noch? Hier ist alles möglich.«

»Das beantwortet nicht die Frage.«

»Okay, ich suche Ihnen eine Möglichkeit aus. Es kann sein, daß der Geist meiner Frau in den Körper des Tieres übergegangen ist. So blödsinnig diese Theorie klingt, aber wir müssen sie in Betracht ziehen.«

»Das wäre ja schrecklich«, flüsterte Art.

»Es ist schrecklich.«

»Wie können wir es feststellen?« fragte Sven.

Will dachte nach.

Nach einer Weile meinte er: »Es gäbe da eine Möglichkeit. Sie haben doch gesagt, daß der Vogel uns bewacht. Ich werde einen Ausbruch versuchen und bin gespannt, ob mich der Rabe angreift.«

»Er wird Sie töten!« sagte Art.

»Wenn der Geist meiner Frau in dem Vogel steckt, sicherlich nicht«, entgegnete der Kommissar fest.

»Überlegen Sie es sich gut«, warnte auch Sir Powell.

Mallmann lächelte. »Danke, aber das habe ich bereits.« Der Kommissar schaute die Männer noch einmal an und machte sich auf den Weg.

Er schritt in direkter Linie auf die kleine Mauer zu.

Der Rabe sah es und breitete langsam die Flügel aus . . .

»Ich glaube, meine Oma geht mit Elvis«, flüsterte Bill Conolly andächtig, als er sich umschaute.

Was er sah, war auch wirklich zum Staunen. Durch Myxins Beschwörung waren sie am Südpol gelandet. Allerdings nicht in der Hölle zwischen Schnee und Eis, sondern im Innern eines Stützpunkts.

Eines militärischen Stützpunkts!

Bill Conolly und Jane schauten sich um. In dieser Lagerhalle gab es praktisch alles. Warme Kleidung, Konserven, Munition, Waffen, angefangen von der Pistole bis hin zum leichten MG. Handgranaten waren ebenso auf Lager wie Kampfanzüge.

»Das ist toll«, sagte auch Jane, als sie die Halle langsam durchquerte.

Wie Bill war sie ebenfalls noch ein wenig benommen von der langen, magischen Reise. Wie beduselt schritten sie einher. Die Umstellung fiel ihnen schwer.

Myxin wartete ab. Jetzt, da sie sich am Südpol befanden, hatte er es nicht mehr ganz so eilig.

Bill und Jane schauten sich die Waffen an, nahmen manchmal prüfend welche in die Hände und legten sie wieder weg.

»Ihr solltet euch einiges an Waffen und Munition mitnehmen«, schlug Myxin vor.

Bill fuhr herum. »Wieso? Mit normalen Waffen können wir nichts gegen dämonische Wesen ausrichten.« Er nahm die Pistole und legte auf Myxin an. »Ich könnte dir die Kugel in den Schädel jagen, und nichts würde passieren. Wozu also die ganze Artillerie?«

»Weil es auch noch andere Gegner gibt!«

»Und welche?« Die Frage stellte Jane Collins.

»Wir fliegen zurück in die Urzeit«, erklärte der Magier. »Und dort werden wir unter Umständen Sauriern begegnen, vielleicht auch den Riesenvögeln, die den Namen Pteranodon tragen.«

»Ist das nicht eine Mischung zwischen Geier und Drache?« erkundigte sich Bill.

»So ähnlich.«

Jane schaute den Reporter an. Bill sah die Gänsehaut auf ihrem Gesicht und wußte, was Jane dachte. »Keine Angst, wenn die Piepmätze kommen, geben wir ihnen Saures.«

»Dein Wort in Hugos Ohr«, sagte die Detektivin leise.

Bill schritt schon die Regale ab. Er hängte sich zwei Maschinenpistolen über die Schulter und nahm auch Reservemunition. »Eine Puste ist für dich, Jane.« Die schweren Armeepistolen steckte sich der Reporter in den Gürtel und kam sich danach vor wie ein lebendes Arsenal.

Die Detektivin machte sich Gedanken über den Weg. »Wie kommen wir dorthin?« wollte sie von Myxin wissen.

»Wir fliegen!«

»Ohne magischen Sprung?«

»Ja.«

Bill hatte die Worte ebenfalls vernommen und blieb stehen. »Wie soll ich denn das wieder verstehen?«

»Es ist nicht schwer. Der Schwarze Tod hat sein Reich abgeschirmt. Meine Magie müßte also stärker sein als die meines Gegners. Das ist schwierig und vor allen Dingen sehr zeitraubend, falls wir es überhaupt schaffen. Es gibt jedoch ein natürliches Tor, durch das wir in diese Welt gelangen können. Wie es entstanden ist, weiß ich nicht. Finden wir uns damit ab, daß dieses Tor existiert. Ich hoffe, Bill, du kannst einen Hubschrauber fliegen?«

Der Reporter nickte. »Eine meiner leichtesten Übungen. Habe jahrelang Hubschrauber geflogen.«

»Er war sogar mal selbst einer«, flachste Jane.

Myxin lächelte. Er verstand die Menschen, die mit flotten Sprüchen ihre innere Spannung und Erregung verbargen.

»Wo steht denn der Vogel?« wollte Bill wissen.

Myxin deutete auf ein großes zweiflügeliges Tor. »Dahinter befindet sich der Hubschrauber.«

»Dann sehen wir ihn uns doch einmal an.« Bill schritt auf das Tor zu, blieb davor stehen und schaute sich einige Hebel genauer an. Man mußte sie herumlegen, dann würde das Tor aufschwingen.

Der Reporter versuchte es.

Ein E-Motor summte, und das Tor glitt auf Rollen langsam zur Seite.

Bill und Jane staunten. Vor ihnen lag eine Halle, in der mindestens zehn Hubschrauber Platz hatten.

Zwei standen nur darin.

»Mann«, flüsterte Bill beinahe ehrfürchtig, »das ist ein Stützpunkt. Ich wußte gar nicht, daß die Amis hier auch ihre Waffen lagern.«

»Nicht nur die Amerikaner«, erklärte Myxin, »auch die anderen Nationen besitzen solche Stützpunkte.«

Der Reporter schritt auf den ersten Hubschrauber zu. Es war ein etwas älteres Sikorsky-Modell, stabil gebaut und ausgezeichnet in Schuß. Neben der Maschine blieb der Reporter stehen. »Gibt es hier keine Menschen?«

»Nein, das würde auffallen. Einmal im Jahr wird nur gewartet«, erklärte Myxin.»So ist das.«

Jane Collins schaute hoch zur Decke. »Wie kommen wir hier heraus?« flüsterte sie.

»Die beiden Deckenhälften fahren auseinander, wenn es soweit ist«, antwortete Myxin.

Bill warf Jane eine MPi zu, die sie geschickt auffing. »Dann wollen wir auch nicht mehr lange warten«, rief er.

Myxin nickte.

Sie suchten sich den kleinsten Hubschrauber aus. Er hatte zwei Rotoren. Einen über der Kanzel und einen zweiten hinten an der Heckflosse.

Bill Conolly klappte die Trittleiter unter der Tür zurück, stieg hoch und öffnete.

Die Einstiegsluke schwang zurück.

Der Reporter erkletterte den Hubschrauber. Er legte die MPi neben sich und enterte den Pilotensitz. Seine Blicke flogen über die komplizierte Instrumentenskala.

Höhenruder, Seitenruder, Öldruck- und Benzindruckpumpe – alles okay. Auch der Steuerknüppel ließ sich leicht bewegen. Grünlicher Schein zitterte über die Armaturen und erfüllte das Cockpit.

Myxin ließ dem Reporter eine Viertelstunde Zeit, um sich mit dem Cockpit vertraut zu machen. Jane Collins besorgte aus dem Lager inzwischen warme Kleidung.

Der Reporter zog sich ebenso wie sie eine gesteppte Fliegerjacke über. Das Futter war dick und hielt warm.

Jane Collins blieb zögernd vor der Leiter stehen. Bill winkte der Detektivin zu. »Komm, steig ein!«

Jane lächelte und schritt die Sprossen hoch. Auf dem Sitz des Co-Piloten nahm sie Platz.

Jetzt stand nur noch Myxin draußen.

Er trat auf eine große Schalttafel zu, drückte dort mehrere Knöpfe und wartete ab.

An der Decke ertönte ein Summer. Dann schoben sich die beiden Hälften langsam auseinander.

Strahlend blauer Himmel war zu sehen. Selten hatte Bill solch eine Farbe gesehen. Nicht einmal am Mittelmeer.

Kein Wölkchen trübte das Firmament. Es war ein phantastischer Anblick.

Myxin stieg ebenfalls ein. »Wir haben Glück«, sagte er, als er die Tür schloß. »Kein Sturm.«

Bill grinste. »Ich glaube, du hast den Wettergott beschworen, wie?«

»Nein, dessen Schwiegermutter.«

»Oh, ein Dämon mit Humor«, lachte der Reporter. »Wo gibt es denn so etwas?«

»Man lernt eben nie aus!«

Bill nickte. »Das glaube ich auch.«

Die Decke dieser ins Eis gebauten Halle war jetzt vollständig zurückgefahren.

»Sie schneit übrigens nie zu«, erklärte Myxin, »weil sie permanent beheizt wird.«

»Alle Achtung.« Bill nickte und ließ den Motor des Hubschraubers an. Der Rotor begann sich zu drehen. Er flappte ein paarmal, faltete dann seine Flügel auseinander und bildete über dem Cockpitdach einen wirbelnden Kreis.

Auch der Heckrotor lief schon.

»Auf geht's«, sagte Bill. Sein Gesicht wirkte konzentriert, als er Gas gab. Er ging dabei sehr vorsichtig zu Werke. Der Hubschrauber ruckte, hob aber ab.

Senkrecht ließ Bill Conolly ihn hochsteigen. Er war lange nicht mehr geflogen und deshalb froh, daß Windstille herrschte, so hatte er wenigstens nicht mit den Luftturbulenzen zu kämpfen.

Immer näher kamen sie dem offenen Dach. Bill und Jane hatten Schneebrillen vor ihren Augen. Die Dinger hatten im Hubschrauber gelegen.

Dann waren sie draußen.

Im ersten Augenblick war Bill geschockt und fasziniert zugleich.

Eine prächtige, faszinierende Landschaft breitete sich vor seinen Augen aus.

Eis, wohin man schaute. Dazu eine fahle Sonne am hellblauen Himmel. Ihre Strahlen berührten die großen Gletscher, ließen sie bläulich schimmern und umwebten die gewaltigen Eismassen mit einem strahlenden Teppich.

Das Gelände war nicht flach. Sie befanden sich in einem Eisgebirge. Zackige Berggipfel stießen in die klare Luft. Bill und Jane sahen Täler, in denen das Eis meterdick lag und wohl nie mehr schmelzen würde. Die Bergwelt lag in einer nahezu majestätischen Ruhe vor ihnen. Bill kam sich als Störenfried vor, als er die lauten Rotorengeräusche hörte.

Das hier war die reine Natur, wie man sie selten auf der Welt fand.

Im Osten donnerte eine Lawine zu Tal. Der Schneestaub verdichtete sich zu einer gewaltigen Wolke, die wie festgeleimt in der klaren Luft stand.

Bill flog an der Wolke vorbei. Er konnte auch nicht hinschauen, dafür starrte Jane Collins aus dem Fenster. Sie war von dieser Landschaft begeistert.

Manchmal schillerte das Eis in zahlreichen Farben. Es kam immer darauf an, wie das herabfallende Sonnenlicht gebrochen wurde.

Der Motor des Hubschraubers lief gleichmäßig. Kein Stottern, kein Rucken. Hätten die drei Personen nicht eine harte Aufgabe vor sich liegen, so hätte man die Fahrt als einen regelrechten Ferienflug bezeichnen können.

Sie flogen an den hohen Bergen vorbei, dahinter breitete sich ein weites, eisbedecktes Plateau aus. In der Ferne schien es mit dem Himmel zu verschmelzen.

Bill schaute nach unten.

Das Plateau war nicht flach, sondern von zahlreichen Rissen und Spalten durchsetzt. Der Reporter wußte, daß diese Spalten die reinsten Todesfallen waren, wenn man unglücklicherweise hineinfiel. Eine Rettung war dann so gut wie unmöglich.

Myxin änderte den Kurs.

Sie hielten sich mehr westlich, und das Gebirge blieb hinter ihnen zurück.

»Geschwindigkeit und Höhe senken!« gab der Magier seine Anweisung.

»Sind wir bald da?« fragte Bill.

»Ja.«

Der Reporter ließ die riesige Libelle tiefer sinken. Plötzlich sahen die Spalten gar nicht mehr so schmal aus, sondern breit und gefährlich.

»Mein Gott, das sind ja regelrechte Canyons«, sagte Jane Collins staunend.

Myxin nickte. »In einer dieser Spalten werden wir landen.«

Bill Conolly hatte die Worte vernommen. Er fuhr herum. »Was sagst du da?«

»Hast du Angst?« erkundigte sich Myxin.

Bill fuhr mit einer Hand unter seinen Kragen. »Ein bißchen komisch ist mir schon zumute.«

»Wir werden es schaffen!« sagte Myxin zuversichtlich.

Bill Conolly wunderte sich über den Magier. Er war ein Schwarzblüter, ein Dämon, und doch hatte er sich auf die Seite des Sinclair-Teams geschlagen. Die Gründe dafür lagen auf der Hand. Da war einmal der Schwarze Tod, dessen Feind Myxin war. Bereits in der Vergangenheit hatten sie sich um die Vorherrschaft gestritten, bis der Schwarze Tod Myxin in einen zehntausendjährigen Tiefschlaf versetzte, aus dem John Sinclair und Suko ihn erweckt hatten. Gewissermaßen aus Dankbarkeit half Myxin dem Sinclair-Team, allerdings gab er nur Tips, mehr nicht. Der Schwarze Tod wurde mächtiger, verlor dann bei Asmodis, dem Höllenfürsten, an Ansehen, und Myxin wollte schon triumphieren. Da schuf der Teufel Asmodina. Sie jedoch stellte sich nicht auf Myxins Seite, sondern verbündete sich mit dem Spuk, dem Herrscher im Reich der Schatten. Wieder war Myxin ausgeklammert. Er kochte vor Wut. Mächtig war er immer noch, denn ihm unterstanden die Schwarzen Vampire, gräßliche Geschöpfe, die im Dunkel der Dimensionen lauerten und dem Spuk in dessen Reich eine Niederlage beigebracht hatten.

Doch die Schwarzen Vampire allein waren nicht stark genug. Der Schwarze Tod oder Asmodina besaßen gewaltige Armeen von dämonischen Hilfskräften, die wiederum Jagd auf die Vampire machten. So spielten sich in den Dimensionen des

Schreckens ungeheure Kämpfe ab. Auseinandersetzungen, die Myxin allein nicht gewinnen konnte, und so war sein Entschluß gereift, sich auf die Seite des Sinclair-Teams zu schlagen, um von der sichtbaren Welt aus den Kampf aufzunehmen.

»Ich weiß, was du denkst«, sagte Myxin.

Bill grinste. »So?«

»Und? Was sagst du dazu?«

»Nichts – wir werden abwarten.«

»Das hätte mir meine Tante auch sagen können«, knurrte Bill Conolly leicht verärgert.

»Denke nicht an deine Tante, sondern achte darauf, wohin du fliegst«, erklärte Myxin.

»Sehr wohl, Herr Dämon!«

Die Geländeform wechselte. Zwar flogen sie noch immer über das gewaltige Plateau hinweg, doch unter ihnen wurden die Spalten und Risse breiter. Dazwischen lagen gewaltige Eisschollen, die sich durch Erdbewegungen übereinandergeschoben hatten und zu abstrakten Gebilden geworden waren. Manche Eisplatten ragten wie überhängende Felsen schräg in die Höhe, andere wiederum waren zersplittert. Sie glänzten wie gewaltige Spiegel, wenn das Sonnenlicht sie traf.

Myxin deutete nach vorn. »Siehst du die große Spalte dort?«

Bill nickte.

»Da hinein.«

»Das schaffen wir nie«, sagte Jane.

»Doch, es klappt.« Der Magier war zuversichtlich.

Sekunden später schon schwebten sie über der Spalte. Bill hatte die Geschwindigkeit auf Null zurückgenommen, die Riesenlibelle hing in der Luft wie von einem unsichtbaren Faden gehalten.

»Tiefer!« forderte Myxin.

Bill gab für einen Moment nicht acht, und der Hubschrauber sackte weg.

»Paß auf!« rief Jane.

»Okay, okay, ich habe ihn ja wieder.«

Aus dem Eiscanyon schwebten Dämpfe. Erst als die Ankömmlinge dicht darüber waren, erkannten sie die aus der Spalte quellenden Wolken.

»Dann bete mal«, murmelte Bill, als er den Hubschrauber in die Spalte sinken ließ.

Er manövrierte ungeheuer vorsichtig, sein Gesicht war mit Schweiß bedeckt. Was er vorhatte, war Millimeterarbeit.

Bill packte es. Die schwere Sikorsky sank in den Canyon hinein und einem ungewissen Schicksal entgegen . . .

Es geschah zu einer Zeit, als die Welt in den Geburtswehen lag und die Kontinente noch eine Einheit bildeten. Gewaltige Stürme tobten über das Land, wahre Sintfluten gossen aus dicken, unheimlichen Wolken. Erdbeben erschütterten die Kontinente, rissen sie auseinander, bevor sie von gewaltigen Springfluten wieder überschwemmt wurden.

Leben im heutigen Sinne existierte noch nicht. Wohl hatten sich die beiden großen Kräfte geteilt.

Es gab Gut und Böse.

Zwischen diesen beiden Polen kam es zu gewaltigen Machtkämpfen. Das Gute gewann, und das Böse wurde zurückgeschleudert in die Dimensionen des Schreckens.

Aber der Satan sann auf Rache.

Er baute sein Dämonenheer auf und stellte einen gewaltigen Tyrannen an die Spitze.

Den Schwarzen Tod!

Sein düsterer Schatten schwebte über die Welt. Er beobachtete die Entwicklung der Menschheit, erlebte den Aufbau und Niedergang gewaltiger Reiche und Völkergruppen mit und zerstörte sie eigenhändig. Er wurde zu einem Machtfaktor im Dämonenreich, obwohl es dort noch andere Schreckensfürsten gab, wie Belphégor, Bael oder Astaroth. Der Schwarze Tod zwang sie mit eiserner Hand unter seine Knute.

Er baute sein Reich aus, nistete sich auf dem längst vergessenen Kontinent Atlantis ein, wo es zu schlimmen Machtkämpfen kam und wo auch das Buch der grausamen Träume geschrieben wurde. Ein Weiser hatte die Zeilen verfaßt und all das niedergeschrieben, was die Hölle an Geheimnissen zu bieten hatte.

Er überging dabei auch nicht den Schwarzen Tod und legte

seine Vernichtung fest, die erst in unendlich ferner Zukunft statt-finden sollte.

Während ich las, merkte ich gar nicht, wie die Zeit verrann. So sehr fesselten mich diese Seiten.

Ich schlug ein neues Kapitel auf.

Sohn des Lichts! las ich.

Jetzt wurde es interessant. Nun wurde ich selbst angespro-chen. Ich konnte es kaum erwarten, bis ich die einzelnen Zeilen buchstäblich in mich eingeschlungen hatte.

Und es wird kommen der Tag, da erwacht das Gute unter den Menschen. Wenn sich die Bösen vereinigen, um die Welt in ei-nem gewaltigen Sturmlauf zu nehmen, werden Männer erschei-nen, die ihnen trotzen. Der Sohn des Lichts wird seinen Kampf gegen die Grausamen aufnehmen. Er und seine Freunde stem-men sich gegen das vorgeschriebene Schicksal der Welt, und im Reich des Satans wird Heulen und Zähneklappern herrschen. Doch hüte dich, Sohn des Lichts, so einfach geben sich die Herr-scher der Hölle nicht geschlagen. Es bedarf schon einer besonde-ren Waffe, um sie zu vernichten – einer Waffe, die auf der Erde nicht zu finden ist, sondern die erst noch geboren werden muß.

Ich ließ die Blätter sinken. Enttäuschung stieg in mir hoch. Da hatte ich gedacht, endlich den Schlüssel zur Vernichtung des Schwarzen Tods in der Hand zu halten, doch nun las ich das.

Kaum zu fassen.

Tief atmete ich ein. Meine Hand, die die Lampe hielt, zitterte. Der Strahl tanzte über das vergilbte Papier. Ich sah meine Chan-cen plötzlich sinken. Sollte sich das Buch der grausamen Träume vielleicht als großer Bluff herausstellen?

Wenn das den Tatsachen entsprach, dann brach für mich eine Welt zusammen.

Trotzdem las ich weiter, denn ich mußte noch zwei Seiten hin-ter mich bringen.

Die besondere Waffe, die der Sohn des Lichts benötigt, um den Schwarzen Tod zu vernichten, wird er auch auf anderen Welten nicht finden, denn er hält sie in der Hand. Wenn er Wort für Wort die Zeilen gelesen hat, werden ihm die Augen geöffnet.

Das gab mir Hoffnung, und ich las weiter.

Gefeit gegen die Weiße Magie, ist der Schwarze Tod in der

Lage, jeden Angriff abzuwehren, doch er wird es nicht schaffen, dem magischen Bumerang auszuweichen.

Das war es.

Der magische Bumerang!

Mit ihm konnte ich den Schwarzen Tod vernichten.

Ich ließ mich zurücksinken. Der Schweiß rann mir in die Augen, mein Herz klopfte ungewöhnlich schnell. Plötzlich wußte ich Bescheid. Endlich war das eingetreten, wonach ich jahrelang gesucht hatte. Ich wußte nun, womit ich den Schwarzen Tod besiegen konnte.

Mit einem magischen Bumerang!

Nie wäre ich auf diese Idee gekommen. Ich vertraute dem Buch vollkommen, und ich war sicher, daß es mir noch mehr offenbarte.

Die letzte Seite!

So lies, Sohn des Lichts, diese Zeilen und behalte sie in deinem Gedächtnis, denn du wirst sie kein zweites Mal mehr zu lesen bekommen. Für dich sind sie bestimmt. Kein anderes Wesen auf irgendeiner Welt soll das Geschriebene lesen. Bewahre sie in deinem Gedächtnis auf und denke an die Zukunft, die noch große Aufgaben für dich bereithält.

Das war der letzte Satz.

Ich ließ das Blatt sinken und legte es zu den anderen an meiner rechten Seite auf die Altarplatte.

In Gedanken versunken blieb ich sitzen. Mein Kinn stützte ich in beide Hände.

Meine Gedanken beschäftigten sich mit dem magischen Bumerang. Ich überlegte, wo ich ihn hernehmen sollte, und war deshalb mehr als überrascht, als ich neben mir ein Knistern hörte.

Die Blätter machten sich selbständig. Wie von Geisterhand bewegt, rollten sie sich zusammen und nahmen eine Krümmung an, wie sie auch ein Bumerang besitzt.

Ich sprang auf.

Aus weit aufgerissenen Augen beobachtete ich den Vorgang. Plötzlich schimmerten die Seiten, als bestünden sie aus einem kostbaren Material.

Wie Silber.

Silber?

Ja, es war Silber. Das Buch, die Seiten, sie hatten sich verwandelt. Aus dem Papier war ein silberner Bumerang geworden, der jetzt vor mir lag und nur darauf wartete, von mir in die Hand genommen zu werden.

Ich atmete tief ein.

Sohn des Lichts! Ja, ich war der Erbe des Kreuzes und damit auch der Sohn des Lichts.

Und vor mir lag die Waffe, mit der ich meinen Erzfeind, den Schwarzen Tod, besiegen konnte.

Das mußte ich erst einmal fassen. Mir war es egal, ob ich in diesen Augenblicken innerhalb dieses Berges eingeschlossen war, für mich zählte nur der Bumerang.

Ich zitterte wie Espenlaub, so sehr hatten mich die letzten Minuten mitgenommen.

Ein Traum war in Erfüllung gegangen.

Endlich . . .

Ich wagte gar nicht, den Bumerang zu berühren. Aus Angst, es könnte mir so ergehen wie bei dem Würfel.

Unsinn, die Waffe war für mich bestimmt und gehörte mir. Ich mußte sie an mich nehmen.

Irgendwie fühlte ich mich plötzlich anders. Freier, mutiger und optimistischer. Der Schwarze Tod hatte mir zahlreiche Niederlagen beigebracht, an denen ich oft verzweifelt war, aber jetzt, hier und heute, war mir klar, daß ich den Kampf aufnehmen konnte und mußte.

Mit dem silbernen Bumerang.

Ich nahm ihn auf. Zuerst berührte ich ihn nur mit den Fingerspitzen. Das Metall fühlte sich seltsam warm an, wie bei meinem Kreuz. Dann lag der Bumerang auf meiner offenen Handfläche.

Ich wog ihn. Er war schwer, lag aber gut in der Hand. Ich würde ihn sicherlich gut handhaben können, schließlich war dieser Bumerang für mich bestimmt.

Für den Sohn des Lichts!

Tief atmete ich ein. Zuerst aber mußte ich erst einmal aus diesem verdammten Berg herauskommen, was gar nicht so einfach war. Unwillkürlich glitt mein Blick in die Höhe. Dort war nichts. Nur Dunkelheit.

Ich dachte wieder an den toten Rod Huxley, mit dem praktisch alles begonnen hatte. Und zwangsläufig wurde ich an das Bild der Karin Mallmann erinnert, das er hier in der Höhle gefunden hatte.

Welch eine Bedeutung hatte dieser Fund? Denn daß das Bild einfach herumlag, war schlecht möglich.

Karin Mallmann war durch die Hand des Schwarzen Tods gestorben. Und mir stellte sich die Frage, ob er nach ihrem Tod auch noch Einfluß auf Karins Seele besaß.

Wenn ja, war das sehr schlimm.

Auf einmal hörte ich Geräusche. Es war bis jetzt still gewesen, nun klangen sie doppelt so laut.

Die Hexen waren wieder da!

Ich sah sie durch Gänge und Stollen jagen, aufgeregt und gehetzt. Sie kreischten überlaut, als würden sie ihren Tod bereits dicht vor Augen haben.

Irgendwie konnte ich sie verstehen. Durch das Entstehen des Bumerangs war dieser Hort der Schwarzen Magie umgewandelt worden in eine Zone des Lichts. Die Hexen konnten sich einfach nicht wohl fühlen.

Und doch sahen sie in mir den Feind! Sie hatten von ihrem Herrn und Meister den Auftrag erhalten, mich zu töten. Daran hielten sie fest.

Sie trauten sich jetzt aus ihren Schlupfwinkeln. Drei griffen mich sofort an.

Den Altar hatte ich im Rücken. Etwas breitbeinig stellte ich mich auf. Ich zog nicht meine Beretta, nahm auch nicht das Kreuz zu Hilfe, sondern wollte den Bumerang ausprobieren.

Wenn er die erste Feuerprobe bestand – okay. Wenn nicht, würden mich die Lanzen der Hexen durchbohren . . .

Nebel- oder Dunstschwaden zogen träge an dem Hubschrauber vorbei. Die Canyonwände waren kaum zu sehen, aber aus der Tiefe der Schlucht drang ein rötliches Glosen.

Wie versteinert hockte Bill Conolly auf seinem Pilotensitz. Die Lippen hatte er fest zusammengepreßt, seine Augen waren weit aufgerissen. Er hielt den Atem an.

Jane Collins erging es nicht anders.

Als sie Blut schmeckte, da merkte sie, wie sehr sie sich auf die Lippe gebissen hatte. Die Anspannung und auch die Angst waren eben zu groß.

Welche Hölle würde sie erwarten?

Nur Myxin war die Ruhe selbst. Er schreckte auch nicht hoch, als der Motor aussetzte.

Bill schrie auf.

Jane erfaßte die Situation gar nicht so rasch, erst als sie abstürzten, schlug sie die Hände vor ihr Gesicht.

Aus! schrie es in ihrem Hirn. Aus und vorbei!

Auch Bill sah sich bereits mit zerschmetterten Knochen und in einem Trümmerhaufen am Boden liegen, doch der Fall wurde gebremst. Es schien, als wären Hände da und würden sie einfach weiter in die Tiefe tragen.

Sanft und federnd!

»Wir haben soeben ein Dimensionstor durchbrochen«, erklärte Myxin mit fast heiterer Stimme, »und befinden uns jetzt im Reich des Schwarzen Tods.«

Ohne daß Bill eine Handbewegung ausführte, begannen sich die beiden Rotoren zu drehen. Der Hubschrauber schüttelte sich etwas, Bill mußte gegensteuern, dann war alles okay.

Sie flogen tiefer.

Jane Collins ließ die Hände sinken. Sie war blaß wie eine Kinoleinwand.

»Das ging an die Nerven«, flüsterte sie.

Die ersten Bäume kamen in Sicht. Riesige Farne wuchsen zwischen ihnen, und über dieser gewaltigen Urweltlandschaft lag ein grauer Himmel ohne Sonne.

Alles war in ein Halbdunkel getaucht. Die Luft konnte man nur als stickig bezeichnen. Hinzu kamen die Schwüle und die große Feuchtigkeit. So ähnlich war das Klima auch in den Dschungelgegenden der Erde.

Nichts sahen sie mehr von der engen Schlucht. Vor ihnen lag ein riesiges Land, unendlich weit, mit einem dichten Urwald bewachsen, dazwischen Seen und Tümpel, in denen es blubberte und rumorte.

Bill wandte sich zu Myxin um. »Wo liegt denn nun der Friedhof am Ende der Welt?«

»Wir werden noch fliegen müssen«, erwiderte der Magier.

»Okay.«

Sie flogen über eine phantastische Welt. Eine Welt voller Wunder, aber auch großer Gefahren.

Bill Conolly sah einen gewaltigen Brontosaurier, wie er durch das Gelände stampfte und die haushohen Farne knickte. Aber auch ein Stegosaurus wühlte sich seinen Weg durch den Wald. Dieses Untier sah aus wie eine riesige aufgeblähte Schildkröte. Sein dicker, mit Hornplatten bedeckter Schwanz krachte gegen Baumstämme und warf einige junge Bäume um. Sein Leib wurde durch eine harte Panzerung geschützt, auf der Gebilde wuchsen, die wie große spitze Dreiecke aussahen.

Jane Collins schüttelte sich. »Hoffentlich brauchen wir nicht bei diesen Viechern zu landen. Das wäre schrecklich.«

»Die sind ungefährlich«, sagte Myxin. »Schlimm ist der Tyrannosaurus. Wenn wir ihm begegnen, wird es ernst.«

»Kannst du denn nichts mit deiner Magie erreichen?« erkundigte sich der Reporter.

»Nein, hier befinden wir uns im Reich des Schwarzen Tods. Hoffentlich findet er uns nicht so schnell.«

Bill saugte scharf den Atem ein. »Das kann ja heiter werden.«

In geringer Höhe flogen sie über die gewaltigen Baumwipfeln hinweg. Manchmal hatten sie das Gefühl, von Zweigen und Ästen berührt zu werden, dann zog der gute Bill den Hubschrauber jedesmal wieder höher.

»Wenn wir das erzählen, glaubt uns niemand«, bemerkte Jane Collins.

»Vielleicht kommen wir gar nicht mehr dazu«, meinte Bill pessimistisch.

»Mal den Teufel nicht an die Wand.«

»Der erwartet uns«, konnte sich Myxin nicht verkneifen zu sagen.

»Ob John schon da ist?« fragte die Detektivin.

»In die Zukunft schauen kann ich leider nicht«, erwiderte der Reporter. »Aber wahrscheinlich hat es der Schwarze Tod so geschickt angestellt, daß John gar keine andere Wahl hat, als zu kommen. Wir werden sehen.«

Die nächsten Minuten vergingen schweigend. Nur die Rotoren waren zu hören. Unter ihnen lag eine dichte grüne Wand. Auch die Oberflächen der Seen und Tümpel schillerten grün. Einmal glaubte Bill, den Kopf einer riesigen Schlange auftauchen zu sehen, was aber auch eine Täuschung gewesen sein konnte.

Dieses Land war unheimlich. Nicht in seinen kühnsten Träumen hätte Bill daran gedacht, so etwas einmal zu erleben. Diese Welt war ausgestorben, es gab sie nicht mehr, die Geschichte hatte sie wie eine riesige Welle überspült. Versteinerte Fossilien oder Abdrücke in der Kohle waren stumme Zeugen dieser Zeit.

Nach diesen Funden konnten Wissenschaftler ein ziemlich genaues Bild dieser Welt rekonstruieren.

Und sie hatten nicht so unrecht, wie Bill jetzt mit eigenen Augen feststellte.

Hin und wieder änderte Myxin den Kurs. Da alles gleich aussah, wunderte sich Bill sowieso, woher der Magier den Weg kannte.

Am Horizont schienen der grüne Wald und der graue Himmel zu einer Einheit zu verschmelzen.

Aber Bill sah noch etwas anderes dicht unterhalb der Horizontlinie. Mehrere winzige Punkte.

Etwa Vögel?

Bill schluckte. Die Wesen, die zu dieser Zeit die Lüfte beherrschten, waren grausam, gefährlich und angriffslustig. Wenn sie auf Beutesuche gingen, zischten sie raketengleich dem Erdboden entgegen und fingen mit ihren langen Schnäbeln jede Beute.

Dem Reporter lief ein Schauer über den Rücken. Automatisch umklammerte er den Steuerknüppel fester. Weiß und spitz traten seine Knöchel hervor. Er atmete nur noch durch die Nase.

Die Punkte wurden größer. Bill kam es so vor, als würden die Vögel Kurs auf den Hubschrauber nehmen.

Er zählte ein halbes Dutzend, wobei zwei schon zuviel waren. Das konnte ja heiter werden.

Auch Jane Collins hatte die Tiere gesehen. Sie klopfte dem Reporter auf die Schulter. »Bill!« rief sie. »Was ist das? Da am Himmel, die Punkte . . .«

Conolly schwieg. Dafür gab der Magier eine Antwort. »Das sind die Pteranodone.«

»Diese schrecklichen Vögel?«

»Ja.«

»O Gott! Werden sie uns angreifen?«

»Wahrscheinlich.«

»Dein Optimismus ist bestechend!« knurrte Bill und ließ weiterhin kein Auge von den gewaltigen Vögeln.

Sie waren schon ziemlich nah. Bill sah die langen Schnäbel, das große, nach hinten gekrümmte Horn auf dem Kopf und die gewaltigen Flügel mit den Krallen daran. Diese Tiere waren bestimmt dreimal so groß wie ein ausgewachsener Adler.

Gegen sie zu kämpfen war wirklich kein Vergnügen.

»Halte schon mal die Knarren bereit, Jane!« sagte der Reporter. »Am besten die MPis.«

Die Detektivin nickte. Sie beugte sich zur Seite und holte die beiden Maschinenpistolen. »Sie sind durchgeladen«, sagte Jane mit rauher Stimme.

»Aber halte dich noch zurück«, bemerkte der Reporter.

»Wann willst du denn schießen?«

»Erst wenn sie uns angreifen. Außerdem müssen sie nahe genug heransein.«

»Warte nicht zu lange.«

Der Reporter gab keine Antwort mehr. Er konzentrierte sich auf das Steuern des schweren Hubschraubers und auf die heranfliegenden Vögel.

Sie flogen in zwei Gruppen. Jeweils drei von ihnen bildeten die Angriffsformationen. Und sie flogen höher als der Hubschrauber. Bill wußte, was sie vorhatten. Sie würden von oben, aus dem Grau des Himmels, auf ihre Beute herabstoßen.

Den Hubschrauber zum Absturz zu bringen war für sie ganz einfach. Wenn sie mit ihren spitzen Schnäbeln die Scheiben zerhackten, war es um die Insassen geschehen.

Die ersten drei Ungeheuer waren heran. Direkt vor der Kanzel verdunkelte sich der Himmel. Die gewaltigen Flügel nahmen

Bill Conolly die Sicht. Er sah die langen Schnäbel, und dann hackte der erste auch schon in die Verglasung der Kanzel ...

Der silberne Bumerang schien mir von selbst aus der Hand zu fliegen. Ich brauchte gar nicht viel Kraft einzusetzen, als er bereits seine tödliche Bahn zog.

Ich sah nur einen silbernen Streif, und dann köpfte er die drei Hexen mit einem einzigen Streich, bevor er sich in der Luft drehte und in meine ausgestreckte Hand zurückflog.

Ich hielt ihn fest.

Das war toll.

Mit allem hätte ich gerechnet, nur nicht mit solch einer Waffe. Dieser Bumerang war phänomenal und hatte eine ungeheure Durchschlagskraft.

Er gehörte jetzt mir. Vielleicht würde ich ihn schon bald brauchen.

Drei tote Hexen mit einem Wurf. Einfach unglaublich. Von den Hexen sah ich nichts mehr. Sie waren längst zu Asche geworden.

In diesem Bumerang steckte eine ungeheure Kraft. Aber würde sie auch ausreichen, um den Schwarzen Tod zu vernichten? Das war die große Frage, und darauf kam es mir letztendlich an.

Dieser Dämon mußte besiegt werden! Nur – wie sollte ich es schaffen, wenn ich in diesem verdammten Berg steckte und gewissermaßen lebendig begraben war?

Ich hatte mir den Weg gemerkt, den ich gekommen war. Denselben schritt ich auch wieder zurück. Als ich die Stollen und Schächte passierte, hörte ich hin und wieder flüsternde Stimmen.

Es waren noch Hexen da.

Und sie verfluchten mich, bedachten mich mit den schlimmsten Schimpfworten.

Vor einer Stollenöffnung blieb ich stehen und schleuderte den silbernen Bumerang.

Diesmal warf ich ihn aus der Drehung und etwa in Hüfthöhe. wie ein Pfeil raste die außergewöhnliche Waffe in den Stollen. Einen Atemzug später hörte ich Schreie und Wehklagen, dann konnte ich die Waffe wieder auffangen.

Wiederum wunderte ich mich, wie leicht mir die Handhabung dieses Bumerangs fiel. So als hätte ich immer damit geworfen. Er war aber auch für mich gemacht, das hatte ich den Seiten deutlich entnehmen können.

Während ich weiterging, kreisten meine Gedanken um den Begriff Sohn des Lichts.

Ich wurde so genannt, doch ich fragte mich nach dem Grund. Der lag weiterhin im Verborgenen. Ein wenig war der Schleier zwar gelüftet worden, doch das reichte mir noch lange nicht. Ich wollte den Begriff enträtselt wissen, und ich war mir sicher, daß ich es irgendwann einmal schaffte.

Nicht heute, nicht morgen – vielleicht erst in Jahren, doch gelingen würde es mir.

Ohne Schwierigkeiten gelangte ich in den Gang, der geradewegs zum Ausgang führte. Ich passierte auch die Stelle, wo mich die Fledermäuse angegriffen hatten.

Normalerweise hätte ich bereits hier die kühle Nachtluft spüren müssen. Da dies nicht der Fall war, ging ich davon aus, daß der Eingang weiterhin verschlossen war.

Verschlossen durch Schwarze Magie.

Nachdenklich blieb ich stehen. Dieser Ausgang war nicht durch eine normale Art und Weise geschlossen worden, also mußte es eine Möglichkeit geben, ihn zu öffnen.

Ich hatte mein Kreuz und den silbernen Bumerang. Ich spielte mit dem Gedanken, den Bumerang zu schleudern, doch das erschien mir zu riskant. Wenn sich das Tor nicht öffnete und er gegen den harten Fels prallte, würde er sich unter Umständen noch verformen und war hinterher unbrauchbar.

Also das Kreuz!

Ich nahm es in die Hand und steckte den Bumerang in den Gürtel. Langsam schritt ich auf den Ausgang zu. Dabei spürte ich, wie sich das Kreuz erwärmte. Um so stärker, je weiter ich mich dem Zentrum der Schwarzen Magie näherte.

Plötzlich begannen die Wände vor mir zu flimmern. Zuerst sah ich nur ein grünliches Leuchten, dann aber strahlte das Kreuz seine gesamte weißmagische Kraft ab.

Das grüne Leuchten ging über in einen hellen, silberfarbenen Schein, der sich immer tiefer in das Gestein hineinfraß, es öffnete, und als der kühle Luftzug mich traf, da atmete ich auf, weil ich wußte, daß ich es geschafft hatte.

Ich war wieder frei!

Unangefochten erreichte ich die Freiheit.

Ein Lächeln umspielte meine Mundwinkel. Tief atmete ich ein. Die frische Luft tat mir gut. Sie war Balsam für meine Lungen.

Ich schaute ins Tal.

Sofort fielen mir die Lichter auf. Sie bewegten sich in Höhe der Seilbahnstation. Der Absturz war nicht unbemerkt geblieben. Jetzt würde es an der Station sicherlich von Soldaten nur so wimmeln.

Aber nicht nur am Boden herrschte reger Betrieb, sondern auch in der Luft.

Hubschrauber flogen in Richtung Grenze. Das alles sah mir nach einer Suchaktion aus, denn die Helikopter waren mit starken Scheinwerfern ausgerüstet, deren breite Strahlen über den Boden glitten und jede Spalte ausleuchteten.

Die erste Euphorie verflog, denn ich wußte nicht, wie ich ungesehen diesen Ring durchbrechen und zur Grenze gelangen sollte. Wenn ich viel Zeit gehabt hätte, wäre es kein Problem gewesen, doch die Zeit war mehr als knapp.

Da hörte ich neben mir ein Geräusch.

Sofort kreiselte ich herum.

Aus dem Schatten eines überhängenden Felsens trat eine Gestalt.

Automatisch griff ich zur Beretta.

Die Gestalt blieb stehen. »Laß die Waffe stecken, John. Ich tue dir bestimmt nichts!«

Die Stimme! Herrgott, die kannte ich, hatte sie schon des öfteren gehört.

Diese Gestalt, die jetzt näher kam, war keine andere als Karin Mallmann, Wills tote Frau . . .

Will Mallmanns Knie zitterten sehr, als er sich seinem Ziel näherte.

Es war ein Versuch, der durchaus schiefgehen konnte. Der Kommissar hatte von dem Wissenschaftler gehört, wie gefährlich dieser Rabe war und daß er sogar einen Saurier besiegen konnte.

Plötzlich kam sich der gute Will klein und hilflos vor. Der riesige Vogel war für ihn ein Ungeheuer, zudem hatte er noch seine gewaltigen Flügel ausgebreitet.

Die Gegner fixierten sich.

Der Kommissar schaute in die Augen, die ihre rote Farbe verloren hatten. Jetzt war es wieder der Blick seiner verstorbenen Frau, der ihn anstarrte.

Wills Herz klopfte zum Zerspringen. Sein Blut rauschte in den Ohren, er atmete schwer und keuchend, und er war kaum fähig, einen klaren Gedanken zu fassen.

Wie durch Watte gedämpft hörte er in seinem Rücken die Stimme des Superintendenten. »Mallmann, kommen Sie zurück! Es hat keinen Zweck! Sie verrennen sich da in etwas, was Sie nicht überblicken können.«

Will Mallmann hörte nicht. Er wollte endlich Klarheit haben. Zögernd streckte er seinen rechten Arm aus.

»Karin!« flüsterte er. »Karin, hörst du mich nicht? Bist du es, Karin? Wenn ja, dann gib Antwort!«

Der übergroße Rabe mit den Augen der toten Karin Mallmann senkte den Kopf.

Will verzog den Mund. Es sollte ein Lächeln werden, doch die Muskeln verkrampften. »Kannst du mich denn verstehen?« hauchte er. »Karin, bitte . . .«

Da öffnete der Rabe den Schnabel. Gleichzeitig änderte sich der Ausdruck in seinen Augen. Der sonst so sanfte Blick, in den Will sich verliebt hatte, wurde kalt, brutal – ja erbarmungslos. Er strömte einen Haß aus, der den Kommissar zutiefst erschreckte.

Mallmann wankte zurück.

»Bitte, Karin. Ich . . . ich . . .«

Plötzlich stieß der Rabe ein krächzendes Lachen aus, dann hüpfte er von seinem Ast, und Will Mallmann hatte Angst, daß er auf ihn zufliegen würde, doch der Vogel strich über ihn hinweg, und Kommissar Mallmann spürte nur den Luftzug der Flügel.

Der Rabe stieg hoch, den Kronen der Bäume entgegen. Dort drehte er seine Kreise.

Will ging zurück. Er hatte den Kopf in den Nacken gelegt und beobachtete das Tier weiter.

Sir Powell ging auf ihn zu und legte ihm seine Hand auf die Schulter. »Lassen Sie es gut sein, Kommissar. Ihre Frau ist tot. Sie bekommen sie nicht mehr zurück!«

»Neinnn . . .!« schrie Will. »Sie ist nicht tot. Sie steckt in diesem verdammten Raben. Ich habe doch mit eigenen Augen den Blick meiner Frau gesehen. Sie ist es. Sie muß es sein. Verstehen Sie denn nicht, Mann?«

Sir Powell schüttelte den Kopf. »Magie, Will. Das ist Schwarze Magie. Wir werden getäuscht, wir alle. So glauben sie mir doch endlich!«

»Nein!« Wild schüttelte Will Mallmann den Kopf. Er war einfach nicht vom Gegenteil zu überzeugen. »Ich habe ihr Bild auf meinem Nachtisch stehen, und sie, meine verstorbene Frau, hat zu mir gesprochen. Durch das Bild! Sie muß leben! Sie muß . . .«

In diesem Augenblick jagte der Rabe auf die am Boden stehenden Menschen zu. Erschreckt fuhren die vier Männer auseinander. Doch der Rabe hatte nicht sie als Ziel ausgesucht, sondern seinen Baumast, auf dem er immer saß.

Er hockte sich auch diesmal dorthin.

Acht Augen starrten ihn an.

Dann öffnete der Vogel seinen Schnabel. Ein gellendes Gelächter drang daraus hervor.

Danach eine grollende, grausame Stimme. »Töten!« röhrte er. »Ich werde euch töten . . .«

Die große Cockpitscheibe des Hubschraubers zersplitterte durch den wuchtigen Schnabelhieb. Glas flog Jane und Bill entgegen. Zahlreiche Splitter fielen wie Regen über sie. Der riesige Vogel öffnete sein Maul und wollte Bill seinen spitzen Schnabel in den Schädel hacken.

Der Reporter warf sich zur Seite. Der Hieb verfehlte ihn und zackte in das Sitzpolster. Es wurde aufgerissen, als hätte es ein Messer durchtrennt.

Der Hubschrauber sackte weg. Er begann zu trudeln, legte sich auf die Seite.

Jane Collins schrie auf.

Bill kroch über den Boden. Instinktiv griff er nach seiner Maschinenpistole, riß sie hoch, hielt auf den Vogel und zog ab.

Ein kurzer Feuerstoß ratterte aus der Mündung. Das Blei wuchtete in den lederartigen Körper und schleuderte ihn zurück. Das gewaltige Tier versuchte sich noch abzufangen und seine Flügel auszubreiten, doch es gelang ihm nicht mehr.

Tödlich getroffen fiel es zwischen die Baumwipfel.

Sofort schnellte Bill wieder auf seinen Sitz. Zum Glück war der Hubschrauber in gleicher Höhe geblieben. Bill griff zum Steuerknüppel und zog ihn weiter in den grauen Himmel.

Die Scheibe vorn war völlig zerstört worden. Ein warmer Wind fuhr in das Innere des Hubschraubers und zerwühlte die Haare der Insassen.

Bill riskierte einen Blick zurück. »Alles okay?« fragte er schwer atmend.

Jane nickte. Sie hielt die zweite Maschinenpistole in den Händen und machte einen entschlossenen Eindruck.

»Gut, daß es keine dämonischen Kreaturen sind«, sagte Myxin. »Da hätten wir mit normalen Kugeln nichts ausrichten können.«

Der Reporter nickte. Plötzlich hatte er eine Idee. »Kann einer von euch den Helikopter fliegen?«

»Ich mache es«, sagte Jane Collins. »Aber warum?«

»Weil ich mich um die Tierchen kümmern will.« Bill deutete mit einer Hand nach vorn. »Sie haben den Tod ihres Artgenossen überwunden und sammeln sich bereits zu einem neuen Angriff.«

Der Reporter hatte recht.

Die Pteranodone flogen etwa in gleicher Höhe, jedoch weit vor ihnen, einen Kreis.

Fünf Gegner waren es.

Fünf zuviel.

Bill und Jane tauschten die Plätze. Der Reporter bewegte sich auf die Einstiegstür zu und riß sie auf.

Sofort packte ihn der Fahrtwind, doch Bill klammerte sich mit der Hand an einem Haltegriff fest, stemmte den Kolben der Maschinenpistole in die Hüfte, drückte sein rechtes Bein aus dem Hubschrauber und fand auf der Kufe Halt.

Hastig drehte er den Kopf. »Weiter nach links«, rief er Jane Collins zu, »damit ich die verdammten Biester vor die Mündung bekomme.«

Die Detektivin nickte. Sie war voll konzentriert und bewegte den Hubschrauber in die vorgeschriebene Richtung.

»Okay.« Bill grinste zu ihr herüber.

Sie flogen jetzt in direkter Linie auf die Vögel zu. Die hatten sich zu einem Pulk zusammengefunden und beobachteten weiter.

Wenn sie so bleiben, ist es gut, dachte Bill. Dann kann ich voll reinhalten.

Die Biester taten ihm nicht den Gefallen. Plötzlich fächerten sie auseinander. Bill Conolly wurde in derselben Sekunde klar, was die Vögel vorhatten.

»Aufpassen, Jane! Jetzt wird's gefährlich!« rief der Reporter gegen den Fahrtwind an.

Myxin verhielt sich ruhig. Er sagte nichts, sondern beobachtete nur. Die Urweltvögel stellten es sehr geschickt an. Sie hielten bei ihrem Anflug einen genügend großen Zwischenraum, so daß Bill Conolly immer nur einen treffen konnte.

Da war der erste heran.

Es ging blitzschnell. Damit hatte der Reporter nicht gerechnet. Er feuerte.

Die Kugelgarbe riß die Bestie mitten im Flug herum und tötete sie.

Der zweite!

Wieder schoß Bill.

Die Maschinenpistole tanzte an seiner Hüfte. Der Wind biß in sein Gesicht, die Augen tränten, aber Bill Conolly ließ nicht locker, er kämpfte weiter.

Auch die Detektivin hielt sich tapfer.

Drei waren noch übrig.

Wieder drückte der Reporter ab. Diesmal streifte die Garbe die Bestie nur. Sie wurde verletzt und trudelte ab.

»Nur noch zwei!« brüllte Bill. »Wir schaffen sie. Verdammt, wir schaffen sie!«

Er wollte auflachen, doch das Schicksal hatte etwas anderes mit den mutigen Menschen vor.

Der vorletzte Pteranodon flog voll in den großen Rotor über dem Cockpit hinein.

Alle drei vernahmen sie den gräßlichen Schrei, hörten, wie der Vogel von den scharfen Blättern zerfetzt wurde und in Stücken zu Boden fiel.

Doch der Rotor war ebenfalls zerstört worden. Wie abgeknickte Streichhölzer hingen die Blätter herab; einer wurde von den rasend schnellen Umdrehungen weggeschleudert und landete klatschend zwischen den Baumwipfeln.

Sofort sackte der Hubschrauber in die Tiefe.

Bill Conolly wäre fast aus der Sikorsky gefallen. Er brauchte beide Hände, um sich festzuhalten. Und er verlor die wertvolle Maschinenpistole.

Der Hubschrauber war nicht mehr zu halten, er schmierte regelrecht ab.

Rasend schnell kamen die Baumwipfel näher. Wenn sie dort hineinkrachten, waren sie verloren.

Da öffnete sich unter ihnen der Dschungel.

Ein ziemlich großer See in der Form eines gewaltigen Eis breitete sich vor ihnen aus.

Schräg fiel der Hubschrauber dem Gewässer entgegen.

Bill fluchte, weil er ihn nicht mehr halten konnte.

Da schrie Jane Collins auf, denn sie hatte die gewaltige Schlange gesehen, die ihren Kopf aus dem See streckte.

Auch Bill Conolly wurde kalkweiß.

Unaufhörlich trudelte die Sikorsky auf die Mitte des Sees zu. Dann erfolgte der Aufschlag!

ENDE

Das letzte Duell

Vor mir stand eine Tote – Karin Mallmann.

Unfaßbar!

Es dauerte eine Weile, bis ich mich an den Anblick gewöhnt hatte. Ich hatte die Höhle im Berg verlasen, war hinaus in die kühle Nachtluft getreten, und plötzlich sah ich mich einer Frau gegenüber, die bereits einige Monate tot war.

Umgekommen durch die Hand eines Dämons – durch den Schwarzen Tod. Meinen Erzfeind zu besiegen war mir immer noch nicht gelungen, obwohl die Chancen jetzt gestiegen waren, denn ich hatte den magischen Bumerang gefunden.

Nun sah ich die Frau vor mir, die wir beerdigt hatten.

Ich blickte sie an.

Hatte sie sich verändert?

Nein, vielleicht war ihr ebenmäßiges Gesicht ein wenig blasser geworden. Aber das konnte auch an den herrschenden Lichtverhältnissen liegen, daß ich sie so sah. Sie trug einen Mantel, der eng um ihren Körper lag und in der Mitte von einem Gürtel gehalten wurde. Die Hände hatte sie in ihren Taschen vergraben. In ihren dunklen Kirschaugen glaubte ich ein spöttisches Funkeln zu sehen, als sie mich anschaute.

»Bist du überrascht, John Sinclair?«

»Das kann man wohl sagen.«

»Du weißt doch, daß es für gewisse Personen keine Schwierigkeit ist, aus dem Reich der Toten zurückzukehren.«

Ich räusperte mir die Kehle frei. »Und du bist aus dem Reich zurückgekehrt?«

»Nein, ich war noch gar nicht da.«

Die Antwort machte ich sprachlos. Damit hatte ich wirklich nicht gerechnet. Für mich galten die Gesetze des Todes. Wenn jemand starb, dann ging seine Seele in die Unendlichkeit ein, wo sich all die Geistwesen vereinigten und das Licht regiert, aber Karin Mallmann stellte mit ihrer Antwort meine Theorie auf den Kopf.

Da stimmte was nicht.

Sie lachte spöttisch. »Du sagst ja nichts, John Sinclair. Hat dich mein Anblick so geschockt?«

»Geschockt nicht, aber überrascht. Ich frage mich schon die ganze Zeit, wo du herkommst.«

»Vielleicht aus der Hölle?«

»Dann bist du nicht Karin Mallmann!«

»Sehe ich nicht so aus?«

Ich nickte. »Ja, du siehst so aus. Doch ich habe in meinem Leben schon zu viel erlebt, um alles so schnell zu glauben. Wenn du wirklich Karin Mallmann bist, dann beantworte mir einige Fragen.«

»Wenn ich kann . . .«

Ich lächelte spöttisch. »Keine Einschränkungen, bitte.«

Ich fühlte mich ziemlich sicher. Schon allein wegen meiner Bewaffnung. Ich besaß nicht nur das Kreuz oder die mit Silberkugeln geladene Beretta, sondern auch den silbernen Bumerang, der aus den letzten Seiten des Buchs der grausamen Träume entstanden war. Und auf ihn vertraute ich.

»Wo befindet sich dein ehemaliger Mann?« fragte ich.

»Weit von hier«, wehte mir die Antwort entgegen.

»Das ist mir zu unklar.«

Sie sprach weiter in Rätseln. »Er ist nicht allein. Ein gewisser Sir James Powell leistet ihm Gesellschaft. Und auch drei andere sind auf dem Weg zu ihnen.«

Ich hatte ihren Worten zwar nichts Konkretes entnehmen können, doch in mir stieg langsam eine gewisse Furcht hoch.

Meine Ahnungen sagten mir, daß Karin Mallmann mir unter Umständen etwas Schreckliches mitteilen würde.

»Hat man sie vielleicht in eine andere Dimension verschleppt?« erkundigte ich mich.

»So ähnlich.«

Langsam wurde ich wütend. »Wer befindet sich bei deinem Mann? Suko?«

»Nein, er nicht.«

»Aber er saß auch in der Seilbahn, ebenso wie Will.«

»Trotzdem ist er entkommen. Das war allerdings nicht vorgesehen, denn das gesamte Sinclair-Team sollte an diesen geheimnisvollen Ort gebracht werden.«

»Ich will den Namen wissen!«

»Es ist der Friedhof am Ende der Welt!«

Da war der Begriff wieder. Ich hatte es mir denken können, doch ich wollte Gewißheit haben.

Der Friedhof am Ende der Welt!

Bereits der Seher hatte davon gesprochen, bevor er mir die Seiten des Buches zu lesen gab.

Dort sollte sich das Schicksal des Sinclair-Teams erfüllen. Es waren bereits die Gräber geschaufelt, in denen wir liegen sollten.

Für immer und alle Ewigkeiten vergessen . . .

Mir rieselte eine Gänsehaut über den Rücken. Auch Karin Mallmann hatte diesen Friedhof erwähnt. Sie wußte davon. Aber wieso? Kannten diesen Ort nicht nur dämonische Geister? Wenn ja, dann war Karin eine Dämonin, vielleicht ein Trugbild des Bösen, das für mich als Lockvogel diente.

Ich mußte mich zusammenreißen, um nicht loszuschreien, denn ihre Worte waren die reinsten Keulenschläge für mich.

»Wer befindet sich noch auf diesem Friedhof?« erkundigte ich mich. »Rede endlich!«

»Auf dem Weg dorthin sind Jane Collins, Bill Conolly und auch Myxin. Schwarze Magie hat sie hergelockt, denn auch sie sollen dort sterben. Wie Myxin. Der Schwarze Tod will ihn endlich loswerden. Und da er euch so manches Mal geholfen hat, soll er auch sein Grab dort auf dem Friedhof finden.«

»Wo liegt der Friedhof?«

»Den wirst du schon finden.«

»Nein, Karin«, sagte ich, »du wirst ihn mir zeigen.«

Sie lächelte. Dieses Lächeln verschönte ihr Gesicht. Doch ich traute ihr nicht mehr. Nein, das war nicht die Karin Mallmann, wie ich sie kannte. Sie war eine andere geworden. Sie gehörte – und das hatte ich ihren Erklärungen entnommen – zur Gegenseite. Irgendwie mußte es dem Schwarzen Tod gelungen sein, sie auf seine Seite zu ziehen. Vielleicht war diese Erscheinung hier ein Produkt des Bösen. Denn sie wußte zu gut Bescheid.

Eine andere Erklärung gab es für mich nicht.

Karin Mallmann schien noch mehr zu wissen.

Das sollte sie mir sagen.

»Wie sind Bill Conolly und Jane zu diesem Friedhof gelangt?« fragte ich.

»Myxin hat ihnen geholfen.«

»Und der Schwarze Tod hat ihn gelassen?«

»Natürlich, denn so ist Myxin in sein Reich gekommen. Und

dort herrscht der Schwarze Tod. Da ist die Magie eines Myxin wirkungslos. Dort ist er ebenso hilflos wie die anderen, und er wird zusammen mit dem Sinclair-Team sterben.«

Ich lächelte kalt. »Noch bin ich nicht dort.«

Karin Mallmann lächelte zurück. Spöttisch und ein wenig herablassend, wie mir schien. »Willst du kneifen, John Sinclair? Willst du wirklich nicht auf diesen Friedhof? Möchtest du am Tod deiner Freunde schuld sein? Willst du sie ihrem Schicksal überlassen? Dann bleibe ruhig hier. Aber ich glaube nicht, daß du jemals noch eine ruhige Minute haben wirst. Du wirst dir immer Vorwürfe machen, sie in den Tod getrieben zu haben, obwohl du ihnen hättest beistehen können. Darüber denke nach.«

Das tat ich schon die ganze Zeit. Jetzt hatte ich eine gute Waffe und war doch so hilflos. Oh, die andere Seite hatte es geschickt angestellt. Ich befand mich in der Klemme, obwohl es eigentlich anders ausgesehen hatte.

Das Spiel war viel komplizierter, als ich je angenommen hatte. Der Schwarze Tod zog geschickt die Fäden, und er sandte immer wieder seine Hilfskräfte vor. Zuvor waren es die Hexen und nun Karin Mallmann.

Nein, sie war kein Mensch mehr.

Vor mir stand eine Dämonin, ein Geschöpf der Dunkelheit.

Ich wollte es genau wissen.

»Wie kommt es, daß du jetzt für den Schwarzen Tod bist?« fragte ich.

Die Antwort ließ auf sich warten. Mir schien es, als wäre es ihr nicht recht, darauf etwas zu erwidern. Vielleicht steckte auch noch ein Rest der Erinnerung an ihr früheres Leben in ihr. So genau wußte ich es nicht.

Aber sie gab mir die Antwort. »Du erinnerst dich, daß mich der Schwarze Tod umgebracht hat«, begann sie. »Damals, nach meiner Trauung. Wir kamen aus der Kirche, der Schwarze Tod stand plötzlich da und schlug mit der Sense zu. Ich starb. Meine Seele war auf dem Weg zu den Gefilden des Lichts, während ich noch unsichtbar über euch schwebte und euren Schmerz sowie eure Trauer mitbekam. Sogar ich trauerte, ich wollte zurück in meinen Körper, doch das war nicht mehr möglich, denn ich war tot. Auf einmal verdunkelte sich meine Geisteswelt. Ich sah den

Schatten des Dämons über mir und vernahm seine Stimme. Er wußte von meiner Qual, er hielt sie mir vor, zählte sie auf und machte sich lustig über mich. Er gönnte mir diese Qual, das merkte ich sofort. Selbst als Körperlose war ich zerrissen, meine Liebe zu Will war ungeheuer groß, und das Gefühl nutzte der Schwarze Tod aus. Er frage mich, ob ich wieder zurück wollte, und ich sagte ja. Der Schwarze Tod entriß meine Seele den Gefilden des Lichts und zog sie hinein in die Dunkelheit. Er hatte mich getäuscht. Ich kam nicht zurück, obwohl er immer wieder davon sprach. Oft redete er auch von einem gigantischen Plan, durch den er das Sinclair-Team vernichten konnte. Er lehrte mich zu hassen, und vor allen Dingen haßte ich euch, denn er gab euch die Schuld, daß ich nicht in meinen Körper zurückkam. Mein Haß wurde so stark, daß ich mich schließlich auf seine Seite schlug. Das war es, was er gewollt hatte. Nun, ich erhielt meinen Körper wieder, als es soweit war, doch es war nur eine Hülle, eine dämonische Erfindung, um euch in die Falle zu locken. Ich fing an, mich an die neue Rolle zu gewöhnen. Es machte mir plötzlich Spaß, auf der anderen Seite zu stehen. Ich unterstützte die Pläne des Schwarzen Tods voll.«

Dieses Geständnis haute mich fast um. Nie hätte ich so etwas erwartet. »Hast du denn dabei nicht an Will, deinen Mann, gedacht?«

»Zu Anfang schon. Aber dann wurde mir klar, daß Will auf der anderen Seite stand und daß er nicht einmal den Versuch unternahm, zu wechseln. Nein, er blieb sich treu, und sein Haß gegen die Schwarzblüter wurde stärker. Das merkte ich natürlich, und ich wandte mich von ihm ab. Will Mallmann wurde ebenso mein Feind wie du, John Sinclair!«

Ich nickte bedächtig. Es war eine ungeheure Eröffnung, die ich da zu hören bekam. Ich mußte an Will Mallmann denken. Wie sehr hatte er um seine Frau Karin getrauert! Mein Gott, er war ein anderer Mensch geworden, hatte sich in seine Arbeit vergraben, und jetzt war aus seiner geliebten Frau eine Dienerin der Finsternis geworden.

Wenn Will Mallmann das erfuhr, drehte er durch.

Karin Mallmann lachte. »Ich weiß, was jetzt in deinem Kopf vorgeht, John Sinclair, aber du mußt dich mit den Gegebenheiten nun einmal abfinden. Aber weiter. Der Schwarze Tod ließ sich etwas Zeit, bis er sicher war, daß ich fest zu ihm hielt. Dann offerierte er mir seinen Plan. Durch das Bild, das wir in diese Höhle im Berg gelegt und damit Rod Huxley in die Hände gespielt hatten, wurdest du aufmerksam, denn wir ermöglichten Huxley die Flucht, sorgten auch dafür, daß er redete. Gleichzeitig machten wir Will mobil. Durch Schwarze Magie begann mein Bild plötzlich zu reden. Ich hatte Will beobachtet und kannte seine Gewohnheiten, um sie eiskalt auszunutzen. Der gute Will war natürlich völlig aus dem Häuschen und hatte nichts anderes zu tun, als dich anzurufen. Du kamst nach Deutschland und genau dorthin, wo wir dich haben wollten. Als Lockmittel diente das Buch der grausamen Träume. Wir wußten längst, daß du das Buch niemals bekommen würdest, denn sein Inhalt ist viel zu brisant. Selbst der Schwarze Tod mit all seiner Macht rannte vergeblich hinter dem Buch her, und er wird es auch nicht bekommen, weil der Seher es für sich behält. Du hast allerdings einige Seiten des Buchs gelesen und zwar einen Teil der Prophezeiung.«

Wie sie den letzten Satz sagte, zeigte mir, daß Karin Mallmann davon gar nicht erbaut war, und ich hakte auch sofort nach.

»Das Buch habe ich zwar nicht bekommen«, sagte ich, »doch mir ist bekannt, wie ich den Schwarzen Tod vernichten kann.«

»Er wird es dir nicht einfach machen«, erwiderte sie. »Und ich glaube nicht, daß du es schaffen wirst, denn er steht nicht allein.«

»Ich weiß, du unterstützt ihn.«

»Nicht nur ich.«

»Wer noch?«

»Das werde ich dir nicht verraten. Du wirst ihn sehen, wenn du ihm gegenüberstehst und einsehen mußt, daß er letzten Endes doch der Stärkere ist.«

Die Worte machten mich nachdenklich. Der Schwarze Tod hatte also noch einen Trumpf in der Hinterhand. Fragte sich nur, welchen. Ich wollte nicht weiterfragen, meine Neugier würde gestillt werden, dessen war ich mir sicher.

»Weißt du eigentlich, daß ich mich immer in Will Mallmanns Nähe befinde?« fragte sie.

Ich hob fragend die Augenbrauen.

»Obwohl sich der Schwarze Tod nicht auf dem Friedhof befindet, weiß er doch immer, was dort vor sich geht. Mein Geist ist zweigeteilt worden. Während ein Teil vor dir steht und mit dir redet, John Sinclair, steckt der andere Teil in einem Raben, der alles beobachtet und genau weiß, wie sich deine Freunde auf dem Friedhof benehmen. Der gute Will verzweifelt fast, denn er hat gemerkt, daß der Rabe und ich die gleichen Augen besitzen. Er hat mich in diesem Tier wiedererkannt, und das bringt ihn fast um den Verstand.«

O Gott. Ich ballte die Hände zu Fäusten. Hinter den letzten Worten steckte eine ungeheure Tragik. Was mußte der gute Will alles durchmachen, wenn er in die Augen dieses Raben sah! Dämonen spielten mit dem Leid der Menschen, und sie ergötzten sich daran. Wieder einmal hatte ich den schlimmen Beweis dafür.

Zorn und Wut überschwemmten mich. »Weißt du eigentlich, daß ich dich jetzt töten könnte?«

»Ja.«

Ich holte tief Luft. »Und? Wie stehst du dazu?«

Sie lächelte weiter. Nichts an ihr erinnerte an das Teuflische in ihrem Innern. Wie sie so vor mir stand, schien sie völlig normal zu sein, eine junge, eine hübsche Frau, die in die Zeit paßte.

Doch ich wußte es besser.

»Wenn du mich tötest«, sagte sie, »wirst du niemals zu deinen Freunden kommen!«

Es waren harte Worte, und ich dachte genau über sie nach. Karin Mallmann hatte recht. Wenn ich sie umbrachte, wußte ich nichts. Denn nur sie konnte mich zu diesem verdammten Friedhof führen, wo der Schwarze Tod auf mich lauerte.

In den Achselhöhlen spürte ich den Schweiß. Obgleich mir der vom Gipfel kommende Wind kalt ins Gesicht und gegen den Körper fuhr, war ich in Schweiß gebadet. Die letzte Viertelstunde war hart gewesen, obwohl ich nicht hatte zu kämpfen brauchen, aber die Wahrheit konnte ich nur schwerlich verdauen.

Man hatte ein Spiel aufgezogen, wie es teuflischer nicht sein konnte. Ich sollte der Mittelpunkt sein, und ich hatte mich in diesem Netz verfangen.

Jetzt mußte ich es zerreißen. Um überhaupt eine Chance zu haben, blieb mir nichts anderes übrig, als auf die Vorschläge meiner Gegner einzugehen.

Eine verdammte Sache!

»Dann bist du der Bote des Schwarzen Tods«, sagte ich.

»So ist es.«

»Und wie willst du mich zu diesem Friedhof führen?«

»Durch Schwarze Magie. Du wirst auf eine ähnliche Weise dorthin gelangen wie auch deine Freunde Bill Conolly und Jane Collins.« Sie lachte plötzlich. »Das heißt, sie haben es noch nicht geschafft. Und ob sie jemals dort eintreffen werden, ist mehr als fraglich.«

»Wieso?«

»Ganz einfach. In diesem Land, in das du bald reisen wirst, herrschen andere Gesetze. Es gibt dort Dinge, die dir schrecklich und ungeheuer erscheinen werden und mit dem normalen Verstand kaum zu begreifen sind.«

Ich nickte. »Rede nicht soviel. Ich will dorthin!«

»Keiner von euch kommt weg!« sagte plötzlich eine scharfe Stimme. Im selben Augenblick wurden starke Scheinwerfer eingeschaltet, deren Lichtkegel sich auf uns konzentrierten. Ich hörte das Klirren von Waffen und knirschende Schritte.

Da wußte ich, daß wir umstellt waren.

Umstellt von Soldaten.

»Töten! Ich werde euch töten!«

Vier Menschen vernahmen die Stimme aus dem Schnabel des Raben. Und vier Menschen waren geschockt.

Will Mallmann jedoch am stärksten. Aus hervorquellenden Augen starrte er den Raben an, der ihm dieses Worte entgegengeschleudert hatte.

Der Rabe, der die Augen seiner toten Frau hatte.

Zitternd stand Will Mallmann da. Über sein Gesicht rann der Schweiß. Er konnte es noch nicht fassen, in dieser grausamen Urwelt seine tote Frau in der Gestalt eines Raben wiederzusehen. Das war zu schrecklich für ihn.

Sir Powell fing sich als erster. Er nickte den beiden Geologen

Sven Jansson und Art Cornwall zu. »Tun Sie etwas«, sagte der Superintendent. »Er dreht sonst durch.«

»Ja«. Art Cornwall setzte sich als erster in Bewegung. Einen Schritt hinter ihm folgte Sven Jansson.

Sir Powell beobachtete nur. Er hatte sich in dieser Welt am besten zurechtgefunden. Das heißt, er konnte sich gut unter Kontrolle halten. Der Superintendent dachte an die alten englischen Kolonien, wo Leute seines Standes Gouverneure waren und Macht besessen hatte. Nur keine Gefühle zeigen, alles mit dem klaren Verstand durchleuchten.

Aber hier war Schwarze Magie im Spiel, die Sir Powell nun hautnah am eigenen Leib erlebte.

Eine außergewöhnliche Situation für ihn. Mit dem Verstand versuchte er, die Lage zu analysieren.

Der Schwarze Tod persönlich hatte sich seiner angenommen und ihn entführt, als er seinen Club verließ.

Durch eine Beschwörung war er in diese Welt geschafft worden, und nun mußte er sehen, wie er sich mit den Gegebenheiten zurechtfand. Trotz dürftiger Informationen war er sicher, daß er und die beiden Wissenschaftler nicht die einzigen auf diesem alten Friedhof mit den schiefstehenden Grabsteinen bleiben würden. Der Schwarze Tod wollte John Sinclair, und Sir Powell war sicher, daß er seinen besten Mann bald hier antreffen würde.

Darauf wartete der Superintendent. Und wenn John Sinclair einmal da war, dann sah alles anders aus. Schließlich besaß er Waffen.

Diese Gedanken gingen durch Sir Powells Kopf, während er die beiden Geologen beobachtete, die ebenfalls ein schlimmes Schicksal in diese Welt vertrieben hatte. Sie waren von einer Südpolstation aus mit ihrem Motorschlitten unterwegs gewesen, in einen Sturm geraten und dabei in eine Eisspalte gerutscht, die jedoch eine besondere Funktion hatte. Sie war das Tor zu einer anderen Welt.

Zu einer Urwelt.

Und gleichzeitig war sie der Eingang zum Reich des Schwarzen Tods. Wo nur er und damit das Böse schlechthin regierte, wo er die Menschen knechtete und schon Grabstätten für seine Gegner ausgesucht hatte.

Hart gritfen Art Cornwall und Sven Jansson zu. Sie schüttelten Mallmann.

Der deutsche Kommissar atmete schwer. Sir Powell schaute ihn an. »Sie dürfen jetzt nicht die Nerven verlieren, Herr Mallmann«, machte er ihm mit aller Deutlichkeit klar. »Auch wenn dieser Rabe tatsächlich etwas mit Ihrer Frau zu tun haben sollte, so müssen Sie immer davon ausgehen, daß er im Sold des Schwarzen Tods steht und unser aller Leben will.«

»Sie meinen damit, daß mich meine eigene Frau töten will?« fragte Mallmann keuchend.

Sir Powell nickte. »Davon müssen wir ausgehen!«

Sekundenlang schaute Will den Superintendenten an. Dann schloß er die Augen und senkte den Kopf. »Es ist so verdammt schwer . . .«

»Karin ist tot«, sagte Sir Powell fest. »Finden Sie sich damit ab, Kommissar. Was Sie von ihr sehen, sind Fragmente. Teilstücke eines bösen Traums.«

Will nickte. »Ja«, flüsterte er, »so langsam beginne ich zu begreifen . . .« Er ging mit schleppenden Schritten auf einen Grabstein zu und ließ sich darauf nieder. Sein Gesicht vergrub er in beide Hände. Die drei anderen Leidensgenossen schauten ihn an. Und jeder konnte wohl mitfühlen, wie es in Will Mallmanns Innerem aussah . . .

»Festhal . . .« Die drei letzten Buchstaben gingen im Donnern des Aufpralls unter. Der Hubschrauber hatte sich zur Seite gelegt und krachte in den See.

Die Wasserfläche wirkte wie eine harte Betonwand. Der Widerstand ließ den Hubschrauber bis in die letzte Niete erzittern.

Die Menschen in seinem Inneren wurden durcheinandergewirbelt wie Spielzeugpuppen.

Bill, der gesteuert hatte, machte einen halben Salto nach vorn und prallte mit Kopf und Schulter gegen die Instrumentenkonsole. Der Schmerz war teuflisch, und der Reporter schrie auf.

Jane Collins erging es nicht besser. Sie hatte sich abstützen wollen, doch die Kräfte rissen sie von ihrem Sitz und warfen sie kurzerhand gegen die Wand. Die Detektivin versuchte noch ihren Kopf zu schützen, aber sie brachte nicht einmal mehr den Arm hoch. Der Schlag gegen die Stirn war wie ein Hammerhieb und löschte ihr Bewußtsein auf der Stelle aus.

Blieb noch Myxin, der Magier.

Er hatte hinter Bill Conolly und der Detektivin gesessen. Trotz seiner magischen Fähigkeiten war es ihm nicht gelungen, den Absturz des Hubschraubers zu verhindern, denn Myxin und die beiden anderen befanden sich im Reich des Schwarzen Tods. Hier konnte der Magier seine Kräfte nicht entfalten.

Die Wucht trieb ihn nach hinten, wo er verkrümmt auf der Ladefläche liegenblieb.

Um sie herum barst und krachte es. Teile des abgeknickten Rotors zischten in den See und versanken sofort, während sich der Hubschrauber noch hielt und auf der Oberfläche weiterschwamm.

Aber auch er würde sinken.

Die Menschen mußten so rasch wie möglich hinaus.

Sie hatten sich diesen Hubschrauber praktisch von einer Militärstation am Südpol ausgeliehen und waren damit durch die Spalte im Eis in diese schreckliche Urwelt geflogen, in der Tausende von Gefahren lauerten.

Eine große Gefahr ging von den Tieren aus.

Diese Welt wurde nicht nur von gewaltigen Sauriern auf dem Lande bevölkert, sondern auch in den Lüften befanden sich diese grausamen Geschöpfe.

Die Pteranodone!

Gewaltige Vögel, die zwar äußerst träge aussahen, aber ungeheuer gefährlich waren.

Sechs dieser Bestien hatten den fliegenden Hubschrauber angegriffen.

Zum Glück besaßen Bill, Jane und Myxin Waffen. Sie hatten sich im Camp damit eingedeckt. Da diese Tiere keine höllischen Kreaturen waren, konnte man sie auch mit normalen Waffen bekämpfen.

Was Bill zur Genüge getan hatte. Obwohl eins der Tiere frontal in die Cockpitscheibe hineingeflogen war, hatte Bill Conolly mit einem wahrlich heldenhaften Einsatz in der offenen Hubschraubertür stehend vier von ihnen vom Himmel geholt. Dann war ein fünfter in den Rotor geflogen. Die stählernen Blätter hatten ihn zwar zerhackt, waren aber gleichzeitig verbogen worden, so daß sich der Hubschrauber nicht mehr in der Luft halten konnte und abstürzte.

Genau in den See.

Ein Vogel war noch übrig. Und er hatte nicht aufgegeben, sondern kreiste träge über der abgestürzten Maschine.

Doch die Verunglückten hatten jetzt andere Sorgen, als sich um den Pteranodon zu kümmern. Sie mußten zusehen, daß sie sich aus dem Trümmerhaufen befreiten.

Sie lebten, und das war die Hauptsache.

Bill hatte zwar seine Maschinenpistole fallen lassen müssen, um sich festklammern zu können. Aber Jane hatte eine zweite MPi, zudem hatten sie noch Pistolen und Handgranaten.

Der Reporter faßte sich als erster. Mühsam stemmte er sich in die Höhe. Auf den Händen gestützt, blieb er hocken und schaute sich um.

»Jane!«

Keine Antwort.

Bills Herz klopfte plötzlich schneller. Himmel, Jane antwortete nicht. Sollte sie etwa . . .

Dafür redete Myxin. »Sie lebt«, meldete er, »sie ist nur bewußtlos. Wir müssen hier raus.«

Bill wischte sich das Blut von der Stirn und verzog das Gesicht. »Das weiß ich selbst, verdammt.«

Da der Hubschrauber auf der linken Seite lag, war es gar nicht so einfach, sich in seinem Inneren zu bewegen. Noch schwamm er, doch Bill merkte jetzt schon, daß die Maschine langsam absackte.

Er sah Jane Collins neben dem Copilotensitz liegen. Sie war bewußtlos und blutete wie der Reporter am Kopf. Myxin kam von der anderen Seite.

Bill schnauzte ihn an. »Kannst du denn nichts machen, verdammt! Du hast doch sonst immer magische Tricks auf Lager!«

»Nein, das hier ist das Reich des Schwarzen Tods. Erst wenn er erledigt ist, kann ich meine Kräfte entfalten!«

»Shit, das nützt mir nichts.« Bill hatte Jane Collins inzwischen erreicht, faßte sie unter beide Achseln und zog sie hoch. »Nimm du wenigstens ihre MPi!« fuhr er Myxin an.

Der Magier schnappte sich die Waffe.

Bill mußte grinsen. Myxin mit einer Maschinenpistole war einmal ganz etwas Neues, wo er sich doch sonst immer auf seine magischen Kräfte verließ.

Hinaus konnten sie durch die zerbrochene Cockpitscheibe, die von mehreren Schnabelhieben zerstört worden war.

Der Magier kletterte vor. Er hatte kaum den Kopf hinausgestreckt, als er auch schon zurückschaute und meldete, daß noch ein Vogel über dem Hubschrauber kreiste.

»Den holen wir vom Himmel!« knurrte Bill Conolly. »Aber was ist mit der verdammten Schlange?«

»Nicht zu sehen!«

»Hoffentlich bleibt sie unten!«

Mit der Schlange war ein gefährliches Monster gemeint, daß sie kurz vor ihrem Absturz in der Seemitte entdeckt hatten. Sie erinnerte sie an das berühmte Ungeheuer von Loch Ness, das liebevoll Nessie genannt wurde. Doch die Schlange würde sie sicherlich nicht liebevoll begrüßen, sondern versuchen, sie zu verschlingen.

Reizende Aussichten!

Bill hatte es geschafft und sich die Detektivin über die Schulter geladen. Er schwang seinen Arm um ihren Körper und hielt sie fest. Den linken Arm brauchte er, um sich vorzutasten. Er winkelte ihn an und schlug einen langen, säbelartigen Scherbensplitter aus dem Rahmen, dann konnte er ungefährdet mit seiner Last aus der Maschine klettern.

Myxin war ihm behilflich. Er streckte seinen Arm aus, um Bill Conolly hochzuziehen.

Der Hubschrauber lag auf der linken Seite. Gurgelnd und schmatzend strömte grünbraunes Wasser in das Innere. Zum Glück war der Sikorsky nicht mitten in den See gestürzt, sondern relativ nahe am Ufer. Dort standen mächtige Bäume, deren Wurzelwerk sich in den Uferschlick gekrallt hatte. Sie erinnerten mit ihren herabhängenden Zweigen an die Trauerweiden auf der Erde, nur waren diese hier wesentlich größer und mächtiger.

Bill hoffte, daß sie dieses Ufer ohne Schaden zu nehmen erreichen konnten. An Land sah alles schon ganz anders aus.

Jane Collins hing noch immer über Bills Schultern. Sie wurde langsam zum Schwergewicht. Der Reporter keuchte. Nicht nur die Kraftanstrengung schlauchte ihn, sondern auch das tropisch feuchte Klima, dem sie alle ausgesetzt waren.

Vorsichtig schob Bill Conolly seinen Oberkörper durch die zerstörte Cockpitscheibe.

Myxin hockte auf dem Rumpf des Hubschraubers und schaute sich besorgt um, während Bills Hand losließ.

Der Reporter bewegte sich allein weiter, bis er einen einigermaßen festen Halt hatte.

»Wie weit ist es bis zum Ufer?« fragte Myxin.

Bill zuckte mit den Schultern. »Keine Ahnung. Vielleicht dreißig Yards.«

»Die müßten zu schaffen sein.«

Der Reporter nickte. »Klar, wenn uns die lieben Tierchen lassen.«

»Bis auf einen hast du doch alle vom Himmel geputzt!« hielt Myxin ihm entgegen.

»Die meine ich ja nicht«, gab der Reporter zurück. »Ich denke an die Seeschlange, die Jane gesehen hat.«

»Ein Trugbild.«

Bill schüttelte den Kopf. »Das glaube ich nicht.« Er schaute auf Jane. Bei ihr konnte er keine Anzeichen erkennen, daß sie aus der Bewußtlosigkeit erwachte. Er mußte sie also die Strecke bis zum Ufer schleppen.

Bill Conolly tastete die Oberfläche des Sees mit seinen Blicken ab. Das Wasser hatte sich nach dem Absturz des Hubschraubers wieder beruhigt. Die Wellen spülten nicht mehr dem Ufer entgegen. Bill sah gewaltige Wasserblumen auf der Oberfläche schaukeln. Sie leuchteten in allen Farben, vom saftigen Rot bis hin zum knalligen Gelb. Eingerahmt wurde der kleine See von riesigen Bäumen, drei- bis viermal so hoch wie die normalen Bäume im Dschungel Afrikas óder Asiens.

Und über allem stand der graue Himmel wie eine Wand.

Ein Vogel war noch übrig. Und der hatte es nicht aufgegeben. Nach wie vor kreiste er über der Absturzstelle. Er hatte seine

Flügel ausgebreitet, sie warfen einen drohenden Schatten über die Verunglückten.

Bill deutete zu ihm hoch. »Der hat es auf uns abgesehen!« murmelte er.

Myxin nickte. Er hielt Janes Maschinenpistole.

»Gib mir die Puste mal rüber«, verlangte der Reporter.

Der Magier reichte sie ihm. Bill hatte Jane neben sich gelegt, so daß er Bewegungsfreiheit hatte. Aus seiner Stirnwunde rann noch immer etwas Blut; Bill wischte es mit dem Handrücken weg. Dann hob er die Maschinenpistole.

Der Reporter hielt sie schräg. Mit dem Lauf verfolgte er für einige Sekunden den Flug des Pteranodons.

Dann drückte er ab.

Ein kurzer Feuerstoß reichte. Etwa ein halbes Dutzend Geschosse peitschten aus dem Lauf. Bill Conolly hatte ausgezeichnet gezielt. Der riesige Vogel wurde durchgeschüttelt, stieß einen beinahe menschlich klingenden Schrei aus und trudelte weg.

Wuchtig klatschte sein Kadaver ins Wasser.

Bill nickte. »Das hätten wir«, sagte er trocken.

Im nächsten Augenblick war die Hölle los. Der Pteranodon hatte kaum die Wasseroberläche durchschlagen, als plötzlich der Kopf eines riesigen Fischs auftauchte. Er schoß wie ein Pfeil aus dem Wasser, riß sein gewaltiges Maul auf, und Bill als auch Myxin sahen Zahnreihen scharf wie Messer.

»Mein Gott, ein Dinichthy«, flüsterte Bill. »Wenn der zu uns kommt, dann Gnade uns Gott.« Unwillkürlich packte der Reporter seine Waffe fester, während er und Myxin zuschauten, wie der Monsterfisch den Vogel verschlang.

Das Wasser schäumte und wirbelte auf. Der fressende Fisch gebärdete sich wie toll. Immer wieder schnellte ein großer Teil seines Leibes aus dem Wasser. Er peitsche die Fluten, daß die großen Wellen gegen den Hubschrauber anrollten und ihn zum Schaukeln brachten.

Bill und Myxin hatten Mühe, sich festzuhalten. Zustätzlich mußte der Reporter noch auf Jane Collins achten, damit sie nicht abrutschte und ins Wasser fiel.

Der Riesenfisch stillte seinen Hunger. Er hatte einen furchteinflößenden Schädel, vielleicht zehnmal so groß wie der einer Schildkröte, an Ober- und Unterhälfte mit einem dicken Panzer umgeben, der bis hinter die Vorderflossen fortwuchs.

Er riß den Vogel förmlich auseinander und zog den letzten Rest mit unter Wasser.

»Wenn der uns gesehen hat«, flüsterte Bill, »ergeht es uns dreckig.« Wieder schaute er auf Jane. Nichts zeigte, daß sie aus ihrer Bewußtlosigkeit erwachte.

Bill Conolly schlug ihr mehrmals ins Gesicht und rief ihren Namen.

»Jane, wach auf, bitte! Tu mir den Gefallen. Bitte, Jane!«

Myxin beobachtete das Wasser. Auch er war der Meinung, daß der Fisch noch einmal auftauchen würde, um sich die neue Beute anzusehen. Die Menschen hatte er bestimmt entdeckt.

Noch schaute der Hubschrauber so weit aus dem Wasser, daß sie sich halten konnten.

Bill sprach den Magier an. »Wir können nicht wegschwimmen, bevor Jane nicht erwacht ist«, erklärte er.

Im selben Augenblick zischte Myxin eine Warnung.

Bill schaute schräg nach links.

Der Dinichthy war wieder aufgetaucht.

Vor Schreck übersprang das Herz des Reporters einen Schlag. Er sah nirgendwo ein anderes Beutestück für den Fisch als Jane, Myxin und sich selbst.

Noch war von der Bestie nicht viel zu sehen. Nur die obere Hälfte des Kopfes und die gläsern wirkenden, kalten Augen, die über den Wasserrand hinwegschauten und die drei Personen fixierten.

»Jetzt nimmt er Maß!« flüsterte Bill Conolly und packte seine MPi fester.

»Ich weiß nicht, ob wir ihn damit töten können«, bemerkte Myxin. »Die Kugeln prallen an seinem Panzer ab.«

»Womit dann?«

Myxin schwieg.

Der Fisch schwamm langsam näher. Dann bewegte er seinen Schwanz. Er fuhr aus dem Wasser, fiel wieder zurück und peitschte den See zu Wellen.

Um nächsten Augenblick schoß sein Kopf in die Höhe. Weit

riß er die Kiefer auseinander. Bill sah die mörderischen Zahnplatten, und wie von selbst zog sein rechter Zeigefinger den Abzug der Maschinenpistole nach hinten.

Vor der Mündung blitzte es auf. Kugeln umtanzten den Riesenfisch, prallten am Panzer ab, drangen aber auch in das Maul, wo sie große Wunden rissen.

Bill feuerte weiter.

Wütend warf sich der Fisch herum.

Das Wasser schäumte und brodelte. Wild schwankte der Hubschrauber. Bill mußte sich auf die Verteidigung konzentrieren und konnte deshalb nicht auf Jane Collins achten.

Sie rutschte zur Seite.

Wieder jagte der Reporter eine Salve aus seiner MPi. Er bewegte sich dabei ein wenig zur Seite, doch die Geschosse fetzten gegen die Panzerhaut des Fisches.

So kam man dieser Bestie nicht bei.

Bill zielte genauer. Er wollte die nächste Salve dem Riesenfisch hinter der Panzerung in den Leib jagen.

Da riß ihn Myxins Schrei herum.

Bills Augen wurden groß. Er sah, wie Jane Collins abrutschte, warf sich zur Seite, wollte sie noch halten, doch seine Hand griff ins Leere.

Die Detektivin verschwand in den Fluten.

Im selben Augenblick schoß der Fisch aus dem Wasser. Er war rasend. Sein Hinterleib fuhr herum, das Wasser schäumte, und die Bestie riß beide Kiefer so weit auf, daß er Bill und Myxin verschlingen konnte.

Verzweifelt warf sich Bill auf den Rücken. Er wollte feuern, da sackte der schwere Hubschrauber ab. Durch den Ruck geriet die Mündung aus der ursprünglichen Richtung, und die Kugelgarbe ratterte am Kopf der Bestie vorbei.

»Runter!« schrie Myxin, und Bill Conolly hechtete ins Wasser. Dann schnappte der Fisch zu.

Während Myxin mit seiner Kampftruppe in das Reich des Schwarzen Todes aufgebrochen war, hatte der Magier versucht, Suko zu sich zu teleportieren, um an Imformationen zu gelan-

217

gen. Mit Erfolg. Erfolglos verlief dagegen der Plan, Suko in Sinclairs Nähe zu teleportieren.

Suko »landete« zwar im Harz, fand Sinclair jedoch nicht.

Dann machte er sich auf die Suche nach Kommissar Mallmanns Wagen. Er fand ihn tatsächlich. Suko besaß keinen Schlüssel, deshalb mußte er sich auf eine etwas unkonventionelle Art und Weise Einstieg in das Fahrzeug verschaffen. So etwas lehnte er zwar ab, aber in diesem Fall befand er sich in einer Notlage.

Suko besaß das technische Wissen, einen Wagen kurzuschließen. Auch bei dem dunkelblauen Mercedes bereitete ihm dies keine Schwierigkeiten.

Vorsichtig lenkte er den Wagen über den Waldboden. Das Fahrzeug schaukelte hin und her. Die Scheinwerfer rissen tiefe Löcher in die herrschende Dunkelheit.

Bald erreichte er eine schmale Straße. Die Unterlage wurde besser. Suko sah einen Mittelstreifen und übte erst einmal das Rechtsfahren.

Hier im Grenzgebiet war am Tage schon wenig los, in der Nacht erst recht. Kein Wagen begegnete dem Chinesen, zusätzlich hatte er das Glück, keiner Grenzkontrolle in die Arme zu fahren, so daß er aufatmen konnte, als schließlich das erste Hinweisschild auf die Stadt Bad Harzburg auftauchte.

Dort wollte der Chinese telefonieren.

Natürlich drehten sich seine Gedanken während der Fahrt nur um den Fall.

Ein böses Schicksal hatte ihn von seinen Freunden getrennt, und Suko fragte sich, wo sich John und Kommissar Mallmann jetzt befanden. Er hatte mich in einer Nebelwolke verschwinden sehen, gewissermaßen als ein letztes Lebenszeichen, und damit war der Kontakt abgebrochen.

Während Suko durch die finstere Gegend fuhr, kämpften seine Freunde sicherlich um ihr Leben, falls sie noch lebten.

Das paßte dem Chinesen überhaupt nicht.

Auf der Schnellstraße beschleunigte er. Zum Glück war die Fahrbahn trocken, und er brauchte keine Angst vor Glatteis zu haben. Weiter vorn sah er Lichter in der Dunkelheit leuchten.

Das war Bad Harzburg!

Schon bald rollte er in den Ort hinein. Die Stadt lag in völliger Ruhe. Wie große, bunte Augen wirkten die Ampelanlagen, die im gleichmäßigen Rhythmus ihre Lichter wechselten.

So sehr Suko sich anfangs über seine Rettung gefreut hatte, jetzt ärgerte er sich darüber. Während seine Freunde vielleicht um ihr Leben kämpften und auf Unterstützung hofften, saß er untätig in einem fremden Land fest und konnte nichts tun.

Dieses Wissen machte ihn fast wahnsinnig.

Er fühlte sich wie auf ein Abstellgleis geschoben, nicht mehr als ein Statist im höllischen Spiel. Während er durch den nächtlichen Ort fuhr, suchten seine Augen nach dem blauen Hinweisschild auf die Autobahn.

An einer Ampel endeckte er es.

Rechts ging es ab.

Mit quietschenden Reifen zog der Chinese den Mercedes in die Kurve. Er fuhr vorbei an zahlreichen Geschäften, deren Schaufenster hell erleuchtet und mit Scherengittern abgesichert waren. Die Straße stieg etwas an. Zahlreiche Schilder wiesen auf Hotels und gute Pensionen hin.

Wenige Minuten später lag der Ort hinter ihm. Suko befand sich auf dem direkten Weg zur Autobahn. Er fuhr in Richtung Goslar und wollte dort auffahren, wo sie abgefahren waren.

Mit einem Blick auf den Tankanzeiger stellte er fest, daß er noch Sprit nachfüllen mußte. Bis zur Autobahn schaffte er es noch. Vorher fand er sowieso keine offene Tankstelle.

Die Straße führte durch die einsame Berglandschaft. Hell leuchtete der Mittelstreifen. In der Ferne kam Suko ein Wagen entgegen. Hin und wieder blitzten die Scheinwerfer auf, wenn sie nicht gerade durch einen Hügel verdeckt wurden.

Dann war der Wagen vorbei.

Von den Bergen war nicht viel zu sehen. Sie lagen als dunkle, wellige Wand rechts und links der Straße.

Es war eine ziemlich dunkle Nacht. Der bedeckte Himmel ließ kein Mond- oder Sternenlicht durch. Suko war nur auf die Helligkeit der beiden Scheinwerfer angewiesen.

Dann fiel ihm etwas anderes auf.

Ein rotes Leuchten hoch oben am Himmel.

Zuerst dachte er an die Positionsleuchten eines Flugzeugs,

doch dann revidierte er seine Meinung. So tief flogen keine Maschinen, wenn nicht gerade ein Flughafen in der Nähe war. Zudem war es nicht nur ein Punkt, sondern mehrere, die mit hoher Geschwindigkeit dicht nebeneinander herflogen und raketenartig über die Berge glitten.

Suko fuhr langsamer.

Vor ihm lag eine Kurve. Sie war gestreckt und schien kein Ende nehmen zu wollen. Gefährlich für Autofahrer, die sie mit zu hoher Geschwindigkeit angingen.

Zum Glück hatte der Chinese das Tempo verringert. Er konnte ohne Gefahr die Kurve angehen.

Von den roten Punkten sah er nichts mehr, wenigstens nicht in der Luft.

Dafür befanden sie sich am Boden.

Und genau am Ende der Kurve.

Sechs Gestalten sah Suko, von einem roten, pulsierenden Lichtschein umgeben. Sie nahmen die gesamte Breite der Straße ein, sperrten sie ab, so daß Suko bremsen mußte.

Dicht am Fahrbahnrand brachte er den Mercedes zum Stehen.

Suko blieb erst einmal sitzen.

Die Gestalten, die ihn erwartet hatten, waren Hexen, und was so rot glühte, waren ihre Besen.

Der Chinese blieb ruhig. Er schaute sich seine Gegnerinnen genau an.

Die Gesichter erinnerten ihn an mit roter Farbe bestrichene Fratzen. Die Hexen trugen Kopftücher, und Suko sah auch die Lanzen in ihren Händen.

Er atmete tief durch.

Die Frage, woher die Hexen kamen, brauchte er sich nicht zu stellen. Für ihn war nur wichtig, daß sie da waren und daß er sich gegen sie zur Wehr setzen mußte.

Die Lanzen machten ihm Sorgen.

Der Chinese fühlte nach seinen Waffen. Die Silberkugel-Pistole war ebenso vorhanden wie die Dämonenpeitsche. Mit ihr hoffte Suko, unter den Hexen aufräumen zu können.

Da schleuderten sie die ersten beiden Lanzen. Alles ging so rasch, daß Suko nur noch den Kopf einziehen konnte. Im nächsten Augenblick durchbrachen die glühenden Lanzen die Frontscheibe des Mercedes.

Suko spürte die Hitze, die von diesen höllischen Stäben ausging. Während die Splitter der geborstenen Scheibe auf ihn niederregneten, warf er sich zur Seite, und die Lanzen verfehlten ihn nur knapp. Sie zackten in die Polster der Fondsitzbank und rissen dort tiefe Löcher.

Der Chinese mußte so rasch wie möglich aus diesem Leihwagen, wenn der Mercedes für ihn nicht zur Todesfalle werden sollte. Von draußen hörte er das Kreischen der Hexen. Er streckte den Arm aus, fand die Verriegelung der Beifahrertür und drückte sie auf.

Die kalte Nachtluft traf sein Gesicht. Suko beugte seinen Kopf vor und ließ sich mit einer Rolle aus dem Wagen fallen. Er kam gut auf, blieb auf allen vieren hocken und peilte schräg über die lange Kühlerschnauze hinweg.

Die Hexen hielten Kriegsrat. Sie hatten begriffen, daß die beiden Lanzen ihrem Gegner nichts anhaben konnten, und beratschlagten nun einen weiteren Angriff.

Suko zog die Beretta. Er hielt sie in der rechten Hand, in die linke hatte er die von Myxin erbeutete Dämonenpeitsche genommen. So gerüstet hoffte er, den Hexen entgegentreten zu können.

Dann wurde er abgelenkt.

Im Fond des Wagens flackerte es plötzlich auf. Der Widerschein der Flammen traf Sukos Augenwinkel. Er drehte den Kopf, ging etwas hoch, schaute genauer hin und bemerkte, daß die Sitzbank Feuer gefangen hatte.

Das paßte Suko überhaupt nicht, denn wenn der Wagen anfing zu brennen, kam er hier überhaupt nicht weg.

Die Beifahrertür stand noch offen, und Suko sah in der Konsole zwischen den beiden Sitzen einen Feuerlöscher eingeklemmt. Er kroch wieder in das Innere des Wagens, steckte seine Beretta weg und riß statt dessen den Feuerlöscher aus der Halterung.

Blitzschnell drückte er den Auslöseknopf nach unten und sprühte den hellen Schaum über die hintere Sitzbank.

Den Flammen wurde der Sauerstoff entzogen, sie sanken in sich zusammen.

Der Chinese wollte aufatmen, doch Wutgeheul ließ ihn herumfahren. Irgendwie mußten die Hexen bemerkt haben, daß nicht alles nach Plan lief.

Zwei von ihnen griffen Suko an. Es waren die beiden, die ihre glühenden Lanzen geschleudert hatten. Sie kreischten und tobten, doch Suko ließ sich auf nichts ein.

Er schwenkte die Hand mit dem Löscher.

Der Schaum traf voll.

Er klatschte den beiden anfliegenden Hexen in die Gesichter und stoppte ihre Attacke. Gleichzeitig schlug Suko mit der Dämonenpeitsche zu. Er besaß die Waffe lange genug, um genau die Übung zu haben, die nötig war.

Die drei Riemen klatschten den Hexen in ihre Fratzen.

Aus dem Wutgeheul wurden Angstschreie. Die Satansdienerinnen versuchten zu entkommen, flogen dabei eine Parabel, um in die Dunkelheit zu stoßen, doch der Zerfallsprozeß ließ sich nicht aufhalten.

Die Hexen zerfielen zu Staub, der langsam dem Boden entgegenregnete. Ihre Besen zerbrachen und fielen hinterher.

Suko grinste hart.

Zwei weniger.

Aber vier bleiben noch.

Sie hatten das Ende ihrer Artgenossinnen miterlebt, schrien Suko Schmährufe entgegen und formierten sich.

Das alles dauerte viel zu lange. Der Chinese ließ sich auf nichs ein.

Er zielte mit der Beretta über die Kühlerhaube hinweg und holte mit zwei Schüssen zwei Hexen von den Beinen. Mitten auf der Straße lösten sie sich auf.

Da waren es nur noch zwei, dachte Suko. Und für ihn war Angriff die beste Verteidigung.

Er stürmte vor.

Dämonenpeitschen und Beretta – beide Waffen sollten ihm auch die letzten Hexen aus dem Weg schaffen. Eine schleuderte ihre Lanze. Sie war gut gezielt, aber die Teufelsbuhlerin unterschätzte Sukos Reaktion.

Plötzlich lag der Chinese flach, rollte sich um die eigene Achse und feuerte im Liegen.

Das Echo des Schusses schwang noch über die Straße, als Suko bereits wieder auf den Beinen stand. Mit mächtigen Sprüngen jagte er auf die letzte Hexe zu.

Während die andere verging, riß sie den rechten Arm hoch, um ihre Feuerlanze auf Suko zu schleudern.

Der Chinese katapultierte sich los und fiel ihr in den Arm. Er hebelte ihn herum, stieß der Hexe sein Knie ins Kreuz, so daß sie zu Boden ging, und kniete sich dann auf sie, wobei er ihr die Mündung der Beretta in den Nacken preßte.

»Eine Bewegung, und ich drücke ab!« drohte er.

Die Hexe lag still.

Sie wagte sich nicht zu rühren. Schließlich hatte sie gesehen, was die Pistole verschoß und wie ihre Artgenossen durch die Silberkugeln vernichtet worden waren.

Suko sah die Hexe zum erstenmal von nahem.

Sie hatte eine Haut wie Leder, kein festes Fleisch, sondern eher ein hartes, widerspenstiges Zeug. Unter der Haut zuckte es. Muskeln und Sehnen arbeiteten, und von ihr ging ein bestialischer Gestank aus.

Das Haar war unter einem dunklen Kopftuch verborgen, trotzdem sah Suko an den Seiten ein paar graue Strähnen schimmern.

Diese Hexe hatte er sich aufbewahrt. Denn sie mußte wissen, wo sich John Sinclair befand.

»Wenn du dich rührst, schieße ich dir eine silberne Kugel durch den Kopf!« flüsterte Suko, als er sich erhob. »Los, du kannst aufstehen!«

Er selbst löste sich von der Hexe und ließ sie auf die Füße kommen. Sie zögerte noch, konnte es anscheinend nicht glauben. Erst als Suko sie mit dem Fuß anstieß, gehorchte sie.

Schwankend stand sie da.

Suko war nur einen Schritt von ihr entfernt und hielt die Waffe auf sie gerichtet. Die gefährliche Lanze lag am Boden.

Aber die Hexe gab noch nicht auf. Sie spielte ihre magischen Fähigkeiten aus.

Ein kurzes Kopfrucken nach rechts, und urplötzlich schossen grüne Strahlen aus ihren Augen.

Sie trafen die Lanze.

Als würden unsichtbare Hände sie führen, schwang sie plötzlich vom Boden hoch, drehte sich einmal um die eigene Achse und zielte auf den Chinesen.

Suko schlug mit der Dämonenpeitsche zu.

Die Schnüre und der Stab trafen sich. Plötzlich schien eine grüne Wunderkerze aufzusprühen. Es gab ein puffendes Geräusch, und die Lanze war verschwunden.

Suko lachte rauh, als er das entsetzte Gesicht der Hexe sah. Sie hatte sich auf die Kräfte verlassen, jetzt schaute sie dumm aus der Wäsche.

»Mit diesen Tricks kommst du bei mir nicht weiter«, erklärte Suko ihr. »Du wirst jetzt genau das tun, was ich dir sage!«

»Was willst du von mir?« krächzte die Teufelsbuhlerin.

»Ich habe nur ein paar Fragen, auf die ich Antworten möchte.« Suko ging zurück. »Komm schon, hier mitten auf der Straße ist es mir ein wenig zu gefährlich.«

Die Hexe folgte. Sie hatte eine ungeheure Angst vor Sukos Beretta und der Dämonenpeitsche.

»Zu Boden!« verlangte der Chinese. »Knie dich nieder!«

Die Hexe gehorchte.

Suko tat dies nicht, weil er Spaß daran hatte, die Hexe zu demütigen, er wollte sichergehen. In dieser Stellung war es für sie schwer, einen Angriff zu starten.

Suko streckte den Arm aus. Die Mündung der Beretta wies auf den Kopf der Teufelsbuhlerin.

»Du weißt, daß ich dich mit einem Schuß vernichten kann«, sagte Suko. »Deine fünf Hexenschwestern haben für mich kein Problem bedeutet. Ich kann aber dein Leben schonen.«

Die Hexe horchte auf. Sie hob den Kopf und schaute Suko aus ihren grünen Augen an.

Der Chinese nickte. »Willst du, daß ich dein höllisches Leben schone?«

»Ja.«

»Dann wirst du mir jetzt sagen, wo sich John Sinclair befindet. Und was ihr mit ihm angestellt habt!«

»Er . . . er ist nicht mehr hier!«

»Das weiß ich selbst. Ich habe ihn in der Wolke verschwinden sehen. Was ist danach passiert?«

»Er war im Berg.«

»Und dann?«

Die Hexe berichtete stockend, was mir widerfahren war. Suko kam aus dem Staunen nicht mehr heraus. Er erfuhr, daß ich das Buch der grausamen Träume und auch eine Waffe gegen den Schwarzen Tod gefunden hatte.

»Es ist tatsächlich ein silberner Bumerang?« hakte der Chinese nach.

»Warum sollte ich lügen? Außerdem habe ich es selbst gesehen«, erwiderte die Hexe.

Suko nickte. »Damit kann John Sinclair also den Schwarzen Tod besiegen.«

»Ja.«

»Man hat es ihm einfach gemacht, die Waffe zu finden.«

»Nein, sie war ein Lockmittel. Wir sollten ihn zuvor töten.«

»Was ihr nicht geschafft habt.«

»Genau.«

»Und jetzt?«

»Ich weiß nicht, wo sich John Sinclair aufhält. Vielleicht schon auf dem Friedhof am Ende der Welt, wo der Schwarze Tod auf ihn wartet und wo auch dein Grab schon geschaufelt ist.«

»Mein Grab?«

»Ja. Jeder aus dem Sinclair-Team hat dort sein Grab. Dort werdet ihr für alle Ewigkeiten liegen.«

Das war interessant, sogar mehr als das. Suko überlegte fieberhaft. Die Hexe hatte von einem Friedhof gesprochen. Sie wußte also, wo er war und wie man dorthin gelangen konnte.

Klar, daß Suko anbiß. Er wollte sich den Friedhof einmal anschauen. Aber dann bestimmte er die Richtlinien und zeigte der Hexe, wo es langging.

»Ihr wolltet mich ja sowieso zu diesem Friedhof bringen«, sagte er. »Ich bin einverstanden. Schaff mich hin!«

Die Hexe fixierte Suko aus ihren grünen Augen. »Du willst wirklich dort . . .«

»Ja, zum Teufel!«

Die Hexe stand auf. Ein gemeines Grinsen umspielte ihre Lippen. »Es ist gut, Chinese, ich werde dir deinen Wunsch erfüllen.

Wir beide reisen gemeinsam zum Friedhof am Ende der Welt. Dort wird sich dein und Sinclairs Schicksal erfüllen!«

Suko hob die Hand. »Abwarten.«

Aus Richtung Goslar kam ein Wagen. Die Lichter wurden schnell größer, blendeten, dann war das Fahrzeug vorbei.

Die Hexe hatte keinen Fluchtversuch unternommen, dafür zeichnete sie einen Kreis auf den Boden und murmelte Beschwörungen. Plötzlich entstand ein Windzug, der auch Suko erfaßte und in den Kreis hineinriß.

Wie im Krampf hielt er seine Waffen fest. Dicht vor sich sah er das Gesicht der Hexe, dann schien es zu explodieren, und im nächsten Augenblick wußte Suko nichts mehr.

Die magischen Dimensionen hielten ihn gepackt. Die Stelle, wo er und die Hexe eben noch gestanden hatte, war plötzlich leer . . .

»Wenn Sie sich bewegen, schießen wir!« Die scharfe, befehlsgewohnte Stimme klang hinter mir auf, und ich konnte nicht vermeiden, daß mir eine Gänsehaut über den Rücken lief.

Bisher hatte alles so gut geklappt. Ich hatte das Buch gefunden, meine Waffe erhalten und war dem Berg wieder entschlüpft, doch nun hatten uns Soldaten umstellt.

Sie konnten alles zerstören!

Wir wurden von mehreren Lichtstrahlen angeleuchtet. Jetzt schwenkte man sie herum. Ich konnte wieder klar sehen.

Karin Mallmann lächelte. Der Spott funkelte aus den Augen der Untoten, und das sah auch der Befehlshaber.

»Dir wird das Lachen noch vergehen!« drohte er. Schwere Schritte näherten sich dem Lichtkreis, durchbrachen ihn, und dann stand der Offizier neben Karin.

Er faßte sie am rechten Arm. »Du kommst aus dem Westen, wie? Spione, Agenten, subversives Pack. Auf euch haben wir gerade gewartet, ihr werdet euch . . .«

»Lassen Sie mich los!« sagte Karin Mallmann.

Der Offizier lachte.

»Wollen Sie sterben?« fragte die Untote mit metallischer Stimme.

226

Obwohl ich nicht gerade ein Freund dieses Offiziers war, entschloß ich mich doch, ihn zu warnen. Diese Männer taten nur ihre Pflicht. Höchstwahrscheinlich waren sie damit beschäftigt, das Seilbahnunglück zu untersuchen. Sie waren der Bahn dann bis hier oben hin gefolgt. Pech, daß wir ihnen in die Arme gelaufen waren.

»Sie sollten auf die Frau hören«, sagte ich. »Sie ist mächtiger als Sie und Ihre Männer!«

Der Offizier fuhr herum. Ich sah ihn zum erstenmal von nahem. Er war noch jung. Vielleicht fünfundzwanzig Jahre alt. Eher weniger. Er hatte ein nicht unsympathisches Gesicht und, wenn die verkniffenen Lippen nicht gewesen wären, hätte man ihn sogar als einen gutaussehenden jungen Mann bezeichnen können. Doch sein Dienstrang hatte ihn irgendwie stumpf für normale Einflüsse werden lassen.

»Sie sind überhaupt nicht gefragt worden!« fuhr er mich an.

»Ich wollte Ihnen nur einen Ratschlag geben!«

»Darauf pfeife ich!« Er nickte seinen Männern zu. »Packt ihn! Um die Frau kümmere ich mich!«

Bevor ich mich versah, umklammerten vier harte Fäuste meine Arme. Man riß mich zurück, aus dem Lichtschein heraus. Ein Mann mußte zumindest noch da sein, denn er hielt die Lampe.

Der Offizier wandte sich wieder an die Untote. »Sie sind also gefährlich?« höhnte er. »Dann zeigen Sie mir mal, wie! Wenn Sie einen Fluchtversuch machen, dann . . .«

Er sprach nicht mehr weiter, denn Karin Mallmann faßte zu. Plötzlich umklammerten fünf Finger die Kehle des Mannes.

Erbarmungslos drückten sie zu.

Der Offizier röchelte. Er ging in die Knie, riß seine Arme hoch und versuchte, den Griff zu sprengen, doch Karin Mallmann gab um keinen Deut nach.

Sie wollte diesen Mann töten.

Einer der Soldaten ließ mich los. »Ich schieße!« schrie er und setzte einen Warnschuß vor die Füße der Untoten.

Karin Mallmann zuckte nicht einmal zusammen, sondern drückte weiter zu.

Der Offizier ging immer mehr in die Knie. Seine Arme schlugen haltlos umher.

Da schoß der Soldat gezielt.

Und die Kugel traf mitten in die Brust der Frau.

Karin Mallmann zuckte nur. Sie hätte zusammenbrechen müssen, doch das Einschußloch in ihrem Körper schloß sich so schnell, als wäre es nie zuvor dagewesen.

Völlig unverletzt würgte die Frau weiter.

Es war lebensgefährlich, was ich tat, aber ich konnte bei einem Mordversuch nicht zusehen.

Mit einem Ruck sprengte ich den Griff, packte den völlig überraschten Soldaten und drehte ihn herum. In derselben Sekunde zog ich meine Beretta und drückte ihm die Mündung ins Kreuz.

»Haut ab!« schrie ich den anderen zu. »Weg mit euch!« Sie waren von dem letzten Vorgang so beeindruckt, daß sie nicht anders konnten, als meinem Befehl auszuführen.

Auf dem Absatz machten sie kehrt und rannten weg.

Ich stieß den Soldat von mir, der mir als Deckung gedient hatte. Er fiel zu Boden, rappelte sich wieder auf und rannte, was seine Füße hergaben.

Der Offizier hing noch immer im Würgegriff der Frau.

»Laß ihn los!« schrie ich.

»Nein!« knurrte sie.

»Soll ich dir eine Kugel durch den Schädel jagen?«

»Dann wirst du nie deine Freunde wiedersehen!«

»Das ist mir im Augenblick egal!«

Ich weiß nicht, ob meine Stimme so hart geklungen hatte, aber Karin Mallmann ließ den Offizier tatsächlich los, der in sich zusammenfiel und auf dem Gesicht liegenblieb.

Mit schußbereiter Waffe ging ich neben ihm in die Knie und fühlte nach seinem Puls. Er war noch zu spüren, und ich atmete befreit auf.

»Dein Glück, daß er nicht tot ist!«

»Es hätte nicht viel gefehlt!«

Ich stand auf und schüttelte den Kopf. »Was ist nur aus dir geworden, Karin Mallmann? Ein mordendes Monster!«

»Ich stehe auf der Seite des Schwarzen Tods!«

Ich nickte. »Das habe ich gemerkt!«

»Willst du nun zu ihm?« fragte sie.

»Natürlich.«

»Dann komm zu mir!«

Ich trat auf sie zu. Als ich noch einen Schritt von ihr entfernt war, rief sie: »Stopp!«

»Was ist?«

Sie lächelte. Ich ahnte, daß sie etwas in der Hinterhand hielt, und wurde doch überrascht.

Völlig unerwartet sackte unter mir der Boden weg. Ich schrie auf, hörte ihr Lachen und fiel.

Rasend schnell sauste ich in einen stockdunklen Schacht hinein. Ich überschlug mich dabei, bekam ungeheure Angst, schwenkte Arme und Beine, erwartete einen mörderischen Aufprall, der mir alle Knochen brach, und war überrascht, als der Fall in einen Schwebezustand hinüberglitt.

Plötzlich fühlte ich mich leicht und frei.

Ich hätte lachen können vor Freude. Um mich herum schillerten Farben. Seltsame Gebilde, eines schöner als das andere. Dann aber wurden die Farben verdrängt, und wie eine finstere Drohung schob sich eine andere Gestalt in mein Blickfeld.

Der Schwarze Tod!

Er schwang seine Sense und rief mit Donnerstimme: »Willkommen in meinem Reich, John Sinclair. Dein Grab ist bereits geschaufelt!«

Das waren die letzten Worte. Danach wußte ich nichts mehr . . .

Die gierigen Kiefer des Riesenfischs schnappten zu, und sie hätten Bill Conolly auch zermalmt, doch der Reporter warf sich im letzten Augenblick zur Seite, entging dem zuschnappenden Maul und stürzte in den See.

Sofort tauchte er unter und suchte nach Jane Collins, die er zuvor aus den Augen verloren hatten. Bill hatte große Angst, die bewußtlose Detektivin nicht mehr zu finden, denn das Wasser war eine trübe Brühe. Zudem wußte er nicht, welche Tiere noch in der Tiefe des Sees lauerten.

Dann sah Bill die Umrisse des Körpers. Er verdoppelte seine Anstrengung und schwamm auf die Detektivin zu, die dicht unterhalb der Oberfläche dahinschwebte.

Bill packte sie, hebelte seine Hände unter ihre Achseln und tauchte mit ihr auf.

Myxin, der Magier, war auf dem abgestürzten Hubschrauber zurückgeblieben, denn er wollte den Dinichthy vernichten, sonst würde der Riesenfisch keine Ruhe geben.

Myxin stellte sich hin. Er stand auf dem schwankenden Hubschrauber, und das Wasser umspielte bereits seine Füße. Aber er behielt die Nerven und bastelte eiskalt an seinem Plan.

Er wußte, daß der Fisch ein zweites Mal auftauchen würde, und darauf baute er seine Attacke.

Myxin zog eine Handgranate unter seinem Mantel hervor.

In der Nähe des Hubschraubers begann das Wasser wieder zu schäumen. Es warf breite Wellen, die gegen das Ufer anrollten und dort verliefen.

Dann schoß das Maul aus dem Wasser.

Gewaltig und angsteinflößend. Wieder klappten die beiden Kiefer auseinander, da hatte Myxin bereits die Handgranate scharf gemacht. Er zielte, legte den Arm zurück und schleuderte das Höllenei mitten in das Maul des Fischs.

Instinktiv klappte die Bestie die Kiefer zusammen.

Myxin zählte in Gedanken.

Dann erfolgte die Explosion.

Der Magier vernahm einen dumpf klingenden Schlag, und im nächsten Moment war die Gefahr gebannt.

Der hintere Leib des Fischs wühlte das Wasser auf, er peitschte die Wellen, zuckte, tauchte auf, fiel wieder zurück und geriet in eine rasende Kreisbewegung.

Myxin kümmerte dies nicht. Er mußte so schnell wie möglich seinen Platz verlassen, denn der Hubschrauber sank, und es war gefährlich, in seiner Nähe zu bleiben. Der Strudel konnte einen Schwimmer leicht in die Tiefe reißen.

Der Magier stieß sich ab. Der kleine Körper tauchte im Hechtsprung in die Fluten und schwamm sofort dem Ufer zu.

Auch Bill Conolly und Jane wählten diesen Weg. Die Detektivin war durch den plötzlichen Schock wieder erwacht. Sie machte automatisch Schwimmbewegungen, während Bill neben ihr herkraulte.

Myxin erreichte das Ufer als erster.

Genau da sackte der Hubschrauber ab.

Bill und Jane standen noch bis zu den Hüften im Wasser, als sie hinter sich ein gewaltiges Gurgeln und Schmatzen vernahmen. Blasen stiegen der Oberfläche entgegen, wo sie mit satten Lauten zerplatzten. Das Wasser wurde vom Grund her aufgewühlt, der Sog bildete tanzende Kreise.

Die drei konnten von Glück sagen, daß sie dort nicht hineingeraten waren und noch früh genug das Ufer erreicht hatten.

Bill und Jane wateten an Land. Der Reporter stützte die blondhaarige Detektivin, die keuchend und spuckend einen Fuß vor den anderen setzte.

Jane war ziemlich am Ende mit ihren Kräften, kein Wunder bei dem, was hinter ihr lag.

Bald bildeten haushohe Bäume ein schützendes Dach, und die drei ließen sich zwischen riesigen Farnen niedersinken.

Jane fiel auf den Rücken. Sie atmete schwer. Ihre Brust hob und senkte sich. Die Kleidung dampfte in der schwülen Tropenluft, die Lungen der Menschen stachen.

Nur Myxin hatten die Strapazen nichts ausgemacht. Er wirkte wie immer. Nur seine nasse Kleidung erinnerte an das Abenteuer.

Bill hatte sich gesetzt und beide Hände unter sein Kinn gelegt. Nur langsam normalisierte sich sein Atem. Er konnte auch wieder klar denken, rutschte hinüber zu Jane und reichte ihr die Hand.

Die Detektivin ließ sich hochziehen.

Bill lächelte sie an. »Wir haben es geschafft«, sagte er. »Wir haben es tatsächlich geschafft!«

Jane nickte nur.

Der Reporter drehte den Kopf. Sein und Myxins Blick trafen sich. »Toll, wie du den Fisch erledigt hast«, lobte Bill den kleinen Magier mit der grünlich schillernden Haut.

Myxin hob nur die Schultern. Dann sagte er: »Es ist schade, daß ich hier meine Kräfte nicht ausspielen kann. Ich würde auch gern meine Hilfstruppen herholen, aber es geht nicht.«

Bill schüttelte den Kopf. »Laß deine schwarzen Vampire mal lieber da«, bemerkte er. »Es ist noch nie gutgegangen, wenn man den Teufel mit Beelzebub austreiben will.«

»Es war auch nur ein Gedanke«, sagte Myxin pikiert.

Fröstelnd zog Jane Collins die Schultern hoch. Sie sah blaß aus. Das Haar hing ihr strähnig in die Stirn, ihre Lippen zitterten. Bill legte einen Arm um ihre Schultern. »Was ist mit dir?« fragte er. »Hast du Schmerzen?«

»Nein.«

»Aber?«

»Ich glaube, ich bekomme Fieber«, flüsterte Jane.

»Keine Angst«, meinte Bill optimistisch. »Es wird schon nicht so schlimm werden. Wir sind auf jeden Fall gerettet.«

Jane schaute ihn an. »Für wie lange?«

Darauf wußte der Reporter auch keine Antwort. Er schaute Myxin an. »Hast du einen Vorschlag?«

Der Magier nickte. »Es bleibt bei unserem Plan. Wir werden uns bis zu diesem Friedhof durchschlagen. Eine andere Möglichkeit gibt es nicht.«

Damit war auch Bill einverstanden.

Dann kam Myxin auf einen Kernpunkt zu sprechen. »Welche Waffen besitzen wir?«

Bill verzog das Gesicht. »Sieht nicht gut aus«, erwiderte er. »Die beiden Maschinenpistolen sind futsch. Jane hat noch ihre Armeepistole, ich meine ebenfalls und die mit Silberkugeln geladene Beretta. Damit müssen wir auskommen.«

»Und die Handgranaten?« fragte Myxin.

»Verdammt, die hätte ich fast vergessen. Klar, ich habe zwei Hölleneier.« Bill grinste.

»Ich ebenfalls«, gab Myxin zurück.

»Dann sieht es ja gar nicht so schlecht für uns aus!« rief der Reporter optimistisch.

»Den Schwarzen Tod können wir damit nicht besiegen«, dämpfte Myxin seine Hoffnungen.

»Wir können aber John Sinclair unterstützen!«

»Vorausgesetzt, wir finden ihn«, antwortete der Magier.

»Seit wann bist du so pessimistisch?« fragte Bill Conolly.

»Ich fühle mich hier nicht wohl«, antwortete Myxin ehrlich. »Das ist nicht mein Reich. Ich spüre den feindlichen Atem, ich weiß von den Gefahren . . .«

»Trotzdem hast du uns begleitet«, warf Bill ein.

»Ja, weil ich daran interessiert bin, daß der Schwarze Tod endlich vernichtet wird. Einmal muß es soweit sein. Es kann nicht immer so weitergehen.«

»Du willst noch die Macht?« erkundigte sich Bill.

»Ja.«

»Dann sind wir Feinde!«

Myxin schaute den Reporter an. Die Augen des Magiers wirkten leblos. Er hob die Schultern.

Bill verzog die Mundwinkel. »Eine schwierige Situation, nicht wahr?«

Myxin nickte.

Jane Collins mischte sich ein. »Da ist noch Asmodina. Hast du sie vergessen?«

»Nein, bestimmt nicht.«

»Und wie willst du dann die Macht erringen?«

Myxin stieß einen Zischlaut aus. »Wichtig für mich ist allein, daß der Schwarze Tod besiegt wird. Wenn er ausgeschaltet wird, kann ich mich auf einen anderen Gegner konzentrieren. Und das wird Asmodina sein.«

»Die allerdings mächtiger ist als der Schwarze Tod«, warf der Reporter ein. »Außerdem hast du noch den Spuk vergessen. Soviel ich weiß, steht er auf Asmodinas Seite.«

Myxin winkte ab. »Der Spuk bleibt in seinem Reich und bewacht die schwarzen Seelen.«

»Er könnte sich aber gestört fühlen«, gab Bill zu bedenken.

»Was willst du?« fuhr Myxin den Reporter an. »Willst du, daß ich aufgebe?«

»Das ist deine Sache«, erwiderte Bill kühl. »Denn im Prinzip bist du feige. Du schickst uns vor und stellst dich selbst nicht dem Kampf.«

Myxin sprang auf. Er war wütend. Sein Arm schwenkte herum und wies auf Jane Collins. »Habe ich ihr nicht im Reich des Spuks geholfen? Sie lag vor dem Knochenthron, der Spuk hatte sie ihres Schattens beraubt, dann bin ich gekommen und habe zusammen mit meinen Vampiren die Schatten gejagt.«

Das stimmte.

Jane senkte den Kopf. »Schon gut, Myxin, es war von uns

nicht so gemeint.« Sie schaute Bill an. »Wir sollten uns nicht streiten, sondern überlegen, wie es weitergeht.«

»Zum Friedhof, ist doch klar!«

»Weißt du denn, wo er ist?« fragte Jane den Reporter.

»Nein.«

Jane sprach Myxin an. »Du?«

Der Magier hob die Schultern. »Genau weiß ich es nicht. Ich hörte davon, daß er sich dort befinden soll, wo die Berge beginnen. Da müssen wir hin.«

»Eine Entfernung kannst du nicht angeben?« fragte Bill.

»Nein.«

»Das ist natürlich schlecht. So können wir tagelang durch diese Hölle wandern und finden nichts. Da fällt mir etwas ein.« Bill schlug sich gegen die Stirn. »Weißt du eigentlich, wie wir hier wieder wegkommen?«

»Nein.«

»Reizend«, murmelte der Reporter. »So besteht durchaus die Gefahr, daß wir für immer auf diesem verdammten Friedhof bleiben.«

»Das ist möglich.« Myxin lächelte hintergründig. »Deshalb müssen wir den Schwarzen Tod ausschalten.«

»Himmel«, stöhnte Bill. »Ich drehe noch mal durch.« Er winkte ab. »Na ja, es ist nichts zu ändern. Dann wollen wir uns mal auf den Marsch begeben.«

Jane nieste.

»Prost«, sagte Bill und reckte sich, wobei er über seine feuchten Kleidungsstücke schimpfte.

Myxin schaute sich um. »Wir hätten Buschmesser mitnehmen sollen«, murmelte er. »Es wird schwer sein, sich durch den Dschungel zu schlagen.«

»Darin habe ich Erfahrung«, erwiderte Bill. »Ich bin schon oft genug auf Dschungelpfaden gewandert. Laß mich nur machen.« Der Reporter ging vor.

Das Farnkraut erreichte die Höhe der Menschen. Um sie herum war es nicht ruhig. Es brummte und summte. Insekten – groß wie Unterarme – schwirrten durch die Luft. Ein Tier war besonders groß. Es sah aus wie eine Mischung aus Fliege und Raupe.

»Das ist eine Meganeura«, sagte Bill und blieb stehen, als ein Tier dicht an seinem Gesicht vorbeistrich. »Von dem Biest möchte ich nicht gestochen werden.«

Jane klammerte sich an ihn. Myxin schritt an den beiden vorbei und übernahm die Führung. Der kleine Magier war in dem hohen Farnkraut kaum zu sehen.

Jane und Bill hielten sich hinter ihm. Winzig kamen sie sich in diesem grauenhaften Land vor, und obwohl sie bewaffnet waren, hatten sie Angst.

Der Boden unter ihnen wurde weicher. In den Trittstellen sammelte sich brackiges Wasser.

Myxin blieb stehen und drehte sich um. »Wir erreichen die Nähe der Sümpfe.«

»Und was heißt das?« fragte Bill.

»Daß wir mit gefährlichen Tieren rechnen müssen.«

»Mich kann nichts mehr erschüttern.«

Da irrte der gute Bill. Als er das Stampfen vernahm und das urwelthafte Fauchen, zuckte er ebenso zusammen wie Jane Collins und Myxin.

Die drei waren stehengeblieben. »Was war das?« flüsterte Jane Collins ängstlich.

Bill hob die Schultern. »Keine Ahnung.«

»Ich sehe mal nach«, sagte Myxin.

Bevor die anderen protestieren konnten, war er schon im dichten Farnunterholz verschwunden.

»Riesige Fische, gewaltige Vögel. Dann müssen auch Saurier in der Nähe sein«, sagte Jane, und sie sprach damit Bill Conolly aus der Seele, obwohl er es nicht zugab.

Sie warteten.

Das Stampfen wurde lauter. Der Boden unter ihnen zitterte. Bill hob den Blick. Er versuchte zwischen den hohen Bäumen hindurchzuschauen, doch erkennen konnte er nichts.

Die Farne nahmen ihm die Sicht.

Jane und er waren nervös. Ihre Herzen klopften schneller. Das Blut raste durch die Adern.

Dann kam Myxin zurück.

»Was ist?« fragte Bill.

»Ein Saurier«, erklärte Myxin.

Janes Augen wurden groß, doch Myxin beruhigte die Detektivin sofort. »Nur ein Brontosaurier, er wird uns nichts tun. Das ist ein reiner Pflanzenfresser.«

»Nichts tun ist gut«, sagte Bill. »Der kann uns in den Boden stampfen, ohne daß er es merkt.«

»Wir müssen uns eben vorsehen. Kommt mit, hier in der Nähe ist ein Wassertümpel, dort könnt ihr ihn sehen.«

»Verzichte«, sagte Jane schnell.

»Aber wir müssen daran vorbei.«

»Bill, sag du doch was.«

Der Reporter gab sich einen innerlichen Ruck. »Okay, wir folgen Myxin.«

Der Boden wurde noch weicher. Manchmal hatten sie das Gefühl, auf einer Gummimatte zu laufen.

Das Farnkraut wich, dafür wuchs hohes, zartes Gras aus dem Boden, das den dreien bis zur Hüfte reichte. Sie hatten ein besseres Blickfeld, und Jane als auch Bill sahen gleichzeitig den gewaltigen Schatten.

Den Brontosaurier.

»Mein Gott«, hauchte Jane, »der ist ja riesig!«

Das war genau der richtige Ausdruck. Der Brontosaurier stand vor einem tümpelartigen Wasserloch. Das Tier war ein regelrechtes Gebirge.

Es hatte einen gewaltigen Körper, einen langen Hals, der sich nach oben hin verjüngte, und einen, zum Körper gemessen, kleinen Kopf mit einer spitzen Schnauze.

Der Saurier hatte den Hals gesenkt und soff das Wasser aus dem Tümpel. Hin und wieder richtete er sich zu seiner vollen Größe auf, öffnete sein Maul und fraß von den Bäumen die Blätter und kleineren Zweige.

Bill und Jane standen und staunten.

Bisher hatten sie diese Tiere nur in Museen gesehen, jetzt aber sahen sie es in natura.

Und das mußten sie erst einmal verkraften.

Es waren auch andere Tiere um das Wasserloch versammelt. Bill sah eine gewaltige Echse, die auf zwei Beinen stand und winzige Unterarme hatte, so daß sie nicht auf allen vieren laufen konnte. Vor ihrem Kopf und vor dem Gebiß allerdings konnte man schon Angst bekommen.

Ebenfalls anwesend waren zahlreiche Vögel. Pteranodone und Geschöpfe, die an Adler erinnerten, nur wesentlich größer. Sie tranken und kümmerten sich nicht um die Menschen.

Bis auf die zweibeinige Echse.

Sie drehte plötzlich den Kopf.

»Verdammt!« keuchte Bill, »die hat uns gesehen!«

Der Reporter sollte recht behalten. Die Echse hatte sie entdeckt. Sie öffnete ihr Maul, zeigte gefährliche Zähne und stieß ein drohendes Knurren aus.

Das Tier maß mindestens zehn Yards in der Höhe. Und satt war es auch noch nicht, denn es stampfte auf die drei Menschen zu . . .

Will Mallmann saß auf einem Grabstein, hatte sein Kinn in die Handflächen gestützt und schaute apathisch auf seine Fußspitzen. Noch immer hatte er den Schock nicht überwunden.

Der Rabe besaß die Augen seiner Frau!

Unglaublich.

Hin und wieder drehte er den Kopf und schaute zu dem Tier hinüber. Nach wie vor hockte es auf dem starken Ast. Will kam es so vor, als würde sich der Vogel über ihn lustig machen.

Der Kommissar ballte in ohmächtigem Zorn die Hände. Liebend gern hätte er erfahren, was wirklich nach dem Tod seiner Frau geschehen war. War ihr Geist überhaupt in die Sphären des ewigen Lichts eingegangen, oder irrte er in der Finsternis herum?

»Sie sollten nicht soviel grübeln, Kommissar«, sagte Sir Powell und trat auf Will Mallmann zu.

Der Kommissar hob den Kopf.

Sir Powell war dicht neben ihm stehengeblieben. »Es gibt keine Rückkehr mehr für sie«, murmelte er. »Sie müssen sich damit abfinden, Herr Mallmann.«

Will nickte. Dann hob er die Schultern. »Wenn ich nur wüßte, was mit ihr geschehen ist, nachdem der Schwarze Tod sie umgebracht hat.«

»Sie haben Karin doch beerdigt, nicht wahr?«

»Natürlich.«

»Und was hätte noch geschehen können?« erkundigte sich Superintendent Powell.

Kommissar Mallmann hob die Schultern. »Keine Ahnung. Wer von uns weiß denn schon, wie es im Jenseits aussieht.«

»Denken Sie an die Berichte Verstorbener, die wieder ins Leben zurückgekehrt sind«, gab Powell zu bedenken.

»Das ist doch gar nicht erforscht.«

»Trotzdem könnte man eine Hypothese wagen.« Das war typisch Sir James Powell. Hatte er sich einmal in eine Theorie verbissen, so hielt er daran fest, und er wollte ihr vor allen Dingen auf den Grund gehen. »Was kann sie erlebt haben?«

»Ich weiß es nicht!«

»Könnte ihr Geist vom Schwarzen Tod abgefangen worden sein?«

»Möglich!« stöhnte Will.

»Dann wäre nur die Frage, wo sich ihr Körper befindet.«

»Im Grab.«

Sir Powell hob die Augenbrauen. »So sicher wäre ich da gar nicht mehr an Ihrer Stelle. Wenn das hier – ähm – hinter uns liegt, sollten wir uns darum kümmern.«

»Sie sind ja sehr optimistisch, Sir!«

Der Superintendent lächelte. »Das muß man sein. Kopf hoch, lieber Mallmann, wir schaffen es schon.«

Sven Jansson und Art Cornwall hatten das Gespräch zwangsläufig mitbekommen. Jetzt lachten sie.

»Was ist?« fragte Sir Powell.

Art Cornwall antwortete. »Ich hab' das Gefühl, Sie überschätzen noch immer Ihren Wundermann John Sinclair. Bisher hat er sich nicht blicken lassen. Ich glaube nicht daran, daß er kommt.«

Sir Powell deutete auf das frische Grab. »Und für wen soll das sein?« fragte er.

»Eine Täuschung.«

»Nein, Dämonen täuschen nicht. Wenigstens nicht auf diese Art und Weise. John Sinclair wird kommen. Davon bin ich fest überzeugt, meine Herren.«

»Meinetwegen, wenn Ihre Seligkeit davon abhängt«, knurrte der Norweger.

Danach schwiegen die Männer. Jeder hing wieder seinen eigenen trüben Gedanken nach.

Das Klima machte ihnen allen zu schaffen. Es war längst nicht so, daß sie sich daran gewöhnt hatten. Nach wie vor trieb ihnen die schwüle Hitze den Schweiß aus allen Poren. In der Luft surrten und summten die Insekten. Handgroße Biester, doch keins von ihnen stach zu.

Die Zeit verrann.

Kein heller Schein lockerte das eintönige Grau des Himmels auf. Nicht eine Wolke schwebte über den Bäumen. Den Männern kam es vor, als wäre das Firmament eine Betonbank.

Auf der Erde gab es den Tag und die Nacht. Dieses ewige Wechselspiel fehlte hier völlig. In dieser Welt war es nur Tag oder nur Nacht, je nachdem, wie man es betrachtete.

Kein Ungeheuer hatte nach dem ersten Angriff versucht, die Männer anzugreifen. Sie schienen zu merken, daß dieser Rabe auf die Gefangenen achtete und keinen an sie heranließ.

Sven Jansson erhob sich. Er kramte in seinem Rucksack herum und holte eine Wasserflasche hervor. Er schüttelte sie hin und her. Jeder hörte das hohle Schwappen.

»Ist nicht mehr viel drin«, sagte der Norweger. »Tut mir leid.«

Sie Powell winkte ab. »Danke, ich verzichte.«

Auch Will Mallmann schüttelte den Kopf. So tranken nur die beiden Wissenschaftler.

Schließlich warf Sven Jansson die Flasche wütend weg. »Das war's«, sagte er.

Auch Will Mallmann stand auf. Er wollte seine Beine bewegen und ging im Kreis über den Friedhof.

Plötzlich blieb er stehen, wie vor eine Wand gelaufen. Sein krächzender Ruf machte auch die anderen aufmerksam.

»Was ist los?« rief Art Cornwall.

Mallmann deutete auf den Baum, wo der Rabe saß. »Die Luft unter dem Ast. Seht doch . . .«

Alle starrten in die Richtung.

Will hatte recht.

Die Luft bewegte sich. Sie pulsierte, begann zu knistern, kleine Funken sprühten, und plötzlich zeichneten sich die Umrisse zweier Gestalten ab.

Im nächsten Augenblick ertönte ein grelles Kreischen, und schnell wie ein Blitzstrahl schoß plötzlich ein Wesen aus dem magischen Zentrum hoch in die Luft.

Es war eine Hexe.

Die Wissenschaftler verfolgten sie mit den Blicken, während Mallmann und Sir Powell weiterhin dorthin schauten, wo sich die Luft verdichtet hatte.

Da stand eine zweite Gestalt.

Ein Mann.

Etwas fremdartig aussehend . . .

»Suko!« stöhnte Kommissar Mallmann. »Das . . . das ist doch nicht möglich.

Auch Sir Powell war geschockt. Selbst ihm fiel es schwer, die Beherrschung zu wahren.

Suko hatte die Dimensionsreise gut überstanden. Er fühlte plötzlich festen Boden unter den Füßen, machte ein, zwei Schritte, taumelte und fing sich wieder.

Er wischte sich über das Gesicht. Dann schaute er sich um, wobei sich seine Augen erstaunt weiteten.

»Sir Powell?« flüsterte er. »Und du, Will?« Er kam langsam näher, hörte das Kreischen der Hexe und sagte: »Moment mal!«

Der Chinese blieb stehen. Hoch über ihnen flog die Hexe, ihr Besen glühte, sie stieß finstere Drohungen aus und wünschte allen die Pest an den Hals.

Suko holte seine Waffe hervor und zielte genau.

Das merkte auch der Rabe. Bevor die anderen sich versahen, verließ er seinen Platz und stieß pfeilschnell der kreischenden Hexe entgegen.

»Nicht schießen!« rief Will Mallmann und fiel Suko in den Arm, weil er keine Anstalten machte, die Waffe zu senken.

»Wieso . . . ich?«

»Das erledigt der Rabe!« Will Mallmann ließ den Chinesen los. Suko hob die Schultern. Des Menschen Wille ist sein Himmelreich, dachte er.

Die Hexe ahnte die Gefahr. Sie drehte sich gedankenschnell in der Luft und wollte dem ungestümen Angriff entkommen.

Doch der Rabe war schlauer. Ein geschickter Flügelschlag, und er kürzte den Weg ab.

Dann stieß er frontal auf sie zu.

Ein gellender Schrei, ein Röcheln, dann ein Blitz. Die Hexe war verschwunden.

Asche regnete zu Boden . . .

Die Männer atmeten auf. Suko steckte seine Waffe weg, verfolgte den Raben, der zurückflog und wieder auf seinem Ast Platz nahm. Dann meinte er: »Das ist ein Ding.«

Sir Powell trat vor. »Wo befindet sich John Sinclair?« fragte er.

Suko grinste. »Das möchte ich auch gern wissen. Ich habe eine längere Dimensionsreise hinter mir. Mal hier, mal da. Ich glaube, Myxin wird alt.«

Irritiert zog Sir Powell die Augenbrauen zusammen. »Wir hörten, daß John ebenfalls . . .«

»Bestimmt wird er kommen«, erwiderte Suko.

»Was macht Sie so sicher?«

Der Chinese erklärte, was ihm widerfahren war. Die Männer hörten staunend zu. In manche Augen stahl sich auch so etwas wie Nichtbegreifen. Suko berichtete, wie er die Hexen getroffen hatte und daß sie ihm vom Friedhof am Ende der Welt erzählten.

Mallmann deutete in die Runde. »Hier ist der Friedhof. Und hier sind auch unsere Gräber.«

»Die letzte Ruhestätte für das Sinclair-Team«, sagte Sir Powell mit Grabesstimme.

Suko hob die Schultern. »Noch fehlen einige.« Seine Stimme klang optimistisch.

»Sie denken an Bill Conolly und Jane Collins?« meinte Sir Powell.

»Und an Myxin«, sagte Suko. »Der Magier wollte sich mit Bill und Jane hierher zum Friedhof teleportieren.«

Sir Powell und Will Mallmann blieb vor Überraschung die Luft weg.

Suko drehte sich um. »Wollt ihr mir nicht die anderen Gentlemen vorstellen? Wir sind jetzt Bundesgenossen. Wer weiß, was noch alles auf uns zukommt.«

Der Chinese erfuhr die Namen. Der Mann mit dem Kopfverband hieß Sven Jansson und war Norweger. Sein Kollege hörte auf Art Cornwall. Er kam aus England.

»Und sie beide haben wirklich am Südpol gearbeitet?«

Die Wissenschaftler nickten.

Art Cornwall erklärte dann, was ihnen widerfahren war. Es klang alles unglaublich, doch Suko wußte aus Erfahrung, daß für die Mächte der Finsternis nichts unglaublich oder unmöglich war. Sie spielten mit den Kräften der Natur, stellten die Gesetze der Physik durch Magie auf den Kopf und manipulierten die Menschen. Deshalb war es so schwer, ihnen beizukommen.

»Was unternehmen wir?« fragte der Chinese.

»Wir können nur warten«, erwiderte Kommissar Mallmann. »Und zwar auf John Sinclair.« Er schaute Suko an. »Wie sieht es denn mit Waffen aus?«

»Ich habe die Beretta und die Dämonenpeitsche.«

»Das ist immerhin etwas.«

Suko drehte sich. »Die Dämonenpeitsche könnte ich gleich mal an dem Raben ausprobieren.

»Nein, nicht!« rief Will.

Suko war erstaunt. »Wieso nicht?«

»Weil ich . . .«

Sir Powell sprang ein. »Dieser Rabe ist kein normales Tier. In ihm steckt der Geist Karin Mallmanns.«

Jetzt war der Chinese perplex. »Das ist doch nicht möglich«, flüsterte er.

Will nickte. »Doch, es stimmt.«

»Und nun?«

Kommissar Mallmann hob die Schultern. »Eine Erklärung habe ich auch nicht. Auf jeden Fall bewacht dieser Rabe uns. Er hat die Augen meiner verstorbenen Frau.«

Suko schaltete schnell. »Wenn er uns überwacht, heißt das, daß er auf der anderen Seite steht.«

Mallmann nickte.

»Gütiger Himmel«, stöhnte der Chinese, »auch das noch.« Mittlerweile hatte er gemerkt, in was er da hineingeraten war.

Der Schwarze Tod hatte wirklich äußerst geschickt seine Fäden gezogen. Dinge, die scheinbar nichts miteinander zu tun hatten, trafen sich an einem gemeinsamen Ziel.

Tod des Sinclair-Teams!

So lautete der Wahlspruch, den der Schwarze Tod unter allen Umständen einhalten wollte. Auch wenn er dabei ein sehr großes Risiko einging.

Zudem war Suko jetzt sicher, daß auch Bill, Jane und Myxin bald auftauchen würden. Für ihn nur eine Frage der Zeit.

»Sie wissen dann wohl auch keinen Rat?« wandte sich Sir Powell an den Chinesen.

»Nein, keinen besonderen.«

»Und was schlagen Sie sonst noch vor?«

»Was soll er schon vorschlagen?« rief Art Cornwall. »Wir können nur hier sitzen und auf unser Ende warten. Mehr nicht.«

»Solange man noch lebt, soll man niemals aufgeben«, konterte Superintendent Powell. »Merken Sie sich das, junger Mann.«

»Ach, hör auf.«

»Art, reiß dich zusammen«, sagte Sven.

»Okay, Freunde, setzen wir uns zusammen und singen ein Liedchen. Das habe ich früher als Kind immer gemacht, wenn ich Angst hatte und in den Keller geschickt wurde. Ich habe dann gesungen, und die Angst war weg.«

»Reißen Sie sich bitte zusammen«, sagte Sir Powell.

Suko hatte neben Will Platz genommen. Der Chinese hielt den Griff der Dämonenpeitsche umklammert. Er belauerte noch immer den Raben. Will merkte es.

»Laß ihn in Ruhe!«

»Ist es wirklich deine verstorbene Frau, die in diesem komischen Vogel steckt?«

»Ja.«

»Woher weißt du das denn?«

»Ich habe es an ihren Augen gesehen. Dieses Tier hat die gleichen Augen wie Karin.«

»Das bildest du dir nur ein, Will!«

»Nein, wirklich nicht.«

Der Chinese holte tief Luft. »Okay, nehmen wir es also hin, daß Karin in dem Raben steckt.» Er deutete in die Runde. »Mich würde nur interessieren, welch eine Bewandtnis es mit all diesen Gräbern hat. Die sehen doch nicht neu aus. Da liegen sicherlich welche unter der Erde. Frage ist nur, wer?«

»Willst du nachschauen?«

Suko schüttelte den Kopf. »So weit geht meine Neugierde nun auch wieder nicht.«

Der Chinese brauchte gar nicht neugierig zu sein, er erhielt in den nächsten Minuten eine Antwort auf seine Frage.

Es begann alles völlig harmlos.

Zuerst wankte ein Grabstein. Er stand, von Suko und Bill aus gesehen, rechts und ragte schief aus dem feuchten Boden. Doch jetzt schwankte er hin und her, wie von Geisterhand bewegt.

Es war eine hohe Platte. Sie erinnerte an ein Rechteck.

Plötzlich kippte sie um.

Mit einem dumpfen Geräusch schlug die Grabplatte auf das Erdreich. Das Geräusch hörten auch Suko und Will.

Mallmann faßte nach dem Arm des Chinesen. »Jetzt gehts los«, flüsterte er.

»Was geht los?«

»Der Friedhof. Ich meine, bald wissen wir, warum die Grabsteine hier stehen. Der ist doch nicht von ungefähr umgefallen. Da tut sich was unter der Erde, glaub mir.«

Daß sich dort etwas tat, war Suko natürlich längst klar. Und er hatte das unbestimmte Gefühl, dicht vor einer höllischen Überraschung zu stehen.

Aber nicht nur die eine Grabplatte kippte um, sondern die anderen gerieten ebenfalls ins Wanken. Als würden sie von Händen geschaukelt, so schwankten sie von einer Seite zur anderen, bevor sie endgültig zu Boden kippten.

Längst hatten Sir Powell und die beiden Wissenschaftler bemerkt, was da vor sich ging. Weit rissen sie die Augen auf und kamen aus dem Staunen nicht mehr heraus.

»Das ist Geisterspuk!« flüsterte Sven Jansson und schlug hastig ein Kreuzzeichen.

Art Cornwall sagte nichts. Er stierte nur auf die Grabsteine.

Am besten von ihnen hatte sich noch Sir Powell in der Gewalt. Er hob nur die Augenbrauen, als er auf die fallenden Grabsteine schaute. Jeder wartete darauf, daß etwas geschah.

»Was bedeutet das?« fragte Sven Jansson.

Niemand antwortete ihm.

»So sagt doch was!« schrie er. »Ich . . .«

Alle schwiegen, und auch Sven Jansson sprach kein Wort mehr. Er hatte jedoch Mühe, seine Angst im Zaum zu halten.

Nachdem sämtliche Grabsteine gefallen waren, geschah zunächst nichts. Es herrschte eine nahezu trügerische Ruhe, in die das Krächzen des Raben förmlich hineinhackte und sie zerriß.

Die Menschen zuckten zusammen.

Nur Suko reagierte nicht, während Will einen Blick auf den Vogel warf.

Dieser Rabe schien mehr zu wissen.

Es begann mit dem Grab, auf dem der erste Stein umgefallen war. Plötzlich zeigte die Erde Risse und fiel langsam ineinander. Kleine Grassoden und Krumen brachen ab, sie rutschten wie in einem Trichter auf den Mittelpunkt des Grabes zu, wo bereits eine Öffnung zu sehen war.

Niemand sprach ein Wort. Alle starrten wie hypnotisiert auf das Grab.

Was würde geschehen?

Kam jetzt der Schwarze Tod? Hatte er bewußt diesen Weg gewählt – oder schickte er seine Diener vor?

Und dann entstieg das erste Monster diesem Grab auf dem Friedhof am Ende der Welt . . .

»Verdammt!« flüsterte Bill Conolly. »Wir hätten diesen Weg doch nicht nehmen sollen.«

Myxin sagte nichts dazu.

Jane ging sicherheitshalber zwei Schritte zurück. Automatisch zog sie ihre Armeepistole. In ihren Augen flackerte die Angst. Sie hatte die Lippen fest zusammengepreßt, und es kostete sie ungeheure Mühe, sich zu beherrschen.

»Nur keine Panik«, murmelte Bill. Er ließ die Riesenechse nicht aus den Augen.

Entfernt erinnerte sie ihn an ein gewaltiges Krokodil, das sich aufgerichtet hatte und jetzt auf seinen zwei Beinen näher kam und seine Opfer fixierte.

»Sollen wir nicht fliehen?« fragte Jane.

Der Reporter schüttelte den Kopf. »Kommt nicht in Frage. Das

Tierchen schaffen wir!« Er räusperte sich. »Außerdem wäre es viel schneller als wir.«

Niemand hatte etwas einzuwenden.

Bill hielt längst die Pistole in der Hand. Nur fragte er sich, ob er mit einer Kugel etwas ausrichten konnte. Der Panzer dieser Echse sah ihm verdammt hart aus. Da würden die Geschosse sicherlich abprallen.

Vielleicht hatten sie eine Chance, wenn sie die Augen der Echse trafen, doch da sie den Kopf ziemlich rasch bewegte, war ein genaues Zielen so gut wie unmöglich.

Myxin hielt die Granate in der Hand. Abgezogen hatte er noch nicht. Er wartete.

Die Echse stampfte durch den Sumpf rund um das Wasserloch. Bill, Jane und Myxin hofften darauf, daß sie irgendwann einsinken würde, doch sie sahen sich getäuscht. Das Tier riß seine Beine immer wieder aus dem schlammigen Untergrund hervor.

Weit hatte es das Maul aufgerissen. Die beiden gefährlichen Zahnreihen waren scharf wie Dolche.

Ein Biß, und es war aus!

Noch zehn Yards!

Die Echse ging weiter. Dabei senkte sie den Kopf, um ihre Opfer besser anstarren zu können. Bill glaubte, in den Augen ihren Untergang zu erkennen.

»Ich versuche es!« krächzte er, hob die Armeepistole ein wenig an und schoß.

Ein fahler gelber Blitz zuckte vor der Mündung auf. Krachend rollte der Nachhall über den Wasserteich. Das Geschoß hämmerte gegen den Unterkiefer der Bestie und prallte davon ab.

»Verdammt«, knirschte Bill, »wie ich es gesagt habe!«

Unwillig schüttelte die Bestie ihren Schädel. Das wilde Fauchen klang wütend und ärgerlich zugleich. Man hatte sie gereizt, und das war für die drei schlimm.

»Zurück!« rief Bill. »Wir müssen zurück!«

Er hatte gesehen, wie nahe die Echse inzwischen heran war, packte Jane an der Schulter und zog sie nach hinten. Sie stolperten wieder in den Dschungel hinein, nur Myxin, der Magier, bleib stehen.

Er riß den Sicherungsstift der Handgranate los.

In Gedanken zählte er mit.

Zweiundzwanzig . . . dreiundzwanzig . . .

Jetzt!

Myxin schleuderte das explosive Ei.

Er hatte auf das Maul der Echse gezielt und hätte auch getroffen, doch die Bestie klappte im letzten Moment ihre beiden Kiefer zusammen, so daß die Handgranate gegen ihren Kopf prallte, zu Boden fiel und dort explodierte.

Die Detonation erstickte zum Teil im Schlamm. Dreck, Gras und Wasserreste flogen hoch und bildeten einen schmutzigen Vorhang. Der Echse selbst geschah nichts.

Unversehrt ging sie weiter. Vielleicht noch wütender und wilder.

Myxin mußte zusehen, daß er wegkam. Er hatte dort eine Idee zu lange gestanden und den Erfolg seine Angriffs abgewartet, das rächte sich nun.

Die Echse war schneller, als er gedacht hatte. Sie schlug nicht mit ihren verkürzten Armen zu, sondern schleuderte das rechte Bein vor.

Myxin kam nicht rasch genug weg. Er wurde an der Hüfte getroffen und fiel dann zu Boden.

Die Bestie machte den nächsten Schritt.

Wie ein grüner Berg stand sie vor dem Magier. Myxin hatte sich auf den Rücken gewälzt und schaute zu der Echse hoch.

Weit klappte sie ihr Maul auf. Es war klar, daß sie Myxin verschlingen wollte. Das sahen auch Bill und Jane.

Die beiden hatten sich etwas zurückgezogen, standen in relativ sicherer Deckung, konnten aber nicht zusehen, wie die Echse den Magier tötete. Myxin hatte ihnen das Leben gerettet, jetzt mußten sie sich revanchieren.

Auch wenn die Chance gering war.

Bill Conolly lief vor.

Während die Echse ihren Oberkörper weiter nach unten neigte und Jane mit angsterfüllten Augen dem Reporter hinterherschaute, rannte Bill Conolly schießend auf das Reptil zu.

Er hatte zur Sicherheit auch Janes Pistole mitgenommen, denn wenn seine leergeschossen war, konnte er mit der anderen Waffe weiterfeuern.

Diesmal klappte es besser.

Die Bestie hatte in gieriger Erwartung ihr Maul weit aufgerissen. Bill zielte auf die Öffnung und schaffte es, drei Kugeln in den Rachen zu jagen.

Wild warf die Echse den Kopf hoch. Plötzlich quoll Blut aus ihrem Maul, die verkürzten Arme fuhren unkontrolliert in die Höhe, ein böses Fauchen erreichte Bills Ohren, und die Bestie wankte zurück.

Neben Myxin blieb Bill Conolly stehen. Er bückte sich, packte die Schulter des Magiers und zog ihn ein Stück zurück, während Bill weiterhin die Echse im Auge behielt.

Sie wankte in den von der Explosion gerissenen Krater, sackte zusammen und fiel auf die Seite.

Fauchend schlug die sterbende Bestie um sich. Schlamm und Dreck wirbelten hoch, dazwischen brackiges Wasser und dicke Grassoden.

Auch die anderen Tiere waren aufmerksam geworden. Sie beobachteten den Kampf.

Myxin rappelte sich auf. »Das war knapp«, murmelte er. »Vielen Dank übrigens.«

Bill grinste erleichtert. »Hätte auch nicht gedacht, daß ich einmal einem Magier das Leben rette. Aber so ist das nun mal im Leben. Einmal oben – einmal unten . . .«

Die Echse lag in den letzten Zuckungen. Noch einmal riß das Reptil die Erde auf, dann lag es still.

»Geschafft!« keuchte Bill.

Da war Jane bei ihnen. Sie hatte ihre Hand auf die Brust gepreßt, dort wo das Herz schlug. »Himmel, habe ich eine Angst ausgestanden.«

Der Reporter schüttelte den Kopf. »Was ist los mit dir? So kenne ich dich ja gar nicht. Du bist doch sonst nicht so ängstlich.«

»Ich weiß es auch nicht.«

»Macht das vielleicht die Gegend hier?«

»Kann sein. Ich . . . ich finde das alles so unwirklich, so grausam und unheimlich.«

Bill lächelte tröstend. »Keine Angst, wir schaffen es schon. Wir sind für die Bestien unverdaulich.«

»Deinen Humor möchte ich haben«, sagte Jane. »Ich finde mich hier nicht zurecht. Es stimmt, ich steckte schon in den übelsten Situationen, aber das war auf der Erde, da hatte ich Bezugspunkte, doch hier gibt es nichts. Nicht einmal Zeit. Die ist aufgehoben. In dieser Welt ist alles so gleich. Der Tag, die Nacht.« Sie hob die Schultern. »Gibt es diese beiden Begriffe hier überhaupt?«

»Kaum«, gab Bill Conolly zu.

»Das macht mich so niedergeschlagen«, erklärte die blondhaarige Detektivin. »Hinzu kommt eine fürchterliche Angst davor, für immer in dieser Welt verschollen zu bleiben, denn niemand von uns kennt den Rückweg.«

»Den finden wir«, sagte Bill.

»Zuerst einmal müssen wir den Friedhof suchen«, schlug Myxin vor. »Wenn wir dort sind, sehen wir weiter.«

»Hoffst du noch immer auf John?« fragte Jane Collins den Reporter direkt.

»Ja.«

»Ich weiß nicht. Ehrlich nicht. Weshalb sollte er herkommen?«

»Weil der Schwarze Tod es so will. Er sucht die Entscheidung, will endlich wissen, woran er ist. Die Erschaffung Asmodinas hat ihn praktisch in diese Situation gedrängt, wenn du verstehst, was ich meine. Er braucht einen Erfolg, mit allen Mitteln muß er versuchen, ihn zu erringen. Auch wenn es dabei auf Kosten seiner eigenen Sicherheit geht. Er hat Sinclair das Buch der grausamen Träume als Lockmittel hinterlassen, obwohl er weiß, daß Sinclair ihn dann besiegen kann, wenn er sich mit dem Inhalt vertraut gemacht hat. Es geht kein Weg daran vorbei. In dieser Welt wird und muß es zu einer endgültigen Entscheidung kommen.«

Die lange Rede hatte Myxin gehalten. Jane hörte zu. In ihr festigte sich die Überzeugung, daß John doch noch eintreffen würde. Dann waren die Hauptakteure des Teams zusammen. An dem Ort, wo sie ihre letzten Ruhestätten finden sollten, falls es John nicht schaffte, den Schwarzen Tod zu besiegen.

Bill hob die Schultern. »Ich sehe nur noch eine Möglichkeit«, meinte er.

Jane schaute ihn fragend an.

»Wir gehen weiter.«

»Toller Vorschlag.«

Sie warfen noch einen Blick zurück. Über der toten Echse zogen die adlerähnlichen Vögel ihre Kreise. Waren sie vielleicht Aasfresser? Keiner wußte es, und es interessierte auch niemanden.

Die drei Menschen tauchten wieder hinein in den feuchten Urweltdschungel. Sie kamen sich so unendlich klein und verloren vor zwischen den riesigen Bäumen und dem gewaltigen Farnkraut. Bis jetzt hatten sie die Bestien besiegen können, die sie angriffen. Sie waren gespannt, was noch alles auf sie lauerte.

Auch der Brontosaurier hatte seinen Platz an der Wasserstelle verlassen.

Er stampfte durch den Dschungel. Seine gewaltigen Füße knickten kleinere Bäume wie Streichhölzer. Sie fielen nicht ganz auf den Boden, sondern wurden auf halber Strecke von den stärkeren Ästen und Zweigen der übrigen Bäume aufgehalten, so daß sie über dem Erdboden ein undurchdringliches Gewirr bildeten.

Jane, Bill und Myxin kamen sich vor, als würden sie durch einen langen grünen Tunnel schreiten. Das Pflanzenwerk ließ kaum Luft durch. Es war schwül und stickig.

Zum Glück passierte der Riesensaurier nicht ihren Weg, dafür sahen sie jedoch eine Riesenschlange, die sich über ihnen von Baum zu Baum schob.

Sie blieben stehen.

Die Schlange war auf Beutejagd. Und sie sahen auch das Opfer. Ein Tier, etwa doppelt so groß wie ein Kaninchen, das zwischen den Zweigen hockte und nicht ahnte, in welch einer Gefahr es schwebte.

In der Länge maß der Schlangenleib mindestens sieben Yards, und er war dick wie ein Baumstamm.

Dann stieß die Schlange plötzlich vor.

Ein Zucken des Opfers, eine verzweifelte Bewegung, im nächsten Augenblick hatte die Schlange das Tier verschlungen.

Blitzschnell wanderte der Körper im Inneren des Schlangenleibes weiter, bis er einen bestimmten Punkt erreicht hatte, wo die Schlange ihn verdaute.

Jane Collins schauderte. Sie nahm Bills Arm. Vorsichtig schritten sie weiter, dabei immer nach der Schlange schielend, die sich um die Menschen jedoch nicht kümmerte, da sie ihr Opfer hatte.

Nach einigen Schritten atmete Jane auf. »Das kostet Nerven«, murmelte sie.

Myxin war schon vorgegangen. Er sicherte den Weg. Jane nahmen sie in die Mitte, Bill ging am Schluß.

Der weitere Weg war zwar nicht gefahrlos, doch sie wurden nicht mehr angegriffen.

Jetzt machten ihnen Durst und Hunger zu schaffen. Sie sahen zwar zahlreiche Wasserlöcher und Tümpel, doch sie trauten sich nicht, daraus zu trinken.

Die grüne, mit zahlreichen Algen bedeckte Brühe sah ihnen doch zu unappetitlich aus. Zudem hatten sie Angst vor irgendwelchen Bakterien.

Janes Bewegungen wurden matter. Manchmal stolperte sie, und nicht immer konnte Bill sie auffangen. Auch er fühlte sich nicht gerade frisch – nur Myxin schritt unbeirrt weiter, als wäre das alles nur ein Spaziergang.

Wo sollte der Friedhof liegen? Am Beginn der Berge? Von den Bergen sahen sie nichts, zudem nahmen ihnen die gewaltigen Bäume die Sicht.

Aber die Struktur des Bodens änderte sich.

Nicht mehr Moos oder Farne bestimmten den Untergrund, sondern dunkles Gestein, das der Beschaffenheit nach zu urteilen einen vulkanischen Ursprung haben mußte.

Ein Anzeichen für die Nähe der Berge.

Bill hoffte es.

Doch gleichzeitig hatte er Angst vor der Zukunft . . .

Die Szene war gespenstisch!

Überall auf dem Friedhof bewegten sich die flachen Grabhügel. Die Erde wurde aufgewühlt, als würden riesige Hände von unten her gegen sie drücken.

Es waren auch Hände.

Doch keine normalen, sondern Totenklauen.

Beim ersten Grab war der Vorgang schon am weitesten fortge-schritten. Will und Suko sahen die weiße Skeletthand, die sich vorsichtig aus der feuchten Erde schob, die Finger bewegte und wie suchend umhertastete.

»Schieß!« flüsterte der Kommissar. »Schieß doch!«

Suko schüttelte den Kopf. »Was nützt das? Die kommen von überall. Ich würde nur meine Munition vergeuden.«

Mallmann nickte. Er hatte es eingesehen. Aus weit aufgerisse-nen Augen beobachteten die Männer den Fortlauf des unheimli-chen Geschehens.

Es blieb nicht bei der Hand. Ein Arm erschien, ein Stück Schul-ter, der knöcherne Brustkorb, der untere Leib, die Beine . . .

Ein Skelett entstieg dem Grab.

Die Erde fiel in Krumen von seinen Knochen nieder, selbst der kahle Schädel wurde blank.

Sekundenlang blieb das Skelett vor dem Grab stehen. Dann schaute es sich um. Die Männer schien der Knöcherne gar nicht wahrzunehmen. Er schaute nur auf seine Artgenossen, die in re-gelmäßiger Folge aus den Gräbern kletterten.

Und alle sahen gleich aus.

Sie hatten die gleiche Größe, die Schädel, die Schulterbreite, alles stimmte überein.

Will Mallmann zählte mit bebenden Lippen.

»Elf, zwölf, dreizehn . . .« Bis zwanzig kam er.

So viele Gerippe bevölkerten den Friedhof und blieben vor ihren Gräbern stehen.

Will Mallmann warf einen Blick nach links.

Dort standen die beiden Wissenschaftler und Sir Powell.

Selbst der sonst so beherrschte Superintendent hatte die Au-gen hinter seiner Brille weit aufgerissen und konnte nicht glau-ben, was er sah. Wohl zum ersten Mal wurde er hautnah mit dem Grauen konfrontiert, bisher hatte er nur in den Berichten gelesen, was es alles an Unerklärlichem gab.

Nun sah er es selbst.

Art Cornwall stand leicht gebückt da, hatte die Hände zu Fäu-sten geballt und stierte auf die knöchernen Monster. Dabei waren sie nicht einmal groß. Sie reichten selbst dem etwas kleineren Suko nur bis zur Schulter. Aber von ihnen ging eine so starke Drohung aus, daß es die Männer schauderte.

Jeder ahnte, daß mit der Ankunft der Skelette die letzte Runde eingeläutet worden war.

Sven Jansson schluchzte auf. Seine Nerven waren am schwächsten. Er hatte die Hände vor sein Gesicht geschlagen und starrte durch die gespreizten Finger.

»Nein!« stöhnte er. »Nein, das darf doch nicht wahr sein. Ich werde hier noch wahnsinnig.«

Sir Powell fuhr herum, faßte den Mann an der Schulter und schüttelte ihn durch. »Reißen Sie sich zusammen!« fuhr er den Norweger an. »Denken Sie, wir hätten keine Angst?«

»Ich will aber nicht. Ich will nicht.« Mit einer raschen Drehung befreite sich der Wissenschaftler, und bevor Powell reagieren konnte, erhielt er einen Schlag in den Magen.

Der Superintendent fiel zusammen. Der Hieb hatte ihn hart getroffen. Er krümmte sich am Boden.

Sven Jansson riß beide Arme hoch. »Niemand«, brüllte er, »niemand wird mich aufhalten!«

Suko ahnte, was folgen würde, und er startete. Trotzdem kam er zu spät. Jansson hatte bereits auf dem Absatz kehrtgemacht und rannte auf den Rand des Friedhofs zu. Er wollte im Dschungel verschwinden.

Da war noch der Rabe.

Blitzschnell löste er sich von seinem Ast, breitete die Flügel aus und jagte hinter dem Flüchtigen her.

Das Tier war schneller als Suko.

Der Chinese spürte, wie es über seinen Kopf hinwegstrich. Der Luftzug der Flügel ließ seine Haare flattern, doch das Unheil konnte auch Suko nicht aufhalten.

Bevor Sven Jansson zwischen den Bäumen verschwand, war der Rabe bei ihm.

Wie ein Stein fiel er auf den Wissenschaftler nieder.

Jansson brüllte in panischem Schrecken, als ihn der Vogel mit seinem Gewicht zu Boden drückte und mit dem Schnabel zuhackte.

Der Schrei verstummte.

Dann war Suko da.

Er hob die rechte Hand, und seine Faust hielt die Dämonenpeitsche umklammert.

Hart drosch er zu.

Die drei Riemen fuhren in das dunkle Gefieder des riesigen Monstervogels. Federn stäubten hoch und trudelten zu Boden. Fast menschlich brüllte der Rabe auf.

Diesen Schrei hörte auch Kommissar Mallmann. Er glaubte, darin die Stimme seiner verstorbenen Frau erkannt zu haben.

Der Kommissar sah rot.

»Nicht!« brüllte er Suko zu, der wie verbissen auf den Vogel einschlug. »Laß ihn in Ruhe!«

Suko wollte nicht auf ihn hören. Wie eine Maschine schlug er weiter.

Der Rabe versuchte zu fliehen. Er breitete seine Flügel aus, doch Suko ließ ihn gar nicht erst vom Boden hochkommen.

Da war Mallmann heran.

Art Cornwall wollte ihn stoppen, doch der Kommissar räumte ihn mit einem Fausthieb zur Seite. Der Engländer fiel zu Boden und überschlug sich.

An der Schulter riß der Kommissar Suko herum.

»Laß ihn!«

Suko stieß Mallmann von sich.

Doch so leicht gab der Kommissar nicht auf. Wuchtig warf er sich gegen den Chinesen.

Suko konnte diesem Aufprall nicht standhalten. Er wurde abgelenkt, der Rabe bekam wieder etwas Luft, breitete die zerzausten Flügel aus und wollte hochfliegen.

Er schaffte es nicht. Die Magie der Dämonenpeitsche hatte ihn zu sehr geschwächt.

Mallmann wütete wie ein Berserker. Seine Fäuste glichen Dreschflegeln, als er nach Sukos Kopf schlug, doch der Chinese konnte immer wieder ausweichen.

Dann konterte er.

Hart kam seine rechte Faust. Ein Schlag wie aus dem Lehrbuch. Mallmann wurde an der Kinnspitze getroffen, kippte nach hinten, verdrehte die Augen und fiel einfach um.

Ein klassischer K.o., an dem jeder Boxtrainer seine reine Freude gehabt hätte.

Suko ruhte sich nicht aus, sondern wandte sich wieder dem höllischen Raben zu.

Diesmal hielt ihn keiner ab. Er wollte es dem Biest, das einen Saurier geschafft hatte, zeigen.

Der Vogel war verletzt, aber er war noch nicht kampfunfähig. Sein spitzer Schnabel hackte dem Chinesen entgegen, und Suko hütete sich, zu nahe an ihn heranzukommen, denn so wie der Schnabel aussah, riß er tiefe Wunden.

Wieder wölkten Federn auf, als Suko zuschlug. Das Krächzen wurde leiser und verzweifelter. Der Vogel schien zu wissen, daß er sich auf der Verliererseite befand.

Hastig bewegte er seinen Schädel, versuchte immer wieder nach Suko zu hacken und ihn zu treffen.

Der Chinese bewegte sich mit der Geschmeidigkeit eines erfahrenen Kämpfers. Sein Karatetraining kam ihm zugute. Er wußte, wie man den Hieben auswich und immer wieder Lücken fand, um zuzuschlagen.

Der Riesenrabe besaß eine ungeheuer starke Magie. Bei Dämonen der niederen Stufe reichte meistens ein Schlag mit der Peitsche, um sie zu vernichten. Dieser Vogel jedoch bäumte sich immer wieder gegen sein Schicksal auf, er wollte einfach nicht der Verlierer sein.

Suko hatte keine Lust, den Kampf in die Länge zu ziehen. Einmal mußte Schluß sein.

Er warf sich vor. Seine linke Handkante führte einen Sensenschlag, traf den Hals des Raben und knickte ihn weg. Gleichzeitig hämmerte Suko die Dämonenpeitsche in den Körper des Vogels.

Dieser letzte Schlag reichte.

Der Rabe stieß einen heulenden Klagelaut aus und fiel in sich zusammen, während der Chinese zurücksprang.

Schwer atmend blieb er stehen.

Hatte er das Tier besiegt?

Ja, der Vogel starb.

Plötzlich fielen die restlichen Federn von ihm ab. Sie trudelten zu Boden und verkohlten dort. Das gleiche geschah mit dem

Kopf. Auch der verkohlte, während dünne Rauchschwaden aus dem Körper drangen und gegen den bleigrauen Himmel stiegen.

Nichts blieb, wie es war.

Bis auf – die Augen!

Karin Mallmanns Augen blieben auf dem Boden liegen, und Suko hatte das Gefühl, von ihnen anklagend angestarrt zu werden, so daß er sich abwandte.

Inzwischen war Will Mallmann aus seiner Bewußtlosigkeit erwacht. Und er hatte den letzten Teil des Kampfes verfolgt.

Auch Sir Powell und der englische Geologe waren von diesem Kampf fasziniert, keiner achtete auf den Kommissar.

Er richtete sich auf, blieb kniend am Boden hocken und starrte auf den breiten Rücken des Chinesen.

Den Raben sah er nicht.

In Mallmanns Hirn klinkte etwas aus.

Suko hatte den Vogel getötet, damit hatte er auch Karin, die Verstorbene, umgebracht.

Mallmann dachte nicht mehr logisch, sein Handeln wurde nur noch vom Haß diktiert.

Seine Hand glitt unter die Achsel, wo die Waffe steckte. Langsam zog er die Pistole hervor, zielte und legte auf Sukos ungeschützen Rücken an . . .

Bill Conolly blieb stehen. Sein fordernder Ruf hielt Myxin zurück.

Der Magier drehte sich um. »Was gibt es?« fragte er.

Bill deutete mit einem Kopfnicken zu Boden. »Schätze, wir sind bald da.«

Jane Collins wurde wach. Sie war in den letzten Minuten nur noch dahingewankt. Schweißverklebt und dreckverkrustet war ihr Gesicht, als sie den Reporter ungläubig anschaute. »Wie kommst du denn darauf?«

Conolly wies auf den Boden. »Das schwarze Gestein da ist erkaltete Lava. Demnach muß es in der Nähe einen Vulkan geben. Und Vulkane sind Berge. Wie uns der gute Myxin verraten hat, soll der Friedhof in der Nähe der Berge liegen. Folglich ist es nicht mehr weit bis zu unserem Ziel.«

Jane schaute Myxin an, als würde sie dem Reporter nicht so recht trauen.

Der Magier nickte. »Bill hat recht.«

In Janes Augen glomm alter Glanz und Kampfeswille auf. Obwohl sie wußte, daß mit dem Erreichen des Friedhofs die Schrecken noch längst kein Ende hatten, sondern erst richtig beginnen würden, war sie doch froh, diesen Platz bald zu erreichen.

Sie gingen weiter.

Und wenig später schon führte der Weg aufwärts. Ein Indiz, daß sie die Berge tatsächlich vor sich hatten.

»Kannst du noch?« fragte Bill, der inzwischen auch schwer atmete.

Jane wollte lächeln, doch es wurde nur eine Grimasse.

Bill wußte Bescheid. Er ging vor und faßte Jane unter. Sie protestierte, aber der Reporter ließ sich nicht davon abhalten, die Detektivin den Rest des Wegs zu stützen.

Die riesigen Bäume wurden weniger. Das Unterholz war längst nicht mehr so dicht und verfilzt. Sie kamen bequemer voran, außerdem führte der Pfad jetzt waagerecht weiter.

Sie konnten besser ausschreiten.

Plötzlich blieb Myxin stehen.

Auch Bill hielt. Er wischte sich den Schweiß aus dem Gesicht und fragte: »Was ist?«

Myxin hob den Finger wie ein Mann, der die Windrichtung prüft. »Ich spüre etwas«, meldete er.

»Und was?«

»Gefahr!«

»Werden wir angegriffen?«

»Nein, aber ich rede von einer allgemeinen Gefahr, die in der Luft liegt. Wir müßten unser Ziel gleich erreicht haben.«

»Ist der Schwarze Tod in der Nähe?« Bill hatte seine Stimme unwillkürlich zu einem Flüstern gesenkt, doch Myxin schüttelte den Kopf. »Seine Ausstrahlung spüre ich noch nicht.«

»Wessen Ausstrahlung?«

»Irgendwo in der Erde lauert etwas. Es können die Gehilfen des Dämonen sein, nehme ich an . . .«

»Das kann ja heiter werden«, knirschte Bill und tastete nach seiner Waffe.

»Noch ist es nicht soweit«, schwächte der Magier ab.

Sie gingen weiter. Vorsichtiger als zuvor. Sie sicherten nach allen Seiten, und auch Myxin paßte auf wie ein Luchs. Einen Pfad gab es nicht, auch keinen Wildwechsel. Sie mogelten sich durch das hohe Farnkraut, während unter ihren Füßen hin und wieder leichte Rauchschwaden aus dem Boden stiegen. Es war noch heißer geworden. Die Luft konnte man kaum atmen. Sie stach in den Lungenflügeln.

Jane wurde immer matter. Bill hätte gern eine Pause eingelegt, doch das war nicht drin.

Sie mußten weiter.

Urplötzlich tauchte vor ihnen eine Lichtung auf.

»Der Friedhof«, hauchte Myxin, »wir haben ihn erreicht.«

Bill sagte nichts. Seine Augen wurden fast tellergroß, und er starrte auf die Szene, die ihm so unglaublich erschien, daß er sie einfach nicht begreifen konnte.

Auf dem Friedhof hielten sich nicht nur mehrere bekannte Menschen und zahlreiche helle Skelette auf, sondern eine Person schien durchzudrehen oder nicht mehr klar bei Verstand zu sein.

Das war Will Mallmann!

Er holte unter seiner Achsel eine Waffe hervor und zielte auf Sukos ungeschützen Rücken . . .

Eine halbe Sekunde brauchte Bill, um reagieren zu können.

»Will!« brüllte er.

Mallmann ruckte herum, und auch der Chinese drehte sich auf der Stelle.

Jetzt erst sah er, was Will Mallmann vorgehabt hatte, und er reagierte wie ein Blitz.

In langen Sprüngen jagte er auf den Kommissar zu, der kaum begriff, was passierte, so schnell fegte Mallmann die Waffe aus seiner Hand.

Dann streckte ihn ein weiterer, gut gezielter Hieb zu Boden.

Suko winkte Bill zu. »Danke.«

Jane Collins, Bill und Myxin schritten auf den Chinesen zu. Alle lächelten, doch es war kein frohes Lächeln, sondern eher ein erleichtertes.

Und auch Sir Powell kam herbei. Blaß im Gesicht, der Schlag in den Magen machte ihm zu schaffen.

Die Freunde begrüßten sich.

»Wir sollten nach Mr. Jansson sehen«, schlug Sir Powell vor. »Ich glaube, es sieht nicht gut aus.«

Da hatte der Superintendent recht.

Sven Jansson war tot.

Der Rabe hatte ihn doch noch umgebracht.

Erschüttert standen die Menschen vor der Leiche des Wissenschaftlers. Art Cornwalls Augen wurden feucht, und er schlug ein Kreuzzeichen über den Toten.

Suko half dem Kommissar auf die Beine. Auch Mallmann schaute auf den Toten.

»Der Rabe hat ihn umgebracht«, sagte Suko.

Will nickte. »Ich weiß, was du damit sagen willst. Er war nicht meine Frau.«

»Nein, sondern das Böse.«

Der Kommissar preßte die Lippen zusammen und nickte.

Suko war froh, daß er so dachte. Über den Vorfall verloren sie kein Wort. Allerdings lagen die Augen noch da.

»Himmel, das sind . . .«

Suko legte dem Kommissar die Hand auf die Schulter. »Sie sind übriggeblieben, Will.«

»Willst du sie zerstören?«

Suko lächelte. »Ich sehe keinen Grund.«

Der Kommissar nickte.

Bill Conolly winkte ihnen zu. Er und Jane sahen aus wie Abenteurer. Mit zerrissener Kleidung, abgekämpft, aber dem unbändigen Willen, sich dennoch durchzuschlagen.

Der Reporter berichtete in Stichworten, was ihnen widerfahren war. Selbst Sir Powell hörte gespannt zu und schüttelte hin und wieder den Kopf.

Schließlich meinte der Superintendent: »Wir können also damit rechnen, daß John Sinclair hier ebenfalls auftaucht?«

»Natürlich.«

Myxin, der Magier, hielt sich etwas abseits und lauschte den Gesprächen. Dabei behielt er die weißen Skelette im Auge, die sich ebenfalls nicht rührten und stumm wie Denkmäler vor ihren aufgebrochenen Gräbern standen.

Welche Funktion mochten sie haben?

Diese Frage stellte sich nicht nur der Magier, sondern Bill Conolly sprach sie laut aus.

Will Mallmann hob die Schultern. »Ich weiß nicht, weshalb sie aus der Erde gestiegen sind.«

»Vielleicht eine Schutzmannschaft für den Schwarzen Tod«, vermutete Jane.

»Möglich«, murmelte Bill Conolly. Er schaute die Detektivin an. Jane ging es besser. Sie hatte sich in den letzten Minuten gut erholt. In ihrem Augen flammte der alte Überlebenswille auf.

Auf dem Friedhof herrschte eine bedrückende Stille, denn auch die Menschen schwiegen. Nicht ein Windhauch fuhr über die aufgebrochenen Gräber, aber jeder spürte die Aura des Bösen, die überall lauerte.

Diese Umgebung war gefährlich . . .

Bill stieß den Chinesen an. »Was meinst du, Suko, nehmen wir uns der Skelette an?«

»Wir sollen sie killen?«

»Genau.« Bill grinste hart. »Wenn sie schon einmal von der Bildfläche verschwunden sind, wird es der Schwarze Tod längst nicht so leicht haben.«

Der gute Bill steckte wieder voller Tatendrang. Er fand die Idee des Chinesen gar nicht mal so schlecht. Aber die beiden Männer kamen nicht mehr dazu, sie in die Tat umzusetzen.

Die Skelette veränderten sich.

Sie blieben zwar in der Größe gleich, doch das Weiße der Knochen verschwand, es wurde dunkler, nahm einen schmutzigen Farbton an und wurde grau.

Bill und Suko machten die anderen auf diese Umwandlung aufmerksam.

Die Menschen staunten.

Niemand griff ein.

Immer stärker dunkelten die Knochen nach. Jetzt waren sie

schon nicht mehr grau, sondern schwarz. Zudem glänzten sie, als wären sie mit Schuhcreme eingerieben worden. Vor ihnen aus dem Boden drang ein dünner Rauch, der etwa in Kopfhöhe der Skelette schwebte und dann in deren Mundhöhlen drang, als würde er von einem Staubsauger eingesogen. Überall waren die Rauchfahnen zu sehen, sie legten einen regelrechten Nebel um Mensch und Monster.

»Was hat das denn nun wieder zu bedeuten?« flüsterte Bill. Er hatte seine mit Silberkugeln geladene Beretta gezogen und war bereit, bei einem Angriff sein Leben zu verteidigen.

Die Skelette taten ihnen nichts.

Noch nicht . . .

Allerdings veränderten sich ihre Augenhöhlen. Sie füllten sich plötzlich mit einem dunklen Rot und wirkten dabei wie Schächte, die in die Hölle führten.

Jane Collins stieß den Reporter an. »Weißt du, wie die aussehen?« hauchte sie.

Bill gab die Antwort. »Wie der Schwarze Tod.«

»Genau. Jedes dieser Skelette ist eine getreue Nachbildung des Dämons.«

Bei diesen Worten rann nicht nur Jane Collins ein Schauer über den Rücken. Jedem war klar, daß der Schwarze Tod seine Armee um sich versammelt hatte.

Sie hatten es also nicht nur mit einem Gegner zu tun, sondern mit zwanzig Helfern zusätzlich.

»Der hat alles verdammt gut vorbereitet«, murmelte Bill. »Wir sitzen in der Klemme.«

Suko hatte seine Dämonenpeitsche gezogen. Er stieß Superintendent Powell an. »Möchten Sie meine Pistole haben?«

Wie auch die anderen hatte Sir Powell das Geschehen fassungslos beobachtet. Jetzt blickte er Suko an. »Ich soll eine Waffe tragen?«

»Es wäre zumindest vorteilhaft.«

Hinter den dicken Brillengläsern flackerten Sir Powells Augen unruhig. Schließlich nickte er und sagte. »Gut, Suko, ich werde die Waffe nehmen.«

Der Chinese reichte ihm die Beretta.

»Und Sie?«

Suko lächelte. »Ich habe die Dämonenpeitsche. Sie ist ebensoviel wert, was Ihnen Myxin bestätigen kann.«

Myxin sagte jedoch nichts. Er hatte sich ungeheuer geärgert, als wir ihm die Waffe wegnahmen. Zuerst hatte er versucht, sie sich zurückzuholen, doch nun fragte er nicht mehr. Suko gab die Waffe niemals aus der Hand.

Die Verwandlung der Skelette war nun völlig abgeschlossen. Zwanzig schwarze Gestalten standen vor ihren Gräbern.

Wie auf ein geheimes Kommando hin setzten sie sich in Bewegung. Mit langsamen Schritten staksten sie aufeinander zu, trafen sich jedoch nicht, sondern bildeten in der Mitte des unheimlichen Friedhofs einen Kreis.

Die Spannung wuchs.

Niemand wagte es, jetzt noch zu sprechen. Auch von außen drang kein Geräusch mehr an die menschlichen Ohren. Es schien, als hielte selbst die Natur den Atem an.

Gleich mußte etwas geschehen.

Und es geschah auch was.

Plötzlich schwebten die Augen des Raben in die Höhe, als würden unsichtbare Stricke sie hochhieven.

Gebannt verfolgten die Zuschauer den Weg dieser Augen. Besonders Will Mallmann war fasziniert und abgestoßen zugleich.

Art Cornwall konnte das alles nicht mehr mit ansehen. Er hatte sein Gesicht in beide Hände vergraben. Seine Nerven streikten.

Die Augen wanderten auf den von den Skeletten gebildeten Kreis zu. Sie glitten nur stockend voran, als würden sie von irgend etwas zurückgehalten.

Nach etwa einer halben Minute hatten sie den Kreis erreicht, schwebten über die Köpfe der Skelette hinweg, bis sie sich im Mittelpunkt des Kreises befanden und ein wenig senkten.

Knapp über den Schädeln der Skelette blieben sie in der Luft stehen.

Sekunden vergingen.

Noch geschah nichts.

Dann aber sah jeder Zuschauer das Vibrieren oberhalb des Kreises. Die Luft geriet in Bewegung, sie schien sich zu verdichten, Konturen, die entfernt Ähnlichkeit mit einem menschlichen Körper hatten.

Aber es waren zwei Stellen, an denen sich die Luft verdichtet hatte.

Also zwei Gestalten.

»John – das muß John sein«, flüsterte Jane Collins und biß sich vor Aufregung in die Lippe.

Niemand sprach. Jeder wurde von dem unheimlichen Geschehen in den Bann gezogen.

Jetzt waren die Gestalten besser zu erkennen.

Zuerst erschien ein Frauenkörper. Lange dunkle Haare, ein blasses Gesicht, in das die stehenden Augen genau hineinpaßten, als hätten sie nur darauf gewartet, von den Höhlen aufgesogen zu werden.

Die Frau war . . .

»Karin«, stöhnte Will Mallmann und schüttelte verzweifelt den Kopf.

Dann erschien der Mann.

Und diesmal hauchte Jane Collins den Namen. »John . . .«

Ich war es in der Tat. Und ich hatte die Zeitreise einigermaßen gut überstanden.

Unzählige Eindrücke waren wie ein wilder Regen auf mich niedergegangen. Ich flog durch Dimensionen und Zonen, die nie eines Menschen Auge gesehen hatte und wohl auch niemals sehen würde. Schreckensbilder verlorener Länder, unheimliche Wüsten, grausame Kontinente, kalte Sterne, dann wieder farbige Lichter und die Schwärze.

Die aber plötzlich aufhörte, als ich festen Boden unter meinen Füßen spürte.

Ich war am Ziel!

Im Land des Schwarzen Tods!

Meine Füße konnten mein Körpergewicht kaum halten, in den Knien fühlte ich ein Zittern, vor meinen Augen tanzten Kreise.

Tief atmete ich durch.

Feuchte und gleichzeitig auch heiße Luft stach in meine Lungen. Dieses Atmen war keine Erfrischung, ich fühlte mich wie in einer Waschküche.

Spaltbreit öffnete ich die Augen.

Noch konnte ich nicht klar sehen, doch ich glaubte, schwarze Totenschädel zu erkennen. Allerdings nicht einen, sondern mehrere. Die Köpfe hatten mich eingekreist, und als mein Blick nach unten wanderte, sah ich auch die knochigen schwarzen Körper.

Ich war ihr Gefangener.

Aber noch jemand stand neben mir.

Eine Frau.

Ich strengte mein Gedächtnis an, und die Erinnerung kehrte zurück.

Der Kampf mit den Hexen, der silberne Bumerang, das Verlassen der Höhle, dann die Frau.

Karin Mallmann.

Sie war es, die neben mir stand. Karin Mallmann hatte die magische Reise mitgemacht.

Allmählich klärte sich mein Blick. Ich stellte fest, daß ich über die Köpfe der Skelette hinwegschauen konnte. Was ich sah, gab mir einen freudigen Schock.

Meine Freunde waren hier.

Bill Conolly, Jane, Suko, Will Mallmann und sogar Superintendent Powell sowie ein Mann, den ich nicht kannte. Einen zweiten sah ich regungslos am Boden liegen. Neben ihm stand Myxin, der Magier.

Narrte mich der Spuk? Hatte der Schwarze Tod mit mir sein Spielchen getrieben und gaukelte mir jetzt Bilder vor, die es überhaupt nicht gab? Wollte er mich quälen, mich demütigen und nervlich zerrütten?

Zuzutrauen war es ihm, und ich tat so, als würden meine Freunde für mich nicht existieren.

Ich wartete erst einmal ab, wie sich die Dinge entwickelten.

Böse Augen starrten mich an. Rote Augen, wie ich sie schon ein paarmal bei meinem Erzfeind gesehen hatte. Aber er war noch nicht da. Denn diesen Dämon konnte man nicht übersehen. Das riesige Skelett mit der gewaltigen Sense war ein Bild des Grauens. Dem Schwarzen Tod bereitete es Spaß, sich so zu zeigen, denn er wollte Furcht und Schrecken verbreiten.

Das allein war sein Ziel.

Tod, Vernichtung, Chaos . . .

Neben mir lachte Karin Mallmann auf. Sie drehte den Kopf, damit sie mich anschauen konnte. »Nun bist du endgültig in seinem Reich«, erklärte sie. »Und nichts, aber auch gar nichts wird den Schwarzen Tod daran hindern, dich zu töten. Deine Zeit ist abgelaufen, John Sinclair. Und auch die Zeit deiner Freunde. Schau sie dir genau an, die dort versammelt sind. Sie hoffen auf dich, aber es muß ihnen klar sein, daß sie keine Chance haben. Nicht gegen uns!«

Das waren große Worte, die jedoch an mir abprallten, denn schon oft genug hatte ich gehört, wie Dämonen protzten und mit ihrer Macht und Stärke angaben, nur um ihre Gegner in Angst und Schrecken zu versetzen. Zu Beginn meiner Laufbahn war ich darauf hereingefallen, doch nun ließen mich die großsprecherischen Worte relativ kalt.

Vielleicht wollten sie sich selbst damit Mut machen.

Ich schaute mir die Skelette an.

Waffen hielten sie nicht in den knochigen Fingern. Das war schon ein Vorteil. Aber ob es meine Freunde schafften, die zwanzig Gerippe zu besiegen, war fraglich.

Karin Mallmann übernahm wieder das Wort. Diesmal sprach sie nicht mich an, sondern ihren ehemaligen Gatten.

»Will!« rief sie.

Der Kommissar rührte sich nicht.

»Will, komm her!«

Die erste Machtprobe. Ich war gespannt, was Karin Mallmann vorhatte. Und wie Will darauf reagierte.

Ich hob die rechte Hand und winkte den Freunden beruhigend zu. Sie verstanden und nickten.

Will traute sich noch nicht, einfach loszugehen. Deshalb machte es ihm die Untote ein wenig leichter. Sie trat einen Schritt vor, und die Skelette öffneten den Kreis, den sie allerdings hinter ihr sofort wieder schlossen, damit ich nicht entwischen konnte. Von diesen Gestalten ging eine böse Aura aus. Ich spürte es besonders daran, daß sich mein Kreuz erwärmt hatte.

Würde es mich auch diesmal nicht im Stich lassen?

Ich hoffte es und rechnete fest damit. Das Kreuz und der Bumerang, damit müßte der Schwarze Tod eigentlich zu schaffen sein, dachte ich.

Doch vorerst war er noch nicht da, und das Geschehen konzentrierte sich auf Will Mallmann und dessen tote Frau.

Sie schritten aufeinander zu.

Tat Will einen Schritt, so machte Karin zwei. Sie näherten sich ziemlich schnell.

Plötzlich blieb der Kommissar stehen.

Auch Karin stoppte.

Ihr Gesicht zeigte nichts von dem, was sie vielleicht dachte. Sie fragte nur: »Willst du mich nicht in die Arme schließen, Will?«

»Nein!«

Die Antwort überraschte mich. Ich hatte Will noch als gebrochenen Mann gesehen, der stark um seine Frau trauerte und alles gegeben hätte, um sie zurückzubekommen.

Und jetzt diese Antwort.

Irgendeine Wandlung war mit ihm vorgegangen. Vielleicht hatten andere ihn beeinflußt, auf ihn eingeredet und ihn mit den unabänderlichen Tatsachen konfrontiert.

Ihn und seine Frau verband nichts mehr.

Das war gut so.

»Aber du hast dich doch nach mir gesehnt«, sagte Karin. »Aus dem Jenseits habe ich beobachtet, wie du um mich getrauert hast. Jeden Abend hast du mein Bild angeschaut, hast mit mir gesprochen, hast nach mir gerufen, und ich, Will, ich habe nur gelacht, denn längst war ich eine Dienerin des Schwarzen Tods.«

Will Mallmann hörte die Worte und reagierte nicht. Sein Gesicht war eine Maske. Es wirkte wie aus Stein gehauen, selbst seine Augen blickten wie zwei Kiesel.

Glatt und kalt.

»Na, Will? Willst du es dir nicht überlegen? Ich kann dir dein Leben schenken, wenn du zu mir kommst. Du brauchst dich nur auf unsere Seite zu stellen, dann ist alles klar. Von deinen Freunden und vor allen Dingen von John Sinclair kannst du keine Hilfe mehr erwarten. Sie werden schon bald unter der Erde liegen. Ihre Knochen vermodern auf dem Friedhof am Ende der Welt, du aber, Will, du wirst leben. Mit mir leben!«

»Was wäre das für ein Leben?« fragte der Kommissar mit tonloser Stimme.

»Ein wunderbares Leben. Du gehörtest zum engeren Kreis des Schwarzen Tods. Und du hättest alles, was du dir nur wünschen kannst. Macht, Reichtum, Geld . . .«

Will hob den rechten Arm. »Ich gebe dir eine Antwort, Karin.«

»Die wäre?«

»Ich verzichte auf deinen Vorschlag. Ich habe, was ich brauche. Ich will nicht die Macht und auch nicht den Reichtum, den du mir bietest und der auf der Basis der Hölle aufgebaut worden ist. Nein, daran sollst du ersticken, Karin. Ich bin darauf nicht angewiesen, das merke dir.«

»Ist das dein letztes Wort?«

»Nein!«

»Dann hast du es dir doch noch überlegt?«

»Ich will dir noch eine Antwort geben, Karin«, erwiderte Will mit tonloser Stimme. »Eine Antwort, die ich mir genau überlegt habe und die ich auch nicht bereuen werde.« Während dieser Worte hatte er den Arm sinken lassen, und seine Hand war in den Jackenausschnitt gerutscht.

Blitzschnell zog er seine Waffe, schwenkte den Arm ein wenig zur Seite und zielt auf seine tote Frau.

»Was hast du vor?« fragte sie.

»Ich wollte dir eine Antwort geben, Karin!«

»Du willst mich erschießen?«

»Ja, ich werde dich töten!« Seine Worte tropften in die atemlose Stille.

Jeder von uns war überrascht. Mir lief eine Gänsehaut über den Rücken. Ich wollte zuerst eingreifen, doch ich sagte mir, daß dieses Gespräch nur Will und seine tote Frau etwas anging. Die beiden mußten es unter sich ausmachen. Bestimmt hatte der Kommissar lange genug über seinen Entschluß nachgedacht.

Ich konnte mir gut vorstellen, wie schwer es ihm gefallen war, sich auf diese Art und Weise zu entscheiden.

Auch die anderen waren entsetzt. Ich sah es an ihren Gesichtern. Jane hatte die Augen weit aufgerissen, Bill Conolly starrte zu Boden, Sukos Gesicht wirkte versteinert, und auch Sir Powell schaute ungläubig.

»Es tut mir nicht einmal leid, Karin«, sagte der Kommissar mit fester Stimme.

Die Untote schien zu merken, daß es Mallmann ernst meinte. Sie ging einen Schritt zurück. »Du . . . du willst wirklich . . .?«

Will Mallmann gab die entsprechende Antwort. Die einzig für ihn richtige.

Er schoß.

Die erste Kugel jagte er in die Brust seiner untoten Frau. Der Rückstoß schleuderte Karin Mallmann nach hinten, doch sie fiel nicht, sie hielt sich auf den Beinen.

Da schoß Will ein zweites Mal, und die Tränen rannen dabei an seinen Wangen herab.

Die zweite geweihte Silberkugel hatte er in die Stirn der Untoten gesetzt.

Karin Mallmann fiel um.

Nun war sie endgültig tot! Diesmal ausgelöscht durch die Hand ihres Mannes.

Will Mallmann ließ den rechten Arm sinken. Die Waffenmündung zeigte zu Boden. Sekundenlang starrte er auf das, was von Karin Mallmann übriggeblieben war.

Knochen und Staub . . .

Dann drehte sich Will um. Wie eine Marionette schritt er zu den anderen zurück.

Innerhalb des Skelettkreises, in dem ich stand, begann die Erde zu vibrieren. Rötliche Dämpfe stiegen aus dem Boden. Mir wurde es mulmig.

Ich wollte aus dem Kreis, doch die Gerippe streckten ihre Arme aus und schlossen ihn.

Ich lief gegen die Knochen und prallte davon ab wie bei einer Gummiwand.

Um mein Kreuz herauszuholen und den Kreis damit zu sprengen, dazu war es zu spät.

Der Schwarze Tod hatte sich bereits manifestiert.

Die Skelette hatten die kahlen Schädel in den Nacken gelegt und starrten nach oben – zu ihrem Herrn und Meister, denn aus der Wolke schälte sich die grausame Gestalt meines Erzfeindes.

Der Schwarze Tod war da!

Ich kann die Gefühle kaum beschreiben, die mich in diesem Augenblick überfielen.

Es war Angst dabei, Genugtuung, Hoffnung und auch Zorn.

Ja, ich haßte ihn. Diesen verfluchten Dämon, der bereits soviel Leid über die Welt gebracht hatte und mir und meinen Freunden nun seine Macht demonstrierte.

Er schwebte hoch über uns.

Ein riesiges schwarzes Skelett mit rotglühenden Augen, und wie immer hielt er seine gewaltige Todessense in der Hand, durch die Karin Mallmann nach ihrer Hochzeit gestorben war.

Ich spürte die Bedrohung wie einen Hauch, der meinen Körper streifte. Fröstend zog ich die Schultern hoch.

Auch die anderen Freunde waren erstarrt. Ihre Blicke klebten an der schrecklichen Gestalt, die mit der Sense einen Halbkreis schlug und dabei schaurig auflachte, so daß es wie ein Donnerschlag über den einsamen Friedhof brauste.

Der Kreis löste sich auf.

Die Skelette traten zurück, gingen mit hölzern wirkenden Schritten zu ihren Gräbern und blieben dort stehen.

Eine Wache für ihren Herrn.

Mir sollte es egal sein, ich wollte den Schwarzen Tod besiegen. Aber schaffte ich das auch? Urplötzlich kamen mir Zweifel. Unendlich klein und verloren kam ich mir jetzt vor, wo er, der Gewaltige, über mir schwebte und mich mit seiner mörderischen Sense bedrohte.

Außerdem war das hier sein Reich, dieser Friedhof sah ihn als Schöpfer, hier ließ er sich von keinem anderen etwas nehmen.

Und ich sollte ihn besiegen.

Aber ich hatte meine Freunde. Welches Schicksal sie hierhergetrieben hatte, das wußte ich nicht. Mir war nur bewußt, daß sie auf meiner Seite standen. Dieses Wissen ließ mich nicht mehr so trübe in die Zukunft schauen.

Der Schwarze Tod hatte meine Gedanken entweder erraten oder gelesen.

Er lachte auf und brüllte: »Verlasse dich nur nicht auf deine Freunde, Geisterjäger. Du bist hier in meinem Reich, und ich sorge dafür, daß sie sterben. Zuvor sollst du vernichtet werden, und damit die anderen nicht eingreifen, werde ich sie mit einem Bann belegen.«

Der Dämon hatte die Worte kaum ausgesprochen, als er sie auch schon in die Tat umsetzte. Niemand, auch ich nicht, konnte ihn daran hindern.

Aus seinen Augen schossen urplötzlich rote Blitze, die mich an Blutstrahlen erinnerten. Die Blitze faserten sich über den Köpfen meiner Freunde auseinander und wurden zu einem Netz, das sich gedankenschnell auf sie legte.

Das magische Netz lähmte sie.

Suko, Bill, Jane, Sir Powell und Myxin konnten sich nicht bewegen. Sie standen auf dem Fleck, als wären sie zu Stein geworden.

In unnatürlichen, angespannten Haltungen, so wie sie mich gerade angeschaut hatten.

Kommissar Mallmann hielt sogar noch seine Waffe in der Hand.

Der Schwarze Tod bewegte sein Maul und lachte drohend. »So, Geisterjäger, die wären ausgeschaltet.«

Ich nickte. »Okay, und was hast du mit mir vor?«

»Keine Bange, John Sinclair, dich werde ich nicht magisch lähmen. Obwohl es eine starke Magie ist, wie du gesehen hast, denn auch Myxin ist davon eingefangen worden. Ich habe mir für dich etwas Besonderes einfallen lassen.«

So etwas hatte ich mir gerade gedacht. Leicht wollte es der Schwarze Tod sich nicht machen. Er war ein Dämon, und er mußte mir seine Stärke beweisen, er konnte es nicht auf rasche Art und Weise hinter sich bringen, das ging gegen seine Natur.

»Du wirst nicht auf diesem Friedhof sterben«, sagte er. »Hier wird nur dein Grab sein. Wenn du tot bist, schaffe ich deinen Kadaver hierher.«

Die letzten Worte waren das Zeichen für die schwarzen Skelette. Sie verließen ihre Plätze, stellten sich in Gruppen auf und schritten mir entgegen.

Ich überlegte, ob ich jetzt schon schießen sollte, ließ es aber bleiben und wartete auf eine günstigere Gelegenheit.

Die riesige Gestalt des Schwarzen Tods schwebte über mir

und sah zu, wie sich die Skelette etwa einen Schritt vor mir teilten und mich in die Zange nahmen.

»Folge ihnen!« donnerte der Schwarze Tod. »Sie werden dich zu deinem Sterbeplatz begleiten.«

Mir blieb nichts anderes übrig, als der Aufforderung Folge zu leisten. Eingerahmt von den schwarzen Skeletten schritt ich quer über den Friedhof, vorbei an meinen Freunden, die sich nicht bewegen konnten, und ging dorthin, wo der Dschungel begann.

Den schmalen Pfad hatte ich zuvor nicht gesehen. Erst als ich dicht davorstand, sah ich, daß er sich in die Höhe wand, auf einen Berg zu, der ebenso schwarz wie die Skelette war. Allerdings sah ich auf der Spitze ein rotes Leuchten, und mir war klar, daß ich dort meinen Tod finden sollte.

Plötzlich verspürte ich Angst.

Trotz meiner neuen Waffe – und obwohl ich dazu noch das Kreuz bei mir trug, hatte ich plötzlich Angst, es nicht zu schaffen. Ich ging über das dunkle, rissige Gestein mit dem Gefühl im Herzen, dem Ende entgegenzuschreiten. Ich hatte erlebt, was der Schwarze Tod alles konnte, wie er meine Freunde ausgeschaltet hatte.

Eine grausame Vision, ein schrecklicher Dämon, der nur Haß und die Vernichtung kannte.

Der Weg wurde steiler. Ich atmete schwer. Längst war der Wald zurückgetreten, vor mir sah ich bereits die Bergspitze, eingehüllt in ein düsteres rotes Glosen.

Lag dort die Hölle?

Hart preßte ich die Lippen zusammen und sog die Luft scharf durch die Nase ein. Ich konzentrierte mich auf die vor mir liegende Aufgabe und versuchte nicht, an eine eventuelle Niederlage zu denken.

In Gipfelnähe wurde der Weg noch beschwerlicher. Der Fels unter mir war porös. Manche Einkerbungen sahen aus wie Stufen, in die ich zum Glück meine Füße hineinsetzen konnte. Dabei mußte ich große Schritte machen und mich mit dem jeweiligen Standbein immer wieder abstemmen. Mein Gesicht glänzte, als hätte man es mit einer Spechschwarte eingerieben. Der Schweiß rann mir aus allen Poren, die Luft und das Klima machten mir schwer zu schaffen.

Die Skelette blieben immer an meiner Seite. Ihnen machte das Steigen nicht aus. Manchmal hatte ich das Gefühl, sie würden sogar über den Vulkanfels schweben.

Vegetation gab es nicht mehr. Nur noch schwarze Felsen. Und hoch über mir war der graue, eintönige Himmel.

Welch ein Kontinent!

Wenn ich den Blick hob, konnte ich zum Gipfel schauen. Dort wartete der Schwarze Tod bereits.

Diesmal würde es zu einem endgültigen Kampf kommen, dessen war ich mir sicher. Ein Kampf, von dem niemand wußte, wie er endete. Obwohl ich den Bumerang besaß, war ich gar nicht mal so sicher, die Auseinandersetzung für mich entscheiden zu können. Der Schwarze Tod hatte mich hier in eine Welt gelockt, die er regierte, wo er das Sagen hatten und ich nur ein Zwerg war.

Ein Zwerg mit der Vermessenheit eines Riesen.

Wie schrecklich war diese Welt. Ein finsterer Ort im sturmgepeitschten Meer der Dimension. Eine Geburtsstätte des Grauens, teuflisch und mit dem Brodem der Hölle angereichert.

Hier mußten sich die grausamen Gestalten wohlfühlen.

An diesem Ort und in dieser Welt wurde jeden Tag und jede Stunde etwas Neues geboren, aber etwas Böses, das dem Schwarzen Tod diente.

Auf allen vieren mußte ich die letzten Yards überwinden. Meine Hände berührten das Gestein.

Es fühlte sich warm an. Aus der Nähe sah es aus wie ein Schwamm.

Manchmal berührten mich die knochigen Finger der Skelette. Dann drang die Kälte durch meine Kleidung. Ich schauderte.

Endlich hatte ich es geschafft.

Ich stand am Gipfel!

Vom Friedhof aus sah er spitz und steil aus. Als ich näher herankam, stellte ich fest, daß der Berggipfel zu einer kleinen Plattform auslief, ähnlich einem Plateau.

Darauf stand der Schwarze Tod.

Er nahm fast die Hälfte ein. Sein gewaltiger Körper schien in den grauen Himmel zu stechen. Die Skelette hatten keinen Platz mehr, sie warteten dicht unterhalb des Berggipfels.

Ich fühlte mich ungeheuer einsam und verlassen. Der Schwarze Tod schien mir in diesen Augenblicken unbesiegbar zu sein. Direkt über mir schwebte die Spitze der Sense. Wenn sie auf mich herunterfuhr, dann war es aus.

Ich wußte, daß ich wie Karin Mallmann sterben sollte. Durch einen Schlag dieser mörderischen Waffe.

Ich tastete vorsichtig nach meinem Kreuz. Es war noch vorhanden und wurde von der Kleidung verdeckt.

Würde es mir helfen? Konnte es in diesem Land, in dem das Grauen zu Hause war, überhaupt seine Kraft entfalten? War das Böse letzten Endes nicht stärker?

Wenn ich daran dachte, bekam ich Herzklopfen. Es war die Angst, gegen die auch ich nicht gefeit bin.

»John Sinclair!« donnerte mir der Schwarze Tod entgegen. »Endlich bist du da!« Er schwang seine Sense. Unwillkürlich zog ich den Kopf ein. Die Klinge rasierte dicht über meinen Haarschopf hinweg und zeichnete einen blutroten Strich. »Was meinst du, wie lange ich auf diese Stunde gewartet habe! Nur wir beide stehen uns gegenüber, und einer von uns kann nur der Sieger sein.«

Ich streckte den Arm aus. »Was ist mit deinen Skeletten?« fragte ich. Meine Stimme kratzte. »Ich dachte immer, du würdest mit mir allein kämpfen!«

»Sie sind nur die Aufpasser. Sie werden dir nichts tun, aber jemand muß deinen Kadaver ja verscharren. Und das werden die Skelette übernehmen.« Er stampfte mit dem rechten Kochenfuß auf. Sofort wallte eine blutrote Nebelwolke hoch, die an seinem Knochenkörper entlangstieg und ihn einhüllte.

»Tod für John Sinclair und seine Freunde!« schleuderte er mir haßerfüllt entgegen. »So soll es und so wird es sein!«

»Warum fängst du nicht an?« fragte ich und zog langsam den Reißverschluß meiner Jacke nach unten.

Er sah dies und schüttelte seinen Totenschädel. »Dein Kreuz wird dir nichts nützen, John Sinclair, denn ich bin nicht allein. Ich habe Unterstützung erhalten, und du wirst dich wundern, wenn du meine Freunde siehst.«

Er breitete beide Arme aus. Der rote Nebel wurde dichter, und im selben Augenblick schälten sich vier Gestalten daraus hervor.

Gestalten, die ich sehr gut kannte, denen ich bereits begegnet war, die alle Grausamkeiten der Hölle in sich vereinigten.

Es waren die Horror-Reiter!

Myxin, der Magier, spürte den mörderischen Ansturm der Schwarzen Magie, und er stemmte sich dagegen an.

Neben ihm erstarrten die Menschen plötzlich in ihren Bewegungen, aber er war kein Mensch – er war ein Dämon.

Und er kannte einen Gegenzauber.

Myxin aktivierte seine Kräfte. Im Geist formulierte er Gegenformeln, schickte sie auf die Reise, damit sein Gedankenstrom der Macht des Dämons entgegenwirkte.

Es war ein verbissener, lautloser Kampf, in dem der Zeitfaktor eine Rolle spielte. Was bei den Menschen binnen Sekunden wirksam wurde, dauerte bei Myxin doppelt so lange – und erreichte nicht die Folgen, die der Schwarze Tod anvisiert hatte.

Myxin erstarrte zwar, aber er war nicht wehrlos.

Er ging nur auf das Spiel ein. Der Magier wiegte seinen Feind in Sicherheit.

Die Menschen ließen sich täuschen, und auch der Schwarze Tod wurde hintergangen. Er merkte nicht, daß Myxin nur schauspielerte. Zwar besaß der Magier nicht mehr die normale Kraft, aber er konnte denken, er konnte sich bewegen, und er würde in die Auseinandersetzung eingreifen.

Myxin stand so, daß er aus den Augenwinkeln die weiteren Vorgänge beobachten konnte.

Er sah, daß sich die Skelette formierten und John Sinclair in einer unheimlichen Prozession zum Ausgang des Friedhofs begleiteten. Sie schritten lautlos an den aufgebrochenen Gräbern vorbei und verschwanden im Dschungel.

Myxin blieb noch ruhig.

Er beobachtete, sah wie sich der Schwarze Tod in die Luft erhob und einem Berggipfel entgegenstrebte. Dort sollte John Sinclair sterben.

Der kleine, aber mächtige Magier dachte daran, daß er es eigentlich John Sinclair zu verdanken hatte, noch am Leben zu sein. Er hätte zwar auch weitergelebt, allerdings tief auf dem

Meeresgrund, wohin der Schwarze Tod ihn verbannt hatte. Myxin war von dem Geisterjäger aus dem Tiefschlaf geweckt worden.

Der Magier verdankte dem Sinclair-Team demnach seine Existenz. Und daß ausgerechnet John Sinclair sterben sollte, das ging ihm gegen den Strich.

Es kostete ihn Überwindung, seine Starre beizubehalten. Er mußte so lange abwarten, bis sich der Schwarze Tod nur noch auf Sinclair konzentrierte und nicht mehr an Myxin dachte.

Die Zeit wurde Myxin lang.

Die übrigen Menschen rührten sich nicht. Sie wirkten wie Statuen auf diesem einsamen Friedhof. Wenn John Sinclair den Kampf verlor, dann war es auch um sie geschehen.

Daran dachte Myxin mit Schrecken. Und deshalb durfte Sinclair den Kampf nicht verlieren, und er, der Magier, wollte alles tun, um dies zu verhindern.

Die Skelette waren verschwunden, und der Schwarze Tod bewegte sich ebenfalls in die Richtung des Kampfplatzes.

Myxin gab seine Haltung auf.

Plötzlich schwindelte ihn. Er konnte sich kaum auf den Beinen halten und mußte zugeben, daß er von der Magie des starken Dämons doch schlimmer erfaßt worden war, als er erwartet hatte.

Myxin war klar, daß er gegen den Schwarzen Tod nichts ausrichten konnte. Der war momentan einfach zu mächtig. Aber da waren noch die Skelette, die Helfer des Schwarzen Tods. Wenn sie sich auf John Sinclair stürzten, hatte der Geisterjäger keine Chance.

Und das wollte Myxin unbedingt vermeiden. Deshalb mußte er die Skelette ausschalten.

Nur – wie schaffte man das?

Myxin war ein Dämon, der sich in den Dimensionen des Grauens auskannte. Er hatte bereits mehrere dieser Reiche durchwandert, und es gab auch Geschöpfe, die auf ihn hörten.

Die Schwarzen Vampire!

Wesen, dich sich bisher nur selten auf der Erde gezeigt hatten, sondern in einer anderen Dimension zu Hause waren und dort lebten. Diese Monster standen voll auf Myxins Seite, sie gehorchten ihm, denn er war ihr Herr.

Die wollte er holen.

Myxin wußte, daß er sich eine Aufgabe gestellt hatte, die kaum lösbar war, aber er mußte es versuchen. Er allein konnte die Skelette nicht besiegen.

Zwar waren die Vampire nicht gerade Freunde der Menschen, im Gegenteil, sie trachteten danach, sobald sie auf der Erde waren, den Bewohnern das Blut auszusaugen, doch wenn Myxin es befahl, würden sie gegen ihren Trieb angehen und sich auf die Seite der Menschen schlagen. Sie mußten es tun.

Myxin wollte sie durch eine Beschwörung herbeirufen.

Normalerweise genügte ein Gedanke, ein kurzer geistiger Kontakt, um sie zu holen, doch diese Welt hier war anders. Hier regierte der Schwarze Tod, und hier war nur seine Magie wirksam. Diese Magie mußte Myxin erst durchbrechen.

Schwarze Magie gegen Schwarze Magie!

Welche war stärker?

In das Reich des Spuks war er mit seinen Geschöpfen eingedrungen, hatte die Schatten in die Flucht schlagen können und somit Jane Collins und John Sinclair gerettet. Ob es hier klappte, war mehr als fraglich.

Myxin versuchte es.

Er setzte sich auf den Boden, kreuzte dabei die Beine, schloß die Augen halb und entspannte sich. Danach konzentrierte er seine Gedanken auf ein fernes Reich, das in einer Zwischenebene lag. Er dachte intensiv an seine Helfer, suchte den gedanklichen Kontakt, doch sein Gehirn blieb leer.

Keine Antwort.

Myxin verstärkte den Gedankenkontakt. Gleichzeitig spürte er die magische Sperre, die sein Gehirn zu beeinflussen drohte. Die Sperre war ungeheuer stark, der Schwarze Tod hatte all seine Magie aufgeboten, um sein Reich zu schützen.

Es war fast unmöglich, sie zu durchbrechen.

Myxin spürte, wie seine Kräfte erlahmten. Der Dämon stöhnte auf, seine Haut nahm eine andere Farbe an. Sie schillerte jetzt dunkelgrün, die Augen leuchteten.

Ungeheuer starke geistige Kräfte rangen miteinander. Es war

ein zähes, verbissenes Ringen, und Myxin sah sich bereits auf der Verliererstraße, als etwas Seltsames geschah.

Urplötzlich hatte er Kontakt.

Er empfing einen Gedankenimpuls.

›Du hast uns gerufen, Meister?‹

Das war Goran, der Anführer.

›Ja‹, formulierte Myxin.

›Was sollen wir tun?‹

›Ich brauche eure Hilfe. Kommt in das Reich des Schwarzen Tods. Die Grenzen sind plötzlich dünn geworden. Ich habe es geschafft. Schnell, beeilt euch. Ich brauche Hilfe. Es geht um meine und auch um eure Existenz.‹

Die Worte halfen. Myxin vernahm die Antwort. ›Wir kommen.‹

Dann war der Kontakt unterbrochen.

Der Magier fiel langsam auf die Seite. Er war restlos erschöpft und hatte sich durch die Beschwörung völlig verausgabt. Von alldem hatten die erstarrten Menschen nichts bemerkt. Sie standen noch immer auf dem Fleck.

Myxin erholte sich nur langsam. Er streckte die Arme aus, winkelte sie an und stützte sich vom Boden ab. Wie ein kleines Kind erhob er sich, blieb stehen, unsicher schwankend, als würde er das Laufen lernen.

Sein Blick fiel auf die Bergspitze. Dort wallten rote Nebel. Schemenhaft glaubte der Magier, die Umrisse des Schwarzen Tods zu erkennen. John Sinclair sah er nicht. Der Nebel hatte ihn verschluckt.

War der Kampf schon entbrannt? Kamen Myxin und seine Helfer vielleicht zu spät?

Er schaute, furchte die Stirn, rollte mit den Augen, doch die Sicht wurde nicht besser. Myxin konnte nichts erkennen. Zu stark war der Nebel.

Plötzlich hörte er das Brausen.

Sein Blick glitt weg von der Bergspitze. Er schaute nach oben in den grauen Himmel, und aus ihm stachen unzählige dunkle Punkte.

Die Vampire kamen!

Für einen Moment hatte Myxin die Befürchtung, daß die

Vögel eingreifen und die Vampire zum Kampf stellen würden, doch ungehindert flogen die Blutsauger dem Boden entgegen.

Allen voran Goran.

Er war eine riesige Fledermaus mit einer Flügelspannweite von mehreren Yards. Im Gegensatz dazu wirkte der Kopf außerordentlich klein, doch deutlich waren die nadelspitzen Zähne zu sehen, mit denen die Vampire in die Schlagader bissen, um das Blut ihrer Opfer auszusaugen.

Goran hatte dreißig Fledermäuse aus der anderen Dimension mitgebracht. Myxin stand auf dem Friedhof und erwartete seine Streitmacht.

Nicht alle landeten.

Nur Goran schwebte dem Boden entgegen, genau vor den Füßen des Magiers. Die übrigen Vampire blieben in der Luft, zogen ihre Kreise über dem Friedhof und schauten aus kleinen, tückischen Augen auf die Menschen nieder.

Dort befand sich die Beute ...

Auch Myxin bemerkte die Blicke. »Ihr werdet sie in Ruhe lassen!« befahl er.

Die Flügel des Anführers falteten sich zusammen. Auf zwei kurzen Beinen stand Goran vor seinem Herrn. »Da sind wir!« sagte er in einer Sprache, die nur er, seine Artgnossen und Myxin verstanden.

Der Magier nickte. »Ihr wißt, wo ihr euch hier befindet?« fragte er.

»Ja, im Reich des Schwarzen Tods. Aber wir sind ohne Schwierigkeiten hineingekommen. Auch an der Grenze hielt uns niemand auf. Es scheint Veränderungen gegeben zu haben.«

»Die hat es in der Tat gegeben«, erwiderte Myxin und nickte.

»Wie sollen wir dir helfen?« fragte Goran und deutete auf seine Armada. Dabei streckte er eine Krallenhand aus und machte eine weitausholende Bewegung.

Myxin erklärte es ihm. Er sprach von den Skeletten, die den Schwarzen Tod begleitet hatten, und Goran zeigte sich sehr optimistisch. »Wir schaffen sie schon«, sagte er.

Myxin winkte ab. »Vorsicht, zuviel Optimismus ist fehl am Platze. Denke immer daran, wo wir uns befinden. Unsere Kräfte sind geschwächt.«

Darauf erwiderte Goran nichts.

Myxin schnippte mit den Fingern. »Du wirst mich tragen«, ordnete er an, und der Riesenvampir breitete seine wie Lederhäute aussehenden Flügel aus.

Der Magier nahm darauf Platz.

Goran stieß einen hellen Schrei aus und erhob sich von der Erde. Die anderen Vampire hatten sich längst um ihn versammelt. Auch sie flogen hoch, hielten sich jedoch hinter ihm und schwebten ihrem Ziel zu.

Es war der Berg, auf dem ich zum letzten Kampf gegen den Schwarzen Tod angetreten war . . .

Und ob ich die Horror-Reiter kannte.

Plötzlich dachte ich wieder an das Wort AEBA. Zum erstenmal hatte ich diesen Begriff in einem alten spanischen Kloster hoch oben in den Pyrenäen gehört. Damals erzählte man mir von den gefährlichen Horror-Reitern, und dann standen sie plötzlich vor mir.

Sie ritten auf pechschwarzen Pferden, trugen lederne Rüstungen und hielten Lanzen in ihren knochigen Fäusten. Die Skelettgesichter schimmerten bleich, sie waren aber trotzdem dunkel. Es war ein Farbkontrast, wie ihn nur die Hölle geboren haben konnte.

In wenigen Sekunden schossen mir zahlreiche Gedanken durch den Kopf, und ich dachte an die Entstehung dieser Reiter, an ihre Herkunft und ihre Taten.

AEBA – jeder Buchstabe stand für einen Namen:

A = Astaroth
E = Eurynome
B = Bael
A = Amducias

Vier Dämonennamen. Vier grausame Reiter. Leibwächter ranghoher Dämonen, die im Reich der Finsternis einen grausamen Terror ausübten. Es hieß, daß sie auch die Reiter der Apokalypse gewesen seinen, die im Mittelalter die vier Plagen gebracht hatten.

Krieg, Pest, Hunger und Tod!

Und jetzt standen sie vor mir. Das heißt, sie flankierten den Schwarzen Tod.

Er hatte sich die Horror-Reiter ausgeliehen, um mich endgültig vernichten zu können. Wahrscheinlich traute er sich selbst nicht soviel zu, deshalb mußte er die Reiter holen.

Vier bleichschwarze Knochengesichter starrten mich an.

In acht Augenhöhlen sah ich ein düsteres Glimmen, was mir nur eins versprach.

Den Tod!

Noch griffen sie nicht an, noch hockten sie wie Statuen auf den Rücken ihrer schwarzen Gäule. Sie wurden weiterhin von den Nebelwolken umkreist, eingehüllt in einen roten, dampfenden, wogenden Schleier.

Zusammen mit dem Schwarzen Tod boten sie ein ungeheuer grausames Bild, und sie waren ebenso meine Feinde. Zudem hatte ich Maringo, den Höllenreiter, vernichtet, der im Reich des Spuks an ihrer Seite gekämpft hatte.

Jetzt wollten sie sich rächen, jetzt würden sie sich rächen. Ich habe mir auch nie Illusionen gemacht, denn ich wußte, daß ich wieder einmal auf sie treffen würde.

Nun war es soweit.

Die Atmosphäre auf diesen Berg hatte sich verdichtet. Sie war noch grausamer geworden, und es war mir, als strichen eiskalte Finger über meinen Rücken.

Nichts konnte das grausame Finale jetzt noch aufhalten. Ich holte tief Luft und faßte dadurch auch mehr Mut. Spöttisch fragte ich: »Hast du eigentlich Angst, allein gegen mich anzutreten?«

Der Schwarze Tod schüttelte seinen blanken Schädel. »Nein, Angst nicht. Aber ich will sichergehen. Ich will, daß du endlich vernichtet wirst, und dabei werden mir meine Freunde helfen. Sie werden dich wehrlos machen, damit ich dir den Todesstoß versetzen kann. Zu lange schon hast du dich auf der Welt herumgetrieben. Für dich ist kein Platz mehr dort.«

Das waren harte Worte, doch sie erschütterten mich nicht. Ich hatte es gewußt. Schließlich wollte der Schwarze Tod diesen Kampf, und er sollte ihn haben.

»Im Buch der grausamen Träume steht jedoch zu lesen, daß

ich dich vernichten werde!« hielt ich ihm entgegen. »Und was die Schrift prophezeit hat, wird eintreten!«

»Nein!« donnerte er. »Niemals wird diese Prophezeiung Wirklichkeit. Du kommst gegen mich nicht an. Ich bin stärker, und wir werden dich töten, John Sinclair!« Er hob die rechte Hand.

Gleichzeitig glitt meine Hand unter die Jacke. Die Finger fanden den Bumerang, der im Gürtel steckte.

»Reitet ihn nieder!« brüllte der Schwarze Tod.

Die Horror-Reiter galoppierten an.

Sie waren schnell, so verdammt schnell. Ich bekam meine Hand mit der Waffe nicht mehr hervor, als der erste Reiter schon vor mir auftauchte, seinen rechten Arm hob und die Lanze auf mich schleudern wollte ...

In diesem Augenblick hörte ich das Brausen.

Es entstand in der Luft. Aus den Augenwinkeln nahm ich die geflügelten Wesen wahr, die plötzlich von allen Seiten auftauchten. Ich sah blitzende Zähne in weit aufgerissenen Mäulern und wußte, daß die Riesenvampire mir aus einer fremden Dimension zu Hilfe kamen.

Über den Grund dachte ich nicht nach, denn ich mußte mich der Attacke des ersten Reiters entgegenstemmen.

Als er den Arm mit der Lanze nach unten stieß, sprang ich hoch, duckte mich gleichzeitig zur Seite weg. Meine Finger packten seinen Arm und hielten ihn eisern fest.

Ich riß den Reiter von seinem Roß.

Wiehernd stieg das Pferd auf den Hinterbeinen hoch. Feuer drang aus seinen Nüstern. Ich erhielt einen Huftritt gegen die rechte Schulter und hatte das Gefühl, sämtliche sich dort befindlichen Sehnen würden gerissen.

Ich verlor das Gleichgewicht und prallte hart auf den porösen Fels. Sofort wälzte ich mich herum und sah auf dem Rücken liegend die Armee der fliegenden Vampire.

Auf dem größten hockte Myxin, der Magier. Er hatte den rechten Arm erhoben, die Hand zur Faust geballt und trieb seine Geschöpfe durch immer neue Schreie an.

Es war ein mörderischer Kampf.

Die Vampire griffen nicht die Reiter an, sondern die Skelette. Wie ein Schwarm Mücken fielen sie über die Monster her. Sie packten mit ihren Krallen die Gerippe, schleuderten sie hoch und rissen sie buchstäblich auseinander.

Knochen rollten den Berg hinab . . .

Der Schwarze Tod war gestört worden. Sein Rezept ging nicht auf. Aus seinem Maul drangen schreckliche Worte. Er schwang wild die mörderische Sense und räumte auf.

Die lange Klinge traf die Vampire und verletzte sie schwer.

Viele starben.

Andere entkamen.

Dann konnte ich nicht mehr weiter beobachten, denn die Reiter hatten sich wieder an ihre eigentliche Aufgabe erinnert.

Sie griffen mich weiter an.

Während um uns herum auf der Spitze des Berges das Chaos tobte, stellte ich mich dem Reiter, der sein Pferd verloren hatte, zum Kampf. Es war die Gestalt mit einem A auf der Brust. Entweder der Leibwächter von Astaroth oder von Amducias.

Mir war es egal.

Blitzschnell riß ich mein Kreuz hervor. Ich erwartete von ihm Hilfe, doch die blieb aus.

Die Schwarze Magie war stärker.

Für den Bruchteil einer Sekunde war ich geschockt. Die Zeitspanne reichte dem Reiter.

Er schleuderte seine Lanze.

Ich wollte weg, schaffte es nicht ganz, rutschte aus, und dann verspürte ich einen ungeheuer harten Schlag an der linken Schulter. Die Schmerzen peitschten in mir hoch. Ich schrie auf, während ich gleichzeitig zu Boden geworfen wurde.

In meiner Schulter steckte die Lanze.

Mit dem Mut der Verzweiflung packte ich den harten Waffenstil und riß die Lanze wieder hervor.

Blut quoll aus der Wunde, näßte den schwarzen Vulkanstein und versickerte darin.

Ich schleuderte die Lanze zurück, doch der Reiter wich spielend aus und lachte noch.

Plötzlich waren auch die anderen da. Sie umkreisten mich,

und ich sah ihre von dicken Lederpanzern umhüllten Beine dicht vor mir.

Die Spitzen ihrer Waffen zeigten nach unten. Genau auf meine ungeschützte Brust.

Machte ich eine falsche Bewegung, war es vorbei.

Still blieb ich liegen.

Ich konnte nach vorn schauen, da mir am Fußende kein Reiter die Sicht versperrte. Dabei sah ich zwangsläufig dem Kampf der Vampire gegen die Skelette zu.

Letztere verloren, obwohl der Schwarze Tod noch immer schrecklich aufräumte.

Er wirbelte mit seiner Sense, als wöge sie nichts. Über seinem Kopf entstand ein rotes, bizarres Muster, das seine Schläge nachzeichnete.

Zahlreiche Vampire vergingen.

Doch noch waren Myxin und der Leitvampir übrig. Auch sie stürzten sich in das Kampfgetümmel, und auch sie sollten von der Sense getroffen werden, doch Myxin war geschickt und wich den Schlägen immer wieder aus.

Oft haarscharf nur wischte die Sense über seinen Kopf hinweg. Der Magier hatte wirklich das Glück des Tüchtigen.

Bis jetzt . . .

Wieder wurden die Skelette zertrümmert. Und ihre Knochen rollten dem grauenvollen Friedhof zu.

In der Luft spielten sich schreckliche Szenen ab. Dämonen bekämpften sich mit einer Erbarmungslosigkeit, die mir einen Schauer über den Rücken trieb.

Die Vampire waren stärker, zudem zahlenmäßig überlegen. Und der Schwarze Tod verließ seinen Platz, schwebte plötzlich in der Luft und jagte weiterhin seine Sense in die schwarzen Vampire.

Jetzt wendete sich das Blatt.

Diesem Dämon konnten die Vampire nichts anhaben. Gerieten sie in seine Nähe, wurden sie vernichtet.

Das sah auch Myxin, während sich der Schwarze Tod immer mehr zu ihm hinarbeitete . . .

»Ich werde dir den Kopf von den Schultern schlagen!« drohte

er, und seine donnernde Stimme übertönte sogar den Kampflärm.

Wieder schlug er mit der Sense zu.

Dicht vor Myxin starb ein Vampir, dann ein zweiter.

In diesem Augenblick öffnete sich der graue Himmel. Ich bekam dies genau mit, weil es praktisch über mir geschah.

Und ich sah zwei Wesen herabstoßen, wie ich sie noch nie in meinem Leben gesehen hatte.

Es waren Engel.

Nein, Todesengel . . .

Sie schwebten blitzschnell näher und hielten dabei genau auf Myxin, den Magier, zu.

Ich konnte sie erkennen und sah Geschöpfe, deren Anblick mir den Atem raubte.

Frauen mit brandroten Haaren, eingehüllt in eine schwarze enge Lederhose, darüber ein knappes Trikot aus Leder, das bis dicht unter die Brüste reichte und das Stück Haut bis hin zum Beginn der Hose freiließ.

Doch das war es nicht, was mir einen Teil der Fassung raubte. Die Frauen besaßen gewaltige Flügel, schwarz wie die Nacht und vergleichbar mit den Schwingen der Engel.

Deshalb Todesengel.

Aber wo kamen sie her?

Welche Dimension hatte sich da geöffnet? Rote Haare flatterten wie lange Fahnen im Flugwind, und beim Anblick der roten Haarfülle mußte ich automatisch an Asmodina, die Tochter des Teufels, denken. Auch sie hatte rotes Haar.

Der Schwarze Tod hatte sich inzwischen immer näher an Myxin herangearbeitet. Bald hatte er den Magier erreicht, doch das ließen die beiden Frauen nicht zu.

Sie flogen zwischen den Schwarzen Tod und Myxin, wandten dem knöchernen Dämon ihr Gesicht zu und riefen: »Kümmere du dich um John Sinclair. Ihn nehmen wir mit!«

Sie hatten die Worte kaum ausgesprochen, als sie auch schon handelten.

Bevor Myxin sich versah, wurden er und der Flugvampir von den beiden Frauen gepackt und mitgerissen.

Myxins Gegenwehr kam zu spät.

Ich hörte sein Schreien, das mit der Entfernung verebbte und immer leiser wurde, bis es ganz verstummte.

Dann waren er und die beiden Todesengel verschwunden . . .

Der Schwarze Tod hatte wieder Zeit für mich!

Und er wandte sich mir zu.

Langsam schwebte er näher. Er beachtete die restlichen Vampire nicht, die allesamt die Flucht ergriffen und als kleine dunkle Punkte in der Ferne verschwanden.

Jetzt gab es für mich keine Hilfe mehr.

Ich gegen ihn und gegen die vier Höllenreiter!

Welch ein Grauen.

Die Reiter traten zurück. Und plötzlich waren auch die vier Pferde da. Mühelos schwangen sich die Horror-Reiter auf ihre Rücken. Sie hielten wieder ihre Waffen in den Händen.

Von einer Lanzenspitze tropfte Blut.

Mein Blut . . .

Dabei wurde ich wieder an die Schmerzen erinnert. Ich schielte nach meiner linken Schulter und erschrak über die Größe der Wunde. Noch immer quoll Blut hervor. Wenn ich nicht bald in ärztliche Behandlung kam, würde ich verbluten.

Doch wie sollte ich in dieser Welt einen Arzt finden? Gab es hier überhaupt einen?

Die Reiter hielten auf den Schwarzen Tod zu, teilten sich in zwei Gruppen und nahmen rechts und links von ihm Aufstellung.

Ich sah die Sense.

Grünschwarzes Dämonenblut tropfte von der Klinge zu Boden, traf das Gestein und verdampfte zischend.

Die mit Dämonenblut getränkte Sense sollte auch mir den Tod bringen.

»Wehrlos!« schrie der Schwarze Tod. »Jetzt bist du wehrlos, John Sinclair!«

Und er lachte.

Es war ein höhnisches, gemeines Gelächter. Grauenhaft und triumphierend zugleich. Es hallte über das Land, wurde schwächer und versickerte in der Ferne.

Mein Kreuz lag offen auf der Brust. In meinem Hosengürtel steckte der magische Bumerang.

Beide Waffen konnte ich nicht einsetzen. Die Verletzung behinderte mich zu sehr, außerdem lag ich auf dem Rücken.

»Und jetzt zu meiner Rache!« brüllte mir der Schwarze Tod entgegen. »Nagelt ihn fest!« befahl er den vier Horror-Reitern.

Sie gehorchten.

Synchron hoben sie ihre mörderischen Lanzen . . .

War es aus? War das mein Ende? Sollte ich hier auf diesem verdammten Berg mein Leben verlieren?

Nein, und abermals nein!

Ich wollte nicht sterben. Nicht jetzt – nicht hier!

Ich hatte das Kreuz, ich hatte den Bumerang, und ich hatte all meinen Mut.

Wer hatte das Kreuz geschmiedet? Wer hatte es mit seinen Insignien versehen?

Die vier Erzengel.

Michael, Raphael, Gabriel und Uriel.

Und laut, so laut ich konnte, schrie ich die vier Namen.

Ich schleuderte sie förmlich dem Schwarzen Tod entgegen, ihm und den vier Reitern.

Plötzlich geschah es!

Das Kreuz legte seine Kräfte frei. Es entfaltete all seine Macht, zu der es fähig war.

An den vier Ecken strahlte es gleißend hell auf. Aber nicht nur die Aura hüllte mich ein, aus den Strahlen schossen grelle Blitze. Sie jagten als mörderische Speere auf die vier Horror-Reiter zu.

Sie lähmten sie.

Die Gestalten waren nicht mehr in der Lage, ihre Lanzen auf mich zu schleudern. Mitten in der Bewegung schienen sie zu Stein zu erstarren, wie auch auf dem Friedhof meine Freunde.

Es war ein für mich grandioses und herrliches Bild hier oben auf der Spitze des Berges.

Die Weiße Magie breitete sich gedankenschnell aus. Das Kreuz, auf das ich meine ganze Hoffnung gesetzt hatte, zeigte nun endlich seine Kraft.

Die vier Reiter verschwanden im strahlenden Lichterglanz. Es waren gewaltige, aber auch lautlose Explosionen, die sie umgaben, wie bei einem Feuerwerk, das man aus der Ferne betrachtet und dessen Krachen nicht zu hören war.

Ich selbst sah die Reiter nicht mehr. Zu sehr blendeten mich die Strahlen, aber hinter ihnen glaubte ich, verschwommen vier Gesichter zu sehen.

Gesichter von Wesen, wie sie es auf der Erde nicht gab, sondern nur in einem anderen, fernen Reich, nach dem sich vielleicht jeder Gläubige im Grunde seines Herzens sehnt. Die Strahlen liefen genau auf die Gesichter zu und verschwanden darin.

Wer waren diese Erscheinungen?

Die Erzengel?

Griffen sie selbst ein, um mich zu schützen? Ich wußte es nicht und dachte auch nicht darüber nach. Ich lag noch auf dem Boden und beobachtete, wie sich die Aura immer weiter ausdehnte und sogar den Schwarzen Tod erfaßte.

Er kämpfte dagegen an, bemühte sich aus Leibeskräften, dieser weißmagischen Falle zu entrinnen, doch die Lichtfesseln hielten ihn.

Er mußte auf dem Berg bleiben.

Ich bewegte meine Arme, die Beine, und ich war erstaunt, daß es klappte.

Dann stand ich auf.

Es war ein schwieriges Unterfangen, da mich meine Verletzung sehr behinderte und ich das Gewicht nur auf die rechte Seite verlagern konnte.

Mühsam stemmte ich mich hoch.

Wenn ich die Luft einsog, so stach sie in den Lungenflügeln. Der Blutverlust hatte mich geschwächt, aber ich war nicht so schwach, um nicht mit der rechten Hand meinen Bumerang aus dem Gürtel zu ziehen.

Nun stand ich dem Schwarzen Tod mit der Waffe in der Hand gegenüber. Ein verletzter Geisterjäger, dabei kaum fähig, sich auf den eigenen Beinen zu halten, verschlagen in eine fremde Welt, aber restlos entschlossen, den Schwarzen Tod ein für allemal zu vernichten.

Unter mir bewegte sich der Felsen. Ich kam mir vor wie auf

einem Schiff stehend, das die Wellen einmal hoch und dann wieder nieder schleuderte.

Ich rang mit meiner Kondition.

Aber auch dem Schwarzen Tod ging es nicht besser. Die Weiße Magie war in sein Reich eingebrochen. Er hatte sie unterschätzt, als er mit seinem Spiel begann. Er hatte bewußt hoch gereizt, das konnte ihm jetzt zum Verhängnis werden.

Noch immer strahlte mein Kreuz. Wenn ich den Blick senkte, sah ich vor meiner Brust nur eine gleißende Scheibe, deren intensive Kraft die Horror-Reiter vernichtete.

Die vier Gestalten vergingen.

Sie zerplatzten, und ihre Teile flogen raketenartig nach allen Seiten davon.

AEBA existierte nicht mehr.

Die Hölle hatte eine Niederlage erlitten.

Aber noch war der Schwarze Tod nicht besiegt. Das Licht wurde schwächer, fiel in sich zusammen, und über mir sah ich wieder den grauen Himmel.

Eine ungeheure Erregung hielt mich gepackt.

Je mehr das Licht in sich zusammenfiel, um so stärker reaktivierte sich der Schwarze Tod.

Seine Kräfte nahmen zu.

Ich sah dies sehr deutlich. Er schaffte es zum Beispiel, die Sense wieder zu heben. In seinen Augenhöhlen wurde das Rot intensiver, leuchtete gefährlich, und wenn ich diesen Dämon packen wollte, dann mußte ich es jetzt tun.

Nur nicht mehr zögern.

In der rechten Hand hielt ich den Bumerang. Langsam bewegte ich den Arm nach hinten, holte weit aus, während der Schwarze Tod im gleichen Rhythmus die Sense schwang.

Wer war stärker?

Wer war schneller?

Ich dachte nicht mehr, ich konzentrierte mich nur noch auf eins.

Auf den alles entscheidenden Wurf!

Ich glaubte ein zischendes Geräusch zu hören, als der Bumerang meine Hand verließ, und in meinem Gehirn hämmerte eine Stimme.

Du bist der Sohn des Lichts. Dir ist es vergönnt, den finsteren Dämon zu töten!

Der Bumerang befand sich auf seinem Weg. Und plötzlich war es mir, als liefe die Zeit langsamer ab.

Ich sah alles ganz genau, wie eine Filmszene in Zeitlupe.

Ich hatte den Bumerang geworfen, der Schwarze Tod schlug gleichzeitig mit der Sense zu.

Er holte den Schlag weit aus der Schulter, und wenn die Sense richtig traf, war ich tot.

Es kam darauf an, wer schneller war. Seine oder meine Waffe.

Dabei hatte ich das Gefühl, der Bumerang würde sein Ziel von allein finden.

Er korrigierte plötzlich seine Flugrichtung, stieg etwas an und fegte auf den Hals des Schwarzen Tods zu.

Die Sense kam mir näher.

Ich wollte mich zur Seite werfen, weg aus der Gefahrenzone, doch ich schaffte es nicht.

Irgend etwas hielt mich auf der Stelle fest. Ich wußte nicht, was es war. Schicksal, Vorbestimmung, Magie?

Es war müßig, darüber nachzudenken, ich mußte mich auf den Bumerang konzentrieren.

Er flog und flog . . .

Und . . .

Mein Gott, er traf!!

Auf einmal erreichte ein Schrei meine Ohren, wie ich ihn schauriger und gellender noch nie gehört hatte. Plötzlich schwebte der Kopf des Schwarzen Tods über dem Rumpf des Dämons. Aus dem Knochenkörper sah ich eine Flamme schießen, und gleichzeitig verstummte der irre Todesschrei wie abgerissen.

Die Sense rutschte dem Dämon aus der Hand. Sie prallte auf das Gestein und blieb mit der Spitze in einer Felsspalte stecken. Aber das sah ich nur am Rande.

Mir ging es um meinen Erzgegner.

Die Flammen schossen höher. Sie erfaßten seinen über dem

Rumpf tanzenden Schädel, fraßen sich hindurch und zerschmolzen ihn zu einer glühenden Masse, die zu Boden tropfte und im porösen Vulkangestein versickerte.

Auch sein Rumpf verging.

Er wurde ebenso ein Raub der reinigenden Flammen, und wenig später sah ich von meinem Erzgegner nichts mehr.

Der Schwarze Tod war endgültig vernichtet!

Er konnte mir nicht mehr gefährlich werden.

Wie im Traum schritt ich vor, bückte mich, hob meinen Bumerang auf und steckte ihn ein. Er war nach dem Wurf nicht mehr zu mir zurückgekehrt.

Der Sohn des Lichts hatte gesiegt.

Das Böse war vernichtet.

Unbewußt hob ich den Kopf und sandte einen Blick zum Himmel, obwohl es in dieser Horror-Welt an sich müßig war, doch ich konnte einfach nicht anders. Meine Lippen murmelten Worte, aus denen ein Dankgebet wurde.

Ich setzte einen Fuß vor den anderen, schritt den Berg hinunter, stolperte, fiel, raffte mich wieder hoch, taumelte weiter und spürte in der linken Schulter immer größere Schmerzen.

Ich mußte weiter, ich mußte es . . .

Dann fiel ich.

Plötzlich war die Welt um mich herum dunkel. Nicht einmal den Aufprall merkte ich . . .

Etwas klatschte in mein Gesicht.

Rechts, links – links, rechts. Hände. Entfernt hörte ich eine Stimme. »John, komm zu dir!«

Mühsam schlug ich die Augen auf. Sofort spürte ich wieder den Schmerz in meiner rechten Schulter. Ich merkte einen Druck, dann die Stimme von Jane Collins.

»Bitte, John.«

Auf einmal war ich da.

Und sie standen um mich herum.

Suko, Bill, Jane, Will Mallmann, Sir Powell, mit einem leichten Lächeln auf den Lippen, und der englische Wissenschaftler.

»Ihr . . . ihr lebt?« krächzte ich.

»Ja, warum nicht?« fragte Suko erstaunt.

»Ja, aber ihr wart doch aus Stein. Ich habe selbst gesehen, ach, Unsinn, ihr konntet euch jedenfalls nicht mehr bewegen.«

Ratlos schauten sich meine Freunde an. Ihren Gesichtern entnahm ich, daß sie mich für einen Spinner hielten.

»Der Schwarze Tod ist nicht mehr«, sagte ich in die Stille hinein.

Dann fragte Bill. »Hast du ihn erledigt?«

»Ja.«

»Wie denn?«

»Mit meinem silbernen Bumerang.«

»Und woher hast du den?« wollte Jane Collins wissen.

»Das ist eine lange Geschichte. Ich werde sie euch erzählen, wenn wir . . .«

»He, was ist das?« rief Bill Conolly plötzlich. »Verdammt, mir wird kalt.«

Dann sahen wir es alle.

Urplötzlich verschwand die Welt, in der wir uns befanden. Sie verlöschte einfach.

Es gab keinen Dschungel mehr, keine Urwelt, keinen Friedhof, keinen Berg, sondern Eis.

Wohin der Blick glitt – nur Eis.

Ein scharfer Wind pfiff über die Ebene, aber wir sahen auch eine fahle Sonne am Himmel.

Die Sonne!

Mein Gott, wir waren auf unserer herrlichen Welt. Tief atmete ich durch, und ich fand eigentlich nur eine Erklärung für diesen Dimensionswandel.

Mit der Vernichtung des Schwarzen Tods hatte auch seine Welt aufgehört zu existieren.

»Glaubt ihr mir nun, daß er nicht mehr ist?« fragte ich meine Freunde.

Diesmal nickten sie.

Und dann vernahmen wir das Knattern von Hubschraubermotoren. Plötzlich hingen über uns zwei Maschinen in der klaren Luft.

Bill und Jane sprangen auf und winkten, während Suko bei mir blieb, ebenso Superintendent Powell.

»Ich danke Ihnen, John!« sagte er, und seine Stimme kratzte im Hals. Etwas, was höchst selten bei Sir Powell vorkam.

Die Hubschrauber landeten, und wenig später steckten wir in warmer Kleidung. Diese beiden Helikopter gehörten zu einem Rettungstrupp, der nach den vermißten Wissenschaftlern suchte.

Art Cornwall gab eine Erklärung ab, und er sagte die Wahrheit dabei.

Nur wollte man sie ihm nicht so recht glauben. Verständlich, denn die Felsspalte im Eis existierte nicht mehr.

Jane fragte mich: »Wo steckt eigentlich Myxin, der Magier?«

Ich hob die Schultern. »Wenn ich das wüßte, wäre mir wohler. Wenn er sich nicht am Kampf beteiligt hätte, ich glaube kaum, daß ich der Sieger geblieben wäre.«

»Wenn wir was für ihn tun könnten . . .«

»Werden wir alles in die Wege leiten, um ihm zu helfen«, vollendete ich den Satz und dachte dabei an die seltsamen Todesengel, die Myxin weggeschafft hatten. Sicher waren es Dienerinnen von Asmodina, der Teufelstochter.

Den Schwarzen Tod gab es nicht mehr, doch Asmodina konnte jetzt voll auftrumpfen.

Keine rosigen Aussichten für die Zukunft und für mich und meine Freunde . . .

ENDE

Auf den Vampir wartete der Tod!

Goran sollte gepfählt werden. Ein Eichenpfahl ins Herz, und es würde aus sein.

Aber Goran wollte nicht sterben. Nicht in diesem Land, nicht bei diesen Feinden. Denn es waren keine Menschen, die ihn töten wollten, sondern Dämonen, aber ebenso große Feinde wie die Menschen.

Man hatte ihn und seinen Meister entführt. Plötzlich waren sie aus dem grauen Himmel gestoßen. Frauen mit großen schwarzen Flügeln, brandroten Haaren und starken magischen Kräften. Myxin, sein Meister, hatte vergeblich versucht, sich gegen die anderen zu wehren.

Sie entführten ihn in eine Welt, die er noch nie gesehen hatte. Dann steckte man ihn in ein Verlies, nachdem man Myxin von ihm getrennt hatte.

Da lag er nun. Angekettet.

Goran, der Riesenvampir, konnte nicht einmal seine Flügel ausbreiten, dazu war das Verlies zu klein. Ein Kettenring umschloß dicht unter seinem Kiefer den dürren Hals, zwei andere seine Füße. Wenn er sich bewegte, klirrten die einzelnen Glieder aneinander.

So wartete er auf den Tod!

Sie hatten angekündigt, ihn zu pfählen. Wahrscheinlich wollte sogar Asmodina diese Aufgabe selbst übernehmen. Sie war jetzt, wo es den Schwarzen Tod nicht mehr gab, die große Herrin im Reich der Finsternis.

Sie verbreitete Angst und Schrecken, und ganze Armeen von Dämonen hörten auf ihr Kommando.

Ihre persönlichen Leibwächter waren diese Todesengel mit den roten Haaren.

Halb Mensch – halb Bestie, eine grausame Mischung. Und eine tödliche. Goran hatte sie kämpfen sehen. Sie waren stärker als er. Sie hatten ihn auch am rechten Flügel verletzt, als er einen Fluchtversuch wagte.

Goran horchte auf.

Er hatte Stimmen vernommen.

Frauenstimmen . . .

Jetzt kamen sie!

Wieder riß Goran an seinen Ketten. Er schaffte es nicht, sie zu sprengen. Sie waren zu fest in der dicken Wand verankert. Resigniert sank der Vampir wieder zusammen. Er sah keine Chance mehr. Er wußte nicht einmal, wo er sich befand, aber sein Tod war beschlossene Sache.

Goran dachte zurück an den Kampf der Vampire gegen die Skelette des Schwarzen Tods. In seinem Reich hatten viele Vampire ihr Leben lassen müssen. Sie waren gestorben unter der Sense des Dämons.

Er war dort einfach zu stark. Auch Myxin und er wären dem Tod nicht entronnen, doch da waren die beiden Todesengel erschienen und hatten sie in diese unbekannte Dimension entführt.

Warum?

Weshalb hatte man ihn und Myxin nicht vernichtet? Es wäre doch so einfach gewesen.

Die Gedanken des Blutsaugers wurden unterbrochen, als die beiden Todesengel das Verlies betraten.

Von draußen her fiel ein violetter Lichtschein in das Gefängnis, so daß der Vampir die beiden Dämoninnen erkennen konnte.

Sie hatten sich nicht verändert, trugen noch immer ihre Lederkleidung. Sie bestand aus einem knappen Oberteil, das die üppigen Brüste bedeckte, und aus einer engen Hose. Zwischen Oberteil und Hose schimmerte eine rötlich-weiße Haut.

Zu beiden Seiten der Tür blieben sie stehen. Unentwegt starrten sie Goran an.

Dann fragte die linke: »Hast du Angst, Blutsauger?«

Goran schwieg.

Natürlich hatte er Angst, aber das brauchte er den Todesengeln nicht zu sagen.

Sie kamen näher.

Und jetzt sah der Vampir auch die beiden Eichenpfähle in ihren rechten Händen.

Es wurde ernst ...

Goran wich zurück. Diesen Spielraum ließen ihm die Ketten. Er konnte so weit gehen, bis er die rauhe Wand des Kerkers in seinem Rücken spürte.

Er fauchte. Weit öffnete er sein Maul. Die spitzen Eckzähne blitzten. In den kleinen Augen jedoch nistete die Angst.

Einen Schritt vor dem Vampir blieben die Todesengel stehen.

»Hast du Angst?« fragte jetzt auch der andere.

»Ja!« fauchte Goran.

Die weiblichen Monster lachten. Sie hoben die Arme. Die Spitzen der Pfähle zitterten vor den Augen des Vampirs, senkten sich dann und zielten auf seine Brust.

Gorans Fratze schien zu erstarren. Die Angst vor der Vernichtung stand in seinen grausamen Zügen zu lesen. Doch die Todesengel stießen nicht zu.

Sie gingen wieder zurück.

Was sollte das? Goran wunderte sich. Er sollte doch sterben, hatte schon mit seinem untoten Leben abgeschlossen, und nun zögerte man. Wollte man ihn quälen, unnötig demütigen?

Eine der Frauen trat vor und schloß seine Ketten auf. Das Eisen am Hals fiel, dann die beiden Ringe, die die Fußgelenke umklammert hielten.

Goran war frei.

Die Todesengel traten zurück.

Der Vampir begriff nicht. »Was soll das?« ächzte er. »Warum vernichtet ihr mich nicht?«

»Weil Asmodina Gnade vor Recht hat ergehen lassen. Sei ihr dankbar, nur ihr. Und beweise ihr auch deine Dankbarkeit.«

»Was soll ich tun?«

»Du wirst deine Freiheit zurückerhalten und einem Mann einen Besuch abstatten.«

»Welchem Mann?«

»Das werden wir dir noch alles sagen!«

Goran nickte. Er war bereit, alles zu tun, nur damit man ihm die Freiheit gab.

Er würde jeden verraten.

Auch seinen Meister ...

Sie führten ihn durch eine nebelhafte Welt, in der es keine Sonne gab.

Und dann erklärten sie ihm ihren Plan ...

Peter Ball war dreißig Jahre alt, und er lebte nach der Maxime »nur nichts anbrennen lassen«.

Das besonders bei den Damen. Und immer waren es Ladies aus der High Society, die einem Abenteuer durchaus nicht abgeneigt waren. Vor allen Dingen, wenn dies mit einem Mann geschah, der einen so aufregenden Beruf hatte.

Peter war Fluglehrer.

Und fliegen wollten viele. Vor allen Dingen Frauen, die das langweilige Leben satt hatten und von ihren Männern kaum etwas sahen, weil diese immer unterwegs waren.

So kam Peter ganz gut über die Runden.

Zudem sah er noch gut aus, war weltgewandt, konnte sich phantastisch unterhalten, und das wußten natürlich die Frauen zu schätzen.

Sein Lehrflugzeug war eine zweimotorige Maschine, die er sich selbst gekauft hatte. An diesem Abend allerdings flog er allein. Und er war sauer, denn er wollte noch vor dem Dunkelwerden in London sein, weil dort jemand auf ihn wartete. Dieser Jemand hatte lange blonde Haare und besaß in der City einen gut florierenden Frisiersalon. Peter hatte sie kennengelernt, als er sich die Haare schneiden ließ. Ein paar Blicke genügten, dann kümmerte sich die Chefin persönlich um ihn. Und sie schnitt ihm nicht nur die Haare ...

Für den Abend wollten sie in Kultur machen und zu einer Opernpremiere gehen.

Die würde nun ins Wasser fallen, weil Peter sich verspätet hatte. Seine Schülerin, eine Lady aus der Grafschaft Kent, hatte ihn nicht eher gehen lassen und seine Dienste noch mit einem saftigen Trinkgeld vergoldet.

»Man hat's schon schwer«, murmelte Peter, bevor er zum zehnten Mal versuchte, London-Tower zu erreichen.

Endlich erhielt er Antwort.

»Hier X 25-3«, sagte er und gab seine Position durch. »Erbitte Anflug auf Bahn acht.«

Bahn acht lag auf einem Nebenfeld, wo die kleinen Privatmaschinen landeten.

Es folgte eine positive Antwort.

»Roger«, bestätigte Peter und unterbrach die Verbindung. Das klappte ausgezeichnet. Zudem kannte man ihn auf dem London-Airport. Er hatte dort viele Freunde und schon manche Party gegeben, über die man lange sprach.

Längst brannten die Positionsleuchten an der Cessna. Von Osten her stieg die Dämmerung auf. Graue, lange Schatten, die wie riesige Ungeheuer über den Himmel krochen.

Peter flog direkt in die Schatten hinein. Locker und entspannt saß er auf seinem Pilotensitz und beobachtete die Instrumente. Sie arbeiteten einwandfrei. Der matte grüne Schein im Cockpit wirkte beruhigend.

Achthundert Fuß Höhe, keine Wolken. Rechts von ihm, also aus Norden kommend, näherte sich eine Passagiermaschine. Sie hatte Vorrang. Peter hoffte, kurz nach ihr landen zu können.

Wieder dachte er an seine Freundin. Hoffentlich konnte er sie dazu überreden, mit ihm essen zu gehen, wo doch der Opernbesuch ins Wasser fiel.

Peter beschäftigte sich nur mit Problemen, die das Leben schrieb.

An den Tod dachte er nicht, hatte er noch nie getan, und er ahnte auch nicht, wie nahe ihm der Tod bereits war.

Denn Goran war unterwegs.

Und der Vampir lechzte nach Blut.

Er kam mit der Dämmerung, verschwand im Grau des Himmels, wurde kaum gesehen, aber er sah.

Unter anderem die einsam fliegende Cessna.

Und den Piloten.

Er sollte sein Opfer sein.

Man hatte ihn aus einer grausamen Welt entlassen, um eine Botschaft zu überbringen, doch niemand hatte ihm gesagt, daß er seinem ureigensten Trieb nicht nachgehen durfte.

Der Sucht nach Menschenblut.

Von all diesen Gedanken ahnte Peter Ball nichts. Er dachte an die nahe Zukunft, während er die Instrumente beobachtete, die zu seiner vollen Zufriedenheit arbeiteten.

Tief unter ihm verschwand der Boden im Grau der Dämmerung. Die Sicht war ziemlich klar, und Peter sah weit im Osten einen hellen Schein am dunkler werdenden Himmel.

Da lag London, die Millionenstadt, sein Ziel.

Die Passagiermaschine, die seinen Kurs für kurze Zeit begleitet hatte, war längst verschwunden. Ruhig liefen die Motoren. Die Schnauze der Cessna senkte sich langsam dem Erdboden zu. Peter wollte in den Sinkflug gehen, um dann zu landen.

Goran war schon hinter ihm.

Der Vampir hatte seine gewaltigen Schwingen ausgebreitet, das Maul aufgerissen und die Zähne gefletscht. Die Gier leuchtete in seinen kleinen Augen. Vor sich sah er das Leitwerk der Maschine, sah die Positionsleuchten und flog jetzt schneller.

Es war erstaunlich, daß der Vampir die Geschwindigkeit der Maschine halten konnte. Seine Flugeigenschaften waren ausgezeichnet, und als er sich über dem Pilotencockpit befand, blieb er mit der Cessna auf gleichem Kurs.

Jetzt hatte der Pilot nur noch ein paar Minuten zu leben. Der Tod schwebte in seiner unmittelbaren Nähe, und Peter Ball war völlig ahnungslos.

Für ihn war der Flug eine Erholung. Kaum Wind, Fernsicht, keine Turbulenzen, alles ideale Voraussetzungen für einen ruhigen Flug.

Goran entschloß sich zum Angriff. Er wollte nicht mehr länger warten, denn dann befand sich die Cessna bereits zu nahe am Flughafen.

Plötzlich tauchte der Vampir vor der Cockpitscheibe auf.

Peter Balls sah erst einen Schatten. Er dachte an irgendeine

dunkle Wolke und rechnete damit, daß sie rasch vorbeizie-
hen würde, doch die »Wolke« blieb.

Und da sah Peter die Augen.

Im ersten Augenblick wußte er nicht, was er davon halten
sollte. Instinktiv umklammerten seine Hände den Steuerknüppel, dann aber schaute er genauer hin, und das häßliche
Gesicht der Riesenfledermaus kristallisierte sich aus dem
dämmrigen Grau.

Ein Monster! schrie es in Peters Hirn.

Er begriff, und gleichzeitig wußte er, daß es zu spät war. Er
konnte die Dinge nicht mehr beeinflussen. Eine Flucht war
unmöglich.

Der Vampir zerschmetterte die Frontscheibe des Cockpits.
Das geschah mit einem gewaltigen Hieb, und zahlreiche
Splitter regneten in das Innere der Maschine. Die kamen mit
dem Fahrtwind, der beißend in die Zelle stürmte und an den
Haaren des Piloten zerrte.

Peter Ball brüllte auf.

Er wollte einen Funkspruch absetzen, sein Mayday in den
Äther rufen, doch der Vampir ließ ihn nicht dazu kommen.
Weitere Schläge zertrümmerten die Verglasung, so daß
Goran in das Innere der Kanzel klettern konnte.

Jetzt war er nicht mehr zu halten.

Vor ihm saß ein Mensch.

Noch flog die Maschine geradeaus, blieb auf ihrem alten
Kurs, aber es war nur eine Frage der Zeit, bis sie in die Tiefe
stürzte.

Abwehrend riß der junge Pilot beide Hände hoch, als sich
das blutsaugende Monster auf ihn stürzte. Seine Fäuste
schlugen gegen die lederartige Haut, doch sie fügten dem
Monster keine Schmerzen zu und konnten es auch nicht aufhalten.

Der Vampir war stärker!

Peter Balls Schrei erstickte, als ein Flügel gegen sein Gesicht klatschte. Er hatte das Gefühl, von einem Hammer getroffen zu sein. Der Schmerz trieb ihn fast bis an den Rand
der Bewußtlosigkeit, doch er zwang sich dazu, nicht ohn-

mächtig zu werden. Wenn er noch eine Chance hatte, dann nur, wenn er sich wehrte.

Der Fahrtwind heulte und jaulte in die Maschine mit dem zerstörten Cockpit. Und doch übertönte das Fauchen des Vampirs diese Geräusche bei weitem.

Goran kreischte regelrecht in wilder Vorfreude, denn es war lange her, daß er seinen Hunger hatte stillen dürfen.

Peter Ball kämpfte.

Er schnellte immer wieder seine Fäuste hoch, traf auch, doch die Riesenfledermaus zeigte keine Reaktion. Genausogut hätte man sie auch streicheln können.

Da sackte die Maschine über die Schnauze hinweg ab.

Für den Vampir wurde es Zeit.

Er fetzte mit seinen Krallen das Pilotenhemd des Mannes auf, sah den Hals und die Ader, unter der das Blut pochte.

Peter Ball hatte erfaßt, mit welch einem Gegner er es zu tun hatte und was der Vampir von ihm wollte.

Er wollte seinen Arm hochreißen, um den Hals zu schützen, doch das gelang ihm nicht mehr.

Goran war stärker.

Peter schrie. Er spürte die Zähne, doch dann erstickte sein Schrei in einem Wimmern, das vom Dröhnen der Motoren längst übertönt wurde.

Die Cessna trudelte ab. Immer näher kam sie dem Erdboden. Rasend schnell wurden Häuser, Straßen und Felder größer.

Noch Sekunden bis zum Aufschlag.

Kurz zuvor löste sich eine schwarze Gestalt von der abtrudelnden Maschine und stieg in den dunklen Himmel.

Zwei Atemzüge später bohrte sich die Cessna mit der Schnauze zuerst in den Erdboden.

Sie brach auseinander wie ein billiges Spielzeug, das jemand gegen die Wand geworfen hatte. Im nächsten Moment explodierte der Tank, und das restliche Kerosin reichte aus, um die Trümmer unter einem Flammenschleier zu vergraben.

So blieb dem Piloten Peter Ball ein untotes Dasein erspart . . .

Lieben Sie Krankenhäuser?

Ich nicht. Aber man hatte mich in ein solches Ding verfrachtet, ob ich nun wollte oder nicht.

Wie kam es dazu?

Sie erinnern sich. Ich hatte nicht nur gegen den Schwarzen Tod gekämpft, sondern auch gegen die vier Horror-Reiter. Und einer von ihnen hatte mit seiner Lanze meine linke Schulter verletzt. Die Verletzung sah böse aus. Daß ich den Kampf gegen den Super-Dämon letzten Endes doch noch gewann, verdankte ich meinem magischen Bumerang und sehr viel Glück.

Meine Freunde und ich waren auf dem schnellsten Weg vom Südpol aus nach London geschafft worden. Sir Powell hatte seine Beziehungen spielen lassen, und uns wurde eine Sondermaschine zur Verfügung gestellt. Sie brachte uns vom südamerikanischen Kontinent nach Europa.

Auf der Militärbasis am Südpol hatte man mir meinen Arm verbunden. Doch auf dem Flug begann die Wunde zu eitern, ich bekam Fieber und durchlebte eine kleine Hölle.

In London wurde ich vom Flugzeug aus direkt in das Westminster Hospital verfrachtet, einem modernen Krankenhaus, das aus zwei Gebäuden bestand, die durch einen großen, gepflegten Park voneinander getrennt waren.

Ich lag in dem neuen Bau an der westlichen Seite. Drei Ärzte hatten sich um meine Verletzung gekümmert, die Wunde gesäubert und sie genäht.

Noch jetzt klangen mir die Worte des Oberarztes im Ohr. »Viel später hätte Sie nicht kommen dürfen, Mr. Sinclair. Ihr Arm und die Schulter sind übel dran.«

Nach diesen Worten war ich bewußtlos geworden, noch zu sehr geschwächt vom Fieber und der Narkose.

Nun ging es mir besser. Inzwischen lag ich schon den dritten Tag auf der Station und wurde verwöhnt.

Die Haubenmiezen waren besonders nett zu mir, und meine Freunde umsorgten mich rührend.

Was mir die drei Frauen alles anschleppten, war schon eine Pracht. Wenn Jane Collins, Sheila Conolly und auch Shao mich besuchten, dann bekamen die männlichen Patienten, die auf dem Flur herumlungerten, Stielaugen. Da waren ihre Krankheiten plötzlich vergessen.

In meinem Zimmer häuften sich die Blumen, die Pralinen und die heimlich geschmuggelten Flaschen. Besonders Bill Conolly hatte sich da die tollsten Techniken einfallen lassen.

Sogar Sir Powell war zweimal erschienen. Ich hatte mit ihm über alles Mögliche geplaudert, nur nicht über die Arbeit. Immer wenn ich davon anfing, winkte Sir Powell ab.

»Erst werden Sie mal gesund, John, dann sehen wir weiter.«

Meinetwegen.

Aber ich fühlte mich trotzdem nicht wohl. Zwar hatte ich ein sehr gutes Einzelzimmer mit einer Dusche, Glotzkiste und Telefon, doch ich vermißte meine Wohnung, und ob Sie es glauben oder nicht, auch meinen Schreibtisch.

Am dritten Tag besuchte mich Glenda Perkins. Zum Glück war Jane nicht da.

Verlegen betrat Glenda das Zimmer und wurde rot, als sie mich im Bett liegen sah.

Sie hatte Saft mitgebracht und ebenfalls einen Blumenstrauß, für den ich gar keine Vase mehr hatte.

Neben meinem Bett blieb die schwarzhaarige Glenda stehen und schaute auf mich nieder.

Ich lächelte sie an. »Hallo, Glenda.« Ich reichte ihr die Hand. »Das ist eine Überraschung.«

»Sir Powell hat mir freigegeben.«

»Setzen Sie sich doch.«

Glenda holte sich einen Stuhl, nachdem sie zuvor den Strauß abgelegt hatte. Dann nahm sie Platz. Sie wußte nicht, wie sie anfangen sollte, und strich sich eine Haarsträhne aus der Stirn. Unter ihrer dünnen Stoffbluse zeichnete sich ihr hübscher Busen ab, und der enggeschnittene Rock modellierte ihre Figur gut nach.

Um die Verlegenheit zu überbrücken, fragte ich, was im Büro anlag.

Glenda schüttelte den Kopf. »Das darf ich Ihnen nicht sagen. Sir Powell hat es mir verboten.«

»Es erfährt ja keiner.«

»Ich weiß nicht . . .« Glenda hob die Schultern und nagte auf ihrer vollen Unterlippe.

»Ärger?«

»Nein.«

»Na bitte«, sagte ich und faßte nach ihrer Hand. »Das ist doch schon etwas.«

»Will Mallmann hat angerufen«, erklärte sie.

»Und?«

»Er überlegt, ob er seinen Job aufgeben soll.«

Jetzt war ich überrascht. »Das hat er mir gar nicht gesagt.«

»Er hat auch nur mit Sir Powell darüber gesprochen.«

»Mensch, der Junge soll keinen Fehler machen. Der ist beim Staat angestellt, das kann man als Lebensversicherung bezeichnen. Wenn er keine silbernen Löffel klaut, hat er bis zum Lebensende ausgesorgt. Warum denn?«

»Der Grund ist wahrscheinlich seine verstorbene Frau. Er will sich wohl ganz der Dämonenbekämpfung hingeben.«

So etwas hatte ich mir fast gedacht. Will Mallmann war ebenfalls in die Welt des Schwarzen Todes entführt worden, und er hatte dort seine ermordete Frau als Untote wiedergefunden. Als ein Geschöpf, das auf der Seite des Schwarzen Tods stand.

Will hatte seine untote Frau mit Silberkugeln erlöst. Und dabei mußte auch in seinem Innern eine Wandlung vorgegangen sein, anders konnte ich mir sein Verhalten nicht erklären. Auf dem Flug hatte er nichts davon erzählt. Will Mallmann war bei einer Zwischenlandung in Frankfurt ausgestiegen und hatte sich zu seiner Wohnung in Wiesbaden begeben.

»Hat er denn gesagt, wie er sich seine weitere Zukunft vorstellt?« fragte ich.

»Nein.«

Darauf konnte ich mir keinen Reim machen. Aber ich nahm mir vor, Will Mallmann am nächsten Tag anzurufen. Bevor er irgendwelchen Unsinn machte, den er hinterher bereute, wollte ich erst einmal mit ihm reden.

Ich wechselte das Thema. Glenda erzählte mir noch einigen Büroklatsch, und ich sagte ihr, daß ich ihren Kaffee sehr vermißte. »Hier im Krankenhaus bekommt man nur einen Bodensee-Kaffee.«

»Was ist das denn?«

»Das ist Kaffee, durch den man den Boden der Tasse sehen kann«, erklärte ich.

Wir lachten beide.

Dann allerdings nicht mehr. Die Oberschwester hatte die Tür geöffnet und streckte ihren Kopf ins Zimmer.

Sie war eine resolute Person, wog fast zwei Zentner, hatte einen Damenbart, ungeheuer stämmige Beine und eine Stimme, die einem Spieß zur Ehre gereicht hätte. Vor ihr hatten selbst die Ärzte Angst. Schwester Genoveva gehörte zum Inventar des Krankenhauses und lebte nur für ihren Job, da sie unverheiratet war.

»Der Patient braucht Ruhe«, sagte sie. »Es wird Zeit, daß Sie den Raum verlassen, Miss.«

Glenda erhob sich. »Ich gehe ja schon.« Sie wollte sich von mir abwenden.

Mein Ruf hielt sie zurück, als sie nach ihrem Mantel griff.

»Sie haben vergessen, sich zu verabschieden, Glenda«, sagte ich, streckte meine Arme aus, und sie verstand.

Glenda beugte sich über das Bett. Ihr Gesicht befand sich dicht vor dem meinen, und mich ritt der Teufel. Ich hauchte ihr nicht nur zwei Küsse auf die Wange, sondern auch einen auf den Mund.

Glenda spürte meine Lippen und zog hastig ihren puterrot gewordenen Kopf zurück.

Schwester Genoveva räusperte sich. Ihr Blick wurde dolchartig scharf. Glenda verließ hastig das Zimmer. Die Schwester schloß hinter ihr die Tür.

Dann kam sie auf mein Bett zu.

Ich grinste sie an.

Vor dem Bett blieb sie stehen, stemmte beide Hände in die Hüften und schüttelte den Kopf. »Schämen Sie sich eigentlich gar nicht?« fragte sie mit ihrer Reibeisenstimme.

»Nein, warum?«

»Sie haben dieser Person einen Kuß gegeben.«

»Erstens ist sie keine Person, sondern meine langjährige Sekretärin. Und zweitens ist ein Kuß kein Verbrechen.« Dann grinste ich. »Wollen Sie auch einen?«

Da hatte ich die Schwester aber geschockt.

Sie holte tief Luft, schüttelte den Kopf, redete über Unverschämtheit und über das Benehmen der jungen Leute und rauschte davon.

Lachend blieb ich zurück.

Solch ein Angebot war ihr wohl seit mehr als zwanzig Jahren nicht gemacht worden.

Inzwischen neigte sich auch der dritte Tag seinem Ende zu. Draußen wurde es langsam dunkel. Von meinem Bett aus konnte ich auf die beiden großen Fenster schauen und sah den sich verfärbenden Himmel. Mehr nicht.

Aber ich wollte mehr sehen. Drei Tage Krankenhaus reichten mir eigentlich.

Vor allen Dingen durfte ich nicht aufstehen. Die Ärzte hatten mir strengste Bettruhe verordnet.

Aber darauf pfiff ich.

Ich fühlte mich wieder fit. Die Wunde war gut verheilt, die Ärzte hatten sie entsprechend verbunden, und ich sah keinen Grund, nicht aufzustehen.

Frisch gewagt ist halb gewonnen.

Ich schwang die Beine aus dem Bett. Die Pantoffeln standen bereit, ich schlüpfte hinein und stemmte mich hoch.

Das hätte ich lieber nicht getan.

Der Schwindel kam blitzschnell. Bevor ich mich versah, saß ich wieder auf dem Bett. Vom Magen her stieg ein übles

Gefühl hoch, und ich mußte eingestehen, daß ich mich doch ein wenig überschätzt hatte.

Aber aufgeben wollte ich nicht.

Ich wartete ein paar Minuten und startete dann einen zweiten Versuch. Den ging ich aber vorsichtiger an, stemmte mich langsam in die Höhe und stellte fest, daß es ausgezeichnet ging.

Bis ich stand.

Dann kam der Schwindel wieder.

Diesmal blieb ich hart. Auch wenn das Zimmer rotierte, ich gab nicht nach, blieb auf den Beinen stehen und machte den ersten Schritt. Dabei fühlte ich mich wie ein kleines Kind, das laufen lernt. Der linke Arm hing am Körper herab, ihn konnte ich nicht bewegen.

Ich schritt auf das Fenster zu.

Für eine Strecke, die ich normalerweise mit zwei Schritten überwand, brauchte ich jetzt eine Minute.

Schließlich stand ich vor der Scheibe.

Mein Blick fiel in den Park mit den alten Bäumen, den gepflegten Rasenflächen und den zahlreichen weißgestrichenen Ruhebänken. Um diese Zeit war der Park leer. Kein Mensch schritt über die schmalen Wege, die das Gelände wie ein Spinnennetzmuster durchschnitten.

Wir hatten März, und ich wartete auf die ersten Frühlingsboten. Weidenkätzchen blühten schon, und es gab auch Tage, wo es die Sonne gut meinte.

Doch heute war es kühl gewesen und leicht diesig. Wenigstens hier in London. Ich kenne Krankenhäuser, die haben Fenster, die sich nicht öffnen lassen. Das war zum Glück hier nicht der Fall. Ein Alu-Hebel ließ sich nach mehreren Seiten hin verstellen, um das Fenster zu öffnen.

Ich drückte den Hebel nach unten und wollte das Fenster gerade aufziehen, als sich in meinem Rücken die Tür öffnete.

Ich merkte es am Luftzug, nahm die Hand so hastig vom Griff weg, als bestünde er aus heißem Metall. Dann drehte ich mich um.

Auf der Schwelle stand der ›Feldwebel‹!

Schwester Genoveva.

Ausgerechnet sie mußte mich erwischen. Ich bekam einen roten Kopf und fühlte mich wie ein Schüler, der von seinem Lehrer beim Mogeln erwischt worden war.

»Was machen Sie denn da, Mr. Sinclair?« fuhr mich die Schwester an. Ich grinste und hob die Schultern. »Eigentlich wollte ich nur ein wenig frische Luft schnappen.«

»Sie wissen, daß Ihnen der Arzt streng verboten hat, das Bett zu verlassen!«

»Hat er das?«

Tief atmete Genoveva ein. Dabei hob und senkte sich ihr gewaltiger Busen. »Wollen Sie mich auf den Arm nehmen, Mr. Sinclair?«

Ich schaute sie an. »Trauen Sie mir soviel Kraft zu?«

Sie blitzte mich an. Doch in ihren Augen erkannte ich auch ein lustiges Funkeln. Sie schien Humor zu haben, wenn sie sich auch immer so bärbeißig gab.

»Jetzt aber marsch ins Bett!« befahl sie. »Der Arzt wird gleich nach Ihnen schauen.«

»Aye, aye, Sir«, erwiderte ich. Dann setzte ich mich in Bewegung und lief auf das Bett zu.

Ich ging wie auf Eiern. Die Schwester beobachtete mich spöttisch, sie half mir nicht. Die Bettkante kam mir plötzlich ungeheuer weit vor. Ich biß die Zähne zusammen, gab mir selbst Durchhalteparolen und hielt auch durch.

»Sie haben sich ja ganz schön zusammengerissen, Mr. Sinclair«, sagte die Schwester.

»Man tut, was man kann«, erwiderte ich und deckte mich wieder zu.

Ich wollte noch etwas sagen, doch da übermannte mich der Schlaf. Daß die Schwester das Krankenzimmer verließ, merkte ich nicht. Und auch nichts von dem Unheil, das sich bereits über meinem Kopf zusammenbraute ...

An Gorans langen Eckzähnen glitzerten rote Perlen.

Blut ...

Das Blut des Piloten. Der Vampir hatte den Körper innerhalb von Sekunden leergesaugt und war jetzt gesättigt. Aber seinen Auftrag, den hatte er noch nicht erfüllt.

Goran schwebte über London.

Der Himmel war dunkel. Nur noch weit im Westen sah man einen grauen Streifen, der jedoch immer mehr mit dem Horizont verschmolz. Ansonsten hatte der Wind aufgefrischt. Er spielte mit dem Dunst über der Millionenstadt und trieb ihn in langen Schleiern weg. Goran war noch nie hiergewesen, überhaupt stattete er der Erde seinen ersten Besuch ab. Aber mit dem sicheren Instinkt eines Hypnotisierten fand er sein Ziel.

Aus Richtung Osten flog er die Millionenstadt am Ufer der Themse an. Tief unter sich sah er das gewundene Band des Flusses. Es schimmerte hell. Myriaden von Lichtern verwandelten die Stadt in einen hellen Irrgarten. Da bewegten sich Züge als helle Schlangen, da fuhren winzig klein die Autos, und die Menschen waren nicht einmal als Punkte zu erkennen.

Der Vampir schwebte tiefer.

Er erreichte die berühmte Tower Bridge und sah rechts davon den Tower liegen. Weitere Brücken gerieten in sein Blickfeld, und der Vampir flog praktisch mit dem Themsebogen in die City hinein, wo auch sein Ziel lag.

Das Westminster Hospital.

Hier befand sich der Mann, dem er eine Botschaft zu überbringen hatte.

John Sinclair!

Goran flog jetzt langsamer. Er wollte auf keinen Fall sein Ziel verpassen. Niemand sah die riesige Fledermaus, die einsam wie ein dunkles Segelflugzeug durch die Luft glitt.

Über Raum und Zeit hinweg empfing er die Befehle. Andere steuerten ihn und lenkten ihn seinem Ziel entgegen.

Als er sich in Höhe von Westminster Abbey befand, konnte er das Hospital bereits sehen. Hinter zahlreichen Fenstern brannte noch Licht. Sie wirkten wie rechteckige, helle Augen in der ansonsten dunklen Wand des Gebäudes.

Der Vampir glitt zwischen den beiden Gebäuden hindurch und landete sanft auf dem Rasen.

Sofort faltete er seine gewaltigen Flügel zusammen und nahm hinter einem Baumstamm Deckung.

Er überlegte.

Da zwei Gebäude zur Auswahl standen, mußte er sich orientieren. In welchem davon lag John Sinclair?

Er konzentrierte sich auf den Mann und empfing auch wieder die Befehle aus der anderen Welt.

Dann wußte er Bescheid.

Sinclair lag in dem linken Gebäude. Und zwar oben, dicht unter dem flachen Dach, wo nur wenige Fenster erleuchtet waren.

Da mußte er hin.

Goran wollte schon seine Flügel ausbreiten und sich in die Lüfte schwingen, als zwei helle Lichter aufflammten und dicht an ihm vorbeistrichen.

Er hatte Glück gehabt, daß sie ihn nicht trafen. Sofort ging der Blutsauger wieder in Deckung.

Ein Krankenwagen fuhr über den breiten Mittelweg und bog zum rechten Gebäude hin ab, wo sich die Aufnahme befand und erleuchtete Pfeile den Weg wiesen.

Erst als auch die Rückleuchten nicht mehr zu sehen waren, riskierte der Vampir einen zweiten Versuch.

Er breitete seine Schwingen aus und stieg in die Luft. Sein Ziel war das Fenster, hinter dem Oberinspektor John Sinclair lag. Goran fühlte sich absolut sicher und ahnte nicht, daß er bereits zwei Verfolger hatte, die nur darauf warteten, ihn abschießen zu können.

Es waren die beiden Todesengel ...

Von all den Dingen merkte und wußte ich nichts. Ich lag in meinem Bett und war in einen tiefen Schlaf gefallen. Die paar Schritte hatten mich geschafft.

Trotzdem hörte ich das Summen des Telefons. Der Apparat stand auf dem kleinen Tisch neben dem Kopfende des Bettes.

Sofort schlug ich die Augen auf, fand mich zuerst nicht zurecht, da die Schwester das Licht gelöscht hatte. Dann bemerkte ich, daß ich mich im Krankenhaus befand.

Der Apparat summte weiter.

Schließlich hob ich ab. Bleischwer kam mir der Hörer vor, als ich ihn gegen mein Ohr preßte.

»Ja«, meldete ich mich müde.

Zuerst hörte ich nur ein leichtes Rauschen. Zeichen für ein Ferngespräch. Dann eine sonore, kräftige Stimme, die mit einem Lachen verbunden war.

»Hallo, Geisterjäger!«

»Moment«, murmelte ich, »wer sind Sie? Ich . . .« Und in dem Augenblick fiel es mir ein. Der Mann, der mich angerufen hatte, war ein alter Berufskollege.

Professor Zamorra.

»John, hat man dir so einen vor den Schädel gegeben, daß du deine Kollegen nicht mehr erkennst?« fragte er mich lachend.

Jetzt war ich wach. »Nein, das bestimmt nicht. Du mußt schon entschuldigen, aber ich hatte gerade geschlafen, und dein Anruf hat mich aus den schönsten Träumen geweckt.«

»Oh, das tut mir leid. Soll ich vielleicht später noch mal anrufen?«

»Unsinn. Jetzt bin ich wach. Was gibt es denn?«

»Ich sitze hier auf meinem Schloß, lasse mich ein wenig von Nicole verwöhnen und wollte dir eigentlich nur gratulieren.«

»Wozu?«

»Zu deinem Sieg über den Schwarzen Tod.«

»Ach so. Na ja . . .«

Zamorra unterbrach mich. »Jetzt hör aber auf, John. Es war verdammt nicht einfach, den Burschen ein für allemal auszuschalten. Ich bin selbst im Geschäft und weiß, wie es dort zugeht. Du brauchst dein Licht nicht unter den Scheffel zu stellen.«

»Alles halb so wild«, erwiderte ich. »Aber ehrlich, Zamorra, rufst du deswegen an?«

»Ja.«

»Das ist allerhand.«

»Hast du schon mal wieder etwas von unserem Freund Belphégor gehört?« fragte er mich und spielte dabei auf ein Abenteuer an, das wir in Paris erlebt hatten.

»Nein, der ist in der Versenkung verschwunden«, erwiderte ich. »Ich rechne allerdings damit, daß er noch einmal auftaucht. Ich habe übrigens auch diese Horror-Reiter vernichtet.«

»Laß mich nachdenken«, sagte Zamorra. Nach einer Weile meinte er: »Das waren doch die Leibwächter der vier Dämonen Astaroth, Eurydome, Bael und Amducias?«

»Genau.«

Der Professor pfiff durch die Zähne. »Dann kannst du dich auf was gefaßt machen. So einfach nehmen die Dämonen nicht hin, daß du ihnen eine Niederlage beigebracht hast.«

»Das fürchte ich auch.«

»Brauchst du Hilfe?« fragte mich Zamorra.

»Nein, im Moment nicht. Außerdem hast du genug am Hals.«

»Da sagst du was. Ich soll dir übrigens von Nicole auch noch gute Besserung wünschen.«

»Danke, gib den Gruß zurück.«

»Mach' ich.«

Zamorra legte auf, und ich ließ mich in meinem Bett zurücksinken. Ich hatte das Licht nicht angeschaltet, es war auch während des Telefonats dunkel im Zimmer geblieben.

Mein Blick fiel automatisch auf das große Fenster, und plötzlich war auch meine letzte Müdigkeit verschwunden.

Draußen vor der Scheibe hatte sich etwas bewegt.

Ein Schatten!

Sofort setzte ich mich im Bett auf, wobei mich durch diese ruckhafte Bewegung wieder das Schwindelgefühl überfiel. Diesmal ignorierte ich es. Die Bewegung am Fenster nahm mich zu sehr gefangen.

Oder hatte mir die Phantasie etwas vorgegaukelt? Das würde sich innerhalb der nächsten Sekunden entscheiden.

Ich machte kein Licht, weil es einfach keinen Sinn hatte. Die Helligkeit hätte mich geblendet, ich hätte nichts erkennen können. So riß ich meine Augen weit auf.

Ich hatte mich nicht getäuscht. Draußen vor der Scheibe bewegte sich in der Tat ein Schatten.

Und er war riesengroß.

Wer saß dort? Ein Feind, der mir ans Leder wollte? Ich dachte an meine Bewaffnung und hatte nichts außer dem Kreuz. Das hatte ich mir nicht wegnehmen lassen, alles andere lag gut aufbewahrt in meinem Einsatzkoffer, der wiederum in meiner Wohnung stand oder von Suko bewacht wurde.

Der Schatten klopfte.

Deutlich vernahm ich das harte, pochende Geräusch. Er klopfte dreimal, für mich ein Zeichen, daß ich zum Fenster gehen sollte und daß der Schatten mir nicht ans Leder wollte. Er war mir also nicht feindlich gesinnt.

Immerhin etwas.

Mit dem relativ sicheren Gefühl stieg ich aus dem Bett und schlüpfte in meine Sandalen, die mir als Hausschuhe dienten. Wieder begann sich das Zimmer zu drehen, doch bei weitem nicht so schlimm wie beim erstenmal. Ich hatte das Gefühl rasch im Griff.

Auf unsicheren Füßen tappte ich meinem Ziel entgegen.

Je näher ich dem Fenster kam, um so stärker und größer wurde der Schatten. Auch erkannte ich zwei kleine Augen in einem Kopf, der grausam aussah.

Es war kein menschlicher Schädel, beileibe nicht. Er gehörte einer Fledermaus.

Ein Vampir!

Diese Erkenntnis traf mich hart. Verdammt, ich hatte Besuch von einem Vampir erhalten. Das war echt eine Überraschung. Fragte sich nur, ob eine gute oder böse.

Letzteres war eher anzunehmen.

Vor dem Fenster blieb ich einen Moment stehen. Eine verständliche Reaktion, denn wer läßt schon gern einen Riesenvampir in sein Krankenzimmer? Zudem war ich verletzt. Ich konnte nur meinen rechten Arm gebrauchen.

Sicherheitshalber holte ich das geweihte Kreuz unter der Schlafanzugjacke hervor und ließ es vor meiner Brust baumeln. Dann faßte ich den Riegel und öffnete das Fenster.

Ein komisches Gefühl war es schon, das mich da überfallen hatte. Freiwillig ließ ich einen Blutsauger ein.

Zuerst strömte mir die kühle Abendluft entgegen, so daß ich fröstelte. Ich fühlte auch die Wärme des Kreuzes durch den Stoff meiner Jacke und hatte somit den Beweis, einen Vertreter des Bösen vor mir zu haben.

Auch den zweiten Flügel zog ich auf. Trotzdem machte der Blutsauger keine Anstalten, in das Krankenzimmer zu fliegen. Irgend etwas hielt ihn zurück.

Daß es das Kreuz war, teilte er mir selbst mit. Seine Stimme klang rauh, und es bereitete ihm Mühe, die menschlichen Laute zu artikulieren.

Rasch dachte ich nach. Der Vampir war freiwillig gekommen, und er machte nicht den Eindruck, daß er mir ans Leder wollte. Deshalb riskierte ich es, steckte das Kreuz weg und trat einen Schritt zurück, damit die Riesenfledermaus Platz hatte.

Sie flatterte in das Krankenzimmer. Die Flügel waren so gewaltig, daß sie mich fast streiften. Dann faltete der Vampir seine Flughäute zusammen.

Es war Goran, die Riesenfledermaus, die mir zusammen mit Myxin, dem Magier, im Kampf gegen den Schwarzen Tod zur Seite gestanden hatte. Er war dann mit seinem Herrn und Meister von zwei rothaarigen Wesen entführt worden.

Jetzt stand er hier.

Warum?

Ich erfuhr es in den nächsten Sekunden, denn Goran begann zu sprechen.

»Ich soll dir eine Botschaft überbringen«, redete er und öffnete dabei sein Maul so weit, daß ich die Blutreste sehen konnte, die noch an seinen Zähnen klebten. Er hatte sich also ein Opfer geholt. Es kostete mich eine ungeheure Mühe, jetzt ruhig zu bleiben und nicht danach zu fragen.

»Wer will etwas von mir?«

»Myxin.«

»Und wo befindet er sich?«

»Sie hält ihn gefangen.«

»Asmodina?«

»Ja.«

So etwas hatte ich mir gedacht. Die Teufelstochter wußte genau, daß ihr Myxin nicht gerade freundlich gesonnen war. Also schaffte sie ihn aus dem Weg und versuchte, mich durch ihn zu erpressen, um schließlich uns beide in die Hände zu bekommen. Ein raffiniert ausgeklügeltes Spiel, das mußte man ihr lassen.

»Was soll ich dabei?« fragte ich.

»Du wirst zu ihm gehen. Wenn du es nicht tust, dann stirbt Myxin. Das soll ich dir bestellen.«

Eine Erpressung also.

Fabelhaft.

»Wo befindet er sich?« fragte ich.

»Ich kenne den Ort nicht«, erwiderte der Riesenvampir.

Mein Lachen klang spöttisch. »Erzähle doch nichts. Woher bist du denn gekommen?«

»Er liegt in einer anderen Dimension«, erklärte mir der Blutsauger. »Du mußt mir glauben.«

Ja, das nahm ich ihm ab. Auch der Schwarze Tod hatte sein Reich in einer anderen Dimension gehabt, warum also nicht auch Asmodina, die Tochter des Teufels?

Die Dämonin schien zu allem entschlossen zu sein. Nie hätte ich gedacht, daß sie so schnell nach dem Ende des Schwarzen Tods die Initiative an sich reißen würde.

Sie kannte kein Pardon und schlug sofort zu.

Ich aber befand mich in einer Zwickmühle. Natürlich brauchte ich nicht auf ihre Forderung einzugehen. Was ging mich Myxin, der Magier, an? Er war ebenfalls ein Dämon und kein Mensch, war also dem Bösen zugetan. Ich jedoch kämpfte auf der Gegenseite. Nun durfte man nicht außer acht lassen, daß Myxin auch mir geholfen hatte. Hätten er und seine Vampire nicht eingegriffen, dann wäre ein Sieg über den Schwarzen Tod für mich so gut wie unmöglich gewesen, denn dieser Dämon war nicht allein angetreten. Er hatte seine Skelette um sich versammelt, gegen die Myxin und seine Vampire tapfer gekämpft hatten. Demnach stand ich in seiner Schuld.

Der Sohn des Lichts in der Schuld eines Dämons! Kaum zu fassen, aber eine Tatsache.

»Hast du dich entschieden?« fragte mich Goran.

Ich schaute ihn an. Von ihm strömte eine Feindschaft aus, die mich schaudern ließ. Wären wir uns unter anderen Umständen begegnet, wäre es zu einem Kampf gekommen, in dessen Verlauf ich versucht hätte, ihn zu pfählen.

So aber herrschte zwischen uns ein trügerischer Burgfrieden, der aber jeden Moment beendet sein konnte.

»Erzähle mir mehr«, forderte ich den Vampir auf.

»Ich kenne die Welt nicht«, erklärte mir der Blutsauger.

»Aber du weißt, wie man dorthin gelangt.«

»Nein.«

Langsam wurde ich sauer. »Das gibt es doch nicht. Okay, du bist gekommen, um mir mitzuteilen, daß sich Myxin in Asmodinas Gewalt befindet und ich ihn befreien oder mich als Austauschgeisel zur Verfügung stellen soll. Aber du hast mir nicht erklärt, wie ich in Asmodinas Reich gelangen kann.«

»Das mußt du selbst herausfinden.«

Ich schaute den Vampir an. Und ich glaubte ihm. Ich konnte mir dies selbst nicht erklären, doch die Riesenfledermaus machte auf mich nicht den Eindruck, daß sie log.

Nicht in dieser Situation.

Ich startete einen letzten Versuch. »Überlege es genau, Goran. Wenn ich keinen Hinweis erhalte, kann ich deinen Meister auch nicht befreien.«

Nach einer Weile meinte er: »Es gibt ein Tor . . .«

»Aha. Und weiter?«

»Dahinter liegt der Eingang zu Asmodinas Höllenwelt. Aber wo sich das Tor befindet, weiß ich nicht.«

»Du bist aber hinausgekommen.«

»Das stimmt.«

»Und wo bist du gelandet?«

»Ich befand mich in der Luft. Ich schwebte über den Wolken auf diese Stadt zu.«

Verdammt, damit konnte ich nicht viel anfangen. Schließlich hatte ich keine Flügel. Ich bohrte weiter, doch aus dem Vampir war nichts mehr herauszubekommen.

Er sagte nur noch: »Beeil dich. Myxin wird es nicht mehr lange aushalten. Er leidet . . .«

Das konnte ich mir gut vorstellen. Überhaupt fragte ich mich, ob ich Myxin noch lebend antreffen würde.

Die Chancen sanken . . .

Dann geschah etwas, was meinen und den Plan des Vampirs völlig über den Haufen warf.

Mit einem Ruck flog die Tür des Krankenzimmers auf.

Auf der Schwelle stand Schwester Genoveva!

Myxin haderte mit seinem Schicksal. Er war völlig wehrlos und befand sich zudem noch in der Hand Asmodinas, einer schwarzmagischen Feindin.

Sie hatte ihn in ein Verlies geschafft, das von roten Nebeln erfüllt war, aus dessen Zentrum sich immer wieder die gräßlichsten Fratzen herauskristallisierten.

Es waren Myxins Wächter.

Dämonen der niederen Stufe, oft mit zwei oder drei Köpfen ausgestattet, versehen mit schuppigen Panzern und unförmigen Körpern. Sie gehorchten Asmodina absolut, und wenn Myxin frei gewesen wäre, hätte es ihm keine Schwierigkeiten bereitet, mit ihnen fertig zu werden. Doch ihn hielten die Fesseln.

Asmodina selbst hatte sie geschmiedet und mit magischen Zeichen versehen, denen Myxin nichts entgegenzusetzen hatte, weil er sie nicht kannte.

Dabei hatte er alles versucht, doch ohne Erfolg. Die Teufelstochter und ihre Magie waren einfach stärker.

Noch etwas bereitete Myxin Sorgen. Über ihm befand sich auf einem Regal ein großes Gefäß, das mit einer wasserhellen Flüssigkeit gefüllt war.

»Das ist Weihwasser!« hatte ihm Asmodina höhnisch erklärt und dabei auf einen kleinen Hahn an der Vorderseite des Gefäßes gedeutet. »Wenn ich ihn öffne, fällt in einem gewissen Zeitraum ein Tropfen Weihwasser auf deinen Kopf.«

Mehr brauchte sie nicht zu sagen, Myxin wußte auch so, was das bedeutete.

Er war selbst ein Dämon und bot damit eine Angriffsfläche gegen all das Gute, das es auf der Welt gab.

Das Weihwasser würde ihn zwar noch nicht umbringen, ihn aber quälen und foltern.

Asmodina war wirklich eine wahre Satanstochter!

Mittlerweile kamen die Vorwürfe. Jetzt ärgerte Myxin sich, daß er John Sinclair geholfen hatte. Hätte er ihn allein kämpfen lassen, wäre er nie in Asmodinas Hände gefallen.

Andererseits jedoch würde dann der Schwarze Tod wahrscheinlich noch leben, und Myxin hätte einen Gegner mehr, und Sinclair wäre tot. Wie er es auch drehte und wendete, die Situation war verfahren genug. Er sah einfach keine Lösung.

Und was mit Goran, dem Vampir, geschehen war, das wußte er auch nicht. Überhaupt hatte er seine gesamte Streitmacht im Kampf gegen die Skelette und den Schwarzen Tod verloren. Myxin mußte wieder von vorn beginnen, vorausgesetzt, es gab noch eine Chance für ihn. Im Augenblick sah es jedenfalls nicht so aus.

Der Magier starrte in die roten Nebelschleier. An die Gestalten hatte er sich gewöhnt, sie schreckten ihn nicht. Zudem war auch er ein Dämon, und seine Diener hatten um keinen Deut besser ausgesehen.

Dann aber kam Asmodina.

Urplötzlich tauchte sie aus den roten Schleiern auf. Sie schien zu schweben, und ihr Ziel war Myxin.

Einen Schritt vor ihm blieb sie stehen. Ihr Gesicht war zu

einem spöttischen Lächeln verzogen. Asmodina konnte man als grausame Schönheit bezeichnen. Sie war kalt, unberechenbar und verschlagen. Sie konnte aber auch überaus freundlich tun und ihre Gegner damit einlullen.

Jetzt war sie die große Siegerin, und Myxin kam sich gedemütigt vor, als sie auf ihn niederschaute.

»Was willst du?« fragte er.

Asmodina lachte. Sie warf mit einem Ruck ihre rote Haarflut zurück. »Ich will dich leiden sehen und dir einiges sagen.«

»Rede!«

»Ich habe Goran nicht getötet!«

Das war eine Überraschung für Myxin, doch er zeigte sie nicht, sondern fragte statt dessen: »Und warum nicht?«

»Weil ich ihn noch brauche.«

»Wozu?«

»Er dient mir als Bote.« Sie lachte, und dabei klirrten die Glieder ihrer Kette aneinander. Diese Einzelstücke bestanden aus winzigen Totenköpfen, und in den Augen schimmerten blutrote Perlen. Vor dieser Kette hatte Myxin Angst. Sie strahlte eine so starke Magie ab, daß es ihn schauderte.

Ansonsten trug Asmodina einen langen Umhang aus violettem Stoff. Er war nur mit einer Teufelsfratze bestickt, mehr nicht. Keine magischen Zeichen, keine Formeln und Bannsprüche, wie oft bei anderen Dämonen zu sehen war.

»Goran ist unterwegs zu John Sinclair«, erklärte Asmodina dem wehrlosen Magier. »Er wird ihn besuchen und ihm meine Forderungen offerieren.«

Myxin war überrascht und geschockt. »Was will er von dem Geisterjäger?«

Sie lachte spöttisch. »Ist er nicht dein Freund?«

Myxin schwieg.

»Auf jeden Fall hast du ihm geholfen. Und jetzt bin ich gespannt, ob er dir hilft.«

»Sinclair soll kommen?« fragte Myxin erstaunt.

»Ja, ich will ihn hier in dieser meiner Welt haben. Du bist für mich das beste Druckmittel!«

Die Worte hatten gesessen. Myxin war geschockt. Er glaubte nicht daran, daß ein Mensch sich aufmachen könnte, um ihn, einen Schwarzblüter, zu befreien.

»Du sagst ja nichts«, meinte die Teufelstochter.

»Sinclair wird nicht kommen.«

»Bist du dir da sicher?«

»Welches Interesse sollte er an mir haben?«

»Du hast ihm und seinen Freunden geholfen. Und Sinclair ist ein Mensch mit guten Eigenschaften. Für ihn gibt es noch so etwas wie Dankbarkeit und Treue. Darauf baue ich.«

»Dann baust du auf Sand.«

»Nein!« zischte Asmodina. »Er wird kommen, und dann habe ich ihn!«

Das waren ihre letzten Worte. Auf dem Fuße machte sie kehrt und wurde eins mit dem roten Nebel.

Zurück ließ sie einen sehr nachdenklichen, aber auch verzweifelten Myxin.

Schwester Genoveva war geschockt. Und zwar so geschockt, daß sie keinen Ton hervorbrachte.

Sie stand mit offenem Mund auf der Türschwelle und starrte in das Zimmer.

Ich war herumgefahren. Ebenfalls der Vampir, und in seinen Augen sah ich ein gieriges Funkeln.

Das fehlte mir noch, daß dieser Blutsauger sich über die Frau stürzte! Sie durfte auch nicht nach draußen laufen und anfangen zu schreien, denn dann würde sie das gesamte Krankenhaus rebellisch machen.

Deshalb mußte ich schnell sein.

Trotz meiner Verletzung schaffte ich es, die Tür zuzuknallen, bevor sich der Angstschrei der Schwester entlud. Meine rechte Hand sprang förmlich von der Klinke weg, und sofort preßte ich sie auf die Lippen der Schwester.

Aus dem Schrei wurde ein Gurgeln.

»Bleiben Sie ruhig!« zischte ich ihr ins Ohr. »Und rühren

Sie sich um Himmels willen nicht, dann tut Ihnen niemand etwas.«

Sie nickte. Ich löste langsam meine Hand von ihren Lippen und wartete darauf, daß sie anfangen würde zu schreien, doch sie hatte sich zum Glück in der Gewalt. Sie atmete nur schwer, wobei sich ihr gewaltiger Busen hob und senkte.

Ich war beruhigt.

Die Riesenfledermaus stand lauernd und sprungbereit im Zimmer. Durch das offene Fenster fächerte die kühle Nachtluft und streichelte mein erhitztes Gesicht.

Ich faßte die Schwester am Arm und dirigierte sie in eine Ecke, wo sie stehenbleiben sollte.

»Rühren Sie sich nicht!« schärfte ich ihr ein.

Schwester Genoveva nickte nur.

Dann wandte ich mich an den Vampir. »Wenn du sie angreifst, bekommst du mein Kreuz zu spüren!«

Er zuckte zurück. Vor diesem geweihten Kruzifix hatten die Dämonen und finsteren Mächte ungeheure Angst. Zuletzt hatte es die vier Horror-Reiter vernichtet. Allein daran war zu erkennen, welch eine Kraft in diesem Kruzifix steckte.

»Ein Vampir«, jammerte die Frau. »Hilfe, ein Vampir. Mein Gott, das ist . . .«

Ich drehte mich um. »Seien Sie ruhig, verdammt.«

Die resolute Schwester klappte den Mund zu. Und plötzlich verdrehte sie die Augen und sackte zu Boden. Dort blieb sie liegen. Der Anblick war wohl etwas zuviel für die Gute gewesen.

»So«, sagte ich, »jetzt will ich wissen, wie ich zu Myxin hinkomme. Du kennst bestimmt den Weg!«

»Ich kann dir nur eins geben«, sagte er. »Den Kristall!«

»Welchen Kristall?«

Er griff hinter seinen Körper, und als die Hand wieder zum Vorschein kam, hielt sie einen roten Gegenstand umklammert. Der Vampir schritt bis zu meinem Bett und legte ihn auf die Decke.

Es war in der Tat ein Kristall. Er hatte eine rhombische

Form, war hervorragend geschliffen und funkelte im Licht der Deckenlampe.

Ich löste meinen Blick von dem Kristall und schaute den Vampir wieder an. »Was soll ich damit?« erkundigte ich mich.

»Er ist dein Schlüssel.«

»Ein Schlüssel für was?«

»Für eine Reise zu Asmodina. Er wird dich zu ihr bringen, John Sinclair.«

»Und was soll ich tun?«

»Das weiß ich nicht, du mußt es herausfinden. So jedenfalls hat Asmodina es mir aufgetragen.«

Ich nickte. Wohl war mir überhaupt nicht, denn ich fühlte mich nicht fit. Und einen Kampf mit Asmodina würde ich kaum überstehen, denn sie war verdammt mächtig.

Was also tun?

Sollte ich Myxin im Stich lassen? Nein, das ging auch nicht. Als ich in Not gewesen war, sprang er über seinen eigenen Schatten und half mir. Deshalb mußte auch ich voll einsteigen.

Ich blickte wieder auf den Kristall. Welche Magien mochte er beherbergen? Bestimmt keine guten, wenn er von Asmodina stammte, sondern schwarzmagische Kräfte.

»Nimm ihn in die Hand«, sagte der Vampir.

»Wieso?«

»Dann wirst du seine Reaktion erleben. So jedenfalls hat Asmodina gesagt.«

Ich hatte dies auch vor, wollte seinem Ratschlag folgen, doch ich wurde abgelenkt.

Am Fenster sah ich eine Bewegung.

Ich schaute genauer hin. Nichts. Nach wie vor nistete die Dunkelheit in dem Park.

Der Vampir hatte meinen Blick bemerkt und fragte, was geschehen war.

»Bist du allein gekommen?«

»Ja.«

»Ich hatte das Gefühl, Schatten am Fenster zu sehen. Ich kann mich auch getäuscht haben.«

Goran drehte sich um, breitete seine Schwingen zur Hälfte aus und stand schon vor der Fensterbank, während ich zurück im Zimmer blieb.

Der Blutsauger blickte nach draußen.

Hoffentlich befand sich niemand mehr im Park und schaute hoch, denn dann sah er die Silhouette des Blutsaugers vor der Helligkeit des hinter ihm liegenden Raums. Und Aufsehen wollte ich unter allen Umständen vermeiden.

Goran drehte sich wieder um. »Es war nichts«, sagte er. »Vielleicht hast du dich geirrt.«

»Vielleicht . . .«

Der Blutsauger kam wieder auf den Kristall zu sprechen. »Er ist der einzige Hinweis, den ich geben kann. Mehr hat mir Asmodina nicht gesagt. Du wirst bestimmt damit fertig . . .«

Ich hörte gar nicht zu, denn ich schaute an Goran vorbei. Nein, ich hatte mich nicht getäuscht.

Draußen waren Gestalten.

Zwei schreckliche Wesen.

Sie flogen an das Fenster heran, und meine Augen wurden noch größer. Ich kannte sie. Denn diese Wesen hatten Goran und Myxin aus dem Reich des Schwarzen Tods entführt.

Es waren Asmodinas Todesengel.

Und diesmal hielten sie Waffen in ihren Händen. Pfeil und Bogen. Und wenn mich nicht alles täuschte, bestanden die bereits auf den Sehnen liegenden Pfeile aus guten, hartem Eichenholz . . .

Die gefährlichen Todesengel hockten auf der Fensterbank und hielten die Sehnen ihrer Bögen gespannt.

Ihr Ziel war klar.

Goran sollte sterben.

Und zwar durch die für Vampire tödlichen Eichenpfähle.

Der Vampir hatte noch nichts bemerkt. Ich schrie ihm eine Warnung zu, doch er reagierte zu langsam.

Er wirbelte zwar herum, da jedoch hatten die beiden Höllenbotinnen bereits abgedrückt.

Ich hörte die pfeifenden Geräusche, als die Pfeile die Sehnen verließen, und vernahm den dumpfen Aufprall, mit dem sie in den Körper des Blutsaugers drangen.

Goran stieß einen gurgelnden Fauchlaut aus. Er drehte sich auf der Stelle. Ich konnte in den Rachen schauen, und als er in einem letzten, verzweifelten Aufbäumen die Flügel ausbreitete, war mir die Sicht auf die beiden Todesengel am Fenster verdeckt.

Der Vampir zitterte.

Die Eichenpfeile steckten in seinem Rücken und entfalteten ihre weißmagische Kraft.

Sie zerstörten den untoten Wiedergänger.

Doch Goran wollte nicht sterben. Nicht in dieser Welt und nicht jetzt. Er hatte schon soviel hinter sich, zahlreiche Gefahren überstanden, und nun sollte er den Tod finden.

Nein, auf keinen Fall.

Er keuchte und stöhnte. Noch weiter riß er sein häßliches Maul auf.

Ich sah den grünen Speichel, der plötzlich zwischen seinen Zähnen floß. Wie eine teerähnliche Masse klebte er in seinem Gebiß. Weit breitete er die Flügel aus, und mir kam es vor, als würde der Haß auf mich in seinen Augen blitzen, weil er mich letzten Endes dafür verantwortlich machte, daß er in diesem Zimmer sein Ende fand. Er schlug mit den Flügeln, und ich mußte zurückweichen, um nicht getroffen zu werden.

Bald spürte ich die Wand im Rücken. An der Stelle blieb ich stehen.

Goran sackte zusammen.

Die krallenbewehrten Füße konnten sein Gewicht nicht mehr halten, weil sie langsam verfaulten und zu Asche wurden. Seine endgültige Vernichtung begann an den Beinen und setzte sich weiter fort, erreichte den Oberkörper und die Flügel.

Auf einmal sahen sie nicht mehr schwarz und ledern aus, sondern graubraun und verwittert. Schon rieselte die Asche zu Boden, die ein durch das Fenster hereinblasender Windzug hochtrieb und quer durch das Zimmer wehte.

Goran wurde immer kleiner. Rasend schnell setzte sich der Schrumpfungsprozeß fort. Ich schaute erst gar nicht mehr hin. Vorgänge dieser Art kannte ich zur Genüge, mich interessierten die beiden Todesengel.

Sie hockten nicht mehr auf der Fensterbank.

Aber sie schwebten vor dem Gebäude und schauten in das Zimmer hinein.

Die Bogen hielten sie in den Händen. Sie hatten auch neue Pfeile aufgelegt und die Sehnen gespannt. Unwillkürlich wich ich zur Seite, um aus dem unmittelbaren Schußfeld zu gelangen. Dabei fiel die Bewegung etwas zu heftig aus, und ein stechender Schmerz durchraste meine linke Schulter.

Ich hätte schreien können. Mir wurde schwindlig, und ich mußte auf der Bettkante Platz nehmen.

Tief atmete ich durch.

Wenn die beiden jetzt schossen, dann war ich geliefert.

Sie feuerten ihre Pfeile nicht ab. Statt dessen zogen sie sich zurück, breiteten die dunklen Flügel aus und waren gedankenschnell in der Finsternis verschwunden.

Allein blieb ich zurück.

Nein, nicht allein. Vor mir auf dem Boden lag ein Häufchen Asche. Mehr war von Goran, dem Vampir, nicht übriggeblieben. Und auch die beiden Pfeile lagen noch dort.

Mir ging es wieder ein wenig besser. Ich stand auf und holte mir die Pfeile.

Ich wog sie auf dem Handteller und stellte fest, daß sie hervorragend gearbeitet waren. Aus bester vampirtötender Eiche. An den Spitzen klebte grünschwarzes Dämonenblut.

Wie sollte es weitergehen?

Goran, der Bote, war tot. Er war von Asmodina ausgenutzt worden und hatte seine Arbeit getan. Mir hatte er seine Botschaft überbracht und einen geheimnisvollen Kristall, mit dem ich im Moment nichts anzufangen wußte.

Bevor ich mir den Kristall näher anschaute, schloß ich das Fenster.

Ich war nur froh, daß der Kampflärm draußen auf dem Gang nicht gehört worden war.

Und auch Schwester Genoveva hatte nichts bemerkt. Sie lag immer noch ohnmächtig auf dem Boden. Normalerweise hätte ich sie in mein Bett gehievt, doch mit nur einem gesunden Arm traute ich mir diese Arbeit doch nicht zu.

Abermals fiel mein Blick auf den Kristall. Er lag auf dem Bett wie ein Fremdkörper und erinnerte mich an einen großen, zu Eis erstarrten Blutstropfen.

Ich setzte mich auf die Kante und nahm den Kristall in die rechte Hand.

Warm fühlte er sich an, ähnlich wie mein Kreuz. Es hing noch immer vor meiner Brust, und der Gedanke an einen Test kam mir urplötzlich. Ob ich es wagen konnte, den Kristall mit meinem Kreuz zu berühren? Ich machte den Versuch.

Behutsam führte ich den Kristall an das Kruzifix heran. Er paßte genau in meine hohle Hand und schien direkt für mich angefertigt worden zu sein.

Doch was war das?

Fremde Gedanken strömten in mein Gehirn, während mein eigener Wille immer mehr zurückgeschraubt wurde. Ich kämpfte dagegen an, doch ich schaffte es nicht, die anderen Gedanken zu vertreiben.

Der Kristall! Das konnte nur der Kristall verursacht haben. Es gab keine andere Erklärung. Meinen Arm bekam ich nicht weiter hoch, er blieb auf halbem Wege hängen.

Ich gab mir den Befehl, die Hand zu öffnen, um den Kristall wegzuwerfen, doch meine Finger gehorchten mir nicht. Die Schaltzentrale vom Gehirn zu den Nerven war unterbrochen.

So etwas hatte ich noch nie erlebt.

Und gleichzeitig kam die Müdigkeit. Ich wurde müde und

matt und wehrte mich auch nicht, als ich langsam nach hinten kippte und auf das Bett fiel.

Mein Wille war einfach ausgeschaltet. Noch hielt ich die Augen offen, der Blick war gegen die Decke gerichtet, ich sah die Lampe, doch sie wurde immer größer, glich einem gewaltigen Luftballon, der mehr und mehr aufgeblasen wurde und plötzlich zerplatzte.

Bei mir zerplatzte auch etwas.

Der Ballon wurde zu einem gewaltigen Farbenprisma, das über mich fiel und mich hinwegriß in eine andere fremdartige Sphäre, wo die Gesetze der Erde keine Gültigkeit mehr hatten.

Ich spürte auch nicht mehr, daß der Kristall mir unter meinen Fingern wegschmolz und diese flüssige Substanz langsam durch die Poren meiner Haut in den Blutkreislauf sickerte.

Auf dem Bett lag nur noch ein wachsbleicher Mensch. Dem Tode näher als dem Leben . . .

Schwester Genoveva erwachte, weil sie fror. Sie schüttelte sich und murmelte irgend etwas Unverständliches. Ihr fiel auf, daß sie mit dem Rücken an der Wand lehnte, drehte den Kopf und sah dicht neben sich die Bettkante.

»Bei allen Heiligen, das ist mir auch noch nicht passiert«, murmelte die resolute Krankenschwester. Sie rollte ihren gewichtigen Oberkörper zur Seite, stemmte die Hände auf den Fußboden, hob ihr gewaltiges Hinterteil und stand auf.

Verwundert schaute sie sich um. Sie kramte in ihrem Gedächtnis, und da kam die Erinnerung.

»Der Vampir«, flüsterte sie. »Das Ungeheuer, wo ist es geblieben?« Sie schaute sich im Zimmer um, sah mich auf dem Bett liegen und preßte die Hand gegen die Lippen.

»Aber, Mr. Sinclair«, flüsterte sie, »was ist denn mit Ihnen geschehen?« Ein Schritt brachte die Krankenschwester an das Bett. Sie senkte den Kopf und sah genauer nach.

Schwester Genoveva schaute in ein wachsbleiches Gesicht

mit aufgerissenen Augen, in denen die Pupillen völlig fehl am Platz wirkten. Sie waren ohne Ausdruck – wie zwei Steine.

Oder wie bei einem Toten.

Toten?

Die Schwester überlegte. Ihre Gedanken rasten plötzlich. Sie hatte in ihrem Leben zahlreiche Tote gesehen. Zu viele eigentlich, und sie kannte genau die Symptome. Dieser Mann vor ihr sah ganz danach aus, als würde das Jenseits ihn bereits mit offenen Armen empfangen.

Die Schwester schluckte. »Das ... darf doch nicht wahr sein«, flüsterte sie und legte eine Hand auf die Stirn.

Sie fühlte sich kalt und warm zugleich an, als würden unter der Haut Ströme pulsieren und in entgegengesetzte Richtungen fließen. Etwas stimmte da nicht.

Sie dachte wieder an den Vampir.

Wo steckte er?

Die Schwester rechnete damit, daß er sich verborgen hielt, um sie anzugreifen, wie er auch John Sinclair angegriffen hatte. Ja, es gab keine andere Möglichkeit für sie. Der Vampir hatte den Patienten gebissen und getötet.

Noch einmal schaute die Schwester auf mich.

Dann schüttelte sie den Kopf, flüsterte unverständliche Worte und rannte wie von Furien gehetzt aus dem Krankenzimmer. Die Ärzte und Kolleginnen auf dem langen Gang schauten sie verwundert an, als sie auf das Chefarztzimmer zuhetzte. Es war schon ein gewaltiges Bild, das die korpulente Krankenschwester bot. Alles an ihr war in Bewegung und schaukelte von einer Seite zur anderen.

Normalerweise mußte sich derjenige, der zum Chefarzt wollte, erst anmelden, doch die Schwester pfiff auf alle Regeln. Bei ihrem Fall ging es um Leben oder Tod, da zählte jede Sekunde.

Sie stürmte durch das Vorzimmer und stieß die nächste Tür auf. Der Chefarzt, Professor Higgins, hockte hinter seinem Schreibtisch und las in einer Fachzeitschrift. Wie von der Tarantel gebissen sprang er hoch, als Schwester Genoveva in sein Büro stürmte.

»Was ist denn mit Ihnen los?« rief er.

Schwer atmend blieb die Schwester vor dem Schreibtisch stehen und preßte ihre Hand auf den wogenden Busen. Sie konnte kaum ein Wort hervorbringen.

In der Tür tauchte die Vorzimmerelfe mit hochrotem Kopf auf, Entschuldigungen stammelnd.

»Herr Professor!« keuchte Schwester Genoveva. »Der Patient . . . er . . . stirbt.«

Der Arzt sprang auf. Er war ein kleiner Mann mit einem faltigen Gesicht und dünnen Lippen. Sein schütteres Haar bedeckte kaum die beginnende Glatze.

»Wer stirbt?«

»Mr. Sinclair, Sir. Ich . . .«

Wie ein Wiesel flitzte der Professor hinter seinem Schreibtisch hervor. Jetzt war er nicht mehr zu halten. An den überraschten Schwestern vorbei lief er durch die Tür auf den Gang und rannte auf das Zimmer des Patienten zu.

Er rammte die Tür auf, war mit wenigen Schritten neben dem Bett und schaute auf mich nieder.

Routiniert fühlte er nach dem Puls und dem Herzschlag.

Dabei wurde er blaß.

»Schnell, beeilen Sie sich!« schrie er Schwester Genoveva an, die ihm gefolgt war. »Lassen Sie alles vorbereiten. Wir müssen dem Patienten sofort Sauerstoff geben. Künstliche Beatmung, und sagen Sie Dr. Fryley Bescheid.«

Genoveva verschwand.

Higgins beugte sich vor und versuchte es bereits mit Mund-zu-Mund-Beatmung.

Seine Versuche waren erfolglos.

Der Herzschlag ging immer mehr zurück, wurde schwächer und schwächer.

Eine Trage wurde ins Zimmer geschoben. Mehrere Helfer betteten mich darauf. Im Eiltempo ging es dann zum OP. Man wollte retten, was noch zu retten war.

Der Sauerstoff stand bereit.

Künstliche Beatmung!

Noch einmal überprüfte der Professor den Herzschlag. Danach richtete er sich auf und hob in einer hilflosen Geste beide Schultern. »Ich spüre nichts mehr«, murmelte er.

Jeder wußte, was das bedeutete.

Der Patient war tot!

Ein Hauch von Frühling über London!

Schüchterne Sonnenstrahlen fielen aus einem blassen Himmel und tupften gegen die grauen Häuser der Millionenstadt. Die zahlreichen Bäume und Büsche in den Parks schienen aufzuatmen, die Menschen waren auf einmal fröhlicher, und selbst die Autofahrer hatten mehr Verständnis füreinander.

Vor allen Dingen freuten sich die Frauen, die endlich einmal wieder Lust bekamen einzukaufen. Dafür sorgten schon die Besitzer und Pächter der zahlreichen Boutiquen. Auf großen Ständern rollten sie ihre Warenangebote vor die Schaufenster und priesen durch knallige Plakate die neuesten Errungenschaften an.

Auf der King's Road herrschte Hochbetrieb. Es waren wesentlich mehr Fußgänger als Autofahrer unterwegs. Sie badeten bei ihrem Schaufensterbummel in den ersten Sonnenstrahlen, und die Geldbörse saß bei ihnen lockerer als sonst.

Der gleiche Betrieb herrschte auf der Bond Street. Hier liegen die teuren Läden, in denen Ladies und Touristen kaufen, die nicht unbedingt auf den Shilling schauen müssen.

Unter all den schaulustigen Käuferinnen befand sich auch eine Frau, die trotz der großen Konkurrenz auffiel.

Sie hatte lange pechschwarze Haare, Glutaugen, einen üppigen Mund und leicht hochstehende Wangenknochen, die auf ihre slawische Abstammung schließen ließen. Sie bewegte sich mit der Grazie eines Mannequins, trug ein rotes Frühlingskostüm mit Pariser Chic und einer Rocklänge, die einiges von ihren gutgewachsenen Beinen sehen ließ. Handtasche und Schuhe waren von einem satten Blau, und ein Tuch von Hermes flatterte um ihren schlanken Hals.

Jeder, der die Frau sah, hätte sie für ein schickes, modernes Girl gehalten, aber nicht für das, was sie in Wirklichkeit war.

Eine Unternehmerin der Top-Klasse.

Sie hatte von ihrem Vater einen Konzern geerbt, der zu den größten der Insel gehörte.

Es war das King-Imperium.

Denn die junge Frau war keine andere als Damona King, die Bezwingerin der Finsternis. Eine Weiße Hexe, die ihrer Mutter am Sterbebett versprochen hatte, das Böse zu bekämpfen.

Und das war der eigentliche Sinn ihres Lebens. Nicht die Führung des Konzerns, die lag in den Händen ausgezeichneter Manager. Damona King hatte die Zeit, sich ihrer eigentlichen Aufgabe zu widmen. Und das tat sie mit Hingabe.

Sie kaufte auch in ihrer knappen Freizeit mit Hingabe ein. Dabei durfte niemand sie stören. Deshalb bummelte sie gern allein über die Bond Street.

Es waren nicht nur Frauen unterwegs, sondern auch Männer, die genügend Zeit hatten, sich den Tag um die Ohren zu schlagen. Diese Typen wurden natürlich auf eine Frau wie Damona aufmerksam. Sie wurde auf Schritt und Tritt von begehrlichen Blicken verfolgt, und mehr als einmal erhielt sie sehr deutliche Angebote. Damona kümmerte sich nicht darum, sie war so etwas gewöhnt, obwohl es ihr schmeichelte, wenn die Männer sie begehrten, da war sie eben ganz Frau. Sie dachte aber auch an Mike Hunter, den Generalbevollmächtigten des King-Konzerns, dem sie sehr zugetan war. Die beiden verband etwas, das man wohl mit dem Wort Liebe umschreiben kann, und Damona sah keinen Grund, ihren Mike zu betrügen.

Vor einer besonders schicken Boutique blieb sie stehen.

Zwei große Schaufenster waren hübsch dekoriert. Die neuen Frühjahrssachen sprangen Damona förmlich ins Auge. Duftige Blusen, weitgeschwungene Röcke, elegante Kostüme, Handtaschen, italienische Schuhe und ausgefallener Modeschmuck.

Kleine Punktstrahler leuchteten die besonders ausgefallenen Kleidungsstücke an, und Damona entschloß sich, das Geschäft zu betreten. Ein Gong wehte seinen melodischen Klang durch den Laden, als sie die Tür aufstieß und die Boutique betrat.

Barmusik umschmeichelte die hübsche Kundin. Sie drang aus versteckten Lautsprechern. Kaufpsychologie, über die Damona lächelte, sich aber trotzdem darüber freute.

Der Laden war ziemlich groß. Er führte noch in einen Anbau hinein, wo die kleinen Umkleidekabinen lagen. Überall waren große, viereckige Spiegel aufgestellt, die Damona Kings Bild mehrfach wiedergaben.

Vor einem Ständer mit Röcken blieb Damona stehen. Sofort näherte sich eine Verkäuferin.

Puppengesicht, gekleidet im Disco-Look, ein Lächeln in den Mundwinkeln.

»Kann ich Ihnen helfen?«

Damona wandte sich um. »Nein, ich möchte nur einmal schauen.«

»Gern.« Die Verkäuferin trat zurück.

Außer Damona befanden sich noch zwei andere Kundinnen in der Boutique. Eine trank Kaffee und ließ sich die neuesten Kleider zeigen. Sie machte einen blasierten, hochmütigen Eindruck. Die Arroganz sprang ihr aus dem Gesicht.

Einen besonders bunten langen Rock nahm Damona vom Bügel und hielt ihn sich vor den Körper.

»Steht Ihnen gut«, sagte die Verkäuferin. »Sie können ja mit Ihrer Figur alles tragen.«

»Sicher.«

Damona King mochte es nicht, wenn die Verkäuferinnen so aufdringlich waren. Sie suchte sich ihre Sachen lieber selbst aus.

»Möchten Sie ihn nicht einmal anprobieren?«

Damona winkte ab. »Vielleicht später.«

Sie trat zurück und steuerte einen anderen Ständer an, an dem Blusen hingen. Den Rock nahm sie mit.

Damona hatte sich längst entschlossen, ihn zu kaufen. Sie suchte nur noch ein passendes Oberteil.

Der Blusenständer war prall gefüllt. Damona konnte kaum die Bügel zur Seite schieben.

Eine andere Verkäuferin kam und bot ihr eine Tasse Kaffee an. »Danke, die nehme ich gern«, sagte die junge Konzernherrin.

In kleinen Schlucken genoß sie das belebende Getränk. Sie beobachtete dabei die arrogante Kundin, die sich nicht entscheiden konnte und den Verkäuferinnen die Schuld gab.

»Früher waren Sie besser sortiert«, sagte sie, stand auf und rauschte hinaus.

Damona lächelte. Sie mochte diese Frauen nicht, die sich so aufspielten, in Wirklichkeit jedoch voller Komplexe steckten. Man nahm ihr die Tasse ab, und sie konnte weitersuchen.

Zu dem bunten Rock paßte nur eine unifarbene Bluse. Damona suchte sie in Rot, hielt den Rock immer dagegen und wurde sehr schnell fündig.

Eine weitgeschnittene Leinenbluse mit langgebauschten Ärmeln und kleinem Kragen paßte genau.

»Darf ich die Sachen anprobieren?« wandte sie sich an die Verkäuferin.

»Natürlich. Ich gehe vor.«

Die Verkäuferin geleitete Damona zu den Umkleidekabinen und zog den Vorhang auf.

Damona betrat die Kabine, zog den Vorhang wieder zu und entledigte sich ihrer Kostümjacke. Auch in der Kabine war die Musik zu hören. Ein gepolsterter Stuhl stand bereit, und an der mit Stoff bespannten Wand hing ein Spiegel.

Die Lampe an der Decke blendete nicht.

Damona zog auch ihre Bluse aus. Sie trug einen dünnen BH, der ihre Brüste ein wenig anhob. Und zwischen ihnen lag der schwarze Stein, den sie von ihrer Mutter Vanessa, einer echten Hexe, geerbt hatte.

Mit diesem Stein hatte es eine besondere Bewandtnis. Er

war eine Art Indikator, der Damona anzeigte, ob, wann und wo Kräfte des Bösen in der Nähe lauerten.

Gleichzeitig konnte sie durch diesen Stein auch in Verbindung zu ihrer toten Mutter treten, und so war dieses Kleinod ihr wertvollster Besitz.

Er war auch im Spiegel zu sehen und glänzte matt. Den Stein gab Damona nie aus der Hand, er hatte ihr bereits zu große Dienste erwiesen und besaß eine Kraft, die sie bis zum heutigen Tag noch nicht richtig erforscht hatte.

Zuerst schlüpfte sie in den Rock. Er paßte, als wäre er für sie geschneidert worden. Auch in der Taille saß er genau richtig, und der Saum reichte fast bis zu den Knöcheln. Damona wußte auch schon, wo und wann sie ihn tragen wollte. Im Sommer, wenn es die großen Gartenfeste gab, dafür war der Rock genau passend.

Sie griff nach der Bluse und streifte sie über ihren lackschwarzen Haarschopf. Auch dieses neue Kleidungsstück saß. Es brauchte nicht geändert zu werden.

Damona King war zufrieden.

Sie zog beide Sachen wieder aus und schlüpfte in ihren Kostümrock. Als sie ihre Bluse über den Kopf streifen wollte, erstarrte sie mitten in der Bewegung.

Etwas störte sie.

Eine Gänsehaut rann über ihren Rücken. Verursacht durch einen Kälteschauer, der jedoch nicht von draußen kam, sondern aus einer anderen Richtung.

Der Stein strahlte ihn ab.

Ihr Stein!

»Passen die Sachen?« vernahm sie von draußen die Stimme der Verkäuferin.

Damona erwachte wie aus einem Traum. Sie antwortete nicht schnell genug, und das Girl mit dem Puppengesicht steckte seinen Kopf durch den Vorhangspalt.

Hastig drehte sich Damona um. »Ja, ja, es geht schon klar«, erwiderte sie.

Die Verkäuferin zog sich zurück.

Damona King war über die Störung ein wenig ungehalten.

Sie wollte sich weiter auf das Phänomen konzentrieren und dabei versuchen, es zu ergründen.

Die Kälte breitete sich aus. Sie strich nicht nur über ihren Rücken, sondern wanderte hoch zur Schulter, erfaßte ihren Hals und ging über auf die Brust.

Dort verschmolz sie mit dem Stein, und im nächsten Augenblick hatte Damona das Gefühl, dieser Stein würde die Kältewellen mit doppelter Intensität abstrahlen und durch ihren Kreislauf jagen. Sie begann plötzlich zu zittern, die Haut veränderte sich, sie wurde blauweiß und schillerte.

Damona atmete schwer.

Auf einmal konnte sie sich so gut wie nicht mehr bewegen. Wenn sie ein Bein hochheben wollte, hatte sie dabei das Gefühl, Zentnerlasten hingen an ihren Waden. Mit den Armen erging es ihr um keinen Deut besser, doch zum Glück arbeiteten ihre Gedanken klar und deutlich.

Sie mußte den Stein ablegen!

Es war die einzige Möglichkeit, einem neuerlichen Kälteschock zu entgehen, den sie unter Umständen nicht überlebte.

Damona hob die Arme. Sie versuchte es zumindest, doch es fiel ihr mehr als schwer. Den linken bekam sie überhaupt nicht in die Höhe, den rechten nur mit ungeheurer Mühe.

Sie stöhnte auf. Vor Schmerzen und vor Glück, als sie mit ihren Fingern die Kette berührte, die den Stein hielt. Jetzt hatte sie bereits einen Teilsieg errungen.

Damona biß die Zähne zusammen. Sie gab nicht auf, obwohl das eisige Gefühl in ihrem Innern wieder zunahm.

Dabei raste ihr Herzschlag. Sie spürte ihn gegen die Rippen trommeln, und das Echo rief ein dumpfes Pochen in ihrem Kopf, dicht unter der Schädeldecke, hervor.

Damona stöhnte auf. Sie wankte zurück, fiel mit dem Rücken gegen den Spiegel, sammelte alle Kräfte und intensivierte ihre verzweifelten Bemühungen.

Endlich hielt sie die Kette zwischen den Fingern.

Ein kleiner Erfolg nur, doch für sie ein Fortschritt. Damona atmete schnell und keuchend. Sie wehrte sich gegen die Lähmung. Dabei versuchte sie, ihr weißmagisches Erbe ins Spiel zu bringen, was ihr jedoch nicht gelang, denn die Gedankenströme wurden durch eine geistige Barriere verschluckt.

Was war nur geschehen? Weshalb reagierte ihr Innerstes nicht? Damona fand keine Antwort. Es war ihr jetzt auch egal, denn sie mußte sich nun auf die reinen Körperkräfte verlassen.

So hart umspannte sie die Kette, daß sie sogar in das Fleisch ihrer Hände schnitt. Und sie hob den Arm, konzentrierte sich nur auf diese Aufgabe.

Damona schaffte es.

Plötzlich konnte sie die Kette und damit auch ihren Stein über den Kopf streifen. Sie ließ beides fallen, als wäre es aus glühendem Eisen.

Ächzend sank sie auf einen Stuhl.

Augenblicklich verschwand die Kälte aus ihrem Körper, der Kreislauf stabilisierte sich, die Atmung war wieder normal, und auch ihre Finger gehorchten.

Zurück blieb ein dumpfes Gefühl im Kopf, das jedoch langsam verschwand.

Die Verkäuferin kam wieder. Sie sah Damona auf dem Hocker sitzen, und ihr Gesicht nahm einen bestürzten Ausdruck an. »Ist Ihnen nicht gut, Miss?« fragte sie.

Damona King hob den Blick und lächelte. »Doch, doch, es geht schon. Nur ein leichtes Unwohlsein, mehr nicht.«

»Dann bin ich froh. Darf ich den Rock und die Bluse mitnehmen?« fragte die Verkäuferin.

»Nehmen Sie, ich kaufe beides.«

»Danke, Miss.«

Damona wollte ihr die Sachen überreichen, doch die Verkäuferin wehrte ab. »Lassen Sie nur, es geht schon.«

Als sie verschwunden war, zog sich Damona King weiter an. Sie hob ihren Stein erst auf, als sie die Knöpfe der Kostümjacke geschlossen hatte.

Damona war darauf gefaßt, sofort wieder den schwarzmagischen Schock zu spüren, doch das geschah nicht. Der Stein strahlte wieder die normale Temperatur ab. Er war handwarm. Trotzdem traute Damona dem Frieden nicht. Sie hängte sich die Kette nicht um den Hals, sondern steckte sie in die rechte Tasche der Kostümjacke.

Danach verließ sie die Kabine.

Die Verkäuferin brachte kleine Erfrischungstücher herbei, doch Damona wehrte ab.

»Das ist sehr lieb von Ihnen, aber mir geht es inzwischen wieder besser.«

»Vielleicht liegt's am Wetter«, vermutete die Verkäuferin. »Viele Menschen, auch jüngere, können den Umschwung nicht so vertragen.«

Damona King hob die Schultern. »Möglich ist es.« Sie schaute sich suchend um.

»Die Kasse ist dort«, sagte die Verkäuferin und deutete an einer Spiegelwand vorbei. »Wenn Sie vielleicht noch Modeschmuck mitnehmen möchten . . .?«

»Nein, danke! Ich werde ein anderesmal vorbeischauen.«

»Ist schon recht.«

Damona King zahlte an der Kasse die Rechnung. Die erworbenen Stücke wurden verpackt und Damona mit einem Lächeln verabschiedet.

Tief atmete sie durch, als sie draußen auf der Straße stand. Im Spiegel hatte sie festgestellt, daß ihr Gesicht noch immer eine ungesunde Blässe zeigte, doch sie war sicher, daß diese bald verschwand. Das bereitete ihr keine Sorgen.

Etwas anderes jedoch viel mehr.

Wie war es dazu gekommen, daß ihr Stein so artfremd reagiert hatte?

Dieses Rätsel mußte sie einfach lösen, sonst hatte sie keine ruhige Minute mehr.

Ihr war die Lust an einem weiteren Einkaufsbummel vergangen, obwohl sie noch gern einige Antiquitätengeschäfte und auch Galerien durchstöbert hätte.

Etwas anderes war jetzt wichtiger.

Irgendwo lauerte das Böse!

So rasch es ging, lief Damona King auf das Parkhaus zu, in

dem sie ihren Wagen abgestellt hatte. Sie benutzte in der Stadt einen kleinen, wendigen Golf.

Mit dem Aufzug fuhr sie hoch in das Parkhaus. Ihr grüner Wagen stand oben, dicht unter dem Dach.

Damona schloß die Tür auf, setzte sich hinter das Lenkrad, schnallte sich an und nahm den Stein in die Hand.

Er hatte seine Farbe verändert!

Damonas Augen wurden groß. Was hatte das denn nun wieder zu bedeuten?

Sie ließ ihre rechte Hand, auf dessen Innenfläche der Stein lag, in den Schoß sinken und schaute ihn sich genauer an.

Der Stein war nicht mehr schwarz, sondern leicht durchsichtig geworden. Nur noch schlierenartig erkannte sie im Innern die dunkleren Fragmente. Und diese Schlieren bewegten sich. Sie kreisten hin und her, stießen sich ab, drehten Kurven und liefen wieder auseinander.

Eine Magie war in Unordnung geraten. Anders konnte sich Damona dieses Ereignis nicht erklären.

Wieso war dies entstanden? Und wo befand sich die Quelle dieser Fremdmagie?

Die mußte Damona finden.

Vielleicht führte der Stein sie hin.

Plötzlich hörte sie Schreie, Hilfeschreie . . .

Jemand befand sich in großer Not.

Aber wer?

Sie horchte in sich hinein, versuchte, den in Not Geratenen ausfindig zu machen – und . . .

Zufällig hatte sie wieder einen Blick auf den Stein geworfen.

Dort sah sie ein Gesicht schimmern.

Das Gesicht eines blondhaarigen Mannes.

Damona überlegte. Sie kannte das Gesicht zwar, mit dem Mann jedoch hatte sie noch nie gesprochen. Trotzdem kam er ihr bekannt vor, denn sie hatte in einer Zeitung einmal sein Bild gesehen.

Dieser Mann, dessen Gesicht sie in dem Stein sah, war kein anderer als John Sinclair . . .

Professor Higgins machte ein ratloses Gesicht. Und auch die anderen Ärzte wußten keine Lösung.

Der Patient war tot.

Normalerweise . . .

Aber er war doch nicht gestorben, denn die Körpertemperatur sank nicht ab, sie blieb konstant, und das widersprach allen Gesetzen der Natur.

Lange hatten sie versucht, die Atmung wieder zu aktivieren, es hatte nichts genutzt. Die Ärzte und mit ihnen die moderne Medizin waren hilflos.

Schließlich blieb in den frühen Morgenstunden nur eine Wache bei dem »Toten« zurück, die anderen gingen schlafen.

Nach drei Stunden saßen Professor Higgins und Dr. Fryley wieder beieinander. Bei starkem Kaffee diskutierten sie den Fall noch einmal durch.

Sie gelangten zu keinem Ergebnis.

Schwer stützte der Professors sein Kinn in beide Hände. »Ich weiß mir keinen Rat mehr«, gestand er, »selbst ein Kollege, den ich angerufen habe, konnte mir nicht helfen. Und der Mann ist Spezialist. John Sinclair ist für uns und die Medizin ein Rätsel. Anders kann ich es nicht ausdrücken.«

Dr. Fryley fragte: »Welche Chance geben Sie ihm?«

Der Professor schaute seinen jüngeren, schnauzbärtigen Kollegen nachdenklich an. »Normalerweise gar keine, wenn ich ehrlich bin. Aber mittlerweile habe ich das Gefühl, daß bei ihm alles möglich ist. Vielleicht erwacht er heute.«

»Oder morgen oder in drei Tagen oder in drei Monaten«, warf Dr. Fryley ein.

»Das kann durchaus sein«, bestätigte der Professor.

»Und was tun wir?«

Higgins saugte an seiner Dunhill-Pfeife. »Wir können nichts tun, nur beobachten. Zum ersten Mal in meiner medizinischen Laufbahn stehe ich vor einem unlösbaren Rätsel. Vielleicht sind wir in zehn Jahren soweit, es zu lösen. Heute jedoch nicht.«

»Was schlagen Sie vor?« fragte der jüngere Arzt.

»Wir sollten Sinclairs Angehörige benachrichtigen.«

»Das klingt endgültig.« Die Stimme Fryleys klang bestürzt.

»Haben Sie einen besseren Vorschlag?

Dr. Fryley schwieg.

Die Situation war verfahren genug, das wußten beide Männer. Sie waren mit ihrer ärztlichen Kunst am Ende und standen vor einem Rätsel. Jetzt lag das Schicksal des Patienten in der Hand eines Höheren.

Professor Higgins seufzte noch einmal tief und griff dann zum Telefonhörer. Über die Zentrale ließ er sich mit New Scotland Yard verbinden, die Nummer würde das Mädchen leicht herausfinden.

»Möchten Sie einen Cognac?« fragte der Professor seinen jüngeren Kollegen.

»Nein, danke.«

Higgins lächelte verständnisvoll. Als das Telefon schellte, hob er sofort ab.

Er wußte, daß der Vorgesetzte des Patienten Sir Powell hieß, und verlangte, ihn zu sprechen.

Der Superintendent meldete sich rasch.

»Hier Higgins«, sagte der Professor und räusperte sich, bevor er weitersprach. »Ich fürchte, Sir, ich muß Ihnen eine betrübliche Mitteilung machen.«

»Ist irgend etwas mit John Sinclair?« fragte der Superintendent sofort.

»Ja.«

»Reden Sie!«

»Der Patient oder vielmehr die Krankheit des Patienten ist in ein Stadium getreten, das wir allein nicht mehr überschauen können«, erklärte der Professor.

Sir Powell wurde ungeduldig. »So reden Sie doch, Professor.«

»Nun, Ihr Mitarbeiter hat seine Verletzung gut auskuriert, wenn ich das mal so sagen darf. Dann jedoch ist er am vergangenen Abend in eine totenähnliche Starre gefallen, für die wir keine Erklärung haben.«

»Er ist also nicht tot?«

»Ja und nein.«

»Das verstehe ich nicht, Professor.«

»Ich auch nicht, Sir. Wir als Mediziner haben ebenfalls keine Erklärung für dieses Phänomen. Es ist uns ein Rätsel.«

Dr. Fryley nickte zu den Worten seines Vorgesetzten.

»Haben Sie schon mal an Magie gedacht?« fragte der Superintendent.

»Nein.«

»Das sollten Sie aber.«

Jetzt lachte der Professor. »Sir, ich bitte Sie, Magie ist nichts Wissenschaftliches, nichts Konkretes. Gut, es gibt das Gebiet der Parapsychologie, und ich will meinen Kollegen . . .«

»Ich werde persönlich vorbeikommen und mir den Patienten anschauen«, unterbrach Sir Powell den Professor. »Natürlich nur, wenn Sie nichts dagegen haben.«

Higgins hatte nichts dagegen. Und wenn, dann hätte er es auch gar nicht ausgesprochen, denn er fühlte sich ziemlich hilflos in dieser Situation.

»Wir sehen uns dann gleich«, sagte Sir James Powell und hängte auf.

»Und?« fragte Dr. Fryley.

»Er kommt vorbei.«

»Ob das was hilft?«

Der Professor breitete die Arme aus. »Das kann ich Ihnen nicht sagen. Zudem hat er von Magie geredet. Er sucht wahrscheinlich dort eine Erklärung.«

Dr. Fryley tippte sich gegen die rechte Stirnseite. Das war sein Kommentar dazu.

»Lassen Sie das nur nicht den Yard-Boß sehen«, warnte ihn der Professor. »Der wird sonst sauer.«

»Meinetwegen.«

Es klopfte. Auf das kräftig gerufene »Herein« des Professors betrat Schwester Genoveva den Raum. Auch sie sah übernächtigt und blaß aus. Unter ihren Augen lagen dicke Ringe. Sie hatte keinen Schlaf gefunden und sich jetzt und nach langem Überlegen dazu durchgerungen, mit dem Arzt zu reden.

An der Tür blieb sie stehen.

»Was kann ich für Sie tun, Schwester?« fragte der Professor.

»Ich . . . ich muß Ihnen etwas sagen«, erwiderte Schwester Genoveva und drehte vor Nervosität ihre Hände.

»Bitte, nur raus damit.«

»Es war am gestrigen Abend. Ich wollte noch einmal nach dem Patienten Sinclair schauen, betrat sein Zimmer und sah ihn zusammen mit einem riesigen Ungeheuer.«

»Womit?«

»Mit einem Ungeheuer, einer menschengroßen Fledermaus.«

»Sie haben doch nichts getrunken, Schwester?« fragte der Professor mit strenger Stimme.

»Aber Sir!« erwiderte die Frau empört. »Noch nie im Leben war ich nüchterner.«

»Okay, lassen wir das. Was geschah, als Sie das Zimmer betraten und die Fledermaus sahen?«

»Da ist John Sinclair auf mich zugekommen, hat mich gepackt und zur Seite gezogen.«

»Er war doch verletzt.«

»Trotzdem hat er es geschafft.«

Higgins nickte. »Gut, er hat Sie also gepackt. Und was geschah danach?«

»Bin ich ohnmächtig geworden.«

Die beiden Ärzte verzogen die Gesichter. Während Fryley anfing zu lachen, schaute der Professor die Krankenschwester ziemlich scharf an.

Genoveva bemerkte den Blick und verteidigte sich. »Es war wirklich so, Sie können mir glauben.«

»Wollen Sie uns auch keinen Bären aufbinden?« fragte der Professor, nachdem das Lachen seines jüngeren Kollegen verstummt war.

»Nein, Sir. Als ich erwachte, war diese Riesenfledermaus verschwunden. Aber ich habe noch den Staub auf der Erde gesehen. Das waren bestimmt die Reste des Vampirs.« Die

Schwester holte tief Luft. »Ich kenne das. Das habe ich schon oft genug im Kino gesehen.«

»Wann denn zum letzten Mal?« fragte Higgins.

»Erst vor ein paar Wochen . . .«

Fryley mischte sich ein. »Da haben wir es ja. Schwester Genoveva spinnt. Der Film hat sie so mitgenommen.«

»Der Vampir war echt!« beharrte die resolute Krankenschwester auf ihrem Standpunkt. »Wir können in das Zimmer gehen und nachschauen. Vielleicht finden wir dort noch Staub.«

Professor Higgins winkte ab. »Okay, Schwester, wir glauben Ihnen ja. Scotland Yard ist ebenfalls schon eingeschaltet worden. Die Herren werden bald hier sein. Lassen Sie uns bitte allein.«

»Natürlich, Sir. Entschuldigen Sie.«

Schwester Genoveva verschwand.

Die beiden Ärzte schauten sich an. »Was sagen Sie dazu, Dr. Fryley?« fragte der Professor.

»Unsinn.«

»Sie glauben ihr also nicht?«

»Nein, auf keinen Fall.« Der junge Arzt lächelte. »Sie denn, Professor?«

Higgins legte seine Stirn in nachdenkliche Falten. »Es ist schon erschreckend, mit welch einer Selbstverständlichkeit die Schwester von den Dingen spricht.«

»Dann glauben Sie ihr?«

»Das habe ich damit nicht gesagt.«

»Sie zweifeln aber.«

»Warten wir ab.«

Die Männer vom Yard trafen zwei Minuten später ein. Sir Powell an der Spitze. Mit dabei waren, neben zwei Yard-Medizinern, auch ein Chinese und eine blondhaarige Frau, die sich als Jane Collins vorstellte und angab, Privatdetektivin zu sein. Der Chinese hörte auf den Namen Suko.

»Wo kann ich den Tot . . . ähem, ich meine, Mr. Sinclair sehen?« fragte Sir Powell.

»Kommen Sie mit«, erwiderte Professor Higgins und ging

vor. Er sagte zwar nichts, weil ihm alle folgten, doch seinem Gesicht war anzusehen, daß es ihm nicht besonders schmeckte.

Sir Powell hatte Suko und Jane Collins angerufen, weil er sie als Zeugen dabeihaben wollte. Bei Bill Conolly hatte er es auch versucht, dort jedoch keinen erreicht.

Jane war ebenso wie Suko und Sir Powell bestürzt gewesen, als sie von meinem »Tod« hörte. Sie konnte es einfach nicht fassen, sie glaubte nicht daran, daß ich gestorben sein sollte.

Ebenso wie Suko. »Da ist irgend etwas faul«, hatte er gesagt. »An einer Schulterverletzung stirbt man nicht.«

»Das glaube ich auch«, sagte Jane.

Sie schritten durch die langen Gänge des Westminster-Hospitals. Jane hörte ihr Herz überlaut schlagen. Es waren die Aufregung und auch die Angst um mich.

An Sukos Gesicht war nichts abzulesen, aber der Chinese hatte die Hände geballt, ein Zeichen dafür, wie nahe ihm die ganze Sache ging.

Neben dem Professor schritt noch ein jüngerer Arzt her, der Jane Collins mit unverhohlenem Interesse beobachtete. Jane beschloß, ihm bei passender Gelegenheit einiges zu sagen. Im Augenblick war sie zu sehr in Gedanken.

Durch eine zweiflügelige Schwingtür gelangten sie in die Intensivstation.

Und wenig später standen sie vor der Zimmertür des Patienten.

»Erschrecken Sie nicht«, sagte der Professor, als er die Tür öffnete, »aber ein künstlich beatmeter Mensch sieht nicht sehr schön aus.«

Jane und Suko erschraken trotzdem, als sie den wachsbleichen Mann sahen. Man hatte mich an alle möglichen Geräte angeschlossen. Ich hing am Tropf, und ein EKG überwachte mein »Leben«.

Sir Powell, Jane und Suko traten näher. Auch die beiden Spezialisten vom Yard.

Minutenlang sprach niemand ein Wort. Dann nickte Sir Powell. »Sieht wirklich so aus, als wäre er tot.«

Jane Collins wischte sich verstohlen eine Träne aus dem linken Augenwinkel.

»Aber er kann nicht tot im medizinischen Sinne sein«, hielt Professor Higgins entgegen. »Seine Körpertemperatur sinkt nicht weiter ab. Sie bleibt konstant.«

»Wie sieht es mit dem Pulsschlag aus?« fragte Sir Powell.

»Nichts festzustellen.«

»Sie meinen Stillstand?«

»Ja.«

Die Männer hoben die Schultern, während Suko wie ein Tiger um mich herumschlich.

»Wenn Sie keinen Herzschlag mehr verspüren«, sagte Sir Powell, »wie können die Organe weiterarbeiten?«

»Das ist für uns auch ein Rätsel. Wie ich Ihnen bereits am Telefon andeutete, es ist uns völlig unklar, wie so etwas möglich ist.«

»Aber es muß irgend etwas vorgefallen sein«, meinte Suko. »Von nichts kommt nichts. Ist Ihnen oder einer Krankenschwester denn nichts aufgefallen?«

Die Ärzte schauten sich an. Und es sah so aus, als wollten sie nicht so recht mit der Sprache herausrücken.

»Was ist denn?« hakte Jane Collins nach, die natürlich auch nicht blind war.

Dr. Fryley antwortete. »Nur eine dumme Sache, Lady. Nichts Erwähnenswertes.«

»Erzählen Sie es trotzdem.«

Fryley machte auf Casanova. »Weil Sie es sind, Lady. Wir haben da eine Krankenschwester. Sie erzählte, in Sinclairs Zimmer einen Riesenvampir gesehen zu haben.«

Alle hatte die Worte natürlich gehört.

Und jeder zuckte herum.

»Wie war das?« fragte Suko.

Und auch Sir Powell forderte Fryley auf zu reden.

Der Arzt hob beide Hände. »Meine Herren, das ist ein Märchen, glauben Sie mir.«

Barsch winkte Sir Powell ab. »Wo ist diese Schwester? Kann ich Sie sprechen?«

Fryley nickte. »Natürlich . . .«

»Holen Sie sie her. Rasch!«

Zwei Minuten später war Schwester Genoveva da. Sie erzählte ihre Geschichte noch einmal.

Sir Powell, Jane und Suko wußten plötzlich Bescheid. Und Jane Collins sprach es aus.

»Dieser Riesenvampir war kein geringerer als Goran, Myxins Flugtier.«

Sie wandte sich an die Schwester. »Und er war verschwunden, als sie erwachten?«

»Ja, aber auf dem Boden habe ich Asche gesehen.«

»Dann ist der Vampir getötet worden«, murmelte Sir Powell. »Fragt sich nur, von wem.«

Professor Higgins mischte sich ein. »Glauben Sie etwa daran?«

»Ja.«

»Kann John ihn getötet haben?« erkundigte sich Jane.

Schweigen.

»Er war ziemlich schwach«, sagte die Schwester nach einer Weile. »Er hatte sein Bett verlassen, als ich zum erstenmal nach ihm sah. Da stand er am Fenster, und er hatte Mühe, sich wieder hinzulegen. er ist sofort eingeschlafen.«

»Beim zweiten Besuch haben Sie dann den Vampir gesehen?« hakte Sir Powell nach.

»Ja, ihn und John Sinclair.«

Es war schon seltsam, sehr seltsam sogar. Das wußten auch Sir Powell, Jane Collins und Suko.

Man sah ihnen förmlich an, wie es hinter ihren Stirnen arbeitete. Sir Powell nahm den Faden wieder auf. »Erinnern wir uns an die Auseinandersetzung mit dem Schwarzen Tod. Er hatte seine Skelette aus den Gräbern geholt, um John Sinclair zu vernichten. Myxin griff aber mit seinen Vampiren ein. Es kam zu einem Kampf.«

»Den wir aber nicht miterlebt haben, weil man uns magisch gelähmt hatte«, erklärte Jane Collins

»Richtig, doch John hat uns davon berichtet«, fuhr Sir Powell fort. »Und er hat uns diesen Riesenvampir beschrieben. Wie hieß er noch?«

»Goran«, sagte Suko.

»Genau.« Sir Powell hob seinen rechten Zeigefinger und legte ihn an die Stirn. »Weder von Myxin noch von Goran haben wir irgend etwas gehört. Sie sind einfach verschwunden. Ich habe John Sinclair danach gefragt, aber er hat mir keine konkrete Antwort darauf geben können. Ich nahm an, daß man sie in eine andere Dimension entführt hat.«

»Wo John vielleicht auch zu finden ist«, bemerkte Jane.

»Aber er liegt doch hier«, sagte Suko.

»Vielleicht ist es nur sein Körper«, vermutete Jane Collins.

»Du meinst, man hat Geist und Körper getrennt?«

Die Detektivin nickte.

Suko hob die Schultern. Er wußte sich auch keinen Rat mehr. Wenn hier Schwarze Magie im Spiel war, dann standen sie ihr hilflos gegenüber.

Plötzlich hatte der Chinese eine Idee. Er wandte sich an den Professor und fragte: »Darf ich etwas bei Mr. Sinclair ausprobieren?«

»Wenn es ihm nicht schadet . . .«

»Kaum.«

»Was willst du tun?« hauchte Jane dem Chinesen ins Ohr.

Suko gab keine Antwort. Er nahm statt dessen meine Hand und bog die Finger nach außen.

»Da, seht!« sagte er.

Alle Anwesenden schauten auf den Handteller. Spuren einer roten Flüssigkeit waren zu sehen. Sie hatte sich in den Handlinien festgesetzt.

»Was ist das?« fragte Jane.

Suko hob die Schultern. »Es ist mir vorhin schon aufgefallen, daß John die Hand so verkrampft hält.« Mehr sagte er nicht. Statt dessen griff er nach dem Kreuz.

Langsam hob er es von der Brust, und im selben Augenblick schrie Jane Collins auf.

»Nicht, Suko, um Himmels willen, nein!« Sie streckte den Arm aus. »Sieh doch!«

Jane Collins hatte recht. Etwas Unheimliches geschah. Mein Körper begann, sich von den Füßen an aufzulösen . . .

Urplötzlich hüllte mich eine schwarze, gnadenlose Finsternis ein. Ich spürte, wie irgend etwas in meinem Innern zerriß, dann wurde ich fortgeschleudert, hinein in den finsteren Tunnel, aus dem es kein Entrinnen zu geben schien.

Weit, unendlich weit vor mir sah ich ein graues Licht.

Es wurde heller, kam auf mich zu, überschwemmte mich – und auf einmal konnte ich sehen.

Ich sah mich!

Ja, tatsächlich. Ich konnte mich selbst erkennen, wie ich in dem Krankenhausbett lag. Dabei schwebte ich über meinem Körper und glitt der Decke entgegen.

Jede Einzelheit innerhalb des Zimmers nahm ich wahr. Ich sah den hellen Boden, den Einbauschrank, das Fernsehgerät, das Telefon, das Fenster, die Tür zum Bad – alles.

Nur in meinen Körper zurück konnte ich nicht.

Ich versuchte es und strengte mich an. Ich kämpfte verzweifelt, doch es war einfach nicht möglich. Die andere Macht war wesentlich stärker als ich.

Ich beobachtete, wie die Krankenschwester aus ihrer Ohnmacht erwachte, wie sie sich umschaute, zu meinem Bett ging und die Fassung verlor.

Ich wollte ihr zurufen, daß alles nicht so schlimm war, aber sie hörte nicht oder konnte und wollte nicht hören. Sie rannte aus dem Zimmer.

Ich war verzweifelt.

Irgendeine Macht hatte meinen Geist aus dem Körper gerissen, sie hatte eine Einheit zerstört, und ich war nicht in der Lage, beides wieder zusammenzufügen.

Sicherlich würde die Schwester jetzt Hilfe holen, doch was sollte das?

Auch die anderen waren nicht in der Lage, mich zu retten. Ich mußte mich allein zurechtfinden.

Plötzlich spürte ich wieder die fremde Macht. Sie riß und zerrte an mir, ein gewaltiger Trichter tauchte über mir auf, wurde auf meinem Kopf gestülpt, und mich erfaßte wieder die absolute Dunkelheit des zeitlosen Alls.

Ich trieb weiter und weiter.

Mein Geist befand sich in einer Ebene, die für normale Menschen nicht sichtbar ist. Ich verlor jegliches Gefühl für die Dimensionen, hatte keine Vorstellungen mehr von Länge, Breite oder Höhe. Es war alles anders.

Bis ich mein Ziel erreichte.

Die Welt der Todesengel!

Plötzlich steckte ich in meinem Körper. Auf einmal war ich wieder ich selbst.

Ich hatte mein Ich zurückerhalten!

Dabei spürte ich etwas in meiner rechten Hand. Die Finger hatten sich darum verkrampft. Ich hob den Arm mühelos an, öffnete die Finger und sah einen roten Stein!

Suko ließ das Kreuz sofort los, und es fiel auf die Brust zurück. Das war aber auch alles.

Der Auflösungsprozeß setzte sich langsam, aber sicher fort. Da waren plötzlich keine Knie mehr, auch die Oberschenkel verschwanden und ebenso die Hüften.

Der Auflösungsprozeß erreichte die Hände, führte weiter bis zu den Ellenbogen und erfaßte die Oberarme.

Keiner der Anwesenden begriff den unheimlichen Vorgang. Alle standen starr vor Schreck auf ihren Plätzen. Vor den Augen meiner Freunde löste sich mein Körper auf.

Jetzt war nur noch der Hals mit dem Kopf zu sehen.

Ein makabres Bild. Der Kopf lag völlig isoliert auf dem Laken, die Schläuche mit den Lösungen waren herabgefallen. Flüssigkeit tropfte zu Boden und bildete Lachen.

Der Hals verschwand, und der Auflösungsprozeß setzte sich weiter fort, erfaßte Kinn, Lippen, Nase und Augen.

Sekunden später waren auch die Stirn und die Haare verschwunden.

Völlig leer lag die Unterlage vor den Augen der entsetzten Zuschauer.

»Nein!« hauchte Jane Collins. »Ich ... ich brauche einen Stuhl.« Sie wankte zurück und ließ sich fallen. Suko hatte ihr blitzschnell einen Stuhl in die Kniekehlen geschoben.

In angespannter Haltung und mit totenblassem Gesicht blieb Jane Collins darauf hocken.

Sir Powell war ebenfalls kreidebleich geworden. Er ging jetzt vor bis dicht an die Trage und fühlte mit seinen Händen über den Stoff, als könnte er nicht glauben, was er mit eigenen Augen gesehen hatte.

Da war nichts.

Seine tastenden Hände fanden keinerlei Widerstand.

Das Laken war absolut leer!

Nervös knetete Professor Higgins seine Hände. Schweiß hatte sich auf seiner Stirn gesammelt und rann über die hageren Wangen. Für ihn als Wissenschaftler war eine Welt zusammengebrochen. Er hatte etwas gesehen, was es nicht geben durfte.

Ein Mensch verschwand – löste sich einfach auf.

Unmöglich und unheimlich ...

Dr. Fryley war ebenfalls geschockt. Er suchte ebenso nach einer Erklärung wie sein Vorgesetzter, doch auch er fand keine. Der Auflösungsprozeß war wissenschaftlich nicht zu erklären.

Nur Suko blieb gelassen. Äußerlich wenigstens. Der Chinese hatte sich am besten in der Gewalt. Er war es auch, der die ersten Worte sprach.

»Ich glaube, wir sind selten so hilflos gewesen wie jetzt. Für John können wir nichts tun. Er ist völlig auf sich allein gestellt.«

»Und wehrlos«, hauchte Jane. Seine Waffen hat er nicht mit.«

»Er besitzt das Kreuz«, sagte Sir Powell mit kratziger Stimme.

Professor Higgins schenkte sich ein Glas Wasser ein und trank es in langen Zügen leer.

Sir Powell fragte ihn: »Glauben Sie nun, daß es einige Dinge gibt, die auch mit der Wissenschaft nicht erklärbar sind?«

Higgins stellte das Glas weg und nickte. »Wenn ich es nicht mit eigenen Augen gesehen hätte – aber so . . .«

Die beiden Spezialisten vom Yard hatten sich bisher zurückgehalten. Sie wurden nicht gebraucht, und Sir Powell entließ sie.

»Sollen wir hierbleiben?« fragte Jane Collins und schaute dabei in die Runde.

Suko nickte, und auch Superintendent Powell stimmte für den Vorschlag der Detektivin.

»Aber was können wir tun?« erkundigte sich Dr. Fryley.

»Nichts«, erwiderte Jane. »Nur warten.«

»Reizende Aussichten.«

»Sie sagen es, Doktor.«

»Da muß eine ungeheuer starke und uns unbekannte Magie im Spiel gewesen sein«, meinte Suko. »Anders kann ich mir dieses Phänomen nicht erklären.«

»Aber wer war der Auslöser?« rief Jane Collins.

»Asmodina?« Die Antwort des Chinesen glich mehr einer Frage.

»Bestimmt war sie es.« Sir Powell gab Suko recht. »Sie wird auch hinter Myxins Entführung stecken.«

»Ganz sicher sogar.« Jane nickte.

»Sie sprechen in Rätseln!« Professor Higgins trat vor und schaute die Freunde an.

»Für Sie vielleicht, für uns nicht«, erwiderte Sir Powell.

»Würden Sie dann die Güte haben, mich und meinen Kollegen aufzuklären, Sir?«

Die Augen des Superintendenten hinter den dicken Brillengläsern wurden noch größer. »Natürlich könnten wir Sie aufklären, aber wir glauben kaum, daß es Zweck haben wird. Die Probleme sind für Sie zu unwahrscheinlich, sie würden die Tatsachen wirklich nicht begreifen. Das ist keine Abwertung, sondern eine Feststellung.«

»Aber daß Ihr Mr. Sinclair verschwunden ist, habe ich begriffen«, versicherte der Professor.

»Sie haben es ja mit eigenen Augen gesehen. Doch wenn ich Ihnen von einem Land erzähle, in dem es aussieht wie vor hundert Millionen Jahren, würden Sie mich sicherlich für verrückt erklären, Professor.«

Higgins nickte. »Das könnte sein.«

»Und deshalb lasse ich es bleiben.«

Higgins preßte hart die Lippen zusammen, bis sie nur noch einen Strich bildeten.

Nach einer Weile des Nachdenkens meinte er: »Der angeblich Tote ist verschwunden. Das bleibt eine Tatsache, und davon beißt keine Maus den Faden ab. Wir müssen zusehen, Fryley, daß es sich nicht herumspricht. Ich werde auch Schwester Genoveva verständigen, damit die ihren Mund hält.«

Sie brauchten die Schwester gar nicht zu rufen, die kam allein. Wie ein Gewitter stürmte sie in das Zimmer, wollte sprechen und blieb starr stehen, als ihr Blick auf das leere Bett fiel.

»Wo . . . wo ist Mr. Sinclair?« flüsterte sie.

»Das kann Ihnen von den Leuten hier niemand erklären«, sagte plötzlich eine energische Frauenstimme. Die Sprecherin schob sich an der Krankenschwester vorbei und schloß die Tür.

Higgins holte tief Luft. »Was unterstehen Sie sich!« schrie er. »Wer sind Sie überhaupt, daß Sie hier in den Raum platzen? Das ist eine Unverschämtheit, eine bodenlose Frechheit, Sie . . .«

»Jetzt halten Sie mal die Luft an, Professor«, sagte die schwarzhaarige, ungemein hübsche junge Frau. »Mein Name ist Damona King. Und wenn jemand John Sinclair helfen kann, dann bin ich es.«

»Sind Sie die Damona King?« fragte Jane Collins.

»Ja.«

Die Detektivin atmete auf und streckte ihr die rechte Hand

entgegen. »Dann heiße ich Sie recht herzlich in unserem illustren Kreis willkommen.«

»Jetzt verstehe ich gar nichts mehr«, murmelte der Professor.

Und Dr. Fryley wußte gar nicht, wo er zuerst hinschauen sollte. Zur Schwarzen oder zur Blonden. Er entschied sich dafür, seine Blicke wechseln zu lassen.

Auch Superintendent Powell hatte schon von der Weißen Hexe Damona gehört. Er hieß sie ebenfalls willkommen.

Schwester Genoveva begriff überhaupt nichts mehr. Sie saß in der Ecke und schüttelte nur den Kopf. Die letzten Ereignisse hatten sich zu sehr überstürzt.

»Inwiefern können Sie John Sinclair behilflich sein?« fragte Jane Collins.

»Mr. Sinclair ist wahrscheinlich entführt worden, wenn ich das recht sehe«, sagte Damona King.

»Ja.«

»Ich habe ihn gesehen!«

Sprachlos schauten Sir Powell, Jane Collins und Suko die dunkelhaarige Frau an.

»Sie haben ihn gesehen?« echote der Chinese. »Ja, um Himmels willen, wo denn?«

»In meinem Stein.«

Fryley fing plötzlich an zu lachen. »Jetzt drehe ich bald ganz durch«, gluckste er.

»Seien Sie still!« fuhr Sir Powell ihn an.

Auch von Damona King erntete der junge Arzt einen strafenden Blick.

Damona holte aus ihrer Tasche einen schwarzen, matt glänzenden Stein hervor. »Um Ihnen die Geschichte des Steins zu erklären, ist hier nicht der richtige Ort. Soviel sei aber gesagt: Dieser Stein besitzt magische Kräfte, und daß irgend etwas mit John Sinclair passierte, habe ich durch ihn bemerkt. Er reagierte plötzlich ganz anders, völlig unnormal. Er hätte mich sogar umgebracht, wäre es mir im letzten Augenblick nicht gelungen, mich von ihm zu lösen. Als ich ihn dann in der Hand hielt, veränderte er sich, und ich sah das Bild eines blondhaarigen Mannes, eben Ihr John Sinclair.«

»Wie sind Sie in dieses Krankenhaus gelangt?« fragte Superintendent Powell.

»Ich folgte den Strahlen des Steins. Es war ganz einfach.«

»Wie wollen Sie uns helfen?« erkundigte sich Jane.

»Zuerst müßte ich die Vorgeschichte wissen.«

»Die kann ich Ihnen erzählen.« Jane Collins berichtete in wenigen Worten, was sich ereignet hatte.

Damona King hörte konzentriert zu und nickte ein paarmal. »Ja«, meinte sie nach einer Weile. »John Sinclair wird sich in der Grauen Galaxis aufhalten, wenn ich das mal so nennen darf.«

Jane runzelte die Stirn. »Graue Galaxis? Was ist das denn nun schon wieder?«

»So nennt sich das Reich der Höllentochter.«

»Und wo liegt es?«

Damona King hob die Schultern. »Überall und nirgendwo«, antwortete sie orakelhaft.

»Damit kommen wir nicht weiter.«

Damona lächelte Jane an. »Aber mit meinem Stein. Ich werde versuchen, mit den Kräften des Jenseits Kontakt aufzunehmen. Vielleicht sogar mit meiner Mutter.«

»Ihre Mutter ist tot?« fragte Jane.

»Ja, aber ich habe ständig Kontakt mit ihr. Eben durch meinen ererbten Stein.«

Die beiden Ärzte schüttelten die Köpfe. Sie verstanden nichts, hielten sich jedoch zurück.

»Was können Sie konkret tun?« erkundigte sich Superintendent Powell.

»Ich muß versuchen, meine Mutter zu erreichen.«

Sir Powell schaute Jane Collins und Suko an. Es paßte ihnen nicht, zur Untätigkeit verdammt zu sein, das sah man ihren Gesichtern an. Aber was sollten sie tun? Das Gesetz des Handelns war ihnen aus den Händen genommen worden. Sie mußten sich damit abfinden, nur Zuschauer zu sein.

Damona King blickte zum Fenster. »Wenn einer von Ihnen vielleicht die Vorhänge zuziehen könnte?«

Suko war der Schnellste. Er erledigte die Aufgabe rasch.

Professor Higgins hatte noch einen Einwand. »Wollen Sie tatsächlich diesen Hokuspokus hier durchführen?«

»Ja!« sagte Sir Powell hart.

Higgins schwieg.

Damona deutete auf die freie Stelle vor der Tür. »Darf ich Sie bitten, einen Kreis zu bilden?«

»Alle?« fragte Dr. Fryley.

»Ja.«

Auch Schwester Genoveva trat hinzu. Wie auch die anderen vernahm sie Damonas Erklärungen.

»Ich darf Sie höflichst darum bitten, kein Wort zu sprechen. Und halten Sie sich an den Händen. Was auch immer geschehen mag, unterbrechen Sie diesen Kreis nie, denn dann gerät die Magie außer Kontrolle, und ich kann für nichts mehr garantieren. Sind Sie bereit?«

Ein mehrfaches »Ja« war die Antwort.

Damona King betrat den Kreis, den Jane und Suko sofort hinter ihr schlossen.

Die schwarzhaarige Frau setzte sich auf den Boden, legte ihren Stein auf die linke Handfläche und senkte den Kopf.

Es wurde still.

Nicht einmal das Atmen war zu hören.

Damona King begann mit ihrer Beschwörung . . .

Ich starrte auf den roten Stein und versuchte, die Gedanken in meinem Kopf zu ordnen.

Es klappte nicht.

Es war ein wirres Durcheinander von Eindrücken, Erlebnissen und Taten.

Wie war der Stein in meine Hand gelangt? Ich schaute auf ihn nieder, konzentrierte mich auf ihn, und plötzlich kehrte die Erinnerung zurück.

Das Krankenzimmer, der Vampir, das Nichts, die lange Reise durch die Dimensionen. Und nun war ich hier.

In meinem Körper.

Aber wieso? Wieso waren Körper und Geist wieder vereint? Das hätte doch gar nicht sein dürfen, mein Körper war doch zurückgeblieben.

Und jetzt?

Ich schüttelte den Kopf, schaute auf meine linke Schulter und sah dort den Verband. Und auch mein Kreuz war noch vorhanden. Sonst besaß ich keine Waffe.

Allerdings fühlte ich mich in meiner Kleidung ziemlich deplaziert.

Ich trug nur einen Schlafanzug, allerdings einen modernen, dessen Oberteil man durchaus als Hemd benutzen konnte. Barfuß war ich auch nicht. Sandalen schützten meine Füße.

Und das war gut so, denn unter mir befand sich ein harter, felsartiger Boden, durchzogen von zahlreichen Rissen und kleineren Spalten, die mit gelbbraunem Sand gefüllt waren.

Ich schaute mich um und sah ein Land wie aus einem Alptraum. Es bestand aus Wüsten und Felsen, wohin man auch schaute. Eine vegetationslose Zone, die dem Vorhof zur Hölle glich.

Über dem Land lag ein fahler Himmel, ähnlich dem auf der Erde, wenn ein Gewitter im Anmarsch ist.

Atmen konnte ich, und das war die Hauptsache.

Der warme, manchmal heiße Wind wehte über das Land und trieb lange Staubschleier vor sich her.

Lebewesen sah ich keine.

Stehenbleiben konnte ich auch nicht. So ging ich langsam vor. Die Schleier wurden dichter. Ich hatte das Gefühl, daß sie mit jedem Schritt an Intensität zunahmen. Seltsamerweise wehten sie mir nicht ins Gesicht oder gegen meinen Körper, sondern umkreisten mich wie grazile Tücher.

Aus welchem Grund?

Ich ging weiter, und die Schleier hatten sich vor mir zu einer wahren Wand aufgebaut.

Einer Wand, in die plötzlich Bewegung kam.

Überrascht und fasziniert zugleich blieb ich stehen. Was ich zuvor nicht gesehen hatte, bot sich jetzt meinen Augen. Die graue Wand bewegte sich wie von unsichtbarer Hand in zwei große Hälften und gab mir den Blick auf eine Burg frei.

Eine Illusion? Eine Täuschung? Eine Fata Morgana? Ich stand tatsächlich vor der Burg und konnte nur staunen.

Sie war ein wahres Prachtexemplar. Die Burg wies vier hohe Türme auf, die wie dicke Zigarren in die Höhe stachen. Durch Laufgänge waren die Türme miteinander verbunden, und ich sah auch die zahlreichen Löcher und Schießscharten im braunen Mauerwerk.

Nur Menschen oder Dämonen sah ich nicht.

Ich wollte natürlich wissen, ob diese Burg echt war, und schritt auf sie zu.

Zwischen zwei Türmen befand sich ein breites Eingangstor, aber auch ein tiefer Graben.

Im letzten Moment sah ich ihn und blieb abrupt stehen. Einen Schritt weiter, und ich wäre in den Canyon gefallen.

Das war knapp . . .

Doch wie sollte ich in diese Burg hineinkommen? Ich mußte einfach hinein, denn ich hatte das Gefühl, daß ich dort Myxin, den Magier, treffen würde.

Der Eingang bestand nicht nur aus einem großen Tor, sondern auch aus einer Zugbrücke.

Sie löste sich plötzlich aus der Halterung, fiel nach unten, und wäre ich nicht zurückgesprungen, hätte sie mich zerquetscht. So krachte sie dicht vor meinen Füßen zu Boden, wo Sand und Staub in großen Wolken hochgewirbelt wurden.

Das Falltor bestand aus dicken Bohlen, die mir widerstandsfähig genug aussahen, um mein Gewicht zu tragen. Außerdem blieb mir keine andere Wahl, und so riskierte ich es.

Die Zugbrücke zählte in der Breite mindestens zwei Pferdelängen, so daß auch eine Kutsche hinüberfahren konnte. Das stabile Geländer wurde durch unregelmäßig angebrachte Längsstreben gestützt, und die einzelnen Bohlen waren rauh und abgeschabt.

Rechts und links der Brücke ging es in die Tiefe. Es war schon ein seltsames Gefühl, über diesen Abgrund zu schreiten, besonders deshalb, weil ich nicht wußte, ob die Brücke nun eine Falle war oder nicht. Ein falscher Tritt, eine lose Bohle, und ich rutschte ab.

Wohin ich dann fiel, konnte ich nicht sehen, denn in der Tiefe wölkte und waberte es. Manchmal glaubte ich, Schreie und Wehklagen zu hören.

Neugierig geworden, trat ich an das linke Geländer und blickte hinunter.

Ich sah nichts. Bis auf den wabernden Nebel und die erstickt klingenden Laute.

Die Hälfte der Brücke hatte ich bereits geschafft, und nichts war passiert. Das gab mir Mut und Auftrieb. Ich glaubte nicht mehr daran, daß mich meine Gegner auf der Brücke in eine Falle locken würden. Die Falle wartete sicherlich in der Burg.

Hin und wieder blickte ich zu den die Türme verbindenden Wehrgängen hoch.

Dort stand niemand. Keiner schleuderte Lanzen, niemand schoß Pfeile ab oder kippte heißes Pech nach unten.

Alles war so unnatürlich ruhig . . .

Direkt hinter der Brücke befand sich das Tor. Es war eingelassen in dickes Mauerwerk, und als ich vor dem Tor stehenblieb, stellte ich fest, daß es verschlossen war.

Pech . . .

Die Maserung des Holzes interessierte mich. Ich trat noch näher heran und stellte fest, daß es sich um keine Maserung handelte, sondern um eingravierte Teufelsfratzen.

Eine zeigte das stilisierte Gesicht des Höllenherrn, die andere das seiner Tochter.

Asmodina . . .

Ich hatte es mir fast gedacht. Sie also lauerte auf mich. Noch immer trug ich den roten Stein in meiner rechten Hand. Es wurde Zeit, daß ich ihn wegwarf.

Das ging nicht.

Ich wurde den verdammten Stein einfach nicht los. Er schien mit meiner Handfläche verwachsen zu sein.

Seltsam, sehr seltsam . . .

Auch schien es mir unmöglich zu sein, das Tor zu öffnen. Es gab keinen Riegel, der sich zurückschieben ließ, und ich sah auch keine Klinke oder einen Knauf.

Das Tor war eingelassen in breites Mauerwerk, und darin befand sich eine schmale Tür. Ich sah sie erst später, weil sie in der Farbe mit dem Mauerwerk fast deckungsgleich war.

Dieser Eingang interessierte mich.

Durch ihn würde ich zwar nicht auf den Innenhof dieser Burg gelangen, doch immerhin auf einen der Wehrgänge. Und von dort hatte man einen guten Überblick.

Plötzlich hörte ich hinter mir ein Geräusch. Es fiel deshalb so stark auf, weil es bisher ziemlich still gewesen war. Meine Nackenhärchen stellten sich quer.

Ruhig drehte ich mich um.

Vor mir standen die zwei Todesengel!

Sie mußten sich lautlos herangepirscht haben, denn ich hatte sie wirklich nicht gehört.

Und sie trugen genau die Kleidung, in der ich sie auch zum erstenmal im Reich des Schwarzen Tods gesehen hatte.

Dieses schwarze, enganliegende Oberteil aus Leder, durchbrochen unter den Brüsten bis hin zur Hüfte, und ihre Beine steckten in engen Hosen.

Lang, kraus und brandrot flatterten die Haare hinter ihnen her. Die Farbe glich der Asmodinas, nur ihre Gesichter waren nicht von einer solch kalten Schönheit wie das ihrer Herrin.

Mir kam ihre Haut eher grau vor und leicht angewelkt. Doch eines hatten sie und ihre Herrin gemeinsam.

Den kalten, gemeinen, haßerfüllten Blick!

Sie schwebten vor mir. Ihre dunklen Flügel schwangen hoch und nieder. Unwillkürlich hob ich den Arm gegen mein

Gesicht, um es zu schützen, doch die beiden wollten mir nicht ans Leben, zudem waren sie unbewaffnet.

Sie sprachen mich aber an.

Und ich verstand, was sie sagten.

»Geh in die Burg!« wisperte die linke von ihnen. »Geh, denn dort wartet man auf dich!«

Und die rechte sagte: »Nimm die schmale Tür. Du wirst dort im Turm eine Treppe finden, die zu ihm führt.«

»Zu wem?« fragte ich, obwohl ich genau wußte, wen sie meinten, aber ich wollte es von ihnen hören.

»Dein Freund Myxin wartet auf dich!«

Also doch.

Myxin war hier. Asmodina hatte ihn in ihr Reich verschleppt. Wie ich es bereits geahnt hatte.

Warum sollte ich den beiden nicht den Gefallen tun? Ich hatte sowieso vorgehabt, Myxin aus seinem Gefängnis herauszuholen, doch über meine Chancen durfte ich gar nicht nachdenken.

Sie standen mehr als mies.

Ich drehte mich und spürte eine Gänsehaut. Ein komisches Gefühl war es doch, den beiden den Rücken zuzuwenden.

Sie griffen mich nicht an. Ich konnte unangefochten die Tür öffnen und sah vor mir eine Holztreppe, die in die Höhe führte.

Es war keine Wendeltreppe, die einzelnen Absätze standen rechtwinklig zueinander.

Wie auch schon bei der Brücke, so erweckte die Beschaffenheit des Materials durchaus den Eindruck, daß es mein Gewicht halten konnte.

Ich stieg die Stufen hoch, blieb auf dem ersten Absatz stehen und warf einen Blick zurück.

Die Todesengel waren mir nicht gefolgt.

Automatisch wurde ich an ein Abenteuer erinnert, das noch gar nicht lange zurücklag. Damals jagte ich Grimes, den Ghoul. Da war ich auch in einen Turm gestiegen und hatte in der Spitze einen Teufelsdiener gefunden, einen ehemaligen Vampir.

Wie würde es hier sein?

Stufe für Stufe schritt ich in die Höhe. Unter meinen Sohlen knarrte das Holz. Hin und wieder rieselte es aus den Spalten des Mauerwerks zu Boden, sonst blieb alles ruhig.

Plötzlich blieb ich stehen.

Ich hatte ein Stöhnen gehört.

Es klang so verzweifelt, daß es mir kalt den Körper hinunterlief.

Da wurde jemand gequält.

Myxin?

Die Chance, daß er es war, lag durchaus im Bereich des Möglichen. Denn Asmodina haßte ihn. Sie würde an dem Magier ihren Mut kühlen. Myxin hatte sich im Gegensatz zu dem Spuk nicht auf ihre Seite gestellt. Und so etwas vergaß die Teufelstochter nicht.

Das Stöhnen wurde lauter, und als ich den nächsten Absatz erreichte, sah ich die schmale Tür, die in das Mauerwerk führte und damit in ein Verlies, in dem man Myxin, den Magier, gefangenhielt.

Ich mußte den Kopf einziehen, um eintreten zu können.

Direkt hinter dem Eingang blieb ich stehen. Was ich sah, war grauenhaft.

Asmodina hatte sich eine schlimme Art ausgesucht, um Myxin zu quälen.

Er war angekettet worden, so daß er sich kaum bewegen konnte. Über ihm an der Wand befand sich ein Regal, auf dem eine große Flasche stand. Sie war mit einer wasserhellen Flüssigkeit bis zur Hälfte gefüllt. Die Flasche hatte einen Ausguß, an dem ein kurzes Stück Gummischlauch befestigt war. Eine Klammer drückte ihn dicht vor der Öffnung zusammen, aber nur so weit, daß der Wasserdruck einen Tropfen durch den Schlauch schieben konnte.

Und dieser Tropfen fiel genau auf Myxins Kopf.

In regelmäßigen Abständen traf er den Magier. Myxin war kein Mensch, sondern ein Dämon, und daß sich kein normales Wasser in der Flasche befand, hörte ich sofort, denn es zischte jedes Mal, wenn Myxin getroffen wurde.

So etwas passierte nur bei Weihwasser.

Ein Teil seines Gesichts hatte sich bereits aufgelöst. Er stöhnte und jammerte, sah mich jetzt, und in seinen Augen glomm so etwas wie Hoffnung auf.

»John Sinclair!« keuchte er. »Du?«

Ich nickte und ging vor. Weiter brauchte ich nichts zu sagen, ich handelte. Mit beiden Händen packte ich die bauchige Flasche und drehte sie zur Seite, damit aus dem Schlauch nichts mehr nach unten tropfte.

Jetzt war Myxin von seinen Qualen ein wenig erlöst.

Vor ihm ging ich in die Knie. Er versuchte ein Lächeln, das ihm jedoch mißlang.

»Okay«, sagte ich. »Jetzt geht es aufwärts.«

»Nein, wir schaffen es nicht.«

Myxins Pessimismus wirkte nicht gerade stimulierend auf mich, aber ich konnte ihn verstehen.

»Wie bist du in die Lage geraten?« fragte ich ihn.

»Du erinnerst dich an den Kampf im Reich des Schwarzen Tods?«

»Ja.«

»Plötzlich waren sie da. Diese beiden Todesengel waren stärker als Goran, und sie packten und entführten uns. Ehe ich mich versah, befanden wir uns in einer anderen Dimension. Ich wurde hierher in dieses Verlies geschleppt.«

»Warum hat man dich gefoltert?« fragte ich.

»Ich weiß es nicht. Wahrscheinlich will mich diese verfluchte Höllentochter quälen.« Er hob den Blick und schaute mich aus trüben Augen an. »Wieso bist du gekommen?«

Ich senkte meine Augenlider, denn ich konnte kaum in sein zerstörtes Gesicht schauen. Das geweihte Wasser hatte wie Säure gewirkt und seine Spuren hinterlassen.

»Goran ist zu mir gekommen!«

Plötzlich leuchteten die Augen des Magiers. »Der Vampir lebt?«

»Nicht mehr.«

»Hast du ihn getötet?«

»Nein, obwohl ich es wahrscheinlich getan hätte, denn er

hatte sich schon ein Opfer gesucht. Er brachte mir nur eine Botschaft und diesen Stein hier.« Ich hob den Arm ein wenig an und öffnete die Hand, so daß Myxin den Stein sehen konnte.

»Kenne ich nicht.«

»Der Stein ebnete mir den Weg in diese Dimension«, erklärte ich ihm. »Als ich ihn hatte, standen plötzlich zwei Todesengel im Zimmer. Sie töteten Goran mit Eichenpfeilen.«

»Diese Bestien!« keuchte Myxin. »Jetzt bin ich auf mich allein gestellt.«

»Und deine anderen Vampire?« fragte ich.

»Vernichtet. Sie sind vernichtet worden, John. Die Skelette und der Schwarze Tod haben schrecklich aufgeräumt. Ich stehe allein, du kannst mir hier keinen Schutz bieten. Asmodina ist wesentlich stärker als wir beide zusammen. Es wird ihr Spaß bereiten, uns zu töten.«

Da hatte Myxin wahre Worte gesprochen. So kannte ich ihn nicht. Er hatte die Flinte schon ins Korn geworfen und bereitete sich darauf vor, bald zu sterben.

Ich dachte anders darüber, denn noch lebte ich. Und ich hatte nicht vor, mich von Asmodina so leicht fertigmachen zu lassen.

»Nein, wir haben keine Chance!« flüsterte Myxin. Er bewegte seine Arme, und die Ketten klirrten.

»Verdammt, reiß dich zusammen!« fuhr ich ihn an. »Noch leben wir.«

Er lachte nur und sagte dann: »Dreh dich einmal um, John Sinclair!«

Plötzlich stellten sich meine Nackenhärchen auf. Ich ahnte, was mich erwartete, tat Myxin jedoch den Gefallen.

Unhörbar hatten sich die beiden Todesengel angeschlichen. Und diesmal waren sie bewaffnet.

Sie hielten ihre Bogen in den Händen, hatten Pfeile aufgelegt, deren Steinspitzen genau auf meine Brust zeigten.

Langsam hob ich die Arme . . .

Zusammengesunken hockte Damona King in der Mitte des Kreises. Sie hatte die Stirn gefurcht, ihre Blicke waren auf den Stein gerichtet, und sie versuchte, sich zu konzentrieren, was ihr ungeheuer schwerfiel, denn irgend etwas störte das magische Band, das sie mit ihrer Mutter knüpfen wollte.

Die anderen hielten den Kreis zusammen.

Rechts von Jane Collins stand Dr. Fryley. Er hatte es geschafft, in ihre Nähe zu kommen. Jane spürte seine schweißfeuchte Hand in der ihren. An der linken Seite hielt sie Suko fest, es folgten Schwester Genoveva, Superintendent Powell und Professor Higgins. Der schloß den Kreis, indem er Fryleys Hand hielt.

Die Stille war bedrückend. Auch draußen von den Gängen war nichts zu hören. Es schien, als wüßten die übrigen Ärzte und Patienten, daß die Menschen in diesem Raum auf keinen Fall gestört werden durften.

Damona strengte sich an. Sie geriet in Trance, entspannte sich völlig, bis sie das Gefühl hatte, über dem Boden zu schweben. Jetzt, wo ihr Geist rein und klar von anderen Gedanken war, versuchte sie abermals, mit ihrer Mutter Vanessa Kontakt aufzunehmen.

Sie schaute auf den Stein und sandte dabei Gedankenströme aus, die von dem Erbstück aufgefangen und verstärkt werden sollten, um anschließend über Raum und Zeit hinweg den Geist ihrer Mutter zu treffen.

Es war ungeheuer schwer, den Geist der Vanessa King zu erreichen, aber Damona King gab nicht auf. Sie mußte mit ihrer Mutter reden. Menschen befanden sich in Gefahr – und nicht nur John Sinclair, sondern auch die Menschen, die den Kreis gebildet hatten. Und auch sie selbst war nicht gänzlich ungefährdet, denn eine fremde Magie hatte ihren ererbten Stein getroffen.

Plötzlich spürte Damona etwas.

Es war ein leichtes Vibrieren, und sie merkte, daß ihre Gedanken gestört wurden.

Fremde Ströme drangen in ihr Hirn ein.

Damona schaute auf den Stein und sah, daß er sich verändert hatte.

Seine Oberfläche schimmerte nicht mehr schwarz, sondern hatte einen graugrünen Stich bekommen. Wieder sah sie die Schlieren innerhalb des Gefüges, und sie erkannte die heftigen Bewegungen, die parallel zu ihren Gedanken liefen.

Damona! Die Stimme war nur ein ferner, kaum zu vernehmender Hauch. Doch sie gehörte ihrer Mutter.

Vanessa King hatte sich gemeldet. Die Botschaft ihrer Tochter hatte sie erreicht.

Endlich.

Mutter, formulierte Damona.

Was willst du von mir?

Ich brauche deinen Rat.

Sprich.

Und wieder formulierte Damona King in Gedanken ihren Wunsch. Sie sprach vom Verhalten ihres Steins, und sie erzählte von John Sinclairs Verschwinden.

Weißt du, wo dieser Mann geblieben ist? erkundigte sie sich zum Schluß.

Ihre Mutter antwortete. Doch es bereitete ihr Mühe, das hörte Damona deutlich heraus. Sie bekam kaum die Worte zusammen, setzte immer wieder neu an, und Damona glaubte, das Wort Asmodina zu verstehen.

Im selben Augenblick brach der Kontakt ab. Als hätte jemand eine Telefonleitung mitten im Gespräch kurzerhand durchgeschnitten. Damona hatte keinerlei Gedankenkontakt mehr.

Aus!

Sie hob den Kopf und legte ihn in den Nacken.

Auch die übrigen Menschen hatten bemerkt, daß etwas geschehen war, und sie stellten diesbezügliche Fragen.

Vor allen Dingen Jane Collins. »Haben Sie den Kontakt herstellen können?«

»Ja. Aber es ist so schwer«, flüsterte Damona. »Irgendwas stört. Meine Mutter hat sich zwar gemeldet und den Namen Asmodina genannt, mehr allerdings nicht.«

»Dann ist John Sinclair dort gefangen«, vermutete die blondhaarige Detektivin.

»Wahrscheinlich.«

Jane merkte, wie Dr. Fryley neben ihr den Kreis durchbrechen wollte. Er versuchte, seine Hand aus der ihren zu ziehen, doch Jane griff hart zu.

»Nicht jetzt!« zischte sie.

»Und warum nicht? Das ist doch alles Quatsch, was ihr hier treibt. Spinnerei und Hokuspokus.«

»Halten Sie Ihren Mund!« regte sich Jane Collins auf, und auch Damona bat um Ruhe.

Dr. Fryley lachte, hielt sich aber an die Bitte.

»Ich werde es noch einmal versuchen«, erklärte Damona King. »Vielleicht gelingt es mir, einen Dämon zu beschwören und herzuholen.«

Jetzt stampfte Professor Higgins mit dem rechten Fuß auf. »Das mache ich nicht mit!« rief er. »Dämonen beschwören, wo gibt es denn so etwas? Machen Sie Licht, Schwester. Ich will endlich mit diesem Unsinn aufhören!«

»Nein, Sie bleiben!«

Sir Powell griff ein, und es war wohl niemand unter den Anwesenden, der nicht erschrak. So scharf hatten selbst Suko und Jane den Superintendent noch nie reden hören.

Aber Higgins gab nicht auf. »Was erlauben Sie sich eigentlich, Sir? In diesem Krankenhaus habe noch immer ich zu bestimmen. Das sollten Sie sich merken!«

»Sie wird die Beschwörung durchführen!«

Higgins gab nach. »Okay, einmal kann sie es noch versuchen. Wenn es aber diesmal nicht klappt, höre ich damit völlig auf.«

Sir Powell sagte nichts. Er schloß den Kreis jedoch fester. Auch Janes Händedruck wurde wieder stärker. Neben sich hörte die Detektivin Dr. Fryley leise lachen. Dann flüsterte er: »Wenn alles vorbei ist, gehen wir dann essen?«

Jane Collins schwieg.

Diesmal konzentrierte sich Damona King nicht mehr auf ihre Mutter, sondern versuchte, durch den geheimnisvollen

Stein in Sphären einzudringen, die von Asmodina naheste-
henden Dämonen bewohnt wurden.

Sie sprach.

Leise murmelte die schwarzhaarige junge Frau die Be-
schwörungsformeln. Es waren Worte, die von den Kreismit-
gliedern nicht verstanden wurden, Dämonen jedoch bis in
den Nerv hinein trafen und sie auch anlocken mußten.

Damona King kniete jetzt. Sie hatte den Kopf dabei in den
Nacken gelegt, die Schultern hochgezogen und die Hände zu
Fäusten geballt. Ihr Mund stand halb offen. Kehlige Laute
drangen daraus hervor, während sie mit beiden Händen den
Stein umklammert hielt, allerdings so, daß er nur zur Hälfte
von ihren Fingern bedeckt wurde.

Plötzlich begann der Stein zu glühen!

Er wechselte seine Farbe. War er zuvor tiefschwarz gewesen, so zog jetzt ein roter Ton durch das Gefüge, der immer
mehr der Oberfläche entgegendrang, sie erreichte und anfing
zu strahlen.

Der Stein in Damonas Händen wurde zu einer regelrechten kleinen Sonne.

Es war schon phänomenal, wie er sich veränderte. Die
roten Strahlen drangen sogar aus ihm heraus und umgaben
ihn mit einem blutigen Kranz, so daß es aussah, als wäre er
gewachsen.

Ein wirklich unerklärlicher Vorgang.

Immer stärker wurde das Strahlen. Von Sekunde zu Sekunde nahm es an Intensität zu. Sein Schein spiegelte sich auf
dem Gesicht der Frau wider und ließ es aussehen, als wäre es
mit Blut übergossen.

Damona stöhnte.

Sie hatte die Beschwörung abgebrochen, denn sie zehrte an
ihren Kräften.

Und der Kreis hielt.

Noch . . .

Denn auch die Menschen spürten plötzlich den Einfluß des
anderen, der sich in dem Zimmer breitmachte. Auf einmal
war die Luft anders. Sie roch und schmeckte irgendwie muf-

fig, man vermeinte auch, Schwefelgeschmack auf der Zunge zu spüren.

Dr. Fryley traf der Schock zuerst.

Er begann plötzlich zu zittern und wollte seine Hand losreißen, um den Kreis zu sprengen.

Das durfte Jane Collins auf keinen Fall zulassen. Wenn der Kreis unterbrochen wurde, konnte das ihrer aller Leben kosten, dann hatte das Böse keine Hemmschwelle mehr, und es würde sich frei entfalten.

Aber Fryley war nicht zu bremsen. Er schrie auf und wurde wie vom Fieber geschüttelt. Der Arzt zitterte am gesamten Körper, sein Gesicht glänzte, und er warf den Kopf wild hin und her.

»Haltet ihn fest!« sagte auch Suko, und seine Stimme vibrierte. Er hätte Jane Collins gern geholfen, doch auch er durfte den Kreis nicht zerstören.

Währenddessen wurde Damona King von einer kalten roten Flammenwand umhüllt. Ihre Haare begannen zu knistern, als stünden sie unter einer elektrischen Spannung, und sie stellten sich aufrecht.

Auch Schwester Genoveva spürte die Macht des Bösen. Sie begann zu schreien.

Es war ein wilder, markerschütternder Schrei, der durch den Raum hallte und all die Angst verriet, die die Frau gefangenhielt.

Ein eisiger Hauch streifte die Gesichter der Anwesenden, und die Menschen hörten rauhe, flüsternde Stimmen.

Die Dämonen waren da.

»Festhalten!« keuchte Jane. »Um Himmels willen, haltet euch fest!«

Damona fiel zu Boden. Sie hatte die Beschwörung nicht verkraftet, sämtliche Energie war aus ihrem Körper abgesaugt worden, so daß sie nicht mehr die Kraft besaß, sich aufrecht zu halten.

Das rote Licht schwebte über ihr. Es hatte eine Auriole gebildet, verformte und teilte sich, so daß zwei Personen entstanden.

Zwei Geister!

Noch waren sie nur in Umrissen zu sehen, aber Suko, Jane und die anderen erkannten die beiden Pantherköpfe auf den Körpern der Frauen.

Monster waren erschienen!

Sie hatte Damona Kings Beschwörung aus den Tiefen der Dimensionen herbeigeholt.

Noch konnten sie sich nicht manifestieren. Sie waren zu schwach, und es gelang Damona King, sich wieder zu erholen.

Sie richtete sich auf.

»Boten der Finsternis!« rief sie. »Hört mich an. Ich habe euch gerufen, und ich bin jetzt eure Meisterin. Ihr werdet mir meine Fragen beantworten, und wenn ich . . .«

Im selben Augenblick brach Dr. Fryley zusammen.

Jane Collins konnte sein Gewicht nicht mehr halten. Fryleys Hand rutschte aus der ihren.

Damit war der Kreis geöffnet.

Im nächsten Augenblick überstürzten sich die Ereignisse . . .

Jeder Widerstand war zwecklos. Ich hatte wirklich keine Chance gegen die beiden Todesengel, die mich nicht aus den Augen ließen. Wenn ich nur ein einziges Mal falsch mit der Wimper zuckte, hätten mich ihre Pfeile durchbohrt.

Also blieb ich ruhig stehen.

Myxin meldete sich. »So sieht es aus, John Sinclair. Jetzt haben sie uns beide. Du hättest nicht herkommen sollen. Nun wird Asmodina ihr Spielchen mit dir machen.«

Ich horchte auf. »Welches Spielchen?«

»Laß dich überraschen.«

Die beiden Todesengel traten einen Schritt vor, wobei sie mich weiterhin im Auge behielten. Ich sah Köcher auf ihren Rücken. Die Ersatzpfeile ragten über die Schultern hinweg.

»Dreh das Gefäß wieder herum!« befahl der von mir aus rechte Todesengel.

»Wollt ihr ihn wirklich noch weiterquälen?«

»Tu, was man dir gesagt hat!«

Ich ließ meine Arme sinken und hob die Schultern. Meinetwegen sollten sie ihren Willen haben. »Darf ich mich dabei umdrehen?« erkundigte ich mich höhnisch.

»Ja, aber keine Tricks!«

»Das hatte ich nicht vor!« Die Lüge drang glatt über meine Lippen, denn plötzlich hatte ich eine Idee.

Vorsichtig drehte ich mich zur Seite, streckte dabei die Arme aus und trat rechts neben den angeketteten Myxin und umfaßte die Wandung des Behälters mit beiden Händen.

Tief atmete ich durch.

»Dreh ihn um, und öffne den Schlauch!«

»Okay.« Ich spielte den beiden eine Komödie vor und tat so, als müßte ich mich furchtbar anstrengen, um das Gefäß hochheben zu können.

In Wirklichkeit drehte ich es nur ein wenig zur Seite weg, um eine bessere Wurfposition einzunehmen.

In derselben Sekunde fuhr ich herum. Ich drehte mich auf der Stelle, riß dabei das Gefäß mit und schleuderte es auf die beiden Todesengel zu.

Srrrtttt – ich hörte das singende Geräusch, als der erste Pfeil von der Sehne schnellte, zog den Kopf ein und spürte den Luftzug, als das gefährliche Geschoß dicht an meinem Ohr vorbeistrich.

Ich aber hatte getroffen.

Der zweite Todesengel war gar nicht zum Schuß gekommen. Das schwere Weihwassergefäß war ihm gegen die Brust geprallt und hatte ihn zurückgeworfen bis gegen die Wand. Das Gefäß rutschte ab, prallte gegen das Mauerwerk und zerbrach.

Das Weihwasser strömte aus.

Es rann nicht nur an der Wand entlang, sondern ergoß sich auch über den Todesengel.

Und der war ein Dämon.

Weihwasser konnte er nicht vertragen.

Sofort brüllte er auf. Wo die Flüssigkeit getroffen hatte,

stiegen plötzlich Dämpfe hoch, denn das Wasser begann sofort die Haut des Monsters aufzulösen.

Ich bekam dies nur am Rande mit, weil ich mich um den zweiten Todesengel kümmern mußte.

Er hatte seinen Arm nach hinten über die Schulter geschleudert und einen Pfeil aus dem Köcher geholt. Dies geschah mit geschmeidigen Bewegungen. Das Wesen mußte es tausendmal geübt haben.

Der Pfeil lag schon auf der Sehne, als ich mich abstieß. Noch hatte der Todesengel nicht gespannt, und das war mein Glück. Ich katapultierte mich vor und griff ihn mit gesenktem Schädel an.

Mein Kopf sauste genau in den freien Raum zwischen Hosenbund und Oberteil.

Der Todesengel flog nach hinten. Der Angriff war so überraschend erfolgt, daß er sogar seinen Bogen verlor.

Gedankenschnell hob ich die Waffe auf.

Bevor die Kreatur sich aufraffen konnte, hatte ich bereits in den Köcher gegriffen und ein paar Pfeile an mich genommen. Dazu nahm ich den linken Arm zur Hilfe, was dem überhaupt nicht bekam, denn von der verletzten Schulter her durchzog ein beißender Schmerz meinen Arm. Trotzdem hielt ich fest.

Der Todesengel war wieder auf den Beinen, und ich hörte Myxins Warnschrei.

Auf der Stelle kreiselte ich herum. Trotz meiner Schmerzen stieß ich dabei auch meinen linken Arm vor, dessen Hand mit Pfeilen gespickt war.

Der Todesengel konnte nicht mehr stoppen.

Die Pfeile trafen ihn in die Brust.

Sie töteten ihn nicht, nein, sie stoppten seinen Angriff, so daß ich Zeit hatte, an mein Kreuz zu gelangen. Ich zog die Kette nicht über den Hals, sondern nahm das Kreuz in die Hand und warf mich gegen den Todesengel.

Das Kruzifix berührte sein Gesicht.

Nichts geschah!

Und das gab mir einen Schock!

Unter mir lachte der Todesengel, stieß seine Beine vor und traf mich dicht unter der Gürtelschnalle in den Leib, so daß ich zurückflog.

Dann stand das Geschöpf auf.

Ich hing mit dem Rücken an der Wand und sah zu, wie der Todesengel sich die vier Pfeile aus der Brust zog. Die Wunden schlossen sich, als wäre nichts passiert.

Ich suchte nach einem Ausweg.

Da das Kreuz seine Wirkung nicht entfalten konnte, mußte ich mir schnell eine andere Möglichkeit einfallen lassen, denn viel Zeit blieb mir nicht. Der Todesengel bückte sich bereits nach seinem Bogen und hob ihn auf.

Warum war die Magie meines Talismanns außer Kraft gesetzt worden? Diese Frage quälte mich.

Und plötzlich wußte ich es.

Der Stein.

Ja, er mußte es sein. Der rote Stein, der noch immer an meiner rechten Handfläche klebte.

Aber wie konnte ich seine Kraft brechen?

Der Todesengel vor mir spannte seinen Bogen. Er zog die Sehne, soweit es ging, zurück.

Der Pfeil konnte mich gar nicht verfehlen.

Da griff Myxin ein.

Der Todesengel war etwas zu weit zurückgegangen und damit in die Reichweite des Magiers gelangt. Seine Arme konnte er zwar nicht bewegen, dafür jedoch seine Beine.

Damit trat er zu.

Myxin jagte seine Füße in die Kniekehlen des Todesengels, der nach vorn geschleudert wurde, die Balance verlor und den Pfeilschuß verriß. Er ließ die Sehne zwar noch los, doch der Pfeil jagte gegen die Decke des Verlieses.

Ich schlug mit der Rechten zu.

Den Schlag holte ich weit aus der Schulter, traf das Kinn des weiblichen Monsters, und der Aufprall schleuderte es quer durch das Verlies bis gegen die Wand, an der das Weihwasser entlanggelaufen war.

Die Magie des Weihwassers reichte.

Der Todesengel kam damit in Berührung und schrie auf. Sein Gesicht wurde zu einer Fratze. Er taumelte vor und damit auf mich zu. Mit einem Judowurf hebelte ich ihn zu Boden, genau in die Pfütze mit dem Weihwasser.

Diesmal wurde auch sein Gesicht in Mitleidenschaft gezogen.

Ich sah auch den zweiten Todesengel.

Das Weihwasser hatte ihm stark zugesetzt. Die gesamte rechte Körperhälfte schimmerte bleich. Solch einen Anblick bot nur ein Skelett.

Schaudernd wandte ich mich ab. Jetzt mußte ich mich erst einmal um Myxin kümmern.

Der Magier schaute mich an. »Flieh, John Sinclair!« flehte er. »Es hat keinen Zweck. Wirklich nicht.«

»Halt die Klappe! Bist du geflohen, als der Schwarze Tod mich vernichten wollte?«

»Nein, aber das war etwas anderes.«

Ich ließ mich nicht beirren. »Nein, es gibt keinen Unterschied.«

»Hier hast du keine Chance!« versuchte er es noch einmal.

Ich schüttelte nur den Kopf und gab ihm keine Antwort mehr. Man mußte Myxin wirklich zu seinem Glück zwingen.

Aber auch ich stand vor einem Problem. Ich schaffte es nicht, die Ketten aus dem verdammten Mauerwerk zu lösen. Sie saßen zu fest.

»Mit Magie kannst du hier nichts ausrichten?« fragte ich ihn.

»Nein, Asmodina hat eine stärkere Magie angewendet. Ich kann die Ketten nicht brechen.«

»Das ist schade.«

Noch immer klebte dieser verdammte Stein an meiner Hand. Ohne ihn hätte vieles besser ausgesehen, und die Weiße Magie meines Kreuzes wäre nicht aufgehoben gewesen.

In einem Anfall von Wut drosch ich meinen Handteller gegen die Wand. Der Stein bekam nicht einmal einen Kratzer mit, er glitt einfach ab.

So schaffte ich es nie.

»Gib dir keine Mühe, John Sinclair!« sagte hinter mir eine kalte, gefühllose Stimme. »Du schaffst es sowieso nicht!«

Nein, ich schaffte es nicht. Aber sie würden mich schaffen, davon war ich überzeugt.

Langsam drehte ich mich um.

Vor mir stand Asmodina!

Sie war nicht allein.

Mehrere Todesengel drängten sich hinter ihr, und wie ich erkennen konnte, waren sie allesamt bewaffnet.

Da war nichts zu machen.

Ich spreizte die Arme ab.

»So will ich dich haben, Sinclair«, sagte Asmodina und schaute auf die am Boden liegenden Scherben und dann auf ihre beiden Dienerinnen, von denen nur noch eine lebte, jedoch jämmerlich stöhnte. Asmodinas Gesicht verzerrte sich. »Du bist doch ein widerlicher . . .« Ihr fehlten einfach die Worte, und sie stampfte mit dem Fuß auf, als wäre sie der Teufel persönlich und nicht seine Tochter.

Ich grinste.

Ja, ich grinste. Was sollte ich auch sonst tun? Ich freute mich darüber, ihr wenigstens eine kleine Niederlage beigebracht zu haben, denn die Teufelstochter ärgerte sich, das war ihr deutlich anzusehen.

Asmodina war eine kalte Schönheit. Und wären nicht die beiden Teufelshörner auf ihrer Stirn gewesen, hätte man sie als gutaussehende Frau bezeichnen können. In Locken fiel das lange Haar bis auf die Schultern. Es leuchtete brandrot wie das Höllenfeuer. Ihr Gesicht war blaß. Eine Haut hatte sie, die mich an Marmor erinnerte, und ihre Pupillen leuchteten ebenfalls rot.

Aus ihnen strahlte mir ein furchtbarer Haß entgegen, wie er nur in der Hölle geboren werden konnte.

Asmodina haßte mich ebenso stark wie damals der Schwarze Tod. Und sie war noch mächtiger.

Die Teufelstochter trug die gleiche Kleidung wie ihre Dienerinnen. Nur war sie bei ihr nicht aus schwarzem, sondern aus knallrotem Leder gefertigt.

»Ich hätte nicht gedacht, daß du so schnell kommen würdest, John Sinclair«, sagte sie.

»Ich lasse keinen Freund im Stich!«

»Dieser Edelmut wird dich das Leben kosten!«

»Damit habe ich gerechnet!«

»Du hast nicht gehofft, Sieger zu bleiben?«

»Das auch.«

Asmodina machte eine unwirsche Handbewegung. »Damit ist es jetzt vorbei, John Sinclair. Du wirst sterben!«

Das hatte ich geahnt. »Wirst du mich töten?« fragte ich.

»Nein, Geisterjäger, ich schaue nur zu. Für dich und Myxin habe ich mir etwas Besonderes ausgedacht.«

»Und was?«

»Sei nicht so neugierig, Geisterjäger. Du siehst es noch früh genug.«

Sie schnippte einmal mit den Fingern, und Myxins Fesseln fielen.

»Steh auf, Abtrünniger!« befahl sie.

Myxin erhob sich. Er bot ein Bild des Jammers. Das Weihwasser hatte tiefe Furchen in seine Haut geätzt. Es war auch durch die Kleidung gedrungen. Der Magier litt wirklich.

Asmodina war zufrieden.

Sie gab zwei ihrer Todesengel ein Zeichen. Die beiden verstanden und packten Myxin, der nicht einmal den Versuch unternahm, sich zu wehren.

Zwei weitere traten auf mich zu.

Ich spannte die Muskeln.

Asmodina schüttelte den Kopf. »Es sind zu viele, Geisterjäger. Du kannst gegen uns nichts ausrichten. Laß es lieber bleiben, wenn du nicht auf der Stelle sterben willst.«

Sterben sollte ich so oder so. Aber vielleicht hatte ich später noch eine winzige Chance. So hob ich die Schultern und ergab mich in mein Schicksal.

Myxin und ich wurden zur Tür geführt und traten hinaus

in den Turmschacht. Ich spürte wie der Magier die harten Hände der Todesengel an meinen Armen, wehrte mich jedoch nicht. Die Übermacht war zu groß.

Wir schritten die Turmtreppe hoch. Die Holzstufen ächzten und knarrten, manchmal schwankten sie bedrohlich. Ich hatte das Gefühl, jeden Moment einzubrechen.

Wider Erwarten lief alles gut.

Zwanzig bis an die Zähne bewaffnete Todesengel bewachten uns, da wurde jeder Widerstand zum reinen Selbstmord. Manche Dämoninnen hielten auch Schwerter und Lanzen in ihren Händen. Ich war davon überzeugt, daß sie damit ebensogut umgehen konnten wie die anderen mit ihren Bogen.

Meine Schulterwunde tat weh. Die Schmerzen zogen sich bis hinunter in den Arm, der am unteren Gelenk von zwei Todesengeln umklammert wurde.

Myxin führte man auf die gleiche Art und Weise ab. Auch der Magier dachte nicht an Gegenwehr.

Wir erreichten einen Ausgang, durch den wir auf den Wehrgang gelangten.

Asmodina ging an der Spitze, die Todesengel folgten ihr, dann kamen wir, und hinter uns schritten abermals einige Teufelsdienerinnen.

Der Wehrgang war ziemlich breit, so daß mehrere Personen nebeneinander gehen konnten.

Rechts befand sich die Brüstung. Über die konnte ich hinwegschauen und blickte hinunter in eine Arena.

Es war in der Tat ein Quadrat mit den vier Türmen an den Ecken und den Verbindungsgängen, die den gewaltigen Innenhof einrahmten.

Sonst gab es nichts.

Keine Stallungen, keine Lagerräume, nur Türme, Wehrgänge und den Innenhof.

Ich schaute über die Brüstung.

Gelbbrauner Sand bedeckte den Innenhof. Er war zertrampelt, und es sah aus, als wäre eine Herde über ihn hinweggelaufen.

Arena! Dieser Begriff erinnerte mich an das alte Rom. Auch die Römer liebten ihre Arenen, in denen die Kampfspiele zur Ergötzung eines übersättigten Publikums stattfanden.

Auch hier sollte es Kampfspiele geben. Und ich brauchte kein großer Prophet zu sein, um zu wissen, wer dabei im Mittelpunkt stehen würde.

Myxin und ich.

Asmodina, die an der Spitze gegangen war, blieb stehen und drehte sich um. Sie schob ihre Dienerinnen zur Seite und bahnte sich einen Weg zu mir.

Wir schauten uns an.

»Ist das deine Welt?« fragte ich sie.

»Nur ein geringer Teil davon.«

»Diese Burg, ist sie überhaupt existent?« erkundigte ich mich. »Oder ist sie nur ein Trugbild?«

»Sie schwebt zwischen den Dimensionen, und sie wird gern von meinen Dienerinnen angeflogen. Hier können sie auch ihre Kräfte messen. Vor allen Dingen gegen die Pantherfrauen.«

»Pantherfrauen?« wiederholte ich. »Wer, zum Henker, ist denn das?«

»Das sind ebenfalls Dienerinnen. Allerdings wilder und grausamer als meine Todesengel. Du erinnerst dich doch sicherlich an Serena Kyle und ihre Tigerfrauen – oder?«

Und ob ich mich erinnerte. Denn ich hatte Serena Kyle, die Wertigerin, letzten Endes vernichtet.

Meinem Gesichtsausdruck las Asmodina ab, daß ich mich sehr gut erinnerte. »Serena Kyle hast du getötet, John Sinclair. Doch für eine Truppe stelle ich wieder zehn neue auf die Beine. Die Pantherfrauen werden es dir zeigen.«

Ich schüttelte mich. »Woher kommen sie?« fragte ich mit krächzender Stimme.

»Aus einem höllischen Reich, jenseits aller Grenzen.«

Damit konnte ich nicht viel anfangen. Außerdem hatte Asmodina keine große Lust mehr, mit mir noch lange zu debattieren. Sie wollte mich endlich tot sehen.

»In die Arena mit euch!« sagte sie.

Ich deutete nach unten. »Sollen wir springen?«

»Nein, es wird schon einen Weg geben.« Sie gab mehreren Dienerinnen ein Zeichen.

Die Todesengel wußten, was sie zu tun hatten. Sie traten dicht an die Brüstung und legten einen kleinen, kaum sichtbaren Hebel um. Ein Teil der Brüstung klappte nach außen. Wir hatten die Gelegenheit, hindurchzuschlüpfen.

Ich sah vor mir eine Art Rutschbahn, die hinunter in die Arena führte.

Myxin wurde als erster vorgestoßen.

Bäuchlings fiel er auf die Rutsche und verschwand aus meinem Blickfeld.

Dann war ich an der Reihe.

Die beiden Todesengel wollten auch mich lässig vorstoßen, doch ich stemmte mich gegen den Griff und schaute Asmodina an.

Sie hielt meinem Blick stand und lächelte spöttisch. »Keine Chance mehr, John Sinclair, denn durch diesen magischen roten Stein habe ich die Wirkung deines Kreuzes aufgehoben.«

»Ich weiß.«

Sie lachte. »Und ich bin gespannt, wie du die Pantherfrauen besiegen willst.«

Am liebsten hätte ich mich auf die Teufelstochter gestürzt, doch die beiden Todesengel schienen meine Absicht zu erraten. Sie griffen noch härter zu.

»Weg mit ihm!« kreischte Asmodina.

Ich wurde herumgedreht und auf die Rutsche zugestoßen. Zwei Schritte mit festem Grund unter den Füßen, ein dritter ging ins Leere, und ich fiel.

Ich wollte mich noch fangen, doch die Rutsche führte zu steil in die Tiefe.

Plötzlich verlor ich das Gleichgewicht, prallte mit dem Bauch auf die glatte Fläche und fegte der Arena entgegen, in der Myxin und ich unser Leben aushauchen sollten.

Hart kam ich auf. Staub und Dreck drangen in meine Augen und verklebten sie. Ein beißender Stich durchzog meine verletzte Schulter. In der Wunde pochte und hämmerte es.

Durch einen raschen Blick nach links stellte ich fest, daß sie wieder anfing zu bluten. Der Verband war bereits durchtränkt.

Mühsam rappelte ich mich hoch.

Myxin stand ebenfalls. Sein grünes Gesicht sah schaurig aus. Das Weihwasser hatte es zum Teil zerstört, und in den Augen leuchtete die nackte Angst.

So etwas hatte ich bei dem Magier noch nie gesehen. Wahrscheinlich war er auch über den Tod des Vampirs so geschockt.

Ich ging langsam auf ihn zu. Bei jedem Schritt schmerzte meine linke Schultser. Trotzdem zeigte mein Gesicht ein verbissenes Lächeln.

Neben Myxin blieb ich stehen.

»Es gibt keinen Ausweg mehr«, sagte der Magier.

Darauf gab ich keine Antwort, sondern schaute hoch zu der Brüstung. Dort stand Asmodina mit ihren Todesengeln. Sie hatte sich den besten Platz ausgesucht, eine Stelle, von der sie alles überblicken konnte. Es mußte ihr eine diebische Freude bereiten, mich leiden und danach sterben zu sehen.

Plötzlich stieß mich Myxin an. »Da, sieh doch!«

Er deutete nach links.

In einer Ecke des Innenhofs stand eine Pantherfrau.

Ich erschrak.

Dann drehte ich mich und mußte feststellen, daß auch die drei anderen Ecken von diesen Monstern besetzt waren.

Vier Pantherfrauen.

Viermal eine Mischung aus Mensch und Raubtier!

Ich warf noch einen Blick zum Wehrgang hoch, wo Asmodina stand und zuschaute.

Ein wissendes und barbarisches Grinsen lag auf ihren Lippen. Sie hatte den rechten Arm erhoben und ließ ihn nun nach unten fallen. Dabei klatschte ihre Hand auf die Brüstung.

Dieses Zeichen war für die vier Werpantherinnen ein Signal. Gleichzeitig fauchten sie auf und setzten sich dann langsam in Bewegung.

Ihr Ziel waren Myxin und ich . . .

Als sie näher kamen, konnte ich sie besser erkennen. Diese Pantherfrauen boten wirklich einen scheußlichen Anblick. Sie hatten den Kopf des Dschungelraubtiers, genau die schrägstehenden gelben Augen und auch die Pranken dieser Tiergattung.

Ihr Körper und die Beine waren völlig normal gebaut und sahen so aus wie die ihrer weiblichen Geschlechtsgenossinnen auf der Mutter Erde.

Ich packte den angstschlotternden Myxin an der Schulter, drehte ihn herum, so daß wir Rücken an Rücken standen und uns gegenseitig deckten.

»Reiß dich zusammen!« fuhr ich ihn an. »Vielleicht schaffen wir sie!«

»Nein, sie sind zu stark!«

Mit Myxin, dem Magier, war wirklich nicht mehr viel anzufangen. Er hatte eine ungeheure Angst.

Die Tier-Mensch-Monster bewegten sich mit der Geschmeidigkeit echter Raubtiere.

Mir rann eine Gänsehaut über den Rücken. Auch ich verspürte Angst und umklammerte mein Kreuz.

Es half mir nichts. Es war völlig wertlos in dieser Dimension. Vielleicht hätte ich mich mit meiner neuen Waffe, dem silbernen Bumerang, wehren können, aber der lag in meiner Wohnung, ebenso die Beretta und der Silberdoch.

Ihnen konnte ich nur hinterhertrauern.

Die Hälfte der Strecke hatten die Pantherfrauen bereits hinter sich. Oben an der Brüstung bewegten sich die Todesengel. Sie hoben ihre Bogen, legten die Pfeile auf die Sehnen und spannten sie.

Eine doppelte Sicherung. Wenn wir die Pantherfrauen schaffen sollten, wollten sie mit ihren Pfeilen alles klarmachen.

Noch fünf Schritte trennten uns.

Ich stellte mich breitbeinig hin, denn leicht sollten es die verdammten Bestien nicht haben.

»Wenn sie springen, wirf dich zu Boden!« flüsterte ich Myxin, dem Magier, zu.

Ob er mich verstanden hatte, wußte ich nicht, denn er zeigte keine Reaktion.

Die Pantherfrauen schlichen schräg auf uns zu. Der Winkel wurde immer spitzer, und da wir so ziemlich in der Mitte des Quadrats standen, mußten sie bei uns zusammentreffen.

Sie hatten ihre Rachen geöffnet. Ich sah die langen Reißzähne blitzen und schauderte. Beißender Raubtieratem schlug mir entgegen.

Jetzt waren sie bereits so nahe heran, daß sie einen Sprung durchaus wagen konnten.

Und sie stießen sich ab.

Vor und hinter mir hörte ich das Fauchen, vermischt mit Myxins Angstschrei.

Ich sah den gestreckten Körper auf mich zufliegen und tauchte zur Seite weg. Es war eine gedankenschnelle Drehung, und sie war auch nötig, denn das Biest flog nur haarscharf an mir vorbei.

Aber Myxin war getroffen worden. Zwei Körper hatten ihn unter sich begraben. Ich hörte das wilde Fauchen, sah aus den Augenwinkeln, wie Myxin sich wehrte. Er hatte keine Chance.

Ich handelte automatisch und ohne lange zu überlegen. Ich sprang der Raubkatze, die über Myxin lag, geradewegs in den Nacken und hämmerte der zweiten meine Faust auf die Schnauze.

Die Pantherfrau schrie beinahe klagend auf. Diesen Schmerz vertrug selbst sie nicht. Ich jedoch hatte mich überschätzt, denn ich prallte mit der linken Schulter zu Boden und hatte das Gefühl, von tausend Säbeln gefoltert zu werden.

Für wenige Augenblicke machte mich dieser Schmerz kampfunfähig. Dafür kassierte ich einen Prankenhieb, der mich am Kopf streifte. Haut riß auf, Blut quoll hervor und drang mir in die Augen.

Trotzdem stemmte ich mich hoch.

Neben mir war Myxin von zwei Pantherkörpern begraben

worden. Ich sah, wie die beiden Bestien das Maul aufrissen, um ihn zu töten.

Da sprang mich die nächste Pantherfrau an. Die Wucht schleuderte mich auf den Rücken, und einen Herzschlag später waren die gefährlichen Zähne nur eine Handbreit von meinem Hals entfernt . . .

Urplötzlich standen die beiden Pantherfrauen mitten im Zimmer.

Vielleicht hätte eine rasche Schließung des Kreises ihr Erscheinen noch verhindert, doch das war nicht mehr möglich. Dr. Fryley hatte den Kreis aufgebrochen und damit den Weg für die Monster aus einer anderen Dimension geebnet.

Jetzt waren sie da.

Sofort griffen sie an.

Die erste Bestie sprang auf Jane Collins zu. Die Pantherfrau hatte ihr Maul weit aufgerissen, stinkender Atem fuhr der Detektivin entgegen, die vor Schreck wie erstarrt auf der Stelle stand.

Da griff Suko ein.

Und er war schneller als die Bestie.

Der Chinese warf sich vor. Er hatte die Arme hochgehoben und angewinkelt, um sein Gesicht zu schützen, und er prallte auf halbem Weg mit der Pantherfrau zusammen.

Beide stürzten zu Boden.

Suko allerdings lag unten, die Bestie auf ihm. Sie wollte ihre Zähne in seinen Hals schlagen.

Blitzschnell riß Suko beide Hände hoch und umklammerte den Hals der Pantherfrau.

Die Kiefer klappten zu, dicht vor Sukos Gesicht. Er wurde nicht verletzt, und er kämpfte. Seine stahlharten Karatefinger drückten der Raubkatze die Luft ab. Er schüttelte den Kopf hin und her, stemmte mit aller Gewalt die Bestie hoch und schleuderte sie zur Seite.

Sie fiel auf den Rücken.

Sofort sprang Suko wieder auf.

Damona King saß noch auf dem Boden, eingehüllt in eine rotleuchtende Aura, die gleichzeitig wie ein Schutzschirm wirken mußte, denn die schwarzhaarige Frau wurde von den Pantherfrauen nicht angegriffen.

Dafür jedoch Dr. Fryley.

Während Jane Collins, Sir Powell, Professor Higgins und Schwester Genoveva bis an die Wände zurückgewichen waren, stürzte sich die Bestie auf den jungen Arzt.

Der Doktor war kein Kämpfer. Er riß zwar noch die Arme schützend hoch, doch ein Prankenhieb fegte sie zur Seite. Im nächsten Augenblick war die Bestie über ihm.

In seiner Verzweiflung trommelte Dr. Fryley gegen den Oberkörper der Pantherfrau, doch er konnte sie nicht mehr zurückstoßen. Sie war zu stark.

Die Kiefer schnappten zu.

Der Schrei des Arztes endete in einem Röcheln. Der Mann starb noch auf dem Fußboden.

Suko hatte nicht eingreifen können. Er versuchte, sich mit aller Macht von der Pantherfrau zu befreien, was beinahe so gut wie unmöglich war, denn beide waren etwa gleich stark.

Aber Suko war geschickter.

Er schaffte es, seine Beine anzuziehen und sie der Pantherfrau in den Leib zu stemmen.

Ein Ruck, und die Bestie flog zurück. Sie krachte gegen die Trage, auf der ich einmal gelegen hatte, und schleuderte sie zur Seite. Sie kippte um und riß dabei mehrere Gefäße mit, in denen sich noch Nährlösung befand. Sie breitete sich lachenartig auf dem Boden aus.

Die Bestie schüttelte sich.

Suko stand wieder auf.

Jane Collins kam auf ihn zu. Sie wollte den Chinesen unterstützen, doch Suko schüttelte den Kopf. Als die Detektivin nicht reagierte, gab Suko ihr einen Stoß, der sie bis zur Wand zurücktrieb.

»Das erledige ich allein!«

Die Pantherfrau fauchte.

Suko bewegte sich etwas zurück und gleichzeitig zur Seite,

damit er auch die zweite Bestie im Blickfeld hatte. Und das war gut so, denn sie griff an.

Blitzschnell legte der Chinese beide Hände ineinander und holte zu einem Rundschlag aus.

Die Fäuste klatschten seitlich gegen den Kopf der Bestie und schleuderten das Monster herum. Es prallte zu Boden, war aber sofort wieder auf den Beinen.

Suko trat zu.

Karate beherrschte er neben einigen anderen Kampfsportarten aus dem Effeff. Sein Tritt riß den Kopf der Bestie in den Nacken. Es gingen sogar einige Zähne zu Bruch, und die Menschen konnten etwas aufatmen.

Aber an Flucht war nicht zu denken, denn die zweite Pantherfrau sprang auf die Tür zu und versperrte dort den Rückzug.

In dem Zimmer sah es aus, als hätte dort ein Tornado gewütet.

Die Trage war umgekippt, mehrere Flaschen zerbrochen, so daß Flüssigkeit auslief und auf dem Boden eine regelrechte Rutschbahn bildete.

Jane Collins, Sir Powell, Professor Higgins und der Krankenschwester stand der Schrecken im Gesicht geschrieben. Die Angst hielt sie wie mit unsichtbaren Händen umkrallt.

Die Pantherfrauen griffen nicht mehr an.

Sie verhielten sich ruhig, drehten ihre Köpfe und schauten mit ihren gelben Raubtieraugen nur eine Person an.

Damona King!

Sie hatte sich erhoben und war noch immer eingehüllt in eine rote Aura.

Langsam drehte sie sich um, bis sie so stand, daß sie die Bestien anschauen konnte.

Die Monster winselten plötzlich. Sie duckten sich zusammen und zogen ihre Köpfe ein.

»Kommt her!« befahl Damona King und streckte ihren rechten Arm aus.

Dabei bewegte sie ihren Zeigefinger, um die Tiere zu locken.

Und die Pantherfrauen gehorchten.

Sie kamen tatsächlich näher!

Die übrigen Menschen konnten nur staunen. So etwas hatten sie noch nicht erlebt. Da gehorchten die beiden Bestien der schwarzhaarigen Frau aufs Wort, obwohl sie zuvor noch getötet hatten.

Damona King streckte nun beide Arme aus.

Die Pantherfrauen ließen sich fallen und näherten sich auf allen vieren der Weißen Hexe.

Sie erreichten auch die rote magische Aura.

Da geschah das Unerwartete, aber auch Unheimliche.

Plötzlich waren die beiden Pantherfrauen verschwunden. Doch nicht nur sie.

Auch von Damona King war nichts mehr zu sehen!

Myxin, der Magier, schien verloren. Das Gewicht der beiden Bestien drückte ihn in den Sand. Durch das Weihwasser geschwächt, brachte er den Pantherfrauen kaum Widerstand entgegen.

Ich konnte ihm auch nicht helfen, denn ich mußte mich gegen die anderen Monster verteidigen.

Noch hielt meine Gegenwehr.

Den rechten Arm hatte ich angewinkelt, um meine Kehle vor den gefährlichen Zähnen zu schützen. Mein Widerstand erlahmte allmählich. Der Druck und die Kraft der Pantherfrauen waren zu stark. Ich kam nicht dagegen an.

Dicht vor mir sah ich die kalten gelben Augen der Bestie. Die Tatzen schlugen neben meinem Körper in den Boden und wühlten ihn auf. Von der Kopfwunde rann mir immer noch das Blut über das Gesicht und verklebte die Haut.

Ich wollte die Beine anziehen, um die Katzenfrau wegzustemmen, doch das gelang mir nicht, da mich die Bestie mit ihrem Gewicht am Boden festnagelte.

Wieder öffnete sie ihr Maul.

Wenn sie jetzt zuschnappte, dann riß sie mir das halbe Gesicht weg.

In diesen schrecklichen Sekunden empfand ich wahre Todesangst. Ich keuchte, schrie und strampelte, spürte dabei nicht den Schmerz in meiner linken Schulter, sondern war nur von dem Gedanken besessen, mich nicht zerfleischen zu lassen.

Da jaulte die Pantherfrau auf. Ein harter Tritt hatte ihren Kopf getroffen. Er wurde zur Seite gedriftet, und ich hatte wieder etwas Luft. Es gelang mir, die Beine anzuziehen, und mit einem Kniestoß schleuderte ich die Bestie zurück.

Sie überkugelte sich auf dem Boden und sprang wieder auf. Aber sie griff nicht an, verhielt sich ebenso abwartend wie die zweite Bestie.

Warum?

Etwas hatte sie irritiert.

Und nicht nur die Pantherfrauen, auch ich war geschockt worden. Jedoch auf eine angenehme Art und Weise.

Ich schaute Myxin an. »Was ist geschehen?«

Der Magier – er hatte der Pantherfrau einen Tritt gegeben – hob die Schultern. »Ich kann es mir auch nicht erklären. Plötzlich waren zwei Bestien verschwunden. Einfach weg.«

Ich nahm es hin, denn darüber groß nachzusinnen hatte keinen Zweck. Irgend jemand hatte eingegriffen und uns gerettet.

Vorläufig jedenfalls, denn nun griff Asmodina, die Teufelstochter, ein.

Sie brüllte einen Befehl. Noch immer stand sie inmitten ihrer Todesengel dicht an der Brüstung des Wehrgangs. Sie hatte den rechten Arm hochgereckt und die Hand zur Faust geballt.

Der Arm fiel.

Die Engel hatten bereits ihre Bögen gespannt und auch gezielt.

Viele Pfeile schickten sie auf die Reise.

Ich glaubte, das Sirren zu hören, als die Pfeile von den Sehnen sprangen. Ich gab Myxin einen Stoß und hechtete selbst in den Sand.

Ein Pfeil jagte dicht neben mir mit einem dumpfen Laut in

den Boden, ein zweiter pfiff über mich hinweg, der dritte wäre Myxin fast in den Hals gedrungen, doch der vierte traf.

Allerdings das falsche Ziel, wenn man von Asmodinas Meinung ausging.

Der Pfeil jagte einer der Pantherfrauen genau in den Kopf. Zwischen den Augen blieb er stecken.

Die Bestie brüllte auf, schlug ein paarmal mit den Tatzen, brach zusammen und verendete.

Jetzt war nur noch eine Pantherfrau übrig.

Allerdings auch die Todesengel. Auf den Sehnen ihrer Bögen lagen bereits die neuen Pfeile. Und andere setzten sich in Bewegung, um in die Arena zu gelangen. Sie benutzten dazu die Rutsche.

Bewaffnet waren sie mit Schwertern und Lanzen. Waffen, denen Myxin und ich nichts als unsere Körperkräfte entgegenzusetzen hatten. Zudem waren die noch geschwächt.

Ich sah mich hastig um. Deckungsmöglichkeiten gab es in dieser quadratischen Arena nicht. Sie konnten uns abschießen wie Hasen auf dem Feld.

Um wenigstens den Rücken frei zu haben, mußten wir an die den Todesengeln gegenüberliegende Wand laufen. Dort hatten wir dann wenigstens den Rücken frei.

Ich riß Myxin mit. »Lauf!« schrie ich nur.

Schon flogen die nächsten Pfeile.

Ich schlug mehrere Haken, wischte dicht an der letzten Pantherfrau vorbei und ließ die Pfeile hinter mir. Sie hatten weder mich getroffen noch Myxin.

Ich prallte gegen die Mauer, weil ich zuvor nicht hatte abbremsen können.

Die nächsten Gegnerinnen hatten die Arena schon erreicht.

Sie waren über die Rutsche gekommen und formierten sich.

Sechs Todesengel, alle waren bis an die Zähne bewaffnet. Sofort fächerten sie auseinander, um bessere Kampfpositionen einnehmen zu können.

Ich erwartete sie.

Neben mir stand Myxin. Er schaute mich mit seinem verwüsteten Gesicht an, und in seinen Augen las ich eine stumme Frage.

»Wir schaffen es!« sagte ich. »Nur nicht aufgeben.«

»Wie willst du das anstellen?«

»Vielleicht kann ich einen Todesengel entwaffnen. Mit einem Schwert kann man schon viel anfangen.«

»Du gibst nie auf, wie?«

»Nein!« erwiderte ich hart.

Da waren die ersten schon heran. Und mit ihnen kam die letzte Pantherfrau.

Ich wartete erst gar nicht ab, bis sie mich attackierten, sondern griff selbst an.

Bevor sich die Todesengel versahen, stürzte ich mich auf die ersten beiden, warf einen von ihnen mit einem Faustschlag zu Boden und hebelte den zweiten mit einem Judogriff um.

Blitzschnell riß ich ihm das Schwert aus der Hand. Und schlug noch aus der Drehung zu.

Es war ein Glückstreffer, denn mit einem einzigen Hieb trennte ich der letzten Pantherfrau den Kopf vom Rumpf.

Dann fegte schon eine Lanze auf mich zu.

Ich parierte den Stich. An der Schwertklinge streifte die Lanze entlang und geriet aus ihrer ursprünglichen Richtung. Sie hieb in das Mauerwerk.

Von der linken Seite griffen mich zwei weitere Todesengel an. Sie droschen mit ihren Schwertern zu, und ich mußte mich verteidigen.

Rechts und links hieben sie auf mich ein. Ich konnte immer nur mein Schwert als Deckung hochreißen und die Schläge einigermaßen parieren, zu einem Konterangriff kam ich nicht.

Aus den Augenwinkeln sah ich, wie Myxin die Lanze hochhob. Der kleine Magier hielt den Schaft mit beiden Händen umklammert. Todesmutig drang er den Angreifern entgegen.

Sterben oder untergehen, das war jetzt seine Devise!

Er kämpfte.

Ich verschaffte mir mit einem gewaltigen Hieb Luft. Er war so hart, daß einer der Todesengel sein Schwert verlor.

Dann stach ich zu.

Das Monster brach zusammen.

Mit einem weiteren Streich hackte ich einer Dämonin den rechten Flügel ab und näherte mich Myxin, über dessen Kopf bereits eine Klinge schwebte, um ihn zu spalten.

Aus dem Handgelenk schleuderte ich mein Schwert.

Es jagte der Dämonin genau in die Brust.

Doch nun war ich waffenlos. Andererseits war ich froh, Myxin das Leben gerettet zu haben.

Die anderen hatten jetzt freie Bahn.

»Das ist das Ende!« schrie Myxin, der Magier.

Er hatte unrecht, es war nicht das Ende.

Denn urplötzlich fiel ein roter Schein vom Himmel, leuchtete die Arena aus, und inmitten des Scheins sah ich eine schwarzhaarige Frau zusammen mit zwei Werpantherinnen!

Im selben Augenblick erstarrten die Todesengel zur Bewegungslosigkeit.

Ich begriff nichts.

Und auch Myxin schaute sich ratlos um.

Zeit und Raum waren aufgehoben.

Die schwarzhaarige Frau schritt auf mich zu, kam immer näher, und ich sah einen roten Stein in ihrer Hand, der dieses intensive Leuchten ausstrahlte.

Auch der Stein in meiner rechten Hand begann, seine Kräfte zu entfalten. Er klebte noch immer in meiner Handfläche, hatte mich jedoch zum Glück beim Kampf gegen die Todesengel nicht behindert.

Er wurde warm, dann so heiß, daß ich unwillkürlich aufschrie.

Da fiel der Stein zu Boden.

Plötzlich leuchtete mein Kreuz auf. Die Strahlen vereinigten sich mit dem gleißenden Leuchten des Steins und schufen eine weißmagische Aura.

Und eine Zeitsprung-Lücke.

Beide fielen wir hinein in diese Dimension. Mir wurde es plötzlich schwarz vor den Augen, und dann folgte der Black-out.

Ich schlug die Augen auf.

Eine weiße Decke über mir, der Geruch von Bohnerwachs und Krankenhaus ...

Hastig richtete ich mich auf. Sofort war das Schwindelgefühl da. Nur mühsam unterdrückte ich es und sah dann in das lächelnde Gesicht meiner Retterin.

»Wer ... wer sind Sie?« hauchte ich.

»Mein Name ist Damona King.«

»Damona King?« Ich überlegte. Natürlich hatte ich schon von der Bezwingerin der Finsternis gehört, aber nie persönlich Kontakt mit ihr gehabt. Jetzt stand sie vor mir. Und sie hatte mich aus Asmodinas Klauen befreit.

Unglaublich ...

»Wie war das möglich?«

Sie behielt ihr Lächeln bei. »Eigentlich haben Sie es nur meinem Erbstück, diesem Stein hier«, sie deutete auf ein schwarzes Oval vor ihrer Brust, »zu verdanken, daß Sie noch leben, Geisterjäger. Hätte er die fremde Magie Ihres Steins nicht gespürt, wären Sie verloren gewesen. So aber wies er mir den Weg.«

Ich nickte. »Das verstehe ich. Nur – wie kam es dazu?«

»Das bleibt auch mir ein Rätsel«, erwiderte Damona King. »Wahrscheinlich ist es so, daß die beiden magischen Strahlen sich kreuzten und nur einer stärker sein konnte. Eben meiner. Durch diesen Stein ist mir ein Dimensionssprung gelungen, so daß ich Sie retten konnte, John Sinclair. Denn Ihre Freunde hatten den Kreis unterbrochen, und die Pantherfrauen konnten aus der anderen Dimension in unsere Welt gelangen.«

Ich begriff einiges. Mir wurde jetzt auch klar, wieso die beiden Bestien so plötzlich verschwunden waren. Der Kreis war geöffnet worden und damit auch das Dimensionstor. So hatte die Person, die den Kreis unterbrach, mir das Leben gerettet.

»Ihr Stein mußte vernichtet werden«, erklärte Damona King. »Eine andere Möglichkeit gab es nicht.«

»Und er existiert jetzt nicht mehr?« fragte ich.

»Nein.«

Myxin fiel mir ein. »Wo ist er?« fragte ich.

»Sie meinen diesen Kleinen mit der grünen Haut?«

»Ja.«

Damona hob die Schultern. »Keine Ahnung. Vielleicht ist er in Raum und Zeit verschollen.«

Ich nickte. Das war möglich. Obwohl ich es bedauerte, denn irgendwie hatte ich mich an Myxin gewöhnt.

Plötzlich flog die Tür auf.

Und dann stürmten Jane Collins, Suko und Sir Powell in das Krankenzimmer.

Sie erzählten, ich erzählte.

Nur Dr. Fryley war nicht mehr zu retten. Die Pantherfrau hatte den jungen Arzt getötet.

Professor Higgins dachte schon wieder praktisch. »Welche Erklärung geben wir ab?«

»Gar keine«, sagte Sir Powell. »Was hier zu regeln ist, das nehme ich in die Hand.«

»Meinetwegen.«

Ich wollte berichten, doch nicht einmal zehn Sätze brachte ich über die Lippen.

Plötzlich fielen mir die Augen zu. Ich schlief ein und damit meiner Gesundung entgegen.

Jane Collins, Suko und Sir Powell verließen auf Zehenspitzen das Krankenzimmer. Als letzte ging Damona King. Sie wartete, bis die anderen auf dem Gang waren, dann setzte sie sich heimlich ab.

Dank wollte sie nicht. Auf sie warteten andere Aufgaben. Ebenso wie auf mich.

Der Kampf gegen die Mächte der Finsternis lief wieder auf vollen Touren . . .

ENDE

Das Eisgefängnis

Er hockte auf einem Thron aus Menschenknochen!

Grauweiß schimmerten die Gebeine. Sie wurden von einem diffusen Licht getroffen. Nebel wallte im Hintergrund. Stimmen jammerten und winselten. Es gab Wehklagen, dann wieder Schreie oder schreckliches Stöhnen.

Doch all die Laute und Geräusche waren für die Gestalt auf dem Thron die reinste Musik. Denn er war der Bewacher der gefangenen Seelen.

Er war der Spuk.

Er sah aus wie immer. Gestaltlos, kaum zu sehen, mehr zu ahnen. Seine dunkelgrüne Kutte schien sich von selbst zu bewegen, getragen von unsichtbaren Händen. Wenn er sich bewegte, wallte nur der Stoff auf und nieder. Man sah keine Knochen, keine Haut, kein Gesicht, kein Fleisch – nichts.

In der Gunstliste des Teufels stand der Spuk hoch oben. Denn in seinem Reich galt er als der unumschränkte Herrscher. Auch nach dem Ausscheiden des Schwarzen Tods hatte sich daran nichts geändert. Die Rangfolge war geblieben.

Asmodis an erster Stelle, dann folgten Asmodina und der Spuk schon ranggleich, das hatte er sich bei Asmodinas Erschaffung auserbeten, und der Satan machte ihm dieses Zugeständnis.

Asmodina mußte also mit ihm sprechen, wenn ein Fall seine Belange berührte.

Und um solch ein Gespräch hatte Asmodina nachgesucht.

Der Spuk hatte es ihr gewährt. Jetzt saß er auf seinem Knochenthron und wartete. Er war gespannt, was Asmodina von ihm wollte, denn wie er wußte, lag ihr John Sinclair schwer im Magen. In letzter Zeit war es ihr nicht gelungen, ihn zu packen. Sie hatte ihn sogar in ihr Reich entführen lassen, wo auch Myxin, der Magier, noch schmachtete. John Sinclair und Damona King war jedoch die Flucht gelungen.

Asmodina hatte getobt. Und auch Destero, ihr Henker und Verbündeter, hatte Sinclair nicht packen können. Die Vorzeichen waren also verschoben worden und durcheinandergeraten.

Es mußte wieder neu aufgebaut, und es mußten vor allen Dingen Pläne geschmiedet werden.

Deshalb wollte Asmodina erscheinen.

Der Spuk ahnte, daß sie seine Hilfe benötigte, aber er hatte sich noch nicht entschieden, er wollte sich erst ihre Argumente anhören.

Und sie kam.

Ihre Konturen schälten sich aus den Nebeldämpfen. Zwei Leibwächterinnen begleiteten sie. Schwarze Todesengel mit dunklen Flügeln und hautenger Lederkleidung.

Asmodina selbst stach von den beiden Todesengeln ab. Ihr rotes Haar loderte wie Feuer. Aus der sonst glatten Stirn wuchsen zwei krummen Hörner, der Mund war grausam verzogen, in den Augen leuchtete es. Ihre Bewegungen hatten etwas katzenhaft Geschmeidiges an sich, sie schien mit den Füßen den Boden kaum zu berühren, so sicher schritt sie auf den Thron zu.

Die Todesengel blieben zurück. Sie waren nicht bewaffnet. Im Reich des Spuks drohte ihnen keine Gefahr.

Asmodina löste sich von den beiden. Etwa einen Schritt vor dem Thron blieb sie stehen.

Der Spuk dachte nicht daran, aufzustehen. Er blieb sitzen, ebenfalls ein Zeichen seiner Gleichberechtigung in der Dämonenwelt.

»Ich grüße dich«, sagte Asmodina.

»Ich dich ebenfalls!« drang es dumpf aus der Kapuze des Spuks.

Die beiden redeten in einer Sprache, die nur aus kehligen Lauten bestand und nirgendwo auf der Erde verstanden wurde. Es war die Ur-Dämonensprache, geboren und entwickelt vor unendlich langer Zeit, aber jeder Dämon beherrschte sie.

»Du hast um ein Gespräch gebeten«, sagte der Spuk. »Bitte, ich bin bereit.«

Asmodina machte es geschickt. »Ich soll dich von Asmodis grüßen!«

»Danke.«

»Er freut sich, daß gerade deine Bastion allen Widrigkeiten zum Trotz gehalten hat.«

Der Spuk lachte. »Hattest du etwas anderes erwartet?«

»Nein, deshalb bin ich ja gekommen.«

»Du brauchst also Hilfe!«

Asmodinas Mundwinkel zuckten, denn das hörte sie nicht gern. Hilfe brauchte sie nicht. Oder sie wollte es zumindest nicht wahrhaben. »Es ist so«, erwiderte sie. »Du bist doch auch daran interessiert, daß John Sinclair vernichtet wird.«

»Natürlich«, gab der Spuk zu.

»Dann müßtest du meinem Plan gegenüber aufgeschlossen sein.«

»Sag ihn mir.«

»Vorher möchte ich dich noch fragen, ob du wirklich auf meiner Seite stehst.«

»Rede!«

Der Verlauf des Gesprächs paßte Asmodina nicht so ganz. Sie selbst gestand eine kleine Niederlage ein, denn sie hatte sich fest vorgenommen, den Geisterjäger aus der Welt zu schaffen, doch das war ihr nicht gelungen.

»Gib mir eine Seele frei!« forderte sie.

»Nein!«

»Aber du wolltest mir helfen!«

»Hat man dich nicht über die ehernen Gesetze informiert?« höhnte der Spuk.

»Ja.«

»Dann halte dich daran.«

»Es gibt auch Ausnahmen.«

»Für mich nicht.«

»Auch nicht, wenn es um John Sinclair geht?«

»Nein.«

»Asmodis hat bereits seine Einwilligung gegeben. Er ist dafür, daß du eine Ausnahme machst.«

Die Kutte bewegte sich. Der Spuk stand auf und verließ seinen Knochenthron. Er schritt an Asmodina vorbei, drehte dann ab und ging im Kreis. Es lag auf der Hand, daß er nachdachte.

Asmodina wußte, daß sie mit ihrem Wunsch an den ehernen Gesetzen rüttelte, aber sie sah keine andere Möglichkeit, um John Sinclair zu vernichten.

»Ich kann es nicht machen!« wiederholte der Spuk.

»Willst du dich gegen Asmodis stellen?«

»Nein!«

»Dann gib deine Zustimmung!«

»Und wenn ich tatsächlich ja sage?«

»Ist es gut.«

»Nichts ist gut, gar nichts. Andere werden davon erfahren und das gleiche fordern. Die schwarzen Seelen der Dämonen sind nun einmal zu ewiger Qual verdammt, und so soll es bleiben. Wenn ich einmal nachgebe, muß ich es immer wieder tun. Verstehst du das denn nicht?«

»Doch.«

»Dann laß deinen Plan fallen, du hast Macht und Einfluß genug. Ich gehe von meinen Prinzipien nicht ab.«

Eine Schweigepause entstand. Auch Asmodina hörte das Wimmern und Winseln, das schaurige Heulen der Gequälten. Die schwarzen Seelen litten eine schreckliche Pein. Es gab nur ewige Strafen. Wer einmal vor Maddox, dem Dämonenrichter, gestanden hatte, der kam nie wieder frei. So schrieben es die Gesetze vor. Und die sollten nun gebrochen werden? Nein, dagegen war der Spuk.

Bisher hatte er stolz darauf sein können, die Gesetze eingehalten zu haben, nun aber verlangte man etwas von ihm, das gegen seine Überzeugung war.

»Ich habe Macht und Einfluß«, erklärte Asmodina, »der Satan hat mir volle Unterstützung zugesagt, und er hat mir Handlungsfreiheit gegeben. Ich habe sie noch nie ausgenutzt, jetzt will ich es aber tun. Und ich weiche nicht.«

»Damit brichst du ein Tabu!«

Asmodina lachte nur. »Es bleibt unter uns. Kein anderer wird etwas davon erfahren. Es ist ein Pakt zwischen dir und mir.«

»Ich würde meine Glaubwürdigkeit verlieren.«

»Ich möchte, daß du nur einmal eine Ausnahme machst.«

Der Spuk hatte einen anderen Einwand.

»Es gibt genügend starke Freunde. Ich denke da an Astaroth, an Belphégor, an Bael, an...«

»Sie haben andere Probleme«, unterbrach Asmodina den Spuk. »Zudem kannst du Belphégor vergessen. Sinclair hat ihm eine Niederlage beigebracht, von der er sich jetzt noch nicht erholt hat. Er ist irgendwo in der Mikrowelt verschwunden und leckt seine Wunden.«

»Aber die anderen sind da«, hielt ihr der Spuk entgegen.

»Sie sind untereinander zerstritten!« zischte die Teufelstochter. »Und es ist auch für mich unmöglich, sie unter einen Hut zu bringen! Nein, ich muß mich an dich halten!«

Der Spuk schwieg.

Von seiner Sicht aus war es verständlich, daß er die Gesetze nicht brechen wollte, aber er sah auch Asmodinas Probleme.

Und wenn wirklich niemand erfuhr, daß eine Seele freigelassen wurde, konnte man sich vielleicht auf einen Kompromiß einigen.

»Was willst du mit der Seele anstellen?« fragte er.

»Die Seele, die ich haben will, soll in den Körper eines anderen Menschen eindringen«, erklärte Asmodina. Sie lächelte innerlich, denn sie hatte gemerkt, daß der Spuk nun auf ihrer Seite stand.

»Und welcher Körper ist das?«

»Es muß schnell gehen, denn er wird bald beerdigt«, antwortete Asmodina. »Der Tote heißt Solo Morasso!«

»Nie gehört.«

»Nein, kannst du auch nicht. Er hat in seinem Leben einen Mafiaclan befehligt, war Oberhaupt einer Familie und hatte nebenbei noch ein Hobby: die Wissenschaft. Er war ein genialer Tüftler, nur sind seine Forschungen nie anerkannt worden, weil man ihn in den einschlägigen Clubs nicht haben wollte. Außerdem hielt er sich nicht an die Gesetze, denn er experimentierte nicht nur mit Tieren, sondern auch mit Menschen. Er hat keine Skrupel, und wenn nun der Geist eines Dämons in seinen Körper fährt, hätten wir eine ideale Mischung und einen Gegner für John Sinclair.«

»Hört sich vielversprechend an«, gab der Spuk zu.

»Das hört sich nicht nur so an, sondern es ist auch vielversprechend«, erwiderte die Teufelstochter.

»Ich bin einverstanden«, erklärte der Spuk, »aber nur dieses eine Mal. Eine zweite Ausnahme werde ich nicht machen, darauf kannst du dich verlassen!«

»Nein, die verlange ich auch nicht. Wenn unser Plan klappt, hat John Sinclair einen Gegner, an dem er sich die Zähne ausbeißt. Normale Dämonen sind zu schwach für ihn. Und Sinclairs Macht ist mit der Zeit ungeheuer gewachsen.«

»Ich möchte nur noch zwei Dinge wissen«, sagte der Spuk. »Was ist mit Myxin, und wie heißt die Seele, die ich freigeben soll?«

»Myxin befindet sich in meiner Gewalt. Sinclair hat ihn nicht befreien können. Vielleicht lasse ich den Magier töten, damit du eine Ersatzseele bekommst, aber das hat Zeit. Wichtig ist der Name. Du kennst ihn. Er ist ein alter Feind des Geisterjägers. Auf der Erde hat er sich Dr. Tod genannt...«

Palermo, Sizilien.

Der Don ist tot, es lebe der Don!

Ein Herzschlag hatte Solo Morasso dahingerafft, ihn, den Don aller Dons.

Und dabei war er erst fünfzig Jahre alt, aber die besten Ärzte der Welt hatten ihm nicht helfen können.

Der Tod hatte ihn beim Essen überrascht.

Zum Glück stand bereits ein Nachfolger fest, es war Dino Zacarra, und er war ebenso brutal wie Morasso.

Die alten Mafiosi trauerten.

Doch es gab auch welche, die aufatmeten.

Das waren die Polizisten, die unbestechlichen wenigstens, und einige Angestellte der Behörden. Sie hatten unter dem Mafia-Terror am meisten zu leiden gehabt, denn Solo Morasso war der unumschränkte Herrscher der Stadt gewesen, wenn nicht sogar der ganzen Insel.

Ihm gehörte Sizilien, jeder Bauer verneigte sich vor ihm, und die Bürgermeister kuschten.

Zudem hatte er eine schlagkräftige Truppe und einige Unterführer, die getreu seine Befehle ausführten, so daß sich Solo Morasso seinen wissenschaftlichen Forschungen widmen konnte.

Und die waren schlimm genug.

Er hatte in der Tat mit Menschen experimentiert. Ein Gebiet faszinierte ihn besonders.

Das Einfrieren eines Körpers für Jahrzehnte, ohne daß der Mensch starb.

Überall auf der Welt wurde daran experimentiert. Und es gab Millionäre, die jetzt schon Summen hingeblättert hatten, um sich für gewisse Zeit einfrieren zu lassen.

Noch scheute die Wissenschaft davor zurück, diese Versuche an Menschen durchzuführen, nur Solo Morasso hatte sich nicht daran gehalten. In seinem Labor führte er Versuche mit lebenden Personen durch.

Das waren seine Gegner, die Mitglieder anderer Banden, Feinde und auch Bauern oder Landarbeiter.

Gnadenlos arbeitete dieser menschliche Teufel.

Viele wußten Bescheid, doch kaum jemand wagte, dies öffentlich auszusprechen, denn Solo Morasso galt auch als der große Wohltäter der Stadt.

Eine Schule trug ebenso seinen Namen wie ein Krankenhaus oder eine Straße. Doch jeder Stein war mit Blut und Tränen seiner Feinde bezahlt, was einige Leute jedoch nicht kümmerte.

Die, die es wußten, hielten den Mund. Wer den Don nur beleidigte, konnte sein Testament machen.

Nun war er tot.

Herzschlag!

Eine lächerliche Todesursache, aber all seine Macht und all sein Geld hatten ihn nicht davor bewahren können.

In der größten Kirche der Stadt stand ein prunkvoller Sarg. Er war extra angefertigt worden und von innen mit Seidenpolstern ausgelegt.

Blumengebinde und Kränze türmten sich auf dem Sarg wie eine gewaltige bunte Woge. Einfache Menschen hatten gespendet, aber auch Politiker und Offizielle, die zu Solo Morasso ein gutes Verhältnis hatten.

In der Kirche war es dämmrig und kühl. Vier Leibwächter in schwarzen Anzügen hielten neben dem Prunksarg Wache. Ein letzter Ehrendienst für ihren Boß. Aus kalten, gleichgültigen Augen schauten sie auf den Besucherstrom, der einfach nicht abreißen wollte. Solo Morasso war populär gewesen.

Auf einer Staffelei stand ein Bild von ihm.

Es zeigte sein Gesicht, einen eckigen Kopf mit einer wuchtigen Nase, Granitkinn, buschigen Brauen und kurzen eisgrauen Haaren. Die Augen waren schwarz und wirkten wie Knöpfe. Der Mund wurde von zwei grausam verzogenen Lippen gebildet. Sie wirkten wie farblose Striche in dem kantigen Gesicht.

Es war ein Hohn, daß dieser Verbrecher in einer Kirche aufgebahrt wurde, aber es ging nicht anders. Solo Morasso gehörte zu den größten Spendern.

Sizilien war eben anders.

Die Trauerfeier sollte nicht, wie sonst üblich, in der Leichenhalle stattfinden, sondern draußen. Auf dem großen Kirchplatz. Man erwartete Tausende, die Solo Morasso auf dem letzten Weg begleiten wollten, und schon in den frühen Morgenstunden drängten sich die Zuschauer.

Oft waren sie von weither angereist, denn der Name Solo Morasso hatte Gewicht auf der Insel.

Eine warme, schon heiße Aprilsonne schien vom wolkenlosen Himmel und brannte auf die Köpfe der Menschen.

Die Frauen trugen schwarze Kleider. Tücher bedeckten ihre Köpfe. Manche Augen waren vom Weinen gerötet.

Auch die Männer hatten dunkle Anzüge angezogen. Ihre Mienen waren steinern. Geduldig harrten sie in der Sonne aus.

Ein Gang wurde vom Kirchenportal aus freigehalten. Polizisten sorgten für die Absperrung, im Verein mit den härtesten Mafiosi. Deren Jacken beulten sich unter den Schultern verdächtig aus. Die Männer legten ihre Waffen nie ab.

Um 15 Uhr sollte die Trauerfeier beginnen.

Noch eine halbe Stunde.

Die letzten Nachzügler trafen ein. Sie konnten nur noch am Rand der Menge ihren Platz finden und stellten sich auf die mitgebrachten Hocker und Schemel, um wenigstens etwas sehen zu können.

Dann rollten schwere Limousinen heran. Mercedes-Wagen der oberen Preisklasse. Jeder Wagen hatte schußsichere Scheiben und gepanzertes Blech. Ebenso waren die Reifen aus einem Material hergestellt, das Kugeln widerstand.

In den Wagen saßen die Dons der anderen Familien. Sie waren aus Rom angereist, aus Mailand, Venedig und Neapel. Sie alle wollten Solo Morasso den letzten Dienst erweisen.

Für die Wagen war ein Parkplatz zur Verfügung gestellt worden. Hinter der Kirche fanden die Fahrzeuge ihre Plätze.

Die Dons ließen die großen Kränze abladen und zu dem schwarzen Holzaufbau bringen, der in der Mitte des Platzes errichtet worden war. Dort sollte der Sarg stehen und noch einmal von allen gesehen werden.

Es war ein besonderer Sarg. Er bestand zwar aus Holz, aber dort, wo der Kopf des Toten lag, war das Holz durch zwei Glasfenster ersetzt worden.

Jeder konnte das Gesicht sehen.

Noch einmal Abschied nehmen. Von einem Mann, der Palermo beherrscht hatte, ein Verbrecher war und doch von vielen Menschen als Wohltäter angesehen wurde.

Welch eine verkehrte Welt.

Noch wenige Minuten.

Die anderen Dons hatten Aufstellung genommen. Ein Musikzug spielte Trauermelodien.

In der Kirche warteten vier Sargträger. Sie bückten sich, und ihre Finger umfaßten die Griffe.

Dann hoben sie den Sarg an.

Die Blumen und Kränze wurden hinausgeschafft und unterhalb des Podests aufgebaut. Mit gemessenen Schritten durchquerten die Träger den Mittelgang der Kirche. Das Portal wurde aufgestoßen. Blendend weißes Sonnenlicht strömte in die Kirche und ergoß sich als heller Schein über die dicht hinter dem Eingang stehenden dunklen Bänke.

Nichts rührte sich in den Gesichtern der vier Leibwächter, als sie den Sarg aus der Kirche trugen.

Schweigen empfing sie.

Ehrfürchtig, andächtig...

Für einen Augenblick spiegelte sich die Sonne in der linken Scheibe des Sargs.

Die Leibwächter blieben für einen Moment auf der obersten Stufe stehen. Sie blinzelten in das grelle Licht. Dunkle Brillen hatten sie nicht aufgesetzt.

Dann gingen sie weiter.

Sechs breite Stufen waren es. Die ersten Menschen nahmen ihre Hüte ab und verneigten sich vor dem Sarg. Man wußte, was man dem großen Don Solo schuldig war.

Die vier Sargträger steuerten nun das Podest an. Wie in der Kirche gingen sie auch hier im Gleichschritt. Unbeweglich blieben ihre Gesichter, als sie die mit schwarzem Tuch verkleideten Holzstufen hinaufschritten, sich auf der Plattform drehten und den Sarg so hinstellten, damit er mit dem Kopfende zu den Zuschauern zeigte, so daß zahlreiche Menschen durch die Fenster schauen konnten.

Sie sahen ein bleiches Gesicht, das der Kosmetiker präpariert hatte, denn der Don hatte sich sehr quälen müssen. Der Infarkt war äußerst schmerzhaft gewesen.

Dumpf hallten die Schritte der Leibwächter, als die Männer zurückgingen und sich zu den anderen Mafiosi gesellten.

Einige Frauen weinten.

In den Gesichtern der Männer regte sich kein Muskel.

Man wartete auf den Priester. Offiziell hatte man Solo Morasso nichts beweisen können, deshalb wurde ihm auch eine christliche Beerdigung zugestanden.

Solo Morasso sollte am Rande der Stadt beerdigt werden. In einem extra für ihn gebauten Mausoleum, dafür hatte er schon zu Lebzeiten gesorgt.

Als Mafioso lebte er gefährlich, auch als mächtiger Mafioso, denn Feinde und Neider hat jeder. Solo Morasso hatte sich von unten hochgearbeitet und es mit Brutalität und Raffinesse geschafft, sich an die Spitze zu setzen.

Bis zu seinem Infarkt!

Der hatte ihn aus seinem verbrecherischen Leben herausgerissen, und der Organisation einen schweren Schlag versetzt.

Über dem Platz lag eine ehrfürchtige Stille. Dazu kam das strahlende Azurblau des Himmels. Ein Tag wie aus dem Bilderbuch. Der Verkehrslärm war nur als gedämpftes Rauschen zu vernehmen, die Kirche und der Platz lagen abseits des Haupttrubels.

Keiner der Menschen bemerkte den helleren Schemen, der schlangengleich über die Hausdächer der Stadt strich. Er erinnerte an einen Nebelstreif, war nur bei genauem Hinsehen zu erkennen und bewegte sich mit absoluter Lautlosigkeit.

Das Unheil nahte...

Asmodinas und des Spuks Plan schien in Erfüllung zu gehen, denn deren Bote war bereits unterwegs.

Die Musiker hatten eine Pause eingelegt. Als die Meßglocken ertönten, reckten die Zuschauer ihre Köpfe. Bald würde der Priester erscheinen und den Trauergottesdienst abhalten.

Niemand warf einen Blick nach oben.

Dort hatte sich der Streifen bereits dem Platz genähert, schwebte über den Köpfen der Menschen und fand sicher sein Ziel.

Den Sarg auf dem Podest!

Lautlos huschte er voran, blieb über dem Sarg für einen Moment hängen und wurde auch entdeckt.

Die Leibwächter vorn sahen den Streif, doch sie glaubten an eine Täuschung, denn als sie wieder hinschauten, war der helle Schemen verschwunden.

Doch er war nicht weg.

Im Gegenteil, er war längst existent, und er hatte seinen Weg gefunden.

Die Seele des Verstorbenen befand sich bereits im Sarg und fuhr durch die Nasenlöcher des Toten in dessen Körper...

Niemand dachte an etwas Böses.

Während sich die Prozession, bestehend aus vier Meßdienern und dem Pfarrer, dem Kirchplatz näherte, wurde die Schwarze Magie im Körper des Toten voll wirksam.

Gesteuert von Asmodinas unheilvollen Händen und mit dem Einverständnis des Spuks versehen, begannen sich Körper und Seele zu einer Einheit zusammenzufinden.

Sie gingen eine unheilvolle Symbiose ein.

Ein Toter erwachte...

Zuerst geschah nichts.

Niemand vernahm das röchelnde Atmen des ›Toten‹. Es sah auch keiner hin, als der Unterkiefer der Brust entgegenklappte und die Nasenflügel vibrierten. Jeder glaubte, einen Toten im Sarg liegen zu sehen.

Ein folgenschwerer Irrtum.

Solo Morasso, der Mafiaboß, lebte! Er spürte die Kraft in seinem Innern und hörte eine weibliche Stimme, die in seinem Unterbewußtsein nachhallte.

»Ich bin deine Herrin, Solo Morasso, denn ich habe dich erweckt. Du erhältst von mir jede Unterstützung und wirst von nun an einen zweiten Namen führen: Dr. Tod! Merk ihn dir gut, Solo Morasso. Dr. Tod. Du bist das größte Genie der Welt. Deine Arbeit ist auf Vernichtung programmiert, du wirst es ihnen allen zeigen, du wirst ihnen deine Macht beweisen, und du mußt dich um einen Mann kümmern. Um John Sinclair! Erinnerst du dich? Weißt du noch, wie Sinclair dir den silbernen Nagel durch den Schädel bohrte? Er ist dein Feind, und ich habe die Weichen so gestellt, daß er zwangsläufig über dich stolpern muß. Es ist eine Spur gelegt worden, die ihn zu dir hinführt. Dann nutze deine Chance.«

Solo Morasso, alias Dr. Tod, rief sich die Worte in Erinnerung. Er mußte sie erst verdauen und sich darüber klarwerden, daß er jetzt lebte.

Er hatte Asmodina noch nie gesehen, auch als Geist in der Verbannung nicht, doch er ahnte, daß diese Frau aus einem anderen Reich zu ihm sprach, das Dimensionen von der normalen Welt trennten.

»Hast du alles verstanden?«

Dr. Tod formulierte in Gedanken eine positive Antwort.

Asmodina lachte. »Dann ist es gut. Nun zeig ihnen, daß du da bist. Bringe ihnen den Schrecken, denn ich habe dir die Kraft gegeben. Steige aus deinem Sarg und zeige ihnen, daß von nun an die Welt mit dir rechnen muß!«

Diese Worte waren Balsam für Solo Morasso. Sein Gehirn begann wieder zu arbeiten. Er dachte daran, daß er seine Versuche fortsetzen konnte. Es würde keinen Nachfolger für ihn geben, denn er war nach wie vor der Chef.

Seine Aufgabe stand fest, und er wollte nicht zögern, sie anzupacken.

Die Stimme verstummte.

Neben der Kirche erschienen die Meßdiener und der Priester. Die Männer hatten ihre Hüte abgenommen. Manche Frauen hielten Tücher vor ihre Nasen.

Solo Morasso aber lächelte teuflisch, als er das sah. Sie würden sich wundern, alle würden dumm dastehen, wenn sie ihn sahen, wenn er seine eigene Beerdigung sprengte.

So etwas hatte es noch nie gegeben.

Er drehte den Kopf. Bisher hatte er auf dem Rücken gelegen, still und starr.

Jetzt konnte er sich bewegen.

Seine kalten grausamen Augen, blickten durch das Sargfenster. Er sah die Oberhäupter der anderen Familien mit ihren Leibwächtern in der ersten Reihe stehen.

Die meisten schauten den Priester an. Nur Don Julio Leone aus Rom, der Ewigen Stadt, hatte seinen Blick auf den Sarg gerichtet.

Plötzlich wurden seine Augen starr. Ungläubig riß er sie auf, sein Mund öffnete sich, die Hand kroch hoch zur Kehle, seine Knie begannen zu zittern, und der Schweiß erschien wie eine glänzende Speckschicht auf seiner Stirn.

Seine Leibwächter merkten, was los war. Sie packten zu, denn ihr Boß wäre sonst gefallen.

Auch die anderen wurden aufmerksam.

»Was ist denn, Julio?« fragte der Don aus Neapel.

Der Römer stöhnte nur.

»Schnell, ein Glas Wasser«, rief einer der Leibwächter.

»Nein, nicht, kein Wasser«, ächzte Don Julio. »Ich... ich habe etwas gesehen.«

»Was denn?«

»Der Tote... unser Freund Solo... er hat sich bewegt! Er lebt!« Plötzlich bäumte sich der Don unter den Griffen seiner Leibwächter auf und schrie: »Er lebt, der Tote lebt!«

Seine Stimme hallte über den Platz.

Die Menschen zuckten zusammen, lauschten dem Echo, dann reagierten sie.

Sämtliche Blicke richteten sich nach vorn. Die hinteren Zuschauer drängelten, sie wollten ebensoviel sehen wie die vor ihnen stehenden.

Fragen schwirrten über dem Platz. Niemand wußte etwas Genaues.

Der Priester war stehengeblieben. Ein letztes Klingeln der Glocken in den Händen der Meßdiener, danach Stille.

Dafür rutschten die Hände der Leibwächter in die Ausschnitte der Jacketts. Verschwitzte Finger berührten die Kolben der Waffen. Zwei Kerle, breit gebaut und mit finsteren Gesichtern, traten vor und schützten ihren Boß mit ihren Körpern.

Solo Morasso lag in seinem Sarg und betrachtete die Szene durch das Sichtfenster.

Er lachte. Schon jetzt weidete er sich an der Angst eines einzelnen und an der Ratlosigkeit der Leibwächter.

Dr. Tod spürte die Kraft in seinem Innern, eine immense Kraft, die ihn antrieb und die er voll und ganz ausnutzen wollte.

Und jetzt sahen auch andere, daß etwas mit der Leiche nicht stimmte.

Spitz und grell schrie eine Frau.

»Er lebt, er lebt! Hilfe, er lebt!« kreischte sie. Die Frau riß die Hände vor ihr Gesicht und fiel auf die Knie. Ihr Schrei alarmierte auch die anderen Zuschauer.

Plötzlich hielten die Leibwächter Waffen in den Händen. Im Nu entstand ein wildes Durcheinander.

Der Pfarrer und die Meßdiener zogen sich zurück. Die hinteren Menschen drängten nach vorn.

Der Beginn einer Panik stand dicht bevor...

Es war direkt ein Wunder, daß noch kein Schuß gefallen war. Dafür wurden die ersten Menschen zu Boden gestoßen. Zuerst die schwächeren Frauen, die Kinder brachten sich zum Glück in Sicherheit, einige besonders mutige Männer näherten sich mit schußbereiten Waffen dem auf der Plattform stehenden Sarg.

Sie stiegen die Holzstufen hoch. Es waren die vier Träger, Solo Morassos engste Leibwächter.

Langsam traten sie näher...

Morasso, alias Dr. Tod, hatte alles mitbekommen. Er sah den Beginn der Panik, freute sich über das Chaos, und für ihn war es der rechte Augenblick, seine Kraft auszukosten.

Seine vier Getreuen standen dicht vor dem Sarg. Zwei bückten sich und wollten rechts und links in die luxuriöse Totenkiste hineinschauen.

Genau der richtige Moment für Dr. Tod.

Er winkelte die Arme an, legte sich flach unter den Deckel, nahm all seine neu gewonnene Kraft zusammen und drückte mit einem Ruck den Sargdeckel hoch...

Wie vom Katapult geschleudert, flog das schwere Oberteil in die Luft. Es gab einen Knall, als die Halterungen gesprengt wurden. Die beiden Mafiosi, die sich gebückt hatten, fuhren mit einem gellenden Schrei auf den Lippen zur Seite.

Einer von ihnen verlor die Übersicht, geriet an den Rand des Aufbaus, verpaßte ihn und trat ins Leere.

Er verschwand so rasch, als hätte ihn jemand mit einem Faustschlag heruntergeholt.

Bei den drei anderen blieb die Reaktion fast im Keim stecken. Nur der zweite Mann richtete sich noch auf, dann starrte auch er wie seine beiden Kollegen auf Solo Morasso, der wie Phönix aus der Asche seinem Prunksarg entstieg.

Ein Toter, der lebte.

Solo Morasso stand auf.

Er stellte sich in seinen Sarg, hob drohend die Faust, und sein schauriges Gelächter gellte über die Köpfe der so zahlreich versammelten Menschen.

»Ich bin wieder da!« brüllte er. »Dr. Tod ist gekommen. Ich, Solo Morasso, alias Dr. Tod! Hütet euch, hütet euch vor mir!« Wieder folgte ein schauriges Lachen.

Beides, das Lachen und seine Worte, wirkten als auslösendes Moment auf die Zuschauer.

Blitzschnell brach die Panik los.

Gellende Schreie stachen in den azurblauen Himmel. Nach allen Richtungen drängten die Massen fort. Keiner nahm mehr Rücksicht. Die Leibwächter versuchten ihre Dons zu schützen, doch sie wurden kurzerhand über den Haufen gerannt.

Eine Woge aus Menschenleibern donnerte gegen die Aufbauten der Plattform, wurde wieder zurückgespült, weil jeder Angst hatte, in die Nähe des lebenden Toten zu gelangen.

Wirre Menschenknäuel entstanden. Schreie, Flüche, Entsetzen! Die Masse war nicht mehr zu halten. Jeder drängte weg vom Ort des Grauens.

Nur die drei Leibwächter standen noch auf der Plattform. Sie zitterten vor Angst, aber sie dachten auch an die Waffen in ihren Händen. Und sie taten etwas, was sie zuvor nie für möglich gehalten hätten.

Sie schossen auf ihren Boß!

Nein, sie feuerten auf ein Monster, auf einen lebenden Toten. Als hätten sich die Männer untereinander abgesprochen, brüllten die drei schweren Revolver gleichzeitig auf.

Solo Morasso bekam das Blei in die Brust.

Drei Kugeln fing er auf.

Und jede für sich war schon tödlich.

Doch nicht für Solo Morasso, alias Dr. Tod. Ihm konnten die Geschosse nichts anhaben.

Eigentlich mußte er fallen, umkippen, und darauf warteten die drei Leibwächter auch, doch nichts von dem geschah. Die Geschosse hatten das menschliche Monster nur durchgeschüttelt, aber nicht zu Boden oder aus dem Sarg stoßen können.

Solo Morasso stand!

Allerdings nicht lange, denn plötzlich wurde ihm bewußt, was geschehen war, und daß man auf ihn geschossen hatte.

Dagegen hatte er etwas.

Er drehte seinen Kopf und fixierte die drei Leibwächter aus Augen, die blutunterlaufen waren.

Ein dumpfes Grollen drang aus seiner Kehle.

Inzwischen hatte sich die Panik vervielfacht. Die Menschen schrien und rannten. Niemand nahm mehr Rücksicht. Zum Glück hatten es die anderen Dons nicht weit bis zu ihren Wagen, denn wären sie in den Strom der angsterfüllten Masse geraten, hätten ihre Leibwächter eiskalt geschossen.

So aber rannten sie an der Kirche vorbei den Parkplätzen zu, wo die schweren Limousinen standen. Ihre Fahrer hatten die Türen geöffnet. Die Männer warfen sich in die Wagen, die mit aufheulenden Motoren losrasten.

Sie brauchten nicht über den Platz zu fahren, sondern sie nahmen Schleichwege dicht an einer hohen weißen Mauer entlang. Sie umfriedete das Kirchengelände.

Eine Staubwolke wallte hinter den schweren Limousinen auf. Sie zeigte den Weg der Flüchtenden an.

Auf dem Platz brandete inzwischen abermals eine Woge gegen das Gerüst.

Dieser Aufprall war für Dr. Tod ein Startzeichen. Jemand hatte auf ihn geschossen, und dafür sollte er büßen.

Der ins Leben zurückgerufene Verbrecher warf sich nach vorn und packte den ihm am nächsten stehenden Schützen an der Kehle. Der Mann kam gar nicht dazu, eine Abwehrbewegung zu machen, er spürte die Stahlklammern an seinem Hals und brach zusammen.

Auch das Gerüst hielt dem Aufprall nicht mehr stand. Zudem war nicht das beste Holz genommen worden. Alles krachte ineinander. Die beiden nicht angegriffenen Leibwächter wurden ebenso unter den Trümmern begraben wie Solo Morasso und der Mann, den er inzwischen erwürgt hatte.

Auch Flüchtende gerieten unter die Trümmer.

Schreie gellten zum Himmel. Dazwischen jaulten die Sirenen der Einsatzwagen, doch die Fahrzeuge kamen nicht weiter, sie blieben im Menschenpulk stecken. Einer wurde kurzerhand von mehreren Leuten hochgehoben und umgeworfen. Scheiben zerbrachen. Ihre Splitter wurden zu einer gläsernen Rutschbahn.

Und doch gab es welche, die den Überblick behielten. Dazu gehörte ein Reporter eines Sensationsblattes. Der Mann wollte über die Beerdigung berichten. Als die Panik begann, hatte er sich auf eine hohe Mauer flüchten können, saß dort sicher und knipste, was seine Kamera hergab.

Er machte Bild auf Bild und schoß die Fotos seines Lebens. Die Kamera schien vor seinen Augen festgewachsen zu sein, er nahm sie gar nicht mehr weg.

Innerlich jubilierte der Mann. Er freute sich über das Chaos. Das war die Chance seines Lebens. Er würde die Fotos zu Höchstpreisen verkaufen, denn seine Kollegen waren allesamt verschwunden oder untergegangen.

Der Fotograf zitterte vor Aufregung. Kaum konnte er einen neuen Film einlegen, als der alte verknipst war. Sonst Routinearbeit für ihn, wurde sie jetzt zu einer regelrechten Nervenprobe.

Dann brach das Gerüst zusammen.

Der Reporter sah, wie der lebende Tote unter den Holztrümmern verschwand.

Und er knipste.

Der Motor seiner Kamera lief heiß. Endlich hatte er den Superknüller – die Sensation.

Geschafft!

Als der Mob gegen die Mauer brandete und das Gestein durchschüttelte, wurde es für den Reporter Zeit, zu verschwinden. Er sprang auf der anderen Seite zu Boden, landete in mehreren Wacholdersträuchern, befreite sich fluchend und sah zu, daß er zu seinem kleinen Alfa kam. Nichts wie weg und in die Redaktion.

Inzwischen hatte Solo Morasso, alias Dr. Tod, seine Hände von der Kehle des Mannes gelöst. Ein Holzstück mit einem rostigen Nagel daran war ihm auf den Kopf gefallen.

Wie damals war ihm der Nagel in die Stirn gedrungen, doch dieser bestand nicht aus Silber, sondern aus Stahl. Man konnte ihn sofort wieder herausziehen, und die kleine Wunde schloß sich ebenso rasch wie die Kugellöcher.

Asmodinas Magie hatte dafür gesorgt, daß dieser Mann so gut wie unantastbar geworden war.

Mit wütenden Bewegungen schleuderte er mehrere Holzplatten zur Seite, die ihn eingeengt hatten. Er wollte frei sein und weg von diesem Ort. Nichts hielt ihn mehr. Aber er würde zurückkehren und die Hölle entfachen.

Sein Kopf kam frei und auch die Hände. Zwei Männer rannten gegen ihn.

Ein Faustschlag schleuderte sie in die Trümmer.

Solo Morasso quälte sich auf die Beine. Die meisten Menschen waren inzwischen geflüchtet. Fast leer präsentierte sich der große Platz vor der Kirche.

Morasso schaute sich um.

Wohin?

Zwei Polizeiwagen lagen auf dem Dach.

Vier weitere hatten anhalten können und den Ansturm ohne Schaden überstanden. Die Beamten waren ausgestiegen und versuchten, größeren Schaden zu verhindern. Es war ein nutzloses Unterfangen, sie wurden kurzerhand umgerannt, die Menschen waren nicht mehr zu halten.

Zahlreiche Verletzte lagen auf dem Boden. Sie wimmerten und schrien. Der Mob hatte keine Rücksicht genommen.

Solo Morasso schaute sich um.

Noch achtete niemand auf ihn. Zu weit waren die Polizisten entfernt. Neben sich sah er das Trümmerstück seines Sargs. Wütend trat er dagegen. Das Holz wurde hochgeschleudert, überschlug sich einmal in der Luft und blieb vor der Kirchentreppe liegen.

Dr. Tod, alias Solo Morasso, aber rannte auf die Mauer zu, auf der der Reporter gesessen und seine Fotos geschossen hatte. Ein Sprung, und er war auf der Krone.

Dann ließ er sich fallen und landete ebenfalls im Gebüsch. Er wühlte sich hervor und stampfte weiter.

Sein Ziel war das Haus, in dem er immer gelebt und von wo aus er sein Imperium regiert hatte.

Dort würde er sich erst einmal verstecken. Nein, nicht verstecken. Der Eiskeller wartete auf neue Beute. Jetzt konnte niemand mehr seine Forschungen stoppen...

Ich frühstücke gern wie ein König, falls man mir Zeit dazu läßt. An diesem Morgen hatte ich Zeit. Erst gegen Mittag mußte ich im Büro vorbeisehen und konnte mir morgens richtig Zeit lassen. Suko und ich wollten zwar zwischendurch noch einem kleineren Fall nachgehen, aber das hatte Zeit.

Es tat mir gut, mal ein bißchen zu relaxen, denn die letzten Wochen hatten mir alles abverlangt.

Ich hatte den Schwarzen Tod endgültig vernichtet, war danach von Asmodias Todesengeln verschleppt und praktisch nur durch einen Zufall und durch Damona King gerettet worden. Bei dieser Rettungsaktion war Myxin, der Magier, verschwunden. Er befand sich jetzt in einer fremden Dimension, wo, das wußte ich nicht. Ich hoffte nur, daß er noch am Leben war, denn Myxin, der Magier, war mir in letzter Zeit irgendwie an Herz gewachsen. Vor allen Dingen hatte er seine Grundeinstellung geändert. Er kämpfte nicht mehr auf der Gegenseite, sondern bei uns. Asmodina, die die Nachfolge des Schwarzen Tods angetreten hatte, war auch seine Feindin.

Leider hatte Myxin im Kampf gegen die Mächte der Finsternis seine Vampire verloren, so daß er praktisch allein dastand und nun Hilfe suchte und auch fand. Bei mir.

Ich hatte ihn aus Asmodinas Reich befreien können, was mir leider nur zum Teil gelungen war. Ich drückte Myxin die Daumen, daß er wirklich noch lebte.

Aber darüber wollte ich nicht länger nachdenken. Schinken, Eier, Weißbrot und Konfitüre interessierten mich jetzt mehr als meine Arbeit.

Das Radio spielte, neben mir lag aufgeschlagen die Zeitung.

Leider schmeckte der Kaffee nicht so gut wie bei Glenda Perkins, meiner Sekretärin, denn sie kochte meiner Ansicht nach den besten der Welt. Darüber ärgerte sich Jane Collins maßlos. Sie war immer noch eifersüchtig, obwohl wir nicht miteinander verheiratet sind.

Herzhaft biß ich in eine Toastscheibe, wobei ich einen Blick in die Zeitung warf.

Erste Seite wie immer Politik. Ich las die Meldungen und auch den Kommentar des Redakteurs. Seite für Seite ging ich die Gazette durch, bis ich auf die Rubrik stieß, die sich mit Meldungen und Ereignissen aus aller Welt befaßte.

Da sprang mir eine Überschrift besonders ins Auge.

EIN TOTER KEHRT ZURÜCK

So etwas interessiert mich immer. Ich sah, daß der Bericht aus Palermo stammte, und die Geschichte hatte sich auch dort abgespielt.

Ein Mafioso war gestorben.

Solo Morasso.

Ich fand den Namen bühnenreif und mußte grinsen.

Zehn Sekunden später grinste ich überhaupt nicht mehr. Da blieb mir dieses buchstäblich zusammen mit Toast und Kaffee im Hals stecken, und es bereitete mir Mühe, das Zeug hinunterzuschlucken.

Der Reporter – falls er nicht gelogen hatte – berichtete auch von den Worten, die der aus dem Totenreich zurückgekehrte Mafioso in seinem Sarg stehend geschrien hatte.

Er hatte sich als Dr. Tod bezeichnet!

D o k t o r T o d ! Für einen Moment schloß ich die Augen. Erinnerungsfetzen tauchten auf. Ein Film, ein Turm, eine Party, Nadine Berger...

Dann er.

Dr. Tod!

Er hatte Nadine entführt. Ich war ihm gefolgt, hatte ihn gestellt, vom Turm geworfen und ihn mit einem silbernen Nagel vernichtet.

Für alle Zeiten?

Bis jetzt nahm ich das an, nun jedoch war ich mir nicht mehr sicher. Ein Toter kehrte zurück. Unwahrscheinlich, ein Pressegag, aber der Artikel war bei all seiner reißerischen Aufmachung noch so geschrieben, daß man dem Reporter durchaus glauben konnte. Und den Namen Dr. Tod saugte man sich nicht einfach aus den Fingern.

Es war auch eine Abbildung zu sehen. Der Reporter hatte wirklich die Nerven bewahrt, als er dieses Bild schoß, das konnte ich erkennen. Der Tote stand aufrecht im Unterteil seines Sargs, hatte die Faust gereckt und den Mund geöffnet.

Der Raster des Bildes war etwas groß. Trotzdem waren die flüchtenden Menschen gut zu erkennen. Für sie mußte es ein Schock gewesen sein.

Ich löste eine Hand von der Zeitung und tastete nach meiner rechten Wange.

Dort fühlte ich die kleine, fast verwachsene Narbe.

Ein Andenken an Dr. Tod. Er hatte mir damals in Spanien ein Stück Haut aus dem Gesicht geschnitten und von mir einen Doppelgänger geformt. Nur mit Schaudern dachte ich an den Fall zurück. Damals mußte ich meinen eigenen Doppelgänger töten.

Dr. Tod war also aufgetaucht. Aber was und vor allen Dingen wer steckte dahinter?

Da ich den ersten Schock überwunden hatte, begann ich nachzudenken. Ich wußte inzwischen mehr über das Dämonenreich und kannte zahlreiche ihrer Gesetze.

Wenn ein Dämon vernichtet wurde, ging seine Seele automatisch in das Reich des Spuks ein. Dort vegetierte sie dann für alle Zeiten und konnte nicht mehr zurückgeholt werden.

Aber die Dämonen bestraften auch selbst. Hatte jemand versagt und war dabei nicht umgekommen, so wurde er von Maddox, dem Dämonenrichter, verurteilt und anschließend getötet. Dann ging seine Seele ebenfalls in das Reich des Spuks ein.

Der Spuk hatte bisher noch keine Seele wieder freigelassen.

Doch Ausnahmen bestätigen die Regel, und warum sollte er hier nicht eine Ausnahme gemacht haben?

Wenn er Dr. Tods Seele freigab, dann konnte sie in einen anderen Körper fliehen. Alter und neuer Gegner waren zwar dann nicht identisch, doch ich hatte einen Feind, der all die grausamen Eigenschaften besaß, die auch Dr. Tod »auszeichneten«.

Ein simpler Trick, aber schlimm in seinen Folgen.

Dr. Tod existierte also!

Das Frühstück schmeckte mir überhaupt nicht mehr. Diese Nachricht am frühen Morgen war schwer zu verkraften.

Ich las den Bericht noch einmal genau durch und faltete die Zeitung zusammen. Daß ich nach Palermo fliegen mußte, stand für mich fest. Ich hätte sonst keine ruhige Minute mehr gehabt.

Es schellte.

Das Geräusch riß mich aus meinen Gedanken. Der Blick auf die Uhr zeigte mir, das der Zeitpunkt schon überschritten war, an dem ich mich mit Suko verabredet hatte.

Ich stand auf und öffnete.

Der Chinese lehnte am Türrahmen und schüttelte vorwurfsvoll den Kopf. »Hast du verschlafen?«

»Nein.«

»Was ist los, John? Du ziehst ein Gesicht wie zehn Tage Regenwetter. Hat man dich geärgert?«

»Komm rein«, sagte ich nur und ging schon vor.

Suko folgte mir in die Küche. Dort lehnte er sich an den Herd und stellte wieder seine Fragen.

Ich deutete auf die Zeitung. »Lies erst mal.«

Der Chinese nahm das Blatt an sich und überflog die Zeilen. Als ich gegen Dr. Tod kämpfte, kannten wir uns noch nicht. Aber ich hatte Suko genug von diesem Verbrecher erzählt. So wußte er, daß Dr. Tod kein richtiger Dämon war, sondern ein Mensch mit ungeheuer viel dâmonischen Eigenschaften. Er war jedoch so grausam, daß er die Dämonen manchmal noch übertraf.

Nach einer Weile ließ Suko die Zeitung sinken. »Stimmt das?« fragte er.

Ich hob die Schultern.

»Du willst aber nach Palermo?«

»Natürlich.«

»Dann bist du auch davon überzeugt, daß dieser Solo Morasso und Dr. Tod identisch sind.«

»Das ist in der Tat der Fall.«

Suko legte die Zeitung wieder weg. »Hast du einen Verdacht, wie es über die Bühne gelaufen sein könnte?«

»Nein, das heißt ja.« Ich war schon durcheinander und berichtete Suko von meiner Vermutung.

»Dann kannst du gleich zwei Flugkarten bestellen«, meinte mein Partner, »denn dieser Typ interessiert mich schon lange. Und in Palermo war ich auch noch nicht.«

»Ein Spaziergang wird es nicht«, warnte ich ihn. »Wenn Dr. Tod tatsächlich wieder zurückgekehrt sein sollte, können wir uns auf etwas gefaßt machen.«

»Wann ist das denn passiert?« fragte er.

»Vor einigen Tagen.«

»Und was ist mit dieser Frau, zu der wir hinwollten?«

Damit sprach Suko einen Fall an, den wir eigentlich für den Vormittag vorgesehen hatten. Mich hatte am vergangenen Tag eine gewisse Carola de Marc angerufen und um einen Besuch gebeten.

Man hatte das Gespräch an mich weitergeleitet, weil diese Frau von sogenannten Schattenwesen sprach, die sie in ihren Träumen immer sah und die sie quälten. Angeblich hatte sie diese Wesen auch schon am Tage gesehen. Dieser Spur wollten wir nachgehen.

»Da fahren wir trotzdem noch hin«, sagte ich.

Suko nickte.

Ich verließ die kleine Küche und ging zum Telefon.

Sir Powell, mein Chef, hockte bereits in seinem Büro. Mit ihm sprach ich über den Artikel.

Der Superintendent hatte ihn bereits gelesen. Ich war seinem Anruf zuvorgekommen. Keine Frage, daß er mir den offiziellen Auftrag gab, nach Palermo zu fliegen. Um die Tickets würde sich Glenda Perkins kümmern.

Ich war froh, daß Sir Powell so reagierte, und wollte vor dem Abflug noch mit ihm sprechen.

»Ja, tun Sie das.«

Um es kurz zu machen: Die Träume der Carola de Marc stellten sich als Seifenblasen heraus, als reine Wichtigtuerei. Die Frau wollte nur einmal Besuch von der Polizei bekommen.

Solche Menschen gibt es auch.

Suko und ich fuhren wieder zurück. Die Koffer hatten wir bereits gepackt, so daß wir ohne großen Aufenthalt nach Palermo fliegen konnten.

Die Maschine machte in Rom eine Zwischenlandung. Zum Glück hatten wir uns bei dieser Spinnerin nicht lange aufhalten müssen, und so bekamen wir die frühe Mittagsmaschine noch bequem.

Während des Starts dachte ich an meinen Freund Bill Conolly. Ihn hatte ich nicht angerufen, die Zeit war zu knapp gewesen. Dabei hatte Bill die Grausamkeit eines Dr. Tods am eigenen Leibe zu spüren bekommen.

Über London war der Himmel bedeckt gewesen. Je weiter wir nach Südosten flogen, um so besser wurde das Wetter. Die Wolken verschwanden, der Himmel klarte auf, über Frankreich tupften erste Strahlen gegen die Alu-Haut der Maschine, und als wir die südlichen Seealpen überflogen, schien die Sonne regelrecht zu explodieren.

Ich schloß die Augen und machte ein Nickerchen.

Wach wurde ich in Rom bei der Zwischenlandung.

Zwanzig Minuten später startete die Maschine bereits und nahm Kurs auf Palermo.

Auf lange Zollformalitäten brauchten wir uns nicht gefaßt zu machen. Sir Powell hatte bereits mit den zuständigen Behörden auf Sizilien telefoniert, wir wurden abgeholt.

Ein Kommissar Bartholo erwartete uns.

Bald glänzte unter uns das Mittelmeer. Von oben aus gesehen sah es aus wie eine riesige Wüste aus Blei. Siziliens Küste verschwamm im Dunst.

Als der Hinweis »Anschnallen« ertönte, atmeten wir auf. Bald würde es sich zeigen, ob Dr. Tod wirklich zurückgekehrt war. Wenn ich ehrlich gegen mich selbst sein wollte, dann spürte ich schon ein etwas komisches Gefühl...

Kaum hatten wir die Abfertigungshalle betreten, als wir schon ausgerufen wurden.

Wir sonderten uns vom Strom der Fluggäste ab und sahen einen Mann, der uns zuwinkte.

Das mußte Kommissar Bartholo sein.

Ich winkte zurück.

Der Kommissar kam uns entgegen, und wir trafen auf halbem Wege zusammen.

»Ich grüße Sie!« rief er in seinem etwas hart klingenden Englisch und drückte uns beide Hände.

Der Mann war mir auf Anhieb sympathisch. Er hatte eine runde Figur, dunkle, wieselflinke Augen und ein Gesicht, in dem die roten Pausbacken auffielen. Er trug einen braunen Anzug und ein Hemd ohne Krawatte.

Ich schwitzte, denn auch im April war es in Sizilien schon ziemlich heiß.

»Willkommen auf der schönsten Insel der Welt!« rief der Kommissar enthusiastisch, lächelte und zeigte dabei drei Goldzähne. »Hatten Sie einen guten Flug?«

»Ja, prima.«

»Dann kann ja nichts schiefgehen.«

»Fahren wir erst zum Hotel?« erkundigte ich mich.

Bartholo nickte. »Würde ich meinen. Ein Taxi brauchen wir nicht zu nehmen. Ich habe meinen Dienstwagen da.«

Ich grinste. »Phantastisch. Dann hat der Steuerzahler die ersten Spesen gespart.«

Der Kommissar lachte.

Wir verließen das Flughafengebäude und begaben uns zu den Parkplätzen, wo der Kommissar seinen Wagen abgestellt hatte. Es war ein Fiat, der schon zahlreiche Rostflecken zeigte.

Bartholo bemerkte meinen mißtrauischen Blick und lachte. »Keine Angst, Kollege, dieser Wagen hat schon mehr Kilometer auf dem Buckel, als Sie in Ihrem Leben geflogen sind.«

Ich konnte mein ungutes Gefühl nicht verbergen.

Bartholo öffnete uns die Türen. Wie eine Welle schlug uns die Hitze entgegen. Bis jetzt hatte ich meinen Krawattenknoten nicht gelockert. Ihn weiterhin stramm zu halten, wäre mir zum Verhängnis geworden. Ich riß mir den Kulturstrick vom Hals und stopfte ihn in die Tasche.

Der Kommissar lachte. »Ja, das ist nichts für Menschen aus dem Norden«, erklärte er. »Uns macht die Wärme nichts aus. Im Gegenteil, wir empfinden es sogar noch als kühl.«

»Im Sommer werden Sie dann gebraten, wie?«

Bartholo lachte. »So schlimm ist es nicht. In Palermo weht stets ein frischer Wind. Fahren Sie erst einmal ins Landesinnere, da ist es heiß.«

»Verzichte dankend zugunsten anderer.«

Bartholo drehte die Seitenscheibe nach unten.

Als ich auf meiner Seite das gleiche probieren wollte, bemerkte ich, daß die Scheibe hakte. Eine Fingerbreite nur ließ sie sich öffnen.

»Das ist eben die Tücke des Objekts«, meldete Suko sich aus dem Fond.

Die zweite Tücke erlebten wir beim Start. Der Auspuff röhrte wie ein Kamel auf der Wassersuche.

Doch der Fiat fuhr an.

Und wie.

Pfeifend jagte der Kommissar ihn in die Kurven. Er steuerte mit einer Hand, die andere hing lässig aus dem Fenster. Ich genoß den etwas kühleren Fahrtwind und lehnte mich zurück.

Es war nicht weit bis zur Innenstadt. Über der schnurgeraden Straße flirrte die Sonne und warf blitzende Reflexe auf den Lack des Autos.

Viel Verkehr herrschte nicht. Die meisten Menschen hielten ihre Mittagspause.

Das Hotel hieß Bella Vista und lag im Zentrum von Palermo. Ich freute mich auf eine Dusche und darauf, daß ich mich umziehen konnte.

Wir sprachen über Solo Morasso.

»Bei uns herrscht die Meinung, daß er scheintot gewesen ist«, erklärte der Kommissar.

»Möglich.«

Bartholo grinste. »Aber deswegen sind Sie nicht hergekommen, Kollege. Sie haben bestimmt noch einen anderen Verdacht, wenn ich mich nicht irre.«

»Ja, Seelenwanderung.«

Bartholo bremste und schimpfte, weil ein mit Obstkisten beladener Lastwagen zu langsam fuhr. Überholen konnte er auch nicht, er mußte warten.

»Wie ist das zu erklären?« fragte er mich.

»Die Seele eines Verstorbenen kehrt in einen anderen Körper zurück und erweckt diesen zum Leben, mal ganz simpel ausgedrückt.«

»Aha. Daran glauben Sie?«

»Wäre ich sonst hier?«

Bartholos Blick fiel schräg von der Seite auf mich. »Mal ehrlich, Kollege, so sehen Sie mir gar nicht aus.«

»Sie halten mich für einen Spinner?«

»Das haben Sie gesagt.«

Ich lachte. »Es ist müßig, über dieses Thema zu diskutieren. Vielleicht werden mir die Ereignisse recht geben.«

»Sie sind in Italien bekannt. Der Fall des Dogen in Venedig hat sich auch bis nach Sizilien herumgesprochen. Ich weiß einiges aus den Akten.«

»Aber Sie glauben es nicht?«

»Nicht so recht.«

»Hat man diesen Solo Morasso inzwischen gefunden?« wollte ich wissen. »Oder weiß man mehr über sein Versteck?«

»Nein.«

»Erzählen Sie mir über diesen Mann.«

Bartholo war sehr gesprächig. Ich erfuhr eine ganze Menge über Solo Morasso und auch über die Mafia in Sizilien. Natürlich hatte ich mich schon früher mit der Mafia beschäftigt. Sie hatte wirklich Macht. Die »Ehrenwerte Gesellschaft«, wie sie sich nannte, steckte in fast jedem Geschäft, und niemand auf der Insel wußte, wer für die Mafia arbeitete. Ob Politiker, ob Bauer oder Polizist, ihr langer Arm reichte überallhin.

Ich hörte auch von einem Gerücht, das die Runde machte. Und zwar sollte dieser Solo Morasso ein Hobby gehabt haben: die Medizin!

Jedoch auf eine Art und Weise, wie sie normalerweise nie geduldet wurde.

Morasso experimentierte mit Menschen!

Ein Gerücht – aber ich konnte mir vorstellen, daß daran einiges stimmte. Auch Dr. Tod war ein Wissenschaftler gewesen, der hinterher allerdings durchgedreht hatte. Und was lag näher, als seiner verbrecherischen Seele einen Gastkörper zu geben, der nahezu die idealen Voraussetzungen seines ersten Lebens erfüllte.

Die Zeichen kristallisierten sich immer stärker heraus, und mir wurde klar, daß wir es wirklich mit Dr. Tod zu tun hatten.

»Was sagen seine Leute?« fragte ich den Kommissar.

»Nichts.«

»Wieso?«

»Omertà!«

Ich lächelte bitter. »Das Gesetz des Schweigens?«

»Genau. In Sizilien wird es angewendet.«

»Und Sie sind machtlos?«

Der Kommissar hob die Schultern. Die Geste sagte genug. Seit Jahren kämpften einige Polizisten vergeblich gegen den Mafiaterror an. Viele aufrechte Menschen hatten ihr Leben lassen müssen, und es lag auf der Hand, daß manche resignierten.

Vor uns lag die Stadt.

Ich sah Hochhäuser in der Sonnenglut. Scheiben blitzten wie große Sterne, wenn sie von den Strahlen getroffen wurden. Ein roter Hubschrauber flog auf eines der Gebäude zu und landete auf dem Dach.

Trotz des Fahrtwindes war es im Wagen noch immer stickig. Zudem hatte der Verkehr zugenommen. Aus den Auspuffrohren trieben Abgase durch die heruntergelassenen Scheiben des Fiat.

Den Kastenwagen sah ich, als er über eine Auffahrt preschte. Es war ein grüngraues Fahrzeug. Hinter dem Fahrerhaus begann wie ein Buckel der Aufbau.

»Der fährt viel zu schnell!« rief ich dem Kommissar zu.

»Er muß warten!«

Das tat der Fahrer nicht. Im Gegenteil, er gab noch Gas, und wie es aussah, würde er gleichzeitig mit uns auf die Fahrbahn gelangen.

Bartholo zischte einen Fluch.

Er bremste.

Zu spät, der Wagen war schon heran. Entweder hatte der Fahrer geschlafen, oder er war betrunken, so konnte man doch gar nicht fahren.

Auf einmal war der Kastenwagen neben uns. Ich sah das entsetzte Gesicht des Fahrers. Der Kommissar bremste, der Mann im Lieferwagen zog sein Gefährt nach rechts, und dort befanden sich die weißen Leitplanken der Auffahrt.

Der Wagen wurde zwar noch herumgerissen, doch er schleuderte und krachte mit dem Heck gegen die Planken.

Der Aufprall war so wuchtig, daß der Lieferwagen wieder auf die Fahrbahn zurückgeworfen wurde und dann im rechten Winkel zur Leitplanke stehenblieb.

Andere Fahrzeuge wurden abgebremst. Rasch entstand an der Auffahrt ein Stau.

Auch Kommissar Bartholo hatte gestoppt. Er brachte den Fiat bis dicht an die Leitplanke und riß die Tür auf.

Ich verließ den Wagen ebenfalls, drängte mich zwischen Autotür und Leitplanke ins Freie und sah den Kommissar wild gestikulierend auf den Lieferwagen zurennen.

Suko war auch ausgestiegen, denn der Unfallwagen interessierte uns.

Dessen Fahrer ließ sich vorerst nicht blicken.

Vielleicht war er verletzt.

Ich rannte schneller als der Kommissar und war als erster an der Unglücksstelle, wo die Leitplanke in einer Schlangenlinie weiterlief.

Als erster stand ich an der Wagentür, faßte den Griff und riß die Tür auf.

Der Fahrer hockte auf dem Sitz und grinste mich an. Er hatte gut lachen, denn ich war wehrlos, während er eine Pistole auf mich gerichtet hielt...

Zunächst glaubte ich zu träumen.

Das durfte doch nicht wahr ein! Der Fahrer rammte die Leitplanke und bedrohte Menschen, die ihm helfen wollten, mit einer Waffe.

Es sei denn, er hatte etwas zu verbergen.

Ich handelte sofort.

Blitzschnell rammte ich die Tür zu und warf mich gleichzeitig zur Seite.

Der Kerl drückte ab.

Zwischen Tür und Rahmen jagte die Kugel durch den Spalt, pfiff an meinem Kopf vorbei, und ich bekam aus den Augenwinkeln mit, daß auch Suko sich zu Boden warf, denn er wäre fast von dem Geschoß getroffen worden.

Ich lag flach.

Meine Beretta steckte nicht im Holster, sondern lag im Koffer. Und der befand sich in Bartholos Wagen.

»He, was ist denn da los?« schrie der Kommissar. Er hatte den Schuß wohl nicht gehört, weil er sich zu weit vom Führerhaus entfernt befand.

Ich gab keine Antwort, sondern kroch zum Heck des Lieferwagens, während Suko den guten Kommissar packte und ihn hinter ein Auto in Deckung schob.

Ich hörte, wie Suko ihm erklärte, daß auf mich geschossen worden war. Der Kommissar fluchte.

Mittlerweile standen nicht nur auf der Auffahrt die Wagen

still, sondern auch auf der Fahrbahn. Ein Verkehrschaos bahnte sich an.

Ich aber wollte den Schießer.

Auf der anderen Seite des Fahrerhauses kletterte er aus dem Wagen. Die Tür schwang auf, dann erschien seine in einem grünen Overall steckende Gestalt.

Ich zeigte mich nicht, denn der Knabe hielt seine Waffe schußbereit in der Rechten.

Blitzschnell jumpte er vom Trittbrett, hatte kaum die Straße berührt, da stieß er sich wieder ab und sprang schräg über die Leitplanke.

Dahinter begann ein Hang. Nicht bepflanzt, sondern nur aus angeschütteter Erde bestehend. Sie schimmerte braungelb, und es wallte eine Staubwolke hoch, als der Mann mit beiden Beinen zuerst den Boden berührte.

Die Staubwolke gab mir Deckung.

Aus dem Stand jagte ich los, sprang ebenfalls über die Planke und sah den Kerl nur ein paar Yards vor mir. Er hatte das Gleichgewicht nicht halten können und rutschte weiter.

Auch ich ruderte mit den Armen. Meine Füße glitten weg. Der schräge, staubige Hang kam mir vor, als wäre er mit Schmierseife eingerieben.

Dann sah der andere mich.

Damit er sich besser abstützen konnte, hatte er sich schräg aufgebaut, jetzt drehte er sich um 90 Grad und grinste mich wild an.

Langsam hob er den rechten Arm.

Zu langsam...

Mit einem Hechtsprung flog ich auf ihn zu und prallte gegen ihn. Gleichzeitig schlug ich seinen Waffenarm zur Seite, und ich hörte dicht an meinem linken Ohr seinen wütenden Schrei.

Dann krachten wir zu Boden.

Es ging abwärts.

Ineinander verkrallt und uns immer wieder überschlagend, rollten wir die zweite Hälfte des Hangs hinab. Unten befand sich ein hüfthohes Gitter.

Ich prallte zuerst dagegen und bekam ein Knie gegen den Hals.

Sekundenlang kriegte ich keine Luft mehr. Der Kerl riß mich hoch und wollte von oben nach unten mit der Faust zuschlagen.

Meine Linke wühlte sich dicht über der Gürtelschnalle in seine Körpermitte und schleuderte ihn über das Gitter.

Die Waffe hatte er verloren, und mit dem Rücken zuerst schlug er auf. Er war auf einem flachen Hausdach gelandet. Hüttenähnliche Bauten flankierten hier, direkt am Hang stehend, eine schmale Straße. Ein paar einsame Fernsehantennen blitzten in der Sonne, aus den Schornsteinen stieg kein Rauch.

Ich setzte nach.

Vom Hangende her rutschte mir Suko entgegen. Er winkte.

Ich wußte ihn als Rückendeckung und wurde unvorsichtig. Als ich mich im Sprung über das Gitter befand, schleuderte mir mein Gegner eine Dreckfontäne mitten ins Gesicht.

Die Ladung saß.

Ich war erst einmal geblendet, hustete mich frei und rieb mir den Staub aus den Augen. Tränenschleier vernebelten mir die Sicht. Schemenhaft sah ich die Gestalt des Kerls am Dachrand.

Dann war sie verschwunden.

Ich nahm die Verfolgung auf.

Am Dachrand blieb ich stehen und schaute nach unten. Die Straße lief in einer Schräge vorbei. Der Schießer rannte nach rechts weg, genau dorthin, wo ein großer Lastwagen langsam rückwärts rollte.

Ich wußte nicht, warum und weshalb er zurückrollte, vielleicht hatte sich die Bremse gelöst, auf jeden Fall lagen auf der Ladefläche zahlreiche dünne Bleche.

Da die hintere Klappe offenstand, gerieten die Bleche ins Rutschen.

Der Schießer rannte weiter. Dabei schaute er sich nach mir um und sah nicht den Lastwagen und die rutschenden Bleche.

Ich schrie ihm eine Warnung zu, er hörte nicht. Und als er es schließlich bemerkte, war es zu spät.

Die ersten Bleche rutschten von der Fläche. Selbst ich hörte die scheppernden Geräusche. Der Mann im grünen Overall vernahm sie und hätte jetzt noch die Chance gehabt, sich zur Seite zu werfen.

Das tat er nicht.

Dann war es zu spät.

Ich vernahm nur noch einen Schrei, der urplötzlich verstummte. Ich schaute nicht hin, denn ich wußte auch so, was geschehen war. Die Bleche hatten den Mann geköpft.

»O verdammt!« flüsterte Suko neben mir. Ich hatte nicht gehört, daß er heran war. Erst als der Lastwagen mit der Rückseite gegen eine Hausmauer krachte, erwachte ich wie aus einer tiefen Betäubung.

Langsam schritten Suko und ich zurück...

Kommissar Bartholo erwartete uns bereits. »Holen Sie die Mordkommission«, sagte ich, »der Mann ist tot.«

Bartholo wurde bleich. »Wieso denn?«

Ich erstattete Bericht.

»Mein Gott«, flüsterte er und setzte ein paar Worte in seiner Heimatsprache hinzu. Dann rannte er zu seinem Wagen.

Ich klopfte mir den Staub aus dem Anzug.

»Konntest du nichts machen?« fragte Suko.

»Nein.«

Wir sprachen leise, denn es hatte sich inzwischen ein Ring Neugieriger um die Unfallstelle versammelt. Jeder wollte dabeisein, und alle wußten sie es besser.

Der Lieferwagen, von dem das ganze Dilemma ausgegangen war, stand noch immer im rechten Winkel zur Planke. Die Ladeklappe war aufgesprungen. Niemand interessierte sich für den Wagen.

Nur Suko und ich schauten hinein.

Viel konnten wir nicht erkennen, da es auf der Ladefläche ziemlich dunkel war.

»Ich klettere mal hinauf«, sagte ich.

Es stank im Laderaum des Wagens, und ich verzog das Gesicht. Auf dem Boden schimmerte etwas. Als ich genauer hinschaute, erkannte ich mehrere kleine Pfützen.

Erst ziemlich spät sah ich die Kiste. Sie stand fast an der Rückwand des Führerhauses. Ich bückte mich und klopfte die Kiste ab. Sie bestand aus Blech. Jetzt erst fiel mir auf, daß auch die Innenwände des Aufbaus mit Blech ausgekleidet waren.

»Ist was?« hörte ich Sukos Stimme.

Ich drehte mich um. Sein Oberkörper hob sich vor dem Dunkel der Ladefläche deutlich ab. »Nur eine Kiste.«

»Schaff sie her, dann sehen wir nach.«

Das Ding war schwer. Ich suchte nach Griffen, fand nur einen. Der war an der schmaleren Stirnseite befestigt.

Mit beiden Händen faßte ich zu und zog, so gut es ging. Die Kiste rutschte über den Boden. Stückweise schaffte ich sie vor.

Suko konnte das nicht mehr mit ansehen, kletterte auf die Fläche und half mir.

»Draußen ist der Hund los«, sagte er. »Wo du hinschaust, nur Polizei.«

»Und der gute Bartholo?«

»Dreht fast durch.«

»Das kann ich mir vorstellen. Es ist ja auch verflixt viel auf ihn eingestürmt. So etwas ist er gar nicht gewohnt, trotz Mafiaherrschaft.«

»Da sagst du was.«

Endlich stand die Kiste dicht am Ende der Ladefläche. Für uns beide war es ein schönes Stück Arbeit gewesen.

»Hoffentlich kriegen wir die auch auf«, murmelte Suko. »Ich bin gespannt, was darin ist.«

»Frag mich mal.«

Wir untersuchten die Kiste genauer, indem wir sie abtasteten. Suko fand einen Verschluß.

Ich ging um die Kiste herum und trat neben ihn. Der Chinese kniete. Er packte mit Daumen und Zeigefinger den Riegel. Als er nicht zurückfuhr, schlug er mit der Handkante gegen die vorspringende Riegelecke.

Jetzt glitt er zurück.

Ich hob den Deckel hoch.

Auch diese Kiste war mit Blech ausgekleidet. Und sie war bis zur Hälfte gefüllt. Zwischen den einzelnen Blechverkleidungen klemmte ein längliches Paket. Man hatte es mit Tüchern umwickelt.

»Ein Mensch ist es nicht«, meinte Suko. »Dafür ist die Kiste zu klein.«

Ich hob die Schultern und packte mit beiden Händen die Ränder der Tücher.

Sorgfältig schlug ich sie zurück.

Kälte strahlte mir entgegen. Schon vorhin war mir aufgefallen, daß es im Innern der Kiste ziemlich kühl war.

Jetzt sah ich den Grund.

Vor uns lag ein Eisblock.

Und in ihm eingefroren – ein Mensch!

Mein Atem stockte.

Dafür stieß Suko scharf die Luft aus.

Mit allem hatte ich gerechnet, nur nicht mit dieser makabren Überraschung.

»Das ist…«, flüsterte ich, denn mir fehlten einfach die Worte, um weiterzusprechen.

Nun wurde uns auch klar, warum trotz der Größe ein Mensch in die Kiste paßte. Die Beine waren angezogen, die Knie befanden sich auf einer Höhe mit der Hüfte.

Vor uns lag ein Mann, und er war nackt. Den Kopf hatte er zwischen die Schultern gezogen, vom Profil war kaum etwas zu sehen, weil die Haare es verdeckten.

Ein schauriger Anblick.

»Damit habe ich niemals gerechnet«, flüsterte Suko und deckte den Eisblock wieder zu, wobei er mich fragend anschaute.

Ich nickte und sprang nach draußen.

Die Menschen sah ich kaum, meine Gedanken drehten sich nur um die schaurige Entdeckung.

Wer beging solch ein verabscheuungswürdiges Verbrechen und fror einen Toten ein? Da gab es eigentlich nur einen, dem ich dieses zutraute.

Dr. Tod!

Schon vor Jahren hatte er sich mit schrecklichen Experimenten befaßt, und jetzt schlug er wieder zu. Dr. Tod in Palermo. Er hatte bereits einen schlimmen Einstand gegeben.

Brutal und gnadenlos...

Und der Zufall hatte uns über einen seiner Helfer stolpern lassen. War es wirklich ein Zufall oder ein gelenkter Schachzug der Gegenseite? Ich wußte es nicht.

Carabinieri hatten die Straße schon abgesperrt. Einige waren auch dabei, die Gaffer zu vertreiben. Auf der Gegenseite rollte der Verkehr langsam weiter.

Der Kommissar kam. Seinem Gesicht war anzusehen, daß er die Welt nicht mehr verstand.

»Was ist nur los in diesem Land?« fragte er.

»Die Hölle«, antwortete ich leise.

»Das habe ich gemerkt.« Bartholo schwitzte so stark, daß er mit einem Tuch sein Gesicht abwischen mußte.

Ich sah an seiner staubigen Kleidung, daß auch er den Hang hinuntergerutscht war. Dabei stand ihm der zweite Schock noch bevor.

»Sie haben sich die Leiche angesehen?« fragte ich ihn.

»Ja«, flüsterte er und nickte. Dabei schluckte er noch, und sein Adamsapfel hüpfte auf und nieder. »Grauenhaft. Sie haben die Bleche weggeschafft. Man kann gar nicht beschreiben, wie er ausgesehen hat. So etwas habe ich noch nie in meinem Leben...« Er brach ab.

»Was ist mit dem Fahrer des Lastwagens?« wollte ich wissen.

»Der steht unter einem Schock. Er hatte die Handbremse nicht angezogen, und da ist es eben passiert.«

Ich nickte. Dieser Mann würde seines Lebens nicht mehr froh werden. Ein Versäumnis nur, und er trug die Schuld am Tod eines Menschen. Auch wenn diese Person ein Verbrecher gewesen war.

Jetzt wußte ich auch, weshalb der Fahrer so schnell geschossen hatte. Niemand sollte die Leiche sehen, aber der Griff zur Waffe hatte ihm auch nichts genutzt, und wahrscheinlich war er in Panik geraten.

Mehrere Beamte riefen nach dem Kommissar, doch ich wollte ihn nicht weglassen.

»Sagen Sie denen, Sie kämen später!«

»Warum?«

Ich legte Bartholo eine Hand auf die Schulter. »Ich möchte Ihnen etwas zeigen!«

»Und wo?«

Ich deutete auf die offene Ladefläche.

Bartholo trat näher. Um jedoch einen Blick in die Kiste werfen zu können, mußte er bei seiner Größe auf die Ladefläche steigen.

Ich half ihm.

Suko hatte den Deckel vorhin geschlossen, jetzt hob ich ihn wieder hoch.

Der Kommissar sah den Toten!

Bartholos Mund öffnete sich. Der Polizist stieß ein undefinierbares Geräusch aus.

Suko schloß den Deckel.

»Was sagen Sie dazu?« fragte ich den Kommissar.

»Das... das ist unmöglich!« hauchte er. »Das darf nicht wahr sein. So etwas gibt es doch nicht.« Seine Stimme wurde schrill.

»Leider gibt es so etwas«, erwiderte ich. »Leider...«

»Wer hat das getan?«

Ich hob die Schultern. »Es gibt eigentlich nur einen, der dafür in Frage kommt.«

»Solo Morasso!«

»Sie sagen es, Kommissar.«

Vor der Ladefläche unterhielten wir uns weiter. »Was soll mit der Leiche geschehen?« erkundigte sich Bartholo.

»Wir werden sie ins Gerichtsmedizinische Institut zur Untersuchung schaffen«, erwiderte ich.

»Fragt sich nur, woher der Fahrer kam und wo er damit hinwollte?«, murmelte der Kommissar.

Die Frage hatte ich mir auch schon gestellt, doch keine Antwort gefunden. War der Fahrer vielleicht auf dem Weg zu Dr. Tod gewesen? Oder sollte er die Leiche woanders hinschaffen.

»Kannten Sie den Toten nicht?« wandte ich mich an den Kommissar.

»So genau habe ich ihn mir nicht angesehen.«

»Dann sollten Sie sich ihn noch einmal anschauen.«

Er nickte gottergeben.

Wir kletterten wieder auf die Ladefläche, und Suko öffnete zum zweitenmal den Deckel.

Diesmal sah der Kommissar genau hin.

Wir ließen ihm Zeit. Schweiß hatte sich auf Bartholos Stirn gebildet, sie fiel in Tropfen zu Boden. Das Eis schmolz auch langsam dahin. Wenn wir noch lange warteten, war der Tote vom Eis befreit.

»Tja«, meinte der Kommissar, »ich glaube, der kommt mir bekannt vor.«

»Wer ist es?«

»Dino Lara.«

»Damit können wir nichts anfangen«, meinte Suko.

»Das glaube ich Ihnen gern. Lara und Morasso waren Feinde. Der eine versuchte den andern immer zu übertrumpfen. Als Morasso starb, starteten Laras Leute einen blutigen Überfall auf eine Pizzeria. Es hat drei Tote gegeben, sie gehörten zu Morassos Mannschaft. Jetzt hat sich Solo gerächt.«

Ich nickte. »Das ist ein Motiv.«

»Die Leiche muß aber weg!« sagte der Kommissar.

Dafür war ich auch. »Haben Sie keinen Wagen, der die Kiste wegschafft?«

»Doch«, erwiderte der Kommisar. »Ich muß nur eben noch telefonieren.«

Er lief zu seinem Dienstwagen, sprach unterwegs mit einigen Uniformierten und zeigte zu Suko und mir herüber.

Ich rauchte eine Zigarette.

Fünf Minuten später kam der Kommissar zurück. »Alles klar«, meldete er, »sie schicken einen Wagen.«

Wir waren zufrieden.

»Ich kann es noch immer nicht begreifen«, stöhnte Bartholo. »Wirklich, es ist grauenhaft. Wenn dieser Solo Morasso wirklich eine lebende Leiche und damit gegen Kugeln immun ist, wie wir es erlebt haben, wie soll man ihn dann töten?«

»Es gibt da einige spezielle Methoden«, erwiderte ich.

»Aber dazu müßte man ihn erst haben.«

Ich nickte. »Genau, mein lieber Kommissar. Das ist das große Problem. Als Lebenden haben Sie ihn schon nicht packen können. Als Wiedergänger wird er sich noch mehr vorsehen.«

Der Meinung schloß sich auch Suko an. Und der gute Kommissar wurde immer fahler im Gesicht.

Der Keller war zu seinem Reich geworden!

Was heißt Keller, nein, ein gewaltiger Komplex unter dem großen Grundstück des Mafioso. Schon zu seinen Lebzeiten hatte Morasso die einzelnen Räume und Abteilungen anlegen lassen. Da war vor allen Dingen das Labor, das ihn immer wieder anzog. Es hätte ebensogut in ein modernes Krankenhaus gepaßt, aber Morasso dachte nur an seine Privatforschungen.

Es gab auch Aufenthaltsräume, Waffenkammern und Zimmer, in denen Proviant lagerte. Eine Schalt- und Überwachungszentrale war ebenso vorhanden wie Ruheräume.

Dr. Tod residierte hier unten.

Und niemand hatte ihn nach seiner Flucht aus dem Sarg persönlich gesehen. Wenn er mit seinen Leuten sprach, dann nur über Bildschirm. Dort erschien sein Konterfei. Meistens gab er Anordnungen oder strikte Befehle.

Das Herz dieser Anlage jedoch waren die großen Kühlkammern. Da fror er die Toten ein, um sie später wieder ins Leben zurückzurufen.

Wie Dr. Tod dies anstellte, war sein Geheimnis. Da ließ er sich von keinem auf die Finger schauen.

Noch etwas war interessant. Von seinen unterirdischen Labors aus gab es einen Verbindungsgang zur Gruft, in der er beigesetzt werden sollte.

Ein idealer Fluchtweg.

Dr. Tod war zufrieden. Er hatte jetzt mehrere Tage Zeit gehabt, sich zu akklimatisieren, und er hatte es gut überstanden. Vor allen Dingen hielt er die Zügel seiner Organisation wieder fest in der Hand. Seine Männer hatten sich damit abgefunden, daß er von den Toten auferstanden war. Morasso hatte eine simple Erklärung abgegeben. Irrtum der Ärzte, scheintot.

Das reichte.

Er hatte die Macht, die Mafia hatte die Macht. Und niemand wagte aufzumucken, denn wer so etwas hinter sich hatte, bei dem konnte es nicht mit rechten Dingen zugehen, das wenigstens war die Meinung der einfachen Leute. Und deshalb kuschten sie.

Zufrieden lehnte sich Dr. Tod in seinem Sessel zurück. Er hockte im Arbeitszimmer, einem gewaltigen Raum mit schalldichter Isolierung und künstlichem Sonnenlicht.

Um Dr. Tod herum befand sich eine halbkreisförmige Konsole. Matt glänzten die Scheiben zahlreicher Monitore. Mikrophone, Telefonapparate, eine Schalttafel, alles befand sich in Reichweite des Mannes.

Dr. Tod trug einen grünen Anzug, overallähnlich geschnitten und mit einem kleinen Emblem auf der linken Brustseite.

Es zeigte einen Totenschädel!

Dieser Schädel sollte fortan das Erkennungszeichen der Männer sein, die für Dr. Tod arbeiteten. Er hatte vor, seine Organisation weltweit auszubauen, sie sollte den gesamten Erdball beherrschen und derjenigen zum Sieg verhelfen, die Dr. Tod wieder ins Leben zurückgerufen hatte.

Asmodina!

Sie hatte in Morasso einen unbedingt treuen Ergebenen gefunden. Denn auf seine Weise war der Verbrecher dankbar. Er würde sich nie gegen die Teufelstochter stellen.

Noch ahnte keiner seiner Männer, was wirklich mit ihm los war. Daß er sich gar nicht mehr als Mensch bezeichnen konnte, aber auch nicht als Dämon. Man konnte ihn einen Dämonenmenschen nennen.

Äußerlich sah er wie ein Mensch aus, auch wenn seine brutalen Gesichtszüge auffielen, doch innerlich dachte er wie ein Geschöpf der Finsternis. Er hatte sämtliche menschliche Eigenschaften abgelegt. Dr. Tod diente allein der Hölle.

Und er war ungeduldig. Es sollte vorangehen, die Vorbereitungen hatten seiner Meinung nach viel zu lange gedauert, jetzt mußte sein Plan langsam Erfolg zeigen.

Das hieß Eliminierung aller Gegner.

Und mit einem wollte er beginnen.

Der Mann hieß Dino Lara!

Schon zu seinen normalen Lebzeiten hatte sich Dr. Tod über ihn nicht nur geärgert, sondern er hatte ihn gehaßt, denn Dino Lara vertrat die Auffassung, daß Palermo groß genug für zwei Dons war. Es hatte harte Diskussionen gegeben, bis es dann zum offenen Gewaltausbruch kam. Lara schlug zu. Es starben drei Leute auf Morassos Seite. Doch bevor Morasso zum Gegenschlag ausholen konnte, überraschte ihn der Infarkt.

Nun war er wieder da, und Lara hatte sich zu früh gefreut. Noch heute sollte ihn die Rache treffen.

Dr. Tod hatte ihn bei lebendigem Leibe einfrieren lassen, den Eisblock in eine Kiste verpackt und einen seiner Männer losgeschickt, um die Fracht vor Laras Hauptquartier abzustellen. So lautete sein Plan.

Dann aber gab es noch ein Problem.

John Sinclair!

Dieser Geisterjäger war der absolute Todfeind des Mafioso. Und er sollte und mußte sterben. Asmodina hatte nicht umsonst die Spuren gelegt, Sinclair mußte einfach in Palermo eintreffen.

Wenn er da war, dann gab es keine Rettung mehr. Dr. Tod

hatte sich bereits ein Ende für Sinclair ausgesucht. Auch er sollte in der Kältekammer eingefroren werden.

Als er daran dachte, verzog sich sein kantiges Gesicht zu einem bösartigen Grinsen. In Gedanken malte er sich aus, wie Sinclair einem langsamen Tod entgegensiechte.

Eine grüne Lampe flackerte auf, und gleichzeitig ertönte ein Summton.

Jemand wollte Dr. Tod sprechen.

Morasso hob den Hörer eines seiner zahlreichen Telefone ab und meldete sich mit einem knappen »Ja?«

Es knackte zweimal, dann vernahm er eine dünne Stimme. »Er ist angekommen.«

»Wo bist du?« fragte Morasso.

»Auf dem Flughafen!«

»Du hast ihn gesehen!«

»Ja!«

»Und?«

»Ein Kommissar hat die beiden abgeholt.«

Morasso lachte. »Ich weiß schon. Sicherlich dieser Bartholo. Aber wieso die beiden?«

»Er hat noch einen Mann mitgebracht«, berichtete der Mann vom Flughafen.

»Und wen?«

»Ich kenne ihn nicht, aber er ist ein Chinese.«

Dr. Tod überlegte. Sinclair kam mit einem Chinesen? Sollte er sich einen neuen Partner zugelegt haben? Bisher war ihm nur dieser Reporter bekannt. Wie dem auch sei, ob Chinese oder Neger, sterben mußten beide.

»Was ist dann geschehen?« fragte Morasso.

»Sie sind zusammen mit Bartholo in einen Wagen gestiegen und abgefahren.«

»Weiter dranbleiben«, sagte Morasso und legte auf.

Er lächelte kalt. Es war alles vorbereitet. Spitzel hatten ihm gemeldet, in welchem Hotel Sinclair absteigen wollte. Es war das »Bella Vista«, direkt im Zentrum. Wenn Sinclair dort eintraf, würde er schon die erste Überraschung erleben. Man wartete bereits auf ihn. Und dann dauerte es nicht lange, bis der Geisterjäger vor seinen Füßen lag. Das war für Dr. Tod die größte Freude.

Er war wohl der einzige Mensch gewesen, dessen Seele im Reich des Spuks dahinvegetierte. Zwischen den schwarzen Dämonenseelen mußte er warten, bis die Erlösung kam. Gehofft hatte er immer, schließlich war es soweit gewesen. Und eigentlich blieb Asmodina auch nichts anderes übrig, denn Sinclair hatte im Laufe der Jahre große Erfolge errungen. Er hatte Gegner besiegt, die fast als unbesiegbar galten. Es war ihm sogar gelungen, den Schwarzen Tod zu erledigen. Damit hatte niemand gerechnet.

Dr. Tod stand auf. Ein paarmal lief er in dem großen Raum auf und ab, wobei er mit sich selbst redete. Er schmiedete grausame Pläne und setzte sich dann abrupt wieder hin.

Zwei Knopfdrücke, und die Monitore gaben Bilder zurück.

Fernsehkameras überwachten sein riesiges Grundstück. Sie beobachteten mit ihren künstlichen Augen jede Ecke.

Ruhig lag das Grundstück im gleißenden Sonnenlicht. Nichts rührte sich auf dem gewaltigen Areal. Holunder und Hibiskus blühten. Dazwischen stießen Agaven ihre breiten Blätter in die Höhe, und die Wedel der Palmen bewegten sich im leichten Wind.

Mehrere Wasserspeier drehten sich um die eigene Achse und besprengten den kurzgeschorenen Rasen, der wie ein glatter grüner Teppich wirkte.

Dr. Tod war zufrieden.

Dann kam der nächste Anruf.

Renato Gitti, einer seiner Vertrauten, wollte ihn sprechen. Und Gitti hatte schlechte Nachrichten.

»Sie haben ihn erwischt«, meldete er, wobei sich seine Stimme fast überschlug.

»Wen haben sie erwischt?«

»Den Fahrer!«

Morasso schaltete schnell. »Ist der Tote gefunden worden?«

»Wahrscheinlich!«

Morasso merkte, wie die Wut in ihm hochstieg. »Wie konnte das passieren?« knirschte er.

»Es war ein Unfall«, meldete Gitti. »Unser Fahrer wollte besonders schnell sein und ist gegen die Leitplanke geprallt. Fast hätte er noch einen Fiat gerammt, und wissen Sie, wer in diesem Wagen saß?«

Dr. Tod schaltete schnell. »Doch nicht etwa dieser Sinclair mit dem Chinesen und dem Kommissar?«

»Doch!«

Morasso fluchte.

»Was sollen wir machen?« fragte Gitti.

Dr. Tod entschied sich blitzschnell. »Nichts macht ihr. Es bleibt alles beim alten.« Dann legte er auf.

In seinem Innern kochte es. Plötzlich war sein sorgsam ausgetüftelter Plan durcheinandergeraten. Nur wegen der Dummheit einer Hilfskraft war dieser Bluthund Sinclair bereits jetzt auf seine Spur gestoßen.

Nun war er gewarnt!

Morasso blieb stehen. Nein, er würde den Plan nicht umwerfen. Sinclair sollte seinen Empfang bekommen. Wenn er erst einmal hier war, dann sah sowieso alles anders aus.

Immer noch wütend verließ Dr. Tod seinen Überwachungsraum. Ein breiter Korridor nahm ihn auf. Rechts und links glatte Betonwände. Unter der Decke hingen Leuchtstofflampen, die ihr grelles Licht auf den Boden warfen.

Dr. Tod schritt den Gang bis zum Ende durch. Er blieb vor einer Metalltür stehen.

Ab hier begann ein Bereich, der für ihn der wichtigste überhaupt war. Denn hinter der Stahltür erstreckten sich die zahlreichen Laborräume und die Kältekammern.

Letztere waren für seine Forschungen am wichtigsten.

Nur Dr. Tod besaß die Schlüssel zum Labortrakt. Er mußte drei Schlösser öffnen, bevor er die Tür aufziehen konnte. Es schwappte, als sie nach außen schwang.

Kalte Luft strömte Morasso entgegen. Im ersten Moment schauderte er, doch dann betrat er sein Reich.

Die Räume waren in mehrere Zellen unterteilt. Und vor jeder Zelle befand sich eine Tür mit Gucklock, durch das man ins Innere blicken konnte.

Und jede Zelle war besetzt.

Solo Morasso blieb vor der ersten stehen. Er preßte sein linkes Auge gegen das Guckloch und schaute hinein.

Schwaches Licht erhellte die Kammer. Es fiel auch auf einen nackten Mann, dessen Haut mit Eis überzogen war. Er stand auf dem Boden, seine Arme wurden von Ringen gehalten, damit er nicht umkippte.

Die nächste Zelle bot das gleiche Bild, die übernächste ebenfalls. Auch Frauen hatte Dr. Tod eingefroren. Arme Menschen, an denen er seine Versuche vornehmen wollte.

Die letzte Zelle in der Reihe war noch frei. Dafür stand jedoch ein Name vor der Tür.

John Sinclair!

Das Polizeigebäude war ein uralter Bau mit breiten, hohen Gängen, geraden Wänden, langen Treppen und kahlen Fluren. Auch wenn man leise sprach, schallte die Stimme.

Es war angenehm kühl zwischen den Mauern, das empfand ich als Vorteil.

Kommissar Bartholo, Suko und ich gingen auf einen Paternoster zu, der uns in den Keller brachte.

Wie Bartholo erklärt hatte, befand sich dort unten das Gerichtsmedizinische Institut.

»Dottore Manzini ist ein guter Arzt«, erklärte er uns während der Fahrt. »Ihn kann so leicht nichts erschüttern.«

Ich lächelte. »Hoffentlich.«

Menschen in weißen Kitteln begegneten uns im Keller. Einmal wurde eine Bahre vorbeigeschoben. Unter dem Laken lag eine Gestalt. Das weiße Tuch zeigte Blutflecken.

Der Gang machte einen Knick nach links, und ein paar

Schritte weiter befand sich eine Stahltür, die der Kommissar uns öffnete.

Vor uns lag ein großer gefliester Raum. In der Mitte standen mehrere Holztische, auf denen die Leichen untersucht wurden. Es roch nach scharfen Desinfektionsmitteln, und eine Klimaanlage summte.

Ich fröstelte.

Die Atmosphäre dieser Sezierräume ist überall auf der Welt gleich. Ich mochte sie nicht, denn hier wurde man immer hautnah mit dem Tod konfrontiert.

Die Ärzte jedoch machten sich darüber kaum Gedanken. Es war ihr Job, hier zu arbeiten, mehr nicht.

Ein Tisch war belegt. Ich erkannte den Toten aus dem Wagen. Das Eis war bereits abgetaut. Als wir eintraten, schauten zwei Männer auf, die sich mit der Leiche beschäftigt hatten.

Der ältere Mann, ein grauhaariger Brillenträger, kam auf uns zu. Es war Dottore Manzini, wie uns der Kommissar sagte.

Wir machten uns bekannt. Der Dottore verstand leidlich meine Sprache, und so unterhielten wir uns in Englisch. Der zweite Arzt hatte seinen Platz geräumt.

Wir traten an den Tisch und schauten auf die Leiche. Jetzt, wo die Haut nicht mehr von einer Eisschicht bedeckt war, sah sie blaß und weich aus. Zudem schimmerte sie bläulich.

Ich schluckte. »Ist der Mann tot?« fragte ich den Arzt.

Der Dottore nickte.

»Da sind Sie hundertprozentig sicher?«

Erstaunt, aber auch leicht erbost schaute er mich an. »Natürlich, Signor Sinclair, was denken Sie denn?«

Ich hob beruhigend die rechte Hand. »Das sollte kein Vorwurf sein, aber man kann nie wissen, was sich unser Gegner ausgedacht hat.«

Jetzt lachte Manzini. »Sie denken sicherlich an das Einfrieren für Jahrzehnte.«

»Genau.«

»Das ist Utopie, Signore. Nein, nein, damit brauchen Sie sich gar nicht zu belasten. Dieser Mann ist tot, und er bleibt auch tot. Er ist nur auf eine grausame Art und Weise ums Leben gekommen.«

Das wunderte mich. Ich hatte fest damit gerechnet, daß der Mann noch lebte. Wie paßte das in die Pläne des Mafioso? Leider kannte ich die nicht, aber der Kommissar wußte eine Lösung.

»Es ist doch klar, daß Dino Lara umgebracht worden ist«, sagte er, »schließlich war Lara Morassos Feind.«

»Stimmt«, pflichtete Suko bei.

»Und zu Lebzeiten hat Morasso es nicht geschafft. Aber seine Rache hat er nicht vergessen.«

Die Antwort war klar.

»Was soll mit der Leiche geschehen?« wandte sich Manzini an den Kommissar.

»Wenn von ihnen das Okay vorliegt, kann sie beerdigt werden«, erwiderte Bartholo.

Der Dottore nickte. Er wollte allerdings noch wissen, ob er mit mehreren Leichen dieser Art rechnen müsse.

Darauf konnten wir ihm keine konkrete Antwort geben. Wir verabschiedeten uns.

Draußen schüttelte Bartholo den Kopf. »Grausam«, sagte er, »wenn ich daran denke, daß ich auch einmal dort liegen könnte...«

Ich nickte. »Da sagen Sie was, Kommissar. Aber wir sollten uns jetzt nicht schon verrückt machen.«

»Sie müßten eigentlich viel mehr Angst haben, Kollege. Ich habe im Vergleich zu Ihnen einen relativ ruhigen Job.«

Da widersprach ich ihm nicht.

Wir waren diesmal die Treppen hochgegangen. In der hohen Eingangshalle blieben wir stehen. »Soll ich Sie noch zum Hotel fahren?« bot sich der Kommissar an.

»Nein«, meinte Suko. »Sie haben genug zu tun.« Der Chinese hatte in meinem Sinne gesprochen.

Ich reichte Bartholo die Hand. »Wir werden uns ein Taxi nehmen. Außerdem hören Sie wieder von uns.«

»Würde mich freuen.« Bartholo lächelte. »Und wenn der

Fall abgeschlossen ist, müssen Sie unbedingt unseren sizilianischen Wein kosten. Ein Gedicht, sage ich Ihnen.«

»Wir nehmen Sie beim Wort«, lachte ich.

»Das können Sie auch.«

Der Portier bestellte uns ein Taxi. Kommissar Bartholo sah uns nach, bis wir eingestiegen waren.

Die Autofahrer in Palermo schienen ihre Führerscheine durchweg über ein Versandhaus zu beziehen, denn jeder fuhr so, wie es ihm gerade in den Sinn kam.

Da tönten Hupen, da wurde gebremst, geschimpft, rücksichtslos die Vorfahrt genommen, Gas gegeben, geschleudert und wieder gebremst. Manch einer hielt seinen Arm aus dem offenen Fenster, wenn er abbiegen wollte, andere taten überhaupt nichts, sondern fuhren kurzerhand um die Ecke.

Und trotzdem passierte kein Unfall.

Unser Taxifahrer schien ein verhinderter Stirling Moss zu sein. Er hockte geduckt hinter dem Alfa-Lenkrad, fluchte, brüllte und lachte manchmal schadenfroh, wobei er nie vergaß, kräftig die Hupe zu bedienen.

Ich schaute Suko an, der schaute mich an. Und der Chinese hob gottergeben die Schultern.

Was soll man da machen?

Wir fuhren durch eine Stadtmitte, in der sich Fortschritt und Tradition die Hand gereicht hatten. Allerdings nicht immer zum Wohl der City. Manche Geschäftshäuser wirkten wie Schandflecke neben den älteren Bauten, und überall wurde gebaut und umgeleitet.

Das »Bella Vista« lag etwas versetzt. Ein Grüngürtel wuchs von der Straße aus hoch, umgeben von einer Anfahrt. Dort steuerte der Fahrer den Alfa hinauf.

Drei Pagen liefen aus dem Hotel und warteten.

Der Wagen hielt mit quietschenden Reifen. Ich beglich den Fahrpreis, ließ mir eine Quittung geben und schnappte einem Pagen meinen Einsatzkoffer weg.

»Den trage ich selbst.«

»Wie Sie wünschen, Signore.«

Das weit vorspringende Dach über dem Eingang wurde von zwei wuchtigen Säulen gestützt. Moderne Glastüren schwangen auseinander, als unsere Füße einen im Boden liegenden Kontakt berührten.

In der Halle war es phantastisch kühl. Dafür sorgten auch die Marmorwände, die erst gar keine Wärme abstrahlten. Schwarze Sessel machten sich gut auf dem beigefarbenen Stein, und große Blumenkarrees vermittelten die Atmosphäre eines tropischen Gartens.

Wir gingen vor bis zur Rezeption.

Die Angestellten dahinter trugen dunkle Anzüge und schneeweiße Hemden.

Das Lächeln schien nie aus ihren Mundwinkeln zu verschwinden. Ich stützte meine Ellenbogen auf und stellte uns vor.

»Natürlich, für Sie sind zwei Zimmer reserviert!« Blitzschnell erhielten wir die Schlüssel und einen internen Hotelprospekt.

Mich interessierte allerdings nicht die Lage des Pools oder der Fitneßräume, ich war gekommen, um zu arbeiten. Suko dachte da ähnlich.

In der Halle war es ziemlich leer. Nur zwei Männer hatten sich in den bequemen Sesseln ausgestreckt. Sie schauten uns an und blickten desinteressiert zur Seite, als sich unsere Blicke trafen.

Zum Glück hatte man keinen Anstoß an meinem schmutzigen Anzug genommen.

Mit dem Lift fuhren wir hoch in den vierten Stock.

Hier war es nicht mehr so luxuriös wie unten im Foyer. Der Gang war sogar ziemlich düster.

Der Page stand mit dem Gepäck bereit. Sukos Zimmer lag neben dem meinen, allerdings gab es keine Verbindungstür.

Ich wurde ein Trinkgeld los und ging zu Suko, um mit ihm den weiteren Plan zu besprechen.

»Erst einmal frisch machen«, sagte der Chinese und zog schon sein Hemd aus.

An der Wand gelehnt blieb ich stehen. »Und dann statten wir Dr. Tod einen Besuch ab.«

»Du willst also in die Höhle des Löwen?«

»Angriff ist die beste Verteidigung.«

Da gab mir Suko recht. Zudem wollte ich nicht so lange warten, bis Dr. Tod etwas unternahm. Die Zeit arbeitete nur für ihn.

Suko schob die Falttür zur Dusche auf, für mich ein Zeichen, daß ich verschwinden sollte.

Ich ging zurück in mein Zimmer.

Es war genauso eingerichtet wie das meines Partners. An den Raum schloß sich ein Balkon an. Die beiden Türhälften reichten bis zum Boden. Die rechte zog ich auf und trat hinaus auf den Balkon. Es war mehr ein Balkönchen.

Klein, halbrund und mit einem schmiedeeisernen Gitter versehen. Ich befand mich an der Rückseite des Kastens. Die Balkone klebten wirklich wie Schwalbennester an der Wand. Unten im Garten schimmerte das Wasser des Pools grün. Ein paar Müßiggänger lagen am Rand und dösten. Zwei Bikinischönheiten flanierten auf die Bar im Freien zu und ließen sich auf den Hockern nieder.

Jenseits des Hotelparks wuchs die graue Wand eines Mietshauses hoch. Meine Blicke glitten darüber hinweg, und plötzlich stutzte ich.

Das Sonnenlicht hatte sich nicht in einer Scheibe gebrochen, sondern in einem anderen Gegenstand.

Dieser Blitz war jedoch nur kurz, als würde jemand etwas hin- und herbewegen.

Das konnte ein Fernglas sein oder ein Gewehr...

Vorsicht ist besser als Nachsicht, deshalb trat ich schnell in das Zimmer zurück. Auf dem Balkon hätte ich eine zu gute Zielscheibe abgegeben.

Ich schloß die Tür und beobachtete hinter der Gardine stehend. Jetzt blitzte nichts mehr.

Trotzdem glaubte ich nicht an eine Täuschung.

Bestimmt wußte Solo Morasso, alias Dr. Tod, von meinem Aufenthalt in Palermo, und sicherlich hielt er mich unter Beobachtung, denn er kannte mich. Schließlich hatte ich ihn erledigt. Bei dem Gedanken an diesen Verbrecher begann meine Narbe wieder zu brennen. Sein Andenken würde wohl nie ganz verheilen.

Die Dusche war so klein, daß man sich kaum drehen konnte, und den Wasserdruck konnte man vergessen. Trotzdem war ich froh, mir Schweiß und Schmutz vom Körper spülen zu können. Ich zog frische Wäsche an und auch andere Kleidung: eine helle Leinenhose, ein blaues Hemd. Die leichte Windbluse lag noch im Koffer.

Mit noch nassen Haaren verließ ich die Minidusche und gelangte in den schmalen Korridor, der in das eigentliche Zimmer führte. Alles war so wie immer. Nichts warnte mich.

Ich ging durch die offenstehende Tür auf das Bett zu – und bekam den Hieb voll mit.

Plötzlich explodierte etwas dicht unterhalb der Schulterblätter. Ein greller Sternenregen platzte vor meinen Augen auf. Ich war gelähmt, konnte mich nicht rühren und fiel steif wie ein Stock nach vorn.

Zum Glück aufs Bett.

Dort blieb ich liegen.

Meine Lungen drohten zu platzen, weil ich keine Luft mehr bekam. Ich wollte schreien, aber ich konnte nicht. Dafür spürte ich jedoch etwas Hartes, Kaltes in meinem Nacken und wußte sofort, was das war.

Die Mündung einer Waffe.

Neben mir bewegte sich das Bett.

Ich verdrehte die Augen und erkannte einen Kerl im grünen Overall, der sich auf die Decke gekniet hatte.

Grüner Overall!

Auch der Fahrer des Lieferwagens hatte einen getragen. Mir wurde bewußt, daß ich Dr. Tod gar nicht groß zu suchen brauchte, denn jetzt hatte er mich.

Ich vernahm Schritte.

Demnach befand sich noch ein zweiter Mann im Zimmer. Meine Chancen sanken rapide.

Zum Glück ließ man mich in Ruhe, und der Schmerz ebbte allmählich ab.

Ich schnappte nach Luft.

Dann verschwand der Mündungsdruck.

Trotzdem blieb ich still liegen, beide Hände in die grüne Bettdecke gekrallt.

»Steh auf!« Der Befehl wurde in Englisch gegeben.

Ich winkelte die Arme an und erhob mich ächzend. Das Zimmer schwankte vor meinen Augen, die Lampe bewegte sich so schnell, daß ich Angst hatte, sie würde von der Decke fallen. Ich taumelte nach rechts und stützte mich oberhalb der Bettkommode an der Wand ab.

Dann drehte ich den Kopf.

Ja, es waren zwei Typen. Sie standen am Fußende des Bettes und hielten ihre Pistolen auf mich gerichtet. Der rechte hatte einen Igelhaarschnitt, sein Kumpan trug unter der Nase einen dichten, dunklen Schnäuzer.

Grüne Overalls trugen sie, das hatte ich bereits gesehen. Doch nun entdeckte ich auch den Totenkopf auf ihrer Brust. Er schimmerte bleich und weiß.

Diese Männer gehörten zu Dr. Tod, daran gab es überhaupt keinen Zweifel mehr.

Mittlerweile ging es mir besser. Ich konnte wieder einigermaßen durchatmen.

Das merkten die Kerle auch und stellten deshalb ihre Fragen.

»Wo ist der Chinese?« wollte der Schnauzbart wissen.

»Welcher Chinese?« Ich stellte mich dumm.

Schnauzbart nickte nur. Dann wechselte er die Pistole in die linke Hand und senkte die Mündung. Aufatmen konnte ich jedoch nicht, denn mit der rechten holte er einen schallgedämpften Revolver unter dem Overall hervor und hob ihn langsam an, bis sich die Mündung auf meinen Kopf einpendelte.

Auf einmal hatte ich weiche Knie.

Schnauzbart legte seinen Zeigefinger um den Abzug und zog durch.

»Plopp«, machte es. Mehr nicht. Aber ich hörte die Kugel pfeifen, so dicht strich sie an meiner Stirn vorbei und hieb hinter mir in die Wand, wo sie ein Loch riß.

»Die nächste Kugel jage ich dir ins Bein!« versprach mir der Schnauzbart und senkte seine schallgedämpfte Waffe.

Er sah ganz so aus, als würde er seine Drohung wahrmachen.

»Noch einmal«, lächelte er, »wo befindet sich der Chinese?«

Ich hatte keine Lust, mir eine Kugel einzufangen, und sagte deshalb die Wahrheit. »Im Nebenzimmer!«

»Das stimmt?«

»Sie können ja nachsehen.«

»Nein, wir glauben dir.«

»Wer hat euch geschickt?« fragte ich. »Solo Morasso?«

Ich redete bewußt, denn ich wollte Zeit gewinnen. Vielleicht merkte Suko etwas und konnte mir aus der Patsche helfen.

Doch niemand gab mir auf meine Frage eine Antwort. Statt dessen gingen die beiden Kerle auseinander, so daß sie mich in die Zange nehmen konnten.

»Geh zur Tür!« befahl Schnauzbart.

Ich zögerte.

»Wird's bald!« zischte der mit dem Igelhaarschnitt. Er durfte also auch etwas sagen.

Ich setzte mich in Bewegung. Langsam ging ich auf die Tür zu. Meine Knie zitterten leicht. Wohl war mir nicht in der Haut. Wenn es den beiden tatsächlich gelang, mich gefangenzunehmen, dann hatte Dr. Tod seine erste Runde gewonnen.

Vielleicht war es auch die letzte – aber für mich.

Die Killer hielten Abstand, und zwar so viel, daß ich mich mit einem Hechtsprung nicht aus der Gefahrenzone bringen konnte.

Einen Schritt vor der Tür blieb ich stehen.

»Öffnen!« hörte ich das Kommando. An der Stimme erkannte ich Schnauzbart.

Ich streckte meinen Arm aus und legte die Hand auf die Klinke. Dabei spürte ich die Kühle des Metalls und dachte unwillkürlich an den Tod.

Wo blieb denn Suko?

Ich zog die Tür auf.

Leer lag der Gang vor uns. Links befand sich das Zimmer des Chinesen. Dort ging es auch zu den Aufzügen. Ich hatte angenommen, daß wir diesen Weg nehmen würden, doch das war nicht der Fall. Die Kerle dirigierten mich nach rechts.

Nach etwa 20 Yards endete der Gang. Da es ziemlich dunkel war, sah ich die Tür erst, als ich ein paar Schritte davorstand.

»Da hinein!« wurde mir befohlen.

Mir blieb keine andere Wahl, ich mußte die verdammte Tür öffnen.

Doch dazu sollte es noch nicht kommen. Plötzlich vernahm ich hinter mir ein Geräusch.

Dann eine Stimme.

»John!«

Das war Suko. Endlich hatte er sein Zimmer verlassen. Jemand zischte einen Fluch, und aus den Augenwinkeln nahm ich wahr, wie sich der Schnauzbart drehte.

»In Deckung, Suko!« brüllte ich, sah, daß Igelschnitt nicht aufpaßte, und gab ihm einen Tritt in die Kniekehlen.

Er fiel hin.

Gleichzeitig feuerte der Schnauzbart. Flämmchen tanzten vor der Mündung. Die Geschosse ratschten an den Wänden entlang, jaulten in Türfüllungen und peitschten auch in die Decke.

Was mit Suko geschah, bekam ich nicht mit, denn ich mußte mich verteidigen.

Der Schnauzbart führte zwar das Kommando, doch sein Kumpan war ein Bär von Mann. Kaum hatte er den Boden berührt, als er schon mit der Waffe nach mir schlug.

Der Lauf traf mich an der Schulter, und ich prallte mit dem Rücken gegen die Tür.

Mein Gegner verzog das Gesicht zu einer Comicfratze.

Wieder schlug er mit der Waffe zu. Daß er nicht schoß, bewies mir, daß Dr. Tod mich unbedingt lebend haben wollte.

Ich blockte den Hieb ab.

Die Waffe knallte gegen meine hochgerissenen Arme. Dann griff ich ihn an. Ich stürzte mich förmlich in ihn hinein, blieb so dicht an seinem Körper, daß er mit seiner Waffe nicht mehr zuschlagen konnte.

Das Feuer verstummte.

Schnauzbart drehte sich, sah mich mit seinem Kumpan im Clinch und schoß seine linke Faust ab.

Sie traf mich seitlich am Kiefer. Mein Kopf spielte plötzlich Karussell. Ich ließ meinen Gegner los und kassierte von ihm einen Tritt, der mich zu Boden schleuderte.

Halb ließ man mich hochkommen, dann landete Schnauzbart erneut einen Treffer.

Ich stöhnte auf.

Plötzlich wallte Nebel vor meinen Augen. Ich hörte die Schreie der Gäste, die sich jetzt aus ihren Zimmern trauten, während der Kerl mit dem Igelschnitt die Tür aufzog.

Dahinter lag ein alter Fahrstuhl.

Er war sogar ziemlich groß. In einer Ecke stand ein leerer Wäschekarren.

Mit den Füßen beförderte man mich in den Fahrstuhl. Schnauzbart deutete auf den Karren.

»Hinein!«

Da ich nicht so schnell konnte, wie sie es verlangten, gaben sie mir Zunder.

Als ich endlich in dem Karren lag, schmeckte ich Blut auf der Lippe. Einer warf eine Decke über mich. Ich war mehr bewußtlos als voll bei der Sache.

Diese Hundesöhne hatten es wirklich geschafft, mich fertigzumachen. Kein Wunder, Mafiosi gingen durch eine verdammt harte und auch rücksichtslose Schule. Mitleid oder Gnade waren für die Menschen Fremdworte.

Der Fahrstuhl ruckte an, und ich merkte, daß es in die Tiefe ging. Ich kniete in diesem verdammten Wäschewagen und hatte beide Hände aufgestützt. Von meiner Lippe tropfte

Blut. Ich wischte mit dem Handrücken darüber. Meine Finger zitterten wie die einer alten Frau. Ich war verdammt geschafft.

Ein Ruck, und der Aufzug hielt.

Die Tür quietschte, als sie geöffnet wurde. Wie durch einen Filter drang Schnauzbarts Stimme an meine Ohren. »Hol den Kerl raus, die Luft ist rein!«

Wie einen Hasen, so packte mich der Mafioso am Nacken. Er hob mich hoch und fluchte, weil ich ihm nicht genügend Unterstützung gab. »Memme!« zischte er verächtlich.

Als ich über den Rand des Wagens kletterte, verlor ich den Halt und fiel zu Boden. Wieder zerrte mich der Igel hoch. Hinter dem Fahrstuhl begann ein kahler Betongang. Er führte direkt zu einer Tiefgarage.

Dort stand der Wagen der beiden Verbrecher.

Es war einer dieser Kastenwagen, die ich schon kannte. Morasso schien einen kleinen Fuhrpark davon zu besitzen.

Zwei weitere Mafiosi erwarteten mich. Einer hatte ein Fernglas vor der Brust hängen. Er war es wahrscheinlich gewesen, der mich beobachtet hatte.

Die Ladetür stand offen.

»Ihr habt verdammt lange gebraucht!« schimpfte ein grobknochiger Bursche.

Er sprach zwar italienisch, aber soviel verstand auch ich von der Sprache.

Schnauzbart sagte gar nichts, sondern beförderte mich zusammen mit seinem Kumpan auf die Ladefläche.

Der Igel blieb bei mir.

Ich lag in der Ecke, während sich der Mafioso hingesetzt hatte und mich mit seinen Kanonen in Schuß hielt.

Türen schlugen, dann ruckte der Wagen an. Ich hörte das Kreischen der Reifen, so hart wurde er beschleunigt.

Durch Schlitze unter dem Dach fiel etwas Licht. Es zeichnete ein Streifenmuster auf das Gesicht meines Bewachers. Wo die Fahrt hinging, brauchte ich nicht erst lange zu raten.

Direkt in die Höhle des Löwen – zu Dr. Tod!

Suko kam aus dem Zimmer, schaute in den Gang hinein und sah schattenhaft die drei Gestalten an dessen Ende.

Der Chinese hatte gute Augen, und in einem der Männer erkannte er mich.

Er rief mich an.

Da reagierten die anderen Kerle. Einer wirbelte herum.

Suko sah die Waffe in dessen Hand, hörte meinen Warnschrei und warf sich zur Seite. Er hatte zum Glück die Tür noch nicht geschlossen. Mit vollem Gewicht prallte er gegen das Holz, während Geschosse durch den Gang jaulten und den Putz von Decke und Wänden rissen.

Der Chinese hatte unwahrscheinliches Glück, daß er nicht getroffen wurde. Eine Kugel hackte in das Holz und riß ein Loch. Da Suko jedoch im toten Winkel lag, wurde er nicht verletzt.

Schlangengleich kroch er zurück ins Zimmer, wo noch seine Jacke lag. In einer Tasche steckte seine Beretta. Er hatte sie zuvor aus dem Koffer genommen.

Der Chinese nahm die Waffe an sich und bewegte sich vorsichtig, aber auch schnell auf die Tür zu. Er atmete einmal tief durch und warf einen Blick in den Gang.

Er war leer!

Die Killer und auch ich waren verschwunden.

Dafür wurden zahlreiche Türen aufgerissen, und neugierige Gäste, von den Schüssen aufgeschreckt, erschienen.

Sie sahen Suko in der Tür stehen und entdeckten seine Beretta. Eine weißhaarige Frau bekam große Augen und begann spitz und grell zu schreien, bevor sie nach hinten kippte und dabei ihn Ohnmacht fiel.

Suko zögerte nur eine Sekunde.

Er konnte nicht den gleichen Weg nehmen, den die Verfolger gegangen waren. Bis der Fahrstuhl wieder hochgekommen war, ging zuviel Zeit verloren.

Der Chinese raste zu den normalen Lifts.

Einer stand gerade oben. Suko riß die Tür auf, sprang hinein und drückte auf den Knopf »Rezeption«.

Viel zu lange dauerte die Fahrt. Seine Beretta steckte er sicherheitshalber hinten in den Hosengürtel.

Endlich konnte er den Lift verlassen.

Im Sprintertempo jagte Suko durch das Foyer und kümmerte sich nicht um die erstaunten Blicke des Personals und der Gäste.

Ruhig lag die Auffahrt im gleißenden Sonnenlicht. Keine Spur von mir und den Kidnappern.

Suko lief wieder zurück. Einen Pagen holte er am Kragen zu sich heran.

»Gibt es hier eine Tiefgarage?«

»Ja.«

»Wie komme ich dahin?«

Der Page deutete auf den Lift.

Suko rannte schon los. Irgend jemand rief etwas hinter ihm her, er kümmerte sich nicht darum.

Zur Tiefgarage führte ein Extralift. Er war wesentlich schmaler als die normalen.

Wieder dauerte es Suko viel zu lange, bis er unten war. Er stürmte in die Halle mit der niedrigen Decke und hörte noch das Heulen eines Motors. Leider war die Auffahrt zu weit entfernt. Als Suko sie endlich erreicht hatte, war von dem Fluchtwagen nichts mehr zu sehen. Der Chinese hatte nicht einmal die Automarke erkannt.

Wütend blieb Suko stehen und schlug auf seine offene Handfläche. Die erste Runde hatte Dr. Tod gewonnen. Jetzt konnte nur noch einer helfen.

Kommissar Bartholo!

Es wurde eine verdammt unangenehme Fahrt für mich. Der Kerl am Steuer schien von einem Geschwindigkeitsrausch besessen zu sein, denn er jagte den Wagen so hart durch die Kurven, daß es schon lebensgefährlich war.

In meinem lädierten Zustand gefiel mir das überhaupt nicht. Ich wurde durchgeschüttelt und kippte von einer Seite zur anderen.

Auch dem Kerl mit der Bleispritze erging es nicht anders. Er hatte sich breitbeinig hingesetzt und lud blitzschnell seine Waffe nach.

Ich dachte schon über einen Angriff nach, doch das wäre lebensgefährlicher Wahnsinn gewesen. Ich war einfach zu schwach für solch eine Aktion.

Und treffen konnte mich der Mafioso immer noch, auch wenn er durchgeschüttelt wurde.

Er sprach kein Wort mit mir. Nur seine Augen sagten genug. Wenn sie einmal in das durch das schmale Fenster fallende Lichtgitter gerieten, las ich darin den reinen Mordwillen.

Hin und wieder wurde der Wagen abgebremst. Jedesmal so ruckartig, daß ich nach vorn schoß und gegen die hintere Wand des Führerhauses prallte.

Ich war völlig waffenlos. Besaß weder meine Beretta, den silbernen Dolch noch die Gnostische Gemme. Nur das Kreuz hing nach wie vor an meiner Brust. Und gegen Gangster konnte es nichts ausrichten.

Die Ankunft in Palermo hatte ich mir wirklich anders vorgestellt.

Auf ein Gespräch ließ sich mein Bewacher nicht ein. Wenn ich Fragen stellte, schüttelte er nur den Kopf.

Keine Chance.

Wieder wurde der Wagen abgebremst.

Die Leerlaufgeräusche des Motors konnten nicht die Stimmen übertönen, die an meine Ohren drangen. Jemand lachte, dann unterhielten sich die Männer weiter, und wenig später ruckte der Wagen wieder an. Er fuhr diesmal wesentlich langsamer als sonst, außerdem knirschte es unter seinen Reifen.

Ich kannte das Geräusch. So hörte es sich an, wenn ein Wagen über Kies fuhr.

Er hielt.

Türen schlugen.

Jetzt kamen sie zurück.

Mein Bewacher richtete sich auf. In der Nähe des Ausstiegs blieb er geduckt stehen und richtete seine Waffe auf mich.

Ich grinste ihn an. »Keine Angst«, sagte ich, »ich fresse dich schon nicht.«

Er gab keine Antwort. Wahrscheinlich war ich für ihn schon so gut wie tot. Und mit Toten sprach man nicht.

Von außen her machte sich jemand am Türschloß zu schaffen, dann wurde die Tür aufgezogen.

Das helle Licht blendete mich im Moment, und ich hob den Arm vor meine Augen.

Zwei Männer kletterten auf die Ladefläche.

Ich kannte sie noch nicht, aber auch sie trugen ihre grünen Overalls. Auf der linken Seite glänzten die kleinen, fahlen Totenschädel.

Die Fahrt – so schlimm sie auch gewesen war – hatte einen Vorteil gehabt. Ich war wieder ein wenig zu Kräften gekommen, fühlte mich zwar nicht wieder hundertprozentig fit, aber einigermaßen auf dem Damm.

In meiner Situation griff man eben nach jedem Strohhalm.

»Steig aus!«

Von draußen kam der Befehl. Ich erkannte meinen alten ›Freund‹ Schnauzbart an der Stimme.

Auf allen vieren kroch ich über die Ladefläche. Ich wollte den Mafiosi einen geschafften Mann vorspielen und gab mich angeschlagener, als ich tatsächlich war.

Niemand half mir. Ungelenk ließ ich mich zu Boden fallen und blieb dort liegen.

Die Gangster lachten.

»Steh auf!« forderte Schnauzbart.

Ich erhob mich ächzend und schaute mich dabei um.

Wir befanden uns in einem prächtigen Garten. Er hätte sicherlich auf einer Ausstellung den ersten Preis erhalten, denn das Gelände war äußerst gepflegt und wurde von zahlreichen Wegen durchschnitten. Auf dem sattgrünen Rasen drehten sich Wasserspeier. Unzählige Tröpfchen funkelten im Sonnenlicht.

Exotische Pflanzen mit farbigen Blüten machten den Garten zu einem kleinen Paradies.

Hinter mir befand sich ein weißes Gebäude mit einem breiten Eingang und einem hohen, spitzen Dach. An der Vorderseite sprang es etwas vor und wurde von zwei runden Säulen gestützt.

Die Eingangstür bestand aus Holz. Jemand hatte Zeichen und Muster hineingeschnitzt, und ein Motiv kehrte immer wieder.

Der Tod.

Ich sah ihn einmal als Sensenmann, dann wieder als Jäger oder über einer Eßtafel schwebend.

Der grinsende Totenschädel war allgegenwärtig.

Es gab keinen Zweifel mehr, daß ich mich in Solo Morassos Hauptquartier befand.

Der Kerl mit dem Igelschnitt und ein anderer Typ schritten auf das Tor zu und öffneten es.

Dahinter lag ein dunkler Schlund.

Ohne das Innere gesehen zu haben, wußte ich, daß man mich in ein Mausoleum schaffen würde.

Was sollte ich dort?

Wollte man mich für immer verschwinden lassen? Vielleicht sogar bei lebendigem Leibe begraben?

Nur das nicht, denn diesen Zustand hatte ich bereits kennengelernt. Es war das Schlimmste, was ich je in meinem Leben erlebt hatte.

Sie trieben mich eine Treppe mit breiten Stufen hoch, dann betrat ich das Innere des kühlen Mausoleums.

Eine Gänsehaut rann mir über den Rücken und nicht nur wegen des Temperaturunterschieds.

Mein Schicksal war vorgezeichnet!

Ich sollte Dr. Tod übergeben werden.

Der Boden bestand aus dunklen Fliesen. Wir hatten eine große Halle betreten, in der jedoch kein einziger Sarg stand. Wenigstens sah ich keinen.

Bis zur Mitte kamen wir, dann schälten sich die Umrisse eines steinernen Sarkophags aus der Dunkelheit.

Wir gingen genau darauf zu.

Hinter mir klirrten die Waffen meiner Begleiter. Für mich gab es keine Chance zu entkommen. Sollte dieser Sarkophag meine letzte Ruhestätte werden?

Mein Magen zog sich zusammen.

Nein, sie hatten etwas anderes mit mir vor. Wir passierten den Sarkophag, und ich sah, daß sich die Halle zu einer Nische verengte.

Und dort gab es eine Tür.

Sie paßte in diese Umgebung wie die Faust aufs Auge, denn sie war weiß lackiert.

Wir wurden von Schnauzbart überholt, der die Tür aufschloß und sie öffnete.

Dahinter lag ein Gang.

Allerdings nicht dunkel. Er wurde von einer Glühlampenkette erhellt, die unter der Decke hing. Die Wände bestanden aus glattem Beton. Man hatte sich wirklich Mühe gegeben, denn es war eine ziemliche Arbeit, solch einen unterirdischen Gang zu bauen.

Der Boden bestand ebenfalls aus gegossenem Beton. Mir fiel besonders die Kühle auf, die anscheinend von den Wänden ausging. Es war regelrecht kalt.

Unwillkürlich wurde ich an den eingefrorenen Toten erinnert, den wir entdeckt hatten.

Der Gang war ziemlich lang. Wir erreichten nach zehn Minuten abermals eine Tür und gelangten in einen großen Keller.

Ich hörte ein Summen. Da mußten irgendwelche Maschinen laufen.

Wir stoppten wieder vor einer Tür, und als diese aufgezogen wurde, traf mich die Kälte wie ein Schock.

Jetzt begleitete mich keiner der Bewacher mehr. Ich erhielt einen Stoß in den Rücken, dann wurde die Tür zugeknallt.

Ich war allein.

Schaudernd drehte ich mich um.

Soviel ich erkennen konnte, befand ich mich in einem Kältelabor. An den Wänden und längs der Decke liefen Kühlrohre entlang, die zum Teil vereist waren. Die winzigen Kristalle funkelten im Licht der kalten Leuchtstoffröhren.

Dann wurde mein Interesse von einigen Kammern angezogen, die sich an der linken Wand des Raumes befanden.

Ich ging hin.

Schwere Türen verschlossen die Kammern, doch jede von ihnen hatte ein Guckloch.

Ich schaute durch das erste.

Es war wie ein Hammerschlag. In der Kammer stand ein Mensch. Ein Mann. Starre Gesichtszüge, eine steife Haltung, ein nackter Körper, von einer Eisschicht bedeckt.

Mein Gott! Das waren also die Versuche eines Dr. Tod.

Die nächste Kammer.

Das gleiche Bild.

Ich sah auch eine Frau, die man eingefroren hatte.

Die letzte Kammer war leer.

Dafür las ich jedoch einen Namen an der Tür.

John Sinclair!

Jetzt wußte ich, welches Schicksal dieser Satan für mich ausgesucht hatte, und plötzlich drehte sich alles vor meinen Augen. Ich sollte eingefroren werden.

Ein Schicksal, wie es sich nur ein völlig gefühlskalter Mensch ausdenken konnte.

Oder ein Teufel.

Dr. Tod war beides. Obwohl ein Mensch, kannte er jedoch keinerlei Regungen oder Gefühle. Die einzigen, die ihn vorantrieben, waren Haß und Zerstörung. Darin unterschied er sich in keiner Weise von einem reinen Schwarzblüter.

Ich rechnete damit, daß er auf Asmodinas Seite stand. Wenn ja, dann hatte sie in ihm wirklich einen treuen Diener gefunden.

Plötzlich hörte ich hinter mir ein Geräusch. Es entstand, als eine Tür geöffnet wurde.

Langsam drehte ich mich um.

Noch in der Drehung hörte ich die Stimme.

»Willkommen, John Sinclair!«

Vor mir stand Dr. Tod!

Eine Schrecksekunde hatte ich nicht, denn ich hatte mit seinem Besuch gerechnet. Er war nicht allein. Zwei Männer begleiteten ihn. Beide mit Revolvern und Pistolen bewaffnet. Sie hatten an der Tür Aufstellung genommen, während Dr. Tod, alias Solo Morasso, ein paar Schritte vorgegangen war.

Nein, er sah nicht mehr aus wie früher, sondern wie der mächtige Mafioso.

Eisgraue Haare, darunter eine breite Stirn, die die obere Grenze eines kantigen Gesichts bildete. Die schwarzen Augen fielen ebenso auf wie die buschigen Brauen und die grausamen, dünnen Lippen.

Das war Solo Morasso, und das war auch Dr. Tod!

Fünf Schritte trennten uns. Dazwischen stand ein runder Kessel aus Stahl. Er war gefüllt mit bläulich schimmerndem Wasser, auf dessen Oberfläche eine dünne Eiskruste schwamm.

Wir fixierten uns.

Ich war etwas größer als er. Deshalb mußte Solo Morasso zu mir aufsehen. Aber das machte ihm nichts, denn schließlich befand ich mich in seiner Gewalt.

»Du bist früher gekommen, als ich erwartet habe«, sprach er mich an. »Aber es freut mich.«

»Mich nicht«, erwiderte ich.

Er lachte rauh. »Das kann ich verstehen.«

Ich hatte einige Fragen. Und die stellte ich auch, denn meine Neugierde war schon immer stark gewesen. Manchmal sogar stärker als die Angst vor dem Tod.

»Wer hat dich befreit?« wollte ich wissen.

»Kannst du es dir nicht denken?«

»Asmodina?«

»Ja. Sie und der Spuk haben einen Pakt geschlossen. Der Spuk gab meinen Geist frei, und er gelangte in den Körper des toten Solo Morasso. Alles weitere kennst du ja.«

»Was hast du vor?«

Da blitzte es in seinen Augen auf. »Zuerst werde ich dich vernichten, John Sinclair. Dann sehe ich weiter, denn ich habe eine mächtige Verbündete. Ich werde und ich will die Welt beherrschen, dafür wird mir Asmodina jede Chance geben, denn ich handle in ihrem Sinne.«

Ich schüttelte den Kopf und grinste.

»Freust du dich auf deinen Tod?« höhnte er.

»Nein, denn dazu wird es nicht kommen«, erwiderte ich leichthin.

»Nenn mir den Grund!«

»Ich bin nicht ohne Rückendeckung hier.«

Jetzt lachte er. »Hoffst du auf deinen Chinesen?«

»Unter anderem.«

»Vergiß ihn, Sinclair. Diesen Burschen killen wir ebenso wie dich.«

»Da wäre auch noch die Polizei!«

Dr. Tod schüttelte den Kopf. »Was sind schon die Bullen? Die stecken wir hier alle in die Tasche. Wir haben die Macht in Palermo, nicht die Polizisten. Wir sind nicht in London oder in Paris, sondern auf Sizilien. Merke dir das!«

Das hatte ich schon gemerkt. Diese verdammte Mafia hatte ihre Finger überall. Und das machte mich rasend. Bisher hatte ich mit dieser Organisation kaum etwas zu tun gehabt, nun wurde ich auf eine brutale Art und Weise damit konfrontiert.

Tief atmete ich durch. Die kalte Luft stach in meine Lungen. Schon jetzt fror ich, und ich hatte einen kleinen Vorgeschmack von dem, was noch auf mich zukam.

Aber Dr. Tod kostete seinen Erfolg aus. Er fragte: »Erinnerst du dich noch, John Sinclair? Vor einigen Jahren, als die große Filmparty gefeiert wurde? Nadine Berger, der Turm, unser Kampf.«

»Der Silbernagel...«, sagte ich.

»Ich habe nichts vergessen!« schleuderte er mir entgegen. »Aber auch gar nichts. Und ich werde mich rächen und dich dafür bestrafen.«

»Auch ich habe nichts vergessen, Dr. Tod!«

»Aber nun bin ich an der Reihe!« zischte er.

»Warten wir es ab.«

»Glaubst du immer noch, du würdest dem Eiskeller entkommen?« höhnte er. »Bist du wirklich so naiv?«

Ich schwieg.

Er aber fuhr fort. Er geiferte mich an. »Hast du in die Kammern geschaut und die Menschen gesehen? So mache ich sie zu meinen Dienern. Ich werde mir meine Leute buchstäblich auf Eis legen, und wenn ich sie brauche, werden sie wieder geweckt. Wovon die Wissenschaft heute noch träumt, ich habe es geschafft!«

Er lachte, und er sonnte sich in seinem Triumph.

Mir fiel ein altes Sprichwort ein. »Der Krug geht so lange zum Brunnen, bis er bricht.«

Auch Dr. Tod übertrieb es. Irgendwann würden sie ihn packen. Wenn ich es nicht war, dann eben andere.

Sein Lachen verstummte. Kalt blickte er mich an.

»Und was hast du mit den wiedererweckten Menschen vor?« fragte ich ihn.

»Sie werden nur auf mich hören. Ich schicke sie in alle Länder der Welt, wo sie meinen Weg ebnen, aber das wirst du nicht erleben. Dich, Sinclair, werde ich nicht am Leben erhalten. Du wirst sterben. Ich werde dich einfrieren, und der Tod kriecht langsam in deine Knochen hinein. Und wenn du dann steif gefroren bist, schicke ich deine Leiche an Scotland Yard.«

Ich zweifelte keinen Augenblick daran, daß Dr. Tod seine Androhung wahrmachen würde. Mich allein haßte er wie sonst nichts auf der Welt. Schließlich war er unter anderem zurückgekehrt, um mich zu töten. Und er stand dicht davor.

»Hast du noch eine Frage?«

»Nein!«

»Gut, Sinclair.« Er ging einen Schritt zur Seite und gab seinen beiden Vasallen einen Wink. »Werft ihn in den Bottich hinein!« befahl er. »Ich komme später zurück und sehe ihn mir an!«

Die Männer nickten.

Sie lösten sich von der Wand und kamen langsam näher. Dr. Tod ging inzwischen auf die Tür zu. Noch einmal warf er mir einen langen Blick zu, dann zog er die Tür auf und verschwand.

Bereits jetzt war ich ziemlich durchgefroren, denn in diesem Raum herrschten Temperaturen um den Gefrierpunkt. Klar, daß sich auf dem Wasserspiegel eine Eiskruste gebildet hatte. Und wenn ich erst einmal in diesem Bottich steckte, war alles verloren.

Zudem ging ich davon aus, daß die Temperatur in diesem Raum von außen her gesteuert werden konnte. Dr. Tod würde sie sicherlich noch mehr herunterdrehen.

Die beiden Mafiosi waren stehengeblieben. Ich blickte in ihre glatten Gesichter und sah Mörderaugen. Von den Typen hatte ich keine Gnade zu erwarten. Sie würden sich auch nicht auf irgendwelche Verhandlungen einlassen, sondern nur den Befehl ihres Anführers durchführen.

»Steig in den Bottich!« befahl der rechts von mir stehende Mann.

Ich zögerte. »Hört mal, Jungs«, grinste ich. »Wir könnten uns doch...«

»Nein!«

Die Antwort sagte mir genug.

Ich hob die Schultern und drehte mich um. Jetzt wandte ich den beiden den Rücken zu. Ein Schauer rann über meine Haut. Nicht nur allein durch die Kälte verursacht, es war auch die Angst, die mich umklammert hielt.

Das Eis auf der Oberfläche schillerte. An den Rändern war es härter als in der Mitte. Aber es würde mein Gewicht nicht tragen. Ich sackte ein und dann...

Waffenstahl wurde mir in den Rücken gedrückt.

Da hob ich langsam das rechte Bein...

Kommissar Bartholo erschien mit großer Besetzung.

Suko erwartete ihn in der Halle. Er hatte die Hotelleitung über den Vorfall aufgeklärt, und die zuständigen Manager rangen nur die Hände.

Sie hatten große Angst um den Ruf ihres Hauses, jammerten und beschwerten sich.

»So etwas hat es bei uns noch nie gegeben. Bisher waren wir stolz darauf, ein ordentliches Haus zuführen. Und nun das.«

Suko hatte die Einwände mit einer Handbewegung weggewischt. Jetzt ging es um mehr. Für ihn stand das Leben eines Freundes auf dem Spiel.

Und das mußte gerettet werden!

Der Chinese ging dem Kommissar entgegen, während Bartholos Leute schon in den vierten Stock fuhren, um dort mit der Spurensicherung zu beginnen.

Bartholo war blaß. »Wie konnte so etwas nur passieren?« fragte er und schüttelte den Kopf.

»Vielleicht gibt es eine Person unter den Angestellten, die mit den Gangstern zusammengearbeitet hat«, vermutete Suko.

»Das ist möglich.«

Der Manager hatte das Gespräch gehört. »Nein!« rief er. »Ich stelle mich vor meine Leute, das kann gar nicht sein.«

Bartholo lächelte skeptisch. »Bezahlen Sie so gut, daß Ihre Angestellten kein Interesse haben, nebenbei Geld zu verdienen?«

Da schwieg der Manager.

Suko und der Kommissar ließen ihn stehen. In den bequemen Ledersesseln nahmen sie Platz.

»Von John Sinclair haben Sie noch keine Spur?« fragte der Chinese.

Bartholo schüttelte bedauernd den Kopf. »Nein, leider nicht.«

Suko schaute ihn an. »Aber ich weiß, wo er steckt.«

»Sie vermuten es.«

»Nein, ich weiß es. Bei Morasso.«

Jetzt lächelte der Kommissar. »Dagegen kann ich nichts sagen.«

»Dann holen wir ihn raus.«

»Haben Sie Beweise dafür, daß Morasso ihn entführt hat?«

»Nein, nicht direkt.«

Bartholo nickte. »Eben, und diese Beweise müssen wir finden, sonst kann ich nichts machen. Ich bekomme einfach keinen Durchsuchungsbefehl.

»Dann stürmen wir die Bude.«

»Das geht auch nicht«, erwiderte der Kommissar. »Ich muß mich an die Gesetze halten. Und vergessen Sie bitte nicht die ungeheure Macht der Mafia.«

Nein, die vergaß Suko nicht. Er wurde immer auf Schritt und Tritt daran erinnert.

»Aber wir können John Sinclair doch nicht einfach seinem Schicksal überlassen!« rief Suko.

Bartholo schwieg.

»Warum sagen Sie denn nichts?«

»Weil mir die Hände gebunden sind.« Er betonte das mir so seltsam, und Suko horchte auf.

»Mir aber nicht.«

»Nein.«

»Haben Sie einen Plan, Kommissar?« Suko beugte sich vor und senkte seine Stimme.

»Man könnte einen Versuch starten.«

»Los, reden Sie. Raus mit der Sprache. Sie kennen Palermo wie Ihre Westentasche.«

Bartholo lehnte sich zurück. »Wir haben Morasso natürlich beobachten lassen und folgendes dabei festgestellt. Jeden zweiten Tag kommt ein Wagen, der Lebensmittel bringt.« Der Kommissar lächelte. »Muß ich noch mehr sagen?«

Suko schüttelte den Kopf. »Nein, das brauchen Sie nicht. Sie meinen also, ich soll mir den Fahrer kapern...«

Beschwörend hob der Kommissar beide Hände. »Um Himmels willen, das wäre ungesetzlich.«

»Schlagen Sie etwas anderes vor, aber bitte recht schnell.«

»Wir greifen zu einem Trick. Das ist alles.«

»Und wie soll der aussehen?«

Kommissar Bartholo lächelte verschmitzt, beugte sich zur Seite und flüsterte in Sukos Ohr.

Der Chinese hörte genau zu. Je länger der Kommissar

sprach, um so mehr hellte sich Sukos Gesicht auf. Dieser Bartholo war ein mit allen Wassern gewaschenes Schlitzohr. Er konnte zur Not auch einen orientalischen Teppichhändler abgeben.

Suko war einverstanden. Er drückte sich aus dem Sessel und fuhr hoch in sein Zimmer. So völlig unbewaffnet wollte er sich nicht in die Höhle des Löwen wagen.

Ein paar Minuten später war er fertig.

Der Kommissar wartete schon. Neben ihm standen zwei Carabinieri. Jetzt konnte Suko nur noch hoffen, daß der Plan auch klappte. Wenn nicht, war alles umsonst.

Hinter mir die Killer mit schußbereiten Pistolen und Revolvern – vor mir der Bottich mit dem eisigen Wasser.

Mein rechtes Knie lag schon auf dem Rand des Bottichs, während der linke Fuß noch auf dem Boden stand. Einem Kerl ging es wohl nicht schnell genug, er kam noch näher und wollte mich mit der linken Hand in den Bottich stoßen.

Dabei mußte er den Arm ausstrecken, und er hatte seine rechte Hand nicht mehr so unter Kontrolle. Der Waffenlauf zeigte an mir vorbei.

Für eine Sekunde höchstens.

Die aber reichte.

Ich warf mich nicht nach rechts in den Bottich, sondern nach links gegen meinen Gegner. Er war so überrascht, daß er gar nicht daran dachte zu schießen, und als er die Waffe in meine Richtung drehen wollte, hämmerte ich ihm meine Handkante auf das Gelenk.

Er ließ die Waffe fallen.

Hastig bückte ich mich und wollte die Kanone an mich nehmen.

Es blieb beim Versuch, denn der Killer, dem ich die Waffe abgenommen hatte, hechtete auf mich zu.

Er prallte gegen mich, als ich die Waffe hochreißen wollte. Ich ließ den Griff fahren und knallte nach hinten. Schmerzhaft schlug ich mit dem Kopf auf den harten Stein.

Ich hörte ein wildes Lachen, und dann tauchte vor meinen Augen eine riesige Faust auf.

Im letzten Augenblick nahm ich den Kopf zur Seite. Die Faust wischte an meinem Schädel vorbei und donnerte auf die Fliesen. Mein Gegner stieß einen urigen Schrei aus, wahrscheinlich hatte er sich seine Knöchel gebrochen.

Darum konnte ich mich nicht kümmern, denn nun ging es um mein Leben.

Ich zog die Beine an, was mir unter vielen Mühen gelang, bekam sie auch in die richtige Position und schleuderte den Kerl von mir.

Diesmal fiel er hin.

Aber da war noch der zweite.

In seinen Augen las ich Mord. Sterben sollte ich so oder so. Er wollte mich durch einen Schuß ins Jenseits befördern. Er war zu nahe an mich herangetreten, und ich holte ihn mit einem Scherenschlag meiner Beine von den Füßen.

Er drückte zwar noch ab, aber das Geschoß jagte in die Decke.

Ich zog unwillkürlich den Kopf ein und hatte Glück, daß ich nicht getroffen wurde.

Der zweite Mafioso war auf die Waffe seines Kumpans gefallen. Ich konnte sie nicht unter ihm wegziehen. Bevor er seine eigene Bleispritze herumschwenken konnte, flog ich auf ihn.

Mein Faustschlag durchbrach seine Deckung, explodierte an seinem Kinn und schüttelte ihn durch.

Plötzlich wurden seine Augen glasig. Viel einstecken konnte er nicht. Bewußtlos blieb er liegen.

Das schwere Atmen in meinem Rücken warnte mich. Ich wollte herumfahren, doch es blieb beim Versuch.

Auf einmal hing mir der Killer im Nacken.

Ich wurde nach vorn gestoßen, hörte dicht an meinem Ohr seinen rasselnden Atem, und hornige Pranken tasteten nach meiner Kehle.

»Dich mach ich fertig!« keuchte er. »Dich krieg ich klein, du Hund!« Ich verstand nur die Hälfte, aber das reichte.

Er hatte meine Kehle gefunden und drückte zu.

Ich drehte mich, spielte plötzlich Karussell. Gleichzeitig riß ich meine Arme hoch bis zum Hals und suchte die Finger des Mannes. Wenn ich es schaffte, sie auseinanderzubiegen, dann mußte er loslassen. Trotz seiner verletzten Hand war sein Griff fest, und ich hatte Mühe, ihn zu lockern. Erst als rote Kreise vor meinen Augen aufsprühten, ließ er los.

Doch ich packte sofort nach, erwischte seinen Arm, drehte mich und schleuderte ihn mit einem Judowurf über meine Schulter.

Hoch flog er durch die Luft, und ich schnappte mir seinen Ballermann. Der Killer wurde über den Rand des Bottichs geschleudert und krachte auf die dünne Eisdecke.

Sofort brach sie ein.

Der Mafioso stieß noch einen Schrei aus, dann schoß Wasser in seinen Mund, und er verstummte.

Zwei Schritte brachten mich an den Bottichrand. Ich wollte dem Mann heraushelfen und hatte auch schon meinen rechten Arm ausgestreckt, als ich wie elektrisiert zurückzuckte.

Das Wasser begann plötzlich zu brodeln. Es wurde undurchsichtig, im nächsten Augenblick erschienen zwei gespreizte Hände, die mit gefrorenem Wasser bedeckt waren.

Die Flüssigkeit war an ihnen herabgelaufen und hatte lange Zapfen gebildet, die wie skurrile Gebilde an allen zehn Fingern herabhingen.

Unwillkürlich wich ich zurück.

Dann tauchte ein Kopf auf.

Ebenfalls vom Eis bedeckt. Dunkle Haare, hinter dem durchsichtigen Eis eine bläulich schimmernde Haut.

Aus dem Bottich stieg ein Eismonster...

Die Kreuzung lag an der verkehrsreichsten Ecke von ganz Palermo. Suko fühlte sich unwohl. Um ihn herum brauste der Verkehr, dröhnte, hupte und quietschte es.

Es war eine ewige Geräuschkulisse, nervtötend, grausam und für die Gesundheit des Menschen gefährlich. Denn die

Abgase lagen wie ein nie weichender Nebel über der Straße, und die Luft war kaum zu atmen.

Auch Suko hätte am liebsten den Atem angehalten, doch das war nicht möglich, so beobachtete er nur die Straße, auf der sich die Blechlawine voranschob, an der Ampel stoppte, weiterfuhr, bis zum nächsten Rot und noch mehr die Luft verpestete.

Suko behielt nicht nur die Fahrzeuge im Auge, sondern auch die beiden Polizisten, die nur wenige Meter von ihm entfernt standen, die Hände auf dem Rücken versteckt hielten und so taten, als würde sie der ganze Trubel nicht kümmern.

Der Eindruck täuschte.

Diese Männer hielten sehr wohl den Verkehr im Auge, und sie warteten auf einen ganz bestimmten Wagen, der immer um diese Zeit vorbeikommen mußte.

Er kam auch jetzt.

Mit nur zwei Minuten Verspätung, wie Suko feststellte.

Plötzlich änderte sich die lässige Haltung der Carabinieri. Während einer stehenblieb, ging der andere dem Wagen ein Stück entgegen.

Noch zeigte die Ampel Grün. Der Fahrer wollte schon Gas geben, als der Polizist winkte.

Bremsen.

Die Ladung schaukelte. Zahlreiche Kisten waren aufeinandergestapelt und mit Seilen festgezurrt. Sie hatten Gemüse und Obst geladen.

Der Fahrer streckte seinen Kopf aus dem Fenster und erkundigte sich, was los sei.

Suko passierte den Mann und auch den Polizisten. Wenige Schritte nur brachten ihn an das Heck des Gemüsewagens. Während der Carabinieri mit dem Mann diskutierte, suchte sich Suko blitzschnell einen Platz.

Zum Glück gab es eine Art Mittelgang. Der Chinese mußte sich zwar hindurchzwängen, aber das störte ihn nicht. Besser schlecht gefahren, als gut gelaufen.

Zwei Kinder beobachteten, wie Suko auf die Ladefläche

kletterte und sich zwischen die Kisten schob. Mit dem Kopf zuerst tauchte er in den Gang und blieb erst einmal liegen.

Der Fahrer und der Polizist sprachen noch immer. Sie lamentierten miteinander, und erst als der zweite Carabinieri sich überzeugt hatte, daß Suko verschwunden war, konnte der Mann weiterfahren.

Ruckartig fuhr er an.

Suko lag in seinem Versteck. Die Obstkisten klemmten ihn ein. Allerdings konnte er gesehen werden, und deshalb nahm er eine Kiste und kippte sie schräg in den Gang hinein.

Der Chinese wurde unter Broccoli und Apfelsinen begraben, aber das war beabsichtigt.

Der Mann am Steuer fuhr vorsichtiger. Ein Aufenthalt bei einem Polizisten hatte ihm gereicht. Und er verließ die Innenstadt, wobei er sich einer ruhigeren Gegend näherte.

Suko hörte dies am Verkehrslärm, der deutlich abnahm. Sehen konnte er nichts, denn die eng aufeinander und nebeneinander gestellten Kisten nahmen ihm jegliche Sicht.

Kurven, holpriges Pflaster, Schlaglöcher und wieder eine glatte Fahrbahn. Suko bekam alles zu spüren.

Bei der nächsten Bremsung waren sie am Ziel.

Der Chinese hörte Stimmen. Sie waren sogar ziemlich laut. Obwohl Suko nichts verstand, konnte er sich vorstellen, daß man dem Fahrer Vorwürfe machte, weil er zu spät gekommen war.

Schließlich wurde die Fahrertür zugedonnert, und der Lieferwagen ruckte wieder an.

Er passierte das Tor ohne Kontrolle.

Suko atmete auf.

Eine kleine Gefahr war gebannt, doch die größere stand ihm leider noch bevor.

Wenn sie jetzt schon die Kisten abluden und ihn entdeckten, dann war er geliefert.

Die Männer sprachen immer noch.

Schließlich ruckte der Wagen wieder an, und der Chinese atmete auf. Der Fahrer lenkte das Gefährt in eine weite Kurve, bremste und stieg aus.

Suko wartete mit angehaltenem Atem.

Dann hörte er ein Quietschen, als würde jemand eine schlecht geölte Tür bewegen.

Daß es so ähnlich gewesen sein mußte, merkte Suko wenig später, als der Fahrer den Lieferwagen in eine kühlere Halle lenkte. Er stieg aus, sprach ein paar Worte mit sich selbst, trat wütend gegen den Vorderreifen und verließ die Halle.

Quietschend fuhr das Tor zurück.

Suko hatte es also geschafft. Er war tatsächlich auf das Grundstück gelangt.

Sicherheit ging vor, deshalb blieb der Chinese erst einmal liegen. Es konnte ja sein, daß irgend jemand die Ladung kontrollierte.

Eine Minute verstrich, die zweite...

Nach fünf Minuten endlich wagte sich Suko aus seiner Deckung hervor. Das war gar nicht einfach. Er mußte sich zuerst von den Apfelsinen und dem Broccoli befreien. Als das geschehen war, kroch er auf allen vieren durch den schmalen Gang und näherte sich dem Ende der Ladefläche. Die Orangen rollten vor ihm her. Suko konnte auch nicht vermeiden, daß eine über die Kante rutschte und zu Boden fiel.

In der Halle war es düster, nicht dunkel. Zwei schmale Fenster dicht unter der Decke sorgten für diese Lichtverhältnisse. Es sickerte genügend Helligkeit ein, um sich orientieren zu können.

Die Halle konnte man als Schuppen bezeichnen. An einer Wand stapelten sich leere Kisten. Es roch nach Obst und fauligen Gemüseblättern.

Von dem Grundstück hatte Suko nicht viel sehen können und auch nicht von dem Haus. Wie es gebaut worden war und in welchem Winkel es zu der Lagerhalle stand, wußte er überhaupt nicht. Der Chinese mußte sich voll und ganz auf sein Glück verlassen. Die Innenwände dieser Lagerhalle waren weiß gestrichen. Die Farbe roch noch.

Und dann sah Suko die Tür.

Nach draußen führte sie nicht, wahrscheinlich ins Haus.

Der Chinese drückte die Klinke nach unten und hob enttäuscht die Schultern, weil er die Tür verschlossen fand.

Was also tun?

Dann aber hatte Suko Glück.

Sein feines Gehör nahm Stimmen wahr, die hinter der Tür aufgeklungen waren und immer lauter wurden.

Suko wußte Bescheid.

Das waren Männer, die den Lieferwagen abladen wollten.

Schnell sah sich der Chinese um.

Verstecke gab es. Sogar neben der Tür wuchs ein Kistenstapel. Daneben konnte Suko Deckung finden. Zudem stand der Wagen ziemlich günstig. Wenn die Leute abluden, würden sie ihn gar nicht bemerken.

Rasch huschte Suko in Deckung.

Da kamen sie auch schon.

Voran ein bulliger Mann, der ein rotweiß gestreiftes T-Shirt trug und eine Strickmütze auf dem Kopf hatte. Ihm folgten zwei Männer in Arbeitskleidung. Sie trugen jedoch keine grünen Overalls wie die Leute von Dr. Tod.

Vielleicht waren es nur Hilfskräfte, Küchenpersonal.

Suko hielt den Atem an. Die Männer hatten ihn nicht bemerkt. Sie interessierte nur der Lieferwagen.

Der Bullige gab die Kommandos. Die beiden schmächtigen Männer mußten auf den Wagen klettern und die ersten Kisten unter der Verspannung wegziehen.

Der Bullige nahm sie entgegen und stapelte sie neben dem Wagen wieder auf.

Keiner achtete auf die Tür.

Suko nahm die Gelegenheit wahr. Er löste sich aus seiner Deckung und ging auf Zehenspitzen weiter.

Eine Sekunde später war er durch die Tür gehuscht.

Suko stand in einem Raum, der ihn an eine Waschküche erinnerte. Auch hier lagerten Lebensmittel, es gab aber noch zwei Spülmaschinen. Hinter der ›Waschküche‹ mußte die Küche liegen, denn Essensgerüche drangen an Sukos Nase.

Der Chinese mußte durch die Küche, eine andere Möglichkeit gab es nicht.

An der offenen Tür blieb er stehen und lugte um die Ecke.

Ein Koch stand vor einem riesigen Ofen und war damit beschäftigt, lange Nudeln zu brechen. Er wandte Suko den Rücken zu und hatte für nichts Interesse als nur für seine Nudeln. Der Rückseite nach zu urteilen brachte der Mann einiges auf die Waage, er war ein typischer Bilderbuchkoch.

Die Nudeln regneten in einen Topf mit heißem Wasser.

Suko lief rasch vor. Er wollte ungesehen hinter dem Koch vorbeischleichen, doch das Schicksal meinte es nicht gut mit ihm.

Irgendwie mußte der Koch bemerkt haben, daß etwas nicht stimmte, denn plötzlich drehte er sich um.

Suko und er starrten sich an.

Die Augen des Kochs wurden groß.

Blitzschnell legte der Chinese einen Zeigefinger auf die Lippen. Er hoffte, daß diese Geste den Koch davon abhielt, zu schreien.

Das tat sie auch, sie hinderte den Dicken allerdings nicht daran, blitzschnell nach einem gewaltigen Fleischermesser zu greifen. Und mit der Waffe stürmte er auf Suko los.

Er spie dem Chinesen Schimpfworte in seiner Muttersprache entgegen, zum Glück nicht sehr laut, sonst hätten die anderen Männer etwas gehört.

Suko hob die Schultern. Er machte einen ängstlichen Eindruck. Und als der Koch das Messer senkte, reagierte Suko.

Wie ein Blitzstrahl war seine gekrümmte Karatefaust da. Es klatschte einmal, dann sank der Dicke zusammen.

Suko wand ihm das Messer aus der Hand und schaute sich um. Wohin mit dem Kerl?

Da sah er einen großen Schrank.

Rasch öffnete Suko die Tür.

Mehl- und Zuckersäcke fand er dort, aber auch genügend Platz, um den Dicken zu verstauen.

Das Messer legte Suko wieder zurück.

Als er die Tür schloß, hörte er Schritte. Die drei anderen kamen zurück.

Für Suko wurde es Zeit.

Er huschte aus der Küche, lief um eine Ecke und stand vor einer Tür, die in den Keller führte, das las er an der Beschriftung. Die Tür war nicht verschlossen.

Schnell war Suko durch den Spalt geschlüpft und lief eine Treppe hinunter. Die Stufen konnte er im Licht der Lampen gut erkennen.

Ein breiter Gang nahm ihn auf. Suko staunte. Dieser Keller schien aus einer Filmdekoration zu stammen. Breit in der Anlage und sicher. Dafür sorgten die Wände aus Stahlbeton. Aber er spürte auch die seltsame Kühle, die ihm entgegenwehte. Sie hatte keine natürliche Ursache, wie Suko annahm. Er dachte vielmehr an die Leiche im Eisblock und vermutete, sich dem Machtzentrum des Verbrechers Solo Morasso, alias Dr. Tod, zu nähern.

Aber wo hauste er?

Suko blickte sich um. Was er sah, war eigentlich sehr deprimierend. Es gab Quer- und Seitengänge, auch Türen, aber welche führte zum Ziel? Auf keinen Fall konnte Suko sie der Reihe nach öffnen, er wäre zu schnell überrascht und gesehen worden.

Wichtig für ihn war es auch, mich zu finden. Hatte er das geschafft, sah die Zukunft schon optimistischer aus.

Plötzlich öffnete sich vor ihm eine Stahltür.

Sie schwang zum Glück nach außen auf, und mit einem blitzschnellen Sprung drückte sich der Chinese in den toten Winkel zwischen Tür und Mauer.

Er zog die Beretta.

Sie war zwar mit geweihten Kugeln geladen, aber die wirkten auch bei Menschen.

Zwei Männer betraten den Gang. Sie waren ziemlich faul, denn der eine drehte sich gar nicht um, als er die Tür zudrückte, sondern kickte sie mit dem Fuß ins Schloß.

Die beiden waren bewaffnet.

Sie schritten den Gang entlang, und das von der Decke fallende kalte Licht warf ihre langen Schatten auf den glatten Boden.

Was mochte ihr Ziel sein?

Suko wollte es herausfinden und schlich lautlos hinter den beiden Männern her...

Das Eismonster kletterte aus dem Bottich. Ein grauenerregendes, von Dr. Tod erschaffenes Geschöpf, das mit einem Panzer aus gefrorenem Wasser umgeben war.

Und es lebte.

Aber dieses Monster war kein Mensch mehr, daran glaubte ich nicht. Bei seiner Entstehung hatte die Schwarze Magie ihre Hand mit im Spiel gehabt.

Es war groß, größer als ich. Auch breiter in den Schultern. Von der Eiskruste stiegen Dampfwolken auf, die das Monster wie Nebel umhüllten. Die Zapfen an den Klauen wirkten wie gläserne Messer. Wasser tropfte von ihnen zu Boden und bildete nasse Flecken. War es mir bisher verdammt kalt gewesen, so wurde es mir nun ziemlich heiß. Denn daß dieses Monster nicht mit mir Karten spielen wollte, war klar.

Ich ging einige Schritte zurück, vorbei an dem immer noch bewußtlosen Mafioso.

Starr fixierte ich das Ungeheuer. Ich überlegte, wie ich es besiegen konnte, aber es fiel mir keine Möglichkeit ein. Der Eispanzer würde den Mann schützen.

Die erbeutete Pistole hielt ich nach wie vor in meinen Händen. Automatisch fand mein Zeigefinger den Stecher der Waffe und zog ihn langsam zurück.

Noch stand das Eismonster still.

Dann aber setzte es sich in Bewegung. Steif und automatisch schritt es vor, das Eis knirschte und bröselte, als es weiterging und mich zum Ziel nahm.

Ich drückte ab.

Plötzlich war der hallenartige Raum erfüllt vom Krachen der Waffe. Die Pistole tanzte in meiner Hand. Mündungsfeuer zuckte. Die Kugel jagte auf das Monster zu, traf die Eisschicht und prallte dort ab.

Als Querschläger kam sie zurück.

Ich mußte zu Boden.

Sofort lag ich flach, schoß aber im Liegen weiter. Die Pistole schien mit meinen Händen verwachsen zu sein, Kugeln jaulten gegen das Monster, doch sie stoppten es nicht.

Es ging weiter.

Knirschend, ungelenk.

Ich sah zu, daß ich wieder auf die Beine kam. Ein Schlag mit der Eishand hätte mir leicht meine Schädeldecke zertrümmert.

Auf den glatten Fliesen rutschte ich, machte einen Spagatschritt, fing mich wieder.

Die Kugeln hatten bei dem Monster nicht gewirkt, vielleicht aber konnte ich den Panzer aufhacken.

Ich atmete schnell. Als weiße Wolke stand die Luft vor meinen Lippen.

Das Eismonster kam näher.

Konzentration!

Ich ließ das Geschöpf nicht aus den Augen. Nicht ein Schlag durfte mich treffen. Dann drehte ich die langläufige Pistole herum.

Verdammt, der Lauf war noch heiß. Aber nicht so schlimm, daß er mir die Haut von den Händen gerissen hätte.

Ohne vorher eine erkennbare Reaktion zu zeigen, sprang ich vor. Damit hatte das Eismonster nicht gerechnet.

Wuchtig drosch ich mit dem Waffenstahl zu.

Es war ein regelrechter Hammerschlag. Der Kolben der Waffe klirrte genau gegen das eisbedeckte Gesicht. Plötzlich zeigten sich Risse im Panzer.

Wie ein Spinnennetz zogen sie sich durch die Eisschicht. Noch einmal drosch ich zu.

Hell klirrte es, als der Kolben das Eis traf, doch es bröckelte nicht ab.

Nur die Risse wurden zahlreicher.

Wahrscheinlich hätte ich eine halbe Stunde zuschlagen müssen, um das Eis zu brechen, doch die Zeit ließ mir das Monster nicht. Es bewegte sich zwar ungelenk, aber dann klappte es die Hände zusammen. Mein Kopf wäre zerquetscht worden, doch ich ging blitzschnell auf Tauchstation.

Dicht über meinem Haarschopf krachten die eisbedeckten Hände zusammen.

Eis rieselte auf meinen Kopf, gleichzeitig kam der Tritt.

Ich hörte noch das Knirschen, wollte weg, doch es war zu spät. Der Schlag traf mich in Höhe der oberen Beinhälfte.

Wuchtig flog ich zurück, schlug mit dem Rücken auf, überrollte mich und blieb keuchend liegen. Mein linker Oberschenkel schien mit flüssiger Lava übergossen worden zu sein. Die Schmerzen wühlten hoch bis hin zur Hüfte.

Das Eismonster walzte vor. Jetzt hatte es mich am Boden und glaubte, der große Sieger zu sein. Doch so leicht wollte ich es dem Geschöpf nicht machen.

Ich stand auf.

Mein Bein knickte weg.

Verdammt, es konnte mein Gewicht kaum tragen. Heftig biß ich die Zähne zusammen, kämpfte weiter und blieb tatsächlich auf den Füßen.

Das Eismonster war schon verdammt nahe. Nur mit einer schnellen Bewegung konnte ich einem Schlag ausweichen.

Aber wie sollte ich es besiegen?

Kugeln nutzten nichts, und auch die fast leergeschossene Pistole als Schlaginstrument war wertlos.

Blieb mein Kreuz.

Ob es gegen das Monster wirkte?

Wenn es ein Geschöpf aus der Hölle war, bestimmt.

Wieder bog ich meinen Oberkörper zurück, um einem Hieb zu entgehen. Fast hätte er mich noch gestreift.

Dann hörte ich ein anderes Geräusch.

Stöhnen...

Der Bewußtlose wachte auf.

Er stemmte sich plötzlich hoch, schaute mit glasigem Blick in die Runde und rieb sich sein angeschwollenes Kinn. Er hatte noch nicht begriffen, in welch einer Gefahr er schwebte, denn das Monster sah nicht nur mich als seinen Feind an, sondern auch ihn.

Der Mafioso lag zwischen mir und dem Monster.

Das Geschöpf hob das rechte Bein. Mir war klar, was es vorhatte. Es wollte den Mann tottreten.

Mafioso hin, Mafioso her. In erster Linie war dieser Mann ein Mensch. Und ich konnte nicht zusehen, daß man ihn töten wollte. Zwei Schritte lief ich vor – dann stieß ich mich ab.

In den ausgestreckten Armen hielt ich die Waffe, und so flog ich auf das Monster zu. Noch bevor es zutreten konnte, krachten wir zusammen.

Dieser Aufprallwucht hatte selbst das höllische Eisgeschöpf nichts entgegenzusetzen. Es wurde zurückgeschleudert, während ich den Aufprall bis in den letzten Knochen spürte.

Das Monster krachte gegen den Bottichrand. Er war nicht sehr hoch, und als Stütze konnte man ihn auch nicht bezeichnen. Blitzschnell erkannte ich die Chance.

Meinen Handballen rammte ich unter das Kinn des Monsters. Den physikalischen Gesetzen folgend, bekam es Übergewicht und kippte nach hinten.

Direkt in den Bottich mit Eiswasser.

Gurgelnd verschwand das Untier.

Ich hatte ein paar Sekunden Luft. Die Zeit nutzte ich und zog mein Kreuz hervor.

Da schnellten schon die Arme des Eismonsters aus dem Wasser. Die gewaltigen Hände packten meine Kehle. Ich wollte zurückspringen, schaffte es aber nicht, da ich in einer Pfütze ausrutschte, und dann hatte mich das verdammte Biest gepackt.

Ich spürte die eiskalten Pranken an meinem Hals und rang verzweifelt nach Luft.

Das Monster gab kein Pardon. Es stieg weiter aus dem Wasser, drückte stärker zu, doch mir gelang es, das Kreuz zu packen und es in das Gesicht der grausamen Bestie zu drücken.

Etwas zischte auf, als hielte man glühendes Eisen ins Wasser.

Innerhalb von Sekunden wurde ein Loch in den Eispanzer des Gesichts gebrannt. Und die Hitze setzte sich fort. Sie schmolz das Eis kurzerhand weg.

Die harten Stücke zerliefen, das Monster gurgelte auf, es mußte Schmerzen haben, die kalten Pranken lösten sich von meinem Hals, und das Geschöpf fiel zurück in den Bottich.

Wasser spritzte fontänenartig hoch, als es unter der Oberfläche verschwand.

Ich trat zurück und massierte mir den Hals. Himmel, das tat gut, endlich wieder atmen zu können.

Im Bottich spielten sich unheimliche Vorgänge ab.

Das Wasser schien plötzlich zu kochen. Es warf dicke Blasen, brodelte und zischte auf.

Eine Klauenhand erschien, der Teil eines Körpers, dann der Kopf. Das Eis schmolz, die Kraft des Kreuzes hatte es zerstört. Handgroße Stücke schwammen auf der Oberfläche, und der Auftrieb spülte das Monster an die Oberfläche.

Es war jetzt völlig vom Eis befreit.

Vor mir schwamm ein Toter.

Ich schaute in ein aufgedunsenes Gesicht, die Haut hatte einen bläulichen Schimmer, starr und glanzlos blickten die Augen. Jetzt enthielt dieser Bottich schon zwei Leichen, denn daß der Mafioso noch lebte, daran glaubte ich nicht.

Ich drehte mich um.

Der zweite Gangster stand hinter mir. Er hätte mich angreifen können, doch er tat es nicht. Mit weit aufgerissenen Augen starrte er in den Bottich.

Ich sprach ihn an.

Er reagierte nicht.

»He!« rief ich.

Da zuckte er zusammen, blickte mir ins Gesicht, bewegte die Lippen, doch kein Laut drang aus seinem Mund. Dieser Mann stand zu sehr unter einem Schock.

»Wie heißen Sie?«

»Gio!« lautete die Antwort.

Einige Brocken Italienisch konnte ich zum Glück. »Wo ist Dr. Tod?« fragte ich.

Er schaute mich verständnislos an. Da fiel mir ein, daß er den Namen gar nicht kennen konnte. Deshalb fragte ich ihn nach Solo Morasso.

Er deutete auf die Tür, durch die Dr. Tod verschwunden war.

»Kann man sie öffnen?« erkundigte ich mich.

»Nur er!«

Das hatte ich mir gedacht. So leicht war also an diesen Verbrecher nicht heranzukommen.

Was also tun?

Die eingefrorenen Personen fielen mir ein. Sie vegetierten in ihren Zellen dahin. Dr. Tod hatte davon gesprochen, daß sie noch lebten, deshalb mußte ich sie befreien.

Doch zuvor wollte ich Klarheit darüber haben, auf welcher Seite der Gangster stand.

»Ich habe dir das Leben gerettet«, sprach ich ihn an. »Und ich will nicht, daß du mir in den Rücken fällst. Wo stehst du?«

»Ich bin nicht gegen dich.«

Die Antwort kam schnell, zu schnell fast. Ich schaute ihm in die Augen, er senkte den Blick.

Ganz stand er also nicht auf meiner Seite, das war mir klar. Ausschalten wollte ich ihn jedoch nicht. Er kannte sich in diesen Gewölben aus und konnte mir eine große Hilfe sein.

»Wann wird Solo Morasso zurückkehren?« fragte ich.

»Ich weiß es nicht.«

»Okay, wir werden die Zeit zu nutzen wissen.« Ich winkte mit dem Kopf. »Ist die Tür dort verschlossen worden?« Es war die, durch die wir die Kältekammer betreten hatten.

»Keine Ahnung.«

Ich hob die zweite Pistole vom Boden auf und steckte sie ein. Die andere Waffe behielt ich in der Hand. Rasch schritt ich auf die Tür zu. Dahinter lagen die Kältekammern.

Die Tür war verschlossen.

Scharf atmete ich ein.

Damit hatte ich nicht gerechnet.

»Sie ist zu, nicht?« fragte Gio.

Ich nickte.

»Und sie wird geschlossen bleiben!« hörten wir plötzlich

eine Lautsprecherstimme. Sie schien von überall her zu kommen, dröhnte in unseren Ohren, dann erfolgte ein Lachen.

Längst hatte ich Dr. Tods Stimme erkannt. Und wahrscheinlich hatte er uns auch beobachtet, denn als ich mit meinen Blicken die Decke absuchte, erkannte ich in einer Ecke zwischen Decke und Wand das Auge einer Kamera.

»Du bist immer noch gefährlich, Sinclair!« donnerte Dr. Tod. »Das habe ich selbst gesehen. Und der gute Gio hat sich auf deine Seite gestellt. Er wird mit dir sterben!«

Gio drehte durch. »Nein!« heulte er. »Ich will nicht.« Er fiel auf die Knie, hob den Kopf hoch und schaute in das Kameraauge.

Er war ein Jammerlappen, doch ich wußte, daß Dr. Tod keine Gnade kannte.

Gio rang die Hände. »Erbarmen, Capo, bitte...«

»Du Widerling!« dröhnte Morassos Stimme. »Hattest du nicht den Auftrag, Sinclair zu erledigen?«

»Ja, ich...«

»Du hast es nicht geschafft.«

»Nein!«

»Dann bist du ein Versager und wirst ebenso sterben wie der Geisterjäger.«

»Nein... bitte...«

Es knackte im Lautsprecher. Solo Morasso hatte die Verbindung kurzerhand unterbrochen. Er wollte nicht mehr diskutieren.

Gio stand auf. Er schaute mich an. Blutunterlaufen waren seine Augen. »Schwein!« keuchte er. »Du Bullenschwein! Du hast mir alles versaut! Wegen dir muß ich krepieren!«

Ich konnte seine Erregung verstehen. Trotzdem sagte ich: »Noch leben wir, Gio!«

»Aber weißt du, wie lange? Weißt du eigentlich, was jetzt geschieht?« Er schaute mich aus blutunterlaufenen Augen an. Der Kerl war nicht mehr normal. »Wir werden...« Dann drehte er durch und stürzte sich auf mich.

Ich hatte mit einer ähnlichen Reaktion gerechnet und

steppte zur Seite. Gio rannte an mir vorbei. Ich stellte ihm ein Bein, er stolperte und fiel zu Boden.

Greinend blieb er dort liegen. »Es ist aus!« heulte er. »Er wird uns zu Eismenschen machen. Die Temperatur wird sinken. Wir...«

Ich hörte nicht mehr hin, obwohl er mit seinen ersten Worten recht gehabt hatte.

Inzwischen war es merklich kühler geworden.

Dr. Tod setzte seinen Plan in die Tat um. Er wollte uns bei lebendigem Leibe einfrieren...

Es ging alles glatt.

Noch...

Die beiden Grüngekleideten ahnten nicht, daß sie verfolgt wurden. Und Suko hütete sich, auch nur laut zu atmen. Im Gegenteil, er hielt sogar die Luft an.

Vor einer breiten Tür blieben die beiden stehen.

Auch Suko stoppte. Er war bis an die Wand geglitten und wartete ab, was geschehen würde.

Einer der Männer hob seinen Arm und drückte einen roten Knopf. Es gab einen leisen Summton, und schon glitt die Tür zur Seite.

Kälte strömte Suko entgegen. Die Temperatur war wesentlich tiefer als in dem anderen Keller. Näherten sie sich nun der berühmten Höhle des Löwen?

Und dann konnte Suko nicht mehr länger warten. Er mußte eingreifen, denn die Tür begann wieder zurückzurollen. Gleichzeitig drehten sich die beiden Kerle um.

Der Chinese sprintete los.

Bevor sich die Mafiosi von ihrer Überraschung erholt hatten, war Suko bei ihnen. Er hatte es soeben noch geschafft, der Tür auszuweichen.

Blitzschnell hob er die Waffe und preßte sie dem ersten gegen den Hals.

»Wenn du einen Ton sagst, bist du tot!« drohte der Chinese.

Der Mann stand steif. Er rollte nur mit den Augen. Auch sein Komplize wagte nicht, sich zu rühren.

Sukos Argument war eben zu überzeugend.

Er schaute sich um. Sie befanden sich in einem Raum, in dem zahlreiche Maschinen standen. Der Chinese hatte sie noch nie in seinem Leben gesehen, aber er folgerte sofort, daß dies hier das Herz der eigentlichen Anlage war. Hier standen die Turbinen, die Energie lieferten und auch Maschinen, die Kälte erzeugten.

Der Zufall hatte den Chinesen auf die richtige Spur geführt.

Er lächelte hart. Dann trat er zurück und sagte: »Okay, Freunde, und nun an die Wand mit euch!«

Er sprach ein langsames Englisch und hoffte, daß er verstanden wurde.

Die Gangster gehorchten. Vorsichtig schritten sie rückwärts, bis sie mit ihren Rücken die Wand berührten. Über ihren Köpfen liefen dicke Rohre entlang. Ventile und Druckmesser sicherten sie. An manchen Stellen hingen Wassertropfen.

Suko nahm drei Schritte Abstand. Seine Waffenmündung pendelte. Sie wies einmal auf den linken Killer, dann auf den rechten. Die beiden machten nicht nur einen wütenden, sondern auch einen ängstlichen Eindruck. Sie hatten sich übertölpeln lassen. Und wenn das rauskam, würde Morasso kurzen Prozeß mit ihnen machen.

»Also«, sagte Suko und grinste hart. »Zuerst einmal die Waffen weg.«

Die beiden zuckten zusammen.

»Wird's bald?«

Tief holten die Mafiosi Luft. Sie sahen, daß sie keine Chance gegen den Chinesen hatten. Suko hielt das bessere Argument in der Hand. Synchron hoben sie ihre rechten Arme. Dann verschwanden die Hände unter den Brustklappen ihrer Overalls.

»Aber hübsch vorsichtig!« warnte der Chinese.

Sie hatten wirklich nicht die Absicht, tödliche Dummheiten zu begehen. Mit spitzen Fingern lupften sie ihre Schießeisen hervor und warfen sie zu Boden.

Zwischen Suko und den beiden Mafiosi lagen jetzt zwei mattglänzende Bernadelli-Pistolen.

Der Chinese war zufrieden. Vorerst jedenfalls. Jetzt aber hatte er noch einige Fragen.

»Was wolltet ihr hier?« sprach er die beiden an.

Sie blieben stumm. Daß sie kein Englisch verstanden, konnten sie Suko nicht weismachen, schließlich hatten sie vorhin anders reagiert. Deshalb hob der Chinese seine Waffe an.

»Was wolltet ihr hier?«

»Nachschauen.«

»Was?«

»Die Aggregate.«

Suko runzelte die Stirn. Es klang durchaus plausibel, was ihm die beiden da sagten. Dieser Raum war mit sehr komplizierten Maschinen bestückt. Daß die einer Wartung bedurften, lag auf der Hand. Deshalb nahm Suko den beiden ihre Antwort auch ab.

»Ist hier die Zentrale?« fragte er.

»Nein.«

»Wieso nicht?«

»Die Zentrale befindet sich bei Solo Morasso.«

»Und wo ist das?«

»In der Nähe.«

»Genauer!« forderte Suko.

»Wir selbst waren noch nicht da«, erhielt er zur Antwort. »Keiner darf zu ihm, nur Renato Gitti.«

»Und wer ist das?«

»Sein Stellvertreter.«

Jetzt wußte Suko wenigstens etwas über die Organisation. Trotzdem war seine Neugierde noch längst nicht befriedigt. Dr. Tod kümmerte ihn im Augenblick nicht so sehr, dieser Raum hier war wesentlich interessanter.

Denn von hier aus wurde die gesamte Kältetechnik gesteuert. Hier lief die Maschinerie an. Und hier konnte man sie auch abstellen. Das war Suko am wichtigsten.

»Ihr kennt euch also aus?« fragte er.

»Ja.«

»Was sollt ihr denn warten?«

»Es ist unser üblicher Kontrollgang gewesen.«

»Ihr wißt genau, wie die Maschinen funktionieren und reagieren?« erkundigte sich Suko noch mal.

Nicken.

Der Chinese lächelte. »Okay, Männer, dann sind wir uns ja einig. Stellt die Maschinen ab!«

Den letzten Satz hatte er scharf ausgestoßen, und die Männer zuckten zusammen.

Suko ließ ihnen einige Sekunden. Dann wiederholte er seinen Befehl.

»Aber... aber das geht nicht«, wurde ihm geantwortet.

»Doch, ich will es.«

»Die Energieversorgung würde zusammenbrechen.«

»Das ist auch der Sinn der Sache. Ich will die Verbrechen eines Solo Morasso stoppen!«

Die beiden sahen sich an.

Der kleinere von ihnen hob die Schultern. Ihm schien es ziemlich egal zu sein, doch sein Kumpan wollte nicht so recht. Finster zog er seine Augenbrauen zusammen.

»Mach keinen Unsinn!« zischte Suko.

»Er hat die besseren Argumente, Mano!«

Mano knurrte etwas in seinen nicht vorhandenen Bart und folgte seinem Kumpel.

Suko paßte auf wie ein Luchs.

Die beiden Mafiosi schritten auf die größte Maschine zu. Es war ein graugrün gestrichener viereckiger Kasten, aus dem Rohre wuchsen und kleinere Leitungen, die dicht unter der Decke im rechten Winkel abbogen und dann in der Wand verschwanden.

An der Vorderseite der Maschine glühten mehrere Lampen auf wie bunte Augen. Unter den Lampen gab es Schalter aus

Kunststoff, in die mehrere Zeichen eingraviert worden waren.

Die Männer drehten Suko den Rücken zu.

Der Kleinere ging in die Knie, während Mano stehenblieb, den Arm ausstreckte und plötzlich herumwirbelte.

Im nächsten Augenblick flog ein schwerer Schraubenschlüssel auf den Chinesen zu...

Es wurde kälter!

Verdammt schnell sogar.

Zu schnell...

Die Kälte drang von überall auf uns ein. Sie war wie ein schleichendes Gift, das in unsere Adern kriechen wollte. Die Haut verlor ihre Farbe, sie wurde weiß und kalt. Nase, Ohren und Fingerspitzen waren kaum noch zu fühlen. Ich mußte mich bewegen, wenn ich am Leben bleiben wollte.

Gio lag auf dem Boden und jammerte. Er heulte sogar. Die Tränen liefen an seinen Wangen herab. Bald würden sie zu Eisperlen gefrieren.

Ich ging zu ihm. »Los, stehen Sie auf, sonst frieren Sie hier am Boden fest!«

»Nein! Hau ab, du Drecksbulle!«

Dem Mann war nicht zu helfen. Trotzdem packte ich ihn an der Schulter.

Er schrie mich an.

Da ließ ich ihn los.

Ich zitterte. Die Kälte war kaum noch auszuhalten. Auf der Wasserfläche im Bottich hatte sich längst eine Eisschicht gebildet. An den Wänden sah ich den hellen Reif schimmern. Auch unter der Ecke glitzerten Eiskristalle.

Ich begann zu springen, wollte so meinen Kreislauf stabil halten und versuchen, mich aufzuwärmen.

Es war eine wahre Schinderei.

Meine Muskeln schienen bereits eingefroren zu sein. Die Bewegungen schmerzten.

Ich drehte die Finger, rieb über Nase, Ohren und Kinn, rubbelte, schrubbte und tat alles, um die Kälte und einen grausamen Tod zu besiegen.

Es war unmöglich.

Aufhalten konnte ich mein Ende zwar, aber nicht verhindern. Zudem trug ich nur ein dünnes Hemd, die Jacke lag im Hotelzimmer.

Ich begann zu laufen.

Zuerst auf der Stelle, dann immer um den Bottich herum. Ich mußte dies tun, um meinen Kreislauf stabil zu halten. Kippte er um, war es auch mit mir vorbei.

Gio hatte sich aufgerichtet. Er schaute mir nach und zitterte erbarmungswürdig. Dieser Mann hatte kaum noch Kraft. Auch jetzt brach er wieder zusammen.

Ich unterbrach meinen Lauf und blieb neben ihm stehen. »Komm endlich hoch!« schrie ich ihn an. »Reiß dich doch zusammen!« Ich streckte meinen Arm aus und wollte ihn hochhieven.

Er aber kreischte. »Nein, es hat keinen Zweck mehr. Wir krepieren beide. Die Kälte frißt uns. Hätte ich dich doch umgelegt!« Wieder heulte er.

Ich blickte in sein Gesicht und sah, daß seine Tränen in der Tat gefroren waren.

Aber er wollte nicht!

Sterben lassen konnte ich ihn auch nicht. Er war ein Mensch. Ich griff zur Radikalkur. Zweimal schlug ich mit der flachen Hand in sein Gesicht.

Er schrie.

»Wirst du endlich vernünftig!« herrschte ich ihn an.

Er wurde es, jedoch auf seine Weise.

Woher er die Kraft nahm, wußte ich auch nicht. Plötzlich schnellte sein Arm vor. Und er wollte mir eine Waffe entreißen.

Fast hätte er es geschafft. Im letzten Augenblick schlug ich auf sein Gelenk, und er ließ die Waffe los.

Heulend sackte Gio zusammen.

»Dir ist wirklich nicht zu helfen!« keuchte ich und trat zwei Schritte zurück.

Mir war klar, daß Dr. Tod uns beobachtete. Sollte er nur, noch sah er mich nicht winseln, und er würde mich auch so leicht nicht zu Kreuze kriechen sehen.

Ich lief weiter.

Runde um Runde drehte ich.

Und die Kälte nahm zu.

Aus dem ersten Rauhreif an den Wänden waren schon Kristalle geworden. Ich wagte kaum noch, einen Blick auf den Bottich zu werfen, denn aus der gefrorenen Oberfläche schaute eine Hand.

Es war ein makabres Bild.

Die Zeit verging.

Und es kam auch der Punkt, an dem das Laufen nichts mehr nutzte. Die schleichende Kälte war einfach stärker. Sie lähmte die Gefühle, stoppte sogar die Gedanken, und mich überkam eine gewaltige Müdigkeit.

Schlafen – am liebsten hätte ich geschlafen.

Das waren bereits die ersten Zeichen einer Lethargie, die dem Tod vorausging.

Ich mobilisierte alle Kräfte, spornte meinen Willen an, rieb mein Gesicht und merkte mit Erschrecken, daß dies auch nichts mehr nutzte. Zu weit hatte sich die Kälte vorgefressen.

Ich blieb in Bewegung.

Aber wie langsam.

Manchmal konnte ich meine Beine nicht mehr anheben. In meinen Haaren klebten Eiskristalle. Sie knirschten zwischen den Fingern, als ich durch den Schopf fuhr.

Auch die Augenbrauen waren verkrustet. Ebenso die Nasenlöcher. Einen Mundschutz hatte ich nicht. Wann würde mir die Kälte die Lunge zerbeißen?

Dr. Tod mußte es eine diebische Freude bereiten, mich zu sehen. Wie meine Bewegungen immer schwächer wurden, die Lethargie dafür um so stärker.

Wann kam das Aus?

Kaum gehorchten mir meine Beine. Ich stolperte voran. Die beiden Waffen klirrten zu Boden. Ich wagte jetzt nicht mehr, das Metall anzufassen, meine Hände wären unter Umständen kleben geblieben.

Jeder Schritt wurde zur Qual. Ich schleppte mich um den Bottich, dann auf die Tür zu.

Und da hörte ich die Stimme.

»Das ist das Ende, John Sinclair! Du wirst krepieren, eingehen, jämmerlich erfrieren. Und ich brauche nichts zu tun, keinen einzigen Handschlag. Die Kälte frißt dich auf. Ich freue mich jetzt schon auf die Gesichter beim Yard, wenn sie deine Leiche sehen!«

Antwort gab ich nicht. Dazu war ich viel zu schwach. Viel zu schwach...

Nur schlafen...

Lachen.

Höhnisch, gemein.

Ich stolperte, fiel hin.

Meine Reaktionen waren nicht schnell genug. Lang knallte ich auf das Gesicht.

Ich blieb liegen. Groggy, erschöpft, wollte mich hochstemmen, winkelte die Arme an.

Sie trugen mein Gewicht nicht mehr.

Aus!

Die verdammte Kälte hatte gesiegt!

Der Schraubenschlüssel war mit ungeheurer Wucht geschleudert worden. Er drehte sich um die eigene Achse und hätte Sukos Schädel getroffen, doch der Chinese besaß ausgezeichnete Reflexe. Nicht umsonst war er ein Meister in der Beherrschung fernöstlicher Kampftechniken.

Er duckte sich.

Haarscharf rasierte der schwere Schlüssel über seinen Kopf hinweg. Suko spürte den Luftzug und hörte das helle Geräusch, mit dem das Werkzeug gegen die Wand knallte.

Dann kam Mano selbst.

Die Wut mußte ihn übermannt haben, denn er achtete

nicht auf Sukos Waffe. Und der Chinese dachte nicht daran, auf ihn zu schießen. Mit dem Lauf schlug er zu.

Der streifte Manos Ohr. Sein Kopf aber bohrte sich in Sukos Magen. Der Chinese und Mano flogen zurück und prallten zu Boden.

Mano brüllte: »Nimm die Kanone, Ugo. Verdammt, nimm sie doch!« kreischte er.

Er wollte noch mehr sagen, doch Suko zog seinen Ellbogen hoch und traf ihn unter dem Kinn.

Die beiden Kiefer klappten zusammen.

Dann machte der Chinese ernst. Wuchtig schleuderte er den Kerl von sich herunter, nahm dessen Beine zwischen seine eigenen und hieb mit der Handkante zu.

Mano zuckte noch einmal und blieb bewußtlos liegen.

Ugo hatte sich nicht gerührt. Vor Angst stand er starr auf dem Fleck. Er schaute dem Chinesen nur aus großen Augen entgegen und hob abwehrend beide Hände, als Suko auf ihn zuschritt.

»Bitte«, flüsterte er, »bitte... nicht...«

Suko lächelte nur. »Keine Angst, ich tue dir nichts, aber nur, wenn du vernünftig bist.«

Ugo nickte.

»Kannst du die Maschinen abstellen?«

»Ja.«

»Dann los.«

Der Mafioso drehte sich um. Suko beobachtete ihn genau. Er legte auch seine Beretta nicht aus der Hand, sogar während des Kampfes hatte er sie nicht losgelassen.

Ugo drückte einige Knöpfe und legte zwei Hebel um.

Das Summen wurde leiser.

Ein Erfolg? Suko hoffte es. Er packte Ugo an der Schulter und drehte ihn herum.

»Da du dich hier auskennst«, sagte er, »wirst du mich jetzt zu ihm bringen.«

Ugo erschrak. »Zu Morasso?«

»Ja.«

»Er wird uns töten!«

Suko grinste hart. »Das laß nur meine Sorge sein, Freund. So leicht stirbt man nicht. Vorwärts jetzt!«

Ich dämmerte dahin.

Die Phantasie gaukelte mir die schönsten Bilder vor. Eine warme Tropenlandschaft, einen herrlichen Sonnenuntergang, Meer. Wellen, sanftes Rauschen, das mich einlullte...

Und dann der Schmerz.

Ich spürte ihn noch, und er schoß von der Hüfte aus hoch durch meinen Körper.

Jemand lachte rauh, dann packten mich zwei Hände und drehten mich herum.

Mühsam öffnete ich die Augen. Die Wimpern waren eisverklebt, und mein Hemd bereits steif gefroren, so daß man es hinstellen konnte.

Ein fremdes Gesicht schaute mich an. Kalte Augen, ein zynischer Mund, eine breite Stirn.

Es war nicht Dr. Tod.

Aber ich vernahm dessen Stimme. »Lebt er noch?« fragte er.

»Schwach!«

»Gut, dann stellen wir ihn in die Kammer! Beeil dich, Renato!«

Der mit Renato Angesprochene bückte sich und hob mich hoch. Kaum lag ich auf seinen Armen, als Dr. Tod einen wilden Fluch ausstieß.

»Verdammt, es wird wieder warm. Hast du die Maschine abgestellt?«

»Nein!«

»Wer dann?«

»Ich weiß es nicht!«

Dr. Tod entschied sich innerhalb von Sekunden. »Stell du ihn in die Kammer, ich werde nachsehen!«

Ich hörte noch die Schritte des dämonischen Verbrechers, dann war ich mit diesem Renato allein.

Ich versuchte, mich zu bewegen.

Es ging nicht.

Nicht einmal die Fingerspitzen. Alles war erfroren. Und wenn er mich jetzt in die Kammer stellte, bekam ich den Rest.

Wie ein kleines Kind trug er mich auf seinen Armen durch den Raum. Seine Schritte dröhnten auf dem Boden. Die Echos hallten von den Wänden.

Ich konnte mich nicht bewegen. Mein Kopf lag in seiner Armbeuge, ich schaute ihn an, in seinem Gesicht regte sich kein Muskel. Er war brutal und abgebrüht bis ins Mark.

Wir erreichten die Tür.

Renato öffnete.

Dahinter der Gang mit den einzelnen Kältezellen.

Wir gingen vorbei, passierten die Eingefrorenen, erreichten die letzte Zelle.

Dort stand mein Name.

Er ließ mich zu Boden gleiten.

Ich konnte nichts machen. Ich war festgefroren, erledigt von dem grausamen Kälteschock.

Renato hatte einen Schlüssel, um die Tür zu öffnen. Er tat dies mit sicheren Bewegungen und dem Bewußtsein, daß jetzt nichts mehr schiefgehen konnte.

Ich krümmte mich zusammen, wollte mich zur Seite rollen, doch mein Körper machte nicht mit. Er reagierte nicht auf die vom Gehirn abgegebenen Befehle.

Renato zog die Tür der Kammer auf.

Mit einem saugenden Geräusch glitt sie nach außen.

Jetzt lag die Kammer vor mir.

Renato bückte sich und hob mich an.

Kein Muskel zuckte in seinem Gesicht. Es blieb völlig gleichgültig. Ich machte mich schwer, versuchte es jedenfalls. Es hatte keinen Zweck, ich war zu schwach.

Und da hörte ich die Stimme. »Laß ihn los, Bastard!«

Suko!

Himmel, das war Suko, der geschrien hatte.

Renato ließ mich los.

Hart fiel ich zu Boden, aber das war egal. Was weiter geschah, bekam ich kaum mit.

Ich hörte nur die Schüsse.

Hell peitschte die Beretta.

Ein Aufschrei. Renato stolperte, brach neben mir zusammen. Blut sickerte aus einer Brustwunde. Seine Augen brachen. Der Mafioso war tot.

Dann kniete Suko neben mir. Ich wollte ihm etwas sagen, konnte aber nicht sprechen, doch Suko wußte Bescheid.

Er rannte in den Eiskeller hinein, während ich auf dem Boden lag und nichts tun konnte.

Dann vernahm ich laute Stimmen, hörte Schüsse und wurde irgendwann bewußtlos.

Das Zimmer war hell. Sonnenlicht fiel durch das Fenster, traf mein Gesicht, wärmte es.

Ich schlug die Augen auf.

Zwei Männer saßen an meinem Bett.

Suko und der Kommissar.

Und beide lächelten.

»Was ist denn los?« fragte ich.

»Daß sie dich noch mal aufgetaut haben, ist ein Wunder«, erwiderte Suko.

»Wieso?«

Der Chinese berichtete, daß der Kommissar mit seinen Männern früh genug gekommen war und mich gerettet hatte.

»Und Dr. Tod?« fragte ich.

Suko hob die Schultern. »Er ist entkommen! Niemand weiß wohin«, erklärte der Kommissar.

Das hatte ich mir gedacht. So leicht war dieser Verbrecher nicht zu fassen. Ich konnte mich wieder auf einen harten Kampf gefaßt machen. Dr. Tod würde nie freiwillig aufgeben.

Er nicht...

ENDE

Verlies
der
Angst

Die beiden Lichtbahnen der Scheinwerfer fielen in sich zusammen und verlöschten.

Dunkelheit!

Allmählich kristallisierten sich die Geräusche des nächtlichen Waldes heraus.

Da raschelte es im Unterholz, da schrie klagend ein Käuzchen, eine Eule flatterte heran und strich dicht über das Wagendach hinweg. In ihrem Schnabel hing eine Maus.

Auch in deutschen Wäldern gibt es Raubtiere, die nachts ihre Beute schlagen.

Das alles wußten die beiden Männer zwar, doch es interessierte sie nicht. Sie hatten andere Sorgen. Sie blieben erst einmal in ihrem Mercedes-Caravan sitzen und beobachteten den Trampelweg, der parallel zur Westgrenze des Waldes verlief.

Alles blieb ruhig. Kein Mensch ließ sich blicken. Kein Verfolger, kein Agent oder Polizist.

Der Kerl auf dem Beifahrersitz lachte. »Sie haben es nicht gepackt, die verdammten Bullen. Und dabei wollten sie immer so schlau sein, so verflucht schlau!«

Sein Kumpan nickte, schwieg jedoch. Er war nicht so optimistisch, er hatte seine Erfahrungen mit der Polizei gemacht. Zehn Jahre seines bisher 40jährigen Lebens hatte er schon hinter Gittern gesessen. Die Zeit war bestimmt nicht angenehm gewesen.

»Wie lange sollen wir noch warten?« fragte der Mann auf dem Beifahrersitz. Er hieß Karl Wilden und trug eine dunkle Lederjacke, dessen Material bei jeder Bewegung knarrte.

Bodo Blau hob die Schultern. »Keine Ahnung. Ich steige erst aus, wenn die Luft rein ist.«

»Und woran merkst du das?« erkundigte sich Karl.

»Ich rieche so etwas.«

Karl Wilden griente. »Warst ja auch lange genug hinter Gittern.«

»Genau, da merkt man, wer falschspielt.«

Die Minuten verstrichen. Wilden rauchte eine Zigarette.

Bodo Blau achtete darauf, daß sein Kumpan die Zigarette in der hohlen Hand hielt, wenigstens deckte er die Glut ab.

Bodo fragte sich, ob er mit Wilden überhaupt einen so guten Fang gemacht hatte. Karl galt in der Branche zwar als äußerst brutal und abgebrüht, aber er brauchte für dieses Geschäft auch Nerven. Wer auffiel, ging unter. Die Hintermänner waren so stark, daß sie Killerkommandos befehligten und Versager abschießen ließen.

Im Waffengeschäft kannte man kein Pardon.

»Was ist los?« fragte Wilden, der bemerkt hatte, daß er angesehen wurde.

»Nichts.«

Wilden stieß den Rauch gegen die Frontscheibe und grinste nur. »Du ärgerst dich wohl, daß du mich mitgenommen hast, wie?«

»Unsinn.«

»Doch, doch, das spüre ich. Aber ich habe dir vorher gesagt, Bodo, du bist der Boß.«

»Dann ist es ja gut.« Bodo Blau öffnete die Tür. Kühle Luft drang in den Wagen.

»Jetzt schon?« fragte Wilden.

»Ja.«

Die Männer verließen den Mercedes. Behutsam drückten sie die Wagentüren zu.

Wilden überprüfte seine Waffe. Er hatte den schweren 45er Colt-Revolver in einem Holster am Gürtel stecken. Dort störte ihn das Gewicht nicht.

Bodo Blau trug eine flache FN-Pistole. Er war nie so schnell mit der Hand an der Waffe, aber wenn er schoß, dann traf er auch. Meist tödlich.

»Bleib du zurück«, sagte Bodo. In der Stille senkte er seine Stimme.

Karl nickte.

Der Trampelpfad am Waldrand bestand aus zwei Treckerspuren. Zwischen ihnen wuchs Gras. Es roch frisch in der Kühle der Nacht, und links des Wegs wuchs das Korn auf einem riesigen Feld seiner Reife entgegen.

Karl Wilden schaukelte wie ein alter Elefant daher. Er war der typische Großstadtmensch, der mit der Natur nicht viel im Sinn hatte. Im Dschungel würde er eingehen, doch im Häuserdschungel von Frankfurt fühlte er sich wohl. Da hatte er sich seine ersten Sporen verdient und in Hamburg dann weitergemacht.

Bodo Blau ging voraus. Sein Schritt war leichtfüßiger, und er hatte seine Augen überall. Als er stehenblieb, wäre Wilden fast gegen ihn gestolpert.

»Gib doch acht, du Roß!« zischte Blau.

Wilden knurrte nur.

Bodo hob den Arm und schwenkte ihn nach rechts, wo der Wald als eine dunkle Wand stand.

»Da müssen wir hinein.«

»Wenn du das sagst.«

»Reiß dich jetzt zusammen!« flüsterte Blau scharf. »Das hier ist kein Spaziergang. Schließlich bekommst du 5000 Mark für deinen Job. Und das ist verdammt viel.«

»Bei einem Überfall auf eine Sparkasse wäre mehr herausgesprungen.«

Bodo zeigte seine Zähne. »Sicher, aber dann hätten sie dich auch erwischt und eingelocht, bei deinem sprichwörtlichen Pech. Manchmal frage ich mich, warum ich dich überhaupt mitgenommen habe.«

»Weil du keinen besseren Fachmann finden konntest.«

Blau grinste. »Auch noch eingebildet.«

Dann ließ er seinen Kumpan stehen, ging nach rechts und schlug sich in das Unterholz.

Auf diesem Boden wuchs Mischwald. Es gab Fichten, Tannen, aber auch Buchen und Eschen. Der Boden war an einigen Stellen etwas sandig. Kein Wunder, sie befanden sich schließlich am Rand der Heidelandschaft.

Karl Wilden war größer als Bodo. Er mußte öfter den Kopf einziehen, um tiefhängenden Zweigen und Ästen auszuweichen. Manchmal brach er sie auch kurzerhand ab, und die knackenden Geräusche klangen im nächtlichen Wald doppelt so laut.

Blau wurde wütend. Er fauchte. »Stampf hier nicht durch die Gegend wie ein wilder Büffel. So hört man dich schon bis zum nächsten Dorf, verdammt.«

»Bin eben nicht Tarzan.«

»Das hat damit nichts zu tun. Reiß dich zusammen, das ist alles, was ich verlange.«

Wilden schwieg wütend. Er nahm sich aber vor, nie mehr in solch einen Job einzusteigen. Da holte er sich lieber ein paar Mädchen, die für ihn anschafften, während er an der Bar hockte und pokerte.

Fichtennadeln piekten in Wildens Gesicht. Nur mit Mühe unterdrückte er einen Fluch.

Je tiefer sie in den Wald eindrangen, um so weniger dicht standen die Bäume. Fast konnten sie ungehindert gehen, und Wildens Laune besserte sich.

Bodo Blau blieb hin und wieder stehen, um einen Blick in die Runde zu werfen. Dann nickte er jedesmal zufrieden, er befand sich auf dem richtigen Weg.

Karl Wilden verging die Zeit viel zu langsam. Als Blau endlich stehenblieb, atmete er auf.

»Wir sind da!« meldete Bodo.

»Wieso?«

»Siehst du denn nichts?« Bodo Blau deutete nach vorn. »Diese Erhebungen auf dem Waldboden.«

»Ja – stimmt.«

»Das ist das Versteck.«

Wilden grinste. »Was soll das denn?«

Blau ließ sich herab, seinem Kumpan eine Erklärung zu geben. »Das sind sogenannte Hünengräber. Sie stammen noch aus vorchristlicher Zeit. Die Heiden haben dort ihre Toten begraben.«

»Komme mir vor wie in der Schule.«

»Da hast du doch immer gefehlt«, spottete Blau.

Wilden stieß ihn an. »Los, geh schon, ich will endlich die Knarren sehen. Die scheiß Gräber können mir gestohlen bleiben. Wenn ich nur allein an den Rückweg denke, bin ich schon sauer.«

Bodo gab keine Antwort, sondern schaute sich um. Sie befanden sich auf einer Lichtung. Mehrere Hünengräber gab es hier. Sie wuchsen wie Buckel aus dem Boden und wirkten irgendwie fremd und nicht in diesen Wald gehörend.

Bodo war ein vorsichtiger Mann. Aus diesem Grunde hatte ihn die Polizei noch nicht erwischt, und deshalb fiel ihm auch die verdächtige Stille auf, die hier herrschte.

Die Tiergeräusche waren verstummt. Und selbst der Nachtwind war eingeschlafen.

Über der kleinen Lichtung lag eine seltsame Stille.

Bodo ging vor. Unter seinen Füßen knackten trockene Zweige. Fast wie Schüsse hörten sich die Geräusche an. Er schaute nach oben. Die Bäume bildeten ein Dach. Vom Himmel war nichts zu sehen. Es funkelte kein Stern, und auch der Mond war hinter dicken Nachtwolken verborgen.

Eine unheimliche Atmosphäre umgab sie.

Karl Wilden merkte davon nichts. Er war ein regelrechter Bauer. Ungeduldig scharrte er mit seinem Fuß. Wilden wollte den Job endlich hinter sich bringen. Er kümmerte sich einen Dreck um Stimmungen oder um die nächtlichen Geräusche des Waldes.

Bodo Blau zählte die Gräber. Er sah vier Hügel, rechnete dabei von links nach rechts, und auf dem zweitletzten Grab blieb sein Finger ruhen.

»Das ist es«, sagte er und ging los.

Wilden folgte ihm schnell. Als er die doch schweren Steine sah, begann er zu fluchen.

»Und die sollen wir alle abräumen?« knurrte er.

»Nicht alle. Wir legen nur den Eingang frei.«

»Meinetwegen.«

Die beiden Männer mußten um das Grab herumgehen, denn der Einstieg war zur Nordseite hin angelegt worden.

Jetzt machte sich Wilden sofort an die Arbeit. Die Aussicht auf eine rasche Rückkehr und auf das zu verdienende Geld beflügelte ihn. Er packte mit seinen Riesenpranken den ersten Stein und wuchtete ihn herum.

Fast wäre er Blau auf die Füße gefallen, er konnte gerade noch zur Seite springen.

»Paß doch auf!« zischte Bodo.

Karl Wilden sagte nichts, er machte weiter. Wieder räumte er einen großen Stein weg, dann den dritten.

Blau beobachtete nur.

Und er hatte ein komisches Gefühl.

Irgend etwas stimmte hier nicht. Da war was anders, er konnte es sich nicht erklären, aber die Gefahr schien um die beiden Männer herum zu lauern.

Seltsam . . .

Das Lachen seines Kumpans ließ ihn aufhorchen. »Ich hab' das Zeug!« meldete Wilden.

Bodo Blau drehte sich und sah Wilden am Boden liegen. Hände und Kopf waren innerhalb des Hünengrabes verschwunden, dann drehte er sich auf die linke Seite und zog ein längliches Paket hervor. Es war in Ölpapier gewickelt, und die Konturen der Gewehre zeichneten sich darunter ab.

Blau war sofort da und half Wilden, das Waffenpaket hervorzuziehen. »Ist die Kiste auch da?« fragte er.

»Gib mal die Lampe.«

Die hatte Blau an seinem Gürtel hängen. Er reichte Wilden die Leuchte in die Höhle hinein.

Seltsam kalte Luft strömte ihm entgegen. Er bekam eine Gänsehaut.

»Scheiße, die Kiste sehe ich nicht!« erklang Wildens dumpfe Stimme.

»Aber sie muß da sein.«

»Vielleicht weiter hinten. Das komische Grab ist ziemlich groß. Hätte ich nie gedacht.«

»Dann klettere doch hinein.«

»Für 5000 Piepen ist das aber das letzte«, beschwerte sich Karl Wilden, dann zog er noch mal seine Beine an, gab sich Schwung und verschwand.

Blau wartete.

Das seltsame Gefühl verstärkte sich, und hätte er geahnt,

was seinem Kumpan passierte, dann wäre er fluchtartig weggelaufen. So aber nahm das Schicksal seinen Lauf . . .

In der Kiste sollten Maschinenpistolen und Handgranaten liegen. Die Hamburger Unterwelt wartete auf die Waffen. Besonders eine Bande, die damit einen Krieg entscheiden wollte. Es ging um die Vorherrschaft auf der Reeperbahn, und da war man nicht zimperlich. Karl Wilden gehörte dieser Bande an. Wenn sie erst mal die Waffen hatten, dann konnten ihre Gegner, die verdammten Algerier, zusehen, wo sie blieben.

Der Grabeingang war ziemlich schmal. Dann aber ging es direkt in die Tiefe. Wilden leuchtete mit der Lampe und sah vor sich einen Schacht. Er war sauer. Wenn die Kiste da unten lag, würde es verflucht schwer werden, sie hochzuholen.

Er beugte sich vor, drehte den Arm und leuchtete in den Schacht hinein.

Im selben Augenblick geschah es.

Aus der Tiefe des Schachtes stießen zwei Hände nach oben und packten erbarmungslos zu. Sie fanden mit tödlicher Sicherheit den Hals des Verbrechers und schnürten ihm die Luft ab.

Wilden wollte schreien, doch nur ein Röcheln drang aus seiner Kehle. Seine Hände fuhren hoch, um den Würgegriff zu lockern. Dabei öffnete er zwangsläufig seine Finger. Die Lampe fiel und verschwand im Schacht.

Das Unbekannte zog und zerrte.

Wilden stemmte sich gegen den Griff, schlug mit den Fäusten, doch er hatte keine Chance.

Die eiskalten Würgefinger waren stärker.

Karl Wilden bekam das Übergewicht. Mit dem Kopf voraus, stürzte er in den Schacht hinein.

Er merkte kaum, daß sich die Finger von seiner Kehle lösten, krümmte sich jedoch instinktiv zusammen, so daß er nur mit der Schulter aufprallte und sich nicht das Genick brach.

Trotzdem hatte er das Gefühl, seine linke Schulter wäre auseinandergerissen worden.

Er stöhnte auf, wälzte sich herum und tastete nach seiner Waffe.

Wilden fand sie nicht. Sie mußte ihm während des Falls aus dem Gürtel gerutscht sein.

Jetzt war er waffenlos.

Irgendwo lag die Lampe. Ihr Schein fiel gegen eine Erdwand und leuchtete einen Teil der Höhle aus.

Es war ein regelrechtes Verlies. Aber kein leeres Verlies, denn Wilden sah seltsame Gegenstände, die ihn an Särge erinnerten oder Lagerstätten.

Vier insgesamt zählte er.

Seltsam daran war, daß diese Särge nicht aus Stein oder Holz bestanden, sondern aus Baumrinde und bootähnliche Maße hatten.

Wilden hatte sich in seinem Leben nie über Hünengräber und Bestattungsarten älterer Kulturen Gedanken gemacht, deshalb wußte er mit diesen Särgen auch nichts anzufangen.

Für ihn zählte einzig und allein, daß die Särge nicht leer waren.

Es lagen Gestalten darin.

Und was für welche.

Grausame Geschöpfe, eingetrocknet, mumifiziert, mit schlimmen Gesichtern und einer Haut versehen, die wie brüchiges Pergament schimmerte. Hier unten lebten Monster.

Dann hörte er eine Stimme.

»Du hast die Ruhe der Toten gestört, Eindringling. Dafür wirst du büßen!«

Die Stimme klang dumpf und grausam. Karl Wilden war klar, daß sie nicht spaßte.

Er spürte noch nachträglich die würgenden Hände um seinen Hals und die Druckstellen, die diese Klauen hinterlassen hatten.

Wilden bekam Angst.

Zum erstenmal seit langer Zeit spürte er dieses Gefühl. Dieses hier war eine Szene, die er nicht fassen konnte, die sein Verstand nicht zu analysieren vermochte, sie war zu schlimm, zu unwirklich und alptraumhaft.

Er stand hier einer Welt gegenüber, die es eigentlich gar nicht geben durfte.

Höchstens in Märchen oder Sagen . . .

Aber Märchen und Sagen entsprachen nicht den Tatsachen. Er befand sich mitten in einem deutschen Wald, zwar unter der Erde, aber dennoch . . .

Wildens Gedanken wurden abrupt unterbrochen, denn nun erhoben sich die Gestalten.

Die Donnerstimme war verstummt, dafür hörte Wilden das Schaben und Knistern, das von den unheimlichen Gestalten ausging, als sie ihre Särge verließen.

Wildens Herz raste. Der Schweiß stand ihm auf der Stirn, weit waren seine Augen aufgerissen, er zitterte am gesamten Körper. Seine Hand tastete umher, suchte nach der Waffe, und dann fanden die Finger das kühle Metall.

Sofort packte Karl zu.

Jetzt fühlte er sich etwas besser.

Er zog die Beine an, krümmte seinen Oberkörper und stöhnte, als er sich mit dem linken Arm aufstützte.

Die Waffe in seiner Hand zitterte. Plötzlich wurde der Revolver verdammt schwer, aber Wilden biß die Zähne zusammen.

Dann schoß er.

Eine Feuerblume stach aus dem Lauf. Seltsam dumpf klang der Abschuß in diesem Verlies tief unter der Erde, und die Kugel hieb durch den vorderen grauenhaften Körper.

Der unheimliche lebende Tote zuckte zusammen, wurde zurückgeschleudert, aber er blieb auf den Beinen. Das schwere Kaliber hatte ein Loch in seine Brust gerissen, war am Rücken wieder herausgetreten und in der Wand steckengeblieben.

Mehr geschah nicht.

Wilden schoß noch einmal, nahm sich diesmal ein zweites Monster als Zielscheibe, und er erlebte wieder das gleiche. Die Horror-Wesen waren nicht umzubringen.

Dann schlugen sie zurück.

Plötzlich waren sie über ihm. Wilden wollte sich erheben, doch das ließen sie nicht zu.

Sie warfen sich auf ihn.

Wieder waren die Hände da, die seine Kehle zudrückten. Andere faßten nach seinen Armen, fetzten seine Kleider auf. Karl Wilden spürte plötzlich die Schmerzen, sah das Blut.

Sein Blut . . .

Danach wußte er nichts mehr.

Bodo Blau wartete.

Minutenlang hatte er nichts von Karl gehört. Und das kam ihm seltsam vor.

Bodo trat bis dicht an den Eingang des Grabes und schaute in die Öffnung.

Von Karl war nichts zu sehen.

Er rief dessen Namen.

Keine Antwort.

Die Stille war beinahe grausam. Auch Bodo bekam es mit der Angst zu tun. Sollte seinem Kumpan etwas passiert sein? Hatte er sich vielleicht übernommen, indem er das Grab erforschen wollte? Was lauerte dort?

Unheil?

Vorsichtig und auch ängstlich schaute Bodo sich um.

Nichts – der Wald schwieg . . .

Keine Tierstimme, kein Rascheln, nicht einmal der Wind sang sein nächtliches Lied.

Für Bodo Blau war es zu still.

Und es stimmte einiges nicht.

Die ganze Atmosphäre schien vergiftet zu sein. Er fühlte sich beobachtet und wäre am liebsten weggelaufen, aber so etwas wie Pflichtbewußtsein überkam ihn. Er konnte seinen Kumpel nicht im Stich lassen.

Außerdem waren da noch die Waffen, auf die einige Leute in Hamburg warteten.

Bodo zog seine Pistole.

Noch einmal schaute er in das Grab hinein. Sie hatten leider nur eine Lampe mitgenommen, das rächte sich jetzt.

Ein dumpfes Geräusch drang an seine Ohren. Als hätte jemand tief unter der Erde geschossen.

Ein Schuß?

Sollte vielleicht Karl auf irgend etwas getroffen sein, das . . .

Seine Überlegungen stockten, denn gleichzeitig hatte er hinter sich ein Geräusch gehört.

Sofort sprang Bodo Blau auf die Füße und drehte sich um.

Der Stein eines anderen Hünengrabes war umgekippt und mit dumpfem Aufschlag zu Boden gefallen.

Aber wieso? Von selbst?

Daran glaubte Bodo nicht, und seine Zweifel wurden auch rasch bestätigt.

Der nächste große Stein fiel um. Er prallte auf den ersten, wobei es einen scheppernden Ton gab.

Bodo Blau stand wie festgewachsen. Das rechte Bein hatte er vorgeschoben, den Absatz des linken Fußes dabei fest in die Erde geklemmt.

Den rechten Arm hielt er ausgestreckt und in der Hand seine FN-Pistole. Der Finger lag am Abzug. Ein winziger Druck nach hinten nur, und er würde schießen.

Nun konnte er in das Hünengrab hineinschauen. Viel sah er dabei nicht. Nur einen dunklen Eingang.

Oder nicht?

Irgend etwas bewegte sich dort in der Dunkelheit des Grabeinganges. Aber was? Ein Mensch?

Bodo Blau traute sich keinen Schritt vor. Er dachte auch nicht an das Schicksal seines Kumpans, denn jetzt geriet er selbst in Gefahr.

Die Gestalt verließ das Grab.

Obwohl die Finsternis über der Lichtung lag, war es dort doch heller als innerhalb des Hünengrabes. Und Bodo Blau erkannte mit Erschrecken, daß vor ihm kein Mensch stand, sondern ein Monster.

Einen anderen Ausdruck fand er nicht. Der Unheimliche verließ die Ruhestätte und richtete sich jetzt auf.

Er war groß, viel größer als Blau.

Und er trug ein dunkles, zerfetztes Tuch um seinen Leib. Es erinnerte Bodo an einen Poncho.

Doch was war das für ein Kopf!

Ein grauenerregender Schädel mit Haaren darauf, die den Verbrecher an wirres, wild ineinander verschlungenes Wurzelwerk erinnerten. Soweit er erkennen konnte, schien das Gesicht länglich zu sein, mit einem fliehenden Kinn und einer unterentwickelten Nase versehen. Die Haut erinnerte an brüchige Rinde und knisterte bei jeder Bewegung.

Diese Gestalt war eine Figur aus einem Alptraum. Es durfte sie gar nicht geben.

Und doch bewegte sie sich auf Bodo Blau zu. Sie war bewaffnet. In der rechten Hand hielt sie einen stockähnlichen Gegenstand, der weiß leuchtete und mit seltsamen roten Zeichen bemalt war.

»Frevler!« donnerte die Stimme des Monsters. »Du hast den Frieden der Toten gestört. Deshalb wird dich die Rache Thors treffen. Ich bin Sadin, der Wikinger, der Hüter der Toten, und wehe dem, der sie in ihrer Ruhe stört. Er wird vernichtet!«

Die Worte trafen Bodo Blau wie Keulenschläge, und er konnte es nicht fassen, weil ihm alles zu unglaublich erschien.

Erst als Sadin den rechten Arm hob und seinen Speer auf Bodo Blau richtete, da erwachte der Gangster aus seiner Erstarrung.

Er schoß.

Der Schuß peitschte durch den Wald und zerriß die Stille. Irgendwo flatterten erschreckt einige Vögel auf, und die Kugel aus der FN-Pistole hieb in die Brust des Totenwächters.

Doch sie tat dem Unheimlichen nichts. Sie riß zwar ein Loch, fuhr aber ansonsten in den Eingang des Grabes und blieb im Erdreich stecken.

Noch einmal feuerte Bodo Blau.

Mit dem gleichen Ergebnis.

Dann aber war es mit seiner Beherrschung vorbei. Auf dem Absatz machte er kehrt und rannte weg.

Er war so in Panik geraten, daß er nicht den normalen Weg zum Wagen nahm, sondern tiefer in den Wald hineinstürzte.

Da peitschten die Zweige sein Gesicht, rissen an der Kleidung und wollten ihn mit tausend Fingern aufhalten.

Sadin aber lächelte.

Seine Pergamenthaut knisterte dabei, der Hüter der Toten wußte genau, daß ihm der Mann nicht entkam.

Sadin hob den rechten Arm!

Plötzlich verwischten die Zeichen auf dem weißen Speer, sie liefen ineinander und wurden zu einer gelbroten Farbe.

Sadin schleuderte seine Waffe.

Der Speer beschrieb einen Bogen und wurde, allen Naturgesetzen zum Trotz, schneller statt langsamer. Geschickt umkurvte er Baumstämme, huschte als feuriger Gruß zwischen Ästen und Zweigen hindurch und fand mit tödlicher Genauigkeit sein Ziel.

Den Rücken des Flüchtenden.

Bodo Blau, der Verbrecher aus der Hamburger Unterwelt, spürte einen beißenden Schmerz im Rücken, der sich wellenartig bis in sein Hirn fortpflanzte.

Unsichtbare Hände rissen ihm die Beine weg. Er stürzte schwer. Sein Kopf wühlte sich in das feuchte Erdreich. Dreck verklebte Mund, Augen und Nase.

Doch davon merkte Bodo nichts mehr.

Er war bereits tot.

Der Speer aber löste sich aus seinem Rücken, drehte einmal um die eigene Achse und fand seinen Weg zurück.

Genau in die Hand des Mörders.

Zurück blieb nur ein Körper, der so aussah wie die Toten aus den Hünengräbern ...

Der Holzstapel war ziemlich wacklig. Trotzdem hatte Kommissar Mallmann auf ihm Platz genommen, denn von hier aus hatte er einen guten Blick zum Waldrand hin.

Mallmann war nicht allein gekommen. Ein Beamter aus Lüneburg hatte ihn begleitet. Wachtmeister Ronald Hansen.

Er lehnte an Mallmanns Manta GT/E und hatte Mühe, nicht einzuschlafen. Am liebsten hätte er sich Streichhölzer unter die Pupillen geklemmt, aber diese Blamage wollte er sich vor einem hohen Beamten des BKA nicht geben.

Worum ging es? Um Waffen. Der Kommissar verfolgte die Spur eines deutschen Waffenhändlers, der groß ins Geschäft eingestiegen war und überall in Deutschland seine Lager hatte. Auch in der Lüneburger Heide.

Durch einen Spitzel hatte Mallmann den Tip erhalten, daß in dieser fraglichen Nacht zwei Männer erscheinen würden, um die Waffen abzuholen. Experten zählten diese Männer zur Hamburger Unterwelt, und wenn sie die Waffen in die Hand bekamen, konnte das für Hamburg einen Bandenkrieg bedeuten. Darüber war keiner erfreut, erst recht nicht die Polizei oder verwandte Dienststellen.

Und deshalb war Mallmann unterwegs.

Für ihn war es der erste Fall nach einer Kette von Abenteuern, die er im Harz und am Südpol erlebt hatte. Dort war es zwischen John Sinclair, seinem Freund, und dem Schwarzen Tod zu einem letzten Duell gekommen, das der Geisterjäger für sich entscheiden konnte. Auch Kommissar Mallmann war darin verstrickt gewesen und ebenfalls seine tote Frau, deren Geist der Schwarze Tod an sich gerissen hatte. Mallmann war noch einmal mit Karin konfrontiert worden, und er hatte sie dann erschossen, weil er keine andere Möglichkeit mehr sah.

Ein Schock für den Kommissar, den er nur schwerlich hatte überwinden können. Er war wahrhaftig ein vom Schicksal schwer geprüfter Mensch, und so manches Mal war er in den einsamen Nächten regelrecht verzweifelt.

Doch dann dachte er an seine Freunde, und dieses Wissen gab ihm wieder neuen Mut. Will Mallmann war schon so weit gewesen, den Kram einfach hinzuwerfen, es folgten lange Telefongespräche mit London, und John Sinclair hatte es geschafft, ihn wieder zu überreden.

Zudem hatte der Kommissar einen wirklich verständnisvollen Vorgesetzten, dem es langsam auch einging, daß es Dinge zwischen Himmel und Erde gab, die mit der normalen

Schulweisheit nicht zu erklären waren. Denn sein Mitarbeiter hatte schon zuviel erlebt, und seine Berichte lagen in den Panzerschränken des BKA. Die Zeit war noch nicht reif, um die Menschen an den Ereignissen teilhaben zu lassen.

Diese Gedanken schwirrten dem Kommissar durch den Kopf, als er auf dem Holzstapel saß. Er hielt ein Nachtsichtglas gegen die Augen gepreßt. Infrarotlicht machte die Dunkelheit fast zum Tag.

Die beiden Beamten wußten nicht, ob die Männer schon da waren, denn so nah hatten sie sich nicht herangetraut. Sie wollten nicht gesehen werden, sondern die Kerle auf frischer Tat ertappen.

Es war ein riskantes Unterfangen. Aus diesem Grunde hatte der Kommissar auch einen 30jährigen Junggesellen mitgenommen.

Ronald Hansen galt als Draufgänger. Er hatte bei der Bundeswehr eine Ranger-Ausbildung mitgemacht und als bester seines Teams abgeschnitten. Nach der Entlassung war er zur Polizei gegangen und auch schon in der Terroristenfahndung eingesetzt worden.

Fünf Tage Nachtdienst lagen hinter ihm. Die warfen auch den stärksten Ochsen um.

Deshalb das viele Gähnen.

Ronald Hansen hob den Kopf und fragte: »Immer noch nichts, Herr Kommissar?«

»Nein.«

»Die Kerle lassen sich verdammt Zeit!«

»Da sagen Sie was.«

Hansen hängte sich die UZI, eine Maschinenpistole, bequemer über die rechte Schulter und ging ein paar Schritte. Er hatte Angst gehabt, festzuwachsen, außerdem tat das den Knochen mal ganz gut.

Der Wachtmeister spazierte um den Wagen und gähnte wieder. Er war überdurchschnittlich groß, etwa 1,90 Meter. Hinter seinen breiten Schultern konnte sich der schwarzhaarige Kommissar mit der gebogenen Römernase und der leichten Halbglatze verstecken. Das blonde Haar des Wacht-

meisters war kurz geschnitten, und mit seinem hellen Kinn-
bart sah er aus wie ein alter Seemann.

»He, Hansen!« Die zischende Stimme des Kommissars
schreckte den Wachtmeister hoch. »Ich glaube, da tut sich was.«

»Sind die Kerle da?«

»Ja.«

»Und wo?« fragte Hansen.

»An der Lichtung.«

Der Wachtmeister schaute zu Mallmann hoch. »Soll ich zu
Ihnen auf den Stapel klettern?«

»Nein, lassen Sie mal.« Will ging in die Knie, stützte sich
mit einer Hand ab und sprang vom Stapel auf den Boden.
Dann stand er neben dem hünenhaften Wachtmeister. »Kommen Sie, Hansen, aber vorsichtig. Die Typen sind bestimmt
bewaffnet.«

Der Wachtmeister und der Kommissar schritten los. Will
wunderte sich, wie lautlos sich der massige Hansen doch bewegte. Er war wirklich ein Könner und hatte in der Bundeswehr gut gelernt. Zielsicher fand er immer die Stellen, wo er
am wenigsten Lärm machte. Kaum ein Zweig knackte unter
seinen Füßen.

Mallmann hielt sich dicht neben dem Mann. Er wagte es
nicht, die Lampe einzuschalten, blieb jedoch stehen und hob
sein Glas an die Augen.

Der Blickwinkel war schlecht. Viel konnte er von der Lichtung nicht erkennen, aber er glaubte, daß einer der Kerle verschwunden war.

Wohin?

Mallmann dachte an die Hünengräber, die er durch sein
Glas gesehen hatte. Sollten die Kerle dort vielleicht ihre Waffen finden? Durchaus möglich, denn die Hünengräber konnte man als ideale Verstecke bezeichnen, auch wenn das Öffnen einer Kulturschande gleichkam.

Aber daran würden sich keine Gangster halten.

Der Kommissar wußte genau, wie wichtig sein Auftrag
war. Ein Bandenkrieg in Hamburg war das letzte, was ihm
noch passieren konnte. Dann brannte die Reeperbahn. Mall-

mann kannte die Leute, sowohl die Einheimischen als auch die Algerier, und die würden keine Gnade kennen.

Daß alles anders kommen sollte, daran dachte der gute Will Mallmann nicht im Traum.

Auf frischer Tat ertappen, das hatten die beiden Männer vor. Die Polizisten wollten den verdammten Gangstern endlich einmal etwas beweisen, damit sie hinter Gitter kamen.

Plötzlich peitschten Schüsse.

Zweimal hintereinander krachte eine Waffe.

Abrupt blieben Mallmann und Hansen stehen.

Der Wachtmeister nahm seine UZI von der Schulter. Hart umklammerten die Fäuste den Waffenstahl.

Auch Mallmann zog seine Dienstpistole. Bevor die Männer jedoch weitergingen, hörten sie Schritte.

Schnelle, laufende Schritte.

Als würde jemand fliehen.

Im nächsten Augenblick flog etwas Brennendes, Glühendes durch die Luft. Eine Stimme hallte auf, doch Will und Hansen konnten nicht verstehen, was sie sagte.

Danach wurde es still.

Tödlich still.

»Da ist was geschehen!« flüsterte Mallmann.

Trotz des Vorfalls waren die beiden Männer übervorsichtig. Diesmal ging Mallmann voran.

Zehn Schritte weiter blieb er wie vor eine Wand gelaufen stehen. Auf dem Boden lag eine Gestalt.

Ein Mann, das war noch zu erkennen.

Doch wie sah er aus!

Etwas mußte ihn grausam überrascht haben. Als hätte es vom Himmel Feuer geregnet, so lag die verkrümmte Gestalt auf dem Boden des Waldes. Sie war geschrumpft.

»Mein Gott«, flüsterte Hansen.

Mallmann ging in die Knie. Auch ihn schauderte es, und er tastete vorsichtig und behutsam mit den Fingerspitzen über den am Boden liegenden Mann.

Die Haut fühlte sich trocken und spröde an. Wie Rinde oder Pergament. Mumienartig.

Was war da geschehen?

»Ist er tot?« fragte Hansen überflüssigerweise.

»Ja.« Die Antwort klang rauh.

»Und jetzt?«

»Haben Sie die Stimme nicht gehört?« fragte der Kommissar.

»Ja.«

»Da muß noch irgend jemand hier herumlaufen«, erwiderte Kommissar Mallmann. »Sehen wir nach. Aber vorsichtig.«

Sie näherten sich der Lichtung. Dabei vermieden sie es tunlichst, ein Geräusch zu verursachen.

Am Rand blieben sie stehen.

Beide sahen sie die Hünengräber, und auch die umgekippten großen Steine.

Jemand hatte versucht, ein Grab zu schänden.

Nichts regte sich. Keine Gestalt befand sich auf dem alten Waldfriedhof. Alles war still.

Und trotzdem spürte Mallmann das Grauen, das über diesem Platz lag. Er hatte die Leiche gesehen und war erfahren genug, um zu wissen, daß es bei deren Tod nicht mit rechten Dingen zugegangen war.

Nicht mit rechten Dingen!

Genau das war es.

Will Mallmann überlegte. Sollte er durch Zufall über einen Fall gestolpert sein, der in Dimensionen hineinspielte, für die die normale Polizei gar nicht zuständig war?

Hünengräber? Was wußte man schon davon? Kaum etwas. Die Totenkulte vorchristlicher Völker waren ebenso rätselhaft wie geheimnisvoll.

Ronald Hansen flüsterte: »Sollen wir die Lichtung nicht näher untersuchen?«

Mallmann war einverstanden.

Mit schußbereiten Waffen betraten sie den freien Platz im Wald. Sie schauten sich um, suchten nach Kampfspuren, doch konnten keine entdecken.

»Es waren aber zwei«, meinte der Wachtmeister.

»Sicher.«

»Und wo ist der andere?«

»Vielleicht in einem der Gräber.«

»Dann sollten wir nachsehen.« Hansen wollte vorangehen, doch Will hielt ihn fest.

»Nein, wir sehen jetzt nicht nach.«

»Und warum nicht?«

»Weil es zu gefährlich ist.«

»Unsinn«, widersprach Hansen. »Wir sind bewaffnet und können uns schon wehren.«

»Nicht gegen diese Gegner.«

»Welche meinen Sie, Kommissar?«

»Das erkläre ich Ihnen später. Lassen Sie uns zum Wagen zurückgehen.«

»Und den Toten?«

»Nehmen wir mit.«

Der Wachtmeister schüttelte den Kopf. Er verstand die Reaktion des Kommissars nicht, aber was sollte er sich deswegen Gedanken machen, den Einsatz leitete schließlich Mallmann.

Sie hoben den Toten an, und beide Männer wunderten sich, wie leicht die Leiche war.

Als hätte man sämtliche Flüssigkeit aus ihrem Körper gesaugt.

Sie trugen den Mann durch den Wald zu Mallmanns Manta. Haut rieselte zu Boden, und Knochen kamen zum Vorschein.

Man sah es Hansens Gesicht an, daß ihm der Job keinen Spaß mehr machte. Zudem überlegte er, wie es geschehen konnte, daß dieser Mann so verbrannt war.

Aber solange Will Mallmann nichts sagte, würde er auch keine Fragen stellen. Und der Kommissar schien mehr zu wissen. Manchmal warf der Wachtmeister ihm einen verstohlenen Blick zu. Er merkte, wie es hinter der Stirn des Kommissars arbeitete. Mallmann schien schwere Probleme zu wälzen.

Das war in der Tat so.

Der Kommissar dachte über dieses Phänomen nach. Er

hatte bewußt nicht weiter geforscht, denn er war waffenlos und völlig unvorbereitet. Wenn jemand etwas unternehmen konnte, dann war es ein anderer. So schnell wie möglich wollte er John Sinclair Bescheid geben, und den Wachtmeister Hansen mußte er zum Schweigen vergattern, damit nichts von dem, was geschehen war, an die Öffentlichkeit gelangte.

Sie erreichten den Manta.

Feucht schimmerten Lack und Scheiben. Der Tau der Nacht hatte sich auf ihnen abgesetzt.

Sie ließen die Leiche zu Boden sinken. Will Mallmann öffnete den Kofferraum. Er räumte einiges an Werkzeug zur Seite, nickte dem Wachtmeister zu, und gemeinsam legten sie den Toten in den Wagen.

Mallmann schloß den Deckel.

Hansen holte eine Zigarettenschachtel aus der Tasche und zündete sich ein Stäbchen an.

»Darf man etwas fragen?«

»Am besten nicht«, erwiderte der Kommissar und nahm hinter dem Lenkrad Platz.

»Geheimnisträger, wie?«

»So ungefähr.« Mallmann fuhr noch nicht, er schaute den Wachtmeister nur an. »Ich darf Sie wirklich bitten, kein Wort über das verlauten zu lassen, was Sie eben erlebt und gesehen haben. Es ist wirklich besser und in unser aller Interesse.«

Hansen nickte.

Mallmann fuhr an. Er wendete und lenkte den Manta über einen schmalen Waldpfad zurück. Der Boden war uneben. Die Lichtlanzen der Scheinwerfer tanzten auf und nieder, berührten Bäume, Sträucher und verfilztes Unterholz.

Dann erreichten sie den Weg, der an der Waldgrenze entlanglief und nach einigen hundert Metern in eine Straße mündete.

Das nächste Dorf lag rechts. Dort hatten sich der Kommissar und der Wachtmeister einquartiert.

Sie fuhren durch die Dunkelheit. Auch im Dorf brannte kaum ein Licht. Nur wenige Straßenlaternen spendeten

Licht. Will Mallmann fuhr auf den kleinen Parkplatz des Gasthauses.

Als er stoppte, fragte Ronald Hansen: »Und was geschieht mit der Leiche?«

»Die bleibt vorerst im Wagen.«

»Wirklich?«

»Ja.«

»Aber warum?«

»Das werde ich Ihnen vielleicht später erklären. Noch einmal, zu keinem ein Wort.«

»Sie können sich auf mich verlassen.«

Will Mallmann betrat sein Zimmer. Dann ging er hinunter in die Gaststube. Der Wirt hatte in der Zeitung gelesen und nahm einen Nachttrunk zu sich.

»Ich möchte telefonieren«, sagte der Kommissar.

»So spät noch?«

»Ja, es ist wichtig.«

»Bitte sehr.«

Will Mallmann nahm das Telefon und wählte eine Nummer in London . . .

Eine warme Frühlingssonne lag über der Bundesrepublik Deutschland, und verdammt noch mal, die Sonne tat mir gut. Ich suchte sogar ihre Strahlen und stellte mich dabei so hin, daß sie mein Gesicht trafen.

Kein Wunder, nach dem, was ich alles hinter mir hatte.

Im heißen Sizilien war ein alter Feind wieder aufgetaucht. Dr. Tod. Und dieser Genieverbrecher hätte es fast geschafft, mich in einen Eisklumpen zu verwandeln.

Schlicht gesagt, er wollte mich einfrieren.

Mein Leben hatte ich Suko zu verdanken. Und auch Kommissar Bartholo. Hätten die beiden nicht so umsichtig, schnell und auch unbürokratisch gehandelt, wäre Dr. Tod wahrscheinlich den berühmten Schritt weiter gewesen.

So aber wurde ich noch einmal gerettet.

Im Krankenhaus von Palermo »taute« man mich dann auf.

Drei Tage hatte ich in der Klinik gelegen und alle möglichen Versuche über mich ergehen lassen. Ein dutzend Mal war aus London angerufen worden. Mein Chef, Sir Powell, war sehr besorgt und ebenso Bill Conolly oder Jane Collins.

Ich hatte die Freunde beruhigt und freute mich schon auf London, als der Anruf erfolgte.

Mitten in der Nacht weckte mich Kommissar Mallmann. Was er berichtete, klang gar nicht gut.

Aus London hatte er schon das Okay, fehlte nur noch meine Zustimmung. Daß er sie erhielt, war klar, und so kam es, daß wir nicht in England landeten, sondern in Hannover.

Den Flughafen kannte ich. Er war auch die Ausgangsstation für meinen Kampf gegen den Schwarzen Tod gewesen. Das lag noch gar nicht lange zurück.

»Träumst du?« fragte Suko mich.

»Nein, ich genieße nur die Sonnenstrahlen.«

»Da drüben steht übrigens der Kommissar.«

Ich öffnete die Augen. In der Tat stand Mallmann mit zwei Offizieren des Sicherheitsdienstes zusammen. Er redete mit ihnen und zeigte in unsere Richtung.

Die Männer nickten.

Mallmann kam heran, lächelte und winkte uns. Ein Zeichen, daß wir keinerlei Kontrollen mehr über uns ergehen zu lassen brauchten.

Ich sah es dem alten Spezi an, wie sehr er sich freute. Er umarmte Suko und mich und klopfte fast unsere Schultern wund.

»Kalt bist du nicht mehr«, sagte er.

»Woher weißt du denn, daß ich . . .«

Will winkte ab. »Es spricht sich halt herum, wenn man einen John Sinclair einfrieren will.«

»Als Hähnchen eignet er sich nicht«, spaßte Suko.

Dafür kassierte er von mir einen freundschaftlichen Rippenstoß.

»Fahren wir sofort los?« fragte ich.

»Wenn du nichts dagegen hast, ja«, erwiderte der Kommissar des BKA.

Ich hatte nichts dagegen.

Wills Manta stand in einer schmalen Parktasche. Die Uhr war gerade abgelaufen, als wir in den Wagen stiegen. Die Sonne hatte das Innere aufgeheizt, aber mir tat die Wärme gut. Kein Wunder bei dem, was hinter mir lag.

Suko hatte das Gepäck mit in den Fond nehmen müssen, denn der Kofferraum war belegt, wie Will Mallmann uns erklärte.

Mallmann fuhr aus der Parklücke. »Ihr hättet auch in Hamburg landen können«, bemerkte er, »das wäre näher gewesen.«

»Weiß ich, aber zeitlich lag Hamburg nicht so günstig wie Hannover.«

Er schaute mich an. »Euch hole ich sogar vom Ende der Welt ab.«

»Siehe Südpol«, grinste Suko.

»Genau.«

Mallmann fuhr wieder rasant. Er war kein wilder Fahrer, aber auch kein Kriecher. Der Manta schoß in die Auffahrt der Autobahn ein, wo ein blaues Schild auf die Stadt Hamburg hinwies.

Diese Ecke von Deutschland kannte ich noch nicht. Mein letzter Fall hier hatte mich bekanntlich in den Harz geführt.

Will erzählte während der Fahrt, wie er die zurückliegenden Wochen verbracht hatte. Und immer wieder kam er auf seine tote Frau zu sprechen, die ihm als Untote erschienen war, besessen von dem Willen, das Sinclair-Team zu töten. Sie hatte es nicht geschafft, dafür aber hatte Will Mallmann seine Frau endgültig getötet.

Es war für ihn ein schwerer Schock gewesen, und er hatte lange gebraucht, um wieder einen normalen Rhythmus zu finden. Völlig darüber hinwegkommen würde er wohl nie.

»Myxin ist noch immer verschollen«, erzählte ich ihm.

»Wo?«

»Keine Ahnung. Ich wollte ihn aus Asmodinas Reich herausholen, doch da spielte die Teufelstochter nicht mit. Hinterher war ich froh, noch am Leben geblieben zu sein.«

»Glaubst du denn, daß er sich völlig auf unsere Seite gestellt hat?«

Ich hob die Schultern und schaute aus dem Fenster. Wir
fuhren über eine Brücke. Darunter schimmerte das Wasser
eines Flusses.

»Das ist die Aller«, erklärte der Kommissar.

Ich nickte. »Eigentlich bleibt es gleich, ob sich Myxin auf
unsere Seite stellt oder nicht«, sagte ich. »Für ihn persönlich
ist es allerdings besser, wenn er sich nicht mit seinen früheren
Artgenossen umgibt. Die stehen gegen ihn. Und jetzt ist noch
einer dazugekommen, den man auf keinen Fall unterschät-
zen darf. Dr. Tod. Wie gefährlich er ist, habe ich in Palermo
erlebt.«

»Aber du hattest ihn doch schon mal besiegt«, warf der
Kommissar ein.

»Klar, aber sein Geist existierte noch.«

»Im Reich des Spuks?«

»Genau.«

Mallmann schlug gegen den Lenkradring. »Das stellt wieder alle Prognosen auf den Kopf. Es hieß doch, daß keine Seele freigelassen würde, wenn sie einmal in diesem Reich gefangen war.«

»Daran wird Asmodina gedreht haben. Sie ist nicht umsonst die Tochter des Teufels. Und Dr. Tod wird ihr seine
Dankbarkeit beweisen, indem er alles für sie tut.«

»In dem neuen Fall hat Dr. Tod sicherlich nicht seine Hand
im Spiel«, meinte er Kommissar.

»Was macht dich so sicher in deinem Glauben?«

Mallmann fuhr auf die rechte Seite, weil hinter uns ein
schnellerer Wagen heranbrauste. Ein roter Porsche. Wie ein
Blitz war er vorbei.

»Könnte direkt Bill Conolly sein«, meinte Will.

Ich wiederholte meine Frage.

»Was ich erlebt habe, sieht mir nach einem direkten Angriff
der Dämonen aus«, erklärte Mallmann.

»Dr. Tod kann mit Dämonen zusammenarbeiten.«

»Trotzdem, über dieser Lichtung liegt ein alter Fluch. Wir

sind mit einem Heimatkundler verabredet, der kann uns mehr über die Gräber, deren Entstehung und den Fluch berichten.«

»Dieser Verbrecher ist also verbrannt«, nahm ich den Faden wieder auf.

»Ja.«

»Und wo ist seine Leiche?«

»Rate mal«, sagte der Kommissar.

»Weiß ich doch nicht.«

»Im Kofferraum!«

Ich riß die Augen auf und produzierte ein glucksendes Geräusch. Dann fragte ich: »Verhört habe ich mich doch nicht, oder?«

»Nein.«

»Also deshalb durften wir das Gepäck nicht hineinstellen.«

»Richtig, wo hätte ich ihn denn lassen sollen?« fragte er. »Im Gasthaus des Dorfs, in dem ich wohne? Oder bei der Feuerwehr?«

»Nein, nein, es macht dir ja keiner einen Vorwurf«, sagte ich und schlug ihm auf die Schulter.

»Wir müssen sowieso vorsichtig sein, damit die Bewohner des Ortes nichts merken«, sagte der Kommissar. »Sie sind sehr abergläubisch, habe ich mir sagen lassen, und es kann schnell zu einer Panik kommen.«

»Hast du denn schon einen Plan?« fragte ich den Kommissar.

»Ja, ich meine, wir sollten uns sofort diese Hünengräber anschauen. Das ist am besten.«

»Nur anschauen?« fragte Suko.

»Nein, auch hineingehen.«

Ich wandte mich an den Kommissar. »Du rechnest also damit, in den Hünengräbern auf einen Rest Schwarzer Magie zu treffen?«

»Nicht nur auf einen Rest, sondern auf konzentrierte Schwarze Magie. Ich habe ein ungutes Gefühl, Freunde.«

»Wer da begraben ist, weißt du nicht?«

Will schüttelte den Kopf. »Aber das wird uns dieser Heimatforscher erklären.«

Der Kommissar war die letzte Zeit auf der rechten Seite gefahren, jetzt zog er den Manta wieder nach links. Wie ein Brett lag der Wagen auf der Straße. Will überholte einen Granada und hörte plötzlich, genau wie wir, das Pfeifen.

Suko drehte sich um. »Verdammt«, sagte der, »der Kofferraum ist offen!«

Sofort warf ich einen Blick zurück. Ich schaute durch die Heckscheibe. Suko hatte nicht gelogen. Der Deckel war tatsächlich hochgeschwungen.

Will Mallmann konnte jetzt nicht rechts ran, weil er eine Lastwagenschlange überholte.

»Wer hat den verdammten Deckel hochgeklappt?« fluchte Will Mallmann.

»Ich nicht.« erwiderte Suko.

Da kam eigentlich nur eine Person in Frage.

Die verbrannte Leiche.

Ich hatte den Gedanken kaum zu Ende gedacht, als ich das mumienhafte Geschöpf auch schon sah. Wie ein Geist kletterte er aus dem Kofferraum, schwang sich geschickt auf den Deckel und drückte ihn zurück.

Dann hing das Monster an der Heckscheibe.

Ich sah die Fratze, die Pergamenthaut, die so verbrannt wirkte, und die toten Augen.

Will Mallmann fuhr noch immer links. »Fahr du weiter!« rief ich ihm zu. Ich zuckte zusammen, als das Monster den Arm hob und mit einem Schlag die Heckscheibe zertrümmerte . . .

Das laute Kindergeschrei hallte durch den hellen Klassenraum. Seit zwei Jahren hatte der Ort eine neue Schule, ein modernes Gebäude, in dem alle Klassen der Grundstufe ihren Platz fanden.

An diesem Tag waren die ersten drei Schuljahre zusammengefaßt. Nach der dritten Stunde sollte es in den Wald gehen. Die beiden Lehrpersonen wollten den Kindern die Pflanzen der Heimat zeigen und somit einen Naturkundeunterricht im Freien abhalten.

Das Wetter war ideal.

Strahlender Sonnenschein. Das Land glänzte wie frisch gewaschen. In den Gärten blühten die Obstbäume in farbiger Pracht. Die Laune der Menschen war besser geworden.

Und auch die Kinder freuten sich.

Die etwas älteren – vor allen Dingen die Jungen – gingen über Tische und Bänke. Die Kinder aus dem ersten Schuljahr saßen verschüchtert in der Ecke und schauten zu, wie sich ihre Kameraden prügelten.

Zwei Jungen lagen sogar unter dem Tisch.

Ein kleiner Blondschopf hielt Wache. Er stand an der Tür und peilte um die Ecke in den breiten Gang mit den hohen, lichterfüllten Fenstern. Wenn der Lehrer kam, würde er Bescheid sagen.

Noch war von ihm nichts zu sehen, dann aber wurde die Tür zum Lehrerzimmer aufgezogen und Rolf Hartmann erschien.

Der Blondschopf wetzte in die Klasse. »Er kommt! Er kommt!«

Blitzschnell lösten sich die beiden Kämpfer. Andere sprangen über Tische und Stühle, um zu ihren Plätzen zu gelangen. In Sekundenschnelle saßen die Kinder ruhig da, als könnte keines ein Wässerchen trüben.

Rolf Hartmann schmunzelte, als er das Klassenzimmer betrat. Er kannte seine Pappenheimer, zudem war er früher nicht anders gewesen. Und so lange lag seine Schulzeit nicht zurück.

Rolf Hartmann war 28 Jahre alt, stand seit zwei Jahren im Schuldienst, stammte aus Lüneburg und fühlte sich im Gegensatz zu vielen seiner Kollegen auf dem Lande recht wohl. Gerade die Heidelandschaft hatte es ihm angetan. Für ihn gab es keinen schöneren Platz auf der Welt.

Er war auch nicht so streßgeplagt wie seine Kollegen in

den großen Städten, bei ihm wurde viel gelacht. Er wollte die Kinder zu fröhlichen Menschen erziehen und nicht zu engstirnigen Ideologen.

Rolf Hartmann lächelte meistens, und auch seine Augen hinter der Goldrandbrille funkelten.

Der junge Lehrer schloß die Tür, ging zum Pult und blieb davor stehen.

In dieser Schule saßen die Kinder noch vor ihrem Lehrer, in zwei Bankreihen, die durch einen Mittelgang getrennt waren. Vierzehn Paar Kinderaugen richteten sich auf den jungen Lehrer.

»Ihr wißt, daß die heutigen Stunden zwar nicht ausfallen, aber daß wir sie bei diesem schönen Wetter einmal anders verbringen wollen.«

Die Kinder nickten eifrig.

Rolf Hartmann fuhr fort: »Deshalb haben wir uns gedacht, einen Spaziergang durch den Wald und die Heide zu machen. Dabei können wir viel sehen, aber auch viel lernen. Blumen, Bäume, Pflanzen und auch Tiere unserer Heimat. Ich bin gespannt, wer von euch die meisten schon kennt. Da ihr sehr zahlreich seid, werde ich nicht nur allein mitgehen, sondern auch Fräulein Haupt.«

Gemurmel und Geraune wurden laut. Das Fräulein Haupt mochten die Kinder nicht besonders. Diese Lehrperson schien noch aus dem letzten Jahrhundert übriggeblieben zu sein. Sie war mager, hatte eine hohe Fistelstimme und hätte eigentlich schon pensioniert sein müssen, doch sie wollte sich von ihrem Beruf nicht trennen.

»Also, Fräulein Haupt wird mich begleiten, und ich möchte, daß ihr sie mit dem nötigen Respekt behandelt. Haben wir uns verstanden, Freunde?«

Nicken.

Auch Rolf Hartmann war unzufrieden. Ihm paßte es ebenfalls nicht, daß das ältliche Fräulein mitging, er hätte lieber die junge Referendarin dabeigehabt, aber das schien auch sein Vorgesetzter zu wissen, deshalb hatte man dem schnell einen Riegel vorgeschoben.

Der Lehrer hob beide Hände, und die Kinder wußten Bescheid. Sie standen auf und liefen zur Tür. Diesmal gesittet, auch die Großen schubsten die Kleineren nicht weg.

Bettina, ein siebenjähriges Mädchen, blieb vor ihrem Lehrer stehen und hielt ihre kleine Hand hoch. Der Kopf eines Gänseblümchens lugte aus der Faust.

»Das habe ich gepflückt«, sagte die Kleine. »Ich möchte es Ihnen geben.«

Rolf Hartmann beugte sich zu dem Mädchen hinab. »Danke, Bettina, das ist sehr, sehr lieb von dir. Wirklich, ich freue mich.« Er nahm die kleine Blume entgegen und steckte sie in ein freies Knopfloch seiner sportlichen Wildlederjacke.

Auf dem Schulhof wartete bereits Fräulein Haupt. Streng schaute sie durch ihre Brille. Sie trug festes Schuhwerk und hielt mit der rechten Hand den Griff eines Wanderstabes umklammert.

Auf ihre Anordnung hin mußten sich die Kinder aufstellen.

Sie zählte durch.

Als einer der älteren Jungen grinste, zog das Fräulein ihn an den Ohren.

Sie war eben so.

Die meisten Eltern dieser Schule waren schon zu ihr in die Klasse gegangen. Da hatte es oft Prügel gegeben, wie Fräulein Haupt manchmal erzählte.

Geschadet hatte es keinem, sagte sie.

Rolf Hartmann hielt nicht viel von diesen Methoden. Er versuchte mit Worten zu überzeugen, nicht durch Prügel.

Bevor er sich zu den Kindern begab, warf er noch einen Blick zum Fenster des Lehrerzimmers hinüber.

Dort stand Carola, die Referendarin, und lächelte. Sonnenstrahlen fielen durch die Scheibe und ließen ihr rotblondes Haar kupferfarben aufleuchten.

Rolf winkte, sie winkte zurück.

Fräulein Haupt schritt räuspernd auf den jungen Kollegen zu. »Carola Berners wäre Ihnen als Begleiterin sicherlich lieber gewesen, nicht wahr, Herr Hartmann?« fragte sie spitz.

Der Lehrer nickte. »Ich kann es nicht leugnen.«

Empört schnaufte das alte Fräulein auf. »Also so etwas. Was sollen denn die Kinder denken?«

»Bestimmt nichts Schlimmes. Außerdem wüßte ich nicht, was daran schlimm wäre, wenn sich zwei Menschen gern haben.«

»Ich habe nur für meine Schule gelebt«, erwiderte das Fräulein.

Danach sehen Sie auch aus, fügte Rolf Hartmann in Gedanken hinzu, hütete sich jedoch, ein Wort zu sagen. Dafür wandte er sich an die Kinder.

»Wir werden jetzt in Zweierreihen den Schulhof verlassen, und ich möchte euch bitten, immer dicht zusammenzubleiben, vor allen Dingen auf der Straße.«

Die Mädchen und Jungen nickten.

»Dann los!« rief Rolf Hartmann.

Und Fräulein Haupt wollte, daß die Kinder ein Lied anstimmten. Sie sangen dann »Im Frühtau zu Berge«.

Rolf Hartmann summte nur mit. Er freute sich über den Sonnenschein, zog schon bald seine Jacke aus und hängte sie sich über die linke Schulter.

Sie nahmen einen schmalen Weg, der auf der linken Seite von einer Rotdornhecke begrenzt wurde, und befanden sich schon am Rand des Dorfes. Zwei Kornfelder wurden von einem Feldweg geteilt, der auf die Bundesstraße mündete.

Singend gingen die Kinder weiter.

Nach einer halben Stunde Fußweg – sie schritten immer auf der linken Seite – erreichten sie den Wald.

Hier gab es die erste Pause.

Es wurde ein Kreis gebildet, und die Kinder durften sich hinsetzen. Hartmann nahm ebenfalls Platz, während Fräulein Haupt stehen blieb.

Es begann ein praktischer Biologie- und Naturkundeunterricht. Der Lehrer machte es locker, er sprach mit den Kindern, warf hin und wieder Fragen auf und erhielt auch immer korrekte Antworten.

Als eine der ersten Bienen vorbeiflog, redeten sie über das Volk der Insekten.

Die Kinder waren voll bei der Sache, so engagiert, daß sich Fräulein Haupt direkt überflüssig vorkam.

Sie wartete nur darauf, daß der junge Kollege einen Fehler machte, aber den Gefallen tat er ihr nicht.

Ein Junge fragte: »Wann geht es denn in den Wald, Herr Hartmann?«

Der Lehrer nickte und erhob sich. »Die Frage war gut, Volker. Damit hast du nämlich die erste Stunde beendet. Wir werden jetzt sofort in den Wald gehen, und dort gibt es etwas zu sehen, von dem ihr sicherlich schon gehört habt. Na, was ist es?«

Alle Finger fuhren hoch, die kleine Bettina durfte die Antwort geben.

»Das sind die Hünengräber, Herr Hartmann!«

»Richtig, Bettina. So, jetzt wird nicht mehr getrödelt, sondern auf mit euch.«

Die Kinder sprangen hoch, machten auf dem Absatz kehrt und liefen in den Wald hinein. Hier achtete Rolf Hartmann nicht so sehr auf Disziplin, außerdem konnte man bei diesen Wegen die Kinder nicht in Formation gehen lassen.

Die Kindergruppe und die beiden Lehrer schritten auf die Hünengräber zu. Und niemand von ihnen ahnte, welches Grauen ihnen noch bevorstand . . .

Sofort heulte der Fahrtwind in den Wagen. Er brachte zahlreiche Splitter mit, die sich in den Polstern festsetzten und mir gegen den Nacken flogen.

Will Mallmann fuhr schneller. Er durfte jetzt nicht anhalten, denn er befand sich noch immer auf der linken Seite und neben der Lastwagenschlange.

Ich kam schlecht nach hinten in den Fond, so schnell der Manta auch ist, geräumig hat man ihn innen nicht gebaut. So kämpfte Suko allein gegen die gräßliche Gestalt.

Aus welchem Grund sie zu einem untoten Dasein erweckt worden war, spielte jetzt keine Rolle. Für uns war wichtig, daß wir den Kampf nicht verloren und daß Will Mallmann am Lenkrad die Nerven behielt.

Ich konnte natürlich mein Kreuz nehmen und das Wesen damit vernichten, doch so einfach wollte ich es nicht machen. Vielleicht konnte uns dieser Untote noch Informationen geben.

Er attackierte Suko.

Mit seiner kleinen Faust schlug er zu, doch es war ein Schlag, der Sukos Deckung zerbrach.

Überrascht schrie der Chinese auf.

Im nächsten Augenblick hingen die Pranken des Monsters an seiner Kehle. Suko konnte keine Abwehrbewegung mehr machen, denn der Untote war zu schnell.

Und er hatte mörderische Kräfte. Zudem war der Raum im Fond eng. Suko konnte sich nicht so bewegen, wie er wollte. Momentan hatte sein Gegner die Überhand.

Der Chinese wurde in die Polster gedrückt. Er wuchtete ein Knie gegen den Untoten, keine Reaktion von dessen Seite.

Da zog Will endlich den Manta nach rechts rüber.

Er wurde auch langsamer, und wir hatten das Glück, auf einen Autobahnparkplatz rollen zu können.

Das Monster war stark.

Suko konnte nicht gewinnen. Er warf sich zwar hin und her, aber er konnte den Griff nicht lösen.

Suko röchelte.

Der Manta lief aus.

Und ich nahm mein Kreuz.

Ich hatte gesehen, daß Suko kaum noch eine Chance besaß, sich aus dem Griff zu befreien, deshalb mußte ich eingreifen.

So rasch es ging, streifte ich das Kreuz über den Kopf und preßte es gegen den Rücken des Monsters.

Mallmann riß die Tür auf, sprang aus dem Wagen und klappte den Fahrersitz zurück.

Der Kommissar brauchte nicht mehr einzugreifen. Ich hatte die Sache bereits im Griff.

Das Monster bäumte sich auf und zerfiel.

Das ging so schnell, wie ich es noch nie gesehen hatte. Plötzlich lag Staub auf dem Sitz.

Kaum zu glauben . . .

Ich zog meinen Arm wieder zurück und schaute den Kommissar an.

»Das gibt es doch nicht«, flüsterte Mallmann und rieb sich die Augen.

Ich nickte. »Doch.«

Suko rieb sich den Hals und schimpfte. »Mist!« knurrte er. »Ich konnte mich kaum bewegen, und an die Koffer kam ich auch nicht heran. Verdammt auch.«

Die Gepäckstücke waren in die Lücken zwischen die Vordersitze und den Rücksitz gerutscht.

Dort lagen sie gut.

Wir stiegen aus.

Ich hatte einen Fehler gemacht und ärgerte mich darüber, so schnell mein Kreuz eingesetzt zu haben. Aber ich sah Suko in Gefahr, und das verdammte Biest hatte Kraft.

Will Mallmann schaute auf die Asche. Mit der Hand fegte er sie vom Sitz.

Ich schritt um den Wagen herum und schlug den Kofferraum zu. Ein paar Meter weiter hatte ein Ford Granada angehalten. Ein Ehepaar mit zwei Kindern war ausgestiegen und stärkte sich. Wir wurden beobachtet, vor allen Dingen fiel den Leuten die zerstörte Heckscheibe ins Auge. Ich blutete am Nacken. Dort hatten mich die kleinen Splitter getroffen.

Ich preßte ein Taschentuch gegen die Wunden und schaute den Kommissar an. »Jetzt sind wir ebenso schlau wie zuvor.«

Da schüttelte Suko den Kopf. »Nicht ganz«, meinte er.

Überrascht schauten Mallmann und ich den Chinesen an. Suko lächelte.

»Als dieser vertrocknete Typ mich würgte, da konnte er auf einmal sprechen. Unsere Gesichter befanden sich ja nur wenige Zoll voneinander entfernt. Und ich hörte, wie er immer das Wort ›Sadin‹ sagte. Er würde ihn rächen.«

Ich schaute Will an. »Kannst du etwas damit anfangen?«

Der Kommissar hob die Schultern. »Nein.«

»Vielleicht ist Sadin der Oberdämon«, vermutete Suko.

Das war durchaus möglich. Um das zu erfahren, würden wir diesen Heimatforscher fragen. Der wußte sicherlich mehr. Erst einmal mußten wir uns mit der deutschen Polizei auseinandersetzen. Der Vorfall auf der Autobahn war nicht unbeobachtet geblieben. Irgend jemand hatte die Beamten alarmiert, und ein Wagen der Autobahnpolizei rauschte auf den Parkplatz.

Das Ehepaar stieg hastig in seinen Wagen. Die Kinder saßen bereits darin.

Der Mann ließ zwar den Motor an, beobachtete uns jedoch im Rückspiegel.

Die Polizisten schlenderten näher. Es waren noch junge Burschen, aber ungeheuer kräftig. In ihrer Lederkleidung sahen sie schon respekteinflößend aus.

Kommissar Mallmann hatte keine Lust, sich auf lange Diskussionen einzulassen. Er hielt seinen Ausweis bereits in der Hand, der sorgfältig studiert wurde.

Dann erhielt Will das Papier zurück, und der Beamte grüßte sogar. Der Kommissar erklärte, wer wir waren, und gab an, daß die Heckscheibe von einem Stein getroffen worden war.

»Dann müssen sich die Zeugen geirrt haben.«

Mallmann lächelte. »Das haben sie ganz sicherlich. Unser Wagen ist von einem Stein beschädigt worden.«

»Wir hörten, daß jemand aus dem Kofferraum gestiegen sein soll«, meinte einer der Beamten.

Als Antwort hob Mallmann die Haube hoch. »Kann sich hier jemand verstecken und bei einer Geschwindigkeit von einhundertdreißig Stundenkilometern noch artistische Kunststücke vollführen?«

Die Beamten schüttelten die Köpfe. Daran wollten auch sie nicht glauben. Sie wünschten uns noch eine gute Fahrt, stiegen in ihren Wagen und rauschten davon.

Auch der Granada mit der Familie wurde losgescheucht. Die Leute hatten ihre Sensation nicht bekommen. Sie sollten froh darüber sein.

»Wieviel haben wir noch vor uns?« fragte ich den Kommissar.

»Rund 50 Kilometer«, erklärte Mallmann.

»Die reißen wir schnell runter«, meinte Suko. Sein Hals zeigte noch immer rote Flecken.

Ich grinste ihn an. »Binde dir einen Schal um, Freund. Es zieht nämlich durch die Scheibe.«

»Dann mach du nur den Mund zu«, konterte er.

Mallmann saß schon wieder im Wagen. Er drehte den Zündschlüssel, der Motor lief, dann schoß der Wagen vor.

Will hatte Glück. Er brauchte nicht zu bremsen, sondern konnte sich zügig in den fließenden Verkehr einreihen, gab Gas und ging auf die linke Seite.

In einer halben Stunde mußten wir es schaffen.

Und ich war gespannt darauf, wie sich der Fall weiterentwickeln würde . . .

Der Kommissar fuhr nicht mehr ganz so schnell, denn durch die offene Scheibe zog es uns doch sehr im Nacken. Suko hatte sich in die Ecke gedrückt und den Kragen hochgestellt. Ich wurde wie auch Will Mallmann durch die Kopfstütze geschützt.

»Irgendwie bin ich sauer«, meinte der Kommissar. Er mußte laut sprechen, um das Heulen des Fahrtwindes zu übertönen.

»Warum?«

»Nur Mißerfolge. Einen Verschwundenen, einen Toten, der wieder lebendig wurde und jetzt endgültig vernichtet worden ist. Aber keine konkrete Spur.«

»Die werden wir bei den Gräbern finden.«

»Hoffentlich.« Will überholte einen kleinen Renault. »Mir macht da so einiges Sorge«, gestand er. »Diese Hünengräber stammen noch aus der Wikingerzeit, und kennst du dich in der Magie der Wikinger aus?« fragte er.

»Kaum.«

»Eben. Deshalb ziehe ich unbewußt einen Vergleich zu den

alten Ägyptern. Auch deren Gräber sind geschändet worden, und die Täter hat so mancher Fluch getroffen. Da sind doch Männer und Frauen gestorben, ohne daß man einen Grund gefunden hat.«

»Du meinst also, hier wäre es ebenso?« fragte ich.

»Zumindest verhält es sich ähnlich.«

Darauf konnte ich dem Kommissar nichts erwidern. Vielleicht hatte er recht. Was wußte man schon über den Totenkult der alten Wikinger?

Ich wenigstens nicht viel.

Warm schien die Sonne in den Wagen. Rechts und links der Autobahn wuchs eine flache Landschaft bis hin zum Horizont, wo sie mit dem Blau des Himmels verschmolz.

Ich sah kleine Orte. Kirchturmspitzen stießen wie Pfeile in den Himmel, die Dächer der schmucken Häuser leuchteten rot.

Es war eine regelrechte Idylle, die wir durchquerten, und nicht von ungefähr kam mir der Gedanke an einen Urlaub, aber den mußte ich weit von mir schieben.

Andere Dinge hatten Vorrang.

»Hoffentlich hat dieser Wachtmeister Hansen dichtgehalten«, meinte der Kommissar.

Ich schaute ihn an. »Hältst du ihn für einen Schwätzer?«

»Das gerade nicht, aber was wir erlebt haben, fällt so ziemlich aus der Reihe, und da ist es nicht leicht, den Mund zu halten. Auch Beamte sind nicht . . .«

Ich lachte. »Rede nicht weiter, Will, sonst werde ich noch rot.«

Mallmann gab wieder etwas Gas. »Zieht's?« fragte er nach hinten in den Fond.

»Nein«, erwiderte Suko. »Ich mache schon den Mund zu.«

Er hatte Humor, mein Freund aus China. Manchmal kam er direkt an Bill Conolly heran. Er hatte eben viel von dem Reporter gelernt.

»Die nächste Abfahrt«, sagte Will.

Ich atmete auf. Autofahren machte mir zwar nichts aus,

aber die Frischluft aus dem Fenster paßte mir nicht. Zu leicht konnte man sich was wegholen.

Zwei Minuten später rollten wir von der Autobahn auf eine Bundesstraße zu.

Mallmann bremste und betätigte das rechte Blinklicht.

Schnurgerade führte die Straße durch die Landschaft. Obstbäume an beiden Rändern, dahinter Felder und Wiesen. Zwischendurch sah ich ein Waldstück.

Es gab viele Radfahrer, aber auch Autos flitzten heran und verschwanden wieder.

Ein Dorf.

Runter mit der Geschwindigkeit. Wir rollten hindurch. Kleine, nette Häuser, Menschen standen auf den schmalen Gehsteigen, fegten das Pflaster oder unterhielten sich.

Die Scheiben der Schaufenster blitzten im Sonnenlicht. Hier war die Welt noch in Ordnung.

Rasch lag der Ort hinter uns.

»Der nächste ist es«, erklärte Mallmann.

Ich warf einen Blick nach hinten. Schräg hockte Suko im Fond, um so wenig wie möglich von dem Luftstrom getroffen zu werden. Er hatte die Koffer wieder neben sich gelegt.

Eine lange Kurve. Dahinter lag unser Ziel.

Das kleine Dorf in der Heide!

Ein schmucker Ort. Durch das Fenster strömte Landluft in den Wagen. Es roch zwar nach Jauche, aber doch irgendwie gesund.

Bauernhäuser, Gehöfte, Stallungen, dann erreichten wir den Ortskern. Wir fuhren an einer Kirche vorbei, an dem kleinen Rathaus und sahen auch das moderne Schulgebäude.

Schließlich stoppte der Kommissar den Manta vor dem Gasthof, wo er sich einquartiert hatte.

Das Haus lag etwas zurück. Auf dem Parkplatz wuchsen zwei Birken, deren Knospen sich unter der warmen Frühlingssonne entfalteten. Der Wirt war dabei, Tische nach draußen zu stellen. Seine Frau brachte die Stühle.

Wir wurden freundlich begrüßt.

»Nach Ihnen hat man schon gefragt«, erklärte uns der Wirt und sah dabei den Kommissar an.

»Wer denn?«

»Herr Hansen, Ihr Freund und Kollege.«

»Was er wollte, hat er nicht gesagt?«

»Nein.«

»Und wo finde ich ihn?«

Die Wirtsfrau schaute sich um. »Ich weißt nicht so recht. Vorhin habe ich ihn noch im Garten gesehen.« Sie deutete auf einen Weg, der hinter das Haus führte.

Da kam Wachtmeister Hansen schon. Daß er gerannt war, sahen wir seinem roten Gesicht an. Er atmete hastig.

»Kommissar!« rief er. »Ich muß Sie sofort sprechen!«

Mallmann ging ihm entgegen. »Was ist geschehen?«

Hansen warf einen Blick auf die Wirtsleute.

Will verstand und zog den Wachtmeister zur Seite. Wir gingen mit und wurden vorgestellt.

»Es geht um diesen Heimatforscher. Ich habe schon mit ihm geredet. Er möchte, daß Sie sofort zu ihm kommen. Wahrscheinlich kann er ihnen mehr zu diesem seltsamen Fall sagen.«

Will Mallmann schaute Suko und mich an. Wir nickten, dann gingen wir los.

Fräulein Haupt regte sich unheimlich auf, weil die Kinder quer durch den Wald liefen und nicht in der Reihe blieben.

»Lassen Sie sie doch«, sagte Rolf Hartmann lächelnd, »warum sollen sich die Kleinen nicht austoben?«

»Weil wir die Verantwortung tragen, Herr Hartmann.«

»Was kann hier schon passieren?«

»Das sagen Sie so leicht!« Ungehalten schlug Fräulein Haupt mit dem Stock auf.

Hartmann winkte ab.

Die Kinder lachten und lärmten. Einige spielten Verstecken, andere wollten auf die Bäume klettern, doch das war selbst dem guten Rolf Hartmann zuviel.

»Kommt da runter!« rief er.

Die Jungen gehorchten.

»Wären sie jetzt in der Klasse gewesen, hätte ich ihnen schon Ordnung beigebracht«, meinte die alte Lehrerin.

Hartmann schüttelte nur den Kopf.

Der Boden war weich und nachgiebig. Tannennadeln hatten einen regelrechten Teppich gebildet. Braune Blätter lagen dazwischen, verfaulte vom letzten Jahr.

Die Sonnenstrahlen stießen wie Speere durch den Wald und tupften helle Inseln auf den Erdboden. Eines der Kinder sah ein Eichhörnchen. Es gab den anderen Bescheid, und sofort rannten die Kleinen hinter dem Tier her.

Es war jedoch viel schneller und lief wieselflink einen Baumstamm hoch.

Dann war es verschwunden.

Sie erreichten einen Weg, nachdem sie bis jetzt quer durch den Wald gelaufen waren.

Neben einem hohen Holzstapel waren Reifenspuren im weichen Boden zu sehen. Hier hatte in der Nacht Mallmanns Manta geparkt.

Die Lehrpersonen sahen die Spuren zwar, sie dachten sich aber nichts dabei. Wozu auch? Hier fuhren so oft Wagen vorbei, da fielen Reifenabdrücke im feuchten Boden nicht auf.

»Bleibt jetzt zusammen!« rief der Lehrer. »Wir sind gleich da!«

Die Kinder gehorchten, was Fräulein Haupt wiederum wunderte, wo sie doch für die Strenge votierte.

Die Jungen und Mädchen scharten sich um die beiden Lehrpersonen. Schlendernd gingen sie weiter, während Rolf Hartmann über die Bäume sprach, die in diesem Wald wuchsen.

»Da vorn seht ihr Fichten«, erklärte er.

»Wie unsere Weihnachtsbäume!« rief eine helle Stimme.

»Genau!«

Er sprach auch von Buchen und Eichen, von Linden und Eschen und vergaß auch nicht zu erwähnen, wie wichtig der Wald für das Land war.

Aufmerksam hörten die Kinder zu. Sie merkten gar nicht,

daß sie sich immer mehr der Lichtung näherten, wo die alten Hünengräber aus dem Boden wuchsen.

Dann hatten sie den Rand erreicht.

Alle blieben stehen.

Rolf Hartmann runzelte die Stirn. Etwas kam ihm seltsam vor. Nicht ein Laut war zu hören. Selbst die Sonnenstrahlen schienen hier fahler zu sein als im übrigen Wald.

Er sprach Fräulein Haupt darauf an.

»Ich merke nichts«, erwiderte die alte Lehrerin.

»Aber es ist so ruhig!«

»Das stimmt.«

»Haben Sie vielleicht eine Erklärung dafür?« erkundigte sich Hartmann.

»Nein, Herr Kollege, und es lohnt sich auch nicht, danach zu suchen. Es ist eben so.«

Diese Antwort befriedigte Rolf Hartmann nun gar nicht. Er war es gewohnt, den Dingen auf den Grund zu gehen. Der junge engagierte Lehrer gab sich nicht einfach mit Erklärungen der Obrigkeit zufrieden, sondern hakte und fragte nach, was ihm wiederum an höherer Warte dicke Minuspunkte eingebracht hatte.

»Sollen wir die Gräber überhaupt besichtigen?« murmelte er mehr zu sich als zu den anderen.

Fräulein Haupt hatte die Worte trotzdem vernommen. »Warum denn nicht? Schließlich sind wir doch deshalb hergekommen.«

»Stimmt. Aber haben Sie nicht vorhin auch von Verantwortungsgefühl gesprochen?«

»Ich sehe keine Gefahr für die Kinder.« Ein spöttisches Lächeln kräuselte ihre dünnen Lippen. »Sie etwa?«

»Ich weiß nicht . . .«

»Oder sehen Sie Gespenster?«

»So kann man es nennen.«

»Jetzt drehen Sie nur nicht durch«, erwiderte das ältere Fräulein. »Sie sind doch sonst immer so forsch.«

Rolf Hartmann biß sich auf die Unterlippe. Er wollte nicht

mehr lange diskutieren und vor allen Dingen nicht vor den Kindern. Das hatte keinen Sinn.

»Gut«, sagte er, »gehen wir.« Er wandte sich an die Kinder. »Wir bilden auf der Lichtung einen Kreis, so daß jeder von euch auf ein Grab schauen kann.«

Die Kinder nickten und gingen vor.

Auch das war seltsam. Sie gingen. Normalerweise wären sie gerannt, aber so setzten sie nur langsam einen Fuß vor den anderen. Sollten sie vielleicht etwas gespürt haben? Hatten sie einen sechsten Sinn? Eine Antenne für Gefahren?

Rolf Hartmann dachte zwar über dieses Problem nach, doch er gelangte zu keinem Ergebnis. Aufseufzend schritt er hinter den Kindern her, die bereits einen Kreis gebildet und sich hingesetzt hatten.

Fräulein Haupt blieb stehen. Sie trat bis dicht an eines der Hünengräber und lehnte sich mit dem Rücken gegen die hohen Steine, um einen guten Überblick zu haben. Dabei übersah sie die Graböffnung. Es war nur ein schmaler Spalt, aber immerhin . . .

Rolf Hartmann ließ sich inmitten des Kreises nieder. Er riß einen Halm ab und drehte ihn zwischen den Fingern. »Ihr alle wißt, wer uns diese Hünengräber hinterlassen hat – oder?« fragte er.

Mehrere Finger ruckten in die Höhe. »Die ollen Germanen!« rief der vorwitzige Klaus.

»Richtig, Klaus. Aber nicht diese hier. Diese sind uns von einem Volk hinterlassen worden, das weit im Norden von Europa lebte und das berühmt durch seine Seefahrten geworden ist. Ja, dieses Volk soll sogar mit primitiven Booten bis nach Amerika gesegelt und gerudert sein. Wer kann mir den Namen nennen?«

Jetzt zeigten nur noch die älteren Schüler auf.

»Die Wikinger!« riefen mehrere Kinder auf einmal.

»Genau. Was wißt ihr davon?« Der Blick des Lehrers tastete die jungen Gesichter ab. »Klaus.«

Klaus war schon neun und immer vorwitzig und zu Streichen aufgelegt. »Das meiste haben Sie schon gesagt, Herr Hartmann«, meinte er altklug.

Die anderen Kinder lachten, und auch Rolf Hartmann schmunzelte, nur Fräulein Haupt schaute böse, weil sie diese Antwort als eine Respektlosigkeit empfand.

»Wovon lebten die Wikinger?« fragte der Lehrer.

»Von der Jagd.«

»Genau.«

»Und vom Fischfang.«

»Auch richtig!«

Jetzt meldete sich wieder der vorwitzige Klaus. »Dann gab es noch Thor mit dem Hammer!«

»Das ist gut«, lobte Rolf Hartmann den Jungen. »Thor war oder ist ein Gott, den die Wikinger und die Germanen verehrten.«

»Aber warum haben die Wikinger denn hier ihre Gräber?« fragte eine schüchterne Mädchenstimme. Es war die kleine Bettina.

»Wir können es nur raten. Sie waren ein Seefahrervolk und sind sicherlich auch an die deutsche Küste gekommen. Einige von ihnen werden sich bestimmt auf den Weg ins Landesinnere gemacht haben und sind hier gestorben und begraben worden.«

»Komisch.«

Rolf Hartmann nickte. »Das finde ich auch. Eigentlich ergibt es gar keinen Sinn, daß wir hier ihre Gräber finden. Aber sie sind nun mal da. Weiß einer von euch, wie sie ihre Toten bestattet haben?«

Schweigen.

»Dann will ich es euch sagen. Sie haben die Toten in Baumrinde gewickelt und zur Letzten Ruhe gebettet, denn Särge wie wir kannte man damals noch nicht.«

Bei diesen Worten bekam manches Kind eine Gänsehaut. Hartmann sah es und wechselte schnell das Thema.

Er begann von den Germanen zu sprechen, redete über deren Kultur und über die Runenschrift.

»Woher kennt man die Zeichen?« kam die Zwischenfrage.

»Man hat sie auf Steinen gefunden«, erklärte der Lehrer. »Tief eingeritzt, so haben sie die Jahrhunderte überdauert.«

»Glaubten die Germanen auch an Dämonen?« fragte Volker.

Nach dieser Frage war es still. Dann meldete sich Fräulein Haupt. »Dämonen gibt es nicht«, erklärte sie.

»Aber ich habe davon gehört. Mein Vater hat es mir erzählt. Es stand in einem Buch«, behauptete der Junge.

»Dann hat dein Vater gelogen.« Fräulein Haupt wollte nicht, daß man ihr widersprach, doch nun sprang Rolf Hartmann in die Bresche.

»Andere Völker hatten eben nicht nur einen Gott, sondern mehrere Götter. So beteten sie den Wind, die Sonne oder den Mond an.«

»Aber wir sind doch Christen.«

»Ja, das haben wir einem Missionar zu verdanken, dem heiligen Bonifatius. Er ist unter Axthieben gestorben. Es war ein schlimmer Tod, doch von seinem Glauben hat er nicht gelassen.«

Die Kinder waren beeindruckt, und auch Fräulein Haupt zeigte sich zufrieden. Allerdings ahnte sie nichts von dem, was sich bereits im Innern des Grabes abspielte.

Dort fühlte man sich gestört.

Die Toten waren wieder erwacht. Sie hatten Stimmen gehört, und sie rochen die Menschen.

Noch hielten sie sich zurück. Sie warteten und lauerten, denn Sadin hatte noch keinen Befehl gegeben.

Alle sollten sterben, die ihre Ruhe störten. Im Verlies der Angst würden sie ihr Leben aushauchen. Die feurigen Speere der Rache sollten sie treffen und sie zu Dienern des großen Sadin machen.

So stand es geschrieben. So hatten es die unheiligen Schriften der Alten gewollt.

Auf der Lichtung redete Rolf Hartmann weiter. Er sprach jetzt mehr über die Germanen als über die Wikinger. Die Kinder hörten gespannt zu, denn er konnte sehr anschaulich berichten.

Dann jedoch hob Volker seine rechte Hand und schnippte mit dem Zeigefinger.

»Was ist denn?« fragte Rolf Hartmann.

Der Arm des Jungen sank wieder nach unten, beschrieb einen Halbbogen und zeigte auf ein Grab. »Warum sind denn dort die Steine umgefallen?« wollte er wissen.

Hartmann stand auf. Auch der Junge hatte sich erhoben. Der Lehrer schaute über die Köpfe der Kinder hinweg.

Tatsächlich. Vor einem Grab waren die Steine umgekippt oder umgekippt worden.

Wenn letzteres zutraf, von wem?

Rolf Hartmann schaute die Kinder der Reihe nach an. »Hat einer von euch sich an den Steinen zu schaffen gemacht?« Er glaubte es selbst nicht, denn soviel Kraft besaßen die Kinder nicht.

Kopfschütteln.

»Nein, ich habe auch nichts gesehen«, meldete sich Fräulein Haupt.

»Vielleicht ist jemand rausgekommen«, vermutete Volker.

»Unsinn.«

»Liegen die Toten noch in den Gräbern?« fragte Bettina.

Rolf Hartmann nickte.

»Können wir sie vielleicht sehen?« Klaus drängte sich nach vorn und sprach seinen Lehrer an.

»Nein!«

»Warum nicht? Die Gräber sind doch groß genug.«

»Aber auch gefährlich«, erwiderte Hartmann. »Was denkt ihr, was geschieht, wenn solch ein Stein umkippt?«

Schweigen.

»Es bleibt dabei«, entschied der Lehrer, »wir sehen uns die Gräber nur von außen an.«

Die Kinder murrten zwar, aber sie mußten sich mit dieser Entscheidung zufriedengeben.

Rolf Hartmann winkte seine Jungen und Mädchen heran und ging mit ihnen zu dem Grab, das noch intakt war. Hier hatte niemand die hohen Steine vom Eingang weggekippt.

Der junge Lehrer warf seiner älteren Kollegin einen fragenden Blick zu.

Fräulein Haupt schüttelte den Kopf. Sie wollte bei ihrem Grab stehenbleiben, so hatte sie einen besseren Überblick. Sie fühlte sich als reine Aufsichtsperson degradiert, denn den Unterricht hielt ihr jüngerer Kollege. Kontakt zu den Kindern fand sie sowieso nicht. Sie konnte und wollte sich auch nicht mehr in die Lage dieser jungen Menschen versetzen. Sie lebte im Gestern, und dabei blieb es.

Rolf Hartmann und seine Schüler schauten sich das Hünengrab genau an. Die Jahrhunderte hatten ihre Spuren auf den Steinen hinterlassen. Eine fingerdicke Moosschicht schillerte grünbraun. Ameisen und kleine Käfer krabbelten in Ritzen und Spalten. Um die einzelnen Steine auseinanderzubekommen, mußte man schon viel Kraft einsetzen, denn in den Zwischenräumen hatte sich das Moos so festgesetzt, als bestünde es aus Beton.

Rolf Hartmann hatte sich gut vorbereitet. Aus der Innentasche seiner Jacke holte er einen kleinen Metallschaber und begann, an der Moosschicht zu kratzen.

Neugierig traten die Kinder näher.

»Was suchen Sie, Herr Hartmann?« wurde der Lehrer gefragt.

»Vielleicht können wir ein paar alte Schriftzeichen entdecken.«

»O ja.« Die Kinder waren ganz begeistert.

Sie schauten zu, wie ihr Lehrer Schicht für Schicht entfernte und schließlich das blanke Gestein zum Vorschein kam.

Es sah grau aus.

»Wir sehen aber nichts«, meinte Klaus und strich sich eine Haarsträhne aus der Stirn.

Rolf Hartmann ließ sich dadurch nicht entmutigen, er kratzte weiter.

Und er hatte Glück.

Plötzlich entdeckten sie ein Schriftzeichen, das tief in den Stein gemeißelt war.

Die Kinder waren plötzlich aufgeregt. Sie hatten nur noch

Augen für den Stein. Niemand achtete auf Fräulein Haupt, die noch immer auf dem alten Fleck stand und nur zuschaute.

Noch ahnte sie nichts von der Gefahr, die tief im Hünengrab heranwuchs.

Einer der Toten hatte sich aus seinem Baumrindensarg erhoben, war durch den Schacht gestiegen und befand sich dicht am Ausgang. Er hatte die knorrigen Hände gekrümmt, die Arme waren weit ausgestreckt.

Er wollte sich sein Opfer holen, und er würde es kriegen.

Die Lehrerin merkte nichts davon, sie war völlig ahnungslos.

Der Tote kam näher.

Schon spürte er die kühlere Luft, aber auch das warme Leben, und sein vertrocknetes Gesicht verzog sich zu einer diabolischen Grimasse.

Fräulein Haupt reckte in diesem Augenblick den Hals, um besser sehen zu können.

Das war die Chance für das Monster.

Blitzschnell griff es zu.

Die Klauen fanden sofort ihr Ziel. Die umklammerten den Hals der Frau. Fräulein Haupt kam nicht einmal dazu, einen Schrei auszustoßen, denn mit einem gewaltigen Ruck zog der lebende Tote sie in das Hünengrab hinein.

Plötzlich war der Platz vor dem Steingrab leer.

Die Kinder bemerkten nichts. Rolf Hartmann hatte inzwischen weitere Schriftzeichen freigelegt und auch die dunklen Vorahnungen vergessen, die ihn zuvor bedrückten.

Er kannte sich in der Runensprache einigermaßen aus, aber die Zeichen, die er nun sah, waren ihm zuvor noch nicht begegnet. Was mochte das sein?

Außerdem zeigten sie Figuren. Menschen, die in Särgen lagen, wenn man genauer hinschaute. Die Kinder fragten natürlich, doch ihr Lehrer gab ihnen keine Antwort.

Plötzlich hatte er Angst, weiterzusuchen. Er ließ die Hand sinken und steckte den Schaber weg.

»Schluß jetzt, Kinder«, verkündete er.

Rolf Hartmann schaute auf seine Uhr. »Außerdem ist es spät geworden. Die Schulzeit ist schon vorbei, und ihr müßt auch noch zum Mittagessen.«

»Aber Fräulein Haupt ist weg!« rief die kleine Bettina plötzlich.

Der Lehrer zuckte zusammen. Er drehte sich um, und seine Augen weiteten sich. In der Tat war der Platz, wo Fräulein Haupt gestanden hatte, verwaist.

War sie gegangen?

Nein, sicherlich nicht, dann hätte sie Bescheid gesagt.

Rolf Hartmann schluckte. »Laßt mich mal durch, Kinder«, sagte er. Schweigend öffneten die Jungen und Mädchen ihren Kreis.

Der Lehrer rief den Namen seiner Kollegin.

Nichts. Das Echo seiner Stimme verlor sich im Wald. Der junge Lehrer spürte, wie ihm der Schweiß ausbrach. Er ging auf das Grab zu, blieb jedoch auf halber Strecke stehen.

»Ich glaube, wir müssen Fräulein Haupt suchen«, sagte er. »Kommt, Kinder, sehen wir nach . . .«

Rolf Hartmann vermutete seine Kollegin im Wald. Doch mit dieser Prognose war er meilenweit von der Wahrheit entfernt . . .

Zu viert gingen wir zum Haus des Heimatforschers und Geschichtsmenschen.

Das waren Will Mallmann, Wachtmeister Hansen, Suko und ich. Wir lernten auf dem Weg auch ein wenig das Dorf kennen. Ich sah zahlreiche Fachwerkhäuser, deren Außenwände aus roten Klinkersteinen gebaut worden waren. Die Luft schmeckte noch nicht nach Benzin, sondern nach frischem Gras, und in manchen Ställen muhten Kühe oder quiekten Schweine.

Wir überquerten einen kleinen Bach. Die Brücke war aus Stein und schien unter Denkmalschutz zu stehen, so alt sah sie aus.

Natürlich wurden wir angestarrt. Fremde fielen in einem

Ort wie diesem immer auf. Aber das machte uns nichts, solange die Leute nur schauten.

An einer mit Efeu umrankten Steinmauer schritten wir vorbei und erreichten das kleine Haus des Heimatforschers. Als ehemaliger Rektor der Dorfschule verbrachte er seinen Lebensabend mit Forschungen und Arbeit.

Er hieß Matthias Maurer.

Sein Haus erreichten wir über eine steile Treppe. Auch an der Wand wuchs Efeu hoch. Vor der Tür gab es einen laubenähnlichen Vorbau, wo eine grün gestrichene Bank stand.

Die Holztür hatte ein kleines Fenster. Es war ein auf die Spitze gestelltes Rechteck. Bevor ich meinen Daumen auf die Klingel legte, wurde geöffnet.

Ein weißhaariger älterer Mann mit sonnenbraunem Gesicht, in dem die zahlreichen Fältchen nicht störten, stand vor uns. »Ah, die Herren von der Polizei«, wurden wir begrüßt, »kommen Sie bitte herein.«

Wir bedankten uns und betraten das Haus, nachdem sich jeder die Schuhe abgeputzt hatte.

Das Haus war nicht sehr groß, aber recht gemütlich. Überall hingen Bilder. Sie zeigten die Heidelandschaft mit ihren Heidschnucken, blühenden Wiesen und langen Gebüschgürteln.

Wir gingen ins Arbeitszimmer.

Eine bequeme Sesselgruppe bot Platz für uns alle. Dann kam die Frau des Hausherrn und bot ein selbstgebrautes Getränk an. Es war ein Schnaps, der nicht in der Kehle brannte, dafür jedoch im Magen. Sogar Suko trank ein Glas leer. Dabei verzog er nicht eine Miene.

Frau Maurer ließ uns allein.

Dem Fenster gegenüber befanden sich zahlreiche Regale an der Wand. Sie waren mit Büchern vollgestopft, und der ehemalige Rektor hatte einige auf den runden Tisch gelegt, der zwischen uns stand.

»Sie möchten etwas über die Hünengräber wissen«, sagte Herr Maurer und lehnte sich zurück. »Wachtmeister Hansen hat mir schon etwas berichtet, aber so recht wollte er mit der

Sprache nicht heraus. Was ist denn geschehen?« Matthias Maurer schaute Will Mallmann an.

Der Kommissar hatte sehr schnell zu dem pensionierten Rektor Vertrauen gefaßt und beschlossen, ihm zu berichten, was in der vergangenen Nacht vorgefallen war.

Er tat es mit wenigen Sätzen und appellierte zum Schluß an die Verschwiegenheit des Mannes.

Matthias Maurer nickte. »Natürlich werde ich nichts sagen. Das ist Ehrensache. Nur . . .« Er kratzte sich am Kopf. »So recht glauben kann ich das immer noch nicht.«

»Es entspricht aber den Tatsachen«, sagte Will. »Deshalb möchten wir von Ihnen wissen, Herr Maurer, wie so etwas überhaupt geschehen kann oder konnte.«

Ich präzisierte Wills Frage noch. »Gibt es vielleicht einen Fluch, der über den Hünengräbern lastet?«

Der ehemalige Rektor nickte. »Den gibt es tatsächlich.«

»Erzählen Sie!« bat Will Mallmann.

»Dazu muß ich weit ausholen.«

»Wir haben Zeit«, sagte ich.

»Gut, die Sache ist die. Vor ungefähr 900 Jahren machten, wie Sie sicherlich wissen, die Wikinger die Meere unsicher. Sie waren ein mutiges, aber wildes Volk, fuhren mit ihren Schiffen in alle Himmelsrichtungen und gelangten auch an die deutsche Küste. Einige Dutzend von ihnen drangen in das Landesinnere vor und trafen natürlich auf die Germanen, die das Land bevölkerten. Obwohl Verwandtschaft zwischen beiden Völkern besteht, kam es zu Kämpfen. Die Wikinger mußten unterliegen, weil die Germanen in der Überzahl waren. Hier in der Nähe kam es zu schweren Kämpfen, und die Wikinger wurden besiegt. Man erschlug oder erstach sie. Soweit die Geschichte. Was nun folgt, ist Legende oder Sage. Wollen Sie die auch hören?«

Ich lächelte. »Gerade die interessiert uns, Herr Maurer.«

»Nur wenige Leute wissen, daß mit dem Tod der Wikinger nicht alles vorbei war. Als sie besiegt und in den Hünengräbern ihre letzte Ruhestätte finden sollten, erschien plötzlich ein Bote des Gottes Thor. Er trug einen flammenden Speer bei sich und versprach furchtbare Rache an den Feinden der Wikinger. Der Sage nach sollen die Germanen fluchtartig das Gebiet verlassen haben, doch die Rache des Götterdieners holte sie ein. Sadin, so hieß der Mann, tötete jeden Germanen, der bei dem Kampf zugegen war, und er verscharrte sie irgendwo hier im Wald. Dort müssen sie noch heute liegen.«

»Und die Wikinger?« fragte ich.

»Hat man in den Hünengräbern begraben. Soviel ich weiß, hat man die Gräber sogar mit magischen Bannsprüchen versehen. Wer die Gräber schändete, sollte sterben wie die Germanen.«

Will Mallmann räusperte sich. »Wie in der letzten Nacht erlebt«, sagte er leise.

Matthias Maurer schaute ihn an. »Sie kannten die Geschichte vorher nicht, Kommissar?«

»Nein, wieso?«

»Nun, ich dachte an eine Einbildung. Da Sie ja bei den Hünengräbern waren, hätte es leicht sein können, daß Sie Gespenster sahen.«

»Das war echt!«

»Glauben Sie, daß der Racheschwur und der Totenkult der Wikinger bis in die heutige Zeit hineinwirken?« wandte ich mich an den ehemaligen Rektor.

Matthias Maurer hob die Schultern. »Das müssen Sie herausfinden. Für mich ist alles eine Sage.«

Der Wachtmeister mischte sich ein. »Wir sind wirklich von einer Gestalt angegriffen worden, die . . .«

»Moment, Hansen«, unterbrach Kommissar Mallmann ihn. »Wir sind nicht angegriffen worden, sondern ein von uns aufgespürter Verbrecher. Ein zweiter ist verschwunden.«

»Der wird geflohen sein«, vermutete Matthias Maurer.

»Oder auch nicht«, widersprach ich. »Vielleicht hat man ihn in eines der Gräber gezerrt.«

»Das glaube ich nicht«, sagte der ehemalige Rektor. »Überhaupt kommt mir die Sache sehr mysteriös vor, meine Herren. Ich kann es nicht fassen, daß hier in unserem Wald Tote auferstehen, die Jahrhunderte in Hünengräbern verbracht haben.«

Ich lächelte. »Man kann sich vieles nicht vorstellen, Herr Maurer, aber unsere Erlebnisse beweisen das Gegenteil.«

»Was wollen Sie jetzt unternehmen?« fragte uns Matthias Maurer.

»Wir gehen zu den Hünengräbern«, antwortete ich.

»Werden Sie die Gräber auch schänden?«

»Wenn Sie das Einsteigen so nennen wollen, ja«, erwiderte ich.

»Sie wissen, daß es verboten ist . . .«

Jetzt mischte sich Kommissar Mallmann ein. »Mein lieber Herr Maurer«, sagte er, »dies hier ist ein Dienstfall. Und kein geringer. Außerdem befindet sich im Wald noch eine Kiste mit Waffen, die wir noch sicherstellen müssen. Ihre Welt hier, Herr Maurer, ist gar nicht so heil, wie sie aussieht.«

Der pensionierte Rektor nickte. »Das habe ich mittlerweile auch gemerkt.«

Wir standen auf. Kommissar Mallmann reichte Matthias Maurer die Hand und bedankte sich für die Gastfreundschaft.

»Gern geschehen, Kommissar. Sie halten mich aber auf dem laufenden, Herr Mallmann?«

»Natürlich.« Will nickte.

Draußen schien uns die Sonne ins Gesicht. Wir gingen die Treppe wieder hinunter.

Ich konnte den ehemaligen Rektor gut verstehen. Er war ein Heimatforscher, hatte sich zwar mit der Vergangenheit fremder Völker beschäftigt und dabei auch die Totenkulte und Rituale anderer Rassen gestreift, aber daß Dämonen existierten und Flüche in Erfüllung gehen würden, das war ihm doch ein wenig suspekt. Wir trafen immer wieder auf Menschen, die unsere Arbeit mit Staunen oder Skepsis betrachteten, und einen Vorwurf konnte ich ihnen nicht machen.

Auf der Straße blieben wir stehen und berieten.

Der Kommissar war dafür, sofort loszufahren. »Den Weg kenne ich ja«, meinte er.

Ich nickte. »Okay, dann holen wir aber zuvor noch unsere Waffen aus dem Koffer.«

Wir hatten die Gepäckstücke umgeladen. Sie lagen jetzt im Kofferraum. Schneller als auf dem Hinweg gingen wir wieder zurück. Niemand hatte den Manta gestohlen, obwohl die Heckscheibe fehlte.

Will öffnete den Kofferraum.

Im Schutz der hohen Klappe bewaffneten wir uns. Ich nahm die Beretta und den Dolch. Suko bewaffnete sich mit der Dämonenpeitsche und einer Pistole. Kommissar Mallmann bekam eine Ersatzwaffe. Dann gab ich ihm noch die Gemme.

Mein Blick fiel auf den silbernen Bumerang, der ebenfalls im Koffer lag.

Diese Waffe hatte mir in der Welt des Schwarzen Tods das Leben gerettet. Sie war aus den letzten Seiten des Buchs der grausamen Träume entstanden und gehörte mir als Erbe, als Sohn des Lichts, wie man mir gesagt hatte.

Sollte ich sie nehmen?

Nein, ich ließ sie zurück. Ich glaubte fest daran, daß Beretta und Dolch reichten.

Will schlug die Klappe zu.

»Alles klar?« fragte er.

Wir nickten.

»Soll ich mitkommen?« Wachtmeister Hansen hatte sich gemeldet.

Der Kommissar schüttelte den Kopf. »Nein, halten Sie hier die Stellung. Es ist möglich, daß noch Kumpane der Waffenholer auftauchen, da ist es besser, wenn jemand von uns in dem Ort ist.«

Der Wachtmeister war zwar nicht gerade glücklich über diesen Entschluß, fügte sich aber. Schließlich war er es gewohnt, Befehle auszuführen.

Wir aber setzten uns in den Wagen. Hätten wir geahnt, was sich inzwischen in dem Waldstück abspielte, wären wir wie die Teufel gefahren. Aber in die Zukunft sehen konnte niemand von uns ...

Rolf Hartmann befand sich in einer Zwickmühle.

Sollte er die Kinder nach Hause schicken, schließlich war die normale Zeit schon überschritten, oder sollte er die Lehrerin suchen lassen?

Er entschied sich für die letzte Möglichkeit.

Der Lehrer versammelte seine Schüler um sich und sprach ein paar Worte mit ihnen.

»Ihr teilt euch in Gruppen auf und kämmt den Wald durch. Bleibt immer zusammen und ruft den Namen von Fräulein Haupt. Wenn sie euch hört, wird sie sich melden.«

»Vielleicht ist sie tot«, meinte ein kleines Mädchen.

»Unsinn!« erwiderte Hartmann schärfer als gewollt. »Sie hat sich bestimmt nur verlaufen.«

An den skeptischen Blicken der Kinder erkannte er, daß seine Worte auf keinen fruchtbaren Boden gefallen waren. Deshalb sagte er schnell: »Los jetzt, Freunde, sucht!«

Die Kinder gingen.

Schon bald waren sie zwischen den Bäumen verschwunden, und Rolf Hartmann hörte sie den Namen der Lehrerin rufen. Ihre hellen Stimmen schallten durch den Wald.

Wenn die Frau nicht taub war, dann mußte sie die Kinder hören. Reagierte sie allerdings nicht, war ihr vielleicht etwas zugestoßen. Sie war schließlich nicht mehr die Jüngste. Und wer kannte sie schon näher? Wie stand es um ihre Gesundheit? Darüber wußte der junge Lehrer nichts. Er nahm sich aber vor, mal mit Fräulein Haupt zu sprechen und sich um ihre Sorgen zu kümmern.

Rolf Hartmann blieb auf der Lichtung. Die Kinder waren im Wald verschwunden, und er kam sich plötzlich unsagbar einsam und verlassen vor.

Normalerweise machte ihm das nichts aus, doch wenn er sich die Hünengräber anschaute, so hatte er das unbestimmte Gefühl, daß von ihnen eine stumme Drohung ausging.

Auch Rolf Hartmann kannte sich in der Geschichte ein wenig aus. Er wußte von den Kämpfen zwischen Wikingern und Germanen, und er wußte, daß die Wikinger von den Germanen niedergemacht worden waren und daß ein Fluch über dieser Lichtung im Wald liegen sollte.

Aber das war Sage.

Trotzdem ...

Warum fielen ihm jetzt die alten Geschichten ein? Warum kamen ihm die Hünengräber plötzlich so drohend und feindselig vor?

War die Luft nicht anders geworden? Hatte es sich nicht abgekühlt? Weit entfernt hörte er die Stimmen der Kinder. Sie riefen immer wieder den Namen der Lehrerin, doch eine Antwort erhielten sie nicht.

Vielleicht habe ich doch einen Fehler gemacht, überlegte er. Ich hätte die Kinder nicht gehen lassen sollen, wir hätten die Polizei benachrichtigen müssen.

Seine Gedanken stockten. Wie er es auch drehte und wendete, es war alles verkehrt.

Wenn nur die Lehrerin wieder auftauchte. Um sie machte er sich die größten Sorgen.

Er schaute nach vorn und sah das Hünengrab, vor dem sie gestanden hatte.

Und er sah den Spalt!

Ein schrecklicher Verdacht keimte in ihm auf. Sollte die Frau etwa in das Grab hineingegangen sein? Das war mehr als unwahrscheinlich, aber auch nicht ganz auszuschließen.

Rolf Hartmann schritt näher. Sein Herz klopfte plötzlich schneller. Er schaute sich den Spalt genauer an und stellte fest, daß er groß genug war, um einen Menschen hindurchzulassen. Nur – was hatte die Lehrerin in dem Hünengrab gesucht?

Es entsprach nicht ihrer Natur, soviel Neugierde zu zeigen. Nein, da mußte einfach etwas anderes dahinterstecken.

Vielleicht war sie nicht freiwillig verschwunden. Konnte es sein, daß sie jemand in das Grab hineingestoßen hatte? Aber wer? Gesehen hatten sie doch niemand.

Der Lehrer schüttelte den Kopf. Er fand keine Lösung.

Vor dem Hünengrab blieb er stehen.

Er schaute in den Spalt hinein und sah dahinter die Dunkelheit wie eine Wand.

Drohend und unheimlich kam sie ihm vor, eine Gänsehaut rieselte über seinen Rücken, und eine innere Stimme warnte ihn, das Hünengrab genauer zu untersuchen.

Rolf Hartmann holte tief Luft und rief den Namen seiner Kollegin. Dumpf drang seine Stimme in das Hünengrab.

Er erhielt keine Antwort.

»Fräulein Haupt! Bitte, melden Sie sich!«

Keine Antwort.

Rolf Hartmann trat wieder zurück. Er wischte sich über die Stirn. Sie war schweißfeucht. Er hörte die Stimmen der Kinder. Sie riefen noch immer.

Jetzt hätte er gern eine Taschenlampe bei sich gehabt, um in das Hünengrab hineinzuleuchten.

Aber wenn er nur einen oder zwei Schritte in das Grab hineinging, konnte ihm eigentlich nichts passieren. Die Menschen, die dort lagen, waren schon seit Hunderten von Jahren tot. Sie taten nichts mehr.

Dachte er . . .

Rolf Hartmann glaubte nicht an die Erfüllung alter Flüche, er dachte realistisch, und deshalb ignorierte er die Warnungen seines Gefühls und quetschte sich durch den Spalt.

Eine andere Welt nahm ihn auf.

Zuerst die Dunkelheit.

Sie war schlimm und drückte auf die Seele. Das Licht, das durch den Spalt fiel, reichte kaum einen Schritt weit, dann wurde es von der Finsternis verschluckt.

Rolf Hartmann hatte damit gerechnet, in eine völlige Stille zu treten, doch er sah sich getäuscht.

Von irgendwoher ertönten Geräusche.

Kratzen, Knistern, auch Schritte . . .

Und sie drangen aus der Tiefe des Grabes an seine Ohren. Sollte sich Fräulein Haupt so weit vorgewagt haben? Hatte sie tatsächlich den Mut besessen, in völliger Dunkelheit das Grab zu durchforsten?

Er ging weiter.

»Fräulein Haupt! Melden Sie sich!«

Keine Antwort.

Tief atmete er ein. Die Luft schmeckte abgestanden, nach Moder und Verwesung, sie war kaum zu atmen, es fehlte der wichtige Sauerstoff.

Der nächste Schritt.

Immer mehr verschwamm der Eingangsspalt in der Dunkelheit. Das jedoch merkte Rolf Hartmann nicht mehr. Etwas hatte ihn gefangengenommen, eine andere Welt, eine fremde Ausstrahlung.

Erst als er das Kratzen hörte, wirbelte er herum.

Da war es bereits zu spät.

Irgend jemand hatte einen Stein vor den Spalt geschoben.

Rolf Hartmann war gefangen!

»Wenn das so weitergeht, kann ich mir bald neue Stoßdämpfer kaufen«, murrte Kommissar Mallmann.

Er war von der normalen Straße abgebogen und in den Wald hineingefahren. Ein schmaler Weg führte an Bäumen und Unterholz vorbei. An den Spuren war zu erkennen, daß hier oft die Transportwagen der Holzfäller fuhren.

Will Mallmann hatte uns erklärt, daß er dort halten würde, wo er auch in der Nacht gewartet hatte. Das war ziemlich nahe an der Lichtung. Wir hatten von dort aus nicht mehr weit zu laufen.

Ich stieß mir meinen Kopf ein paarmal am Dach des Mantas, weil ich einen wesentlich höheren Wagen gewohnt war.

Dann stoppte der Kommissar.

Wir stiegen aus.

Jeder von uns hatte damit gerechnet, von einer tiefen Waldesstille umgeben zu sein, doch wir wurden enttäuscht.

Wir hörten Kinderstimmen.

Ratlos sahen wir uns an.

»Seid doch mal ruhig«, bat ich die beiden anderen. »Mir scheint, sie rufen einen Namen.«

Wir lauschten.

»Ja«, sagte der Kommissar. »Das hört sich an, als riefen sie immer Fräulein Haus oder Hauk.«

Ich nickte. »Das ›Fräulein‹ habe ich auch verstanden. Will, kannst du dich an diesen Namen erinnern? Hast du ihn schon einmal gehört? Oder einen ähnlich klingenden Namen?«

»Nein.«

Wir alle drei waren überrascht und auch entsetzt. Sollten diese Hünengräber wirklich ein grauenvolles Geheimnis preisgeben, dann war es schlimm, wenn sich Kinder in der Nähe befanden.

Denn Dämonen nahmen darauf keine Rücksicht.

Ich trieb die anderen zur Eile an. Wir liefen durch den Wald und sahen schon bald die Lichtung.

An deren Rand blieben wir stehen.

Will Mallmann meinte: »Hier haben der Wachtmeister und ich in der Nacht gewartet.«

Die Lichtung war leer.

Kein Kind zu sehen, doch wir hörten ihre Stimmen im Wald.

Vier Gräber zählte ich. Düstere, geheimnisvolle Gebilde. Vor einem war der Eingang freigelegt.

»Da muß er rausgekommen sein«, sagte Will Mallmann.

Ich nickte und betrat die Lichtung.

Dann sahen wir die ersten Kinder. Sie tauchten aus dem Wald auf und rannten auf die Lichtung.

»Herr Hartmann, Herr Hartmann! Wir haben sie nicht gefunden!« rief ein kleiner Junge mit dunklem Haar, sah uns und blieb abrupt stehen, wie auch die anderen.

Ich lächelte, doch das Mißtrauen aus dem Gesicht des Jungen verschwand nicht.

Als ich meine Hand ausstreckte und mich mit John vorstellte, schlug der Junge ein.

»Ich heiße Klaus«, sagte er.

Als ich meine Hand ausstreckte und mich mit John vorstellte, schlug der Junge ein.

»Ich heiße Klaus«, sagte er.

»Freut mich.«

Vor Suko hatten sie ein wenig Angst, doch ich nahm sie ihnen, als ich erklärte, daß er mein Freund sei.

Auch Will kam gut mit den Kindern zurecht. Er fragte auch: »Warum habt ihr immer nach Fräulein Haupt gerufen?«

»Weil das unsere Lehrerin ist«, erklärte Klaus.

»Ist sie weggelaufen?« hakte Will nach.

»Ich weiß nicht.« Klaus schaute sich unschlüssig nach den anderen um. Die senkten die Köpfe.

»Wieso weißt du das nicht?«

Klaus sah zu Boden. »Das war so komisch«, antwortete er und begann zu erzählen, was sich zugetragen hatte.

»Auf einmal haben wir sie nicht mehr gesehen«, behauptete der Junge, und die anderen nickten zustimmend.

»Hat denn keiner von euch aufgepaßt, wohin sie gegangen ist?« fragte ich.

Kopfschütteln.

Will, Suko und ich schauten uns an. Alle drei hatten wir wohl den gleichen Gedanken. Ob einer der Toten die Lehrerin in das Hünengrab geholt hatte?

Dann fiel mir jedoch etwas ein. »Ihr habt vorhin einen Namen gerufen, aber nicht den von Fräulein Haupt.«

»Das war Herr Hartmann«, meldete Klaus.

»Stimmt. Was ist mit ihm?«

»Er ist auch weg.«

Ich wurde blaß, und den anderen erging es ebenso. »War oder ist er euer Lehrer?«

»Ja.«

»Hat er mit euch nicht den Wald untersucht?«

»Nein, er wollte hier auf der Lichtung bleiben und abwarten, ob wir Fräulein Haupt finden.«

Jetzt hatten wir bereits zwei verschwundene Personen zu beklagen. Steckten beide in den Gräbern?

»Findet ihr den Weg allein nach Haus?« erkundigte ich mich.

Die Antwort war ein Nicken, aber einige wollten warten, bis ihr Lehrer zurückkam.

»Das geht nicht«, sagte ich.

»Und warum nicht?«

Da ich ihnen die Wahrheit nicht sagen konnte, suchte ich nach einer Ausrede.

»Er ist sicherlich schon vorgegangen«, erwiderte Kommissar Mallmann.

Klaus legte den Kopf schief. »Glaube ich nicht. Herr Hartmann läßt uns nicht im Stich.«

Gegen diese Logik kamen wir nicht an, aber wir durften die Kinder auch nicht auf der Lichtung lassen.

»Ich gehe mit euch«, bot sich der Kommissar an.

Die Kinder murrten. Sie wollten nicht weg und fühlten sich irgendwie für ihre Lehrpersonen verantwortlich. Aber auf der Lichtung bleiben durften sie auf keinen Fall. Jede Minute, die verstrich, brachte sie in größere Gefahren.

Schließlich sprach Will Mallmann ein Machtwort. Er wies sich als Polizist aus, und das respektierten die Kinder.

Will trat an mich heran und flüsterte: »Ich komme wieder, John. Die Kinder sollten nur erst zu Hause sein.«

»Okay.«

Der Kommissar scharte die Jungen und Mädchen um sich. Er fragte nach dem kürzesten Weg und schon bald hatte der Wald sie verschluckt.

Suko und ich schauten uns an. Der Chinese nickte.

»Dann werden wir uns diese Gräber mal vornehmen. Vielleicht finden wir dort diesen Sadin.«

Ich war mit Sukos Vorschlag einverstanden. Wir traten an das offene Grab heran und stiegen dabei über den am Boden liegenden großen Stein hinweg.

Da kam mir eine Idee. »Soll ich das Grab nicht lieber allein durchsuchen?«

»Warum?«

»Wenn wir beide hineingehen und damit in eine Falle tappen, gibt es keinen, der etwas unternehmen kann. Sollte ich in einer Viertelstunde nicht zurück sein, kannst du ja nachkommen.«

Suko überlegte eine Weile und nickte schließlich.

»Hast du eine Lampe?« fragte ich.

»Ja, die kleine.«

»Eine bessere habe ich auch nicht. Ich hoffe nur, daß Will so rasch wie möglich zurückkehrt, dann haben wir zwei Augen mehr.«

Der Meinung war auch Suko.

Ich schlug meinem Freund noch einmal kräftig zum Abschied auf die Schulter und betrat das Hünengrab der alten Wikinger. Zuvor war meine Hand in die Tasche gerutscht. Die kleine Kugelschreiberlampe lag zwischen meinen Fingern. Ich schaltete sie an, als mich die Dunkelheit umfing.

Steinwände umgaben mich. Die großen Blöcke waren dicht aufeinandergefügt worden. Im Laufe der Jahrhunderte hatten Moos und anderer Bewuchs die Zwischenräume ausgefüllt. Aufrecht konnte ich nur an manchen Stellen stehen, so daß ich in Gefahr geriet, mir den Schädel zu stoßen.

Eine unheimliche Atmosphäre umgab mich. Erstens war die Luft kaum zu atmen, und dann spürte ich auch den Hauch des Bösen, der in diesem Grab lauerte. Er war nicht greifbar, man konnte ihn nicht erklären; ich spürte ihn einfach.

Im Laufe der Jahre hatte ich dafür einen Sinn entwickelt, auch merkte ich das leichte Prickeln auf der Brust, das von meinem Kreuz abstrahlte. Es reagierte auf Strömungen wie ein Seismograph auf Erdbebenwellen.

Etwas lauerte vor mir. Etwas Grauenhaftes, Böses.

Eisfinger strichen über meinen Rücken. Unwillkürlich zog ich den Kopf noch tiefer zwischen die Schultern. Vorsichtig tastete ich mich weiter.

Leider war meine Lampe zu schwach. In ihrem Schein sah ich kaum etwas. Nur die Steinwände und einen harten Boden. Es war still, kein Geräusch drang an meine Ohren, und der Eingang hinter mir verschwamm zu einem diffusen grauen Schatten.

Wenn Not am Mann war, konnte ich noch immer schnell zurück.

Dann sah ich die erste Nische zu meiner Rechten.

Sie war nicht in den Stein gehauen worden, man hatte sie beim Bauen angelegt.

Ich leuchtete mit der kleinen Lampe hinein.

In der Nische stand eine Gestalt!

Im ersten Moment zuckte ich zurück, dann aber riß ich mich zusammen und ging näher heran.

Es war ein Toter!

Er sah schrecklich aus. Sein Gesicht schien nur noch aus Runzeln und Falten zu bestehen, die Haut war dünn wie Pergament, und er erinnerte mich an die Gestalt, die Will Mallmann in seinem Kofferraum transportiert hatte.

Das mußte der zweite Gangster sein, denn zu den Wikingern gehörte er nicht, das erkannte ich an der Kleidung. Dieser Tote trug eine Lederjacke und Jeans. Ein makabrer Kontrast zu seinem grauenvollen Aussehen.

Aber war er wirklich tot?

Ich wollte es genau wissen, ging einen Schritt vor und tastete in Höhe des Herzens.

Kaum hatte ich ihn angefaßt, als sein Arm plötzlich nach unten fiel.

Blitzschnell griff seine rechte Klaue zu. Ich kam nicht mehr dazu, den Arm wegzuziehen, denn seine Finger schlossen sich wie die Griffe einer Zange um mein Gelenk.

Mit der anderen Hand wollte er nach meinem Hals greifen.

Doch dagegen hatte ich etwas.

In der linken Hand hatte ich bis jetzt die Lampe gehalten. Sofort tauchte ich weg und griff gleichzeitig nach meinem geweihten Silberdolch.

Der Stich kam von unten nach oben, und die Klinge traf den Unhold in der Körpermitte.

Ein röchelnder Laut erklang über mir. Der Unhold ließ mein Gelenk los und fiel wieder gegen die Wand zurück.

Rasch hob ich meine kleine Kugelschreiberlampe auf und leuchtete ihn an.

Die Gestalt sackte an der Wand zusammen. Sie rutschte in die Knie und blieb so in der Nische hocken.

Ich zog den Dolch wieder hervor.

Das Wesen zerfiel.

Wie auch schon sein Artgenosse, der im Kofferraum transportiert worden war.

Ein Gegner weniger.

Aber von sich aus waren diese Männer nicht so geworden. Dahinter steckte irgend jemand, der mit Schwarzer Magie spielte und sie vorzüglich einzusetzen wußte.

Dieser Sadin vielleicht?

Ein Diener des Gottes Thor?

Aber gab es Thor überhaupt? War er nicht vielleicht nur eine Phantasiegestalt?

Es war müßig, sich darüber Gedanken zu machen, ich mußte zusehen, daß ich das Geheimnis dieses Hünengrabes lüftete.

Vor mir lagen jetzt nur noch die Kleidungsstücke des Toten. Alles andere war zu Staub zerfallen. Ein makabres Bild.

Ich schaute mich um und schwenkte dabei den kleinen Lampenstrahl. Er traf nur Gestein. Niemand hatte mich gesehen.

Ich war beruhigt.

Vorsichtig ging ich weiter. Wie tief war dieses Grab denn noch? Meiner Schätzung nach mußte ich bereits über die Hälfte der Strecke zurückgelegt haben.

Ich war beruhigt, als der Lampenstrahl endlich ein Ziel gefunden hatte und sein spärliches Licht auf eine Mauer warf. Das waren nur noch wenige Schritte.

Diese Hoffnung beflügelte mich, und ich beging einen großen Fehler. Ich bewegte mich zu schnell, übersah dabei das Loch am Boden und verlor plötzlich den Halt.

Ich wollte noch nachgreifen, doch meine Hände faßten ins Leere, der Fall riß mich nach vorn – und in die Tiefe.

Instinktiv krümmte ich mich zusammen, schlug hart auf, blieb jedoch bei Bewußtsein.

Dann krachte etwas gegen meinen Schädel.

Zuerst sprühten Sterne auf, dann kam die Dunkelheit. Ich fiel aufs Gesicht.

Schluß – Blackout für John Sinclair, das war mein letzter Gedanke vor der Bewußtlosigkeit . . .

Suko schaute auf die Uhr.

Zehn Minuten waren vergangen, zwei Drittel der vorgesehenen Zeit. Und von John war immer noch nichts zu sehen.

Obwohl er noch fünf Minuten Zeit hatte, machte er sich doch Sorgen. Mit dieser Lichtung und vor allen Dingen mit den Gräbern stimmt einiges nicht.

Ihm war der Platz nicht geheuer.

Der Chinese war etwas zurückgetreten, so daß er alle vier Hünengräber im Augen behalten konnte. Dahinter standen die Bäume des Waldes wie eine gefährliche Wand. Suko hatte das Gefühl, als wären sie näher zusammengerückt, und auch die Lichtverhältnisse schienen ihm nicht mehr so günstig zu sein wie zuvor.

Es war dunkler geworden.

Dämmrig . . .

Aber wieso? Nach wie vor stand die helle Sonne am Himmel, doch ihre Strahlen schienen die Lichtung im Wald zu meiden.

Vielleicht war es auch nur Einbildung, aber Suko glaubte nicht so recht daran. Er kannte sich inzwischen aus. Oft kündigte sich das Böse durch Veränderungen in der Natur an.

Den Chinesen hielt nichts mehr auf seinem Platz. Zwei Gräber waren geöffnet worden – für wen und wozu? Hatten diese Gräber vielleicht ihre Toten entlassen, war der Fluch unter Umständen schon wirksam geworden?

Diese Gedanken schwirrten durch Sukos Kopf, und er war nur froh, die Kinder außerhalb der Gefahrenzone zu wissen.

Langsam schritt der Chinese über die Lichtung. Unter seinen Füßen knickten Grashalme. Laub vom letzten Jahr raschelte, aber keine Tierstimmen waren zu hören.

Die Ruhe vor dem Sturm . . .

Noch zwei Minuten.

Suko blieb stehen und schaute wieder auf den Eingang des Hünengrabes, durch den ich verschwunden war.

Er sah nichts.

Dafür jedoch hörte er etwas.

Ein Geräusch, das aus dem Grab neben ihm erklang. Es hörte sich an wie Knistern und Kratzen, dann aber ein leises, irres Kichern.

Der Chinese blieb stockstelf stehen.

Was hatte das zu bedeuten?

Er befand sich jetzt vor dem Hünengrab, an dem nach den Erzählungen der Kinder auch die Lehrerin gestanden hatte, bevor sie verschwunden war.

Niemand wollte glauben, daß man sie in das Grab gezerrt hatte, doch Suko wußte es.

Plötzlich erschien eine Hand.

Sie tauchte aus der hinter dem Spalt liegenden Dunkelheit auf. Die Finger waren gekrümmt und bildeten eine Klaue.

Suko ging zurück.

Er zog seine Beretta und lockerte die Dämonenpeitsche im Gürtel.

Der Hand folgte ein Arm, eine Schulter, ein Gesicht.

Nein, kein Gesicht, sondern eine Grimasse. Daß diese Gestalt eine Frau war, konnte Suko nur an der Kleidung erkennen und an den Haaren, die grau bis auf die hageren Schultern herabhingen.

Das mußte die Lehrerin sein.

Suko hob die Waffe.

Er zögerte jedoch zu schießen, da die Frau ihn nicht direkt angriff, sondern stehenblieb.

Sie öffnete den Mund.

Suko stellte sich die Frage, ob er hier nun einen Dämon vor sich hatte oder nicht. Zwar sah die Haut alt und runzlig aus, jedoch nicht so wie bei dem Wesen, das aus dem Kofferraum gestiegen war. Nein, diese Person war noch ein Mensch.

Wenn auch in einer besonderen Verfassung.

Der Wahnsinn hatte die Frau befallen.

Sie war irre.

Die Lehrerin blieb zwei Schritte vor dem Grab stehen und streckte ihren rechten Arm aus, wobei sie die Finger wieder aneinanderlegte und die Hand eine normale Fläche bildete.

Dann begann sie zu sprechen, und ihre Worte jagten selbst dem Chinesen einen Schauer über den Rücken.

»Die Toten werden ihren Gruften entsteigen«, sagte sie mit hohler Stimme. »Ich habe sie gesehen. Ich habe sie in ihren Särgen gesehen und mit ihnen gesprochen. Sadin erscheint, und der große Rachekampf wird sich wiederholen.«

»Welcher Kampf?« fragte Suko.

»Die Geister der Wikinger und die der Germanen treten zum großen Duell an, und wer zwischen ihnen steht, wird zermalmt. Endlich ist die Zeit da. Der Fluch des Sadin ist erfüllt, die Toten kehren zurück!«

Sie schaute Suko an und doch hindurch. Die Frau schien ihn nicht wahrzunehmen, ihr Geist war verwirrt, sie konnte nur von den Toten reden, sonst nichts anderes.

Dann machte sie auf dem Absatz kehrt und ging wieder zurück.

Suko befand sich in einer Zwickmühle. Was sollte er tun? Die Zeit war abgelaufen. Eigentlich hätte ich schon längst zurück sein müssen, aber wenn die Frau jetzt wieder in dem Grab verschwand, dann hatte Suko keinen mehr, an den er sich halten konnte.

Er konnte an der Schulter der Frau vorbeischauen und sah undeutlich eine zweite Gestalt im Eingang stehen.

Einen Mann!

Was das vielleicht dieser Lehrer Hartmann? Hatte auch ihn der Wahnsinn gepackt?

Der Chinese dachte mit Schaudern daran, und er entschied sich dafür, der Frau zu folgen.

Sie machte keinerlei Anstalten, ihn aufzuhalten, ermunterte ihn allerdings auch nicht, sondern schritt ruhig weiter.

Suko quetschte sich durch den engen Spalt, wobei er seinen Bauch einziehen mußte. Nicht daß Suko dick oder gar fett war, sein Körper bestand eben nur aus zahlreichen Muskeln und Sehnen. Die Beretta hielt der Chinese nach wie vor schußbereit.

Zum erstenmal in seinem Leben betrat Suko ein vorchristliches Hünengrab. Ihm erging es nicht anders als mir. Modrige Luft empfing ihn. Es war dunkel. Das Licht der Eingangsspalte versickerte bereits nach einem Schritt.

Suko knipste die Lampe an.

Viel Helligkeit gab die Punktleuchte nicht, doch man konnte sich orientieren.

Und Suko sah den Mann.

Er stand vor ihm und ging auch nicht zur Seite, als der Chinese auf ihn zutrat.

Wie ein Fels blieb er stehen.

Mein Freund hob den linken Arm und leuchtete dem Mann ins Gesicht. Es war ein noch junges Gesicht, und der Chinese war jetzt sicher, hier den Lehrer vor sich zu sehen.

Suko sah es genau.

Dieser Mann war ebenfalls dem Wahnsinn verfallen. Das erkannte er an dem Ausdruck in seinen Augen.

Die Frau war schon vorgegangen, und da das menschliche Hindernis nicht aus dem Weg ging und Suko keinen Bogen machen wollte, stieß er den Lehrer mit dem Waffenlauf an.

Der erwachte wie aus einer langen Starre. »Die Toten«, sagte er, und so etwas wie Bewegung kam in seine Augen hinter der Brille. »Die Toten sind bereit. Die große Schlacht muß geschlagen werden. Thor hat Sadin geschickt. Er wird kommen und mithelfen, die Germanenpest zu vernichten. Der Fluch ist erfüllt.«

Es waren fast die gleichen Worte, die auch die Frau gebraucht hatte. Suko stellte sich die berechtigte Frage, wer ihnen diese Sätze eingegeben haben könnte.

Thor? Oder Sadin?

Der Chinese war plötzlich gespannt darauf, diesen Wikingerdämon kennenzulernen.

Wieder stieß er den Mann mit der Waffenmündung an. Diesmal gehorchte der Lehrer.

Er drehte sich um und schritt ohne zu zögern hinter der alten Frau her.

Suko bildete das letzte Glied der Gruppe. Sie gingen tiefer in das Hünengrab hinein.

Was würde sie erwarten?

Dann blieb die Frau stehen. Suko merkte es daran, daß auch der Mann stoppte und er fast gegen ihn gerannt wäre. Er leuchtete mit der kleinen Lampe vorbei und sah in dem dünnen Lichtstrahl eben noch, wie der Oberkörper der Lehrerin in der Tiefe verschwand.

Suko senkte seine Hand, und er erkannte den Rand einer Grube, in die die Frau hineingeklettert war.

Rolf Hartmann wartete so lange, bis von seiner Kollegin nichts mehr zu sehen war, dann stieg auch er hinunter.

Suko war nicht so schnell. Er überzeugte sich erst, daß eine Leiter vorhanden war, die sein Gewicht hielt. Er nickte zufrieden, denn die Leiter bestand aus dicken Holzbohlen, die zwar uralt waren, aber doch ziemlich stabil aussahen.

Erst jetzt kletterte der Chinese hinterher.

Fräulein Haupt stand schon unten. Sie wartete auf die beiden anderen. Auch Rolf Hartmann hatte die Sprossen schnell hinter sich gebracht. Suko ging langsamer.

Kaum hatte er den Boden berührt, da konnte er die Lampe wegstecken, denn plötzlich erfüllte ein geheimnisvolles grünes Leuchten die unterirdische Gräberhöhle.

Das Leuchten drang nicht aus den Wänden oder von der Decke, sondern wurde vom Boden ausgestrahlt und breitete sich in dem Verlies nach allen Seiten aus.

Vor der Leiter blieb der Chinese stehen.

Und jetzt sah er sie zum ersten Mal.

Die toten Wikinger!

Sie lagen tatsächlich in Särgen, die aus Baumrinde bestanden. Manche Wikinger waren vertrocknete Mumien, um die

Hälfte geschrumpft. Andere wiederum sahen zwar auch pergamenthäutig aus, aber sie besaßen noch ihre Waffen.

Man hatte ihnen die Streitäxte, Lanzen und Keulen mit in die Särge gelegt, damit sie auf der langen Reise durch das Totenland nicht schutzlos waren.

Es war ein Bild, das Suko faszinierte und gleichzeitig abstieß.

Dicht nebeneinander standen die primitiven Särge, und die Gestalten darin waren nicht tot.

Sie lebten.

Das sah Suko nicht allein an ihren Augen, sondern auch an den Bewegungen. Sie drehten sich, zogen die Arme oder winkelten die Beine an. Und immer entstanden dabei diese Geräusche, als würde man Rinde mit den Fingern zerkrümeln.

Das waren sie also!

Aber wo steckte ihr Anführer, dieser Sadin?

Suko suchte vergebens nach ihm, außer ihm befanden sich nur die toten Wikinger und die beiden Lehrpersonen in dem unterirdischen Verlies.

Ein Verlies der Angst, dachte Suko. Wie schlimm es noch kommen sollte, das merkte er schon bald. Die Frau drehte sich plötzlich um und trat auf ihn zu.

Gleichzeitig erhoben sich die toten Wikinger.

Suko achtete mehr auf sie, wie sie aus ihren Rindensärgen kletterten, und ließ dabei die Lehrerin aus dem Auge, was ein großer Fehler war.

Sie schritt an dem Chinesen vorbei, packte die Leiter und riß sie kurzerhand um.

Suko wollte noch zugreifen. Seine Hand faßte jedoch ins Leere, die Leiter lag bereits am Boden.

Und die Wikinger kamen.

Sie erhoben sich aus ihren primitiven, offenen Särgen. In den Fäusten hielten sie ihre Waffen.

Äxte, Speere und Keulen . . .

Sechs bewaffnete Gegner zählte der Chinese, die anderen

nicht mit gerechnet, die mit bloßen Händen kämpfen würden und auch nicht unterschätzt werden durften.

Suko sah sich nach einem Ausweg um. Es gab keinen. Bis er es schaffte, die Leiter wieder hochzustellen, waren die anderen schon über ihm.

Aber er hatte noch die Beretta.

Sechs Kugeln!

Zu wenig, denn es standen nicht nur die sechs bewaffneten Gestalten gegen ihn, sondern auch noch vier andere und die beiden Lehrpersonen, die sich bestimmt nicht auf seine Seite stellen würden.

Es sah schlecht für den Chinesen aus.

Aber er wollte sein Leben so teuer wie möglich verkaufen. Leicht würde er es den »toten« Wikingern nicht machen . . .

Zuerst merkte ich, daß ich mich nicht bewegen konnte. Man hatte mich gefesselt!

Sogar regelrecht festgebunden und das mit irgendwelchen Bändern oder Stricken.

Ich öffnete die Augen und stellte fest, daß ich nicht in völliger Dunkelheit lag. Ein grünes Leuchten umgab mich.

In meinem Schädel tobte der Schmerz. Wenn ich ihn bewegte, hatte ich das Gefühl, alles würde explodieren.

Doch daran durfte ich jetzt nicht denken, ich mußte zusehen, daß ich mich aus dieser prekären Lage befreite.

Den Kopf konnte ich ein wenig drehen, da ein Strick dicht unterhalb meines Halses vorbeilief. Ich peilte aus den Augenwinkeln zur Seite und stellte fest, daß ich auf einer Steinplatte lag und raffiniert gefesselt war.

Die Stricke spannten um Beine, Bauch, Brust und Arme. Sie mußten irgendwo unter der Steinplatte zusammengeknotet worden sein. Die Arme wurden dabei hart und eng an meinen Körper gepreßt.

Keine feine Methode, um einen Menschen wehrlos zu machen, obwohl die Fesselung im ersten Moment gar nicht so schlimm wirkte, weil man unter Umständen leicht hätte unter den Stricken wegrutschen können.

Daß man mir die Freiheit gelassen hatte, den Kopf zu bewegen, empfand ich als Wohltat. Nun konnte ich mich in meinem Gefängnis umzusehen.

Es war ein Verlies.

Es hatte eine rechteckige Form und mußte meiner Ansicht nach tief unter der Erde liegen, denn ich erinnerte mich noch genau an die letzten Sekunden vor der Bewußtlosigkeit. Ich war ins Leere getreten und gefallen.

Dann der Aufprall und der Schlag gegen den Kopf.

Doch wer hatte geschlagen?

Ich sah mich ein wenig um. Da gab es mehrere Möglichkeiten, denn ich war in diesem Verlies nicht der einzige.

Um mich herum standen offene Särge aus Baumrinde.

Sieben zählte ich, und jeder Sarg war belegt.

Wikinger lagen darin. Gestalten, wie ich sie sonst nur von alten Zeichnungen her kannte. Zwar war ihre Haut eingefallen und pergamentartig, aber die Waffen, die sie bei sich hatten, sahen verdammt gefährlich aus. Sie hatten die lange Zeit wohl am besten überstanden.

Äxte, Keulen, Lanzen und Schwerter.

Ein ganzes Arsenal, das mir Kopfzerbrechen bereitete, denn wenn ich angegriffen wurde, hatte ich keine Chance.

Es war still hier unten.

Ich fühlte mich wirklich wie in einem großen Grab. Kein Laut drang an meine Ohren.

Lebendig begraben! Schon oft war mir dieser Gedanke durch den Kopf gedrungen. Die Decke konnte ich kaum erkennen, sie schwamm in dem grünen Licht.

Die Luft war mehr als mies und kaum zu atmen. Ich sog sie auch nur sehr flach durch die Nase ein, wollte nicht noch mehr verbrauchen, vielleicht würde ich einmal sehr darauf angewiesen sein, wer konnte das wissen?

Es blieb weiterhin ruhig. Die Toten standen nicht aus ihren Gräbern auf, und da meine Schmerzen im Kopf ein wenig nachgelassen hatten, konnte ich darangehen, mich um meine Fesseln zu kümmern.

Ich wollte sie loswerden.

Wie schon gesagt, sie waren verdammt stramm zugezogen, und es war mir unmöglich, unter den Stricken wegzurutschen. Allerdings konnte ich mich etwas drehen, dabei gerieten auch die Stricke in Bewegung und spannten über den Rand der Steinplatte, der verhältnismäßig scharf war.

Darauf baute ich meinen Plan.

Es mußte mir gelingen, die Stricke aufzuscheuern! Eine andere Möglichkeit sah ich wirklich nicht. Ich merkte jedoch, daß man mir die Waffen gelassen hatte. Meine Beretta fehlte ebensowenig wie der Dolch oder das Kreuz.

Nur halfen sie mir nichts.

Ferner fragte ich mich, wer mich so kunstvoll verschnürt hatte. Die Toten in ihren primitiven Särgen? Oder ein anderer, dieser geheimnisvolle Sadin, von dem immer nur die Rede war, den ich jedoch noch nicht kennengelernt hatte?

Ich glaubte daran, und wenige Sekunden später wurde meine Vermutung bestätigt.

Sadin erschien.

Und er lachte, während er mich in meiner Sprache anredete. »Gib dir keine Mühe, Mensch, die Fesseln wirst du nicht zerstören können. Sie sitzen fest!«

Seinem Kommen und auch seinen Worten entnahm ich, daß er bereits die ganze Zeit über innerhalb des Verlieses gelauert und mich beobachtet hatte.

Jetzt zeigte er sich offen.

Ich schaute ihn an. Stumm maßen wir uns mit Blicken.

Sadin trug ein zerfetztes, ponchoähnliches Gewand, das er kurzerhand über seinen Kopf gezogen hatte und das bis zu den Knien seines ausgemergelten Körpers reichte. Er sah nicht viel anders aus als die Toten in ihren seltsamen Särgen; auch seine Haut wirkte wie dünnes Pergament. Er trug in der rechten Hand eine Lanze, auf deren Schaft ich zahlreiche Zeichen sah, die in ihrer roten Farbe deutlich vom Grün des Lichts abstachen.

Langsam trat Sadin näher, bis er vor der Steinplatte stehenblieb.

»Es ist dir klar, was dich erwartet, Grabschänder?« fragte er mich.

»Nein!« log ich.

»Du wirst sterben!«

»Nur weil ich in das Grab eingedrungen bin?«

»Ja, Frevler, deshalb. Du hast die heilige Ruhe der Toten gestört, und du bist zu einem Zeitpunkt gekommen, wo der alte Fluch in Erfüllung gehen wird.«

»Welcher Fluch?« hakte ich nach. Ich wollte den Dämon so lange wie möglich aufhalten, damit ich mehr erfuhr.

»Der Kampf wird sich wiederholen«, erklärte er mir. »Wenn unsere Krieger in ihren Särgen erwachen, werden auch die Feinde auferstehen und sich zum letzten Kampf stellen. Die Germanen entsteigen ihren Gräbern, und auf der Lichtung des Waldes wird es zur Entscheidung kommen. Das aber erlebst du nicht mehr, Frevler, denn die Speere der Rache werden dich töten!«

Es waren harte Worte, und mir war bewußt, daß Sadin nicht gelogen hatte.

»Wer bist du?« fragte ich ihn.

»Ich bin Sadin.«

»Das weiß ich inzwischen. Doch welche Aufgabe hast du?«

»Ich bin der Diener des großen Thor. Die Walhalla hat die Seelen der verstorbenen Krieger aufgenommen. Dort haben sie lange Zeit geschmachtet, während ihre Körper tief unter der Erde lagen. Doch diese schlimme Zeit ist nun vorbei. Es soll und wird zu einer letzten Schlacht kommen, und diesmal werden die stolzen Wikinger als Sieger hervorgehen. Sie werden die Germanenbrut vernichten und ihre Seelen mit Schimpf und Schande aus dem Reiche der Helden vertreiben, von wo aus selbst der Göttervater Odin zusehen wird.«

Das waren harte Worte. Natürlich hatte ich schon von Walhalla gehört, dem germanischen Götterreich, das auch von den Wikingern anerkannt wurde. Doch ich hatte es als Sage oder Märchen abgetan, jetzt allerdings machte man mir klar, daß doch ein wahrer Kern hinter den Geschichten steckte.

»Warum kommt Thor nicht selbst?« fragte ich mit krächzender Stimme.

»Der große Thor wird zuschauen, wie wir die räudigen Germanenhunde zertreten.«

Das war auch eine Antwort, aber keine auf meine Frage.

»Wirst du mitkämpfen?« wollte ich wissen.

»Ja, mein glühender Speer wird furchtbare Löcher in die Reihen der Germanen schlagen.«

Es war ein Versprechen, das ich ihm ohne weiteres abnahm. »Dann hast du auch die beiden Eindringlinge in der Nacht umgebracht, als sie in das Grab eindrangen?«

»Ja, sie mußten sterben, aber sie waren nicht tot. Sie störten die Ruhe der Toten, weil sie sich das holen wollten, was in den Gräbern versteckt war. Der Fluch hat sie getroffen. Als lebende Tote sollten sie dahinvegetieren, und sie wären ausgelöscht worden, nachdem ich die Macht übernommen habe.«

»Du wirst nicht in die Walhalla zurückgehen?« fragte ich.

»Nein, als Wächter und Diener des großen Thor bleibe ich auf der Erde.«

Es war für mich keine angenehme Vorstellung, denn wenn Sadin und seine Wikinger gewannen, dann befanden sich auch die Menschen in den umliegenden Orten in großer Gefahr.

Noch ein Grund mehr für mich, sich gegen das Schicksal zu stemmen.

Ich dachte an Suko. Wo blieb er nur? Längst war die ausgemachte Zeit überschritten. Er mußte doch gemerkt haben, daß etwas mit mir geschehen war.

Warum kam er nicht?

Oder hatte man ihn ebenfalls gefaßt? War er wie ich in eine Falle unserer Gegner gelaufen?

Das erschien mir bei näherem Nachdenken als durchaus wahrscheinlich, und damit sanken meine Chancen abermals.

Ich kochte innerlich, und Sadin schien es zu merken. »Dein Tod und auch der Tod deines Freundes sind sicher!«

Also wußte er von Suko.

Ich fragte ihn danach.

»Der Mann mit dem fremden Aussehen ist ebenfalls in eines der Gräber gegangen. Zwei Menschen, die sich mit den Kindern auf der Lichtung befanden, haben ihre Neugierde teuer bezahlen müssen und deinen Freund in ein Grab gelockt.«

Das mußten die beiden Lehrer sein.

»Sind sie tot?« fragte ich.

»Nein, sie leben noch!«

Er betonte das seltsam und verzog die dünnen Lippen zu einem kalten Lächeln, bis ich weiterbohrte.

»Sie sind dem Wahnsinn verfallen. Sie haben den Anblick der Toten nicht verkraftet!«

»Du bist eine Bestie, Sadin!« knirschte ich. »Aber es wird eine Zeit kommen, wo auch deine Herrschaft zu Ende geht!«

»Nein, niemals!« schrie er und drehte sich abrupt um. Er schritt auf die Särge zu, wo seine Krieger lagen.

Ich zerrte und bewegte mich wieder, scheuerte die Fesseln über die Steinkante und hoffte, daß wenigstens einige Fasern rissen.

Ob ich Erfolg hatte, konnte ich nicht sehen, weil es mir nicht gelang, den Kopf so weit zu drehen.

Sadin kümmerte sich nicht um mich. Er schritt auf die Särge zu, blieb vor ihnen stehen und streckte seinen rechten Arm mit dem Stab aus. Dann schwenkte er ihn im Kreis, so daß der Stab jedesmal für den Bruchteil einer Sekunde über irgendeinem Sarg schwebte.

Dabei begann der Stab zu glühen.

Die Zeichen verwischten plötzlich, ein kaltes Feuer sprühte auf, und die Magie des Stabes ging über auf die toten Krieger in ihren Baumrindensärgen.

Sie erwachten.

Fast synchron erhoben sie sich, griffen nach ihren Waffen und standen auf.

Ihre Pergamenthaut knisterte und schabte. Mit etwas ungelenken Bewegungen schritten sie auf ihren Anführer zu und bauten sich im Halbkreis vor ihm auf.

Für mich hatte niemand einen Blick. Ich galt für sie so gut wie tot, aus diesem Grunde nahm ich meine Bemühungen wieder auf und versuchte, die Fesseln zu zerreißen.

Ich bewegte mich hastig hin und her. Sadin wurde aufmerksam, schaute zu mir und lächelte nur.

Verdammt, er wußte, daß ich es nicht schaffte.

Längst war ich in Schweiß gebadet. Er lag als Schicht auf meiner Stirn. Stoßweise drang der Atem über meine Lippen. Das Haar klebte mir naß auf dem Kopf.

Die Schmerzen explodierten und erfaßten meinen ganzen Kopf. Ich stöhnte auf.

Das Geräusch hörte auch Sadin. Er zischte irgend etwas, das ich nicht verstand.

Sicherheitshalber lag ich still.

Wenn es mir nur einmal gelang, meinen Arm aus den Fesseln zu ziehen, war viel gewonnen, aber davon konnte ich nur träumen.

Dann sprach Sadin zu seinen Kriegern, und ich bekam jedes einzelne Wort mit, weil er in meiner Sprache redete. Er tat es bewußt, um mir meine Chancenlosigkeit vor Augen zu führen.

»Die Zeit des großen Kampfes ist gekommen«, sagte er, »endlich muß der Racheschwur erfüllt werden. Thor hat mich geschickt, um euch in den Krieg gegen unsere Feinde zu führen. Tilgt die Schmach, die uns vor langer Zeit angetan worden ist!«

Ich hörte die Worte zwar, aber ich begriff sie nicht so recht. Ein normal denkender Mensch konnte sich von diesem Kriegsgeschrei nur distanzieren. Und daß hier Wikinger auf Germanen treffen sollten, gab der Rede eine makabre Note.

Aber wo steckten diese Germanen? Ich sollte gleich darauf eine Antwort erhalten.

»Noch liegen eure Feinde in den Gräbern, doch sobald der

Kampfruf erschallt, werden sie der feuchten Erde entsteigen und sich euch stellen. Dann schlagt zu.«

Ich konnte den Worten entnehmen, daß man die Germanen hier im Wald vergraben hatte. Wenn ich die Wikinger mitzählte, würde es ein Heer von auferstandenen Toten geben, das den Wald in der Lüneburger Heide unsicher machte.

Ein Wahnsinn, irre . . .

Aber doch wahr.

Leider konnte ich nicht dorthin schauen, wo sich die Luke an der Decke befand. Deshalb sah ich auch nicht die aufgestellte Leiter, die aus dem Verlies führte.

Der erste Wikinger schritt auf die Leiter zu und kletterte nach oben. Die anderen Toten folgten ihm. Sie hatten die Waffen so verteilt, daß jeder eine Keule, Lanze oder Axt besaß, um sich gegen die verhaßten Germanen zu verteidigen.

Sadin blieb zurück. Er wartete, bis seine Vasallen verschwunden waren, drehte sich dann und trat zu mir.

Unsere Blicke trafen sich.

Er lachte. »Jetzt hast du Angst, Frevler, oder?«

Ich zögerte mit der Antwort. Ja, zum Teufel, ich hatte Angst, aber ich wollte es vor diesem Dämon nicht zugeben. So etwas war mir auch noch nicht passiert. Da besaß ich fast all meine Waffen und konnte sie nicht einsetzen, weil stramme Fesseln mich hielten.

Es war zum Heulen.

»Ich sehe dir an, daß du Angst hast!« knirschte Sadin. »Und sie ist auch begründet, denn du wirst hier in diesem Verlies elendig zugrunde gehen.«

»Mein Tod wird dir nichts nützen!« hielt ich ihm entgegen.

Er hob die Lanze, und sekundenlang hatte ich Furcht, daß er mir die Waffe ins Herz stoßen würde, dann schüttelte er den Kopf.

»Nein, so einfach wirst du nicht sterben«, gab er bekannt. »Dein Tod soll länger dauern und schleichend sein. Du sollst leiden und merken, wie es ist, wenn es langsam zu Ende geht. Grabschänder erleiden ein grausames Ende.«

Er trat einen Schritt zurück und drehte den Speer in seiner

Hand. Dabei murmelte er eine finstere Beschwörung, von der ich kein einziges Wort verstand.

Dann stieß er den Speer gegen die Decke des Verlieses.

Plötzlich flammte die Waffe wieder auf. Ein rotgelber Blitz fraß sich in die Decke und malte dort ein knisterndes Muster, das wie ein helles Spinnennetz aussah.

Dreimal stieß er zu.

Und dreimal sprach er die Beschwörung.

Dann trat er zurück. Dabei lächelte er auf eine diabolische Weise, so daß mir angst und bange wurde.

»Sterben, Frevler, du wirst sterben!« Es waren seine letzten Worte, die er zu mir sprach, bevor er sich umdrehte und die Leiter nach oben stieg.

Allein blieb ich zurück.

Ich war gespannt, welch einen Tod er für mich ausgesucht hatte.

Lange brauchte ich nicht zu warten. Mein Blick war zur Decke gerichtet. Deutlich erkannte ich drei Punkte.

Sie lösten sich von ihrem Platz. Langsam sanken sie dem Boden entgegen, strahlten hell auf, wurden länger und veränderten sich zu kleinen, flammenden Speeren.

Mir blieb fast das Herz stehen. Jetzt wußte ich, was sich dieser Teufel ausgedacht hatte.

Die kleinen Flammenspeere sollten mich durchbohren!

Zehn Gegner griffen Suko an!

Zehn lebende Tote, besessen von einem unheilvollen Trieb, der sie zum Morden zwang.

Und sie wollten Sukos Tod.

Der Chinese beherrschte zwar den Karate-Kampfsport, aber mit bloßen Fäusten kam er gegen diese Gegner nicht an. Er konnte sie zwar niederschlagen, aber sie würden sich sofort wieder erheben und von neuem angreifen.

Nein, wenn Suko sein Leben retten wollte, mußte er zu härteren Mitteln greifen.

Zur Beretta und zur Dämonenpeitsche.

Mit der linken Hand zog er die Waffe, beschrieb einmal einen Kreis, und im nächsten Augenblick fielen die Riemen aus der dünnen Röhre. Sofort hob Suko die Peitsche an.

Der erste Untote wollte mit einem langen Messer zustechen. Sein Gesicht war zerfallen, der Mund klaffte wie ein Loch.

Suko schlug zu.

Schräg von der Seite her klatschten die Riemen gegen den Schädel des Wikingers. Es sprühte auf, als hätte jemand Feuer gegen den Kopf gehalten. Und plötzlich war der Schädel verschwunden. Er hatte sich kurzerhand in Asche aufgelöst.

Der Torso kippte um.

Den nächsten Wikinger erledigte Suko mit einem Schuß. Einer der Unbewaffneten wollte sich gegen ihn werfen, doch die Kugel war schneller und zerstörte ihn.

Die Untoten waren gewarnt. Sie griffen jetzt nicht mehr so stürmisch an, nachdem sie zwei ihrer Wesen verloren hatten.

Schnell zogen sie sich zurück. Vor allen Dingen die Unbewaffneten hatten eine Idee, die Suko gar nicht gefiel. Bevor er es verhindern konnte, waren sie bei ihren Särgen, nahmen sie hoch und benutzten sie als Deckung, um auf Suko zuzugehen.

Gleichzeitig wurde es dunkel.

Und das empfand Suko als viel schlimmer, denn die Rindensärge wären von einer Kugel leicht zerstört worden.

Jetzt hörte Suko nur noch die Geräusche.

Das Knistern, das Kratzen und das leise Klirren der Waffen, wenn sie sich berührten. Er glaubte, den Pesthauch des Todes im Nacken zu spüren.

Der Chinese ging in die Knie, damit er ein so kleines Ziel wie möglich bot. Lautlos bewegte er sich dann zur Seite und stieß im nächsten Augenblick gegen ein Bein.

Suko wußte nicht, ob er einen bewaffneten oder unbewaffneten Wikinger vor sich hatte, er riß den Arm mit der Waffe hoch und feuerte von unten nach oben.

Der Widerschein des Mündungsblitzes hellte die unmittelbare Umgebung für den Bruchteil einer Sekunde auf. Suko hatte das Monster in die Brust getroffen, und er sah, wie es zurücktaumelte und verging.

Er sah aber auch noch mehr.

Die Wikinger hatten ihn eingekreist. Die Spitze einer Lanze zielte gefährlich auf seinen Körper. Suko warf sich zu Boden und rollte um die eigene Achse.

Gleichzeitig schlug er mit der Dämonenpeitsche um sich. Die Riemen fanden ihre Ziele. Suko hörte das Heulen seiner Gegner, und eine grimmige Genugtuung durchflutete ihn.

Er wechselte sofort die Stellung. Munition wollte er sparen, aus diesem Grunde schlug er nur mit der Peitsche um sich.

Schreien und Wehklagen erfüllten das Verlies, in dem der Chinese um sein Leben kämpfte. Er wußte nicht, wie viele Gegner er zu Boden geschlagen hatte, manchmal klatschten die Riemen auch nur gegen die provisorischen Deckungen der untoten Gestalten. Diese jedoch konnte die Dämonenpeitsche nicht zerstören.

Jemand warf sich gegen Suko. Er spürte einen beißenden Schmerz am Hals und wußte, daß ihn die Schneide einer Axt oder die Spitze eines Speeres gestreift hatte. Sofort begann die Wunde zu bluten. Der schwere Körper fiel auf ihn, und Suko fluchte. Er drehte seinen rechten Arm zur Seite, drückte die Mündung der Beretta in etwas Weiches und schoß.

Sein Gegner zuckte zusammen und fiel von ihm.

Sofort hechtete Suko zur Seite. Er prallte dabei gegen einen anderen, und etwas zischte haarscharf an seinem Kopf vorbei. Wieder hatte er Glück. Zudem bekam der Chinese noch den Arm seines Gegners zu packen. Er setzte einen Hebelgriff an. Die Peitsche hielt der dabei zwischen Ring- und Mittelfinger eingeklemmt.

Schweißbedeckt rollte sich der Chinese über den Boden. Obwohl höchstens eine Minute vergangen war, kam ihm die Zeit dreimal so lang vor.

Auf die Dauer gesehen, mußte er unterliegen.

Wieder pfiff die Peitsche durch die Luft. Als Suko das klatschende Geräusch hörte, nickte er zufrieden.

Ein Gegner weniger.

Doch er wußte nicht, wie viele noch lauerten. Er hatte nicht nachgezählt, wer alles seiner Peitsche zum Opfer gefallen oder von den Berettakugeln getroffen worden war.

Aber irgendwann mußte eine der Waffen ihn treffen, und Suko zuckte zusammen, als sich dicht neben ihm etwas in den Boden bohrte.

Eine Axt.

Der Chinese griff zu und schleuderte sie von sich. Halbhoch wischte die gefährlich Waffe über den Boden, ein Aufschlag, ein wütender Schrei.

Rasch wechselte der Chinese die Stellung. Er warf sich quer durch das Verlies und spürte plötzlich Hände an seiner Kehle.

Menschenhände!

Das mußte entweder der Lehrer oder die Lehrerin sein. Suko zögerte, seine Waffen einzusetzen. Statt dessen wirbelte er herum und schleuderte die Gestalt von sich.

Im nächsten Augenblick ertönte ein gräßlicher Schrei, der dem Chinesen eine Gänsehaut über den Rücken trieb. Der Schrei erstickte in einem Röcheln, dann war nichts mehr zu hören.

Er hatte ihn als Frauenschrei identifiziert, und Suko konnte sich vorstellen, weshalb die Frau so geschrien hatte.

Sie mußte von der Waffe getroffen worden sein, die Suko zugedacht war. So hatte ihm das Fräulein unbewußt das Leben gerettet.

Ein zweitesmal würde er solch ein Glück nicht mehr haben.

Zur Luke hin konnte der Chinese nicht. Die Leiter war umgekippt worden. Er mußte es durchstehen.

Suko warf sich gegen die Wand, um den Rücken freizuhaben. Wieder wollte er mit der Peitsche zuschlagen, als die Wand dort zusammenbrach, wo er gegengefallen war.

Suko kippte zurück.

Kühlere, ebenfalls modrige Luft drang in seine Lungen. Lehm und Erde begruben den Chinesen, doch Suko sah plötzlich wieder eine geringe Chance.

So schnell es ging, befreite er sich von den Erdmassen und rannte weiter.

Wuchtig knallte er in der Dunkelheit gegen eine Wand. Die Haut über der Augenbraue platzte auf. Suko brauchte Licht, wenn er weiterkommen wollte.

Er hatte noch die kleine Lampe. Er holte sie hervor und knipste sie an.

Der schmale, nur fingerdicke Strahl war für ihn wie ein Hoffnungsfunke.

Suko drehte sich.

Er sah zwar nur undeutlich, aber das Licht reichte aus, um zu erkennen, daß er sich in einem Gang befand, und er tatsächlich mit seinem Gewicht eine Wand eingestoßen hatte.

Er sah auch die Wikinger, die sich bereit machten, durch die Lücke zu klettern.

Für den Bruchteil einer Sekunde wurde er auch die Frau gewahr, die leblos auf dem Boden lag. Ihr konnte niemand mehr helfen. In Suko stieg die Wut wie eine Flamme hoch, und am liebsten hätte er in den Pulk hineingefeuert, doch er riß sich zusammen, vielleicht brauchte er die Munition noch.

Der Gang war nicht hoch und führte waagerecht durch den Erdboden. Suko mußte den Kopf einziehen, als er weiterlief.

Er ließ die Lampe brennen, so konnte er sich wenigstens ein bißchen orientieren.

Bis es die Wikinger geschafft hatten, sich durch das Loch zu zwängen, hatte der Chinese bereits einen erklecklichen Vorsprung herausgeholt. Trotz des Kampfes fühlte er sich einigermaßen fit, obwohl seine Halswunde noch immer blutete.

Suko nahm sich sogar die Zeit, ein Taschentuch darüberzubinden, und knotete es fest.

Dann warf er einen Blick zurück.

Gerade noch im rechten Augenblick, denn einer der Wikinger schleuderte seine Lanze.

Suko warf sich hin.

Die gefährliche Waffe pfiff über ihn hinweg und verschwand in der Dunkelheit.

Das war knapp gewesen.

Der Wikinger, der Suko attackiert hatte, lief an der Spitze. Unter einem Helm mit zwei Hörnern grinste ein pergamentenes Gesicht.

Der Kerl war nicht nur mit einer Lanze bewaffnet gewesen, er trug auch noch eine Axt.

Und die schleuderte er hinter der Lanze her.

Diesmal konnte Suko kaum ausweichen. Ihm blieb nur noch eins.

Er schoß.

Die silberne Kugel jagte in die Brust des Wikingers und brachte ihn zu Fall.

Die Axt war schon in der Luft. Hautnah wischte sie an Suko vorbei und drosch in die Wand, wo sie im feuchten Erdreich steckenblieb.

Da hatte Suko wirklich Glück gehabt.

Mit seiner Kugel – der zweitletzten – hatte er wieder einen Gegner erledigt.

Er jagte auch noch das letzte Geschoß aus dem Lauf und fehlte, weil das Licht zu schlecht war.

Suko wußte nicht, wohin der Gang führte. Aber schlimmer als es schon war, konnte es nicht kommen. Vielleicht würde er irgendwann in die Freiheit zurückkehren können, und damit auch ans Tageslicht.

Doch das waren alles noch Utopien und Wunschträume. Erst einmal mußte er sich die Wikinger vom Hals halten.

Und die waren verflixt schnell.

Während Suko achtgab, daß er nirgendwo gegenstieß, nahmen die Gestalten keinerlei Rücksicht. Sie jagten hinter dem Chinesen her, als gelte es, einen Rekord aufzustellen.

Die schlechte Luft machte Suko schwer zu schaffen. Seine Lungen brannten. Der Mangel an Sauerstoff ließ ihn taumeln, doch der Chinese überwand den Schwächeanfall. Aufgeben galt nicht, sondern eisern durchhalten.

Siedendheiß fiel ihm ein, daß seine Waffe leergeschossen war und er noch nicht nachgeladen hatte.

Im Laufen holte der Chinese das rasch nach.

Und weiter jagte er.

Der Boden war uneben. Herabgefallene Lehmbrocken bildeten immer wieder Stolperfallen. Der schmale Lichtfinger tanzte auf und ab, berührte manchmal die Decke, glitt wieder dem Boden zu, fuhr wie ein Geisterfinger darüber hinweg und blieb plötzlich an einer Mauer hängen.

Suko schluckte.

Damit hatte er nicht gerechnet. Der Gang entpuppte sich als eine Sackgasse.

Suko war in eine Falle geraten.

Bis zur Wand lief er vor, wandte sich dann um und blickte den Untoten in die gräßlichen Gesichter. Obwohl er einige von ihnen erledigt hatte, waren noch genügend übriggeblieben, um Suko zu erledigen.

Die Spitze hatte der Lehrer übernommen. Suko leuchtete dessen Gesicht an und sah das irre Grinsen.

Dann hob er die Beretta.

Nein, er konnte nicht schießen. Er brachte es einfach nicht fertig, auf einen Wehrlosen zu feuern. Dieser Mann war kein Dämon oder ein Untoter, sondern ein Mensch.

Ihm mußte geholfen werden. Es war bereits zuviel, daß die Lehrerin gestorben war.

Die Wikinger blieben zurück. Hatten sie gemerkt, daß Suko nicht auf einen Wehrlosen feuern wollte?

Rolf Hartmann ging weiter, Schritt für Schritt näherte er sich dem Chinesen.

Jetzt streckte er die Hände aus, warf sich auf einmal nach vorn und prallte gegen ihn.

Suko wurde zurückgedrängt, und dann geschah das gleiche wie zuvor im Verlies.

Die Wand brach ein . . .

Ich starrte gegen die Decke!

Meine Augen waren nach oben gerichtet und etwas verdreht. Sie begannen schon zu tränen, die Pupillen schmerzten, mein Atem ging schnell und keuchend.

Aber ich lag nicht still. Verzweifelt war ich darum bemüht, meine Fesseln loszuwerden. Ich ruckte vor, wieder zurück, versuchte es seitlich, wollte mich drehen, doch die verdammten Stricke hielten mich fest.

Es war wirklich ein Ding der Unmöglichkeit, unter ihnen wegzurutschen.

Ich gab den Kampf trotzdem nicht auf. Da mein Kopf freilag, wollte ich mit dem Gesicht unter dem obersten Strick hinwegrutschen, doch das Seil fuhr mir scharf unter dem Kinn entlang, wo es die Haut aufritzte und Blut aus der kleinen Wunde trat.

Verbissen arbeitete ich weiter.

Weil der Versuch, unter den Stricken hindurchzurutschen, gescheitert war, wollte ich sie aufscheuern. Die Steinkante der Platte mußte die Fasern doch zerreißen. Ich bewegte mich so gut es ging nach rechts, nach links, dann wieder umgekehrt, doch ohne erkennbaren Erfolg.

Es war unmöglich, die Stricke in solch einer knappen Zeit durchzuscheuern.

Und der Tod kam näher.

Drei glühende Pfeile senkten sich auf mich zu. Mit einer gnadenlosen Präzision zielten sie auf meinen Körper. Sie würden mich in der Brustmitte durchbohren und vielleicht dicht unter dem Hals. Aber treffen immer, denn ich konnte mich nicht zur Seite drehen und ihnen weniger Fläche bieten.

Die Hälfte der Strecke hatten sie bereits hinter sich, jetzt würde es vielleicht noch zwei Minuten dauern, bis sie mich töteten.

Mein Gott, warum kam ich denn hier nicht weg?

Ich schrie meine Wut und meine Angst hinaus, wollte mich aufbäumen, doch die verdammten Stricke saßen zu fest. Sie schnitten nur in meine Kleidung.

Näher und näher senkten sich die Pfeile.

Jetzt waren sie vielleicht nur noch eine Armlänge von meiner ungeschützten Brust entfernt.

Sekundenlange Galgenfrist.

Noch einmal bäumte ich mich auf, kämpfte gegen das

grausame Schicksal an und hoffte verzweifelt auf ein Wunder.

Es geschah nicht.

Die Stricke hielten!

Aus feuchten Augen starrte ich die Pfeile an, deren Licht mich bereits blendete, so nahe waren sie mir schon. Entstanden durch Schwarze Magie, wollten sie meinem Leben ein Ende setzen.

Was Asmodina, der Schwarze Tod und zahlreiche seiner Helfer nicht geschafft hatten, im Verlies der Angst gab es für mich keinen Ausweg mehr.

Noch eine Handbreite.

Unwillkürlich zog ich die Brust ein, als würde ich dadurch die Pfeile aufhalten und mein Leben verlängern können.

Nein, so nicht.

Und ergeben wollte ich die Augen schließen . . .

Kommissar Mallmann wunderte sich, wie ruhig und lieb sich die Kinder benahmen. Sie machten ihm keine Schwierigkeiten, als er sie in ihr Dorf zurückbrachte.

Der kleine Klaus, der sich irgendwie verantwortlich fühlte, ging neben dem Kommissar her. Hin und wieder schaute er zu Mallmann hoch. Man sah ihm an, daß er etwas wissen wollte, sich aber nicht traute, es auszusprechen.

Will Mallmann merkte es und fragte: »Was hast du auf dem Herzen, Klaus?«

»Sind Sie ein richtiger Kommissar?«

»Ja.«

»Wie die aus dem Fernsehen?«

Mallmann lächelte. »Fast.«

»Ich finde das toll, denn ich will auch zur Polizei, wenn ich mal größer bin. Denn was mein Vater ist, will ich nicht werden.«

»Was ist er von Beruf?«

»Soldat! Der fliegt einen Hubschrauber.«

»Das ist aber auch toll.«

Klaus schüttelte den Kopf. »Für mich nicht. Ich gehe zur Polizei, dann jage ich immer Verbrecher. Und in den Gräbern haben sich bestimmt welche versteckt.«

»Das träumst du nur«, erwiderte Will Mallmann.

»Nee, das glaube ich nicht. Gibt es da Verstecke, Herr Kommissar?«

»Sicher, aber das ist nichts für euch.« Will Mallmann blieb stehen, und die Schüler folgten seinem Beispiel. »So, jetzt haben wir das Dorf erreicht. Den Weg findet ihr sicherlich allein.«

Die Jungen und Mädchen nickten.

»Aber was sagen wir unseren Eltern, wenn sie nach den beiden Lehrern fragen?« erkundigte sich die kleine Bettina. Sie hatte Tränen in den Augen. »Wo ich Herrn Hartmann doch noch Blumen geschenkt habe!«

»Sagt ihnen . . .« Mallmann überlegte und strich über sein etwas gelichtetes Haar. »Sagt ihnen einfach, daß die Lehrer bald nachkommen. Okay?«

»Ja.«

Will war froh dabei, daß die Kinder so reagierten und nicht noch mehr Fragen stellten.

Der Kommissar verabschiedete sich mit einem allgemeinen Gruß und sah zu, daß er zurückkam. Er ging jetzt wesentlich schneller als auf dem Hinweg, und hatte er sich vorher unbekümmert gegeben, so zeigte sein Gesicht jetzt einen verbissenen Ausdruck.

Zahlreiche ihm entgegenkommende Autofahrer wunderten sich über den Mann, der so schnell über die Straße hetzte.

Kommissar Mallmann lief parallel zum Wald entlang. Heiß brannte ihm die Frühjahrssonne ins Genick. Er schwitzte, aber eisern hielt er das Tempo bei.

Nur nicht nachgeben, nach dieser Devise ging Will Mallmann vor.

Will übersprang einen Graben und rannte nun direkt neben dem Waldrand her. Seine Füße trampelten über einen schmalen Feldweg, Staub wurde aufgewirbelt. Zum Glück waren keine Spaziergänger unterwegs, an einem Wochenende hätte es hier sicherlich anders ausgesehen, davon war der Kommissar fest überzeugt.

Er hatte sich die Stelle gemerkt, wo er mit den Kindern aus dem Wald gekommen war. Dort tauchte er auch wieder zwischen die Bäume, deren Laubdach einen Teil der warmen Sonnenstrahlen abhielt.

Die Angst trieb den Kommissar voran. Angst um seine beiden Freunde, denn weder John noch Suko wußten, was sie in den Gräbern erwarten würde.

Lebten die Toten tatsächlich?

Will hatte zwar selbst in der Nacht einen gesehen, aber deshalb konnte man nicht davon ausgehen, daß alle Wikinger in ihren Grüften erwacht waren.

Immer wieder tastete Will Mallmann nach der mit Silberkugeln geladenen Beretta, die er in seinen Hosenbund geschoben hatte. Nur mit diesen Geschossen war die Brut aufzuhalten oder mit Feuer, aber das einzusetzen wäre zu riskant gewesen, denn einen Waldbrand wollte er nicht auf dem Gewissen haben.

Will Mallmann atmete schnell. Immer wieder wischte er sich über die Stirn, und der Schweiß floß in Strömen. So war es leicht, abzunehmen, aber auch verdammt anstrengend.

Immer mehr näherte sich Will Mallmann den Gräbern.

Die Natur um ihn herum verstummte.

Das Singen der Vögel hörte schlagartig auf. Es schien, als hätte der Kommissar eine andere Welt betreten.

Und dann . . .! Was war das?

Will Mallmann schaute genauer hin und sah zwischen den Bäumen Nebelfetzen hängen.

Nebel oder Dunst um diese Zeit?

Unmöglich . . .

Es sei denn, der Nebel war künstlich erzeugt worden und wollte etwas tarnen.

Will wurde plötzlich vorsichtig. Er ging langsamer, zog die Silberkugel-Beretta und schaute erst zu Boden, bevor er einen Schritt nach vorn wagte.

Nach allen Seiten sichernd, erreichte er den äußeren Rand der Nebelzone.

Will blieb stehen. Der Gedanke an Gas kam ihm. Wenn er das Zeug einatmete, konnte es unter Umständen passieren, daß er bewußtlos wurde.

Vorsichtig sog er die Luft ein.

Nichts geschah.

Der Nebel war nicht gefährlich, hemmte keinerlei Atemwege. Will Mallmann war ein wenig beruhigt.

Dann aber horchte er auf.

Er hatte Geräusche gehört.

Seltsame Geräusche, die gar nicht in diese Umgebung passen wollten. Das Klirren von Waffen, wütende Schreie.

Will wurde neugierig. Da die Geräusche von der Lichtung zu kommen schienen, mußte er annehmen, daß sich bei den Hünengräbern etwas abspielte.

Ein Kampf?

Vielleicht waren auch seine Freunde darin verstrickt.

Das wollte und mußte der Kommissar herausfinden, deshalb zögerte er keine Sekunde länger und machte sich auf den Weg. Er achtete auch nicht mehr darauf, lautlos zu gehen, sondern sah nur zu, daß er die Deckung der Baumstämme ausnutzte.

Und so kam er der Lichtung immer näher.

Ein letzter Sprung hinter den nächsten Baumstamm, dann weiterlaufen, und er hatte freies Sichtfeld.

Will Mallmann schaute auf die Lichtung.

Was er sah, ließ ihn an seinem Verstand zweifeln. Die Erde war aufgebrochen und hatte die toten Germanen entlassen. Sie waren wie die Würmer hervorgekrochen. Schreckliche Gestalten, zum Teil halbe Skelette.

Aber sie alle waren bewaffnet. Mit Keulen, Äxten, Schwertern, Lanzen.

Und ihnen gegenüber standen die Wikinger.

Auch sie sahen nicht besser aus. Sie schrien und brüllten, warfen ihren Gegnern Schimpfwörter an die Köpfe, aber sie hatten einen Vorteil den Germanen gegenüber.

Die Wikinger hatten einen Anführer!

Sadin stand mit seinem flammenden Speer vor ihnen, hatte den linken freien Arm erhoben und die Hand zur Faust geballt.

Dann gab er den Befehl zum Angriff.

Der Kampf begann. Die beiden feindlichen Parteien rasten aufeinander zu, und Will Mallmann, der Kommissar, glaubte sich um ein Jahrtausend in die Vergangenheit zurückversetzt ...

Plötzlich geschahen zwei Dinge gleichzeitig.

Ich spürte auf einmal einen ziehenden Schmerz an der Brust und dachte schon, die Pfeile wären in meinen Körper eingedrungen, als eine helle Lichtglocke hochstieg und die Pfeile einhüllte.

Licht?

Ich wußte es plötzlich.

Das Kreuz. Himmel, das Kreuz hatte reagiert. Es wollte den geballten Angriff der Schwarzen Magie nicht so ohne weiteres hinnehmen und hatte automatisch eine Gegenaktion gestartet.

Unwahrscheinlich.

Da brach die Wand.

Meine Gedanken wurden in eine andere Richtung gelenkt. Ich hörte das Poltern und Knirschen, drehte ein wenig den Kopf und sah meinen Freund Suko, wie er zusammen mit einem Teil der Verlieswand in das Innere meines Gefängnisses stürzte.

Aber er war nicht allein.

Rolf Hartmann befand sich bei ihm. Und Hartmann wollte Suko töten. Immer wieder schlug der junge Lehrer nach dem Chinesen, als der versuchte, sich aus dem Dreck und Lehm zu befreien.

Ferner sah ich Gestalten in der Dunkelheit hinter der gebrochenen Gangwand.

Das waren die Wikinger, die meinen Freund verfolgt hatten.

»Suko!« schrie ich.

Er wirbelte herum. Der Chinese hatte mich noch gar nicht gesehen, nun ging auf seinem Gesicht die Sonne auf, doch als er erkannte, daß ich gefesselt war, verdüsterte sich sein Ausdruck wieder.

Er wollte mich sofort befreien, sprang auch auf die Steinplatte zu, doch mitten im Sprung erwischte ihn Rolf Hartmanns Griff. Der Lehrer hatte Sukos Knöchel gepackt.

Er riß den Chinesen um.

Suko fiel zu Boden und fluchte wütend. »Jetzt bin ich es aber leid!« knurrte er, gelangte auf die Füße, und bevor Hartmann nachsetzen konnte, griff Suko nach ihm und stemmte ihn hoch.

Ich sah das alles nur als Zuschauer und ärgerte mich, nicht eingreifen zu können.

Suko schwang den Mann über seinen Kopf. Zwei Schritte ging er vor, dann schleuderte er ihn durch das Loch in der Wand den angreifenden Wikingern entgegen.

Die wurden von der menschlichen Ladung voll getroffen. Der Körper fuhr mitten zwischen sie und riß einige von ihnen zu Boden.

Suko hatte eine kurze Atempause, und ich stöhnte vor lauter Freude laut auf.

Nicht der Chinese hatte mich gerettet, sondern mein Kreuz. Im letzten Augenblick hatte es reagiert und kraft seiner weißmagischen Aktivität das Unheil aufgehalten. Es hatte einen Panzer aus Magie über meine Brust gelegt.

Im nachhinein noch rann mir ein Schauer über den Rücken, als ich daran dachte.

»Nimm den Silberdolch!« sagte ich zu Suko.

Mein Partner schob seine Hand unter die Stricke und tastete nach meiner Hüfte. Den Dolch hatte er schnell gefunden. Er zog ihn hervor und säbelte am ersten Strick.

Uns zerrann die Zeit zwischen den Fingern. Suko mußte

sich beeilen, denn die untoten Wikinger hatten keinesfalls aufgegeben.

Sie wollten uns töten.

Ich konnte an Suko vorbeischauen. Deshalb sah ich auch den ersten Untoten, wie er in das Verlies wankte.

Er hielt eine Axt in der Hand und hatte den Arm bereits zum Schlag erhoben.

»Achtung!« schrie ich.

Suko wirbelte herum. Er wurde zu einer explodierenden Ladung, hechtete vor. In der rechten Hand hielt er noch meinen Silberdolch, ich sah die Klinge aufblitzen, und dann verschwand sie im Körper des Wikingers, während ihm Suko mit der linken Hand die Axt aus den Fingern schlug.

Röchelnd sackte das Monster zusammen.

Sofort sprang Suko zurück und feuerte zweimal mit der Beretta auf die nachrückenden Gestalten.

Einmal traf er, die andere Kugel wischte dicht am Kopf eines Wikingers vorbei.

Einen Strick hatte der Chinese durchtrennt, so daß ich wieder ein wenig mehr Bewegungsfreiheit hatte. Aber ich schaffte es noch nicht, völlig aus den Fesseln zu rutschen, dafür waren die anderen noch zu stramm.

Suko stand schon wieder neben mir und säbelte an den Stricken. Der zweite fiel.

Noch hatten wir nicht gewonnen, denn die Wikinger brauchten nur Lanzen zu schleudern, dann waren wir geliefert.

Aber sie hatten mit sich selbst zu tun. Sie waren auch vorsichtiger geworden, denn Sukos Dämonenpeitsche und seine Beretta hatten unter ihnen aufgeräumt.

Wieder fielen zwei Stricke.

Ich war frei.

Endlich!

Die lange Fesselung hatte die Blutzirkulation beeinträchtigt. An der anderen Seite der Steinplatte schwang ich mich herum und stand auf. In meinen Gelenken verspürte ich das berühmte Prickeln, Schwindel erfaßte mich, noch stand ich unsicher auf den Beinen, aber das Gefühl würde sich bald legen.

»Geht's?« fragte Suko.

Ich nickte und biß die Zähne zusammen.

Der Chinese grinste. Er warf mir meinen Silberdolch zu, den ich geschickt auffing.

Ich behielt ihn in der linken Hand, während in der rechten die Beretta lag.

Jetzt konnten sie kommen.

Doch die restlichen Gestalten dachten gar nicht daran, uns weiter anzugreifen. Sie zogen sich zurück.

»Was ist mit dem Lehrer?« fragte ich meinen Partner.

»Er lebt noch.«

»Wie?«

»Dieser Hartmann ist wahnsinnig geworden, genau wie seine Kollegin.«

»Die habe ich nicht gesehen.«

»Kannst du auch nicht. Sie ist tot.«

Ich preßte die Lippen zusammen. Also hatte der verdammte Fall wieder ein Opfer gefordert.

Suko schaute mich an. »Nehmen wir die Verfolgung auf?«

»Nein, wir müssen hier raus, denn wenn es zutrifft, was Sadin erzählt hat, spielt sich über der Erde die Hölle ab. Da wollen Germanen gegen Wikinger kämpfen. Eine alte Rache.«

»Ach, du lieber Himmel!« Suko stand schon an der Leiter und kletterte die Sprossen hoch.

Ich folgte ihm.

Noch immer zuckte der Schmerz durch meinen Schädel, und ich mußte die Zähne zusammenbeißen, denn die hastigen Bewegungen setzten mir doch ziemlich zu.

Am Rand des heimtückischen Lochs drehte sich Suko um und reichte mir die Hand.

»Danke«, sagte ich keuchend, als ich endlich neben ihm stand.

Mein Partner hielt schon wieder die kleine Lampe in der

Hand. Vor uns leuchtete grau der Eingangsspalt. Für uns eine gute Orientierungshilfe.

Geduckt schlichen wir auf den Ausgang zu.

Kaum zwei Schritte weiter hörten wir bereits die Kampfgeräusche, das Schreien, das Klirren der Waffen mir rann eine Gänsehaut über den Rücken.

»Schätze, wir sind zu spät gekommen«, flüsterte Suko.

»Das glaube ich auch . . .«

Will Mallmann stand neben dem Baumstamm und traute seinen Augen nicht.

Der Kampf begann.

Auf der Lichtung stürmten die beiden verfeindeten Parteien aufeinander los.

Heldenhaft wehrten sich die Germanen.

Auch sie verstanden es, ihre Waffen zu führen, und mancher ihrer Feinde sank tot zu Boden.

Immer mehr jedoch kristallisierte sich die Überlegenheit der Wikinger heraus.

Wenn einer von ihnen fiel, starben zwei Germanen.

Will Mallmann war geschockt. Er begriff das Unmögliche einfach nicht, er stand nur da und beobachtete.

Dicht vor ihm lagen zwei Gegner im Clinch.

Der Germane hatte einen Speer, der Wikinger eine Axt. Letzterer stürmte wütend auf seinen Gegner los, doch der Germane parierte die Schläge geschickt. Immer wieder riß er seinen Speer hoch und wehrte mit der langen Spitze die harten Schläge ab. Wie Glockengeläut klang es, wenn Metall auf Metall traf.

Dann aber tauchte der Wikinger unter einem Stoß hinweg und schlug blitzschnell zu.

Sauber trennte die Axt den Speer genau in der Mitte.

Sekundenlang war der Germane geschockt.

Sofort hob der Wikinger seinen Arm, um die Waffe zu schleudern.

Da griff Will Mallmann ein.

Er schoß.

Zwei Meter betrug die Distanz, da konnte er gar nicht fehlen. Die Kugel zerstörte den untoten Körper des Wikingers und verwandelte ihn in grauen Staub.

Jetzt waren auch andere auf den Kommissar aufmerksam geworden. Der Schuß hatte sie aufgeschreckt.

Sadin sah Will Mallmann.

Er brüllte irgendeinen Befehl und zeigte in Wills Richtung.

Blitzschnell sprang der Kommissar zurück, wollte hinter dem Stamm Deckung finden, doch es war bereits zu spät. Die anderen hatten ihn längst gesehen.

Drei Wikinger griffen an. Sie versuchten, den Kommissar einzukreisen. Einer schleuderte seine Lanze.

Will zuckte zur Seite, und die gefährliche Waffe hieb in den Baumstamm.

Rinde flog dem Kommissar um die Ohren, er warf sich sofort zu Boden.

Mit schlagbereiter Keule stürzte der zweite Wikinger auf Will Mallmann zu.

Er war ein riesiger Kerl mit furchterregendem Gesicht, und an seiner Stirn traten schon die blanken Knochen hervor. Will wollte schießen, war zu aufgeregt, drückte zwar noch ab, aber er verriß den Schuß.

Die Kugel fuhr in den Himmel.

Dann war der Wikinger da.

Schwer stürzte er auf Will Mallmann nieder. Er hatte schon ausgeholt, und die Keule hätte dem Kommissar den Schädel zertrümmert, aber Mallmann konnte sich wehren.

Er schaffte es, ein Bein anzuziehen und blitzschnell wieder zurückzustoßen.

Will traf voll.

Sein Fuß bohrte sich in den Leib des Untoten. Diesem Tritt hatte der Untote nichts entgegenzusetzen. Er wurde zurückgeschleudert und krachte auf den Rücken.

Sofort sprang er wieder hoch.

Will richtete sich ebenfalls auf. Sein Gesicht war verzerrt.

Die Anstrengung und der Streß hatten tiefe Furchen in seine Haut gegraben.

Bevor der Wikinger seine verdammte Keule schleudern konnte, drückte der Kommissar ab.

Das Geschoß traf tödlich.

Die Verwandlung begann, und der Untote löste sich zu Staub auf. Keuchend erhob sich Will.

Den dritten Angreifer hatte es erwischt. Die Spitze eines Germanenspeers hatte ihn an einen Baumstamm genagelt. Er verging bereits, die Asche rieselte dem Boden entgegen, nur noch der Speer steckte im Stamm.

Auf der Lichtung tobte weiterhin der Kampf.

Sadin jedoch hatte aufgepaßt.

Voller Wut schrie er auf, als er sah, daß dieser Mensch den Kampf gegen drei Wikinger gewonnen hatte. Wütend stieß er seine Lanze in die Luft.

Sein Blick und der des Kommissars trafen sich.

Will Mallmann erstarrte.

Urplötzlich kam ihm eine Idee. Ohne auf seine eigene Sicherheit zu achten, sprang er auf die Lichtung und befand sich inmitten der kämpfenden Parteien.

Er hob den rechten Arm, ließ sich ein paar Sekunden Zeit und zielte auf Sadin, den Diener des großen Götzen Thor.

Dabei sah er nicht, wie sich einer der Untoten von hinten an ihn heranschlich, den rechten Arm hob und Will Mallmann mit einem Axtschlag töten wollte . . .

Fast zur selben Zeit verließen Suko und ich das große Hünengrab. Wir griffen nicht ein, denn auf der Lichtung stürmten die einzelnen Parteien aufeinander zu und bildeten ein regelrechtes Chaos aus um sich schlagenden Gestalten.

Wer Freund oder Feind war, wußten wir nicht.

Dort tobte die Hölle. Und zwischen den Kämpfenden hingen Nebelschleier wie lange Gardinenfetzen.

Dann sah ich den Kommissar.

Mutig stand er zwischen den Gräbern, hatte den Arm erhoben und zielte an uns vorbei auf eine Gestalt, die sich den festen Platz ausgesucht hatte.

Sadin!

Wie ein großer Feldherr stand er auf dem Hünengrab und überwachte die Attacken.

Aber ich sah noch etwas anderes.

Ein Untoter schlich sich an den Kommissar heran, um ihm mit einem Axtschlag den Schädel zu spalten.

Ich reagierte sofort.

Blitzschnell brachte ich den rechten Arm hoch und schoß, ohne zu zögern.

Unmerklich ruckte die Waffe in meiner Hand. Die geweihte Silberkugel wischte dicht an Will Mallmann vorbei und traf den Hals des untoten Wikingers.

Er wurde zurückgestoßen. Der Arm, schon zum Schlag erhoben, fiel nach unten, die Axt rutschte ihm aus der Hand.

Suko hielt die Dämonenpeitsche bereit.

Will Mallmann hatte den Schuß zwar gehört, fand jedoch keine Erklärung. Unschlüssig schaute er sich um.

Der Chinese startete. Mit der Peitsche schlug er eine Gasse. Er deckte mir damit den Rücken, und so konnte ich mich um Sadin kümmern.

Der Diener des großen Thor hatte gemerkt, daß nicht alles nach Plan verlaufen war. Er hörte den Schuß und wandte sich um.

Ich startete.

Zwei Wikinger sprangen mir in den Weg. Ich tauchte zwischen ihnen hindurch, und ihre Waffen verfehlten mich.

Dann hatte ich freie Bahn.

Sadin stand noch immer auf dem Grab. »Hund!« schrie er. »Du Frevler bist entkommen?«

»Ja«, brüllte ich zurück und zeigte auf mein Kreuz, das ich jetzt offen vor meiner Brust trug. »Das hat mir geholfen!«

Sadin tobte.

Er hob die rechte Hand mit dem flammenden Speer und wollte mich mit einem gezielten Wurf töten.

Mein Finger lag bereits am Abzug, doch keiner von uns

schoß oder warf irgendeine Waffe, denn plötzlich trat ein Ereignis ein, mit dem keiner gerechnet hatte . . .

Die Zeit stand still!

Ich wollte den Stecher der Waffe zurückziehen, konnte aber keinen Finger bewegen.

Auch Sadin war zu einem Denkmal erstarrt. Er stand auf dem Hünengrab mit erhobenem Arm und die feurige Lanze fest gepackt.

Den anderen erging es ähnlich.

Suko und Will Mallmann konnte ich nicht sehen, sie hielten sich hinter meinem Rücken auf, aber ich sah die Wikinger und Germanen, die sich in seltsam verrenkten Haltungen gegenüberstanden.

Wie in dem Märchen Dornröschen, dachte ich und wunderte mich, daß mein Gedächtnis noch funktionierte.

Plötzlich griff ein anderer ein.

Thor!

Ich sah sein gewaltiges Gesicht als Geistererscheinung zwischen den Bäumen schweben. Blondes Haar quoll unter einem Helm hervor, aus dem zwei Stierhörner ragten.

Das Gesicht schwebte immer näher.

Es war nicht faßbar, war wie eine holographische Projektion in den Raum gestellt.

»Versager!« donnerte die Stimme des großen Thor, und er meinte damit seinen Diener. »Du Versager. Aus dem Reich des großen Odin habe ich mit ansehen müssen, wie jämmerlich du dich aufgeführt hast. Und dafür wirst du büßen. Stirb, Elender!«

Die letzten Worte hallten noch über die Lichtung, als eine riesige Hand erschien, die einen Hammerstiel umklammert hielt. Die Hand fuhr hoch, und der Hammer schwebte für den Bruchteil einer Sekunde über Sadin.

Dann sauste er nach unten.

Ein gellender Schrei, ein Blitzstrahl, das Knirschen der

Steine, dann brach das Hünengrab zusammen und wurde zu einem Trümmerhaufen.

Von Sadin sah man nichts mehr.

Und auch die Wikinger verschwanden, ebenso die Germanen. Thor holte die Krieger in Odins Reich.

Für immer!

Fast leer lag die Lichtung im Sonnenschein, der plötzlich wieder durch die Äste und Zweige der Bäume drang und mit seinen warmen Strahlen ein grauenhaftes Geschehen vergessen ließ . . .

Auf einmal konnten wir uns wieder bewegen. So, als wäre nichts geschehen, als hätte es den ganzen Spuk und den grausamen Kampf nicht gegeben.

»John!« Ich hörte Suko sprechen und drehte mich um.

Er, Will und ich schauten uns erstaunt an. Kommissar Mallmann räusperte sich. »Hast du das gleiche gesehen wie ich, John?« fragte er leise.

Ich schritt auf die Freunde zu. »Ja.«

»Und wir haben nicht geträumt?«

Suko kam meiner Antwort zuvor. »Nein, Will, wir haben nicht geträumt, hinter dir steht der Beweis.«

Mallmann drehte sich um, und ich schaute an ihm vorbei. Drei Hünengräber waren nicht zerstört worden, und vor einem stand eine Gestalt.

Rolf Hartmann!

Ein irres Lächeln lag auf seinem Gesicht. Er sprach mit sich selbst, doch niemand von uns verstand ihn.

Der Kommissar ging auf ihn zu, legte ihm die Hand auf die Schulter und redete beruhigend auf ihn ein.

Ich blieb bei Suko.

»Es gibt diesen Thor also«, sagte ich mit leiser Stimme.

»Ja, wir haben ihn gesehen. Es muß etwas Wahres an den Mythologien der Völker sein.«

»Fragt sich nur, wie die Götter uns gesinnt sind. Feindlich oder freundschaftlich?«

»Je nachdem«, meinte Suko. »Wie es die Lage gerade erfordert. Thor hätte dir sicherlich nicht geholfen, John.«

Das stimmte.

Will Mallmann und der Lehrer kamen. Das Gesicht des Kommissars war ernst. »Wir müssen ihn in eine psychiatrische Klinik bringen«, sagte er. »Vielleicht kann man ihn dort heilen.«

Ich hoffte es sehr und drückte dem jungen Lehrer die Daumen.

Bevor wir die Lichtung verließen, hatte der Kommissar noch etwas zu tun.

Zusammen mit Suko holte er eine Waffenkiste aus dem Hünengrab. Die beiden Männer hatten schwer zu tragen. Ich half ihnen dabei.

»Das mußte sein«, sagte der Kommissar, als wir schließlich an seinem Wagen standen. »Wegen dieser Waffen bin ich eigentlich hergekommen, und meine Vorgesetzten brauchen einen Erfolg.«

»Wirst du auch das andere erwähnen?« fragte ich.

»Nein.«

»Wie erklärst du den Tod der Lehrerin?«

»Herzschlag. Obwohl mir das kaum einer abnehmen wird.«

»Nein, dafür sind die Verletzungen zu arg«, sagte Suko.

Mallmann überlegte. »Ich lasse Leute herkommen, die die Leiche bergen. Sie müssen vor allen Dingen verschwiegen sein, denn von den wahren Vorfällen darf nichts an die Öffentlichkeit dringen.«

Da waren wir mit Will Mallmann einer Meinung.

ENDE

Die grausamen Ritter

»Wirf mir das Gewehr rüber!« rief Ben Dwyer mit harter Stimme. »Wir verteidigen uns bis zum letzten Blutstropfen!«

Sein Bruder warf ihm einen mißbilligenden Blick zu. »Hör mit deinen verdammten Reden auf. Wir sind hier nicht im Krieg, zum Henker!«

»Für mich ist aber Krieg.« Ben bekräftigte seine Antwort durch ein heftiges Nicken. »Los, gib die Knarre her!«

Tom hob die Schultern, nahm das Gewehr und warf es seinem Bruder zu.

Geschickt fing Ben die Waffe auf. Dann öffnete er das Fenster. Kühle Luft strömte in den Raum. Der Wind fiel von Nordwesten her in das Tal und brachte den Frühnebel mit. Er trieb ihn in langen Schwaden vor sich her, gleichmäßig, eintönig, so daß die Schleier eine graue Decke über dem saftigen Gras bildeten.

Nur schemenhaft war die Herde zu sehen. Besser zu hören. Die Schafe blökten aufgeregt, die beiden Hunde bellten. Sie hatten Mühe, die anderen Tiere unter Kontrolle zu halten.

Hart preßte Ben Dwyer die Lippen zusammen. Er war ein knorriger Mann, hatte die Sechzig bereits überschritten, aber er fühlte sich wie Dreißig. Ein Leben in der Natur hatte ihn gestählt.

Er lauschte.

Noch war es still, aber bald würden sie wieder kommen und über das kleine Schäferhaus herfallen. Ben spürte es, die Tiere spürten es, nur sein Bruder Tom war ein Weichling, desertiert von der Armee, bei seinem Bruder hatte er sich versteckt.

Tom räusperte sich. »Sollen wir nicht lieber fliehen?« fragte er mit zitternder Stimme.

»Nein!«

»Aber es hat doch keinen Sinn. O'Flaherty haben sie auch niedergemacht.«

»Ich bin aber nicht O'Flaherty.«

»Was willst du denn mit dem Gewehr gegen die Ritter ausrichten? Gar nichts, Ben. Los, komm!«

»Halt dein Maul, Feigling!«

»Lieber feige als tot.«

Ben wischte sich über die Stirn. »Das sieht dir ähnlich. Aber nicht mit mir. Ich ergebe mich nicht kampflos, darauf kannst du dich verlassen!«

Tom schwieg. Er sagte lieber nichts mehr. Schließlich verdankte er seinem Bruder viel. Hätte er ihn nicht aufgenommen, so säße er jetzt in irgendeinem Militärgefängnis.

Ben Dwyer starrte in den Nebel, doch die Burg war nicht zu sehen. Die grauen Schleier hüllten sie ein, nicht einmal Umrisse konnte er wahrnehmen.

Ein Schatten huschte heran. Wie ein Geist tauchte er aus dem Nebel auf. Weiche Pfoten klatschten auf die Erde, dann sprang einer der Hunde an der Hauswand hoch und knurrte. Seine Augen leuchteten gelb.

»Verdammt, hau ab!« zischte Ben. Er drehte das Gewehr um und schlug mit dem Kolben nach dem Tier.

Der Hund zog den Schwanz ein und verschwand jaulend.

Tom nahm jetzt ebenfalls ein Gewehr. Er stellte sich an das zweite Fenster.

Ben Dwyer grinste verächtlich. »Hoffentlich kannst du mit der Knarre noch umgehen!«

Tom hob nur die Schultern.

Sie warteten weiter. Es war vier Uhr morgens. Die Zeit zwischen Tag und Traum. Die Stunde der grausamen Ritter. Dann kamen sie und machten alles nieder. Überfallartige Angriffe brandeten gegen einsam stehende Farmen und Gehöfte; die Ritter kannten keine Gnade.

Es war die dritte Nacht, die sich die beiden Brüder um die Ohren schlugen. In den ersten beiden Nächten hatten sie zwar den Lärm gehört, das Rasseln der Ketten, das Quietschen der Rüstungen, aber sie waren nicht angegriffen worden. Nur ein paar Schafe hatten sie verloren. Durch Schwert- und Lanzenhiebe getötet.

Würde der Kelch auch in dieser Nacht an ihnen vorübergehen?

Ben Dwyer zumindest glaubte es nicht. Einmal mußten die Ritter ihre Versprechungen ernst nehmen, aber Dwyer hatte keine Lust, von seinem Land zu weichen. Das gehörte ihm, und es sollte ihm auch weiterhin gehören.

Plötzlich jaulte einer der Hunde.

Hell und klagend vibrierte der Ton durch die Nacht und jagte den Männern eine Gänsehaut über den Rücken.

Im selben Moment hörten sie den Hufschlag.

»Sie kommen!« flüsterte Ben.

Sein Bruder nickte. »Noch ist Zeit«, erwiderte er. »Wir können fliehen, Ben!«

»Nein!«

Die Antwort klang endgültig, und Tom gab seinen Plan auf.

Hufe trommelten über den Boden. Plötzlich schien die Erde zu vibrieren. Die Schwingungen setzten sich fort, und Ben hatte das Gefühl, sein Haus würde wackeln.

Er packte das Gewehr fester. Weit hatte er seine Augen aufgerissen. Die Lippen bildeten einen Strich in seinem faltenreichen Gesicht. Sollten sie nur kommen. Er würde es ihnen zeigen.

»Bist du bereit?« fragte er seinen Bruder.

»Ja.« Die Antwort klang schwach, und Ben hatte dafür nur ein verächtliches Lächeln übrig.

In das Donnern der Pferdehufe mischte sich ein anderes Geräusch. Laute, die entstanden, wenn Waffen gegen Rüstungen dröhnten.

»Mach dich bereit!« sagte Ben.

Er selbst hob sein Gewehr an, drückte den Kolben gegen die Schulter, kniff ein Auge zu und visierte über Kimme und Korn. Er hielt irgendwo hin. Sobald der erste Ritter auftauchte, würde er sich das Ziel schon suchen.

Wie verrückt blökten die Schafe. Sie stoben auseinander. Die Tiere waren wahnsinnig in ihrer Angst. Sie drängten auf das Haus zu. Eine geballte Masse aus blökenden und schreienden Tieren, die wie eine Brandungswelle kamen und von der Panik so geschüttelt wurden, daß sie alles vergaßen.

Der Instinkt ließ sie im Stich.

Sie klatschten gegen die Hauswand. Die ersten wurden hochgeworfen, fielen wieder auf den Boden und gerieten liegend unter die Hufe der nachfolgenden Schafe.

Todesschreie ertönten. Fast menschlich klangen sie, und selbst dem harten Ben Dwyer lief eine Gänsehaut über den Rücken. In seinen Augen glitzerte es feucht, als er sah, wie seine Tiere, an denen sein Herz hing, dahinstarben.

Auch die Hunde waren verrückt.

Sie bissen um sich, wollten sich den Weg freikämpfen, doch die Mauer war zu dicht.

Wieder brandete eine Welle gegen die Hauswand, doch Ben hatte dafür keinen Blick mehr.

Die erste Gestalt tauchte auf.

Der Ritter kam!

Hochaufgerichtet saß er auf seinem Roß. Er hatte sein Schwert gezogen und schwang es im wilden Kampf. Die Rüstung glänzte feucht. Pferd und Reiter wurden vom Nebel umwallt, das Visier des Helms war heruntergeklappt, aber Ben wußte, daß sich unter dem Kopfschutz Totenschädel befanden.

Die grausamen Ritter waren wieder unterwegs. Das Leibregiment des Satans kam und griff an.

Der erste Ritter führte einen gewaltigen Streich. Sein Schwert blitzte für einen Moment auf, und im nächsten Augenblick hatte er Bastard, den größten Hund, getötet.

Das war zuviel für Ben Dwyer.

»Neinnn!« brüllte er seinen Zorn und seinen Schmerz hinaus. »Ich werde dich packen!«

Sein rechter Zeigefinger lag längst am Abzug. Langsam zog er ihn nach hinten, drückte ab.

Vor dem Lauf blitzte es auf. Den Rückstoß der Waffe fing Ben mit der Schulter ab. Er sah, wie die Kugel den Ritter in die Körpermitte traf, jedoch an der Rüstung abprallte und als Querschläger in den dunklen Nachthimmel jagte.

Aufhalten konnte das Geschoß den Ritter nicht.

»Verdammt, schieß doch!« brüllte Ben seinem Bruder zu, doch Tom stand da wie gelähmt. Der unheimliche Anblick raubte ihm den Atem.

Weitere Ritter lösten sich aus dem Morgennebel. Hoch stiegen ihre Gäule. Sie ritten die Schafe kurzerhand nieder und trieben die Pferde auf das Haus zu.

Plötzlich war der erste da.

Ben schoß.

Immer wieder zog er den Stecher durch. Das Gewehr schien in seiner Hand zu explodieren, doch die Kugeln richteten keinen Schaden an.

»Du Hund!« schrie er dem Ritter entgegen.

Der parierte sein Tier. Hoch stieg es auf die Hinterhand. Dann folgte der Streich mit dem Schwert.

Instinktiv sprang Ben zurück. Das Schwert fuhr dicht an seinem Kopf vorbei, traf jedoch den Waffenlauf und prellte ihm das Gewehr aus der Hand.

Vor dem Haus blieb es liegen.

Im selben Augenblick flog die Tür auf. Ein anderer Ritter hatte sie kurzerhand eingetreten.

Er stampfte in das Haus.

Auch er hielt ein Schwert in der Hand. Seine Rüstung glänzte matt. Im Schein der Laterne sahen die beiden Brüder die leeren Augenhöhlen hinter dem Sichtvisier.

Ein grauenhafter Anblick.

Tom Dwyer schrie. Er ließ das Gewehr fallen, sank auf die Knie und hob die Hände.

Der Ritter ging vor. Ungelenk, weil ihn die Rüstung behinderte, aber zielstrebig.

Ben sah, was er vorhatte, griff in seiner Verzweiflung nach einem Stuhl und schleuderte ihn gegen den Ritter.

Der Stuhl traf zwar, er zerbrach aber auch. Die Attacke hatte sowieso keinen Sinn gehabt.

Der unheimliche Ritter ließ sich keinen Augenblick von seinem eingeschlagenen Weg abbringen.

Tom hockte noch immer am Boden. Flehend hatte er die Arme erhoben und die Hände dabei ineinander verdreht. Er schaute auf die Rüstung, sah den Arm mit dem Schwert und wußte, daß er keine Chance mehr hatte.

Der Ritter schlug zu.

Ben Dwyer wandte sich ab. Er konnte nicht mit ansehen, was der Unheimliche tat.

Das Fenster zerbrach.

Zwei Ritter kletterten in den Raum, während draußen vor dem Haus andere wüteten.

Ben schaute sich um.

Flucht! schoß es ihm durch den Kopf. Er mußte fliehen, wenn er sein Leben retten wollte. Vergessen waren all die Heldentaten, die er sich vorgenommen hatte, jetzt ging es um seine Existenz. Die Ritter kannten keine Gnade.

Er rannte.

Eine schmale Tür führte in den kleinen Flur, wo die enge Treppe begann. Und dicht daneben befand sich die Hintertür zum Stall und zu den Hundehütten.

Ben kam auch bis in den Flur, und es gelang ihm, die Tür aufzureißen. Da prallte er zurück.

Einer der Unheimlichen stand vor ihm. Eine Lanze in der Hand, deren Spitze auf Ben Dwyer zeigte.

In einer instinktiven Reaktion schmetterte er die Tür wieder zu, warf sich auf dem Absatz herum und rannte die Treppe hoch, obwohl dies auch kein Fluchtweg war.

Die Stufen waren schmal und eng. Dwyer stolperte mehr, als daß er lief.

Die Hälfte der Treppe schaffte er. Dann ereilte auch ihn das Schicksal.

Der Ritter, der vor der Hintertür gelauert hatte, war ihm gefolgt. Er stand am Fuße der Treppe und hatte den rechten Arm halb erhoben. Die Ärmelglieder seines Kettenhemdes klirrten leise gegeneinander, und dieses Geräusch wurde auch von dem flüchtenden Ben Dwyer vernommen.

Er drehte sich um.

Im selben Moment schleuderte der Ritter seine Lanze. Er war ein vorzüglicher Werfer.

Die schwere Waffe bohrte sich in die Brust des Mannes, schleuderte ihn zurück bis gegen die Wand, wo er langsam zu Boden rutschte und liegenblieb.

Jetzt gab es für die grausamen Ritter kein Hindernis mehr. Einer von ihnen hielt bereits eine Fackel in der Hand. Er ritt um das kleine Schäferhaus herum, die Hufe des Gauls trommelten ein dumpfes Stakkato auf den Boden.

Dann schleuderte der Ritter die Fackel.

Sie beschrieb einen hohen Bogen, knallte auf das Dach, rollte die Schräge wieder ein Stück hinunter und wurde von der schmalen Rinne aufgehalten.

Das Holz fing Feuer.

Zuerst glühte es, dann schlugen kleine Flämmchen hervor, und schließlich breitete sich eine Feuerdecke über das gesamte Dach aus.

Die Ritter bliesen zum Aufbruch.

Ein schauriges Trompetensignal hallte auf. Es war die Toten-melodie der grausamen Ritter. Sie zeigte immer an, wenn die Horde des Satans einen Sieg errungen hatte.

Die Unheimlichen sammelten sich.

Ihr Anführer, eine hochgewachsene Gestalt mit hellem Brust-panzer, stieß seine Lanze in die Luft.

Das Zeichen!

Die Trompete verstummte. Ein letztes Echo schwang noch über das Tal, dann verstummte es.

Sekunden später verschwand der grausame Spuk ebenso schnell, wie er über die Farm hereingebrochen war.

Zurück blieb ein Chaos – und zwei Tote.

Die grausamen Ritter hatten wieder einmal zugeschlagen!

Der Portier lächelte, als er die Frau sah. »Na, Mrs. Peterson, wie-der einmal fleißig?«

»Und wie, Mann.« Die Frau blieb stehen und lehnte sich an die Portierloge.

Der Aufpasser wußte, was er ihr und sich schuldig war. Mit ei-nem raschen Blick hatte er sich davon überzeugt, daß niemand in der Halle war, der zusehen konnte, dann bückte er sich und holte eine Flasche hervor. Zwei Gläser hatte er ebenfalls. Mit geübten Griffen kippte er sie fast randvoll.

»Cheerio, Mrs. Peterson!«

»Cheerio!«

Die beiden tranken. Und Mrs. Sarah Peterson goß den Whisky ebenso zackig in die Kehle wie der Mann. Sie grinsten sich wie zwei Verschwörer zu.

»Die Flasche ist bald leer«, sagte der Portier.

»Dann hole ich die nächste.«

»Gut,« Er kniff ein Auge zu. »Sollen wir uns noch einen ganz kleinen gönnen?«

»Nein, um Himmels willen. Ich muß mit meiner Arbeit fertig werden. Ist der Oberinspektor schon weg?«

»Ja, Mr. Sinclair ist heute in sein Büro gefahren.«

»Der muß ja einen Job haben«, meinte die Frau.

»Wieso?«

»Ich habe keinen Zweitschlüssel von der Wohnung. Bei allen Putzstellen, die ich angenommen habe, komme ich so in die Wohnung hinein. Nur bei Mr. Sinclair nicht.«

»Das verstehe ich nicht.« Der Portier schüttelte den Kopf. »Vertraut Ihnen Mr. Sinclair denn nicht?«

»Das ist es nicht. Wissen Sie, ich habe mal mit ihm darüber gesprochen. Da sagte Mr. Sinclair, es wäre für meine Sicherheit besser, wenn ich nicht in die Wohnung käme.«

»Warum nicht?«

Die Staubsaugerpilotin hob die rundlichen Schultern. »Keine Ahnung.«

Der Portier wiegte den Kopf. »Ja, er ist schon manchmal seltsam, dieser John Sinclair. Aber sonst ist er ein Kerl, mit dem man Pferde stehlen kann. Er muß nur einen unheimlich gefährlichen Job haben, wie ich hörte.«

Besucher betraten die Halle. Die Frau sah sie und verabschiedete sich. Sie ging zum Lift.

Vom Äußeren her bot sie das Bild einer Putzfrau par excellence. Ziemlich gewichtig, dabei resolut, Pausbacken und ein energisches Auftreten. Diese Frau gehörte zur Gilde der Menschen, denen die Arbeit noch Spaß machte.

Sie holte sich den Lift nach unten, stieg ein und fuhr hoch zu meiner Wohnung.

Den Schlüssel holte sie sich immer bei Suko ab.

Dort klingelte sie auch jetzt. Nicht der Chinese öffnete, sondern Shao, seine Freundin.

Sie kannte aber Mrs. Peterson: »Ah, Sie sind es«, sagte sie und lächelte.

»Ja, ich brauche den Schlüssel.«

»Einen Augenblick.« Shao verschwand und holte ihn.

Die Putzfrau bedankte sich, nahm den Schlüssel entgegen und ging eine Tür weiter.

Sie schloß auf und betrat die Wohnung.

Wie immer fragte sie auch heute, warum ihr Mr. Sinclair den Schlüssel nicht gab. Sie konnte nichts an der Wohnung feststellen, und auch die Einrichtung war nicht besonders wertvoll.

Wie immer fand die Aufwartefrau die Putzutensilien in einem Einbauschrank in der Diele.

Sie öffnete den Schrank, sah Eimer, Besen, Putzlappen und Schrubber. Genügend Reinigungsmittel waren ebenfalls noch vorhanden. Wenn etwas fehlte, schrieb sie es auf, und der Wohnungsinhaber besorgte dann die Sachen.

Mrs. Peterson machte sich an die Arbeit. Zuerst nahm sie sich die Diele vor. Hier reinigte sie, hängte die Garderobe ordentlich über die Bügel und wischte Staub auf der Kommode. Dann ging sie in den Livingroom.

Hier begann das große Saubermachen. Da Mrs. Peterson eine ordentliche Person war, überging sie nichts. Sie rollte die Teppiche auf, putzte Staub, saugte. Gerade wollte sie sich an die Fenster begeben, als sie den leisen Ruf hörte.

Irritiert blieb die Putzfrau stehen.

Hatte sie sich getäuscht?

Nein, da war er wieder, der leise Ruf. Aber woher kam er? Hier war doch keiner in der Wohnung, wenigstens hatte sie niemanden gesehen.

Wer aber hatte geschrien?

Leicht vornübergebeugt blieb die Frau stehen. Sie wartete darauf, daß sich der Schrei wiederholte.

Und sie hatte Glück.

Wieder hörte sie den Ruf.

Es war aber kein Hilfeschrei. Jemand rief einen Namen.

Sinclair!

Den Namen des Wohnungsinhabers. Auf Zehenspitzen bewegte sich die korpulente Aufwartefrau voran. Sie hatte die Augen zu Schlitzen zusammengekniffen und hielt einen Besen fest umklammert.

»Zeig dich, wenn du nicht feige bist! Los, ich will sehen, wo du steckst!«

Nichts. Der Ruf wiederholte sich nicht. Mrs. Peterson glaubte mittlerweile an eine Täuschung. Sie wußte ja, daß der Wohnungsinhaber einen seltsamen Beruf hatte. Manche sprachen sogar davon, daß er Geister jagen würde, aber das war natürlich Quatsch. Doch wenn sie es recht bedachte und die Stimme mit hinzuzählte, die da gerufen hatte, war es doch ein wenig komisch.

Ob es wirklich Geister gab?

Und dann noch in der Wohnung, in der sie putzte?

Mrs. Peterson blieb stehen. Die Frau hob den Besen an und hielt ihn jetzt waagrecht. Sie war bereit, sofort zuzuschlagen, wenn sich irgend etwas Verdächtiges zeigte.

Da – wieder die Stimme.

Sinclair!

Ein verwehender Ruf, ein Hilfeschrei, mehr ein Hauch...

Aber Mrs. Peterson hatte sich die Richtung gemerkt. Der Ruf war von vorn links gekommen, wo der alte schmale Schrank stand. Er war nicht abgeschlossen, aber der Schlüssel steckte im Schloß. Bisher hatte Mrs. Peterson es nie gewagt, einen Schrank zu öffnen. Sie hatte nicht einmal daran gedacht, doch jetzt wollte sie sämtliche Vorsätze über Bord werfen, denn die Person, die dort um Hilfe gerufen hatte, befand sich sicherlich in Not.

Ob man sie eingesperrt hatte?

Dafür kam an sich nur John Sinclair in Frage. Das traute sie dem Mann eigentlich nicht zu. Er war ihr so sympathisch, ein richtiger Gentleman.

Aber die Stimme ließ sich nun mal nicht wegleugnen.

Wieder rief sie.

Diesmal stand die rundliche Bodenkosmetikerin schon dicht vor dem Schrank. Ihre Blicke glitten über das Holz. Es war keines dieser modernen Möbelstücke, sondern ein älteres Modell, vielleicht 100 Jahre alt.

Zwei schmale Türen hatte der Schrank. Die rechte ließ sich aufschließen, dann war die linke sicherlich nur durch einen Riegel versperrt.

Mrs. Peterson wechselte den Besen in die andere Hand und griff nach dem Schlüssel. Tief atmete sie durch. Ihr Busen wogte auf und nieder. Sie erwartete, einen Mann oder eine Frau in dem Schrank zu sehen, und zog mit einem Ruck die Tür auf.

Nichts!

Der Schrank war leer. Oder fast leer. Regale – drei an der Zahl – teilten die rechte Hälfte auf. Zwei von ihnen waren leer. Doch im oberen stand etwas.

»Mein Gott!« flüsterte die Frau und wankte einen Schritt zurück. »Das ist doch nicht wahr...«

Sie schloß die Augen, öffnete sie wieder und schaute noch einmal hin. Das Bild blieb.

Vor ihr stand ein Kelch!

Ein phantastisches Stück. Er hatte die Form einer Schale und bestand aus purem Gold!

Ja, es war ein echt goldener Kelch, den Mr. Sinclair in dem Schrank aufbewahrte. Doch nicht nur das Gold faszinierte sie, sondern auch die Edelsteine, die den äußeren Rand als einen rundgezogenen Streifen bedeckten. Die Steine funkelten und gleißten, sobald Licht auf sie fiel. Sie entfalteten ihr kaltes Feuer, so daß Mrs. Peterson nur noch staunen konnte.

Die Raumpflegerin war eine einfache Frau, aber sie ahnte, daß vor ihr etwas ungeheuer Wertvolles stand, und sie wunderte sich, daß so etwas in einem einfachen Schrank aufbewahrt wurde.

Woher sollte sie auch wissen, daß sie den Kelch des Feuers betrachtete, einen Gegenstand Weißer Magie, der eine Abwehrwaffe gegen Dämonen und finstere Mächte bildete.

Davon hatte die gute Frau keinen blassen Schimmer. Sie wollte auch den Schrank hastig wieder schließen, als sie abermals die Stimme vernahm.

John Sinclair!

Mrs. Peterson zuckte zusammen.

Die Stimme war doch aus dem Schrank gekommen. Nun täuschte man sie nicht mehr, denn sie stand genau davor.

Bisher hatte sie nur die rechte Hälfte aufgezogen, jetzt versuchte sie es bei der linken.

Die Raumpflegerin legte den Hebel um und öffnete die Tür.

Leer!

Außerdem gab es in dieser Schrankhälfte nur ein Regal. Dort entdeckte sie eine kleine Schatulle, wie sie Frauen benutzten, um darin ihren Schmuck aufzubewahren.

Von Neugierde getrieben, nahm sie die Schatulle an sich und klappte den Deckel hoch.

In rotem Samt lag ein silberner Nagel!

Das war alles.

Mrs. Peterson schüttelte den Kopf. Sie konnte nicht verstehen, daß jemand einen silbernen Nagel aufbewahrte. Aber es war auch egal. Sie hatte das nicht zu interessieren. Mrs. Peterson wunderte sich nur, woher die Stimme aufgeklungen war, denn sie konnte man nicht wegdiskutieren. Was sie gehört hatte, das hatte sie gehört.

Hilfe, John Sinclair!

Die Frau zuckte herum. Die feinen Härchen im Nacken stellten sich hoch.

Wieder diese Stimme.

Und direkt an ihrem Ohr. Es hatte sich angehört, als wäre der Ruf aus dem Kelch geklungen.

Aber gab es das?

Jetzt überwand Mrs. Peterson sich selbst. Sie tat das, was sie sonst nie getan hätte, streckte beide Arme aus und umfaßte den wertvollen Kelch.

Ihre Hände zitterten, als sie ihn aus dem Regal hob und auf einem Tisch abstellte.

Nun konnte sie in den Kelch hineinschauen!

Ihre Augen wurden groß, die Unterlippe begann zu zittern, und der Schweiß trat aus allen Poren.

Der Kelch war nicht leer.

Nebel bewegte sich auf seinem Boden, der durcheinanderquirlte und an den Innenseiten hochkroch, ohne allerdings über den Rand des Gefäßes zu quellen.

Aber nicht nur der Nebel bewegte sich auf dem Boden des Kelchs. Die Frau sah auch etwas anderes.

Einen Mann.

Klein und winzig.

Er war an Händen und Füßen angekettet, hatte eine grünliche Hautfarbe und schien ungeheure Angst zu haben, denn er warf sich verzweifelt hin und her.

Mrs. Peterson wußte vieles, aber eins war ihr unbekannt. Sie hatte Myxin, den Magier, gesehen...

»Man hört gar nichts«, sagte Shao.

»Wie?«

»Man hört nichts.«

»Ist doch egal.« Suko war beschäftigt. Ihn kümmerte es nicht, was seine Freundin sagte. Er hatte eine neue Motorradzeitschrift vor sich liegen und studierte die Maschinen.

Da gab es prächtige Feuerstühle.

Hondas, Suzukis, Kawasakis – die Japaner bauten phantastische Modelle. Doch Suko war da ziemlich konservativ. Er schwor auf seine Harley Davidson. Sie war zwar nicht die schnellste, doch Suko hatte sich regelrecht in die Maschine verliebt. Mit ihr zusammen hatte er schon so manchen Sturm überstanden.

»Man hört immer noch nichts«, meinte Shao. Ihre glatte Stirn hatte sie in Falten gelegt.

Suko ließ die Zeitschrift sinken. »Wer keine Sorgen hat, der macht sich welche«, erwiderte er. »Vielleicht putzt sie auch nur Staub und saugt später.« Er grinste. »Du kannst ja hingehen und ihr etwas helfen, wenn es dir zu langweilig ist.«

»Davon habe ich nichts gesagt.« Shao drehte sich um die eigene Achse und ließ sich auf Sukos Schoß fallen. Dabei klaffte der Ausschnitt der weitgeschnittenen Bluse auf und gewahrte Suko einen tiefen Einblick. Seine Freundin Shao hatte es nicht nötig, einen BH zu tragen, sie hatte straffe Brüste und einen geschmeidigen Mannequinkörper. Wenn sie über die Straße ging, klebten zahlreiche Männerblicke an ihrer Figur.

Suko warf die Zeitung auf den Tisch. »Ich glaube, du bist heute wieder ein wenig unruhig«, meinte er lächelnd.

Shaos Blick wurde verschleiert. »Sehr unruhig sogar.«

Sukos Hände strichen über ihre Schultern. »Was kann man denn dagegen machen?«

Shao reckte sich und bog ihren Körper nach hinten. »Rate mal«, flüsterte sie.

Der Chinese brauchte das Rätsel nicht zu lösen, denn in diesem Augenblick klingelte es Sturm.

Einmal, zweimal.

Shao sprang von Sukos Schoß. »Himmel, wer ist das denn?« fragte sie verstört.

»Werden wir gleich haben«, erwiderte Suko, stand auf·und ging zur Tür.

Mrs. Peterson fiel ihm förmlich entgegen. Sie war kalkweiß im Gesicht und preßte ihre Hand auf den wogenden Busen. »Mr. Suko«, keuchte sie, »Mr. Suko, kommen Sie schnell.«

»Was ist denn los?«

»Ein Mann...«

»Wo? In der Wohnung?«

»Ja – nein...«

»Was denn nun?« Suko warf Shao einen verzweifelten Blick zu. Auch die Chinesin hatte inzwischen die Diele betreten.

»Ich – ich habe Hilferufe gehört«, erklärte die Frau. »Da hat einer nach John Sinclair gerufen.«

»Wo genau in der Wohnung?«

»Im Kelch.«

Suko machte ein ungläubiges Gesicht. »Sind Sie sich da sicher, Mrs. Peterson?«

»Ja, absolut.« Die Raumpflegerin erzählte genau, was sie erlebt hatte.

Suko und Shao nickten sich zu. »Da müssen wir wohl mal hingehen«, sagte der Chinese.

»Aber ohne mich!« mischte sich Mrs. Peterson ein. »Ich habe die Nase voll.«

»Klar.« Suko lächelte. »Sie können hierbleiben.« Er schob sich an Shao vorbei. »Komm!«

Vorsichtig betrat der Chinese das nebenan liegende Apartment. Er schaute sich suchend um, doch er konnte nichts Aufregendes entdecken. Es sah aus wie immer, nur daß heute die Putzutensilien herumstanden und dadurch so etwas wie Unordnung schafften.

Suko ging auf den Schrank zu. Er wußte, daß dort der Kelch des Feuers aufbewahrt wurde. Und von diesem Kelch hatte die Frau gesprochen.

Suko trat bis dicht an den Schrank und sah auch sofort den Kelch.

Er entdeckte keine Veränderung.

Suko nahm ihn in die Hand. Mrs. Peterson hatte von Veränderungen gesprochen, doch der Chinese sah keine. Der Kelch zeigte sich völlig normal.

Hatte Mrs. Peterson gesponnen?

Daran wiederum glaubte der Chinese nicht. Sie war bestimmt von ihren Eindrücken geschockt gewesen. Sie mußte etwas Außergewöhnliches gesehen haben, was sonst hätte sie so aus der Fassung bringen können?

Die Diamanten funkelten und gleißten. Es waren ungeheuer wertvolle Stücke. Suko hatte immer davor gewarnt, den Kelch nur so in der Wohnung aufzubewahren, war jedoch damit auf taube Ohren gestoßen.

Er betrachtete ihn sich noch einmal ganz genau.

Da sah Suko den Nebel.

In Spiralen wand sich der grauweiße Dampf über den Boden des geheimnisvollen Kelchs.

Suko war erstaunt.

So etwas hatte er noch nie gesehen. Sicher, er kannte den Kelch, wußte auch, woher er stammte, hatte ihn schon des öfteren in der Hand gehabt, aber ihm war nicht klar, woher der Nebel kam.

Irgend etwas spielte sich dort ab. Eine geheimnisvolle Magie, die ein Bindeglied zwischen zwei Welten darstellte, denn plötzlich sah Suko ein Gesicht.

Myxins Gesicht.

Es schälte sich aus den Nebelwolken, und der Chinese erkannte die Qual, die die Gesichtszüge zu einer Grimasse verzerrten.

»Myxin!« rief der Chinese.

Der Magier hörte nicht. Statt dessen begann er zu sprechen. Stereotyp wiederholte er eine Formel. »John Sinclair, zu Hilfe. Bitte, kommen... zu Hilfe...«

Wieder rief Suko den Namen des Magiers.

Keine Reaktion.

»Wo bist du?« Der Chinese versuchte es jetzt auf telepathische Weise.

Myxin hörte nicht.

Suko beugte sich vor, bis sein Gesicht dicht über dem Kelch schwebte. »Wo bist du, Myxin? Sag etwas, damit wir dir helfen können!« Eindringlich sprach der Chinese den Magier an. Er hob auch die Hand und tauchte seinen Finger in den Kelch, doch berühren konnte er Myxin nicht. Der Finger verschwand im Nebel und stieß durch das Gesicht des Magiers.

Es war nur eine Erscheinung.

»Hörst du mich, Myxin? Rede, bitte.«

»Die Ritter... die grausamen Ritter... der uralte Fluch...« Plötzlich vernahm der Chinese Bruchstücke einer gestammelten Erklärung. »Vorsicht, sie kommen, sie sind schon da. Asmodina hat sie erweckt. Sie sollen das Grauen bringen.«

»Was sind das für Ritter?« hakte Suko nach.

»Schlimme Gestalten. Rufus...«

Plötzlich wurde der Nebel dichter, das Gesicht des Magiers verschwand mehr und mehr.

Schließlich war es überhaupt nicht mehr zu sehen.

Suko schaute nur in den brodelnden, sich bewegenden Nebel. Aber auch er verschwand. Als breite Wand kroch er an den Rändern des Kelchs hoch und löste sich auf.

Nichts war mehr zu sehen.

In Gedanken versunken, stellte der Chinese den Kelch wieder zurück in den Schrank.

Was er erlebt hatte, war äußerst seltsam, und jetzt galt es, einen Mann zu informieren.

John Sinclair!

Ich hockte um diese Morgenstunde in meinem Büro und beschäftigte mich mit alten Fällen. Besonders mit Dr. Tod.

Seit dieser Kerl wieder aktiv geworden war, hatte ich keine ruhige Minute mehr.

Dr. Tod war zu einer permanenten Gefahr geworden, und ich war sicher, daß er wieder irgendeine Teufelei ausbrütete, die meine Freunde und ich dann auszubügeln hatten.

Ich war eigentlich froh, mal ein oder zwei Tage im Büro verbringen zu können. Das kommt zwar selten vor, aber Ausnahmen bestätigen die Regel.

Natürlich stand der Kaffee bereit, den Glenda Perkins mir gekocht hatte.

Ich trank bereits die zweite Tasse, und er schmeckte mir wie immer ausgezeichnet.

Glenda hatte auch einiges zu tun. Sie hockte im Vorzimmer und hämmerte auf ihrer Schreibmaschine herum.

Dann summte das Telefon.

Da der Anruf nicht über das Sekretariat lief, mußte mich jemand zu sprechen wünschen, der die direkte Durchwahl kannte. Dafür kamen eigentlich nur meine Freunde in Frage.

Ich hob ab.

Es war Suko.

»Entschuldige, daß ich deine heilige Schreibtischruhe störe«, sagte er, »aber es wäre besser, wenn du mal in deine Wohnung kämst.«

»Brennt es?«

»Nein, es geht um deine Putzfrau.«

»Du hast ihr doch nichts angetan, Wüstling?« fragte ich grinsend.

»Ich nicht, aber der Kelch des Feuers.«

Ich war alarmiert. Mit dem Kelch des Feuers hatte es eine besondere Bewandtnis. Ich hatte ihn aus einer Kirche geholt, um damit in Frankreich die Teufelsmönche bekämpfen zu können.

Danach hatte ich den Kelch in einen Schrank gestellt. Für mich war er ein Andenken, doch jetzt war etwas mit ihm geschehen.

»Los, erzähle!« forderte ich Suko auf.

Mein Partner ließ sich nicht lange bitten. Ich erfuhr, was sich in meiner Wohnung zugetragen hatte. Und Sie können es mir glauben, ich war verdammt überrascht.

»Was hat sie gesehen?« hakte ich noch einmal nach.

»Myxin, den Magier.«

Mit der flachen Hand schlug ich auf den Schreibtisch. »Verdammt, wie ist das passiert?«

»Keine Ahnung.«

»Hm.« Ich dachte nach. Myxin war verschwunden. Er hatte mir im Kampf gegen den Schwarzen Tod geholfen. Als Quittung dafür war er von Asmodinas Todesengeln entführt worden. Ich hatte vergeblich versucht, ihn zu befreien. Bei dieser Aktion hatte ich fast mein Leben verloren. Damona King rettete mich schließlich.

Und jetzt meldete sich Myxin.

Woher? Aus einer anderen Welt? Aus Asmodinas Reich? Auf jeden Fall war er nicht tot. Das zu wissen tat mir gut.

Ich sprach Suko darauf an. »Du hast keinen Anhaltspunkt – oder?«

»Nein, den konnte er mir nicht geben.«

Ich kaute auf der Unterlippe. »Hast du vielleicht die Umgebung gesehen, in der er sich befindet?«

»Auch nicht.« Suko räusperte sich. »Er hat nur die Ritter erwähnt und einen Namen. Rufus.«

Ich schwieg. Meine Gedanken überschlugen sich.

»Okay«, sagte ich. »Halte du die Stellung, ich bin so rasch wie möglich bei dir.«

Suko legte auf.

Eine Sekunde später meldete sich Glenda Perkins durch die Sprechanlage. »Sir Powell erwartet Sie, John.«

»Ausgerechnet jetzt?«

»Ja, es scheint dringend zu sein. Das konnte ich seiner Stimme entnehmen.«

»Gut, ich komme.«

Glenda lächelte, als ich durch das Vorzimmer schritt. Sie war frühlingshaft gekleidet, trug eine weiße Bluse mit V-Ausschnitt und einen hellroten, modischen Wickelrock. Das schwarze Haar hatte sie zu einem langen Zopf geflochten, der ihr bis zum Rücken reichte.

»Schick, schick«, sagte ich nur.

»Schmeichler.«

Leider hatte ich keine Zeit, mit meiner Sekretärin ein wenig zu frotzeln, denn Sir James Powell wartete nicht gern.

Wie immer hatte er Sorgenfalten im Gesicht. Eigentlich kannte ich ihn gar nicht anders.

»Setzen Sie sich«, sagte er nach meinem Morgengruß.

Ich nahm Platz.

»Sind Sie weitergekommen?«

»In welcher Sache, Sir?«

»Dr. Tod.« Auch ihm bereitete dieser Mann Kopfschmerzen, denn dieser Verbrecher stellte wirklich eine Gefahr dar.

»Nein«, erwiderte ich wahrheitsgemäß. »Auch in den alten

Akten habe ich keinen Hinweis auf Aktivitäten seinerseits gefunden.«

»Das ist schlecht, dann müssen wir warten, bis er wieder zuschlägt.«

Ich nickte.

»Haben Sie von ihm etwas gehört, Sir?«

»Nein, aber ich habe einen anderen Fall.«

Ich war gespannt. »Und welchen?«

Sir Powell blätterte eine Akte auf. »Es sind Berichte aus Schottland eingetroffen, die so unglaublich klingen, daß sie schon fast wieder wahr sein können. Es geht um Ritter. Von einem Zeugen wurde berichtete, daß eine Horde mordender Ritter über einsam gelegene Farmen und Gehöfte hergefallen ist. Diese Gestalten haben dort schrecklich gewütet.«

Schon beim ersten Satz hatte es bei mir geklingelt. »Heißt der Anführer vielleicht Rufus?«

»Keine Ahnung. Wissen Sie mehr?«

Ich berichtete meinem Chef von Sukos Anruf. Auch Sir Powell sah sofort Parallelen.

Er nahm einen Schluck von seinem Magenwasser. »Die Ritter sollen laut Zeugenaussage ziemlich schlimm aussehen, es heißt, unter ihren Rüstungen stecken Skelette.«

»Eine Erklärung gibt es nicht?« fragte ich.

»Nein, die sollen Sie finden.«

Ich stand auf und nickte. »Dann wollen wir mal wieder«, sagte ich. »Gegen Ritter habe ich lange nicht mehr gekämpft. Wikinger oder Germanen werden es wahrscheinlich nicht sein.« Mit diesem Satz spielte ich auf einen Fall in Deutschland an, der noch gar nicht lange zurücklag.

Sir Powell hob die Schultern. Er meinte aber: »Vielleicht finden Sie eine Spur von Asmodina?«

»Sie meinen wegen Myxin?«

»Ja.«

»Hoffentlich. Denn diese feine Dame steht mir schon bis Unterkante Oberlippe.«

»Dann packen Sie sie doch.«

»Klar«, erwiderte ich grinsend. »Mit der linken Hand sogar. Und mit der rechten drehe ich Dr. Tod den Hals um.«

Sir Powell drohte mit dem Zeigefinger. »Man soll nie versprechen, was man nicht halten kann...«

Sie ritten durch die Nacht!

Sieben höllische Gestalten, die längst in ihren Gräbern hätten vermodert sein müssen. Doch ein unseliger Fluch hatte sie zum Leben erweckt, und der Satan selbst hielt schützend seine Hand über sie.

Sieben Ritter.

Siebenmal der Tod!

Sie kannten keine Gnade, sie kannten kein Erbarmen. Für sie zählte nur die Vernichtung. Wenn sie gegen Mitternacht aus ihren Gräbern stiegen und sich auf die Pferde schwangen, dann war das Grauen unterwegs. Sie kamen wie ein Spuk und verschwanden ebenso schnell.

Ihre Ziele: Grauen, Panik, Entsetzen! Wie vor fast 1000 Jahren, als sie sich dem Teufel verschworen und gegen den König und seine Vertrauten gekämpft hatten.

Die Hufe ihrer Horror-Gäule trommelten auf den harten Boden. Manchmal stießen sie gegen herumliegende Steine, und dann stoben die Funken.

Rufus ritt an der Spitze. Seinen Helm krönte ein schwarzer Federbusch, der vom Reitwind wie eine Sichel nach hinten gebogen wurde. Rufus hatte das Visier seines Helms hochgeklappt. Aus leeren Augenhöhlen starrte er in die Dunkelheit, der Knochenschädel bewegte sich wie eine bleiche Gummimasse.

Rufus wollte töten. Die alten Zeiten sollten wieder auferstehen, als er mit seiner Horde durch die Lande ritt und dabei Angst und Entsetzen verbreitete.

In panischer Furcht flüchteten die Menschen, wenn er und seine Ritter unterwegs waren. Doch nur wenige kamen davon. Die meisten überlebten einen Angriff nicht.

Jetzt waren sie wieder unterwegs. Und auch in dieser Nacht sollten Menschen sterben.

Rufus wollte es so.

Und der Satan unterstützte ihn.

Sie ritten durch ein weites Hochtal. Kein Licht schimmerte in der düsteren Nacht. Mond und Sterne waren nicht zu sehen. Die Luft war kühl und klar. Unter den zahlreichen Hufen vibrierte die Erde. Staub wallte hoch und hüllte die Kavalkade des Schreckens ein.

Längst war ihre Stammburg hinter ihnen verschwunden. In unvermindertem Tempo jagten sie weiter. Kein Pferd zeigte Erschöpfung, die Gäule liefen wie Uhrwerke.

Ihre Reiter waren schwer bewaffnet. Jeder Ritter trug ein Schwert in der Scheide. Es gab auch welche, die Armbrüste auf dem Rücken trugen. Die Pfeile steckten in Köchern. Andere hielten ihre Lanzen fest umklammert. Mit diesen Waffen konnten sie umgehen, sie waren Meister ihres Fachs.

Jetzt stieg das Gelände an. Sie hatten das Tal fast durchritten und jagten den nächsten Hügel hinauf. Rechts von ihnen lag ein dunkler langer Streifen. Es war ein dichter Wald, der einen Bergkamm bedeckte, und dahinter befand sich ihr Ziel.

Der Anführer schwenkte nach Osten. Fest hielt er die Zügel des Pferdes in den knochigen Händen. Etwas widerwillig schüttelte der Gaul den Kopf, wurde aber dann gezwungen, die Richtung einzuhalten.

Auch die anderen Pferde folgten. Hinter Rufus ritten sechs grausame Ritter. Sie näherten sich dem Wald. Schnell hatten sie bei ihrem Tempo den Wald durchquert.

Die Pferdehufe trommelten über den Bergkamm, wo sich nach wenigen Yards das Gelände senkte und abfiel in ein breites Tal.

Rufus hob den Arm.

Augenblicklich zügelten auch die anderen Ritter ihre Gäule.

Sie ritten neben ihrem Anführer und starrten aus den leeren Augenhöhlen in das Tal.

Sanfte Hänge, breite Wiesen, hin und wieder eine kleine Bauminsel. Und ein dunkles Band.

Die Straße.

Die Fahrzeuge schnurrten über den glatten Asphalt. Scheinwerfer warfen ihr helles Licht in die Nacht. Sie rissen die Buschwerke im Mittelstreifen aus der Dunkelheit und ließen die Blätter aufblitzen wie Diamanten.

Der Motorway verband Dundee mit Glasgow, und es war eine

relativ stark befahrene Straße, auch in der Nacht. Deshalb hatte es diese Straße den Rittern so angetan.

Sie trieben ihre Pferde über den Hang und ritten auf direkter Linie die Steinbrücke an, die sich über den Motorway spannte.

Die Brücke verband eine schmale Straße. Sie schlängelte sich durch das Gelände und endete im nächsten Ort.

Nachts war die Straße tot. Hin und wieder ein einsamer Radfahrer, mehr nicht.

Früher war die Brücke Teil einer wichtigen Verbindungsstrecke durch die Highlands. Von Kaufleuten wurde sie mit ihren Wagen stark befahren. Nun gab es schnellere Verbindungen.

Im Schritt gingen die Pferde über den Weg. Schon bald erreichten sie die Brücke mit der Steinmauer.

Abermals hob Rufus die Hand.

Augenblicklich parierten die Ritter ihre Gäule. Wie eine Wand blieben sie stehen.

Ein heiserer Befehl.

Absitzen.

Die Ritter stiegen von ihren Gäulen. Einer trieb die Pferde ein paar Yards zurück.

Fünf andere knieten sich zu Boden, so daß sie die Steinmauer als Brustwehr nutzten.

Nur Rufus blieb stehen.

Die Ritter machten sich bereit. Armbrüste wurden gespannt, Lanzen bereitgehalten, Schwerter gezogen.

Unter der Brücke rauschten die Wagen vorbei. Trucks, Pkw. Lichter blinkten, hellten für wenige Sekunden die Nacht auf, bevor die Dunkelheit wieder alles verschluckte.

Niemand sah die Ritter, kein Fahrer kam auf den Gedanken, einen Blick nach oben zu werfen. Die Wagen rasten unter der Brücke hinweg. Autoreifen sangen auf dem glatten Asphalt ihr monotones Lied.

Die Ritter lagen auf der Lauer.

Von der Fahrbahn aus waren sie kaum zu sehen. Hin und wieder glänzte ein Visier auf dem Mauerrand oder blinkte eine Waffe. Niemand ahnte, welch eine tödliche Gefahr auf der alten Brücke lauerte.

Rufus hob den rechten Arm.

Von fern näherte sich eine Kolonne von drei Wagen. Sie fuhren auf der rechten Seite, überholten also. Danach folgte ein Lastwagen, und hinter ihm blinkte ebenfalls ein Scheinwerferpaar.

Ein dumpfes Lachen drang aus dem Maul des Anführers. Die Szene auf der Autobahn kam ihm sehr gelegen. Wenn seine Vasallen jetzt eingriffen, gab es das Chaos.

Der Arm fiel nach unten.

Noch im selben Atemzug flogen die ersten Pfeile...

Es wurde die Nacht der singenden Reifen. Wieder einmal führte uns ein Fall nach Schottland. Wir hatten dort schon so manch harten Kampf ausgestanden, ob wir nun gegen die Teufelsrocker gefightet hatten oder gegen den Schwarzen Henker.

Schottland war für jede Überraschung gut.

Der einzige Augenzeuge war ein Schäfergehilfe. Er wohnte in einem winzigen Ort namens Gulbine und hatte die Geschichte einem Freund erzählt. Dieser hatte sich an die Polizei gewandt. So hatte der Fall seine Kreise gezogen. Natürlich fand man die Leichen der Überfallenen, und dann begann die große Rotation.

Polizisten suchten die Umgebung ab, es gab eine Großfahndung nach einem Unbekannten. Dem Schäfergehilfen dagegen glaubte niemand. Bei der Größe des Verbrechens erfuhr Scotland Yard automatisch davon, deshalb war auch Sir Powell mit diesen Dingen konfrontiert worden. Er hatte sie natürlich rasch an mich weitergegeben, damit Suko und ich uns einschalteten.

Leicht gingen wir den Fall nicht an. Wir wußten beide, daß uns kein Spaziergang erwartete, dementsprechend hatten wir uns eingedeckt.

Mein Einsatzkoffer war gut bestückt, auch die neue Waffe, der magische Bumerang, lag darin. Ich war gespannt, wann ich ihn wieder zum Einsatz bringen konnte.

Wir waren nicht allein.

Shao saß hinten im Wagen.

Wegen ihr hatte es Ärger gegeben. Sie wollte nicht allein bleiben, sondern mitfahren. Suko hatte auf sie eingeredet, doch damit keine Erfolge erzielt.

Shao hockte im Fond.

»Ich werde euch nicht behindern«, hatte sie versprochen, und die Worte klangen mir noch im Ohr.

Nur widerwillig hatte ich meine Einwilligung gegeben, aber wenn Shao sich wirklich raushielt, dann störte sie bestimmt nicht.

Längst war es dunkel.

Suko schaute auf seine Uhr. Die Zeiger leuchteten grün in der Dunkelheit. »In dieser Nacht wird es wohl nichts mehr werden«, meinte er.

Ich hob die Schultern. »Warum auch? Wir haben ja Zeit. Morgen können wir uns in aller Ruhe umsehen.«

»Ja, auf den Burgbesuch freue ich mich«, meinte Suko.

Ich fuhr auf die rechte Seite und überholte zwei Lastwagen. Nach meiner Schätzung mußten wir die Schnellstraße bald verlassen, um diesen komischen Ort namens Gulbine zu erreichen.

Der Motorway war auch um diese Zeit ziemlich befahren. Er führte durch eine landschaftlich reizvolle Gegend, doch in der Dunkelheit sahen wir nichts davon.

Die Hügel rechts und links der Fahrbahn waren dunkel, in die Höhe wachsende Schatten, die irgendwo mit dem Schwarzgau des Himmels verschmolzen.

Ich zündete mir eine Zigarette an.

Suko fragte: »Wolltest du nicht aufhören zu rauchen?«

»Ja, aber nicht abrupt. Immer langsam und der Reihe nach.« Mit dem Anzünder steckte ich sie in Brand. Schon bald durchzog der Rauch das Innere des Bentley.

Eine langgezogene Kurve.

Ich senkte die Geschwindigkeit und ging die Kurve an. Die Reifen sangen. Ich überholte einen Lieferwagen, dessen Fahrer einen schrägen Blick auf den Bentley warf.

Drei Züge, dann drückte ich die Zigarette aus. Sie schmeckte mir nicht mehr.

Ein gutes Zeichen.

Vor uns rollte ein Lastwagen. Und weiter davor sah ich einen regelrechten Wagenpulk. Drei Fahrzeuge klebten dicht hintereinander. Sie hatten den Lastwagen bereits überholt.

Ich setzte an.

Mein Fuß drückte das Gaspedal tiefer. Ich hatte keine Automatik in diesem Wagen, sondern mußte schalten. Der Motor wurde geringfügig lauter.

Der Bentley holte auf.

In diesem Augenblick brach das Chaos los!

Es ging alles so schnell, daß man es kaum berichten kann. Die Ereignisse überstürzten sich geradezu.

Wir befanden uns etwa in gleicher Höhe mit dem Lastwagen, als an einem der vor uns fahrenden Pkw das Bremslicht aufleuchtete. An sich eine normale Sache, doch schon schleuderte der Wagen nach links.

Der Fahrer auf dieser Seite konnte nicht mehr schnell genug bremsen. Frontal krachte er in die Seite des Fahrzeugs. Auch der dritte Wagen bekam noch etwas ab.

Dessen Fahrer zog seinen Ford nach rechts, kam dem Randstreifen zu nahe, die Reifen verloren die feste Asphaltunterlage, der Wagen drehte sich und krachte gegen einen Brückenpfeiler.

All dies geschah innerhalb von zwei Sekunden. Eine Zeitspanne, in der auch ich reagieren mußte.

Stotterbremse.

Neben dem Bentley fauchte es.

Der Lkw wurde langsamer. Er war vorhin sowieso schon zu schnell gefahren, das plötzliche Bremsen bekam ihm gar nicht. Das Riesenfahrzeug schwankte, es drohte, aus der Spur zu geraten.

»Weg, John!« zischte Suko.

Ich nagelte das Gaspedal.

Der Bentley sprang förmlich nach vorn. Durch dieses Manöver kamen wir der Unfallstelle zu nah. Riesengroß wurden die Wagen. Blieb mir noch Zeit?

»Festhalten!« rief ich.

Wuchtig trat ich die Bremse. Der Bentley rutschte. Auf der rechten Fahrbahnseite radierten seine Reifen über den Asphalt, hinterließen eine dunkle Spur, dann sah ich, daß ich es nicht schaffte, und zog den schweren Wagen nach rechts.

Hinein ins Gelände.

Eine Böschung wuchs vor der Brücke hoch. Zum Glück nicht so steil, daß der Wagen zu kippen drohte. Zudem fuhr ich die schiefe Ebene schräg an.

Nur gut, daß wir angeschnallt waren, nur Shao wurde im Fond von einer Seite zur anderen gewirbelt, doch kein Laut der Klage drang über ihre Lippen.

Eisern hielt ich das Lenkrad fest. Ich mußte mich konzentrieren, durfte jetzt nicht nachgeben, zog das Steuer nach links. Der Bentley nahm die Kurve und kam zum Stehen, als ich die Bremse trat.

Er stand jetzt schräg am Hang und mit der Schnauze zur Straße hin. Durch dieses Manöver hatten wir uns nicht mit den anderen Menschen beschäftigen können, die ebenfalls in den grauenhaften Unfall verwickelt worden waren.

Jetzt sahen wir die Flammen.

Sie schlugen aus dem Fahrzeug, das gegen den Brückenpfeiler gerast war, und tanzten wie gierige, helle Finger auf der Motorhaube. Jeden Augenblick konnte das Fahrzeug in die Luft fliegen. Den Fahrer sah ich nirgendwo, vielleicht steckte er noch in dem brennenden Auto.

»Den hol' ich mir!« brüllte ich Suko zu und öffnete schon die Tür. In der Hand hielt ich bereits den Feuerlöscher, den ich mit einem Griff aus der Halterung geholt hatte.

Ich sprang aus dem Wagen.

Geduckt hetzte ich auf das brennende Fahrzeug zu. Schon auf halbem Weg bemerkte ich den Hitzering, der mir entgegenschlug. War da überhaupt noch etwas zu retten?

Aus den Augenwinkeln sah ich den Lastwagen. Er war nicht umgekippt, stand aber quer auf der Straße. Sein Fahrer rannte schreiend umher, bis er plötzlich die Arme hochriß und zu Boden stürzte, als hätte ihm jemand einen harten Stoß versetzt.

Verkrümmt blieb er liegen. Etwas ragte aus seiner Brust. Ich konnte nicht sehen, was es war, denn ich hörte die Schreie aus dem brennenden Wagen und mußte mich um den Fahrer kümmern.

Etwas wischte an meinem Kopf vorbei. Ich wußte nicht, was es war, spürte nur den Luftzug, so hautnah hatte der Gegenstand meine Schläfe passiert.

Ich riß den Löscher hoch, drückte den Knopf, und schon sprühte der helle Schaum in die Flammen. Ich ging hin und her, bewegte mich dabei ziemlich schnell und bedeckte die gesamte Motorhaube, die sich verkantet hatte und zum Teil hochgeklappt war. Der Schaum drang auch in den Motorraum, er beschmierte die Frontscheibe, und er erstickte die Flammen. Nur noch Qualm stieg der Brücke entgegen.

Dann war ich an der Tür.

Auch sie hatte sich verklemmt. Ich riß und zerrte.

Vergebens.

Hinter der Scheibe sah ich das angstbleiche Gesicht einer Fahrerin. Augen und Mund hatte sie weit aufgerissen, die Hände halb erhoben, die Finger gespreizt.

Ich nickte ihr beruhigend zu, dabei wußte ich nicht, ob sie es überhaupt gesehen hatte.

Mit dem Feuerlöscher hämmerte ich die Scheibe ein. In dem platzenden Geräusch glaubte ich den peitschenden Klang einer Beretta zu hören, aber das konnte auch eine Täuschung sein.

»Klettern Sie durchs Fenster!« brüllte ich die Frau an.

Sie hörte mich nicht.

Verdammt auch.

Ihr Schreien machte mich wahnsinnig. Den Feuerlöscher ließ ich fallen und schlug kraftvoll mit der rechten Hand zu. Sämtliche fünf Finger landeten auf ihrer Wange und hinterließen dort ihre roten Abdrücke. Die Radikalmethode half, das Schreien verstummte.

Ich packte sie an der Schulter.

»Raus aus dem Wagen!«

Jetzt endlich verstand sie.

Etwas unbeholfen versuchte sie, ihren Körper durch die Öffnung zu schieben.

Es war nicht leicht.

Da sah ich, daß die Tür von innen verriegelt war. In ihrer Angst und Panik hatte die Frau wohl nicht mehr daran gedacht, sie zu öffnen. Ich zog den Stift hoch, drückte die Frau wieder zurück und öffnete die Tür.

Die Fahrerin fiel mir entgegen. Sie wollte sofort auf die Straße rennen, doch ich hielt sie fest.

»Nicht dahin. Laufen Sie die Böschung hoch!«

Sie gehorchte.

Wieder hörte ich einen Schuß.

Ich duckte mich, sprang zur Seite und sah meinen Freund Suko. Er hockte hinter dem Wagen und feuerte zur Brücke hoch.

Ich warf einen Blick dorthin.

Mir stockte der Atem.

Auf der Brücke sah ich fünf Ritter! Sie standen dicht hinter der Brüstung, trugen Armbrüste und schossen auf alles, was sich bewegte.

Auch auf mich.

Mit einem Satz, der zirkusreif war, brachte ich mich vor einem Pfeil in Sicherheit, fiel zu Boden, rollte in eine Mulde und zog meine Beretta.

Durch Zufall waren wir auf die Ritter getroffen, allerdings gefiel mir das nicht besonders, denn wenn ich einen Blick zur Seite warf, sah ich einen Mann auf der Straße liegen, von einem der gefährlichen Pfeile durchbohrt.

Ich feuerte zurück.

Dicht unter dem Rand der Brüstung sauste die Kugel in den Stein. Ein zweites Geschoß traf den Brustpanzer eines Ritters, ohne dem Ungeheuer zu schaden.

»Wir schaffen es nicht!« rief ich Suko zu. »Das ist nur Munitionsverschwendung.«

»Okay.«

Ich warf einen Blick über die Schulter. Suko hockte noch immer hinter dem Bentley. Soeben sirrte ein Pfeil haarscharf über das Dach. Von meinem Standort konnte ich über die Straße schauen.

Es waren inzwischen immer mehr Fahrzeuge an die Unfallstelle gelangt. Die Fahrer hatten gebremst und waren ausgestiegen. Auf der Gegenseite fuhren die Autos langsamer.

Hoffentlich lief keiner der Leute auf die Brücke zu, denn der Pfeilhagel hörte nicht auf. Als sich dicht neben mir mit einem dumpfen Laut ein Pfeil in den Boden bohrte, da merkte ich, daß es auch für mich Zeit wurde.

Ich riskierte es und jagte geduckt auf Suko zu. Fast fuhr mir dabei ein Pfeil durch die Beine. Mit einem gewaltigen Satz brachte ich mich in Sicherheit.

»Das war knapp!« keuchte ich. »Wo ist Shao?«

»Im Wagen.«

Ich nickte und schielte über den Kotflügel hinweg.

Die Haare standen mir zu Berge, als ich die Frau sah, die ich aus dem brennenden Fahrzeug geholt hatte. Sie stand plötzlich auf und rannte weg.

»Bleiben Sie hier!« brüllte ich. »Runter!«

Erschreckt und irritiert blieb sie stehen, schaute sich um und blickte genau auf den heranfliegenden Pfeil.

Er drang ihr dicht unter den Hals in die Kehle.

Die Frau brach zusammen.

Ich ballte in ohnmächtiger Wut die Hände. Meine Zähne knirschten aufeinander. Mit unseren Pistolen konnten wir gegen die Panzer der Verdammten nichts ausrichten.

»Das packen wir nicht«, sagte Suko.

»O doch!«

Er schaute mich an. »Hast du eine Idee?«

»Ja.«

»Sag schon!«

»Wenn man sie von dieser Stelle nicht kriegen kann, dann muß man eben an sie heran. Es sieht ganz so aus, als wollten sie noch nicht aufgeben, sondern das Spielchen fortführen.«

»Das ist schwer«, sagte Suko.

»Ich weiß.« Den Schlüssel zum Kofferraum hielt ich bereits in der Hand, schloß auf und klappte die Haube hoch.

Die Innenbeleuchtung traf das dunkle Leder meines Einsatzkoffers.

Während Suko weiterhin die Brücke im Auge behielt, fragte er: »Welche Waffen willst du nehmen?«

»Den Bumerang.«

Suko pfiff durch die Zähne. »Das ist eine gute Idee. Vielleicht kannst du die Burschen sogar von hier aus schaffen?«

»Mal sehen.« Vor mir lag der Einsatzkoffer mit seinem für Dämonen und andere finstere Wesen brisanten Inhalt. Wenn ein Unbefugter versuchte, den Koffer zu öffnen, strömte aus zwei versteckt angebrachten Düsen ein Betäubungsgas, das mit Weihrauch vermischt war, um Dämonen abzuschrecken.

Meine Freunde und ich konnten den Koffer ohne Schwierigkeiten öffnen. Wir kannten den Trick.

Zum Glück verhielten sich die Neugierigen ruhig. Auch die Verletzten in den zusammengefahrenen Wagen stöhnten nicht. Bis die Polizei eintraf, würde es sicherlich noch etwas dauern, denn wer sollte sie benachrichtigen?

Vor mir lag der geöffnete Koffer. Wie auch die anderen wichtigen Waffen, so hatte ich einen Platz für den Bumerang auf dem roten Samt gefunden.

Ich nahm ihn in die Hand. Unwillkürlich dachte ich dabei an den Schwarzen Tod, der durch diesen Bumerang sein Ende gefunden hatte. Ich war der Erbe, der Sohn des Lichts, und ich mußte mich der Aufgabe würdig erweisen.

Suko drückte den Deckel zu.

»Dann gib mir mal Feuerschutz«, sagte ich.

Der Chinese nickte. Er hob den Arm und zielte auf die Brücke, wo noch immer die Ritter standen und weiterhin ihre Pfeile gegen Fahrzeuge und Menschen schossen.

Suko lehnte am hinteren Kotflügel und feuerte. Es war zwar Munitionsverschwendung, aber ich sah keine andere Möglichkeit. Während Suko schoß, sprang ich auf den Kofferraum, von dort aufs Autodach und holte mit dem rechten Arm weit aus.

Der Arm fuhr nach hinten, schnellte vor, und dann ließ ich den Bumerang los.

Die Waffe zischte durch die Luft. Wie von selbst jagte sie auf ihr Ziel zu. Sie drehte sich ein paarmal um die eigene Achse. Ich sah einen silbernen Streif und hätte die Waffe am liebsten weiter beobachtet, doch ich mußte in Deckung, denn auf dem Autodach stand ich wie auf einem Präsentierteller.

Ich sprang zu Boden.

Suko zuckte zurück.

Im selben Augenblick traf die Waffe.

Einer der Ritter – er hatte sich zu weit vorgebeugt – bekam die ganze Kraft des magischen Bumerangs zu spüren. Die Waffe riß ihm den Schädel vom Rumpf.

Auf einmal sah es aus, als würde der Kopf mit dem Helm in

der Luft stehenbleiben, dann kippte er langsam nach vorn und fiel in die Tiefe. Er knallte auf ein Autodach, wo es einen blechernen Laut gab.

Die Ritter waren schockiert.

Sofort stellten sie das Schießen ein. Auch der Torso verschwand jetzt. Er fiel nach hinten.

Ich nickte Suko zu, sah, wie die Waffe über den Rittern kreiste, eine Kurve drehte und zurückschwang.

Ich riß den Arm hoch und spreizte die Finger.

Pfeifend flog der Bumerang zurück. Genau in meine Hand, als wäre sie ein Magnet und der Bumerang aus Eisen.

»Das war gut«, rief mir Suko zu.

Ich hatte eine Idee. »Bleib du hier«, sagte ich zu meinem Partner. »ich werde mir mal die Ritter aus der Nähe anschauen.«

»Mach keinen Fehler, John!«

»Unsinn, das packe ich schon.«

Bevor Suko weiter protestieren konnte, hatte ich die Deckung des Wagens verlassen.

Neben der Brücke führte der Hang hoch. Das weiche Gras dämpfte meine Schritte; ich hatte das Gefühl, auf einem Teppich zu laufen. So rasch wie möglich lief ich über die schiefe Ebene und näherte mich der Brücke.

Dort oben befanden sich die Ritter auf dem Rückzug. Die Vernichtung eines Artgenossen schien sie schwer getroffen zu haben.

Den Bumerang hatte ich eingesteckt. Er klemmte im Hosenbund. Die Waffe hätte mich zu sehr behindert, da ich manchmal beide Hände brauchte, um mich abzustützen.

Niemand achtete auf mich.

Die Ritter hatten mit ihrem Rückzug genug zu tun. Pferdehufe trommelten über den Boden. Ich hörte einen heiseren Befehl und beeilte mich noch mehr.

Keuchend stand ich auf der schmalen Straße. Die Ritter entfernten sich in entgegengesetzter Richtung. Jetzt aber sahen sie mich, und einer parierte sein Pferd.

Es mußte der Anführer sein, denn er stach deutlich von den anderen ab.

Seine Rüstung war pechschwarz, und auf seinem Helm wippte eine schwarze Feder.

Drohend stieß er seine rechte Faust hoch und machte seinem Pferd kräftig Dampf.

Buchstäblich aus dem Stand sprang der Gaul los.

Er war schnell, höllisch schnell sogar. Blitzschnell schrumpfte die Distanz zwischen mir und dem Ritter zusammen. Ich kam nicht mehr dazu, meinen Bumerang zu ziehen, denn für mich war es wichtig, nicht unter die Hufe des Gauls zu geraten.

Mir blieb eine Möglichkeit.

Aus dem Stand warf ich mich nach hinten und gleichzeitig zur Seite.

Am Wegrand prallte ich zu Boden, sah, daß der Ritter seine Lanze hochgerissen hatte, um sie mir in die Brust zu stoßen. Nun kam mir der Abhang zugute.

Ich rollte hinunter, genau in dem Augenblick, als der Unheimliche die Lanze nach unten rammte.

Sie hämmerte in den weichen Boden, während ich, mich überschlagend, zurückfiel.

Instinktiv spreizte ich Arme und Beine, wollte meinen Fall aufhalten. Vergeblich. Ich rollte bis zum Ende, während die Ritter oben an der Straße anhielten.

Einer hatte einen Pfeil auf seine Armbrust gelegt.

Das sah ich nicht, sondern Suko.

Der Chinese warnte mich. »Vorsicht, John!«

Ich riß den Kopf hoch, sah die Gefahr und schnellte zur Seite. Der Pfeil war bereits unterwegs, doch er traf mich nicht, sondern hieb an der Stelle zu Boden, wo ich vor zwei Sekunden noch gelegen hatte.

Teufel, das war knapp.

Zu einer weiteren Attacke entschlossen sich die Ritter nicht mehr. Für sie war der Angriff beendet. Rufus, der Anführer, stieß seine Hand in die Luft, und die verbliebenen sechs Ritter galoppierten davon.

Der Hufschlag verklang in der Nacht.

Ich richtete mich auf und besah mir den Pfeil. Als ich ihn aus dem Boden zog, entdeckte ich die Metallspitze. Der Schaft bestand aus Holz, der Pfeil selbst war sorgfältig ausgewogen.

Suko lief auf mich zu. Auch Shao war aus dem Wagen gestiegen. In der Ferne zuckten die Blaulichter der heranrasenden Polizeiwagen. Sirenen waren leise zu hören.

Minuten später war das Durcheinander perfekt. Jetzt wollten auch die Neugierigen näher an die Unfallstelle heran, und die Polizei hatte Mühe, sie fernzuhalten.

Ich sprach mit dem Leiter des Einsatzkommandos.

Er wurde freundlich, als er meinen Sonderausweis sah. »Ich kann aber noch nichts unternehmen, Sir«, sagte er. »Sie sehen ja selbst, was hier los ist.«

Ich nickte. »Fordern Sie Verstärkung an.«

»Das ist bereits geschehen, Mr. Sinclair.«

»Wie sieht es mit den Verletzten aus?« fragte ich.

»Bisher habe ich noch keinen genauen Überblick, aber es hat zwei Tote gegeben, die nicht an den Unfallfolgen gestorben sind.«

»Darüber reden wir noch«, sagte ich.

Der Einsatzleiter, er hieß Shanny, ging. Seine Leute hatten es wirklich nicht leicht. Jeder wollte sehen, was geschehen war. Und zahlreiche Zeugen hatten auch unseren Kampf mit den Rittern beobachtet. Manch scheuer Blick wurde uns zugeworfen.

Shao zog fröstelnd die Schultern hoch.

Ich lächelte sie an. »Ich hatte dir abgeraten«, sagte ich.

Suko legte seinen Arm um ihre Schultern und flüsterte ihr ein paar aufmunternde Worte zu.

Ich untersuchte den Bentley. Nur der Lack hatte etwas abbekommen. An den Seiten und auch auf dem Dach zeigten sich lange Streifen, wo die Pfeile getroffen hatten.

Ich gab Suko zu verstehen, daß ich mir den Ritter ansehen wollte, den ich getötet hatte. Langsam stieg ich den Hang hoch. Der kopflose Körper hatte sich bereits aufgelöst. Eine leere Rüstung lag auf der Straße. Es klang hohl, als ich mit dem gekrümmten Finger dagegenklopfte. Ich hob die Rüstung hoch. Aus den Öffnungen rieselte Asche.

Ich warf einen Blick über die Steinmauer und sah den·Kopf

auf der Straße liegen. Vielmehr nur den Helm. Ein Polizist stand daneben und wollte ihn aufheben.

»Lassen Sie das!« rief ich von oben.

Der Mann zuckte zusammen, schaute zur Brücke hoch und nickte.

Ich stieg wieder hinunter.

Es war so, wie ich es bereits vorausgesehen hatte. Auch der Kopf hatte sich aufgelöst. Staub rieselte aus dem Helm, als ich ihn hochhob.

»Verstehen Sie das?« fragte mich der Beamte.

Ich hob die Schultern. »Kaum.« Ich hatte keine Lust, den Mann über Schwarze und Weiße Magie aufzuklären.

Captain Shanny hatte wirklich mobil gemacht. Mit heulenden Sirenen fegten die Einsatzwagen der Feuerwehr und des Katastrophenschutzes heran.

Die Fahrbahn mußte von den zerstörten Wagen geräumt werden, und man mußte sich auch um die Verletzten kümmern.

Captain Shanny fand wieder Zeit für mich. Er fragte: »Sind Sie nur zufällig vorbeigekommen, oder hatten Sie einen Grund, der Sie in diese Gegend führte?«

»Letzteres stimmt.«

»Darf ich wissen, worum es geht?«

»Sie schweigen?«

»Selbstverständlich.«

»Die Ritter machen uns Sorgen.«

»Sie meinen die Überfälle?«

»Genau. Daß die Berichte stimmen, haben wir selbst erlebt. Und nicht nur wir. Auch die anderen Zeugen haben die Monster gesehen. Es ist also keine Legende.«

»Obwohl ich daran kaum glauben kann«, meinte der Captain.

»Es fällt auch schwer«, gab ich ihm recht. »Wissen Sie vielleicht über den Fall Bescheid?«

»Nicht genau. Die Zeugenaussage des Schäfergehilfen ist auch über meinen Schreibtisch gelaufen, aber ich hielt das für Spinnerei, wenn ich ehrlich sein soll.«

»Leider haben Sie unrecht.«

»Was wollen Sie tun?«

»Soviel ich weiß, hausen die Ritter auf einer alten Burg. Ihr wollen wir einen Besuch abstatten.«

»Wenn ich Ihnen da behilflich sein kann...«

»Nein, nein«, sagte ich schnell, weil der Vorschlag ziemlich halbherzig klang. »Außerdem haben Sie jetzt andere Aufgaben zu erledigen. Wir kommen schon zurecht.«

»Das wünsche ich Ihnen von ganzem Herzen«, sagte der Captain.

Eine Viertelstunde später saßen wir wieder in unserem Bentley. Es war gar nicht so einfach, den Wagen auf die Straße zu lenken. Ich fuhr nur im Schrittempo, schaffte es schließlich und atmete erst auf, als wir die Brücke passiert hatten.

Die erste Begegnung mit den grausamen Rittern lag hinter uns. Wir hatten sie überstanden. Doch unsere Gegner waren gewarnt. Ich konnte mir vorstellen, daß ein zweites Zusammentreffen wesentlich härter ausfallen würde...

Drohend lag die Burgruine auf dem kahlen Bergrücken. Die alten Gemäuer waren zum Teil eingefallen, sie hatten den Angriffen der Gegner nicht widerstanden, und doch gab es noch genügend Verstecke in der Burg, in denen sich die Ritter aufhalten und verbergen konnten. Vor allen Dingen tagsüber, wenn die Sonne am Himmel stand, mußten sie in einer totenähnlichen Starre in ihren Grüften liegen und warten. Erst wenn die Dunkelheit hereinbrach, dann erwachten sie.

Wieder jagten sie durch die Nacht. Diesmal nicht so siegessicher wie zuvor. Sie hatten einen Mitstreiter verloren.

Wieso?

Rufus hatte sich und seine Getreuen bisher für unbesiegbar gehalten, das war nun vorbei. Ein Mensch war gekommen, ein Mensch mit einer gefährlichen Waffe, und diese Waffe, von einem Menschen geschleudert, hatte einen der ihren besiegt.

Es mußte ein besonderer Mann sein, weil er dies geschafft hatte. Doch wer kam dafür in Frage?

Rufus wußte im Moment keine Antwort. Er wollte aber mit seinen Getreuen darüber reden.

Sie trieben die Pferde an. Bald schon würde es hell sein, und wenn der erste Sonnenstrahl auf die Erde tupfte, wollten sie in ihren Grüften liegen.

Der Weg wurde steiler. Die Hufe der Gäule klirrten über nacktes Gestein. Die Pferde kannten den Weg, sie waren trittsicher und rutschten nicht ab.

Die unheimlichen Gestalten ritten jetzt hintereinander. Vom Tal her waren sie kaum zu erkennen, weil die Dunkelheit sie schützte. Als dunkelgraues Tuch lag die Finsternis über dem Land.

Die Außenmauern der alten Burg standen nicht mehr. Sie hatten vor Hunderten von Jahren den Kanonenkugeln nicht standgehalten und waren nur noch als Schutthaufen zu erkennen. Doch zwischen den Fragmenten befand sich genügend Platz, damit die Gruppe hindurchreiten konnte.

Hier wucherte das Unkraut kniehoch. Moos hatte eine grüne Schicht auf die Steine gelegt, so daß sie wie mit einem Teppich bedeckt aussahen.

Der Wind jammerte durch die Mauerreste, produzierte Klagelieder und übertönte noch das Klirren der Hufe.

Die Ritter hielten auf dem Burghof ihre Pferde an und bildeten einen Kreis.

Rufus ritt in den Mittelpunkt, schaute sich um und stieß unter seinem Helm ein grausames Lachen aus. »Wir haben es ihnen wieder einmal gezeigt«, sagte er. »Zwei von ihnen sind gestorben, aber auch wir haben einen Freund verloren. Ein Mann kam, der eine mörderische Waffe besitzt, und deshalb gibt es für uns nur ein Ziel. Tod diesem Mann!«

»Tod – Tod – Tod!« drang es als dumpfes Echo unter den fünf Helmen hervor.

»In der folgenden Nacht werden wir zuschlagen, dann müssen dieser Mann und sein Begleiter sterben.«

Die fünf Ritter nickten.

Rufus aber drehte sein Pferd um die Hand. Er ritt bis zu einem Torbogen, hinter dem ein Weg begann, der in die Tiefe führte, wo die Verliese und Kellergewölbe der Burg lagen.

Dort war ihr Reich. Da standen die Särge, in denen sie tagsüber lagen und auf die Dunkelheit warteten. Dort hielten sie auch ihre magische Tafelrunde ab, wenn sie mit den Mächten der Hölle Kontakt aufnahmen.

Und dort befand sich ihr Gefangener, der ihnen von einer mächtigen Dämonenfürstin als Diener übergeben worden war.

Der Gefangene war kein geringerer als Myxin, der Magier!

Asmodina hatte ihn nicht getötet, sondern gedemütigt. Und das war für Myxin, den Magier, fast noch schlimmer als der Tod. Er, der sich auf die Seite John Sinclairs geschlagen hatte, mußte für Asmodina Frondienste leisten und unterstützte somit ihr Werk.

Daran verzweifelte der kleine Magier mit der grünlich schillernden Haut fast.

Er irrte durch die Gewölbe der Burg, ohne sich je befreien zu können, denn ein starker Zauber hielt ihn im Innern des Berges fest. Vergeblich hatte er versucht, sich zu befreien, bis er einsehen mußte, daß alles keinen Zweck hatte.

Myxin war und blieb ein Gefangener.

Nachdem John Sinclair versucht hatte, ihn aus Asmodinas Reich und damit aus den Klauen der Todesengel zu befreien, disponierte die Teufelstochter sofort um. Myxin in den Dimensionen des Schreckens zu lassen, war schlecht möglich, denn seine Anwesenheit bildete einen ständigen Unruheherd, den Asmodina sich nicht gefallen lassen konnte, weil auch sie dabei war, neue Pläne zu erarbeiten. Sie hatte große Dinge vor, und Myxin störte dabei. Es war ihr inzwischen sogar gelungen, Dr. Tod zu erwecken und ihn auf John Sinclair anzusetzen. Er würde den Geisterjäger schaffen. Mit großem Vergnügen hatte Asmodina Myxin davon berichtet, bevor sie ihn in die Verbannung schickte.

Der Magier hatte sie sogar darum gebeten, ihn zu töten, aber davon wollte Asmodina nichts wissen. Myxin sollte leiden, er sollte sehen, wie sie ihre Macht festigte und wie hilflos er in Wirklichkeit doch war. Deshalb hatte sie ihn den Rittern überlassen, so daß Myxin bei niedrigen Dämonen den Lakai spielen mußte.

Eine schlimme und grausame Strafe.

Der kleine Magier hatte alles versucht, um die Ritter zu besiegen. Er kam nicht gegen sie an. Durch Asmodinas Magie waren seine Kräfte stark reduziert worden.

Er hatte alle Tricks angewendet, es mit einem Gegenzauber versucht, doch der prallte ab. Und Hilfe konnte er nicht erwarten. Seine Schwarzen Vampire, praktisch die Hausstreitmacht, waren aufgerieben worden.

Myxin war nur noch ein Schatten seiner selbst!

Das Burggefängnis konnte er nicht verlassen. Manchmal ketteten die Ritter ihn sogar an und quälten ihn, um ihn auch noch zu verhöhnen und verspotten. Das waren für den kleinen Magier dann die schlimmsten und bittersten Stunden.

In dieser Nacht konnte er sich frei bewegen. Stundenlang wanderte er durch die Gewölbe. Er schaute in die Nischen hinein, in denen die großen Steinsärge standen. Hier verbrachten die Ritter ihre Tage, denn die Sonnenstrahlen waren für sie tödlich.

Als sie jetzt zurückkehrten, hatte sich Myxin in eine dunkle Nische verzogen. Der Schein der Pechfackeln reichte nicht bis zu diesem Platz. Der Magier spürte die Spinnweben über sein Gesicht gleiten, und er hörte, wie die Ritter sein Versteck passierten.

Es waren nur noch sechs!

Einer fehlte also.

Wo steckte er?

Myxin verhielt sich ruhig. Er hoffte, daß sich die Ritter darüber unterhalten würden, und er täuschte sich nicht.

Sie sprachen von ihrem nächtlichen Ausflug. Myxin hörte etwas von einem Mann, der eine besondere Waffe besaß, mit der er einen Ritter getötet hatte.

Das konnte nur John Sinclair sein!

Freude durchströmte den kleinen Magier. Sollte seine letzte Verzweiflungstat Erfolg gehabt haben?

Nachdem sämtliche Befreiungsversuche mißglückt waren, hatte Myxin zum letzten Mittel gegriffen. Zur telepathischen Botschaftsübermittlung. Alle Fähigkeiten hatte Asmodina ihm nicht nehmen können. Als die Ritter schliefen und deren Magie ein wenig abgeflacht war, hatte es Myxin versucht.

Trotz der Fesseln war es ihm gelungen, durch reine Gedankenmagie ein Bild seines Zustands und seines Gefängnisses über Hunderte von Meilen hinweg an einen anderen Ort zu projizieren. Und in Sinclairs Wohnung gab es magische Gegenstände, die dieses Bild aufnehmen konnten. Myxin hatte bisher nicht gewußt, ob sein Versuch gelungen war; der Vorgang hatte ihn so sehr erschöpft, daß er in einen tiefen Schlaf gefallen war, der fast einer Bewußtlosigkeit glich.

Aber die Ritter sprachen über einen Feind.

Dann war John Sinclair da!

Für Myxin war es klar, daß er nicht mehr zurück konnte. Er mußte mit dem Sinclair-Team Seite an Seite kämpfen, obwohl er damals ihr Gegner gewesen war. Doch die Ereignisse hatten die alte Feindschaft überrollt.

Aus Feinden waren Verbündete geworden.

Die Ritter stiegen von ihren Pferden. Die Gäule blieben dabei so lange ruhig stehen, bis die Füße der Unheimlichen den Boden berührt hatten. Dann trotteten sie gemächlich davon. Sie verschwanden in einem anderen Gewölbe, nachdem sie einen Torbogen passiert hatten.

Die Ritter blieben zurück.

Und Myxin.

Rufus wußte genau, wo sich der Magier aufhielt. Mit barscher Stimme holte er ihn zu sich.

Myxin ging hin. Auf seinem Gesicht lag sogar ein Lächeln. Er sah eigentlich aus wie immer, trug seinen langen dunklen Mantel, und die Hände hatte er in den Taschen vergraben.

Vor Rufus blieb er stehen.

Der Raubritter klappte sein Visier hoch. Bleich schimmerte der Totenschädel, die leeren Augenhöhlen glotzten den kleinen Magier an.

»Du weißt etwas«, sagte Rufus, »das spüre ich genau!«

»Was sollte ich wissen?«

»Wer ist dieser Mann?«

»Ich weiß nicht, von wem du sprichst«, erwiderte Myxin gelassen.

Rufus zog sein Schwert. Die Spitze zitterte dicht vor Myxins Kinn. Normalerweise hätte der Magier darüber gelacht. Mit einem Schwerthieb war er früher nicht umzubringen gewesen, aber nun sah die Sache anders aus. Er war seiner meisten Kräfte beraubt worden und fühlte sich hilflos und unterlegen.

»Soll ich dir den Kopf abschlagen?« drohte Rufus.

»Ich weiß nichts.« Myxin blieb standhaft.

»Dieser Mann hat einen von uns getötet. Wie sollte er sich auf unsere Spur gesetzt haben, wenn nicht durch dich?«

»Ich war immer hier.«

»Das wissen wir!«

»Warum verdächtigst du mich dann?«

»Weil ich dir nicht traue.« Rufus zog sein Schwert wieder zurück. »Aber wenn ich merke, daß du uns hintergangen hast, wirst du geköpft, du Wicht!«

Myxin zuckte unter dieser Beleidigung zusammen. Niemand hätte es früher gewagt, ihn auch nur schief anzusehen, und jetzt schleuderte man ihm die harten Worte ins Gesicht, ohne daß er etwas dagegen unternehmen konnte.

Wie tief war er gesunken!

Die übrigen Ritter wurden unruhig. Ein Zeichen, daß der Morgen dämmerte.

Auch Rufus merkte dies. Er drehte sich um und befahl den anderen, sich zurückzuziehen.

Die Ritter verschwanden wie Schemen in der Dunkelheit. Nur die Rüstungen klapperten und rasselten.

Rufus ging als letzter.

Seine Nische war etwas breiter als die der anderen. Er besaß auch den größten Sarg.

Diese Nischen waren den Rittern zum Schicksal geworden, denn vor Hunderten von Jahren hatte man sie bei lebendigem Leibe in die Särge gelegt und dort eingemauert.

Eine schlimme, grausame Strafe. Aber noch schlimmer sollte die Rache der Ritter werden.

Begonnen hatten sie bereits damit.

Myxin hörte noch das Knirschen, als die Sargdeckel über die Unterteile der Sarkophage schleiften, das waren die letzten Geräusche, dann wurde es still.

Und am Himmel fand der erste Sonnenstrahl seinen Weg auf die Erde.

Wir erreichten Gulbine am frühen Morgen und mit viel Glück. Es grenzte fast an ein Wunder, daß wir den kleinen Ort überhaupt gefunden hatten, so versteckt lag er.

Es war ein typisches Gebirgsdorf. Dabei befanden sich die Häuser nicht im Tal, sondern sie klebten an einem Berghang. Der Ausdruck ›Häuser‹ war stark übertrieben, diese Bauten konnte man höchstens als Hütten bezeichnen.

Ein schmaler Weg führte nach Gulbine hoch, der eigentlich noch schmaler war als der Bentley. Ich wunderte mich laufend, daß ich noch nicht im Straßengraben gelandet war.

Unterwegs hatten wir immer nach der Burg Ausschau gehalten, sie jedoch nicht gesehen. Die Mauern schienen sich vor uns verkrochen zu haben.

»Hier möchte ich nicht wohnen«, murmelte Suko. »Das ist ja ebenso schlimm wie in manchen tibetanischen Bergklöstern.«

Ich gab ihm recht.

Wir erreichten den Ortseingang.

Holpriges Pflaster, dazwischen Schlaglöcher, in denen noch die Reste vom letzten Regen schimmerten. Schiefe, aus Stein gebaute Häuser mit ebenfalls steinernen Dächern. Eine kurvige Straße. Hier und da ein verrostetes Fahrrad, nur zwei Autos, zwei alte Krämerläden, struppige Hunde, aber wenig Menschen.

Es gab keine Gehsteige. Die Straße wurde nur von den Häusern begrenzt. Warf man einen Blick nach links, so sah man den Berghang, der sich weiter dem Gipfel entgegenschob und dessen grüne Matte schon bald von kahlem Gestein abgelöst wurde.

Ich sah auch die hellen Flecke am Hang. Das waren Schafe, die dort ihr spärliches, hartes Gras fanden.

»Wo willst du parken?« fragte Suko.

»In der City!«

Suko grinste wie ich. »Dann gib acht, daß du die City auch findest.«

Ich bremste. »Wir sind schon da.«

Ich stoppte dort, wo die Häuser am dichtesten nebeneinander standen.

»Tolle Atmosphäre«, meinte Suko und schaute Shao an. »Was sagst du denn dazu?«

»London ist mir lieber.«

»Du wolltest unbedingt mit.«

»Schon gut.«

Wir stiegen aus. Und schon kamen sie aus ihren Hütten. Dorfbewohner, Neugierige. Die Blicke, mit denen man uns bedachte, waren eher ablehnend und feindselig.

»Willkommen sind wir nicht gerade«, meinte Suko und legte einen Arm um Shaos Schultern. Das Girl drückte sich schutzsuchend an ihn.

Es war wahrhaftig kein angenehmer Aufenthaltsort. Meinen Urlaub wollte ich hier nicht verbringen.

Sorgfältig schloß ich den Wagen ab. Der Bentley wurde ebenso feindselig angestarrt wie wir. Vielleicht hatten die Bewohner etwas gegen Autos.

Möglich war alles.

Immer mehr Menschen kamen zusammen. Sie traten aus den Häusern und schmalen Gassen zwischen den Bauten, und niemand sprach ein Wort. Sie starrten nur finster.

Ich lächelte und hob die Hand.

»Mein Name ist John Sinclair«, stellte ich mich vor und sagte dann die Namen von Suko und Shao. »Wir sind in friedlicher Absicht in euer Dorf gekommen. Weil wir euch helfen wollen. Habt ihr verstanden?«

Schweigen.

Ich versuchte es auf eine andere Art. »Wir wollen euch gegen die Ritter helfen, die euer Land terrorisieren. Deshalb sind wir gekommen!«

Diesmal bewirkten die Worte etwas. Allerdings nichts Positives für uns, sondern das Gegenteil.

Man machte gegen uns Front.

Die Menschen nahmen eine drohende Haltung ein. Hände wurden geballt. Fäuste geschüttelt.

»Da hast du wohl was Falsches gesagt«, flüsterte Suko.

»Das Gefühl habe ich auch«, gab ich ebenso leise zurück.

Die Menschen rückten noch näher zusammen. Ich wartete förmlich darauf, daß jemand ein Messer oder eine Schußwaffe zückte, doch das geschah zum Glück nicht.

Ein anderes Ereignis trat ein.

Aus einem der größten Häuser kam ein Mann. Er stieß hart die Tür auf, zu der vier Treppenstufen hochführten, und blieb auf der obersten stehen.

Er schaute über die Köpfe der Männer hinweg und uns ins Gesicht. Wir hielten dem Blick stand.

Der Mann war etwa vierzig Jahre alt, hatte pechschwarzes Haar, ein hart geschnittenes Gesicht und eine sehr hohe Stirn. Er machte keinen unsympathischen Eindruck, er war der Typ eines Naturburschen.

Die Menschen hatten bemerkt, daß dieser Mann aus dem Haus getreten war.

Sie bildeten eine Gasse.

Und sie sprachen noch immer nicht.

Der Mann setzte sich in Bewegung. Nicht zu langsam, aber auch nicht zu hastig schritt er die Stufen hinunter. Er war ein Typ, der wußte, was er wollte, und wahrscheinlich hatte er hier im Ort das große Sagen.

Er schaute nicht nach rechts und auch nicht nach links, stolz schritt er durch die Gasse. Der Mann war mit einer derben Cordhose und einer halblangen Jacke bekleidet. Die Nase mit dem scharfen Rücken sprang hart aus dem Gesicht hervor.

Und plötzlich wußte ich auch, was mich unter anderem stutzig gemacht hatte.

In diesem Ort gab es keine Kinder.

Seltsam...

Solch einen Ort hatte ich noch nie gesehen. Überhaupt gefiel mir die Atmosphäre nicht. Ich sah keine Kirchturmspitze und auch keine Kapelle.

Und das im katholischen Schottland. Wo waren wir hier gelandet? Ich warf Suko einen raschen Blick zu. Mittlerweile kannte ich meinen Partner lange genug, um seinen Gesichtsausdruck deuten zu können. Der Chinese fühlte sich ebenfalls nicht wohl. Er sagte jedoch nichts, auch ich schwieg, denn ich wollte erst einmal abwarten.

Zwei Schritte vor uns blieb der Mann stehen. Zu Shao hin verbeugte er sich leicht, dann schaute er mich an.

»Ihre Namen habe ich vernommen«, sagte er. »Und ich habe

auch gehört, aus welchem Grunde Sie zu uns gekommen sind. Damit heiße ich Sie willkommen.«

»Danke«, erwiderte ich, »das ist sehr nett von Ihnen. Sind Sie hier der Bürgermeister, Mister...?« Hinter das Mister setzte ich noch ein Fragezeichen.

Der Mann lächelte. »Ich bin so etwas Ähnliches wie der Bürgermeister, Mr. Sinclair. Mein Name ist übrigens King Cutler.«

»King?«

»Ja. So nennt man mich.«

Ich lächelte. »Nun, warum nicht. Da Sie ja den Grund unseres Kommens inzwischen kennen, möchte ich gern von Ihnen wissen, wie Sie dazu stehen.«

»Ich bewundere Ihren Mut.«

»Wirklich?«

Er nickte. »Sicherlich. Es verirren sich selten Fremde in unseren Ort.«

Ich hob die rechte Hand und wies in die Runde. »Nun, eigentlich hatten wir gar nicht vor, uns hier in Gulbine aufzuhalten. Wir sind auf der Suche nach der Burg. Uns geht es um diese Ritter, die schon genug Schaden angerichtet haben, und da hörten wir, daß jemand aus Gulbine uns helfen könnte.«

»Wer?« fragte er.

»Ein Schäfer. Er soll die Ritter gesehen haben und vielleicht mehr über sie wissen.«

King Cutler nickte. »Das ist möglich«, erwiderte er. »Aber ich glaube nicht an die Existenz dieser reitenden Mordgesellen. Keiner von uns glaubt daran, wir haben sie nämlich noch nicht zu Gesicht bekommen, und die alte Burg ist längst verfallen. Das können Sie mir glauben, Mr. Sinclair.«

»Was würden Sie sagen, wenn ich Ihnen erklärte, daß wir die Ritter gesehen haben?«

Er schwieg eine Weile. »Ich wäre zumindest skeptisch.«

»Das brauchen Sie nicht zu sein. Ich kann Ihnen versichern, daß wir die Ritter mit unseren eigenen Augen gesehen haben. Sie überfielen eine Wagenkolonne auf dem Motorway.«

»Haben Sie sich das nicht eingebildet?«

»Nein!« Meine Antwort klang scharf.

»Gut, wie Sie meinen. Was haben Sie jetzt vor? Wie gesagt, Sie und Ihre Freunde sind willkommen.«

»Dafür danke ich Ihnen. Allerdings möchte ich bei meinem Vorsatz bleiben und mit dem Schäfer sprechen. Können Sie vielleicht ein Gespräch vermitteln?«

»Das geht schlecht.« Er drehte sich halb und deutete den Berghang hoch. Dabei hob er den Arm und streckte den Zeigefinger aus. »Sehen Sie dort oben die kleine Hütte?«

Ich schaute genau hin und nickte dann.

»Dort lebt er.«

»Das heißt, ich müßte hochsteigen?«

»Es wird Ihnen nichts anderes übrigbleiben, Mr. Sinclair.«

Ich schaute Suko an. »Wie ist es? Bleibt ihr hier?«

Shao sagte ja. Damit war der Chinese ebenfalls einverstanden.

King Cutler hatte noch eine Frage. »Warum interessieren Sie sich eigentlich für die Ritter?«

Ich weiß heute noch nicht, warum ich die Wahrheit verschwieg und nichts von meinem Job sagte, sondern mir eine Ausrede einfallen ließ. »Reine Neugierde, Mr. Cutler.«

»Die oft gefährlich sein kann.«

»Das klingt nach einer Warnung.«

»Nur nach einem Rat, Mr. Sinclair.«

»Danke.« Ich hatte das Gefühl, daß King Cutler noch etwas sagen wollte, doch er unterließ es. Er nickte mir noch einmal zu, drehte sich um und ging wieder zu seinem Haus zurück.

Auch die Menschen verstreuten sich allmählich. Zwar wurden uns hin und wieder noch Blicke zugeworfen, mehr aber nicht.

»Ein seltsamer Ort«, meinte Suko.

Und Shao sagte: »Da kann man richtig Angst bekommen.«

»Komisch ist es schon«, gab ich beiden recht. »Mir scheint es, als hätten die Leute hier ein Geheimnis, das sie auf keinen Fall preisgeben möchten.«

»Du denkst an die Ritter?« vermutete Shao.

Ich schaute sie an. Shao trug eine rote Cordhose, modisch eng an den Waden geschnitten, und eine dieser dreiviertellangen Strickjacken. Das Haar fiel ihr lang auf den Rücken. »Nicht nur an die Ritter, Shao. Vielleicht ist es noch etwas anderes.«

»Wie kommst du darauf?« fragte Suko.

»Nur so.«

Der Chinese lachte. »Du bist gut. Das nimmt dir keiner ab. Da müßte man schon Beweise haben.«

»Wer hindert uns daran, sie zu suchen? Ist dir eigentlich aufgefallen, daß es in Gulbine keine einzige Kirche gibt? Da stimmt etwas nicht, das sag ich dir. Und auch die Kinder fehlen. Nur Erwachsene.«

Suko hob die Schultern. »Eine Erklärung habe ich nicht, John. Aber du hast einen schönen Weg vor dir.«

»Gern lasse ich euch nicht allein.«

»Wir werden uns schon zu helfen wissen.«

»Wo wollt ihr warten?« fragte ich.

Suko deutete über die Schulter. »Dieses graue Haus sieht mir nach einer Kneipe aus. Wenn wir da nicht sind, findest du uns im Dorf. Wir sehen uns mal um.«

Ich nickte. Dann verabschiedete ich mich von den beiden. Suko und Shao blickten mir nach, bis ich zwischen zwei Häusern verschwunden war.

Aber auch andere Augenpaare beobachteten mich. Und keiner von uns sah, daß manche Gesichter zu haßverzerrten Fratzen geworden waren...

Hinter den Häusern ging es steil bergauf. Ein paar kümmerliche Gärten waren angelegt worden, doch in diesem rauhen Bergklima wuchs kaum etwas.

Noch schritt ich über grüne Matten, nur hin und wieder lugten Steine aus dem Boden. Ein kleines Wasserrinnsal floß mir entgegen und lief über meine Schuhe.

Ich trage immer festes Schuhwerk, und das kam mir jetzt zugute. Ohne große Schwierigkeiten konnte ich den Berg hinaufsteigen. Wenn es einmal zu rutschig wurde, stützte ich mich an den Steinen ab.

Das Dorf blieb hinter mir zurück. Manchmal warf ich einen Blick nach unten, sah den Bentley auf der Straße stehen, doch von Suko und Shao war nichts zu sehen.

Wahrscheinlich saßen sie schon in der Gaststube.

Ich stieg weiter.

Die ersten Schafe gerieten in meine Nähe. Sie blökten mich an, andere weideten an dem kargen Gras und ließen sich nicht stören. Beinahe wütend rupften sie es aus dem Boden.

Zwei Hunde mit fleckigem Fell umkreisten in großem Abstand die Herde. Die Hunde gerieten auch in meine Nähe und kamen so dicht heran, daß ich stehenblieb.

Der eine öffnete sein Maul.

Die Zähne sahen nicht gerade vertrauenerweckend aus. Ich lächelte die Tierchen an. Sie schnüffelten, mein Geruch schien sie nicht zu warnen, denn sie zogen sich friedlich wieder zurück.

Ich atmete auf. Bis zur Hütte hatte ich es nicht mehr weit.

Hin und wieder warf ich einen Blick in die Runde.

Von der Burg war nichts zu sehen. Sie mußte wohl hinter dem Berg liegen, den ich augenblicklich erklomm. Als Entschädigung bot sich meinen Augen eine prächtige Landschaft. Berge, Hügel, weite Täler. Außer Gulbine sah ich kein anderes Dorf. Dafür erkannte ich in der Ferne den Wald als dunklen Streifen.

Eine Gegend zum Ausspannen. Wirklich etwas für Individualisten. Wenn nur nicht mein dummes Gefühl gewesen wäre...

Noch ein paar Schritte, dann hatte ich die Hütte erreicht. Sie war wirklich primitiv. Gebaut aus Brettern und Baumstämmen, mit einem windschiefen Holzdach versehen, das ein ganzes Stück vorsprang und Ähnlichkeiten mit den Almhütten der Alpen aufwies. Von dem Schäfer sah ich keine Nasenspitze.

Ich schritt einmal um die Hütte herum. An der Westseite, wo der Regen voll hintraf, zeigte das Holz große Nässeflecken. Hinter der Hütte war Holz am Berg gestapelt.

Bis auf das Blöken der Schafe hörte ich kein Geräusch. Mein Blick fiel zurück in das Hochtal.

Dort unten lag Gulbine.

Ich sah die jetzt klein wirkenden Häuser, die Straße, einige Menschen – und...

Verdammt, da stimmte doch was nicht. Irgend etwas war anders als vorhin.

Ich schaute genauer hin, erfaßte mit meinem Blick jedes Detail, und da wußte ich Bescheid, was anders war.

Ich sah meinen Wagen nicht mehr.

Er war weg – verschwunden!

Das gab es doch nicht. Sollten Suko und Shao etwa einen kleinen Ausflug unternommen haben?

Die Lösung des Rätsels fand ich hier oben nicht, und ich kam auch nicht mehr dazu, mir weitere Gedanken darüber zu machen, denn plötzlich hörte ich hinter mir eine kratzige Stimme.

»Rühr dich nicht, wenn dir dein Leben lieb ist...«

Die Stimme klang so entschlossen, daß ich erst einmal gehorchte. Stocksteif blieb ich stehen, denn ich war mir völlig sicher, daß der Kerl in meinem Rücken irgendeine gefährliche Waffe in der Hand hielt. Ein paar Sekunden vergingen. Weiter blökten die Schafe, mir kamen die Laute wie Hohngelächter vor, weil ich ahnungslos in die Falle getappt war.

Dann vernahm ich hinter mir einen knirschenden Schritt. »Jetzt kannst du dich umdrehen!«

Auch diesmal gehorchte ich. Langsam schraubte ich mich nach rechts, bis ich meinem Gegner gegenüberstand.

Ein Gegner war er, denn er hielt eine Sense in der Hand. Die scharfe Schneide funkelte im fahlen Sonnenlicht, und die Spitze zitterte so dicht vor meiner Kehle, daß ich unwillkürlich zurückzuckte.

Der Schäfer kicherte.

Ich versuchte es mit einem Lächeln und sagte: »He, begrüßen Sie Ihre Gäste immer so?«

»Nur die Fremden und die, die nicht willkommen sind.«

»Ich bin aber extra einen weiten Weg gefahren, um Sie zu sehen«, erklärte ich.

»Woher kommst du, Mann?«

»Aus London.«

Er überlegte. »Ja, das ist weit. Und was willst du von mir?«

Da er mich duzte, wählte ich ebenfalls diese Anrede. »Ich möchte mit dir sprechen. Du bist doch der Schäfer hier?«

»Ja. Und worüber willst du reden?«

»Nimm erst mal die Sense weg. Ich bin wirklich in friedlicher Absicht gekommen.«

Er war noch immer mißtrauisch und seine Blicke nicht gerade offen. Aber er senkte die Waffe, zögernd zwar, doch immerhin.

Ich atmete auf. Danach sagte ich meinen Namen.

»Und ich bin Rocco«, stellte er sich vor.

»Kein schottischer Name.«

»Nein.« Mehr sagte er nicht dazu. Urig sah er schon aus. Mit seinem dichten schwarzen Bartgestrüpp und dem großen Schlapphut auf dem Kopf. Er trug derbe Kleidung, und seine Hände waren fast doppelt so groß wie die meinen.

»Sollen wir nicht ins Haus gehen?« fragte ich.

Er hob die Schultern, drehte sich dann, stellte die Sense weg und wandte mir den Rücken zu. Ein Zeichen seines Vertrauens.

Den Kopf mußten wir beide einziehen, als wie die Hütte betraten. Im Innern war es düster, durch die kleinen Scheiben fiel nur wenig Licht. Ich sah ein paar Regale an der Wand, einen roh gezimmerten Tisch, eine Holzbank, einen alten Ofen. Zum Hang hin wurde die Hütte niedriger. Dort erkannte ich die Umrisse einer Tür. Sie mußte in den Berg hineinführen.

Der Schäfer setzte sich auf die Bank. Ich nahm neben ihm Platz und bot eine Zigarette an. Er schüttelte den Kopf. Gelassen nahm er seine Pfeife aus der Tasche und füllte den Kopf mit Tabak. »Die rauche ich lieber.«

Ich gab ihm Feuer.

»Du hast gute Augen, John«, sagte er. »Ich merke das sofort. Und ich kann mir auch denken, weshalb du gekommen bist. Es geht um die Ritter, nicht wahr?«

»Genau.«

»Glaubst du die Geschichte?«

»Natürlich.«

Er schaute mich überrascht an.

Ich lächelte breit. »Wäre ich sonst von London hergekommen? Außerdem habe ich die Ritter selbst gesehen.« Ich berichtete, was uns widerfahren war.

Der Schäfer hörte zu und nickte hin und wieder. Irgendwie hatte ich zu dem Mann Vertrauen gefaßt, er war anders als die Dorfbewohner, das sagte ich ihm auch.

Rocco lachte. »Mit denen da unten komme ich nicht klar.«

»Darf man den Grund erfahren?«

Jetzt blickte er mich ernst an. »Du hättest deine Freunde nicht allein lassen sollen.«

»Warum nicht?«

»Weil sie keine Fremden wollen.«

»Das muß aber einen Grund haben.«

»Hat es auch. Wer nicht für Barrabas ist, der ist gegen ihn und gegen sie.«

»Wer ist Barrabas?«

»Der Drache!«

Jetzt wußte ich überhaupt nichts mehr. Ich wollte etwas über die Ritter erfahren, und er redete plötzlich von Barrabas. Wie paßte das zusammen?

Danach fragte ich ihn auch, wobei er die Schulter hob und mit seiner Erklärung begann.

»Als die Zeit der Kreuzzüge begann, sammelte man auch in Schottland die besten Ritter, um das Heilige Grab zu verteidigen. Viele folgten dem Ruf, nur wenige weigerten sich. Zu den letzteren gehörten die Ritter um Rufus, ihren Anführer. Sie hatten schon immer ein ausschweifendes Leben geführt, überhaupt nicht nach dem Ehrenkodex der Ritter. Sie raubten, mordeten und brandschatzten. Schon bald waren sie verschrien. Die Menschen im Land hatten Angst vor ihnen, und als die meisten Ritter zu den Kreuzzügen aufbrachen, war kaum jemand da, der die Zurückgebliebenen gegen den Terror der Ritter verteidigte. Es wurde eine schlimme Zeit, die Ritter um Rufus trieben es ärger und ärger. Sie lästerten Gott und verbündeten sich mit dem Teufel. In ihrer Burg fanden schlimme Dinge statt. Man sprach nur hinter vorgehaltener Hand davon, denn Zeugen gab es kaum. Viele starben einen schrecklichen Tod. Sie stellten Kreuze verkehrt herum auf und zündeten sie an. Wenn das Fanal des Satans leuchtete, dann wußten die Menschen Bescheid, daß die Ritter wieder ihre schlimmen Feste feierten.«

»Wie ging es weiter?« fragte ich.

»Geduld, mein Freund, Geduld«, erwiderte der Schäfer. »Wie ich schon sagte, die Ritter um Rufus terrorisierten das Land und beteten den Teufel an. Ich will Einzelheiten verschweigen, nur soviel möchte ich sagen: Als die anderen Ritter vom Kreuzzug zurückkehrten, fanden sie ein Chaos vor. Niedergebrannte Dörfer, verwüstete Felder und getötete Menschen. Trotzdem feierten sie einen Dankgottesdiesnt, und danach brachen sie zu einer Strafexpedition auf. Als sie die Burg erreichten, waren die Ritter so gut wie kampfunfähig. Berauscht vom Wein, konnten sie kein Schwert mehr halten. Die Angreifer hatten leichtes Spiel. Widerstand wurde sofort gebrochen, und dann erhielten die Ritter ihre Strafen. Sie wurden bei lebendigem Leibe in Sarkophage gelegt, diese stellte man in Nischen und mauerte sie zu. Es soll schrecklich gewesen sein, denn die Ritter haben bis zum letzten Atemzug geschrien und geflucht. Gnade kannte man nicht. Die Mordbrenner starben, und die Jahrhunderte vergingen. Bis dann ein Ereignis eintrat, das alles wieder rückgängig machte.«

Der Schäfer hatte sich so auf die Erzählung konzentriert, daß seine Pfeife ausgegangen war. Er zündete sie wieder an. Danach berichtete er weiter.

»Die Ritter lagen also in ihren Sarkophagen. Die Burg wurde zerstört, und dann war eines Nachts alles anders. Ich habe es gesehen, und für mich war es wie ein Weltuntergang. Irgendwie klaffte plötzlich am Himmel ein Riß, etwas fiel auf die Erde und landete nahe dem Ort Gulbine. Was es war, darüber konnte man nur Vermutungen anstellen, auf jeden Fall sind die Einwohner des Ortes mit dem Fremden in Berührung gekommen, sie veränderten sich.«

»Wie?« wollte ich wissen.

»Das weiß ich nicht, aber sie veränderten sich. Sie wurden anders und sprachen vom großen Drachen, der bald erscheinen würde. Eines Tages rissen sie die Kirche ab. Sie brannten sie bis auf die Grundmauern nieder. Ich beobachtete dies von dieser Hütte aus. Noch heute sehe ich die Rauchwolke über dem Dorf schweben. Damit aber nicht genug. Nachdem sie die Kirche dem Erdboden gleichgemacht hatten, zogen sämtliche Dorfbewohner hoch zur Burg der Ritter. Sie waren mit Hacken und Schaufeln bewaffnet. Ich ahnte, was sie vorhatten. Ich sollte Recht behalten. Die Leute hämmerten die Nischen auf, in denen die grausamen Ritter zur letzten Ruhe gebettet lagen. Sie haben diese Teufel befreit.«

Das war ein Schock. Den mußte ich erst verdauen. Und wir wollten die Ritter jagen. Plötzlich wurde mir bewußt, in welcher

Gefahr Suko und Shao schwebten. Auch das Verschwinden des Bentley sah ich in einem ganz anderen Licht.

Was braute sich da über unseren Köpfen zusammen?

Rocco schaute mich ernst an. »Ahnst du etwas?«

»Ja, so einiges.«

»Du kannst dich nicht gegen ein ganzes Dorf stellen und gleichzeitig noch die Ritter töten. Das geht über deine Kräfte, glaube mir. Wir stehen allein, niemand kann und wird uns helfen.«

Ich kaute auf der Lippe. Mein Plan war plötzlich null und nichtig geworden. Ich konnte jetzt nicht mehr zur Burg hochgehen und mich den Rittern zum Kampf stellen. Suko und Shao waren wichtiger. Ich mußte sie aus dem Dorf holen.

Das sagte ich auch Rocco.

Er zog ein zweifelndes Gesicht. »Wenn es nur noch nicht zu spät ist«, sagte er.

»Wieso? Glaubst du, daß die Menschen meinen Freunden etwas angetan haben?«

»Bestimmt. Sie sind nicht mehr normal. Mich akzeptieren sie noch. Sie haben mich ausgestoßen, und ich werde mich hüten, in das Dorf zurückzukehren. Wenn die Ritter unterwegs sind, muß ich mich verstecken, sonst hätten sie mich längst umgebracht.«

Da war etwas Wahres dran.

Was also tun?

»Nein, ich muß an meine Freunde denken«, sagte ich.

Rocco nickte. »So hätte ich auch gehandelt. Die Ritter schlafen tagsüber, die Sonne ist tödlich für sie. In der Nacht kannst du sie stellen.«

»Das heißt, ich habe Zeit.«

»Ja.«

»Dann könnte ich versuchen, meine Freunde aus Gulbine herauszuholen«, überlegte ich laut.

»Hoffentlich schaffst du es. Die Einwohner reagieren verdammt schnell, wenn man ihnen an den Kragen will.«

Da hatte Rocco recht. Deshalb wollte ich keine Sekunde länger in der Hütte bleiben. Ich stand auf und wandte mich zur Tür. Diesmal paßte ich nicht auf und stieß mir prompt den Kopf. Der Schäfer folgte nach draußen.

Zwei Schritte vor der Tür blieb ich stehen. Meine Augen wurden groß, als ich sah, wer vom Dorf her den Hang hochkam.

Das waren mindestens dreißig Menschen. Sie gingen in einer langen Kette und hatten bereits die Hälfte des Weges zurückgelegt. Jeder von ihnen trug eine Waffe.

Jetzt sahen sie uns.

Wild schwangen sie ihre Fäuste. Drohungen wurden ausgestoßen. Die Menschen wollten mir an den Kragen, und damit platzte auch mein Plan.

Rocco, der Schäfer, sprach das aus, was ich dachte. »Jetzt bleibt uns nur noch die Flucht. Die Übermacht ist zu stark.«

Dem war nichts mehr hinzuzufügen.

Suko legte seine Hand auf die Türklinke.

»Verschlossen«, sagte er.

Shao trat einen Schritt zurück und schaute an der Hauswand hoch. »Ob das überhaupt ein Gasthaus ist?«

Der Chinese hob die Schultern. »Es sieht wenigstens so aus.«

»Die beobachten uns immer noch«, meinte Shao. »Sie... sie jagen mir richtig Angst ein.«

»Seltsam sind die Menschen hier schon«, gab Suko zu. »Manchmal kommt man sich in Schottland vor wie am Ende der Welt.« Der Chinese wußte, wovon er sprach. Schon oft genug hatte er in diesem Land Abenteuer erlebt.

»Wo gehen wir hin?« fragte Shao. »Warten möchte ich hier nicht. Man steht so unter Kontrolle.«

Das war auch Sukos Meinung. Bevor sie sich entschlossen, das Dorf ein wenig näher zu erkunden, ging Suko zum Bentley, schloß den Kofferraum auf und bewaffnete sich.

Er nahm die Dämonenpeitsche und auch den silbernen Dolch an sich. Die Beretta hatte er sowieso. Eine Ersatzwaffe gab er Shao, auch die Gnotische Gemme hängte Suko ihr um.

Shao schaute ihm ernst ins Gesicht. »Du rechnest mit Gefahr?«

Suko nickte. Er warf die Haube wieder zu, nahm Shao an der Hand und ging mit ihr weiter.

Sie schritten ein Stück die Hauptstraße hinab, die sich im letzten Drittel des Dorfs senkte und in ein Tal führte. Es sah romantisch aus, denn die Straße lief über eine alte Holzbrücke weiter. Unter der Brücke schäumte ein Bach. Gurgelnd floß das Wasser über die Steine.

Suko warf auch einen Blick zur Hütte hoch. Er erkannte mich als kleinen Fleck.

»Da geht John«, sagte er.

»Hoffentlich hat er Erfolg.«

Suko lächelte Shao zu. »Der bestimmt.«

Hand in Hand schritten sie weiter. Einmal huschte aus einem Seitenweg eine Katze. Dicht vor den Schuhsohlen der beiden fuhr sie entlang. Shao erschrak.

Suko lächelte nur. Er ging mit Shao nach rechts, genau in den Weg hinein, aus dem die Katze gekommen war.

»Was willst du denn hier?« fragte Shao.

»Mal sehen.«

Der Weg war um die Hälfte schmaler als die Hauptstraße. Er war nicht gepflastert, man hatte den Lehm kurzerhand festgefahren. Dicht an dicht standen zu beiden Seiten die windschiefen Häuser. Die Bretter zeigten eine graue Farbe. Unterschiedlich hohe Fenster mit schmutzigen Scheiben hingen schräg in den Hauswänden. Ebenso alt waren die Türen. Farbe schien für die Bewohner ein Fremdwort zu sein.

Manchmal sahen sie Gesichter hinter den Scheiben. Nur Frauen, keine Kinder oder Männer.

Sie wurden beobachtet.

Plötzlich blieb Suko stehen.

»Was ist?« flüsterte Shao.

»Da ist doch ein Auto abgefahren. Es hörte sich an wie unser Bentley.«

»Unsinn, wer sollte schon Interesse an dem Wagen zeigen? Das war bestimmt ein anderes Fahrzeug.«

»Gibt es das hier überhaupt?«

»In welchem Jahrhundert leben wir denn?«

Suko runzelte die Stirn. »Das frage ich mich bald auch. Wenn ich das hier sehe, glaube ich fast, im Mittelalter zu leben.« Er faßte Shao wieder an der Hand. »Komm weiter.«

Die Gasse beschrieb eine Kurve. In deren Scheitelpunkt saß

ein Hund mit fleckigem Fell. Er öffnete seine Schnauze, als er die beiden Spaziergänger sah. Die Zähne waren nicht ungefährlich.

Shao schüttelte sich.

Hinter der Kurve sahen sie dann, daß sie in einer Sackgasse gelandet waren. Die Gasse mündete in einen ziemlich großen Hof, der von mehreren scheunenartigen Bauten begrenzt wurde.

Suko und Shao blieben stehen. »Das hätte ich vorher wissen sollen«, murmelte der Chinese und drehte sich um.

Der Hund mit dem fleckigen Fell trottete auf sie zu. Aus einem Hauseingang löste sich ein Zwillingsbruder von ihm, gesellte sich zu dem ersten Tier und nahm ebenfalls Kurs auf Suko und Shao.

»Ob die uns vorbeilassen?« fragte Shao leise.

»Es käme auf einen Versuch an.« Suko hatte kaum ausgesprochen, als er hinter sich ein quietschendes Geräusch hörte.

Sofort drehte er sich um und zog Shao mit.

Mehrere Türen waren geöffnet worden. Aus den scheunenähnlichen Gebäuden traten Männer.

King Cutler an der Spitze.

Diesmal trug er eine Waffe.

Es war ein Gewehr. Und die Mündung zeigte unmißverständlich auf Shao und ihren Freund.,

Aber nicht nur er war bewaffnet, auch die anderen fünf Männer trugen Gewehre. Zum Teil archaische Flinten, doch Suko war sicher, daß die Schießprügel noch funktionierten.

»Das kann ja heiter werden«, sagte er nur.

»Eine Falle«, kommentierte Shao und zuckte zusammen, weil ein Hund so dicht an ihrem Bein vorbeistrich, daß er sie mit dem Schwanz berührte.

Einen Schritt vor den beiden setzte sich der Köter hin, starrte die Menschen an und bleckte sein Gebiß. Das zweite Tier machte es ihm nach.

Es war eine beklemmende Szene. Keiner der Männer sagte ein Wort. Nur ihre Waffen redeten eine stumme, harte Sprache.

Suko ergriff das Wort. Er wandte sich an King Cutler. »Behandeln Sie Ihre Gäste immer so?«

»Sie hatten Zeit genug, um wegzufahren«, erwiderte der.

»Wir müssen auf unseren Freund warten.«

»Der wird nicht mehr kommen.«

»Was haben Sie vor?«

»Man wird Ihren Freund und auch diesen Schäfer jagen und uns ihre Köpfe bringen. Wer die Ruhe des großen Barrabas stört, muß sterben.«

»Wer ist dieser Barrabas?«

King Cutler lächelte falsch. »Keine Sorge, ihr werdet ihn schon kennenlernen.«

»Sie würden uns wirklich töten?« fragte Suko.

Als Antwort hoben die Männer ihre Waffen.

Suko nickte. Es wäre Wahnsinn gewesen, die Beretta zu ziehen und sich gegen die Leute zu stellen. Vielleicht ergab sich später eine Chance. Suko und Shao hätten eben nicht so vertrauensselig sein sollen.

»Man weiß, daß wir hier sind«, versuchte Suko es ein letztes Mal.

»Hier hat Sie niemand gesehen«, erhielt er zur Antwort. »Ihr Wagen ist auch verschwunden.«

Also habe ich mich doch nicht getäuscht, dachte Suko.

»Und jetzt haben wir genug geredet, Chinese. Du und deine Freundin werdet zu Barrabas gehen. Er freut sich bestimmt darauf, eure Bekanntschaft zu machen...

Ich schaute mich um.

Es gab nur einen Fluchtweg: Den Berg hinauf. Die anderen Wege wurden uns von den Leuten abgeschnitten.

Ich fragte den Schäfer: »Nach oben?«

Er hatte seine Sense geholt und nickte. »Ja, es gibt keine andere Möglichkeit.«

»Wo liegt denn die Burg?«

»Denkst du immer noch daran?«

»Sicher.«

»Du wirst sie von der Bergspitze aus sehen können.«

Die Verfolger waren inzwischen näher gekommen. Deutlich hörten wir ihre Stimmen. Und es waren beileibe keine Schmeicheleien, die sie uns an die Köpfe warfen.

»Die werden uns töten, wenn sie uns in die Hände kriegen«, sagte der Schäfer.

Der Meinung war ich auch.

Selbst die trägen Schafe wurden von dem Geschrei aufgeschreckt. Blökend verließen sie ihre Weideplätze.

Die Hunde spürten ebenfalls die Gefahr. Sie waren ihrem Herrn treue Diener und merkten durch ihren Instinkt, daß etwas nicht stimmte. Sie ließen die Herde im Stich und stürzten auf die Dorfbewohner zu.

Obwohl die Tiere nicht gerade klein waren, hatten sie gegen die Meute keine Chance.

Als der erste hochsprang, bekam er einen Hieb mit dem Knüppel voll auf die Schnauze. Winselnd fiel er zu Boden. Den Messerstich überlebte er nicht.

Der zweite Hund wurde totgeprügelt. Diese schrecklichen Taten heizten die Stimmung der Männer noch mehr an. Sie beschleunigten ihre Schritte. Einige waren zu übereifrig. Sie rutschten wieder zurück, als sie sich an die Verfolgung machten.

Rocco hatte den Tod seiner Tiere mit ansehen müssen. Tränen glitzerten in seinen Augen. Seine Hände hatten sich um den Sensengriff verkrampft, hart traten die Knöchel hervor. Wenn er jetzt einen der Männer vor sich gehabt hätte, dann hätte er sicherlich etwas Unüberlegtes getan.

»Die Drachensaat geht auf«, flüsterte er. »Diese Bestien sind keine Menschen mehr.«

Dann brüllte der erste Schuß.

Ich hörte die Kugel pfeifen. Sie hieb unter den Rand des vorspringenden Dachs und riß dort eine Schindel los. Die fiel zu Boden und zerbrach.

Jetzt wurde es allerhöchste Zeit.

»Weg hier!« zischte ich Rocco zu, packte seinen Arm und zog ihn hart herum.

Er nickte. Geschmeidig bewegte er sich an mir vorbei und passierte die Hütte, um an deren Hinterseite zu gelangen, wo das Gelände steil anstieg.

Ich dachte an Suko und Shao. Sie waren unten im Dorf geblieben, und ich fragte mich, ob sie es geschafft hatten. Waren sie den Häschern entkommen?

Ich konnte ihnen jetzt nicht helfen.

Rocco, der Schäfer, war hier in der Gegend aufgewachsen, und er kannte sich auch entsprechend gut aus. Vor allen Dingen konnte er sich am Berg bewegen. Was ich mit zwei Schritten machte, schaffte er leicht mit einem.

Es war kein normales Gehen für uns, sondern mehr ein Steigen. Halt fanden wir immer an den aus der Erde ragenden Steinen. Manchmal jedoch waren sie rutschig, und nicht nur einmal mußte ich auf Hände und Füße nieder, um mich abzustützen.

Zusätzlich saß uns noch die Angst im Nacken, daß eine Kugel dennoch treffen könnte, denn die Verfolger hatten es nicht aufgegeben, auf uns zu schießen.

Hin und wieder donnerte ein Gewehr auf, doch die Kerle hatten kein Zielwasser getrunken, die Kugeln lagen viel zu weit.

Ich strengte mich ungeheuer an. Die Distanz zwischen uns und den Verfolgern wurde größer. Bis zum Gipfel war es nicht mehr weit. Vielleicht noch 15 Yards.

Aber jetzt wurde es steil.

Zum Glück wuchsen ein paar karge Büsche aus dem Boden, an denen ich mich festhalten konnte.

Rocco wartete bereits auf mich.

Er hatte die Sense drohend erhoben und schwang sie den Verfolgern entgegen.

»Hunde!« brüllte er. »Ihr verdammten...«

Der Schuß krachte, und plötzlich war sein Gesicht voller Blut. Wie von einem Windstoß erfaßt, fiel er nach hinten und blieb auf dem Bergkamm liegen.

Ich hatte ihn noch warnen wollen, doch es war zu spät. Die Verfolger hatten die Zeit genutzt, in der Rocco sich nicht mehr in der Gewalt gehabt hatte und sich frei und aufrecht präsentierte.

Auf allen vieren brachte ich die letzten Yards hinter mich und kroch zu Rocco, dem Schäfer.

Er war tot.

Ein ungeheurer Zorn auf die Mörder erfaßte mich.

Aber ich durfte mich jetzt nicht zu unüberlegten Handlungen hinreißen lassen, sondern mußte eiskalt überlegen.

Ich war auf mich allein gestellt.

Ein schneller Rundblick.

Ja, vor mir, auf der nächsten Bergkuppe, lag die Burg. Es waren nur noch Fragmente übrig, ich erkannte einen Teil der Mauern und ein Stück Turm.

Zwischen den beiden Bergen befand sich eine weite Senke, die ich durchqueren mußte.

Ich hatte keine andere Wahl. Den Gedanken, einen weiten Bogen zu schlagen und mich dem Dorf zu nähern, hatte ich schnell verworfen. Dann würde ich den Leuten bestimmt in die Arme laufen, und vielleicht sah alles anders aus, wenn ich die Ritter vernichtet hatte.

Ich warf dem Toten einen letzten Blick zu und machte mich auf den Weg...

Etwas war anders als sonst.

Das spürte auch Myxin, der Magier.

Es war Tag, und eigentlich mußten die Ritter in ihren Särgen liegen und ›schlafen‹.

Sie ruhten zwar, aber sie regenerierten sich nicht. Sie blieben unruhig. Myxin hörte, daß die Deckel bewegt wurden, und die dabei entstehenden Geräusche widerten ihn an.

Er konnte es nicht mehr hören. Zu lange schon vegetierte Myxin dahin. Diese Geräusche erinnerten ihn immer daran, daß er ein Gefangener war, obwohl seine Gegner ihn nie direkt angriffen. Sie nahmen ihn kaum zur Kenntnis. Diese Hilflosigkeit brachte Myxin an den Rand des Wahnsinns.

Aber auch die Luft fühlte sich anders an, sie schmeckte nicht so wie sonst.

Myxin hatte Nerven, die wie empfindliche Antennen reagierten, deshalb bemerkte er sofort, daß etwas nicht stimmte.

Magie strömte in die unterirdischen, von Pechfackelschein erfüllten Gewölbe der verfallenen Burg. Sie breitete sich blitzschnell aus.

Eine gefährliche Magie, die auch Myxins Feind war.

Asmodina!

Er spürte plötzlich ihre Nähe, ihre Allgegenwart. Sie mußte da sein, sie brachte die Magie mit.

Myxin ging ein paar Schritte vor und schaute sich um. Er befand sich jetzt dort, wo die Nischen in die Gewölbewand gehauen waren, und er konnte die Särge sehen.

Schaurige Szenen boten sich seinen Blicken.

Da kroch aus einem Sarg zwischen Ober- und Unterteil eine weißgrüne Knochenhand und bewegte knackend die Gelenke, wobei sie alte Spinnweben vom Sarg fegte.

Aus einem anderen Sarg drang ein schauriges Ächzen und Stöhnen, als würde jemand in den allerletzten Zügen liegen.

Bei einem weiteren Sarkophag bewegte sich nur der Deckel. Er scheuerte über den Rand, und kleine Steine lösten sich. Wie Regentropfen fielen sie zu Boden.

Die Ritter waren unruhig, auch sie spürten, daß heute etwas anders war als sonst.

Dann knisterte die Luft. Sie begann zu tanzen und zu flirren. Myxin kannte das Zeichen, er wollte weg, doch eine starke Kraft bannte ihn auf der Stelle.

Asmodina erschien.

Sie materialisierte sich aus diesem knisternden Luftwirbel, nahm feste Formen an und wurde von einer eiskalten Schönheit geprägt. Das lange feuerrote Haar fiel weit bis auf die Schultern. Aus ihrer Stirn wuchsen zwei Hörner, die Augen blickten kalt und gnadenlos. Kein Fältchen zierte das Gesicht, die glatte Haut erinnerte an Marmor. Sie trug ein langes Gewand, das auf der Vorderseite ein Abbild ihres Vaters zeigte.

Der Teufel!

Er war so zu sehen, wie er schon seit Jahrhunderten dargestellt wurde.

Ein dreieckiges Ziegenkopfgesicht, mit abstoßenden Hörnern auf der Stirn und einem bleckenden Grinsen.

Asmodina lächelte teuflisch, bevor sie Myxin ansprach. »Du hast es also geschafft?«

»Was habe ich geschafft?«

»Daß John Sinclair in der Nähe ist.«

»Ich habe damit nichts zu tun!«

Asmodina nickte. »O doch, du kleiner grüner Winzling. Du hast etwas damit zu tun. Hast du ihm nicht einen Hinweis gegeben? Hast du nicht deine Gedanken als Bild projizieren können?«

»Vielleicht.« Myxin gab es zu, weil er wußte, daß es keinen Zweck hatte, zu lügen.

»Meinst du, dir damit einen Gefallen getan zu haben?«

»Bestimmt.«

»Sinclair wird kommen«, sagte Asmodina. »Er wird diese Burg betreten, aber ich weiß nicht, ob er sie jemals wieder verlassen kann. Dafür sorgen meine Freunde.«

»Dann hast du die Ritter zurückgerufen?«

»Auch. Aber zusammen mit Barrabas, dem Drachen!«

»Wer ist das?«

Asmodina ließ sich zu einer Erklärung verleiten. »Vor unendlicher Zeit, als es noch kaum Menschen auf dieser Erde gab, da gab es nicht nur die Geister und Dämonen, die auf dem Erdball einen gnadenlosen Kampf ausfochten, sondern auch die Drachenbrut. Sie herrschte in diesem Land mehrere Jahrhunderte und starb nur langsam aus. Aber ein Keim ist geblieben, und diesen Keim habe ich vor kurzer Zeit auf die Erde geschafft. Die Saat wird noch heute aufgehen und zusammen mit den Rittern seine Macht ausweiten, damit es so wird wie vor langer Zeit. Die Menschen in der Nähe haben den Keim bereits gespürt. Sie stellten sich auf seine Seite, denn Barrabas wird kommen!«

Myxin glaubte der Teufelstochter. Denn er hatte in seinem langen Leben zahlreiche Flüche und Prophezeiungen in Erfüllung gehen sehen. Im Reich der Dämonen war es ähnlich wie auf der Erde. Auch dort gab es Länder, Reiche und gewaltige Gebiete. Jedes Land hatte seine eigene Geschichte, seinen eigenen Herrscher. Man führte Krieg, man rottete sich aus und verfluchte den anderen. Wenn die Zeit dann reif war, gingen die Flüche in Erfüllung.

Wie hier.

»Wo hat Barrabas solange gelebt?« wollte Myxin wissen.

»Im Nirgendwo – zwischen den Zeiten«, erwiderte sie. »Doch nun ist er erschienen.«

»Hier auf der Burg?«

»Nein, unten im Dorf. Die Menschen pflegen ihn. Sie wissen genau, was sie ihm schuldig sind.«

»Aber was hat das mit den Rittern zu tun?« wollte Myxin wissen.

»Eigentlich gar nichts. Nur will ich, daß Barrabas mit den Rittern gemeinsame Sache macht. Zusammen bilden sie eine gewaltige Macht, die niemand brechen kann. Auch John Sinclair nicht.«

»Und was geschieht mit mir?« fragte Myxin.

»Du bleibst hier, bis Barrabas kommt.«

»Und wenn er hier ist?«

Jetzt lachte Asmodina. »Dann wird er·dich töten, Myxin. Du wirst ein für allemal aus der Geschichte verschwunden sein. Dich hat es einfach nicht gegeben!«

Myxin schaute die Höllenfürstin an. Er konzentrierte sich, sammelte seine Kräfte, doch sein Potential an Magie war erschöpft.

Asmodina lachte. Sie merkte natürlich, wie Myxin sich bemühte, doch er war zur Erfolgslosigkeit verdammt. Es war nicht mehr der Magier wie zu den Zeiten des Schwarzen Tods.

Das wußte Asmodina. Gern hätte sie Myxin damals auf ihre Seite gezogen, doch der kleine grüne Wicht hatte sich anders entschieden.

Und dafür mußte er leiden, bis zum Tod!

Plötzlich wurden die Augen der Teufelstochter feuerrot. Sie wandte einen starken Gegenzauber an.

Aus ihren Augen lösten sich die roten Flecke, rotierten und wurden groß wie Wagenräder.

Beide wirbelten auf Myxin zu.

Der Magier kam nicht weg. Noch immer bannte ihn der Zauber auf der Stelle.

Dann wurde er erfaßt.

Die feurigen Wagenräder senkten sich über seinen Körper, wurden zu Spiralen und schleuderten Myxin von einer Seite zur anderen. Er erlitt schlimme Qualen. Sein Gesicht verzerrte sich, die Augen traten noch weiter aus den Höhlen, die Knie gaben nach, und der Magier brach zusammen.

Vor Asmodina blieb er liegen.

Noch immer umtanzten die Spiralen seinen Körper. Verächtlich schaute die Teufelstochter auf ihn herab. Auf einen geistigen Befehl hin löste sich die Spirale. Sie verschwand in ihren Augen.

»Nun?« fragte sie.

Myxin gab keine Antwort. Er war fast am Ende.

Asmodina aber wandte sich den Särgen zu. Vor jedem blieb sie einen Moment stehen und schaute ihn an. Sie sprach dabei eine finstere Beschwörung, und die grausamen Ritter erwachten aus ihrem unruhigen Schlaf.

Sie erhoben sich, obwohl es Tag war. Die schweren Sarkophagdeckel wurden hochgehievt und zur Seite gestellt. Dann kletterten die Gestalten aus den steinernen Särgen.

Zuletzt verließ Rufus seine Ruhestätte.

Das jedoch sah Asmodina nicht mehr. Sie hatte das Gewölbe bereits verlassen, stand im Burghof und blickte hoch zum Himmel.

Er hatte sich verändert.

Dunkle, unheimlich anzusehende Wolken trieben heran, ballten sich zusammen und legten eine gefährliche Finsternis über die Erde.

Die Mächte der Hölle formierten ihre Hilfstruppen.

In den Gewölben der alten Burg erwachte das gespenstische Leben, und unten im Dorf wurde Barrabas, der Drache, wiedergeboren...

Schon bald erfuhren Suko und Shao, wohin sie zu gehen hatten. Einer der Männer trat zur Seite und öffnete die rechte Hälfte des großen Scheunentors.

»Da hinein!« befahl Cutler.

Als Suko sich nicht regte, begannen die Hunde drohend zu knurren. Sie erhoben sich, öffneten ihre Mäuler noch weiter und streckten die roten Zungen hervor.

Vor den Hunden hatte Suko keine Angst, sondern vor den Gewehrkugeln. Die Kerle sahen ganz so aus, als würden sie schießen.

Doch Barrabas war die unbekannte Größe.

Wer war er? Was war er? Ein Dämon, ein Untier, ein Geist? Hatten Suko und Shao überhaupt noch eine Chance, wenn sie erst einmal in der Scheune steckten?

Daran dachte der Chinese, und er suchte fieberhaft nach einem Ausweg.

»Zum letzten Mal«, befahl Cutler, »geht jetzt!«

Suko holte tief Luft. Dann hob er den rechten Arm und legte ihn Shao um die Schulter. »Gut«, sagte er, »wir weichen der Gewalt.« Mit diesen Worten setzte er sich in Bewegung.

Er merkte, wie Shao zitterte. In ihm brannte nicht nur die Sorge um seine Freundin, sondern auch Wut und Zorn wallten hoch. Nie zuvor hatte er sich so leicht gegen seinen Willen etwas befehlen lassen.

Die Hunde wichen zur Seite. Sie gingen jedoch mit und knurrten drohend. Suko hatte seine Blicke überall. Jetzt, wo er und Shao sich in Bewegung gesetzt hatten, war die Aufmerksamkeit der Männer nicht mehr so stark.

Sie fühlten sich sicher, und manche von ihnen hatten sogar ihre Waffen gesenkt.

Auch King Cutler. Nie rechnete er mit irgendeinem Widerstand seiner Gefangenen.

Diese Chance wollte der Chinese unbedingt ausnutzen, und er hoffte, daß auch Shao mitspielte.

Zwischen ihm und Cutler befand sich noch einer der Hunde. Der andere Köter lauerte neben Shao. Den ersten mußte Suko zur Seite schaffen.

Er konzentrierte sich.

Äußerlich blieb er gelassen, ja, er machte sogar einen leicht hilflosen und niedergeschlagenen Eindruck, da war ihm nichts von der Spannung anzusehen. Aber Suko hatte in seiner langen Ausbildung gelernt, blitzschnell zu reagieren.

Darin war er ein absolutes As.

Und das wußten die Männer nicht.

Inzwischen waren sie so nahe an die Scheune herangekommen, daß Suko hineinschauen konnte.

Viel sah er nicht.

Zwielicht, Düsternis, aber auch Gefahr. Sie spürte Suko, und über seinen Rücken rann es wie mit eiskalten Fingern gezogen. Wenn er erst einmal in der Scheune steckte, war es vorbei.

Deshalb mußte er vorher reagieren!

Noch einen Schritt.

Suko drückte seinen Ellbogen gegen Shao. Ein Zeichen, das sie kannte.

Nun wußte sie Bescheid.

Und Suko handelte.

Sein linkes Bein schnellte vor. So schnell, daß kaum jemand die Bewegung wahrnehmen konnte. Und auch der Bluthund nicht. Er bekam den Tritt von der Seite, jaulte auf, wurde hochgeschleudert und flog gegen King Cutler, den Anführer der Männer.

Der war ebenfalls völlig überrascht. Er dachte gar nicht daran, abzudrücken, außerdem wurde er von dem Hund behindert. Der Köter prallte gegen ihn, und eine Sekunde später kam Suko.

»Lauf weg!« brüllte er Shao zu, dann räumte er mit einem Rundschlag den nächsten Gegner von den Füßen und stürzte sich auf King Cutler.

Doch da war noch der zweite Bluthund. Wie ein Pfeil flog sein gestreckter Körper durch die Luft.

Suko konnte nicht schnell genug weg, der Hund prallte ihm in den Rücken.

Der Chinese hörte die Schreie der Menschen, aber auch das drohende Knurren des Köters. Wenn er jetzt nicht reagierte, würde ihm das Tier die Zähne in den Hals schlagen.

Suko kreiselte herum.

Durch diese Bewegung wurde der Hund von seinem Rücken geschleudert und prallte zu Boden, aber sofort war er wieder angriffsbereit. Da traf ihn Sukos Tritt.

Aufjaulend flog der Köter davon, blieb auf dem Boden liegen, winselte und verstummte schließlich.

Den Hieb sah Suko nicht. Etwas explodierte plötzlich in seinem Nacken, er sah Sterne und ging in die Knie.

Der Schmerz tobte durch seinen Kopf. Schwer stützte Suko sich auf. Der Boden wurde plötzlich zu einem Wellenmeer, er schwankte hin und her.

Doch die Kraft und der Wille des Chinesen waren ungeheuer. Er schüttelte die Lähmung ab, und als sich die Horde auf ihn stürzte, explodierte er förmlich.

Mit einem heiseren Kampfschrei auf den Lippen schnellte er hoch und ließ seine Fäuste fliegen. Er schlug dabei nach beiden Seiten und traf auch.

Männer wurden weggeschleudert wie Puppen. Sie fielen zu Boden, brüllten und schrien.

Suko kämpfte weiter.

Er sah den ersten Hund.

Seine Handkante sichelte nach unten.

Das Tier blieb liegen.

Es war nur gut, daß niemand daran dachte, zu schießen. Sie wollten Suko wahrscheinlich lebend haben, denn einer Kugel hätte er nicht ausweichen können. Die letzte Aktion hatte ihm allerdings ein wenig Luft verschafft.

Suko schaute sich nach Shao um.

Wo steckte sie?

Die Chinesin war nirgendwo zu sehen. Hatte sie es tatsächlich geschafft, der Meute zu entkommen? Suko konnte sich keine weiteren Gedanken mehr darüber machen, denn die zweite Angriffswelle rollte auf ihn zu.

Diesmal kamen sie von allen Seiten, und Suko dachte darüber nach, ob er seine Waffe ziehen sollte. Er ließ es aber bleiben, eine Schießerei hätte keinem geholfen.

Shao war jedenfalls verschwunden. Und das zählte.

Der Chinese warf sich seinen Gegnern entgegen. Er setzte seine Karatekenntnisse ein und verschaffte sich Luft. Die Männer purzelten durcheinander. Zwei blieben neben den Hunden liegen und schnappten nach Luft.

Dann aber schleuderte King Cutler seine Waffe. Suko konnte nicht mehr ausweichen. Der schwere Gewehrkolben traf ihn in den Rücken, stieß ihn nach vorn, und als Suko für wenige Herzschläge deckungslos war, schlug jemand mit dem Gewehrlauf zu.

Er traf den Chinesen an der Stirn.

Plötzlich ging für Suko die Welt unter. Er wollte sich noch aufraffen, doch der Hieb hatte ihn paralysiert. Suko brach zusammen. Mit dem Gesicht zuerst fiel er in den Staub.

Keuchend bildeten die Männer einen Kreis. Zwei von ihnen hockten noch immer am Boden und fluchten wild. Alle hatten sich die Aufgabe leichter vorgestellt.

King Cutler stieß Suko mit dem Gewehrlauf an.

Der Chinese rührte sich nicht.

»Ist er tot?« fragte jemand.

»Nein, nur bewußtlos.«

»Dann wird er Barrabas noch sehen können.«

Cutler nickte. »Und wie er ihn sehen wird. Los, packt ihn, und dann in die Scheune mit ihm!«

Vier Männer bekamen Suko nicht hoch. Sie schleiften ihn an den Kadavern der Hunde vorbei in die Scheune hinein.

Als sie zurückkehrten, nickte King Cutler ihnen zu. »Ihr wißt, was ihr zu tun habt?« fragte er.

Ein stiernackiger Mann antwortete: »Ja, wir werden uns die Chinesin holen!«

Shao hatte gesehen, wie Suko den ersten Angriff zurückschlug, und sie hatte auch seine Worte vernommen.

Sollte sie wirklich fliehen?

Sie zögerte einige Sekunden.

Da sprang ein Mann auf sie zu. Shao sah es aus den Augenwinkeln, glitt zur Seite und stieß ihre Faust vor.

Sie traf das deckungsfreie Gesicht des Kerls. Der schrie wütend auf, schleuderte seinen Arm herum und wollte nach der Chinesin greifen. Shao reagierte schnell. Sie packte den Arm des Mannes und setzte einen Hebelgriff an.

Der Mann ging zu Boden.

Andere kümmerten sich nicht um sie, die hatten mit Suko genug zu tun. Für das China-Girl war der Weg frei.

Shao nutzte die Chance. Hier konnte sie Suko nicht helfen. Wenn sie aber frei war, dann gelang es ihr vielleicht, zu seinen Gunsten einzugreifen.

So schwer es ihr auch fiel, sie ließ ihren Freund im Stich.

Shao rannte den Weg zurück, den sie zuvor mit Suko genommen hatte. Ihre Füße trommelten auf den hartgetretenen Boden, der Atem ging keuchend.

Die Schreie der Kämpfenden wurden leiser, blieben zurück. Die Chinesin rannte durch die Kurve und entzog sich der Sicht ihrer Häscher.

Aber wo sollte sie hin?

Sie lief langsamer, suchte nach einem Versteck. Noch war die Gasse leer, noch hatten sich keine weiteren Verfolger formiert, doch lange konnte es nicht dauern, bis man auch die restlichen Einwohner mobilisiert hatte.

Dann hatte sie Glück.

Auf der linken Seite wurde die Tür eines schmalen Hauses aufgezogen, und ein junges Mädchen erschien.

»Miss!« rief sie.

Shao drehte den Kopf.

Das fremde Girl winkte mit dem Zeigefinger. »Kommen Sie! Rasch, beeilen Sie sich!«

Shao dachte nicht lange nach, sondern nahm die Chance wahr. Wenn es eine Falle war, hatte sie Pech gehabt. Was konnte sie schon verlieren?

Sie drückte sich an dem Mädchen vorbei und huschte ins Haus. Ihre Helferin warf die Tür sofort zu und verriegelte sie.

Shao lehnte sich an die Wand. »Danke!« keuchte sie. »Vielen Dank.«

Das Girl winkte ab. »Bedanken können Sie sich später. Kommen Sie erst einmal mit.«

Die Räume in dem Haus waren nicht nur klein, sondern schon winzig. Shao betrat einen Wohnraum, in dem ein alter Ofen stand, drei gepolsterte Stühle, ein Tisch und ein Schrank. Durch das schmale Fenster schaute sie auf einen kleinen Garten.

Sie nahm Platz.

Ihre Helferin setzte sich gegenüber.

»Ich heiße übrigens Shao«, sagte die Chinesin.

»Ich bin Diana Redford. Du kannst mich Diana nennen.«

»Okay.«

Diana sah zwar nicht aus wie ein Mannequin, doch durch ihr rotes, lockiges Haar wirkte sie irgendwie frisch. Zudem wuchsen zahlreiche Sommersprossen auf ihrem Gesicht. Sie trug Jeans, ein wollenes Hemd und eine Weste darüber.

»Wohnst du allein hier?« fragte Shao.

»Nein.«

In Shaos Augen blitzte es.

Diana Redford lachte. »Keine Angst. Nur meine Mutter ist noch im Haus. Und die liegt im Bett. Es geht ihr nicht gut. Zudem ist sie schwerhörig.«

Shao atmete auf.

»Möchtest du etwas trinken?«

Shao nickte. »Vielleicht einen Schluck Wasser.«

»Okay, hole ich dir.« Diana Redford erhob sich und verschwand.

Die Chinesin wartete. Sie stand auf und ging zum Fenster. Der Garten war größer als das Haus und wurde von einem Lattenzaun begrenzt. Dahinter sah sie ein Feld.

Von ihren Verfolgern entdeckte sie keinen Hemdzipfel. Shao atmete auf.

Diana Redford kam zurück. Sie hatte nicht nur Wasser geholt, sondern auch Tee. Shao entschied sich für das belebende Getränk.

Auch Diana trank.

Dann stellte Shao die Frage, die ihr bereits seit dem Eintritt auf dem Herzen brannte. »Warum hast du das für mich getan?«

Das rothaarige Girl stellte seine Teetasse weg und schaute die Chinesin ernst an. »Ich will es dir sagen. Obwohl ich hier aufgewachsen bin, hab ich mich von den Dorfbewohnern distanziert. Und das nicht nur so. Auch sie haben mich ausgestoßen, ich bin seit Jahren Luft für sie, weil ich mich mit einem jungen Mann eingelassen habe.«

»Ist das denn so schlimm?«

Diana lachte bitter. »Hier schon, denn der junge Mann gehörte auch nicht zur Gemeinschaft. Es ist Rocco, der Schäfer!«

Jetzt wurde Shao einiges klar. Sie erzählte dem Mädchen, daß sie überhaupt nur wegen Rocco hergekommen waren, weil er eine Aussage als Zeuge abgeben sollte.

»Deshalb habt ihr das Dorf gegen euch«, murmelte Diana. »Ich hätte es mir denken können.«

»Warum sind die Menschen so komisch?« fragte Shao.

»Das hängt mit Barrabas zusammen.«

»Wer ist das?«

Diana hob die Schultern. »Ich weiß es nicht, ich habe ihn nie zu Gesicht bekommen.«

»Aber du hast doch von ihm gehört.«

»Das ja.«

»Was spricht man dann von ihm?«

»Schlimme Dinge. Soviel ich weiß, soll die alte Drachenlegende Wahrheit werden.«

»Was ist das nun schon wieder?«

»Du weißt vielleicht, daß Schottland und Irland die Länder sind, die die meisten Sagen und Legenden besitzen. Viele Menschen glauben daran, sie sind überzeugt davon, daß übersinnliche Kräfte in ihr Leben eingreifen. So ist es auch mit der Drachen-Saga. Vor unendlich langer Zeit sollen hier in diesem Gebiet riesige Drachen gehaust haben. Sie haben Kämpfe geführt und sich gegen ihre Feinde viele Jahrhunderte lang behauptet. Doch irgendwann sind sie ausgestorben. Bis auf einen, der soll zurückkommen.«

»Er ist zurückgekommen«, sagte Shao.

Diana nickte. »Ja. Vor kurzem fand ein Ereignis statt, das ich aus der Ferne mit angesehen habe. Ich befand mich damals bei Rocco auf der Hütte. Über dem Dorf hing plötzlich eine glühende Glocke. Nur für Sekunden, wir hörten ein gellendes Pfeifen, danach ertönte ein Donnerschlag, dann war es wieder ruhig. Hinterher waren die Menschen verändert. Sie sprachen nur noch von Barrabas.«

»Und was ist mit den Rittern?« wollte Shao wissen.

»Das ist wiederum eine andere Geschichte. In welchem Zusammenhang das Auftauchen der Ritter mit der Geburt des Drachen steht, ist mir nicht bekannt. Es muß jedoch eine Verbindung geben, denn die Ritter sind zum gleichen Zeitpunkt erschienen.«

»Vielleicht bekommen wir das noch heraus.«

»Dann willst du nicht fliehen?« Diana war erstaunt.

»Nein, ich bleibe hier. Außerdem weiß ich nicht, was mit meinem Freund ist. Er ist wahrscheinlich gefangengenommen worden, und ich muß ihn befreien.«

»Wenn Barrabas ihn in seiner Gewalt hat, dann ist das zwecklos«, sagte Diana.

»So leicht gebe ich nicht auf.« Shao fiel noch etwas ein. »Warum sieht man hier keine Kinder?«

Diana Redford senkte den Kopf und starrte auf die Tischplatte. »Das ist eine sehr böse Geschichte«, erwiderte sie leise.

»Erzähle sie trotzdem«, bat Shao.

»Die Kinder sind versteckt worden«, berichtete das rothaarige

Girl. »Denn die Geschichte besagt, daß der Drache sich seine Kraft aus den Seelen der Kinder holt.«

Shao wurde blaß. »Wirklich?«

»Ja.«

»Aber das ist ja grauenhaft.«

»Wir können nur hoffen, daß die Kinder weiterhin in den Verstecken bleiben, und nicht einmal da sind sie sicher.«

»Und du bist dir hundertprozentig sicher, daß der Drache existiert?« hakte Shao noch einmal nach.

Diana nickte.

»Aber was kann man tun?« Shao breitete die Arme aus.

»Nichts.«

»Daran glaube ich nicht.«

Diana hob den Blick. Shao sah, daß sie grünblaue Augen hatte. »Du lebst in der Stadt, und du kommst nicht aus dieser Gegend. Hier läuft die Zeit anders als in London oder Glasgow.«

»Ja, das stimmt.« Plötzlich horchte Shao auf. Sie hatten Stimmen vernommen.

Männerstimmen.

Die Verfolger kamen.

Diana Redford stand auf. »Schnell, du mußt dich verstecken! Sie werden die Häuser durchsuchen.«

»Und wo?«

»Im Keller!«

»Aber da...«

Diana faßte Shao am Arm. »Rede nicht, komm mit.« Sie zog die Chinesin aus dem Zimmer in die winzige Diele, wandte sich nach links und stand schon vor der Kellertür. Sie quietschte erbärmlich, als Diana sie aufzog.

Licht gab es nicht, dafür stand auf einem kleinen Regal eine dicke Kerze. Diana besaß Streichhölzer und zündete den Docht an.

Die Flamme flackerte ein wenig, fand dann Nahrung und brannte ruhig.

Shao und Diana stiegen eine alte Holztreppe hinunter. Die Stufen bogen sich durch und knarrten erbärmlich. Das Geländer hing nur noch lose in der Halterung.

Später mußte Shao den Kopf einziehen, so niedrig war die

Decke gebaut. Die Chinesin wurde zu einem Verschlag geführt. Es war nicht mehr als ein hüfthohes Loch in der Wand, und Shao mußte dort hineinkriechen.

»Da bleibst du«, sagte Diana.

Die Chinesin nickte. Auf einmal hatte sie Angst. Ihr Herz klopfte oben im Hals.

»Hier finden sie dich nicht«, flüsterte das rothaarige Girl. »Ich stelle eine Kommode vor.«

Sie gab Shao die Kerze und ließ auch die Streichhölzer zurück. Dann schob sie die Kommode vor die Öffnung.

Shao blies die Kerze aus.

Stockfinster wurde es um sie herum.

»Viel Glück!« rief Diana Redford noch, bevor sie nach oben verschwand.

Shao hörte ihre Schritte auf der Treppe. Im nächsten Augenblick hämmerten schon schwere Fäuste gegen die Eingangstür des Hauses. Dumpf dröhnten sie bis in den Keller.

Shao hatte sich tief in den Verschlag verkrochen. Sie saß auf dem kalten Boden. Mit ihrem Rücken lehnte sie am rauhen Stein. Sie hoffte nur, daß die Männer sie wirklich nicht fanden, denn dann war alles aus.

Oben öffnete Diana die Tür.

Die Männer drangen ins Haus.

Shao vernahm schwere Schritte, und sie erkannte auch die Stimme von Cutler.

»Wo ist das Weib?« brüllte er.

Die Antwort konnte Shao nicht hören, sie vernahm dafür jedoch einen lauten Schrei.

»Lüg nicht!«

Shao ballte in ihrem Gefängnis die Hände. Sie ahnte, was dort oben vor sich ging. Die Kerle versuchten mit Gewalt, den Aufenthaltsort der Fremden aus Diana herauszupressen.

Wenn Diana Redford jetzt etwas verriet, konnte ihr Shao das nicht einmal übelnehmen.

Sie sagte nichts.

Dafür polterten schwere Schritte durch das Haus, und die Männer kamen auch in den Keller.

»Verdammt, wo ist denn Licht?«

»Es gibt keins«, antwortete Diana.

»Hol eine Kerze!«

Shaos Herz schlug schneller. Obwohl man sie bestimmt nicht hören konnte, hielt sie den Atem an.

Die Männer suchten den Keller ab. Schritt für Schritt näherten sie sich dem Versteck des Mädchens. Die Chinesin zitterte vor Angst. Einer der Kerle kam dicht an ihr Versteck heran und trat sogar noch gegen die Kommode.

Das Geräusch ließ Shao zusammenzucken.

Wenn der Mann jetzt die Kommode wegzog...

Er tat es nicht.

Es wurden zwar andere Türen aufgerissen, doch auf den Gedanken, die Kommode zur Seite zu rücken, kam niemand.

»So, du Wildkatze!« hörte Shao Cutlers Stimme. »Dich nehmen wir erst mal mit.«

»Nein! Nein!« kreischte Diana. »Ich muß bei meiner Mutter bleiben. Sie ist krank.«

»Unsinn, die Alte wird ja mal ein paar Tage ohne dich zurechtkommen, ohne gleich zu sterben.«

»Ihr Bestien, ihr verdammten Hunde!«

Die Männer lachten nur.

Shao hörte ihre Schritte auf der Kellertreppe. Wenig später wurde die Tür ins Schloß gerammt, dann war es still.

Die Chinesin weinte vor Erleichterung. Sie hatte man nicht entdeckt, aber was geschah mit Diana?

Ich lief durch die Senke. In Westernfilmen hatte ich gesehen, daß Indianer einen Lauf beherrschten, der mehr einem Trab glich. Das versuchte ich auch.

Eine Weile schaffte ich es, dann aber mußte ich wieder völlig normal gehen.

Oft drehte ich mich um.

Meine Verfolger hatten längst den Berggipfel erreicht, wo der tote Rocco lag. Aber sie dachten nicht daran, weiterhin hinter mir herzulaufen.

Sie blieben zurück.

Ich atmete auf und ging für eine Weile im Schrittempo weiter. Mein Ziel hatte ich klar und deutlich vor Augen.

Die Burg!

Drohend hoben sich die verfallenen Gemäuer von der Bergspitze ab. Schon aus dieser Entfernung sah die Burg irgendwie unheimlich aus. Genau der richtige Unterschlupf für die untoten Ritter.

Manchmal hatte ich das Gefühl, meinem Ziel kaum näher zu kommen. Was von der Bergspitze nah ausgesehen hatte, erwies sich als verflixt lange Wegstrecke.

Gerade in den Bergen können Entfernungen täuschen.

Ich änderte mein Tempo und lief wieder schneller. In der Senke wuchs saftigeres Gras als an den Berghängen. Dicht unterhalb der Burg verschwand die üppigere Vegetation wieder. Ich sah einen schmalen Pfad, der sich in Schlangenlinien hoch zur Burg schlängelte.

Das war wohl der beste Aufstieg.

Sofort änderte ich die Richtung und lief auf direktem Wege dem Pfad entgegen. Der letzte Bergrücken lag jetzt links von mir. Von den Verfolgern war nichts mehr zu sehen. Ausnahmslos hatten sie sich zurückgezogen. Dabei hoffte ich stark, daß sie die Leiche des Schäfers mitgenommen hatten.

Eine große Frage blieb offen. Warum hatten die Menschen die Verfolgung abgebrochen? Hatten sie Angst, die Burg zu betreten – was verständlich war –, oder glaubten sie daran, daß ich sowieso keine Chance gegen die Ritter hatte?

Ich nahm eher das letztere an.

Und wie mochte es Suko und Shao wohl ergehen? Hatten sie es trotz aller Widrigkeiten geschafft, aus dem Ort zu kommen?

Trübe Gedanken, fürwahr, doch ich durfte mich durch sie nicht von meinem eigentlichen Ziel abbringen lassen.

Von den Bergen fiel der Wind in die Senke. Er traf mich, wühlte mein Haar durch, und ich stellte fest, daß es merklich kühler geworden war.

Ein regelrechter Temperatursturz hatte stattgefunden.

Ich blieb stehen und schaute mich um. Dabei flog mein Blick auch zum Himmel hoch, und zum erstenmal sah ich die dunklen, drohenden Wolken, die sich dort oben am Firmament zusammengeballt hatten und direkt über der Burg schwebten.

Seltsam...

Normalerweise hätte der Wind die Wolken weitertreiben müssen, aber das war nicht der Fall. Sie blieben über der Burg stehen, verdichteten sich und brachten die Dunkelheit mit.

Dämmerung mitten am Tag.

Da stimmte etwas nicht. Hätte ein Gewitter in der Luft gelegen, so gäbe es für dieses Phänomen eine natürliche Erklärung. So allerdings glaubte ich nicht an ein Naturereignis. Diese Wolkenbank hatte einen magischen Ursprung.

Ich erreichte den Weg.

Jetzt konnte ich in direkter Linie auf die Burg schauen, die wie das schaurige Standfoto aus einem Horrorfilm aussah.

Die Wolken tobten sich dort oben über der zerfallenen Burg aus. Sie wogten hin und her, ein scharfer Wind sorgte für immer neue unheimliche Figuren und fuhr rauschend in die Senke, wo er mit unsichtbaren Händen an meiner Kleidung zerrte.

Um die Burg zu erreichen, mußte ich mich gegen den Wind anstemmen. Er biß in die Augen, schon bald schwammen sie in Tränen. Staub wurde hochgewirbelt, auch Grassoden rollten über den Weg, und die kargen Zweige der Büsche beugten sich vor der Gewalt der Natur.

Allerdings war der Wind nie so stark, als daß ich hätte aufgeben müssen. Ich kam ziemlich gut voran, nur kostete jeder Schritt wesentlich mehr Kraft als normal.

Mir blieben auch nicht die Hufeindrücke im Boden verborgen. Hier also ritten die unheimlichen Ritter immer her, wenn sie von ihren Raubzügen zurückkehrten.

Zwischen den dunklen Wolken leuchtete hin und wieder ein schwefelgelber Schein, als würde ein Gewitter dicht bevorstehen. Wahrscheinlich war es auch bald soweit, und die ersten Blitze würden dem Boden entgegenfahren wie die Pfeile zorniger Götter.

Ich schritt unbeirrt weiter, und die Burg rückte näher und näher. Schon bald erkannte ich Einzelheiten. Ich sah die Löcher in der Burgmauer, die von Kanonenkugeln herrührten. Die Steine waren zum Teil übereinandergefallen und bildeten für jeden

Ankömmling große Hindernisse. Einige Teile der Burgmauer waren allerdings noch heil geblieben, sie hatten der Natur und auch den Angriffen fremder Heere getrotzt.

Noch eine halbe Stunde Fußmarsch, dann konnte ich die Burg betreten.

Hier oben pfiff der Wind noch stärker. Die Wolken tobten so dicht über meinen Kopf hinweg, daß ich das Gefühl hatte, nach ihnen greifen zu können.

Als lange Spiralen wurden sie vom Wind in den Innenhof der Burg gedreht. Staub flog hoch.

Ich kletterte über eine kleine Mauer hinweg. Die Steine hatten längst ihre ursprüngliche Stärke verloren. Mit der Hand konnte ich die obersten aus dem Verbund brechen.

Moos und Ranken hatten sich in den Nahtstellen festgesetzt. Kriechtiere krabbelten erschreckt davon, als sie meinen Fuß über sich sahen.

Ich betrat den Burghof.

Langsam schweifte mein Blick in die Runde.

Nicht nur der Turm war eingestürzt, sondern auch das große Hauptgebäude. Die Trümmer hatten sich auf dem Hof verteilt. Nur noch die Fragmente eines Restflügels standen. Sie sahen aus wie die skurrilen Gebilde einer Industrielandschaft.

Ich suchte die Ritter.

Wenn das ihre Burg war, dann mußten sie sich hier irgendwo verstecken. Oberhalb der Erde gab es kein Versteck für sie. Das hatte ich mit einem Blick erkannt.

Aber in jeder Burg oder jedem Schloß gab es Verliese und Folterkammern. Oft waren diese unterschiedlichen Räume weit verzweigt und ineinander verschachtelt; die Baumeister damals hatten genau gewußt, warum sie das taten.

Warum sollte es bei dieser Burg anders sein?

Ich glaubte fest daran, daß ich die unheimlichen Ritter in den Gewölben finden würde.

Nur – wo befand sich der Einstieg?

Ich ging ein paar Schritte weiter. Meine Schuhsohlen traten das schienbeinhohe Unkraut nieder. Ein Torbogen fiel mir auf, der die Stürme der Jahrhunderte überstanden hatte.

Und ich sah die Spuren.

Hufspuren.

Sie führten direkt auf den Torbogen zu. Jetzt wußte ich auch, welchen Weg die Ritter immer genommen hatten.

Ich durchschritt den Torbogen. Über meinen Rücken lief ein leichtes Prickeln, für mich ein Zeichen, daß die Gefahr sehr nah und die Entscheidung nicht mehr weit war.

Ich lockerte meinen Bumerang, die einzige Waffe, die mir gegen die Ritter helfen konnte – und das Kreuz natürlich. Die Silberkugeln prallten an den Panzern ab, damit war nichts auszurichten.

Dann stand ich vor einem Weg.

Er führte in die Tiefe des Berges hinein. Nicht sehr steil, sondern so, daß man ihn bequem gehen konnte.

Dort unten lauerte die Dunkelheit.

Langsam ging ich vor. Immer wieder drehte ich den Kopf und warf einen Blick zurück, denn ich rechnete mit einem hinterlistigen Angriff.

Da tat sich nichts.

Leer blieb der Burghof hinter mir zurück.

Zum Kampf würde es unten erst kommen.

Die Dunkelheit nahm mich auf. Ich trug wie immer meine kleine Taschenlampe bei mir, die ich jetzt einschaltete. Uralte, dicke Mauern umgaben mich. Sie waren für eine Ewigkeit gebaut. Der Weg führte weiter in die Tiefe, ging jedoch über in eine Linkskurve, die ich durchschreiten mußte.

Kaum hatte ich den Scheitelpunkt erreicht, als ich einen rötlichen Widerschein sah.

In den Gewölben flackerte Licht.

Pechfackeln, dachte ich.

Ich sparte die Batterie meiner Lampe und schaltete sie vorerst aus. Das rote Licht wies mir den Weg.

Unter meinen Schritten knirschten Steine, wurden von den Sohlen zertreten. Das Heulen des Windes hatte abgenommen. Hier unten war kaum mehr als ein Säuseln zu vernehmen.

Ich wurde noch vorsichtiger, lauschte auf jedes Geräusch, aber noch hielten sich die Ritter zurück.

Ideal wäre für mich gewesen, wenn ich sie in ihren Sarkophagen vorgefunden hätte, doch daran wollte ich nicht so recht glauben. Soviel Glück kann ein Mensch gar nicht haben.

Wieder bewegte ich mich ein paar Yards voran. Ich wußte aus zahlreichen Büchern, daß man früher oft Fallen ausgelegt und gestellt hatte, um die fremden Eindringlinge zum Schluß doch noch zu kriegen.

Den Gedanken hatte ich kaum zu Ende gebracht, da hörte ich über meinem Kopf das Knirschen.

Instinktiv sprang ich vor.

Das war mein Glück.

Von der Decke her raste ein Fallgitter nach unten. Die Stäbe liefen spitz zu. Sie hätten mich regelrecht aufgespießt.

So rammte das Gitter nur in die Erde.

Puh, da hatte ich Glück gehabt. Mir wurde nachträglich noch heiß und kalt.

Nun wurde ich noch vorsichtiger. Wo befand sich die nächste Todesfalle?

Ich traute mich nicht mehr, in der Mitte des Gangs zu bleiben, sondern ging jetzt dicht an der Mauer weiter. Dazu hatte ich mir die rechte Seite ausgesucht, hier war der Widerschein der Fackeln ein wenig heller.

Die Fackeln selbst sah ich jedoch nicht. Sie mußten sich irgendwo im hinteren Teil des Gewölbes befinden.

Es herrschte eine nahezu unheilvolle Stille hier unten. Eine Stille, vor der man sich fürchten konnte. Nur mein eigener Atem war zu hören und das vorsichtige Setzen der Schritte.

Wo lauerten sie?

Das Gefälle des Gangs hatte sich gelegt. Gerade ging es nun weiter. Und da sah ich die erste Fackel. Sie steckte in einer kleinen Nische, so daß einiges ihrer Leuchtkraft von den Mauern aufgefangen wurde und nur der Widerschein über den Boden zuckte.

Über einen Boden, der plötzlich nachgab.

Eine Fallgrube!

Ich warf mich zurück.

Gerade noch rechtzeitig, denn dicht vor mir kippte der Boden nach unten weg.

Am Rande der Fallgrube blieb ich stehen, senkte den Blick und schaute nach unten.

Himmel, war das tief! Ich konnte überhaupt kein Ende erkennen. Noch im nachhinein rann mir eine Gänsehaut über den Rücken, und mein Herz klopfte doppelt so schnell wie normal.

Die zweite Todesfalle lag hinter mir. Nur kam ich hier nicht so rasch vorbei wie bei der ersten.

Die Fallgrube war verdammt groß.

Sie reichte fast von einer Gangwand zur anderen, so daß zwischen den Mauern und der Falltür jeweils zwei äußerst schmale Stege blieben, die über die Fallgrube führten. Die Stege waren kaum breiter als ein Schuh, aber mir blieb keine andere Möglichkeit.

Ich mußte es riskieren!

Mit dem Rücken zuerst drückte ich mich an die Wand. Dann setzte ich behutsam den rechten Fuß vor, prüfte die Standfestigkeit des schmalen Gehstreifens und war einigermaßen zufrieden.

Er würde mein Gewicht halten. Zwar bröckelten einige Krumen Erde und auch ein paar Steine ab, aber der Rest hielt. Ich schickte ein Stoßgebet zum Himmel, daß ich die Strecke schaffte.

Langsam zog ich das linke Bein nach.

Ausruhen.

Den rechten Fuß vor, das linke Bein nachziehen, all das geschah in Zeitlupe. Nur keine hastige Bewegung, nichts überstürzen, es würde meinen Tod bedeuten.

Am ganzen Körper brach mir der Schweiß aus. Ich spürte ihn in den Achselhöhlen, auf dem Rücken, im Nacken, und auf meinem Gesicht lag er als dicke Schicht.

Mein Herz klopfte laut gegen die Brust.

Zoll für Zoll bewegte ich mich weiter. Die Lippen hatte ich zusammengepreßt, die Zähne bissen aufeinander. Die Konzentration forderte fast Unmenschliches.

Dann lag die Hälfte der Strecke hinter mir.

Ich hob langsam den Arm und wischte mir den Schweiß von der Stirn und auch aus den Augen, vor denen es bereits geflimmert hatte. Das Flimmern hörte jetzt auf, ich konnte klar sehen.

Und was ich sah, jagte mir einen Angstschauer über den Rücken.

Aus der Nische, die der mit der Fackel gegenüberlag, trat eine Gestalt.

Ein Ritter!

Er hatte sein Visier hochgeklappt, und ich konnte seinen Totenschädel innerhalb des Helms erkennen. Er wurde vom Fackelschein getroffen und erhielt dadurch ein blutiges Aussehen.

Der Ritter grinste mich höhnisch an, wobei sich die Mundpartie des Schädels verzog.

Der Unheimliche ging noch einen Schritt vor, bis er dicht am Rand der Grube stand.

Dann griff er hinter sich, holte einen Bogen von der Schulter und zog noch mit der gleichen Bewegung einen Pfeil aus dem Köcher.

Langsam und nahezu genüßlich legte er den Pfeil an.

Ich verspürte Todesangst.

Der Ritter konnte mich hier abschießen, und ich war völlig wehrlos. Eine schnelle Bewegung nur, und ich fiel in die Tiefe der Grube. Es blieb mir auch keine Zeit mehr, die Beretta hervorzuholen, denn der Pfeil würde immer schneller sein.

Der Ritter hob seine gefährliche Waffe, visierte noch einmal und spannte den Bogen.

In der nächsten Sekunde würde mich der Pfeil gegen die Wand nageln...

Suko erwachte mit schlimmen Schmerzen am Hinterkopf. Sein ganzer Schädel schien zerspringen zu wollen. Stöhnend drehte er sich auf die Seite und öffnete die Augen.

Zuerst sah er gar nichts, weil das Dämmerlicht vorherrschte. Seine Pupillen mußten sich erst an die Umgebung und die Lichtverhältnisse gewöhnen.

Aber seine Gedanken arbeiteten wieder klar. Er dachte an den Kampf und daran, daß man ihn schließlich niedergeschlagen hatte.

Nur ihn, nicht Shao?

War sie entkommen?

Suko hätte gern ihren Namen gerufen, doch er riß sich zusammen. Er ahnte, daß man ihn in die Scheune gelegt hatte, dorthin, wo er hatte hingehen sollen.

Die Waffen hatte man ihm gelassen, allerdings war er an beiden Händen gefesselt. Man hatte sie ihm übereinandergebunden, und das hinderte ihn sehr in seiner Bewegungsfreiheit.

Mittlerweile hatten sich Sukos Augen an die Lichtverhältnisse gewöhnt. Soviel er erkennen konnte, hatte man ihn tatsächlich in die Scheune verfrachtet.

Sie war ziemlich groß, hatte keine Fenster, aber durch Ritzen in den Wänden und eine Klappe dicht unter dem Dach fiel genügend Licht, um sich orientieren zu können.

Suko probierte erst einmal, ob er die Fesseln loswurde. Das war so gut wie unmöglich. Die Kerle hatten dünne, äußerst reißfeste Lederschnüre genommen, da konnte Suko noch so zerren, es half nichts.

Die Füße hatte man ihm nicht gebunden. Er besaß auch noch seine Waffen, ein großer Vorteil. Ganz so schlecht ging es ihm nun doch nicht – meinte er.

Etwas war ihm bereits bei seinem Erwachen aufgefallen.

Der Geruch!

Er war anders als draußen. Irgendwie beißend und scharf, dabei auch ätzend und leicht nach Schwefel riechend.

Indizien, die auf eine Anwesenheit finsterer Mächte hinwiesen. Gerade der Geruch war es, der Suko warnte und seine aufgekommene Heiterkeit und Euphorie stoppte.

Suko wurde vorsichtig.

Er lag auf dem harten Boden und sah erst einmal zu, daß er wieder auf die Beine kam. Der Chinese beherrschte seinen Körper. Was anderen schwerfiel, machte ihm nichts aus. Für ihn war es leicht, mit gefesselten Händen aufzustehen.

Dann stand er.

Wieder begann es in seinem Kopf zu hämmern. Suko holte ein paarmal tief Luft, um das Schwindelgefühl zu unterdrücken, das ihn plötzlich gepackt hielt.

Es ging besser.

Von irgendwelchen Aufpassern oder Bewachern sah der Chinese nichts. Er war wohl allein in der Scheune.

Oder...?

Suko ging vor. Seine Knie zitterten noch, doch das machte ihm nichts. Bei jedem Schritt ging es ihm besser.

Dann blieb er abrupt stehen.

Es ging plötzlich nicht mehr weiter. Inmitten der Scheune befand sich eine Grube.

War sie leer?

Suko wollte es wissen. Er senkte den Kopf und schaute hinein. Das Dämmerlicht war doch zu schwach. Es bereitete dem Chinesen große Mühe, etwas zu erkennen.

Er nahm nur Umrisse wahr.

Diese jedoch waren kompakt und gewaltig. Ein riesiger unförmiger Schatten, ungeheuer in seinen Ausmaßen, und sicherlich nahm er die gesamte Größe der Grube ein.

Dort lag etwas.

Sukos Herz schlug schneller. Seine Gedanken wirbelten. Die Männer im Dorf hatten immer nur von Barrabas gesprochen. Der Schatten in der Grube mußte Barrabas sein.

Es gab keine andere Möglichkeit.

Gern hätte Suko jetzt mehr Licht gehabt, um sich Barrabas genauer anzusehen, denn eine erkannte Gefahr ist nur eine halbe Gefahr.

Da Suko jedoch seine Hände nicht bewegen konnte, kam er auch nicht an sein Feuerzeug.

Er starrte so lange, bis ihm die Augen tränten. Mehr und besser konnte er jedoch nichts erkennen.

Aber der Geruch.

Der Gestank nach Schwefel und Verbranntem war stärker geworden, und vor ihm in der Grube mußte sich die Quelle befinden.

Plötzlich vernahm Suko das Schnauben.

Erschreckt zuckte er zurück.

Das Geräusch war aus der Grube gedrungen. Und nicht nur das – auf einmal bewegte sich der Schatten.

Die kompakte Masse drehte sich.

Es knirschte, fauchte und ächzte. Die schauerlichen Geräusche jagten dem Chinesen Eiskrümel über den Rücken. Er kam sich vor wie bei der Geburt eines unvorstellbar bösen Monsters.

Und so war es auch.

Die Bestätigung erhielt der Chinese einen Atemzug später.

Plötzlich flammte Licht in der Scheune auf. Das geschah so schnell, daß Suko geblendet die Augen schloß. Von vier Seiten schossen die weißgelben Strahlen einem einzigen Ziel zu.

Der Grube!

Und dort lag das Monster.

Suko erschrak, als er es jetzt klar und deutlich vor sich liegen sah.

Barrabas war wirklich ein mörderisches Ungeheuer. Sein gewaltiger, schuppiger Körper füllte die Grube aus. Er hatte einen langen, mit zahlreichen Zacken versehenen Schwanz, der Schädel ähnelte dem eines Krokodils, nur war er wesentlich größer. Die Arme und Füße waren im Vergleich zur Körpergröße ziemlich klein, dafür jedoch hatte das Monster pechschwarze, jetzt allerdings zusammengefaltete Flügel, die eng auf dem Rücken lagen.

Das also war Barrabas – der letzte Drache!

Ein schauriges Etwas, ein Tier zum Fürchten. Und die Menschen in Gulbine verehrten es.

Noch war Barrabas verhältnismäßig ruhig, aber es würde nicht mehr lange dauern, bis er erwachte, die Grube verließ und Suko entdeckte.

Keine Chance für den Chinesen.

Suko war kein Mensch, der sich so leicht fürchtete, doch dieser Drache bereitete ihm Unbehagen. Zudem war Suko gefesselt, damit sanken die Chancen noch tiefer.

Wenn er überhaupt überleben wollte, dann gab es für ihn nur eins.

Flucht!

Die vier Scheinwerfer gaben soviel Helligkeit, daß das Innere der Scheune völlig ausgeleuchtet wurde. Die Wände des Gebäudes sahen verdammt stabil aus. Die konnte Suko niemals einreißen.

Aber wie stand es mit der Tür?

Der Chinese hielt sich nicht mehr länger am Rand der Grube auf; er machte kehrt und schritt auf die Tür zu.

Sie bestand aus zwei großen Hälften. Dicke Bohlen gaben ihr eine genügende Standfestigkeit und ließen Sukos Fluchtchancen auf ein Minimum sinken.

Da kam er nicht raus.

Und durch die Luke am Dach?

Der Chinese drehte sich, schaute hoch und stellte fest, daß es unmöglich für ihn war, diesen Fluchtweg zu wählen. Die Entfernung war zu groß. Er konnte die Luke nicht erreichen, und eine Leiter gab es in der Scheune nicht.

Das Monster wurde unruhiger.

Es wälzte sich in der Grube hin und her. Ein erstes Fauchen drang aus seinem Maul. Für Suko hörte es sich an wie das Zischen aus mehreren Schweißbrennern.

Er warf einen Blick in die Grube und stellte fest, daß das Monster sein Maul weit aufgerissen hatte.

Der Drache präsentierte gefährliche Hauer, die mit einem Biß einen Menschen zweiteilen konnten.

Suko wollte aus der Scheune.

Und er sah nur noch eine Chance. Er mußte versuchen, die Tür aufzustoßen. Er wollte sich immer wieder dagegenwerfen, bis sie offen war.

Nur – was lauerte dort draußen?

Auf seine Flucht warteten die Einwohner von Gulbine sicherlich. Wenn er aus der Scheune kam, würden sie sofort zupacken, und das Spiel begann von vorn.

Plötzlich stutzte Suko.

Er hatte vor der Tür Stimmen gehört.

Rauhe Männerstimmen, aber auch die einer Frau. Letztere klang sehr verzweifelt.

Der Chinese trat einen Schritt zurück. Er hörte, wie von außen mehrere Riegel zurückgeschoben wurden, dann zog jemand die Tür auf.

Hatte Suko für einen Moment geglaubt, eine Chance zu haben, so sah er sich jetzt getäuscht.

Fünf Männer, mit Gewehren bewaffnet, hatten einen Halbkreis vor der Tür gebildet. Die Mündungen der Waffen wiesen auf den Chinesen.

Suko sah auch das Mädchen.

Es war höchstens 20 Jahre alt, hatte krauses rotes Haar, zahlreiche Sommersprossen im Gesicht und eine geschwollene linke Wange. Dort zeichneten sich deutlich die Abdrücke einer Hand auf der Haut ab. Das Girl mußte geschlagen worden sein. Wahrscheinlich von King Cutler, denn er hielt sie fest im Griff. Er hatte ihren rechten Arm nach hinten gebogen und gleichzeitig hochgedrückt. Das Girl konnte sich unmöglich befreien.

Suko sah Tränen in den Augen glitzern, und eine ungeheure Wut schoß in ihm hoch.

Cutler schien zu merken, was in dem Chinesen vorging. Er sagte drohend: »Halte dich zurück, Bastard, sonst bist du tot und die Puppe hier ebenfalls.«

Suko nickte.

Cutler schaute sich um. Dann nickte er, löste den Griff und gab dem Girl einen Stoß.

Er war so hart, daß die Kleine an Suko vorbeitaumelte und sich kaum auf den Beinen halten konnte. Innerhalb der Scheune blieb sie stehen.

Cutler grinste Suko an. »Barrabas wird sich mit euch beschäftigen. Er bekommt seine Opfer, dich und das Mädchen!«

»Hast du es dir auch genau überlegt?« fragte der Chinese.

»Und wie!«

»Dann laß wenigstens das Mädchen frei!«

»Nein!« Die Antwort klang endgültig. »Das Weib gehört nicht zu uns. Sie ist eine andere und hat uns verraten. Dafür erhält sie ihre verdiente Strafe!«

»Aber sie ist ein Mensch!« rief Suko.

»Interessiert uns nicht! Verschwinde jetzt!« fauchte King Cutler und hob sein Gewehr.

Suko nickte. Er hatte keine andere Wahl, als dem Befehl des Mannes zu folgen. Diesmal würde er abdrücken, und seine Kumpane ebenfalls.

Der Chinese ging zurück. Er hörte das Weinen des Mädchens. Dann rammte King Cutler die Tür zu. Suko hörte, wie die Riegel vorgelegt wurden.

Er ging zu dem Girl.

»Wie heißen Sie?« fragte er.

Diana sagte ihren Namen. »Und Sie müssen der Freund von Shao sein«, folgerte sie.

»Ja. Kennen Sie Shao?«

Sie nickte. Mit hastigen Worten erzählte sie, wie sie Shao vor ihren Verfolgern versteckt hatte.

Dann fiel Suko ein, daß er etwas vergessen hatte. Er hielt dem Girl seine gefesselten Hände hin. »Lösen Sie die Knoten, schnell!«

Diana machte sich an die Arbeit. Sie war sehr aufgeregt, brach sich zwei Fingernägel ab und geriet ins Schwitzen. »Nur mit der Ruhe«, sagte Suko, »wir schaffen es schon!«

Er konnte an der Schulter des Girls vorbeischauen und sah den Drachen in seiner Grube liegen.

Noch kroch er nicht hervor, aber er erwachte immer mehr aus seiner totenähnlichen Starre. Er bewegte seinen enormen Schwanz, schlug damit um sich, peitschte ihn hoch, und Suko sah, wie das gefährliche Ende über den Rand der Grube fuhr.

Jetzt wurde es wirklich Zeit. Suko gab dem Drachen nur wenige Minuten, dann würde er erwachen.

Diana Redford arbeitete wie besessen. Sie zog und zerrte, riß und zupfte...

Suko half ihr dabei.

Auch er scheuerte wie wahnsinnig an den Fesseln, atmete auf, als die ersten Fasern zerrissen und zu Boden fielen.

Noch ein Ruck.

Der Drache stieß ein grollendes Brüllen aus.

Das Girl schrie.

»Machen Sie weiter!« fuhr Suko sie an.

Diana geriet in Panik. Sie hatte schreckliche Angst, was Suko verstehen konnte, denn auch er fühlte sich nicht gerade wohl in seiner Haut. Aber sie durften in diesen Augenblicken nicht die Nerven verlieren.

Dann hatten sie es geschafft. Die letzte Fessel fiel. Suko spürte, wie das Blut in seine Gelenke schoß. Das kribbelnde Gefühl dabei wurde zum Schmerz. Der Chinese bewegte die Hände, knackte mit den Fingern.

»Okay«, sagte er und grinste. »Es kann losgehen!«

»Wollen Sie gegen den Drachen kämpfen?« fragte Diana Redford erschreckt.

»Wenn mir nichts anderes übrigbleibt, ja«, erwiderte Suko.

»Aber er wird Sie... er wird uns...«

»Noch leben wir.« Suko legte einen Arm um die Schulter des Girls und zog Diana mit sich.

Sie bewegten sich weg von der gefährlichen Grube, in der der Drache immer unruhiger wurde. Jetzt hob er seinen Schädel, öffnete das Maul, und eine gespaltene Zunge zuckte hervor, begleitet von einem fauchenden Feuerstrahl.

Ähnlich wie beim Ungeheuer von Loch Morar, dachte Suko, dann jedoch verscheuchte er diese Gedanken und sah zu, daß er für das Mädchen ein Versteck fand.

Raus konnten sie nicht, sie mußten sich innerhalb der Scheune verkriechen. Suko war nur froh, daß Shao nichts geschehen war. Diese Diana Redford hatte wirklich was geleistet, indem sie Shao versteckte.

Geduckt liefen sie weiter. Da die vier Scheinwerferstrahlen auf die Grube gerichtet waren, gerieten die beiden Flüchtlinge aus dem unmittelbaren Bereich der Helligkeit.

Einige Ecken der Scheune lagen im Dämmer. Dort wurden sie nicht so rasch entdeckt.

Suko und Diana tauchten in einen Halbschatten und blieben stehen. Der Chinese zog die Beretta.

Diana schaute aus großen Augen auf die Waffe. »Wollen Sie damit wirklich schießen? Ich meine, mit einer Kugel hat man keine Chance gegen das Monster.«

»Abwarten!«

Suko wollte noch etwas hinzufügen, doch ein uriges Fauchen riß ihm das Wort von den Lippen.

Der Drache hatte seine Kraft zurückgefunden.

Barrabas erhob sich!

Zu voller Größe richtete er sich auf. Dies geschah langsam, beinahe zeitlupenhaft, und der Drache wurde größer und größer. Das Mädchen begann zu zittern. Es faßte nach Sukos Hand. Der Chinese spürte den Griff kaum. Sein Augenmerk war auf den Drachen gerichtet, der immer weiter wuchs und in seiner vollen Größe bis fast an die Decke reichte. Dazu kam noch der yardlange Schwanz, der mit einer immensen Kraft ausgestattet war.

Der Drache brüllte auf.

Langsam drehte er sich herum.

Weit öffnete er dabei sein Maul, und die beiden Menschen konnten für einen winzigen Augenblick genau in seinen Rachen sehen.

Sie schauten in einen gierigen Schlund...

Hatte der Drache sie entdeckt?

Suko umklammerte die Beretta so fest, daß seine Knöchel weiß hervortraten.

Noch tat sich nichts.

»Verhalten Sie sich still!« flüsterte er dem Mädchen ins Ohr. »Schreien Sie um Himmels willen nicht. Reißen Sie sich zusammen. Noch hat er uns nicht gesehen.«

Diana nickte nur. Sprechen konnte sie nicht. Die Angst hatte ihre Kehle zugeschnürt.

Barrabas stieg aus der Grube. Wuchtig und schwerfällig wie ein Nashorn aus der Steppe Afrikas.

Er drehte seinen Schädel, der fast die Decke berührte.

Suko schluckte. Barrabas schaute immer mehr in ihre Richtung.

Da hatte er die beiden entdeckt.

Plötzlich drang ein grausames Fauchen aus seinem Maul, und im nächsten Moment fuhr eine Feuerwelle auf die beiden hilflosen Menschen zu...

Auch ich hatte Angst.

Todesangst!

Der Pfeil lag bereits auf der Sehne, aber der Ritter ließ ihn noch nicht los. Wollte er das Schauspiel genießen? Wollte er mich leiden sehen?

Doch dann geschah etwas, womit ich nie im Leben gerechnet hatte. Der Ritter stand dicht vor einer Nische. Und aus der Nische kroch etwa in Knöchelhöhe eine kleine, grünlich schimmernde Hand.

Sie packte zu.

Blitzschnell umspannte sie das untere Bein des Ritters. Genau in dem Augenblick, als er die Sehne losließ.

Ein heftiger Ruck.

Der Pfeil flog los.

Doch durch diesen Ruck verriß der unheimliche Ritter den Schuß. Sein tödlicher Pfeil traf nicht in meine Brust, sondern fuhr gegen die Decke des Gewölbes.

Ich war gerettet.

Vorerst.

Der Ritter lag am Boden. Seine Rüstung klirrte. Schwerfällig wälzte er sich auf die Seite und versuchte, wieder auf die Beine zu gelangen. Da er die Rüstung trug, behinderte sie ihn bei seinem Vorhaben. Und ich erhielt eine Galgenfrist.

Wer mich gerettet hatte, wußte ich nicht. Im Augenblick war mir das auch völlig egal, ich wollte nur so schnell wie möglich von diesem schmalen Sims runter.

Mir fiel es ungeheuer schwer, mich zu beherrschen. Vorsichtig bewegte ich mich weiter. Nur keinen hastigen Schritt. Langsam, behutsam, obwohl die Zeit drängte.

Neben mir bröckelte es vom Rand der Grube. Kleinere Erdkrumen fielen in die Tiefe.

Aber ich kam voran.

Der Ritter hatte sich aufgesetzt. Er konnte auch im Sitzen schießen und nahm seinen Bogen in die rechte Hand.

Mit der linken holte er einen Pfeil aus dem Köcher.

Verdammt, ich hatte es noch nicht geschafft. Etwa noch eine Beinlänge.

Der Ritter legte den Pfeil auf.

In diesem Moment entschloß ich mich zu einer Verzweiflungstat. Ich setzte alles auf eine Karte, holte Luft und stieß mich ab. Ein, zwei Herzschläge lang schwebte ich über der mörderischen Grube, hatte Angst, daß ich es nicht schaffte, sah in die grauenhafte Totenkopffratze des Ritters und auch seinen verdammten Pfeil auf mich gerichtet.

Schaffte ich es noch?

Da prallte ich zu Boden.

Der Ritter ließ den Pfeil fliegen. Ich spürte den Luftzug, so haarscharf sirrte er an meinem Kopf vorbei. Aber er hatte nicht getroffen.

Der Aufprall war so wuchtig, daß es mich nach vorn riß. Ich rollte mich über die Schulter ab und kam wieder auf die Füße.

Auch der Ritter wollte sich erheben. Einen weiteren Pfeil auf die Sehne zu legen, dazu fehlte ihm die Zeit. Er griff nach seinem Schwert.

Ich folgte seiner Bewegung mit der Beretta, zielte genau – und drückte ab.

Der Schuß hallte in dem Gewölbe wider, und die silberne Kugel fuhr durch das offene Visier in den Schädel des Monsters.

Das geweihte Silber hatte eine frappierende Wirkung. Der Ritter kippte nach hinten. Seine Rüstung schepperte, und er selbst löste sich auf.

Er wurde zu Staub.

Ich atmete auf.

Erst jetzt konnte ich mich nach meinem Retter umschauen.

Es war Myxin, der Magier!

Er hockte in der Nische und lächelte mich an. »So hast du dir unser Wiedersehen bestimmt nicht vorgestellt«, sagte er.

Ich schüttelte den Kopf. »Bestimmt nicht. Aber wie kommst du hierher?«

»Später«. sagte er. »Dieser Ritter ist nicht der einzige gewesen.«

»Ich weiß.«

»Geh, John Sinclair. Räume mit der Brut auf. Tu mir den Gefallen.«

»Willst du nicht mit?«

»Nein, ich kann nicht. Ich bin zu schwach. Asmodina hat mich gebannt. Ich kann mich kaum rühren. Der magische Bann ist stärker als ich.«

Myxin tat mir leid. Welch ein mächtiger Dämon war er gewesen! Jetzt hockte er hier in der Nische. Seelisch und körperlich völlig fertig, am Ende...

»Willst du wirklich nicht?« fragte ich.

»Nein, geh allein! Ich bin nur noch ein Schatten meiner selbst.«

»Trotzdem hast du mir das Leben gerettet.«

»Mehr konnte ich auch nicht tun.«

Sicher hatte er recht. Es war besser, wenn ich jetzt ging. Denn noch existierten die anderen Ritter. Vor allen Dingen Rufus, der Anführer, er war der gefährlichste von ihnen.

Ich ließ Myxin zurück.

Zwei Gegner hatte ich weniger.

Einer war durch meinen Bumerang auf der Brücke gestorben, der andere jetzt.

Wie viele waren es noch?

Ich zählte in Gedanken und kam auf fünf.

Eine verdammt große Übermacht, die ich vielleicht gar nicht schaffen konnte.

Es gab aber auch keinen Rückzug, denn noch einmal konnte ich die verdammten Fallen nicht überwinden.

Langsam ging ich weiter.

Meine Sinne waren geschärft. Jeden Moment rechnete ich mit einem hinterhältigen Angriff.

Und dann sah ich sie.

Nicht die Ritter, sondern die Sarkophage. Das düstere rote Licht ließ sie aussehen wie in Blut getaucht. Ich befand mich inmitten eines großes Gewölbes, von dem sternförmig sieben Nischen abzweigten, in denen die Särge standen.

Hier schliefen die Ritter am Tag.

Doch heute nicht.

Heute hatten sie auf mich gewartet. Zuerst hörte ich das Knarren der Rüstungen, dann lösten sich fünf unheimliche Gestalten aus den hinteren Schatten der Nischen und bewegten sich auf mich zu.

Ich war der Mittelpunkt, und die fünf Ritter kreisten mich langsam ein.

Ich konnte mir nicht einmal einen Vorwurf machen, denn ich war freiwillig in die Falle gegangen. Die Frage war nur, ob ich diesen Tag überleben würde ...

ENDE

Die Drachensaat

Shao hatte Angst!

Das stockdunkle Verlies, in dem sie hockte, bereitete ihr eine schlimme Beklemmung. Die Luft war längst verbraucht, das China-Girl atmete schwer und hastig.

Eins war klar.

Sie mußte hier raus!

Und das so schnell wie möglich.

Aber vor der Luke stand eine schwere Kommode. Diana, das Girl, dem Shao ihre Rettung verdankte, hatte die Kommode davorgeschoben. Die Männer von Gulbine, die einem Drachengötzen huldigten, hatten Suko gefangengenommen. Shao wollten sie ebenfalls festhalten, doch ein junges Mädchens namens Diana Redford hatte ihre Flucht bemerkt und sie versteckt.

Diana war die Freundin eines jungen Mannes namens Rocco, der als Schäfer am Berghang in einer kleinen Hütte lebte und durch den der ganze Fall überhaupt ins Rollen gekommen war. Eigentlich gab es zwei Fälle.

Da waren einmal die mordenden Ritter – und auf der anderen Seite die Drachensaat der Asmodina.

Stellte sich nur die Frage, ob und wie beide zusammenhingen. Doch darüber machte sich Shao keine Gedanken. Sie dachte mehr an Suko, der einem Drachen vorgeworfen werden sollte, und sie dachte auch an Diana, ihre Retterin, die von den Verfolgern geschlagen und verschleppt worden war.

Wohin, das wußte Shao nicht.

Sie wollte nur eins: raus aus diesem Verschlag.

Die Leuchtziffern ihrer Uhr zeigten an, daß bereits eine halbe Stunde seit dem Verschwinden der Verfolger vergangen war. Shao konnte es also riskieren, den Keller zu verlassen.

Sie kroch vor. Mit dem Knie stieß sie gegen den Teller, auf dem die Kerze und die Streichhölzer lagen. Sie mußte auf diese einfache Art leuchten, denn elektrisches Licht gab es in diesem Haus nicht.

Shaos ausgestreckten Hände spürten Widerstand.

Dort stand die Kommode.

Shao saugte noch einmal die verbrauchte Luft ein und stemmte sich gegen die Kommode.

Nichts.

Der einzige Erfolg war, daß sie nach hinten wegrutschte.

Shao biß sich auf die Lippen. Das würde ein hartes Stück Arbeit werden, die Kommode wegzurücken. Diana hatte es da leichter gehabt. Sie brauchte die Kommode nicht in dieser hockenden Stellung gegen die Öffnung zu schieben.

Die Chinesin ließ sich etwas anderes einfallen. Sie drehte sich auf dem Boden hockend in dem engen Verlies herum, so daß sie mit dem Rücken gegen die Kommode stieß. Dann stemmte sie ihre Blockabsätze ein und drückte so fest sie überhaupt konnte.

Shao ächzte und stöhnte. Sie setzte all ihre Kraft ein, um die Kommode wegzuschieben.

Und sie schaffte es.

Das Knirschen auf dem Boden zeigte ihr an, daß die Bemühungen von Erfolg gekrönt waren.

Die Kommode bewegte sich. Stück für Stück rutschte das Möbel zurück. Schon drang durch einen Spalt bessere Luft in den Verschlag. Es war zwar miefiger Kellergestank, aber für Shao war er wie der reinste Sauerstoff.

Sie legte eine Pause ein.

Erst einmal zu Atem kommen. Tief holte sie Luft. Mehrmals hintereinander.

Dann startete sie einen neuen Versuch. Wieder rutschte die Kommode ein kleines Stück zurück. Diesmal sogar so weit, daß sich Shao durch den größer gewordenen Spalt zwängen konnte.

Sie klemmte sich zwar den Oberarm ein, doch das war nichts zu dem Erfolg, den sie erreicht hatte.

Die Chinesin konnte das Verlies verlassen.

Auf allen vieren kroch sie in den Keller, stemmte sich an der Wand ab und kam auf die Füße.

Endlich...

Tief holte sie Luft.

Ihr schwindelte, und es dauerte einige Sekunden, bis sie sich gefangen hatte. Dann aber ging es besser. Jetzt rückte Shao die Kommode so weit weg, daß sie bequem in den engen und niedrigen Verschlag hineingreifen und die Kerze holen konnte.

Sie zündete ein Streichholz an und hielt die Flamme gegen den Docht, der sofort Feuer fing.

Ihre nähere Umgebung wurde erhellt.

Der Schein tanzte über die dicken Wände, wenn Shao die Kerze bewegte, er produzierte ein Spiel von tanzenden Schatten, die immer neue skurrile Figuren schufen.

Im Keller war es totenstill. Nur Shaos Schritte durchbrachen die Ruhe. Das Mädchen wußte, daß Diana nicht allein in dem Haus gelebt hatte, sondern mit ihrer alten und kranken Mutter zusammen, wie sie selbst erzählte. Die Mutter war bettlägerig und hatte von den Vorgängen kaum etwas mitgekriegt, zumal sie noch an Schwerhörigkeit litt.

Shao erreichte die Treppe und stieg sie langsam hoch. Wieder knarrten und ächzten die Stufen. Bei jedem Schritt bogen sie sich durch. Shao verzog das Gesicht. Sie hatte das Gefühl, dieses Geräusch müsse meilenweit zu hören sein.

Als Shao die dicke Bohlentür sah, atmete sie auf. Die Hälfte des Wegs lag hinter ihr. Jetzt hoffte sie nur noch, daß die Tür nicht verschlossen war.

Sie probierte die Klinke.

Leicht fiel sie nach unten. Shao drückte, und die Tür war offen!

Sie trat in den Flur und blies die Kerze aus, die sie neben die Tür stellte.

Der Flur war klein, wie alles in diesem Haus, in dem es auch keine gerade Wand gab. Schief und buckelig hatte man damals gebaut, aber das Häuschen krachte nicht zusammen. Es hatte die Zeiten überdauert, im Gegensatz zu manch anderen modernen Bauten.

»Diana! Darling, bist du da?«

Shao zuckte zusammen.

»Diana, bitte, gib Antwort!« Das Rufen der Mutter wurde drängender.

Shao blieb stocksteif stehen und überlegte. Sollte sie sich melden? Eigentlich gehörte es sich so, denn die Frau wußte, daß sich jemand im Haus befand.

Andererseits war es auch gefährlich, denn wie leicht konnte die alte Dame etwas verraten.

Bevor sich Shao zu etwas entschlossen hatte, wurde ihr die Entscheidung abgenommen.

Eine Tür schwang auf.

Im Rahmen stand Mrs. Redford!

So krank, wie Diana gesagt hatte, schien sie doch nicht zu sein. Immerhin konnte sie den Griff des langen Küchenmessers noch gut festhalten.

Sekundenlang starrten sich die beiden Frauen an.

Mrs. Redford war eine kleine, magere Frau mit einem faltigen Gesicht und dünnen rotblonden Haaren. Sie trug einen zerschlissenen Morgenmantel, der bis zu den Knöcheln reichte. Ihre Füße steckten in altmodischen Pantoffeln.

Langsam trat sie näher.

Shao schaute das Messer an. Es hatte eine lange, leicht gebogene Klinge, und der Chinesin wurde angst und bange. Wenn die Frau durchdrehte, gab es eine Katastrophe.

»Guten Tag, Mrs. Redford«, sagte Shao und bemühte sich um ein herzliches Lächeln, das ihr verständlicherweise sehr schwerfiel.

Die Frau erwiderte ihren Gruß nicht. »Wer sind Sie?«

»Eine Bekannte Ihrer Tochter.«

»Diana ist nicht da!« sagte Mrs. Redford.

»Ich warte hier auf sie.«

Die Frau schüttelte den Kopf und trat noch einen Schritt näher. »Sie lügen. Sie sind eine Einbrecherin, eine Diebin. Ja, Sie sind einfach in mein Haus eingedrungen. Wie sehen Sie überhaupt aus! Sie passen nicht zu uns! Was haben Sie mit meiner Tochter gemacht?« kreischte sie plötzlich los. »Ihr habt wohl gedacht, ich würde nichts merken, wie? Aber die alte Redford ist nicht so senil, wie ihr sie hinstellt.«

Shao hob beschwichtigend die rechte Hand. »So beruhigen Sie sich doch, Mrs. Redford. Ich bin wirklich mit Ihrer Tochter befreundet!«

»Nein!«

Die Frau war wie von Sinnen. Sie schüttelte den Kopf, und unerwartet stach sie zu.

Das Messer hätte nicht getroffen, dafür war die Frau zu

weit von Shao entfernt, sie bewies aber mit ihrer Attacke, daß es ihr durchaus ernst war.

Shao sprang zurück.

Wieder hob die alte Frau den Arm

Jetzt mußte die Chinesin handeln. Sie sprang vor, und ehe Mrs. Redford zustoßen konnte, hatte sie das rechte Handgelenk der Frau umpackt, hielt es fest und drehte es nach außen.

»Hören Sie auf!« kreischte die Frau. »Sie brechen mir den Arm.«

»Lassen Sie das Messer fallen!«

Die Klinge rutschte Mrs. Redford aus den Fingern und blieb auf dem Boden liegen. Shao stieß sie weg, bevor sie Dianas Mutter losließ.

Mrs. Redford rieb sich das Handgelenk. Der Griff schmerzte noch nach.

Shao tat die Frau ein wenig leid, trotz des Angriffs mit dem Messer. »Das hätte nicht zu sein brauchen«, sagte sie.

Mrs. Redford schaute der Chinesin ins Gesicht. Ihre schmalen Augen verengten sich noch mehr. »Ihr wollt uns alle was!« zischte sie. »Alle aus diesem gottverfluchten Ort. Seit mein Mann tot ist, macht ihr eine Hetzjagd auf uns.«

Die Frau warf einiges durcheinander, was Shao klarstellen wollte. »Vielleicht ist Ihnen aufgefallen, daß ich gar nicht aus dem Ort bin«, sagte sie.

»Trotzdem, Sie stecken mit denen unter einer Decke.«

Shao, die noch nicht so lange im Land war, hatte Mühe, den Dialekt zu verstehen. Sie lächelte. »Bitte, glauben Sie mir, ich bin wirklich mit Ihrer Tochter bekannt. Sie hat mir geholfen und vielleicht das Leben gerettet.«

»Diana ist fort. Und nicht freiwillig. Sie halten mich hier alle für senil und verkalkt, doch das bin ich nicht. Ich weiß genau, was vorgeht.«

Shao nickte. »Sie haben recht. Man hat Ihre Tochter entführt, weil man mich haben wollte. Aber Diana hat mich im Keller versteckt. Daher komme ich. Nicht, was Sie denken, Mrs. Redford. Eine Einbrecherin bin ich nicht.«

»Warum wollte man Sie denn töten?« fragte die Frau.

»Ob man mich töten wollte, weiß ich nicht. Ich bin ihnen entkommen, aber mein Freund und ich sollten zu Barrabas.«

Mrs. Redford erschrak. »Das ist ebenso schlimm, als wären sie tot.« Plötzlich wurden ihre Augen groß. »Mein Gott, Diana! Vielleicht ist sie zu Barrabas gebracht worden. Angedroht haben sie es immer.«

»Was will Barrabas mit den Menschen?« fragte Shao.

»Ihr Leben!«

»Tötet er sie?«

»Ja und nein! Er tötet nicht so, wie man es normalerweise kennt, er saugt ihnen das Leben aus, und aus den Menschen werden Mumien. Am liebsten hat er junge Menschen, sehr junge sogar.«

»Vielleicht Kinder?« haucht Shao entsetzt.

Mrs. Redford nickte.

Scharf sog die Chinesin die Luft ein. Deshalb also waren keine Kinder in diesem Ort zu sehen. Sie sprach die Frau darauf an.

»Ja, Fremde, Sie haben gut beobachtet. Man hat die Kinder zusammengeholt und eingesperrt. Wenn Barrabas erwacht ist, wird er sich stärken wollen.«

»Aus Kindern werden Greise!« flüsterte Shao. »O Gott, das ist unglaublich. Kann man denn nichts dagegen tun? Gibt es hier keinen, der sich gegen so etwas Unmenschliches auflehnt?«

»Wer?«

»Die Männer des Ortes, zum Beispiel.«

Mrs. Redford winkte ab. »Sie stehen doch alle unter dem Bann.«

»Und warum nicht auch Sie?«

»Weil ich mich in der Kirche befand, als es passierte«, erwiderte die Frau.

»Als was passierte?«

»Na, als das Böse zu uns kam. Es war eine schlimme Nacht. Der Geist der Menschen wurde vernebelt. Sie dachten nur noch an Barrabas und seine Geburt.«

»Sie haben doch hier im Ort keine Kirche«, meinte Shao mißtrauisch geworden.

»Jetzt nicht mehr. Nachdem Barrabas erschienen war, haben die Männer das Gotteshaus zerstört. Es war ihre erste Handlung gewesen. So ist es, Fremde.«

»Ich werde Ihre Tochter suchen«, erklärte Shao entschlossen. »Und meinen Freund finde ich auch!«

»Man wird Ihnen keine Möglichkeit lassen«, gab die Frau zurück. Ihre Stimme klang deprimiert. »Barrabas' Geburt steht dicht bevor. Die Menschen sind verrückt. Ich muß froh sein, daß sie mich noch nicht getötet haben.« Die Frau schaute Shao an. »Bleiben Sie bei mir. Hier sind Sie sicher. Meiner Tochter und sich selbst können Sie draußen sowieso nicht helfen.«

Die Chinesin lächelte grimmig. Sie hatte in der Zeit gelernt, in der sie mit Suko zusammenlebte. »Es hat keinen Zweck, wenn man die Hände in den Schoß legt. Man muß etwas tun und auch einiges riskieren. Ich werde kämpfen, Mrs. Redford.«

»Aber Sie stehen allein!«

»Wollen Sie Ihre Tochter denn aufgeben?«

Mrs. Redford hob die Schultern. »Mein liebes Kind, ich bin zu alt geworden.«

»Aber ich nicht. Ich...«

Shao hatte den Satz fortführen wollen, doch draußen trat ein Ereignis ein, das sie am Sprechen hinderte.

Ein berstendes, donnerndes Geräusch ertönte, begleitet von einem schrecklichen Fauchen.

»Der Drache!« schrie Mrs. Redford und warf sich auf die Knie.

Shao aber rannte zur Tür und riß sie auf.

Sie sah Menschen über die Straße hasten. Mit verklärtem Blick und euphorisch verzerrten Gesichtern.

Und sie sah noch mehr.

Dort wo die Scheune lag, loderte ein Feuer und stieß der riesige Kopf eines gigantischen Drachen in den Himmel...

Die Feuerlohe aus dem Maul des Drachen raste auf Suko und Diana Redford zu. Sie spürten bereits die Hitze und wären unweigerlich verbrannt, hätte Suko nicht so schnell reagiert.

Er umfaßte das rothaarige Girl, gab sich genügend Schwung und hechtete mit ihr zusammen nach links weg.

Das Mädchen schrie. Hart prallten sie zu Boden, doch darauf konnte Suko keine Rücksicht nehmen, es ging jetzt um ihr Leben.

Die Lohe schlug über sie hinweg, traf die Holzwand des Schuppens und fraß sich dort in das Material. Sofort züngelten kleine Flammen hoch. Das Holz brannte wie Zunder. Im nächsten Augenblick schossen die Flammen zum Gebälk hin.

Zitternd lag das Girl auf der schmutzigen Erde. Suko riß sie hoch.

»Weg hier!« schrie er.

Diana hörte nicht.

Da stieß Suko sie einfach von sich.

Der Drache drehte sich brüllend.

Wieder schoß ein Feuerschwall aus seinem Maul. Diesmal zur Decke hoch, die sofort in Flammen stand. Es knisterte, sprühte und knackte. Bald würde das gesamte Gebälk in Flammen stehen. Suko und das Mädchen mußten so rasch wie möglich hier weg.

Auch der Drache konnte nicht mehr länger in seiner Geburtsstätte bleiben, denn das Feuer würde auch ihn vernichten, wenn es sich einmal voll entwickelt hatte.

Barrabas warf seinen mächtigen Schädel hoch. Diesmal öffnete er nur sein Maul, stieß keine Feuerlohe aus, dafür schlug jedoch sein mächtiger Schwanz einen weiten Bogen, krachte gegen die Wand der Scheune und ließ sie erzittern.

Ein weiterer Schlag.

Diesmal hielt die Scheunenwand der Kraft des Drachen nicht mehr stand. Sie brach.

Aneinandergenagelte Latten wurden wie Streichhölzer aus ihrem Verbund gerissen. Sie wirbelten nach draußen, überschlugen sich und blieben liegen.

Ihnen folgte der Drache.

Obwohl die Öffnung längst nicht groß genug für ihn war, warf er seinen mächtigen, dick geschuppten grünen Körper vor und rammte die Seite dieser Scheune förmlich entzwei.

Wind fegte in das brennende Gebäude, fachte die Flammen

noch stärker an und schlug sie hin und her wie gewaltige, zugreifende Hände.

Draußen brüllte Barrabas noch einmal schrecklich auf. Er feierte seine Geburt, schrie seinen Triumph hinaus und stampfte weiter.

Der Drache und sein weiterer Werdegang interessierten Suko im Augenblick nicht. Er mußte zusehen, daß er mit dem Mädchen aus der Scheune kam, denn die Flammen hatten sie eingekreist. Und sie fanden immer mehr Nahrung.

Diana hatte die Arme angewinkelt, die Hände halb erhoben, dabei zu Fäusten geballt, und in dieser Haltung starrte sie entsetzt auf die lodernde Flammenwand.

Suko schaute sich um.

Wohin sollten sie fliehen?

Nach links? Nein, da loderte und brannte es. Rechts ging es auch nicht, dort versperrte ihnen eine lodernde Wand den weiteren Weg. Und das Dach brannte bereits wie Papier.

Es blieb ihnen nur eine Chance.

Geradeaus laufen.

Sie mußten den gleichen Weg nehmen wie auch Barrabas, der Drache.

Suko faßte Diana am Arm. »Komm!« rief er.

Sie schüttelte den Kopf. Das Girl hatte eine ungeheure Angst vor dem Feuer.

Suko konnte darauf keine Rücksicht nehmen. Er riß Diana Redford einfach mit sich. Sie stolperte hinter ihm her. Suko lief so rasch es ging. Dabei schaute er nicht nur nach links oder rechts, sondern auch nach oben zur Decke, denn dort knisterte und sprühte es verdächtig.

Ein gewaltiger Balken war bereits vom Feuer so angesengt worden, daß er sich durchbog. Er sah aus wie ein glühender viereckiger Stahlstab, von dem Funken absprühten wie bei einer Wunderkerze.

Der in das brennende Gebäude fahrende Wind trieb einen dichten Rauchschleier gegen die beiden Flüchtlinge. Sekundenlang war ihnen die Sicht versperrt. Der Rauch drang in ihre Lungen und trieb ihnen die Tränen in die Augen.

Sie keuchten und husteten. Suko wischte sich über die Augen. Um sie herum tosten und prasselten die Flammen. Wie lange, gierige Finger leckten sie vor, wollten nach den Menschen greifen, sie in den Tod zerren, doch die beiden kämpften verzweifelt.

Dann krachte der Balken von der Decke.

Suko und Diana waren bereits ein Stück von dem unmittelbaren Gefahrenort entfernt, aber der Balken fiel nicht allein. Er brachte einen Glutregen mit sich, der sich über die Flüchtlinge ergoß. Brennende Holzstücke knallten ebenfalls in die Tiefe.

Suko spürte die glühenden Teile auf der Haut. Auch seine Kleidung wurde in Mitleidenschaft gezogen; sie begann zu schwelen.

Diana Redford schrie wie am Spieß. Ein glühendes Holzstück hatte sich im Stoff ihrer Weste festgesetzt, fand neue Nahrung und würde das Girl in Brand setzen.

Suko sah es gerade noch rechtzeitig. Mit der flachen Hand schlug er gegen die aufzuckenden Flämmchen, spürte selbst den Schmerz, aber er ignorierte ihn.

»Weiter!« keuchte er, als die Flammen erstickt waren.

Diana Redford taumelte hinter ihm her. Sie weinte und schrie in einem, keuchte, hustete. Ihre Gesichter waren vom Rauch schwarz, nur die Augen funkelten wie Perlen.

Fast hatten sie das gewaltige Loch in der Wand erreicht, und wieder kam ein Windstoß, fuhr in die brennende Scheune und fachte die Flammen erneut an.

Sie sprühten und loderten hoch. Wieder krachte es an der Decke. Ein Trümmerregen löste sich.

Suko sah ihn aus den tränenden Augenwinkeln. Er riß das Mädchen mit sich, dessen Haare angesengt waren und das fast den Verstand verloren hatte.

Dicht vor ihnen krachten die Balken zu Boden. Sie waren übereinandergefallen, sahen aus wie gewaltige, ineinanderverschachtelte Kreuze. Funkenregen wirbelte hoch, und der starke Chinese packte kurzerhand seinen Schützling unter.

Er hob Diana hoch, warf sie über die Schulter und jagte auf den Ausgang zu.

Hinter ihm krachte und knirschte es. Das Dach wankte.

Die Flammen fraßen sich gierig weiter. Es war nur noch eine Frage der Zeit, wann die Scheune einstürzen würde.

Eine Wand kippte zuerst. Sie fiel in sich zusammen und gleichzeitig nach vorn.

Das Dach hatte eine Stütze weniger. Zusätzlich war es durch die Feuersbrunst so stark in Mitleidenschaft gezogen worden, daß es einfach zusammenbrechen mußte.

Und es brach zusammen.

Als tödlicher Regen segelten die Teile nach unten, fielen in die Grube, wo sie noch einmal nachloderten und verglühten.

Das alles sahen Suko und Diana nicht mehr. Er war wie der Teufel gerannt, raus aus der Scheune und weg aus der verdammten Umgebung des Brandherdes.

Dicker schwarzer Qualm kroch durch die enge Straße durch die Suko und Diana geflohen waren.

Schemenhaft sahen die beiden Flüchtlinge auch andere Gestalten. Es waren die Männer aus dem Dorf, die ihnen ans Leder gewollt hatten. Sie brüllten nur »Barrabas«, und alle liefen zu einer Stelle hin.

Suko blieb stehen, bückte sich seitlich, damit Diana von seiner Schulter rutschen konnte.

Zitternd blieb sie stehen.

»Kannst du noch?« fragte Suko.

Sie nickte.

»Wohin jetzt?«

»Zu mir nach Hause. Dort ist deine Freundin Shao, hoffe ich wenigstens.« Sie hustete schwer.

»Ist das noch weit?«

»Nein, nein.« Diana strich ihre angesengten Haare zurück. »Nur noch ein paar Yards.«

Der Drache war nicht weitergerannt, sondern auf dem großen Platz vor der Scheune stehengeblieben. Wild warf er seinen mächtigen Schädel herum, röhrte sein schauriges Lied gegen den Himmel und breitete seine Flügel aus.

Ein fliegender Drache.

Damit war ein Schauermärchen zur grausamen Wahrheit geworden.

Barrabas hob vom Boden ab. Die Flügel, sie sahen aus wie

schwarze Lederhäute, trugen das urwelthafte Ungeheuer in die Höhe. Es war ein unglaubliches Schauspiel. Diana Redford und Suko staunten mit offenem Mund.

Im nächsten Augenblick hatte der Drache die in diesem Moment endgültig zusammenkrachende Scheune erreicht und stieg weiter in den grauen Himmel.

Er wurde kleiner und kleiner, war bald nur noch ein Punkt und dann nicht mehr zu sehen.

Aber er würde zurückkehren.

Dessen waren sich alle sicher.

Suko erfaßte sofort die Situation. Noch standen die Menschen unter dem Bann des Drachenfluges, und die Zeit mußten die beiden Flüchtlinge nutzen.

»Wo ist dein Haus?« fragte der Chinese.

Diana Redford hatte sich wieder gefangen. Wortlos zog sie Suko weiter. Jetzt hatte sie es eilig, denn auch sie wußte, daß die Fluchtchance nicht mehr lange bestand. Wenn sich der Rauch erst einmal verzogen hatte und die Sicht frei war, würden die Einwohner nach ihnen suchen. Wahrscheinlich zuerst in der abgebrannten Scheune, um die Leichen zu finden.

Wenn sie Diana und Suko dort nicht fanden, dann ging die Sucherei weiter.

Als ihnen eine Gruppe Menschen entgegenkam, versteckten sie sich blitzschnell in einem Hauseingang. Die Männer sahen inmitten der Rauchschwaden aus wie Gestalten von einem anderen Stern. Sie trugen schwere, mit Wasser gefüllte Gefäße, um die restlichen Flammen zu löschen, damit sie nicht auf die Nachbargebäude übergriffen.

Die Männer rannten vorbei.

Sofort verließen Diana und Suko ihre Deckung. Von diesem Platz aus waren es nur noch wenige Yards bis zum Redfordschen Haus.

Shao lief ihnen entgegen. Sie hatte es nicht mehr in dem kleinen Gebäude ausgehalten.

»Suko!« gellte ihr Schrei.

Die Augen des Chinesen glänzten. Er lief noch schneller, und dann lagen sich beide in den Armen. Doch nur für wenige Augenblicke. Sie mußten weg, sie konnten hier auf der Straße nicht stehenbleiben, zu groß war die Gefahr.

»Schnell, schnell!« drängte Diana. Sie lief bereits vor, und Suko sowie Shao folgten.

Die Haustür hatte Shao offengelassen. Dicht dahinter stand Mrs. Redford.

Als sie ihre Tochter sah, fiel sie ihr weinend in die Arme. Diana drückte ihre Mutter sofort weg, um Platz für die anderen zu schaffen.

Suko und seine Freundin warfen sich förmlich in das schützende Haus.

Diana schlug die Tür zu.

»Gerettet!« keuchte das rothaarige Girl.

Suko schüttelte den Kopf. »Ich glaube nicht. Der Kampf fängt jetzt erst an...«

Auch für mich begann der mörderische Kampf ums Überleben.

Fünf Ritter hatten mich eingekreist. Unter ihnen Rufus, ihr Anführer. Der Ritter in der schwarzen Rüstung.

Ich war in ihre Falle gelaufen.

Bewußt!

Denn mir war klar, daß ich sie stellen mußte, bevor sie weiteres Unheil anrichteten.

Die fünf Ritter hatten ihre Visiere hochgeklappt, und ich sah die gelblichbleichen Totenschädel unter den Helmen. Sie bewegten sich, wenn die Ritter sprachen, so daß es manchmal schien, als wären sie aus Gummi.

Doch das war nicht der Fall. Diese Schädel bestanden aus Knochen, die längst hätten zu Staub werden müssen in all den Jahrhunderten, wenn nicht Asmodina mit ihrem Fluch dafür gesorgt hätte, daß die grausamen Ritter wieder zu einem untoten Leben erwachten.

Und sie hatte auch Myxin aus der ihrigen Welt entführt und in diese Burg oben auf den Berg geschafft.

Myxin, der kleine Magier mit der grünlichen Haut, war

seiner Kräfte beraubt worden, und Asmodina machte sich einen Spaß daraus, ihn zu demütigen.

Trotzdem hatte es Myxin geschafft, mir das Leben zu retten. Wäre er nicht gewesen, dann hätte mich der Ritter getötet.

Ich hielt die Beretta in der rechten Hand. Fünf Silberkugeln steckten im Magazin, ein zweites befand sich in meiner Hosentasche.

Aber auch meine Gegner waren bewaffnet.

Sie trugen Lanzen, Schwerter, Pfeile und Bogen in ihren eisernen Fäusten, die sie über die knöchernen Totenhände gestreift hatten.

Ich zählte.

Wie viele Gegner konnte ich mitnehmen? Wenn ich rasch feuerte, vielleicht zwei, mehr jedoch nicht. Blieben immer noch drei übrig, die mich erledigten.

Nein, kaum eine Chance.

Über meinen Rücken lief eine kalte Gänsehaut. Ich mochte es nicht, wenn sich jemand hinter mir befand, aber es war nicht zu ändern.

Die Stille stand zwischen uns wie eine Wand. Niemand sagte etwas.

Schließlich fragte Rufus mit einer hohl klingenden Grabesstimme: »Wer bist du?«

Ich lächelte mokant, obwohl es mir verdammt schwerfiel. »Das wird dir Asmodina sicherlich besser sagen können!«

»Ich will es von dir wissen.«

»John Sinclair heiße ich!«

»Der Geisterjäger!« hallte es mir entgegen.

»Genau!«

»Du weißt, daß du keine Chance gegen uns hast. Du hättest nicht herkommen sollen, denn wir sind stärker, obwohl du zwei von uns getötet hast, aber dafür werden wir uns rächen. Dein Tod wird lange dauern. Du wirst das Gefühl erleben, das wir gehabt haben, als wir in die Särge steigen mußten.«

Ich atmete scharf durch den halb offenen Mund. Die Worte klangen in meinem Schädel nach, und ich wußte genau, daß es keine leeren Versprechungen waren.

Sie wollten, daß ich in einen Steinsarg kletterte.

Eine grauenhafte Vorstellung.

Blieb mir eine Chance?

Nein, ich mußte tun, was sie verlangten. Sie würden die schwere Steinplatte auf das Unterteil heben, das Knirschen und Schaben, das Hohngelächter der Dämonen – bereits jetzt konnte ich es mir gut vorstellen.

Rufus lachte hohl. »Das wird wohl dein Ende sein«, versprach er mir. »Aber du hast eine Chance. Du kannst noch kämpfen. Allerdings mußt du gegen uns alle antreten.«

»Darauf verzichte ich!«

»Dann steigst du in den Sarkophag?«

»Ja.«

Sie schienen überrascht zu sein, daß ich mich wehrlos ergeben wollte. Rufus setzte auch gleich zu einer Erklärung an. »Glaube nur nicht, daß du so einfach aus dem Sarg steigen kannst«, sagte er mir. »Das ist nicht drin. Du bist nicht in der Lage, die Steinplatte wegzuschieben. Sie ist zu schwer, sie widersteht deinen Kräften. Mach dir da keine falsche Hoffnungen.«

Ich nickte. Dann fragte ich: »Was habt ihr eigentlich vor?«

»Rache«, erwiderte Rufus. »Nur die Rache. Was vor langer Zeit begonnen hatte und dann unterbrochen wurde, wird nun fortgeführt. Wir rächen uns!«

»An wem?«

»An allen, die nicht für uns sind. Das sind unsere Feinde.«

»Aber die Menschen sind unschuldig«, warf ich ein. »Sie haben euch nichts getan!«

»Sie nicht, aber ihre Vorfahren!«

»Dafür kann man sie nicht verantwortlich machen!«

»Ich ja«, erwiderte Rufus fest entschlossen.

Tief atmete ich durch. Da war nichts zu machen. Die Ritter ließen nicht mit sich reden.

Rufus drehte sich etwas zur Seite und deutete auf einen besonders großen Sarkophag. »Der ist für dich, John Sinclair«, erklärte er. »Da hinein wirst du steigen. Es ist meine Ruhestätte, die ich dir zur Verfügung stellen werde. Bin ich nicht großzügig?«

»Ich danke dir«, erwiderte ich sarkastisch.

»Du hast wohl keine Angst vor dem Tod?«

»Es geht.«

Die anderen Ritter wurden unruhig. Sie wollten, daß ich endlich in den Sarg stieg. Und Rufus zögerte auch keine Sekunde länger. Er deutete mit der ausgestreckten Hand auf den prächtigsten der Sarkophage. »Hinein mit dir!«

Ich schritt auf meine Todesstätte zu und schaute sie mir genauer an.

Der Sarg sah wirklich so aus, als wäre er für eine Ewigkeit gebaut worden. Das Gestein war dick und schwer. Ein Mann konnte den Deckel kaum anheben. Aber die Ritter mit der Kraft der Hölle, sie schafften es, aus den Särgen zu klettern, wann immer sie wollten.

Das Oberteil war zurückgeschoben worden. Bis zur Hälfte lag der Sarg frei.

Ich ging drei Schritte vor und schaute hinein.

Kalter Steinboden. Das flackernde Licht der Fackeln fiel durch die Öffnung und malte einen blutroten Teppich auf den Grund des Sarkophags.

Die Luft in der Nische war noch schlechter als in dem übrigen Gewölbe. Sie roch nach Moder, Tod und Verwesung.

Ich schluckte.

So also sah meine letzte Ruhestätte aus.

Ich hatte sie mir wirklich anders vorgestellt. Und niemand war da, der mir helfen konnte. Myxin würde es nicht ein zweitesmal gelingen, mir beizustehen.

Diesmal mußte ich mich auf mich selbst verlassen.

Ich schüttelte mich.

Rufus merkte es und lachte.

Auch die anderen Ritter waren mir gefolgt. Sie drängten sich vor dem Eingang der Nische. Die Waffen hielten sie nach wie vor in ihren Händen.

Lanzen, Schwerter, Armbrüste...

Und ich kam nicht an meine Beretta heran. Wenn ich nur eine verdächtige Bewegung machte, würden mich die Schwerter, Lanzen und Pfeile durchbohren.

Rufus stand direkt hinter mir. Ich nahm den Modergeruch wahr, der von ihm ausging, und mir wurde fast übel.

»In den Sarg mit dir!« grollte er.

Ich nickte.

Es war einfach, in diesen Steinsarkophag zu steigen. Ich brauchte nur mein rechtes Bein zu heben, über den Rand zu klettern – und...

Noch einmal warf ich einen Blick nach links.

Die Totenschädel unter den hochgestellten Visieren grinsten mich höhnisch an.

Alle warteten auf meine Aktion.

Und die erfolgte.

Allerdings anders, als es sich meine Gegner hatten träumen lassen...

Diana Redford betrat sofort das kleine Wohnzimmer und zog dort die Vorhänge vor die Fenster. Jetzt wurde es noch dunkler.

Shao, Mrs. Redford und Suko waren ihr gefolgt. Aus einer Schublade holte Diana eine Zigarettenschachtel. Sie bot Glimmstengel an, doch Shao und Suko schüttelten die Köpfe.

Diana zündete sich ein Stäbchen an. Ihre Hände zitterten dabei. Sie blies das Zündholz aus und warf es in einen Aschenbecher. Hastig saugte sie den Rauch ein.

Suko hatte Platz genommen. »Wir müssen damit rechnen, daß die Häscher zurückkehren«, erklärte er, »und deshalb müssen wir uns auch etwas einfallen lassen!«

Die anderen nickten.

»Vorschläge?« fragte der Chinese.

Die hatte niemand.

»Gibt es hier Verstecke?«

»Nur den Keller«, antwortete Shao, »aber er ist nicht sicher!«

Der Meinung war Suko ebenfalls. Er knetete nachdenklich sein Kinn. »Da ist noch etwas, was mir Sorge bereitet«, murmelte er. »Barrabas wird natürlich zurückkommen, und wie ich hörte, braucht er die Lebenskraft junger Menschen. Ich möchte hier nicht aussprechen, was das bedeutet, aber die Kinder sind in großer Gefahr. Wir müssen sie finden.« Er wandte sich an Diana. »Du kennst dich hier gut aus. Hast du eine Idee, wo die Kinder versteckt sein könnten?«

»Nein!«

Mrs. Redford mischte sich ein. »Überlege bitte genau, Diana. Es muß einen Raum geben, wo man die Kinder gefangenhält.«

»Da gibt es viele, Mutter. Wirklich!«

Shao hatte eine Idee. »Wie steht es mit King Cutler?«

Suko pfiff durch die Zähne. »Da ist etwas Wahres dran. Hat er ein großes Haus?«

Diana nickte. »Sicher. Das größte sogar. Es steht in der Ortsmitte, und es hat einen großen Keller!«

»Dort könnten die Kinder sein«, meinte Mrs. Redford.

Suko entschloß sich schnell. »Da hole ich sie raus!«

Entsetzt sah Shao ihn an, doch der Chinese lächelte nur. »Ich weiß, welch ein Risiko ich damit eingehe, aber mir bleibt keine andere Wahl. Wir können sie nicht ihrem Schicksal überlassen!«

Das sah Shao ein, und auch die anderen nickten.

»Beschreib mir das Haus«, forderte Suko Diana Redford auf.

Sie tat es, und sie erklärte ihm auch den Weg, den er nehmen mußte.

»Gibt es Schleichpfade?«

»Ja.« Diana stand auf und holte Papier und Bleistift. Sie setzte sich zu Suko und fertigte eine Zeichnung an. Durch Zwischenfragen des Chinesen wurde sie noch verbessert.

Schließlich waren alle zufrieden.

Suko prägte sich den Plan noch einmal genau ein und steckte ihn dann weg.

Shao drehte sich im Kreis. »Durch die Tür kannst du nicht gehen«, sagte sie.

Der Chinese grinste und deutete auf das Fenster. »Das wird mein Weg sein.«

»Hoffentlich sieht dich keiner«, murmelte Shao, »und hoffentlich kannst du die Kinder befreien!«

Suko winkte ab. Er war optimistisch. »Wird schon schiefgehen«, behauptete er.

Diana Redford hatte die Vorhänge inzwischen zur Seite gezogen. Shao ging noch einmal auf ihren Lebensgefährten zu und umarmte ihn. Kurz drückte Suko das Girl an sich. Dann faßte er nach dem Riegel, drehte ihn herum und öffnete das Fenster.

Kühlere Luft strömte ins Zimmer.

Suko beugte sich vor, schaute nach beiden Seiten, fand die Luft rein und stieg nach draußen. Diana Redford schloß das Fenster sofort, als Suko im Garten gelandet war.

Geduckt blieb er stehen.

Rechts und links lagen ebenfalls Gärten. Manche verwildert, einige gepflegt. Vor ihm befand sich der Zaun. Zwischen Hausmauer und der Grundstücksgrenze wucherte das Gras.

Rasch lief Suko los.

Seine Schritte waren kaum zu hören. Unangefochten erreichte er den Zaun, kletterte hinüber und stieß auf einen schmalen Weg, der parallel zu den Gärten verlief. Jenseits des Wegs fiel das Gelände steil ab. Weiter unten standen wieder Häuser. Allerdings sahen sie mehr wie Schuppen aus mit ihren löchrigen Dächern.

Suko lief über den unebenen Weg, bis er eine kleine Straße erreichte, die ihn, wenn er rechts hochging, zur Hauptstraße brachte. Dort lag zwar King Cutlers Haus, aber den normalen Weg wollte der Chinese nicht nehmen.

Von dieser Stelle aus hatte er auch einen freien Blick bis hoch zur Burg.

Über dem zerstörten Gemäuer lagen dicke Wolken. Sie hatten sich zu regelrechten Bergen zusammengeballt und hingen so tief, daß sie die Ruinen fast berührten.

Es gefiel dem Chinesen überhaupt nicht, als er dies sah, denn seiner Meinung nach konnten die Wolken keinen natürlichen Ursprung haben. Sie waren sicherlich durch Schwarze Magie erzeugt worden, und der Chinese wußte genau, wer dort oben um sein Leben kämpfte. Am liebsten hätte er sich auf die Burg teleportiert, doch das war leider nicht möglich.

Er drückte nur beide Daumen.

Dann schlich er weiter.

Suko bewegte sich lautlos, er hielt sich dabei immer dicht

an den Hauswänden, blieb hin und wieder stehen, um die Umgebung abzusuchen, und ging dann weiter.

Bevor der Chinese die Hauptstraße erreichte, glitt er in eine schmale Gasse. Er wunderte sich, daß er keine Menschen sah, doch nach den Gründen zu forschen, war jetzt nicht der richtige Zeitpunkt.

Suko holte den Plan aus der Tasche und verglich.

Bis jetzt stimmte alles.

Und weiter lief er. Dann mußte er in Deckung gehen, denn zwei Fußgänger kreuzten seinen Kurs. Sie gingen vorbei und warfen keinen Blick auf den alten Kistenstapel, hinter dem Suko hockte.

Die Schritte verklangen.

Suko richtete sich wieder auf. Leichtfüßig setzte er seinen Weg fort. Die beiden Männer hatten Gewehre über ihren Schultern hängen, sie hätten sicherlich sofort geschossen.

Der Chinese schüttelte den Kopf. Wie konnte jemand nur so verblendet sein?

Die verdammte Drachensaat schien voll aufgegangen zu sein.

An der nächsten Ecke blieb Suko stehen.

Ein Blick nach links – die Hauptstraße.

Und er sah das Haus King Cutlers. Es stand etwas zurückgesetzt, war braungrün angestrichen und mit zwei Stockwerken versehen. Das Dach lief spitz zu. Wie Finger stachen die beiden Schornsteine daraus hervor.

Posten oder Wächter sah Suko keine. Das mußte nicht heißen, daß man das Haus im Stich gelassen hatte. Sicherlich wurde es beobachtet.

Der schwierigste Teil begann. Der Chinese mußte ungesehen an das Haus herankommen.

Er schlug einen weiten Bogen, wie es Diana Redford auch auf der Zeichnung gemalt hatte. Suko hoffte, an die Rückseite zu gelangen, denn dort lief ein Hang relativ steil hoch, so daß man ohne größere Schwierigkeiten auf das Dach gelangen konnte.

Ausgestorben lag der Ort da.

Das wunderte den Chinesen. Er hatte damit gerechnet,

zahlreiche Menschen anzutreffen, doch Gulbine wirkte nach dem Löschen des Feuers wie tot.

Noch immer hing ein leichter Brandgeruch in der Luft. Er erinnerte Suko an das, was geschehen war.

Auch überlegte er, wo der Drache stecken mochte. War er vielleicht in ein jenseitiges Reich geflogen, oder hielt er sich noch irgendwo im Lande versteckt?

Über eine feuchte Wiese gelangte Suko an den jenseits des Hauses gelegenen Hang. Eine halbe Stunde war seit seinem Fortgang vergangen, eine kurze Zeitspanne, wie er fand.

Ein dunkel gebeizter Zaun hielt ihn nicht auf. Suko stieg hinüber und lief durch einen Garten, der an dem schräg verlaufenen Hang angelegt worden war.

Dann erreichte er das Haus des Bürgermeisters.

Schon jetzt sah er, daß es keine Schwierigkeiten bereiten würde, auf das Dach zu klettern. Sein Rand berührte zwar nicht den Hügel, doch der Zwischenraum war leicht zu überwinden. Suko konnte durch einen Sprung die Rinne erreichen, und er sah das schräge Fenster auf dem Dach.

Den Mann allerdings entdeckte er etwas zu spät. Er hatte an der Westseite des Hauses neben einem Holzstapel gelauert. Als sich Suko in der Höhe des Stapels befand, sprang der Mann vor und riß sein altertümliches Gewehr hoch.

Der Chinese reagierte reflexhaft. Seine Handkante sichelte in die Höhe, traf das Gewehr und schmetterte es dem Bewacher aus den Fäusten, ohne daß sich ein Schuß löste.

Diesmal wurde der Aufpasser überrascht. Aus großen Augen starrte er Suko an.

Der Chinese schlug zu, doch der Mann verdaute den Schlag. Es war ein richtiger Naturbursche und schüttelte nur den kantigen Schädel, wobei er den Mund zu einem Warnschrei aufriß.

Suko hechtete vor. Der Kerl durfte nicht schreien. Blitzschnell preßte Suko dem Gegner seine Hand auf die Lippen, und der Warnschrei erstickte schon im Ansatz.

Suko riß den Mann herum.

Ein gemeiner Tritt verfehlte ihn, dafür legte der Chinese seinen Gegner mit einem Judogriff flach.

Dann folgte der zweite Schlag.

Suko hatte die Handkante leicht gekrümmt. Er wußte genau, wo er hinzuschlagen hatte, um den Mann nur außer Gefecht zu setzen und nicht zu töten.

Sein Gegner erschlaffte und blieb bewußtlos liegen.

Suko atmete auf.

Rasch schaute er sich um.

Niemand hatte etwas bemerkt. Suko war zufrieden, nahm das Gewehr auf und hämmerte es mit einem wuchtigen Stoß in den Boden. Jetzt war der Lauf verstopft. Dann nahm Suko die Kugeln heraus und warf sie weit fort.

Er lief ein paar Schritte zur Seite, warf einen Blick nach oben, sah die Dachrinne, umklammerte sie und zog sich hoch.

Die Rinne bog sich durch. Sie bestand aus Holz und war nur durch Metallringe verstärkt worden. Zum Glück verkraftete sie das Gewicht des Chinesen.

Suko kletterte aufs Dach und legte sich flach hin. Nachdem er sein Gewicht gut verteilt hatte, wartete er erst einmal ab. Er lauschte, doch niemand hatte ihn bemerkt.

Vorsichtig robbte der Chinese vor. Die Schindeln waren nicht sehr fest. Lockere ertastete Suko mit den Händen und schob sich daran vorbei.

Immer näher kam er dem schrägen Fenster und hatte es wenige Minuten später erreicht.

Suko versuchte hindurchzuschauen, doch jahrealter Dreck hatte die Scheiben verklebt. Mein Freund schätzte die Maße ab und wiegte zweifelnd den Kopf. Es würde schwer sein, sich durch die Luke zu stemmen, aber es gab keine andere Möglichkeit.

Suko hob den Arm, winkelte ihn an, nahm noch einmal Maß und hämmerte den rechten Ellbogen nach unten.

Das Glas zerplatzte mit einem satten Laut. Es gab kein großes Splittern, die Scheibe brach so aus dem Rahmen.

Irgend etwas dämpfte den Aufprall der Scherben. Suko steckte seinen Kopf durch die Öffnung.

Unter ihm war es dunkel.

Muffige Luft drang in seine Nase. Staub reizte zum Niesen. Der typische Geruch eines Speichers, dachte Suko.

Er riskierte es. Nachdem er schon den Kopf durch das Fenster gestreckt hatte, drehte er sich so, daß die rechte Schulter folgen konnte.

Dann hangelte Suko sich weiter. Die linke Schulter bekam er nicht ohne Schwierigkeiten durch die Öffnung, er mußte sich strecken und dehnen, und als er es schließlich geschafft hatte, war er in Schweiß gebadet.

Zur Hälfte hing Suko auf dem Speicher, zur anderen Hälfte befand er sich noch draußen. Die Taille bildete die Grenze.

Suko versuchte, sich noch einmal zu drehen, ruckte hin und her und strampelte mit den Beinen.

Er schaffte es.

Plötzlich fiel er nach vorn. Da er seine Arme ausgestreckt hatte, gelang es leicht, sich abzustützen. Er verwandelte die Landung in eine Rolle vorwärts und stand auf den Füßen. Zum Glück hatte er nicht in die Scherben des zerstörten Fensters gefaßt. Das zersplitterte Zeug lag auf einem alten Teppich.

Auch der Chinese trug stets eine Bleistiftlampe bei sich. Die holte er hervor und schaltete sie ein.

In dem dünnen, hellen Finger tanzten unzählige Staubpartikel. Sie flirrten und flimmerten, lagen auf den alten, zerbrochenen Möbelstücken, bildeten ihre Schicht auf verrosteten Eimern und Gefäßen.

Suko leuchtete zu Boden.

Keine Spuren.

Demnach war lange keiner mehr auf dem Speicher gewesen.

Der Chinese erlaubte sich ein leichtes Lächeln. Bisher hatte alles gut geklappt, von dem kleinen Zwischenfall draußen einmal abgesehen.

Als er auf die Tür zuschritt, hinterließen seine Schuhe Abdrücke im Staub.

Vor der Tür blieb er stehen, legte seine Hand auf die Klinke und drückte sie nach unten.

Langsam zog er die nicht verschlossene Tür auf. Sie quietschte erbärmlich in den Angeln, und Suko verzog das Gesicht. Dann riß er mit einem Ruck die Tür auf.

Durch diesen Trick überwand er das Quietschen.

Suko schlich vor. Der erste Schritt brachte ihn auf ein kleines Podest, an das sich die Treppe nach unten anschloß.

Suko hatte erwartet, Holzstufen vorzufinden, und er wurde nicht enttäuscht.

Im Treppenhaus roch es nach frischer Farbe. Cutler mußte sie erst vor kurzem angestrichen haben. Als Suko das Geländer umspannte, war der Handlauf noch leicht klebrig.

Er betrat die oberste Stufe, wobei er sein Gewicht balancierte. Dabei bewegte er sich auf die Wand zu. Zu seinem Erstaunen knarrten die Stufen nicht, als er die Treppe hinunterging. Sie bogen sich zwar unter seinem Gewicht durch, verursachten jedoch keine verräterischen Geräusche.

Im Haus war es still.

Nicht ein fremder Laut oder eine Stimme drangen an Sukos Ohren. Für seinen Geschmack war es einfach zu ruhig. Denn irgendwo mußten die Männer oder die Kinder doch stecken.

Durch schmale Flurfenster drang nur wenig Licht in das Gebäude. Die Fenster lagen in Höhe der Treppenabsätze; ihre Scheiben waren ebenso schmutzig wie die auf dem Dach.

Die erste Etage.

Suko blieb stehen und lauschte.

Jetzt hörte er das gedämpfte Gemurmel, das weit unter ihm entstanden war.

Ein seltsamer Singsang. Monoton und langsam.

Sukos Gesichtszüge wurden hart. Er lockerte die Beretta in seinem Holster und steckte die Dämonenpeitsche so in den Gürtel, daß er sie ohne Schwierigkeiten ziehen konnte.

Er wußte, daß er dicht vor der Lösung stand. Das Haus mußte sein Geheimnis preisgeben.

Der Chinese ging weiter.

Stufe um Stufe näherte er sich dem Zentrum des Singsangs. Suko erreichte das Erdgeschoß. Hier waren die Räumlichkeiten großzügiger gehalten. Eine Tür stand offen. Im Raum dahinter brannte Licht. Die Helligkeit zeichnete einen hellen Balken auf den Steinboden.

Lauerte dort jemand?

Suko wollte es genau wissen. Er mochte es nämlich nicht, wenn er eine unbekannte Gefahr in seinem Rücken wußte.

Auf Zehenspitzen schlich er zur Tür, drückte sie auf und streckte seinen Kopf in das Zimmer, während seine rechte Hand auf dem Griff der Beretta lag.

Das Zimmer war leer.

Nein, doch nicht.

Suko konnte nur einen Teil des alten Sofas sehen. Aber das reichte ihm.

Er erkannte die beiden Füße, die reglos über den Rand reichten. Entweder schlief dort jemand – oder aber...

Der Chinese wollte es genau wissen.

Zwei Schritte brachten ihn in die richtige Sichtweite. Auf dem Sofa lag tatsächlich eine Gestalt.

Ein Mann.

Und er war tot!

Suko wußte nicht, daß er Rocco, den Schäfer, vor sich hatte. Er registrierte nur den Kopfschuß und preßte hart die Lippen zusammen. Dann drehte er sich um und verließ den Raum.

Nichts hatte sich verändert, nur der Singsang war lauter geworden, und der Chinese wußte auch, woher er kam.

Aus dem Keller!

Er schaute sich nach der entsprechenden Tür um. Mehrere standen zur Auswahl, nur eine konnte er abhaken.

Suko probierte alle durch.

Bei der zweiten schon hatte er Glück.

Vorsichtig zog er sie auf. Diffuses Licht drang aus der Tiefe her nach oben. Es beleuchtete eine steile Steintreppe und eine Wand, die mit schaurigen Drachengestalten bemalt war.

Suko ging zwei Stufen hinunter und schaute sich dann die Bilder an.

Er sah Barrabas. Dessen Gestalt wiederholte sich mehrere Male. Er sah aber auch andere Monster. Seltsame Mischungen zwischen Mensch und Drache.

Die Gestalten hatten menschliche Körper, aber ihre Köpfe bestanden aus Drachenschädeln. Sie boten einen grauenhaften Anblick, und Suko schluckte hart.

Ein Gedanke zuckte durch seinen Kopf. Dies hier an der

Wand waren Gemälde. Doch vielleicht gab es diese Geschöpfe auch in Wirklichkeit. Er hoffte, daß er sich irrte, aber ausschließen mochte er seine Annahme nicht.

Die Treppe machte einen Bogen. Und sie wurde breiter. Suko sah, daß der Keller ausgebaut worden war. Eine Wand hatte man völlig weggenommen, dafür stand dort eine runde Säule, die die Decke stützte. Sie befand sich ziemlich nahe am Ende der Treppe, so daß Suko dahinter Deckung finden und gleichzeitig in den Kellerraum hineinblicken konnte.

Was er sah, war faszinierend und abschreckend zugleich.

Auch den Kellerraum hatte man ausgebaut. Er nahm die vier- bis fünffache Größe eines normalen Raumes ein, und in dessen Mitte stand ein steinernes Bassin.

Es war mit einer Flüssigkeit gefüllt. Sie schwappte bis dicht unter den Rand. Suko konnte nicht genau sehen, welche Farbe sie hatte, da die Lichtverhältnisse zu schlecht waren. Er glaubte aber, grüne und rote Schimmer zu sehen.

Rot?

Vielleicht Blut?

Der Chinese preßte die Lippen zusammen und schluckte. Seine Blicke glitten weiter.

Die Kinder sah er nicht. Dafür jedoch die Männer aus Gulbine. Sie hatten sich um das Bassin versammelt und starrten auf die Oberfläche.

Warum?

Keiner der Männer hatte Augen für seine nähere Umgebung, deshalb wagte Suko es, noch einen Schritt vorzugehen, um einen besseren Blickwinkel zu haben.

Zwar bewegte sich die Oberfläche hin und her, doch plötzlich begann sie auch zu brodeln und quirlen.

Etwas wühlte von unten her auf, drang der Oberfläche entgegen, schäumte und erzeugte dicke Blasen, die mit lauten Geräuschen zerplatzten.

Was spielte sich dort im Bassin ab?

Suko war wirklich gespannt, und seine Geduld wurde auf keine lange Probe gestellt.

Etwas tauchte auf.

Ein Mensch.

Er kam aus den Tiefen des Bassins. Zuerst waren nur die Hände zu sehen, wie sie aus dem Wasser ragten, es folgten die Arme, der Kopf...

Nein, das war kein Kopf.

Suko hatte Mühe, sich zu beherrschen.

Dieser Mensch, der dort aus dem Bassin auftauchte, hatte nicht den Kopf eines normalen Mannes, sondern den Schädel eines Drachen...

Ich hatte das rechte Bein noch in der Luft, als ich blitzschnell herumfuhr.

Rufus stand dicht hinter mir. Ihn wollte ich packen. Es war meine allerletzte Chance.

Ich duckte mich, warf einen Arm vor und preßte ihn um den Hals des Ritters.

Ein Ruck, und Rufus wurde zu mir herangezogen.

Sssst...

Einer der Pfeile flog von der Sehne. Er hatte mir gegolten, doch da der Ritter als Schild vor mir stand, prallte er gegen dessen Brust. Sie war gepanzert, und der Pfeil konnte dem Untoten nichts anhaben.

Blitzschnell zog ich meine Beretta.

Den Ritter hielt ich mit der linken Hand umfaßt, die rechte war frei zum Schießen.

Ich feuerte.

Die Kugel hämmerte durch das offene Visier und zerstörte den Totenschädel eines weiteren Ritters. Das Monster stieß einen grauenhaften Schrei aus, der sich mit dem Echo des Schusses mischte, und brach zusammen.

Die Armbrust fiel zu Boden.

Ich feuerte sofort einen zweiten Schuß ab.

Diesmal traf ich einen Ritter, der eine Lanze wurfbereit hielt. Den Arm hatte er halb erhoben, zum Wurf kam er allerdings nicht mehr. Das silberne Geschoß jagte durch sein offenes Visier und zerstörte den dritten Ritter.

Noch drei Gegner.

Allerdings konnte ich keinen weiteren mehr erledigen,

denn die beiden letzten reagierten diesmal schnell. Sie huschten zur Seite.

Das sah zwar unförmig aus, und vielleicht hätte ich auch noch einen von ihnen erwischt, doch Rufus hatte sich ebenfalls von seiner Überraschung erholt. Er warf sich kurzerhand nach hinten.

Die Rüstung war schwer, und diese Wucht bekam ich zu spüren. Ich wurde gegen die Wand gedrückt, schrammte dabei mit dem linken Bein am äußeren Rand des Sarkophages entlang und scheuerte mir den Hosenstoff auf.

Ich erhielt keine Gelegenheit, meine Beretta zu drehen und die Mündung in das offene Visier zu pressen, denn Rufus gelang es, sich aus meiner Umklammerung zu befreien.

Aus der Drehung schlug er zu.

Die schwere Eisenfaust war auf meinen Kopf gezielt. Blitzschnell ging ich in die Hocke. Die Faust wischte über mir hinweg und krachte gegen die Wand.

Zu einer weiteren Attacke ließ ich Rufus nicht kommen. Mit aller Macht warf ich mich vor, prallte gegen ihn und schleuderte ihn zurück.

Er taumelte.

Dadurch war aber auch ich deckungslos.

Einer der Ritter hob seinen Bogen. Er zielte an Rufus vorbei und damit auf mich.

Jetzt half mir nur noch die Schnelligkeit. Zum Glück war die Nische breit genug.

Ich federte hoch und sprang mit einem Satz über den steinernen Sarkophag hinweg.

Als ich mich noch in der Luft befand, sirrte der Pfeil an meiner Schulter vorbei und traf die leere Wand. Ich prallte gegen die Quermauer der Nische, stürzte zu Boden und warf mich sofort nach vorn.

Zu meinem Glück.

Denn nur haarscharf verfehlte mich die Spitze einer wuchtig geschleuderten Lanze. Das Metall warf Funken, als es gegen die Wand hieb.

Ich mußte aus der Nische raus, denn sie bot mir zu wenig

Bewegungsfreiheit. Dann konnte ich noch so flink sein, irgendwann würden mich meine Gegner erwischen.

Bei einem langen Sprung setzte ich alles auf eine Karte. Mein Körper flog halbhoch und gestreckt durch die Luft. Auch die Arme hatte ich nach vorn gereckt, und meine Hände schlugen gegen die nicht gepanzerten Beine eines Ritters. Er war im Begriff gewesen, sein Schwert nach unten rasen zu lassen.

Der Aufprall verhinderte es.

Der Ritter kippte zurück, das Schwert drehte ein paar Figuren in der Luft, das war auch alles.

Es schepperte, als die unheimliche Gestalt in ihrer Rüstung aufschlug.

»Tötet ihn!« hallte Rufus' Stimme dumpf und grollend durch das Gewölbe. »Bringt ihn um!«

Der Befehl war klar. Rufus hatte gesehen, daß er mich auf seine Art und Weise nicht ausschalten konnte. Jetzt versuchte er es im Kampf. Und da waren sie mir eigentlich überlegen. Ich besaß jedoch die moderneren Waffen. Unter anderem die Beretta mit ihren Silberkugeln, aber im Augenblick nützte mir die Waffe nichts. Ich mußte zusehen, daß ich nicht von den tödlichen Pfeilen meiner Gegner getroffen würde.

Wieder sirrte ein Pfeil heran.

Ich warf mich zu Boden, und das Ding fegte haarscharf über meinen Rücken. Sofort rollte ich mich herum, kam auf den Rücken zu liegen und hob die Beretta.

Ich konnte nicht mehr schießen.

Rufus reagierte wie ein alter Profi. Er riß einen der Sargdeckel hoch, als wären sie aus Pappe, und schleuderte ihn auf mich zu. Wenn er traf, blieb von mir nichts mehr übrig.

Ich verzichtete auf einen Schuß und schnellte mich aus meiner liegenden Position hoch.

Es war ein zirkusreifer Sprung, quer durch das halbe Gewölbe und doch nicht weit genug.

Die Platte streifte mich.

Ich spürte einen harten Schlag im Rücken und wurde nach vorn gedroschen. Für einen Moment blieb mir die Luft weg. Ich riß den Mund auf und rang verzweifelt nach Atem.

Neben mir war die Platte zu Boden geknallt. Sie zeigte jetzt dicke Sprünge.

Das nur am Rande. Ausruhen konnte ich mich nicht. Ich wälzte mich sofort zur Seite und sah mich einem Ritter gegenüber, der seine Lanze zum Stoß erhoben hatte. Er stand direkt vor mir, und wenn ich nicht schneller war, hatte ich verloren.

Denken, zielen, schießen war eins.

Wieder hallte der Schuß durch das Gewölbe. Das silberne Geschoß jagte durch das Visier des Ritters und riß dort den Totenschädel auseinander.

Der Unheimliche kippte zurück. Sein hautloser Schädel wurde durch das Silber zerstört. Asche rieselte aus dem Helm.

Noch zwei Gegner.

Rufus und sein Gehilfe.

Konnte ich auch sie vernichten?

Ich sprang auf die Füße und tauchte sofort nach links weg, um die Wand als Rückendeckung zu haben.

Diesmal griff mich keiner an. Die beiden Gegner warteten ab. Und sie waren schlauer geworden. Sie hatten ihre Visiere vor die Gesichter geklappt, so daß sie kein Ziel mehr für eine Silberkugel boten. Zwar konnte ich noch Arme und Beine treffen, doch ich bezweifelte, ob ich damit die gleiche Wirkung erzielen würde.

Zudem zogen sie sich zurück.

Von dem Gewölbe zweigten einige Gänge ab. Wohin sie führten, war mir unbekannt, wahrscheinlich weiter in die Tiefe der Burg oder aber nach draußen.

Rufus war nur mit seinem Schwert bewaffnet, während der andere Ritter zum Schwert noch eine Lanze trug.

Plötzlich waren die Ritter nicht mehr zu sehen.

Daß sie geflohen waren, daran wollte ich nicht glauben. So leicht gaben sie nicht auf, und vor allen Dingen nicht Rufus, der Ritter in der schwarzen Rüstung. Wahrscheinlich wollten sie mich auf unbekanntes Terrain locken, um schnell und hinterrücks zuschlagen zu können.

Es wurde noch gefährlicher.

Auf dem normalen Weg konnte ich nicht zurück, der war

durch das Gitter versperrt. Auch an der Fallgrube wollte ich nicht unbedingt noch einmal vorbei.

Aber ich dachte an Myxin. Ich mußte sehen, wie es dem »Kleinen« ging. Schließlich hatte er mir das Leben gerettet.

An den Nischen mit den Sarkophagen vorbei schlich ich wieder zurück. Ich konnte bereits die Fallgrube sehen, als sich Myxin zeigte. Er befand sich noch dort, wo ich ihn getroffen hatte.

Der Magier hockte auf dem Boden.

Aus großen Augen schaute er mir entgegen. Mein Körper warf einen langen Schatten auf den Boden, und die Fackeln brannten zuckend weiter, so daß ihr geisterhafter Schein über die Wände strich und sie mit einem schaurigen Eigenleben erfüllte.

»Du hast es geschafft?« fragte Myxin flüsternd.

Ich blieb vor ihm stehen und nickte. »Fast hätte ich es geschafft«, erwiderte ich.

»Wieso?«

»Zwei sind entkommen. Rufus und noch ein Ritter!«

Myxin lachte. »Die haben bestimmt nicht die Flucht ergriffen. Sie warten auf dich.«

»Das glaube ich auch.« Ich räusperte mich. »Kennst du dich hier unten aus?«

»Nein.«

»Aber man hat dich hier gefangengehalten.«

»Das schon. Nur konnte ich mich nicht frei bewegen. Nur in einem bestimmten Umkreis. Asmodina hat schon dafür gesorgt, daß es mir schlecht geht.«

»Welche Fähigkeiten besitzt du noch?« fragte ich ihn.

Er hob die mageren Schultern. »Das weiß ich selbst nicht. Vielleicht gar keine mehr...«

»Aber das ist doch nicht möglich. Man kann doch nicht...«

»Asmodina hat die Macht. Und sie hat damit geprahlt. Mach dich auf etwas gefaßt, John Sinclair. Du weißt, daß dieser Dr. Tod wieder auferstanden ist?«

»Ja.«

»Asmodina ist mit ihm eine grausame Allianz eingegangen. Dr. Tod bereitet etwas sehr Schlimmes vor. Er will endlich einen gewaltigen Plan in die Tat umsetzen.«

»Welchen Plan?«

»Die Gründung der Mordliga!«

Ich hob überrascht die Augenbrauen. »Was ist das denn?«

»Mehr hat mir Asmodina nicht gesagt. Sie meinte nur noch, daß gerade du und alle anderen sich noch wundern würden. Die Mordliga muß ungeheuer schlimm sein. Sie setzt sich aus Verbrechern und Dämonen zusammen. Ich glaube kaum, daß deine Chance größer ist als der eines Schneeballs in der Hölle.«

Ich hob die Schultern. »Das werden wir sehen.« Dann wechselte ich das Thema. »Du kennst dich also nicht hier aus?«

»Nein.«

»Dann suche ich sie allein.«

»Läßt du mich zurück?« fragte Myxin. Seine Stimme zitterte etwas.

Ich lächelte. »Ja und nein. Ich werde zurückkommen und dich holen. Das bin ich dir schuldig.«

»Wenn ich dann noch lebe.«

»Wer sollte dich töten?«

»Asmodina!«

»Sie hat dich bisher am Leben gelassen.«

»Aber ich bin Ballast für sie. Tut mir leid. Sie hat mich hierhergeschafft, um mir meine Machtlosigkeit zu demonstrieren. Und ich konnte nichts dagegen tun.«

Während Myxin sprach, schaute ich mich immer wieder um, doch von meinen Gegnern war keine Spur zu sehen. Sie schienen sich in Luft aufgelöst zu haben.

Da hatte ich eine Idee.

»Asmodina hat dich mit einem Bann belegt?« erkundigte ich mich noch einmal.

»Ja.«

»Vielleicht kann ich ihn brechen!«

Myxin schaute mich aus großen Augen an. Ich sah die Hoffnung darin funkeln. »Wie willst du das schaffen?«

»Mit dem Kreuz!«

Der Magier schwieg. Ich aber griff unter meine Kleidung.

Während des Kampfs mit den Rittern hatte ich keine Gelegenheit gehabt, das Kreuz hervorzuziehen. Jetzt streifte ich mir die Kette über den Kopf.

Ich ging in die Knie.

Das Kreuz hielt ich in meiner rechten Hand. Deutlich waren die vier Zeichen der Erzengel zu sehen.

M für Michael, R für Raphael, G für Gabriel, U für Uriel! Mir hatten sie schon des öfteren geholfen. Würden sie auch jetzt stark genug sein, den magischen Bann der Asmodina zu brechen?

Ich hoffte es.

Langsam führte ich meine Hand und damit das Kreuz in die Nähe des auf dem Boden hockenden Magiers. Unwillkürlich wich Myxin etwas zurück. Er war einmal ein Dämon gewesen, sogar ein sehr starker, und er hatte mich bekämpft. Vor dem Kreuz hatte er noch immer einen gewissen Respekt, was ich durchaus verstand.

Ich lächelte. »Keine Angst, es klappt schon.« Während ich die Worte sprach, fühlte ich auf meiner Haut, wie sich das Kreuz erwärmte. Ich näherte mich dem unsichtbaren magischen Ring.

Wer würde stärker sein?

Ich konnte nicht vermeiden, daß meine Hände anfingen zu zittern.

Weit hatte Myxin die Augen aufgerissen. Auch er zitterte. Seine Haltung hatte sich verkrampft, er war zurückgewichen, drückte seinen Rücken gegen die Mauer und stützte sich mit beiden Händen am Boden ab.

Asmodina mußte ihn wirklich mit einem mächtigen Bann belegt haben, wenn er solch eine Angst hatte.

Da geschah es!

Plötzlich explodierte das Kreuz in meiner Hand zu einer gleißenden Lichtkaskade. Eine ungeheuer starke Energie raste auf den kleinen Magier zu und hüllte ihn ein wie eine Glocke.

Hart hielt ich meinen wertvollen Talisman umklammert. Myxin schrie. Er mußte starke Schmerzen haben. Die beiden gegensätzlichen Kräfte tobten sich in und um seinen Körper aus. Er zuckte hin und her. Für einen winzigen Augenblick wurde seine Gestalt durchsichtig, so daß ich Angst hatte, ihn in eine andere Dimension zu verlieren. Sein Gesicht war von panischem Schrecken verzerrt, als sein Körper wieder materialisierte.

Ich spürte, wie das Kreuz arbeitete. Kaum konnte ich es festhalten, es zuckte hin und her. Ununterbrochen strahlten die gleißenden Lichtfinger von den vier Ecken ab.

Und...

Ein Schrei. Hoch, spitz und gellend.

Dann sackte Myxin zusammen und kippte schwer auf die Seite, wo er liegenblieb.

Das Licht erlosch.

Nur noch ein leichtes Nachleuchten war vorhanden, dann verschwand es ebenfalls.

Ich atmete tief durch.

Myxin lag am Boden und wimmerte. Vorsichtig berührte ich seine Schulter.

»Es ist vorbei«, sagte ich.

Der Magier drehte sich langsam herum. Sein Gesicht zeigte nicht mehr die grünliche Farbe. Es war aschgrau geworden. Der Mund stand halb offen. Der Atem ging pfeifend, ähnelte fast einem Röcheln.

Ich reichte ihm die linke Hand. »Kannst du aufstehen?«

»Ver... versuchen!« Er konnte kaum noch sprechen, so sehr hatten ihn die Ereignisse mitgenommen. Er packte meine Hand, und ich zog ihn langsam hoch.

Myxin mußte von mir gestützt werden, so wacklig war er auf den Beinen.

»Vor meinen Augen dreht sich alles!« keuchte er.

»Das geht vorbei«, erwiderte ich zuversichtlich.

Myxin lächelte nur. Er schaute auf mein Kreuz.

Ich ahnte, was in seinem Kopf vorging, und fragte: »Willst du es anfassen?«

»Eigentlich ja.«

»Hier.« Ich reichte es ihm. Es war die berühmte Nagelprobe, und Myxin zögerte noch.

»Nimm es!« forderte ich ihn auf.

Er gab sich einen innerlichen Ruck, krümmte die Finger und nahm mir das Kreuz aus der Hand.

Es geschah – nichts.

Myxin konnte das Kreuz in der Hand behalten, ohne daß es reagierte. Er, nein, wir hatten es geschafft.

»Ich... ich bin kein Dämon mehr!« flüsterte er. »Kein Schwarzblüter. Es ist vorbei...«

»Ja, es ist vorbei«, bestätigte ich.

»Aber wieso?« Myxin schüttelte den Kopf. Er war völlig durcheinander. »Dann habe ich all meine Kräfte verloren?«

»Sieht so aus.«

»Demnach bin ich jetzt hilflos?«

»So hilflos wie ich.«

»Nein, John Sinclair. Du hast dein Kreuz, dazu deinen Bumerang, aber für mich ist Schluß. Ich bin ein Verräter, bin vogelfrei. Jeder Dämon wird mich leicht töten können. Sie setzen mich auf die Schwarze Liste, nichts kann mich retten.«

Aus seiner Sicht betrachtet, hatte er recht. Aber was sollte ich ihm sagen? Er würde mir nichts glauben.

Beinahe hastig gab er mir mein Kreuz zurück und senkte den Kopf. »Vielleicht habe ich einen Fehler gemacht, als ich mich auf deine Seite stellte, John Sinclair. Vielleicht. Nun es ist nicht mehr rückgängig zu machen. Ich muß damit existieren. Aber ich glaube, daß mich Asmodina schlimm bestrafen wird.«

»Das warten wir einmal ab. Zuerst muß ich mich um die verdammten Ritter kümmern.«

»Soll ich dir helfen?« fragte er.

»Nein, bleib lieber hier.«

»Du hältst mich für schwach?«

Ich schüttelte den Kopf. »Keineswegs, die anderen sind zu stark.«

»So kann man es auch sehen.« Der kleine Mann lachte bitter. Er schien ungeheuer deprimiert zu sein. Auch die Haut schimmerte nicht mehr so stark grünlich wie früher. Sie war grauer geworden und auch blasser. Wie bei einem Menschen, dem man einen großen Schrecken eingejagt hatte.

»Vielleicht bekommst du deine Kräfte irgendwann einmal

wieder«, versuchte ich ihn aufzurichten. Ich hatte einfach das Gefühl, etwas sagen zu müssen.

»Daran glaube ich nicht«, erwiderte Myxin.

Ich hob die Schultern.

Im selben Augenblick hörten wir das Knirschen über uns. Sofort warf ich einen Blick hoch zur Decke und sah die breiten Risse.

»Weg hier!« brüllte ich Myxin zu und packte ihn an den Schultern. Jetzt mußten wir rennen, wenn uns unser Leben lieb war...

Suko war geschockt!

Die Gestalt dort im Bottich schien einem Alptraum entsprungen zu sein.

Ein Mensch mit einem Drachenschädel.

Grauenhaft...

Die Flüssigkeit reichte dem Drachenmenschen bis zur Hüfte. Er hob beide Arme und drehte sich im Kreis. Dabei öffnete er sein Maul, und beschwörende Worte drangen daraus hervor.

»Brüder!« rief er mit lauter Stimme. »Die Zeit des Drachen hat begonnen. Barrabas ist erwacht. Er hat gerufen, und wir werden ihm folgen. Was vor Urzeiten begonnen hat, müssen und werden wir fortsetzen. Wir – die Diener des Drachen!«

Gemurmel drang über die Lippen der Anwesenden. Sie alle stimmten dem Drachenmenschen zu. Denn er war Barrabas' großer Diener, und ihm hatten sie zu gehorchen.

Blind...

Suko sah dies alles und bekam jede Einzelheit mit. Er war zwar geschockt, jedoch nicht so stark, als daß seine Gedanken eingefroren wären.

Er überlegte.

Erstens: Wo waren die Kinder? Und was geschah mit ihnen, wenn Barrabas kam? Würden all die Versammelten dem Diener des Drachen treu folgen?

Ja, es sah ganz so aus.

Aber Suko wollte ihm einen Strich durch die Rechnung

machen. Er zog seine Beretta, die er zuvor weggesteckt hatte. Noch nie hatte er gern getötet, aber er sah in diesem Fall einfach keine andere Möglichkeit. Wenn er King Cutler, den Drachenmenschen, ausschalten konnte, war viel gewonnen.

Langsam hob er den rechten Arm und legte ihn mit der Innenseite nah an die Säule, so daß er die Kühle des Gesteins spüren konnte. Suko visierte genau.

Doch er kam nicht zum Schuß.

Noch nicht...

Bewegung geriet in die Männer. Hilfreich streckten sie ihre Arme aus, um Cutler aus dem Bassin zu ziehen. Er sollte sich nicht anstrengen, er wurde noch gebraucht. Zahlreiche Körper deckten ihn, und Suko mußte seinen Plan verschieben.

Der Chinese war jedoch davon überzeugt, daß sich bald eine günstigere Gelegenheit ergeben würde.

King Cutler, der Drachenmensch, wurde aus dem Bassin gehoben. Er schaute dabei zur Seite und auch über die Köpfe der anderen hinweg. Fast hätte er Suko entdeckt, doch der Chinese konnte sich gerade noch zurückziehen.

Er war gespannt, wie es weiterging. Würden die Geblendeten in diesem Keller bleiben oder würden sie das Haus verlassen und zu den Kindern gehen?

Trat die zweite Annahme ein, wollte Suko der Meute folgen.

Seinen Plan, den Drachenmenschen zu töten, hatte er jetzt aufgegeben. Suko dachte in erster Linie an die Kinder.

Cutler bewegte seinen Schädel hin und her. Er stand jetzt auf dem Boden, klappte seine beiden Kiefer auf, und aus dem Rachen drang ein dumpfes Brüllen.

Erschreckt wichen die Männer zurück.

Cutler aber lachte. »Keine Angst, Freunde, es war nur ein Beweis meiner Tatkraft und meiner Person. Ich bin halb Drache und halb Mensch. Ihr wißt, was das zu bedeuten hat?«

Nicken.

Dann eine Stimme aus dem Hintergrund. »Du wirst Barrabas' Erster Diener sein!«

»Das stimmt!« erwiderte Cutler. »Aber nicht nur ich werde sein Diener sein. Auch ihr. Ihr habt gesehen, daß ich in seinem alten Blut gebadet habe. Die Schwarze Magie und mit ihr Asmodina gab mir die Kraft, so zu sein wie jetzt. Daran sollt ihr denken, wenn auch ihr zu den Dieners des großen Drachen werdet. Um Mitternacht ist die Drachentaufe, dann wird auch euch die Ehre widerfahren, so zu sein, wie ich es schon bin. Wir sind die würdigen Nachfolger des uralten Drachenclans, und Barrabas wird unser Herr!«

Die Männer klatschten und brachen in Hochrufe aus. Sie waren nicht mehr zu halten. Dieses Dorf sollte tatsächlich der Stützpunkt eines gewaltigen Dämons werden.

Cutler hob beide Arme. Er wollte weiterreden, und die Stimmen verstummten.

»Doch was wären wir ohne unsere wahre Herrin. Ohne diejenige, die auch die Ritter ins Leben gerufen hat, damit sie den Weg für den Drachen vorbereiten können. Wem also haben wir noch zu danken, Freunde?«

»Asmodina!« erscholl es im Chor.

Suko nickte. Daß sie hinter allem steckte, lag klar auf der Hand. Cutler hätte dies nicht einmal zu sagen brauchen. Sie war die große Drahtzieherin im Hintergrund, und welche Pläne die Teufelstochter ausgebrütet hatte, das wußte niemand.

Suko beobachtete weiter. Die Hälfte der Männer wurde dazu ausersehen, das Drachenblut aus dem Bassin zu schöpfen.

Die anderen wollten den Keller verlassen.

Auch für Suko wurde es Zeit, sich zurückzuziehen. Doch dazu sollte es vorläufig nicht kommen, denn plötzlich hörte er eine haßerfüllte Stimme in seinem Rücken.

»Habe ich dich endlich, du Bastard!«

Der Chinese flirrte herum.

Vor ihm stand Asmodina!

Er hatte sie nicht kommen gehört. Lautlos wie ein Schatten war sie in den Keller getreten und hatte Suko diese höllische Überraschung bereitet.

Der Chinese erstarrte.

Asmodina kräuselte die Lippen zu einem kalten Lächeln, als sie sagte: »Du hast eine Waffe bei dir, Chinese, das weiß ich. Aber sie nützt dir nichts. Also versuche sie gar nicht erst zu ziehen. Du hast keine Chance!«

»Das weiß ich«, erwiderte Suko.

Asmodina hatte so laut gesprochen, daß ihre Worte auch von den anderen gehört worden waren. Sie verstummten und drehten sich alle in eine Richtung, wobei der Drachenmensch zwei Schritte vortrat.

»Der verdammte Chinese!« grollte er, öffnete sein Maul und zeigte spitze Zähne.

»Ja!« lachte Asmodina. »Das ist Suko. Ein ganz gefährlicher Mann. Fast so gefährlich wie John Sinclair. Allerdings hat er kein Kreuz.« Während Asmodina die letzten Worte sprach, trat sie auf Suko zu.

Mein Freund wollte noch zur Waffe greifen, doch Asmodina öffnete einmal ihre kalten Eisaugen, und Suko erstarrte mitten in der Bewegung. Ein grüner, magischer Strahl hatte ihn getroffen. Suko konnte sich nicht mehr rühren. Er bekam jedoch alles mit, was um ihn herum geschah.

»Ich bringe ihn um!« röhrte Cutler. »Ich werde ihn töten!« Er rannte schon die Stufen hoch.

Asmodina streckte nur die Hand aus. »Nein!«

Der Drachenmensch gehorchte aufs Wort und blieb stehen.

»Du darfst ihn töten«, erklärte Asmodina. »Aber nicht hier und nicht jetzt! Ich habe etwas anderes mit ihm vor.«

»Willst du ihn mitnehmen?«

»Ja.«

Jetzt lachte King Cutler. »Ja, die Idee ist ausgezeichnet. Wir nehmen ihn mit zur Opferstätte, und dort empfängt er die Drachentaufe. Wie wir!«

Asmodina lachte kalt. »Ein gutes Schicksal, fürwahr. Aber wie hat er es geschafft, zu überleben?«

»Keine Ahnung«, knirschte Cutler.

Asmodina trat vor, bis sie dicht vor dem Chinesen stand. Ihr Arm fuhr hoch, die Hand glitt unter Sukos Jacke. Sie fand die Beretta und warf sie wütend weg.

Dann strich sie einmal mit ihren langen Fingern durch Sukos Gesicht. Augenblicklich hörte die Starre auf.

Suko konnte sich wieder bewegen.

Er wischte sich über die Augen, als wäre er nach einem langen Schlaf erwacht.

»Hast du alles gehört?« fragte Asmodina.

»Ja.«

»Das ist gut. Du und dein Freund Sinclair könnt die Drachensaat nicht mehr stoppen. Das Vermächtnis ist reif. Barrabas ist erschienen und wird in meinem Namen herrschen.«

Die Worte trafen Suko hart. Er hatte auch den Namen Sinclair vernommen und erkundigte sich nach ihm.

Asmodina stieß ein hohles Lachen aus, das dem Chinesen einen Schauer über den Rücken jagte. »Sinclair steht allein gegen fünf Ritter. Er wird sicherlich schon tot sein. Ich konnte leider nicht auf der Burg bleiben, weil ich hier gebraucht werde!« Sie machte eine wütende Handbewegung und funkelte Cutler an. »Los, packt ihn!«

Bevor Suko sich versah, stürzte die Horde vor.

Der Chinese wehrte sich. Dem Drachenmenschen jagte er eine Faust gegen den Schädel, doch der steckte den Schlag weg, als wäre er nichts.

Er warf sich gegen Suko.

Und mit ihm kamen drei andere.

Der Chinese wurde unter den Leibern begraben. Bevor er sich zu einer Gegenaktion aufraffen konnte, waren die anderen schon über ihm.

Sie schlugen ihn nicht bewußtlos. Asmodina sorgte mit ihrem Bannstrahl dafür, daß er sich nicht mehr rühren konnte.

Dann schafften ihn die anderen weg. Einem ungewissen Schicksal entgegen...

Für Myxin und mich wurde es mehr als kritisch. Bereits nach drei Schritten fielen die ersten Brocken.

Und das waren Felsstücke.

Größer als Männerköpfe wurden sie aus dem Verbund herausgerissen. Sie klatschten zu Boden wie Kanonenkugeln. Gewaltige Wolken wallten auf, der Staub zog träge durch das

Gewölbe, rollte uns entgegen, setzte sich auf die Schleimhäute fest und reizte zum Husten.

»Wo geht's hier raus?« schrie ich Myxin zu.

»Keine Ahnung.«

Verdammt, das konnte heiter werden. Zum Glück ließ sich die nächste Ladung Zeit. Ich hatte ein paar Sekunden Muße, mich in dem Gewölbe umzuschauen.

Viel konnte ich nicht erkennen. Der Staub nahm mir die Sicht, aber ich hatte gesehen, wohin die Ritter verschwunden waren. Und aus dieser Richtung hörten wir ein schrilles Wiehern.

Pferde!

Die Ritter hatten ihre Pferde zurückgelassen.

»Los, da hin!« rief ich und rannte schon. Im selben Augenblick sah ich die Schatten. Die Tiere waren durch das Poltern aufgeschreckt worden und völlig nervös. Sie verloren den Überblick und rasten auf uns zu. Wenn wir nicht achtgaben, gerieten wir unter die Hufe.

Ich packte Myxin, der die Gefahr noch gar nicht richtig begriffen hatte, und schleuderte ihn gegen die Wand.

Keinen Augenblick zu früh. An Myxin und mir vorbei galoppierte der erste Gaul. Er wieherte schrill und hatte seinen Kopf weit in den Nacken geworfen.

Andere Pferde folgten. Auch sie waren in Panik. Aber ein Tier wollte ich packen, vielleicht brachte er uns aus dieser Hölle.

Im Western sieht das immer so einfach aus, wenn sich der Held vorwirft, nach den Zügeln greift und sich in den Sattel schwingt. Aber ich war kein großer Held, und reiten konnte ich auch nicht besonders. Zudem hatte ich keine Ausbildung als Stuntman hinter mir.

Dennoch mußte ich es wagen. Die Pferde kannten sicherlich einen zweiten Ausgang aus diesem Gewölbe.

Das letzte Tier erschien.

Ich holte noch einmal tief Luft, und dann stieß ich mich ab. Es war ein verzweifelter Sprung, und mir war das Glück wirklich hold, daß ich die Zügel zu packen bekam.

Der Gaul war im vollen Galopp.

Hart riß ich an den Zügeln. Von der Kraft des Pferdes wurde ich fast von den Beinen gerissen. Ich schwankte für einen Moment, flog mit dem Rücken gegen die Mauer, wo ich mich wieder fangen konnte.

Auf der Hinterhand warf sich das Tier hoch, wieherte schrill, doch meine starke Hand zwang es nach unten.

Gesattelt waren die Pferde nicht. Man hatte ihnen nur eine Decke über den Rücken geworfen.

Ich schwang mich auf den Rücken, mußte mich an der Mähne festkrallen, damit ich nicht rutschte, und saß.

Ich atmete auf.

»Los!« schrie ich Myxin zu und reichte ihm meine Hand.

Er packte zu.

Wie ich den kleinen Magier auf den Pferderücken zerrte, weiß ich nicht mehr. Auf jeden Fall hockte Myxin schließlich hinter mir und umklammerte meine Taille.

Ich griff nach den Zügeln, zwang das Tier stehenzubleiben und lockerte die Zügel ein wenig.

Jetzt sprengte der Gaul vor.

Ich kippte nach rechts, wieder nach links, aber ich hielt mich. Das Pferd raste zurück in das Gewölbe.

War meine Rechnung nicht aufgegangen?

Doch – das Pferd sprengte nicht nach rechts, wo die Decke eingestürzt war, sondern in die andere Richtung.

»Halt dich nur fest! brüllte ich Myxin zu und zog selbst den Kopf ein, weil die Decke plötzlich niedriger wurde.

Hinter uns krachte es.

Wieder donnerte ein Teil der Decke herab. Das große Gewölbe wankte und ächzte.

Staub quoll aus den Ritzen und Fugen, der Gaul scheute wieder. Klar, daß auch er Angst hatte, genau wie ich.

Hinter mir hockte noch immer Myxin. Der kleine Magier zitterte am ganzen Leib. Ich merkte es daran, wie er sich verzweifelt festklammerte und mich dabei schüttelte, weil er sich nicht mehr beherrschen konnte.

»Laß nur nicht los!« brüllte ich ihm über die Schulter zu.

»Nein!« schrie er mir ins Ohr.

Das Pferd sprengte weiter. Es hielt auf eine Lücke im

Mauerwerk zu, die man mit Mühe und Not erkennen konnte. Sie war eher ein schmaler Durchschlupf.

Zwei Sekunden später war der Gaul hindurch.

Dunkelheit umgab uns.

Ich zog unwillkürlich den Kopf ein, weil ich nicht wußte, wie hoch die Decke war. Beulen wollte ich mir keine holen.

Das Pferd war beschlagen. Immer wenn die Hufe gegen einen Stein prallten, schleuderten Funken hoch. Erkennen konnte ich trotzdem nichts. Wir mußten uns ganz auf den Instinkt des Pferdes verlassen.

Ich merkte, daß der Weg bergauf führte. Er wurde auch enger. Einmal schrammte ich mit dem rechten Bein an der Mauer entlang. Sekundenlang hatte ich Angst davor, eingequetscht zu werden. Zum Glück ging alles gut.

Aufatmen.

Ein grauer Schimmer.

Weiter vorn. Das Tageslicht. Schafften wir es tatsächlich, aus dem Gewölbe zu entkommen?

Ich betete, zitterte, als wir weiterritten. Dann die letzten Yards, noch zwei Sprünge – der Gaul war draußen.

Und wir auch!

Von wegen Tageslicht.

Dämmrig war es. Die Wolke hing noch immer über der zerstörten Burg, als wäre sie festgeklebt. Asmodina hatte hier ihren Schatten hinterlassen.

Wir stießen hinein in die Dämmerung, gelangten auf den Burghof, wo ich einen Blick nach links warf.

Ein Krater war mitten zwischen den Trümmern entstanden. Dort war das Gewölbe eingestürzt.

Nachträglich noch rieselte es mir kalt über den Rücken. Wir waren wirklich nur knapp einem grauenvollen Tod entronnen, denn die Gesteinsmassen hätten uns begraben.

Doch leer war der Burghof nicht.

Die Ritter warteten auf uns.

Blitzschnell trat einer hinter einem hohen Mauerfragment hervor und schleuderte seine Lanze.

Ich hätte mich vom Pferd werfen können, glaubte jedoch nicht daran, daß auch Myxin so rasch reagieren würde, deshalb riß ich an den Zügeln und zog das Pferd auf die Hinterhand.

Die Lanze traf nicht mich, sondern das Tier. Mit einem dumpfen Aufschlag bohrte sie sich in die breite Brust, und mir tat es in der Seele weh, unseren Lebensretter sterben zu sehen.

Das Tier brach zusammen.

»Runter!« brüllte ich.

Ich sah nicht, ob Myxin meinem Befehl folgte, ich jedenfalls warf mich vom Pferderücken. Hart fiel ich zu Boden und überschlug mich mehrere Male.

Aus den Augenwinkeln nahm ich Myxin wahr. Er hatte hinter dem toten Tier Deckung gefunden.

Der Ritter, der die Lanze geschleudert hatte, gab nicht auf. Mit gezücktem Schwert lief er auf mich zu.

Er war nicht sehr schnell, die Rüstung hinderte ihn, aber er hatte sein Visier geschlossen, so daß ich mit einer Kugel nichts ausrichten konnte.

Wieder mit dem Bumerang?

Ich sprang auf und holte meine Waffe hervor. Zehn Schritte etwa war mein untoter Gegner von mir entfernt.

Eine gute Distanz.

Einmal schwang ich den Arm zurück, drückte ihn wieder nach vorn und ließ die silberne Sichel fliegen.

Der Untote wollte noch ausweichen, doch so schnell brachte er seinen Körper nicht zur Seite.

Der silberne Bumerang zerschnitt seinen Helm und trennte den Kopf vom Rumpf.

Ein paar Schritte wankte der Torso noch weiter, dann knickte er zusammen, fiel hin und blieb liegen.

Den hatte ich geschafft.

Jetzt war nur noch ein Gegner übrig.

Rufus, der Ritter in der schwarzen Rüstung.

Ich fing den Bumerang wieder auf und behielt ihn in der Hand. Ein Allheilmittel war er auch nicht, mein Gegner mußte schon frei stehen, wenn ich ihn treffen wollte.

Doch wo hatte sich der Ritter versteckt?

Myxin hatte sich ebenfalls wieder aufgerichtet.

Ich drehte den Kopf und schaute den Magier an. »Alles okay?«

»Ja.«

»Dann sieh dich mal um, ob du den Hundesohn siehst.«

Myxin nickte.

Langsam schritt ich vor. Als ich etwa in Höhe des erledigten Ritters war, tauchte hinter den Resten der Mauer eine Gestalt auf.

Der Ritter!

Drohend schwang er sein Schwert und ging einen Schritt vor.

Ich war verdammt siegessicher, schrie »Fahr zur Hölle«, und schleuderte meine neue silberne Waffe.

Darauf hatte Rufus gewartet.

Als der Bumerang schon unterwegs war, ging er schnell den Schritt wieder zurück und verschwand hinter der Mauer.

Da wußte ich, daß der Bursche mich reingelegt hatte.

Der Bumerang klatschte gegen die Steine, und es gab einen hellen, singenden Ton.

Dann fiel er zu Boden und blieb liegen.

O verdammt.

Plötzlich war Rufus wieder da. Ich hatte nicht mehr die Zeit, den Bumerang aufzuheben, und das wußte er. Er baute sich zwischen Mauer und mir auf und lachte höhnisch.

Zwar trug ich das Kreuz offen vor der Brust, doch auf diese Distanz nützte es mir nichts.

Ich mußte nahe an den Ritter heran, dann konnte ich vielleicht etwas machen.

»Nimm doch das Schwert«, sagte Myxin.

Im ersten Augenblick wußte ich nicht, was er meinte, bis mir einfiel, daß ich ja neben dem erledigten Ritter stand und er noch ein Schwert in der Hand gehalten hatte. Jetzt lag die Waffe neben ihm, weil seine Knochenhand zu Staub geworden war.

Ich bückte mich und hob das Schwert auf.

Rufus blieb stehen und lachte. »Willst du damit gegen mich antreten?« höhnte er.

»Warum nicht?«

»Dann komm nur. Ich werde dir schon zeigen, wer stärker ist!«

Ich sprang über die jetzt leere Rüstung des erledigten Ritters hinweg und näherte mich dem Untoten in der schwarzen Rüstung. Das Schwert hielt ich in der rechten Hand, und schon jetzt spürte ich sein Gewicht. Himmel, war das schwer. Ich glaubte langsam, mir zuviel vorgenommen zu haben.

Eigentlich wollte ich keinen langen Kampf, ich mußte nur in die Nähe meines Bumerangs gelangen. Das war vielleicht durch diesen Trick möglich.

Der Ritter hob seinen rechten Arm. Bei ihm sah alles so spielerisch leicht aus.

Dann drosch er zu.

Die Klinge fuhr nach unten. Ich riß meinen Arm hoch und kreuzte sie mit meiner eigenen.

Beide klirrten aufeinander, aber Rufus hatte soviel Wucht in seinen Schlag gelegt, daß er mir das Schwert fast aus der Hand geschleudert hätte. Ich konnte es kaum glauben.

Und sofort erfolgte der nächste Streich. Rufus setzte ihn schräg an, und die Klinge hätte mir den Arm von der Schulter abgetrennt, doch ich sprang rasch zurück, und das Schwert verfehlte mich.

Dann war ich an der Reihe. Mein Streich saß. Doch die Klinge traf nur die Rüstung, wo sie nicht einmal einen Kratzer hinterließ, so lasch war der Schlag geführt worden.

Dafür konterte Rufus.

Er brachte mich mit einem blitzschnellen Hieb in Bedrängnis. Ich konnte meine Waffe gerade noch hochreißen und den Schlag parieren. Dabei mußte ich zurück, sonst wäre ich trotz der Parade von der anderen Klinge getroffen worden.

Es sah schlecht aus. Ich mußte was tun, wenn ich nicht verlieren wollte.

Zuerst packte ich meine Waffe mit beiden Händen. So konnte ich sie besser führen. Und den nächsten Hieb parierte ich schon besser. Das merkte Rufus auch.

Er änderte seine Taktik, griff nicht mehr so schnell an, sondern wartete ab.

»Das nützt dir auch nichts«, sagte er grollend. »Ich werde dich zerschlagen!«

Eine Antwort gab ich ihm nicht, denn ich brauchte meine Kraft noch. Der Schweiß, vermischt mit dem grauen Gewölbestaub, lag wie eine Schicht auf meiner Haut. Ich wischte mir über das Gesicht, weil mir die salzigen Tropfen sonst in die Augen rannen.

Wieder griff Rufus an. Ein paar Sekunden hatte er mir gegönnt, jetzt würde er Ernst machen.

Und er machte Ernst.

Dieser Ritter war ein Könner. Ich hatte das Gefühl, als würde er nur mit mir spielen. Er führte das schwere Schwert so leichthändig wie andere ein Florett. Immer wieder wischte die Klinge durch die Luft, kam von der rechten, dann von der linken Seite, und ich konnte kaum einen Schlag parieren.

Ich sah auch Myxin. Er beobachtete aus weit aufgerissenen Augen den Kampf.

Ich mußte zurück. Immer wieder. Wenn ich von der Klinge nicht getroffen werden wollte, blieb mir einfach keine andere Möglichkeit, als in die Defensive zu gehen.

Der Ritter mit dem Totenschädel schlug wie eine Maschine um sich. Hart, brutal, präzise.

Manchmal riß ich das Schwert hoch, dann sangen die Klingen gegeneinander. Es sprühten Funken auf, und Rufus trieb mich immer weiter in die Enge.

Mit dem Rücken stieß ich gegen die Mauer. Sie war nicht hoch, es stand nur die Hälfte, aber ich mußte mich stellen.

Rufus lachte.

Er sah seine Chance, mich zu vernichten.

Ich schaute nach links und rechts, suchte einen Ausweg, doch das war verdammt schwer.

Rechts von mir wurde die Mauer niedriger. Dort fehlten einige Steine, aber es kostete immer noch Zeit, auf die Krone zu klettern. Und diese wertvollen Sekunden würde Rufus sicherlich ausnutzen.

Als der nächste Schlag auf mich zufuhr, glitt ich zur Seite weg, und die Schwertspitze rasierte über die Mauer, wo sie als Andenken einen hellen Streifen hinterließ.

Meine Gegenattacke bestand aus dem Rückwärtsgang. Ich lief parallel zur Mauer entlang und war schneller als der verdammte Ritter.

Die Mauer ging über in einen Bogen. Zum Teil war sie eingebrochen, dann ragte sie wieder aus dem Boden empor. Einmal sah ich ein treppenförmiges Steingerippe inmitten der Mauer, und mir kam eine Idee. Ich konnte dort hochsteigen.

Mit drei Sprüngen stand ich auf der Krone. Sofort schaute ich auf die dem Burghof abgewandte Seite – und erschrak.

Unter mir fiel der Hang ziemlich steil in die Tiefe. Wenn ich da hinuntersprang, hatte ich kaum Chancen, zu überleben.

Das wußte auch Rufus, denn er lachte grimmig auf, als er mir auf dem gleichen Weg folgte.

Er hatte eine größere Chance als ich, denn er war im Umgang mit dem Schwert ein Meister. Ich hielt zwar auch noch meine Waffe in der Hand, doch auf der schmalen Mauerkrone stehend, konnte ich gegen Rufus nicht viel ausrichten.

Über uns tobten noch immer die düsteren Wolken.

Beide hatten wir die Waffen erhoben.

Ich hätte hinunterspringen können, um wegzulaufen. Damit jedoch wäre keinem geholfen worden, ich mußte diesen elenden Ritter endlich ausschalten.

Er drang auf mich ein. Ich hatte den Griff meines Schwertes mit beiden Händen umklammert, mein Gegner hielt es mit einer Hand, und es sah spielerisch aus.

Der Untote hatte Kraft.

»Komm doch, Sinclair!« höhnte er. »Komm nur. Mich wirst du nicht erledigen.« Während er die Worte sprach, schritt er auf mich zu und führte einen blitzschnellen Hieb.

Ich hatte für einen Moment nicht aufgepaßt und mich zu sehr auf seine Worte konzentriert.

Das rächte sich jetzt.

Sein Schwert krachte ungeheuer wuchtig gegen meine Klinge. Der Arm wurde mir nach links gerissen; ich hatte Mühe, das Gleichgewicht zu behalten und nicht von der Mauer zu stürzen.

Der Ritter lachte. »Das war erst der Anfang«, versprach er mir. »Gib acht, wie es weitergeht!«

738

Wieder schlug er zu. Kräftig und ungeheuer schnell. Diesmal fuhr die Klinge von oben nach unten. Sie hätte mich gespalten, doch ich sprang blitzschnell zurück, und das Schwert verfehlte mich.

Sofort setzte Rufus nach.

Er stach zu.

Ich drehte mich zur Seite. Seine Klinge wischte dicht an meiner Hüfte vorbei, während ich mit meinem Schwert konterte, jedoch nur einen schwachen Treffer landete, der ihm nichts anhaben konnte.

Es ging weiter.

Der Ritter kam langsam in Form. Ich wurde immer mehr in die Defensive gedrängt. Er ließ mir auch keine Zeit, nach meinem Kreuz zu greifen; ich mußte mich voll darauf konzentrieren, seine Attacken abzuwehren.

Unsere Waffen klirrten gegeneinander. Die hellen Geräusche hallten über den Burghof, bis hin zu Myxin, der mit gespanntem Blick den mörderischen Kampf auf Leben und Tod beobachtete.

Hin und her wogte die Schlacht. Manchmal konnte ich etwas Boden gutmachen, doch im Endeffekt trieb mich Rufus immer weiter zurück. Auch mußte ich achtgeben, nicht von der Mauer zu fallen, denn das hätte mein Ende bedeutet.

Der Ritter kämpfte weiter. Er lachte dabei und hieb wild um sich. Obwohl ich das Schwert mit beiden Händen hielt, fiel es mir immer schwerer es oben zu halten und seine Schläge abzuwehren. Langsam erlahmten meine Kräfte.

Angst stieg in mir hoch.

Noch immer standen wir auf der Mauer und kämpften. Der Wind heulte um meine Ohren, er griff mit tausend Fingern in meine Haare und zerzauste sie.

Dieser Kampf war so richtig nach dem Geschmack des Ritters. Er fühlte sich zurückversetzt in seine ruhmvolle Vergangenheit, in der er die großen Kämpfe bestanden hatte.

Er hielt sein Schwert jetzt ebenfalls mit beiden Händen fest und holte abermals zu einem mörderischen Hieb aus. Er legte all seine Kraft hinein und senste die Klinge schräg auf mich zu.

Mein Atem ging keuchend; ich hatte Mühe, mich zu konzentrieren, und brachte soeben mein Schwert halbhoch, bevor seine Waffe mich treffen konnte.

Der Schlag war jedoch so hart geführt worden, daß er mir die Klinge aus den Händen prellte. Die Waffe wurde mir buchstäblich aus den Fingern gerissen, bevor ich nachgreifen konnte, trudelte sie nach rechts weg und rollte den steilen Hang hinunter.

Jetzt war ich waffenlos.

Rufus lachte wild auf. »So wollte ich das haben, Sinclair! So und nicht anders.« Er hielt sein Schwert so, daß die Spitze auf meine Brust zeigte.

Ich zitterte. Meine Angst wurde größer.

Rufus ging vor, ich wich zurück und wartete auf den alles auslöschenden Todesstoß...

Sie schleppten Suko aus dem Keller!

Mehrere Männer hielten ihn gepackt. Da er sich nicht regen konnte, hatten sie ihn wie eine kostbare Trophäe hoch über ihre Köpfe gehoben und brachten ihn weg.

Sie gingen die Treppe hoch.

Asmodina hatte die Spitze übernommen, ihr folgte King Cutler, der Drachenmensch.

Er war in seinem Element. Und es machte ihn froh, daß Barrabas erweckt worden war und Asmodina in den Kampf eingegriffen und die ersten Gegner bereits ausgeschaltet hatte.

Jetzt fehlte nur noch dieser blondhaarige Sinclair, aber der würde auf der Burg sein Leben verlieren, dafür sorgten schon die grausamen Ritter.

King Cutler konnte also beruhigt in die Zukunft sehen.

Voller Stolz schaute er auf Asmodina. Er wußte, daß sie die Teufelstochter war, und er bezeichnete es als Ehre, daß sie überhaupt mit ihm zusammenarbeitete. Er würde ihr ein ebenso guter Diener sein wie auch Barrabas.

Dabei ahnte er nichts von den großen Plänen der Teufelstochter. Ihre Drachensaat war nur ein winziges Teilchen in einem Mosaik des Schreckens.

Sie hatte überall auf der Welt ihre Diener und Günstlinge. Vor allen Dingen war es Dr. Tod, der den Auftrag erhalten hatte, eine weltumspannende Organisation zu gründen – die Mordliga.

Noch war es nicht soweit, denn die Vorbereitungen nahmen sehr viel Zeit in Anspruch, doch Asmodina glaubte, daß Dr. Tod, alias Solo Morasso, es schaffen würde. Als ehemaliger Mafioso hatte er die besten Beziehungen, er kannte sehr viele Leute, die gewillt waren, Böses zu tun.

Geld oder Gold spielte dabei keine Rolle. Asmodina besaß genug davon, sie wollte nur die Macht.

Klar, daß es nicht so schnell ging. Alles brauchte seine Zeit, denn die Geburt der Mordliga mußte im geheimen erfolgen.

Niemand sollte etwas davon merken, vor allen Dingen nicht die großen Gegner, die dem Bösen den Kampf angesagt hatten.

Doch wenn die Mordliga einmal stand, sanken die Chancen dieser Geisterjäger auf ein Minimum. Gerade gegen das Sinclair-Team wollte Asmodina diese teuflische Mannschaft einsetzen, und sie war sicher, daß sie es auch schaffte.

Von all diesen Gedanken ahnte Suko nichts, als sie ihn aus dem Keller trugen.

In dem kleinen Vorflur schritt King Cutler an der Teufelstochter vorbei und öffnete die Haustür.

Es war kühler geworden. Die frische Luft strömte in den Flur und strich auch über Sukos schweißfeuchtes Gesicht.

Noch immer konnte sich der Chinese nicht rühren. Nach wie vor lag er wie zu Stein erstarrt auf den hochgereckten Händen seiner Träger. Er wußte nicht, wo sie ihn hinbringen würden, doch er ahnte, daß er ein Opfer für den Drachen werden sollte.

Die Prozession ging nicht zurück ins Dorf, sondern schritt über einen schmalen Pfad parallel zum Berghang weiter. Am Himmel stand eine fahle Sonne. Von Westen her trieben Wolken heran. Dunkel, drohend, geheimnisvoll.

Wind fiel in das Tal und zerrte an der Kleidung der Männer. Schweigend schritten sie weiter. Sukos Gedanken drehten sich um die Befreiung. So sehr er sich auch den Kopf zerbrach, eine Chance fand er nicht.

Er dachte an die Beretta. Die Waffe hatte man ihm abgenommen, doch die Dämonenpeitsche steckte noch in seinem Gürtel. Ob sie ihm wohl half?

Es war müßig, sich jetzt darüber Gedanken zu machen, erst einmal mußten sie den Platz der Drachentaufe erreicht haben.

Der Weg beschrieb jetzt einen Bogen und führte bergauf. Er wand sich schlangengleich den Berg hoch, war mit zahlreichen Steinen bedeckt, die als Stolperfallen aus dem struppigen Gras hervorragten.

Hin und wieder drehte Cutler seinen häßlichen Schädel und schaute Suko an.

Der Chinese sah jedesmal das triumphierende Leuchten in den Augen des Drachenmenschen, und er las auch den reinen Mordwillen darin.

Ein Opfer für Barrabas!

Nichts anderes sollte Suko werden.

Nachdem sie die Spitze eines kleinen Hügels erreicht hatten, der im Schatten zweier Berge lag, wandten sie sich nach links, einem Plateau zu.

Dort war ihr Ziel!

Und dort war alles vorbereitet.

Auf dem Plateau stand ein ähnliches Bassin, wie Suko es bereits in dem Keller gesehen hatte.

Noch war es leer, doch die Männer, die ihn begleitet hatten, lösten sich von der Gruppe und schritten auf das Bassin zu. Sie trugen Gefäße bei sich, die mit dem Drachenblut gefüllt waren.

Doch nicht nur das Bassin erregte Sukos Aufmerksamkeit. Es war auch das Gestell, das darüber stand.

Vier in den Boden gerammte Pflöcke hielten eine Plattform, die das Bassin wie einen Himmel abdeckte. Die Plattform bestand aus Holzstämmen, die allerdings so aneinandergelegt waren, daß immer ein handbreiter Zwischenraum blieb.

Auf diese Plattform wurde Suko gehievt.

Steif und starr lag er da. Er konnte nicht einmal den kleinen Finger rühren.

Mehrere Männer kletterten auf die Plattform. Sie zogen sich mit Klimmzügen hoch und holten Stricke aus ihren Taschen.

Damit fesselten sie Suko.

Der Chinese beobachtete nur. Er sah die Kerle um ihn herumlaufen, und auf ihren Gesichtern stand das Grinsen wie eingefroren. Suko wurde verschnürt wie ein Rollbraten. Sie banden ihm die Fesseln um den Leib und verknoteten sie unterhalb der Plattform.

Suko lag still.

Dann trat Asmodina heran, bückte sich und strich mit ihren kalten Totenfingern durch Sukos Gesicht.

Augenblicklich hörte die Starre auf.

Suko konnte sich wieder bewegen, aber die Fesseln saßen so stramm, daß es kaum einen Unterschied zu der vorherigen Starre gab.

»Nun?« fragte Asmodina. »Wie schmeckt dir das?«

»Überhaupt nicht«, gab der Chinese zu.

Asmodina lachte. »Das kann ich mir denken, aber du hast es nicht anders gewollt. Du hättest dich eben auf die andere Seite schlagen sollen, jetzt ist es zu spät. Barrabas wird dich holen!«

»Wo sind die Kinder?« fragte Suko.

»Oh, du weißt gut Bescheid. Hast du Angst um sie?« höhnte die Teufelstochter.

In Suko stieg die Wut hoch. Asmodina sprach so kalt und grausam über die unschuldigen Geschöpfe, daß er sie am liebsten gekillt hätte. Doch die verdammten Fesseln saßen einfach zu fest. Nicht einmal den kleinen Finger konnte er rühren.

»Sie werden um Mitternacht hergeschafft«, antwortete die Teufelstochter. »Noch befinden sie sich im Dorf!«

»Wie viele sind es?«

»Genau zehn!«

»Laß sie frei, du hast mich doch«, bat der Chinese, obwohl es ihm widerstrebte, Asmodina um einen Gefallen zu bitten.

»Nein!«

»Was willst du mit ihnen?«

»Die Kinder geben dem Drachen die Kraft!« Mit dieser

Antwort mußte sich Suko zufriedengeben, denn die Teufels-tochter sprang von dem Podest herunter.

Suko blieb allein zurück. Der kühle Wind fuhr ihm über das schweißnasse Gesicht. Er hörte sein Herz schmerzhaft schlagen. Über sich sah er einen verhangenen Himmel. Die Sonne kam nicht mehr richtig durch, es kündigte sich ein Wetterumschwung an.

Die Diener des Drachen erwachten zu einer fieberhaften Aktivität. Sie füllten das Bassin mit Drachenblut und bereiteten alles für die Taufe vor.

King Cutler überwachte die Vorgänge. Hin und wieder gab er Kommandos. Sie klangen aus seinem Drachenmaul seltsam dumpf und verzerrt, wurden aber verstanden.

Schließlich war das Bassin zur Hälfte gefüllt.

King Cutler kletterte auf das Gerüst und blieb neben Suko stehen. Er gönnte ihm keinen Blick, sondern schaute nur hinunter auf seine Diener.

»Bis jetzt haben wir alles gut geschafft!« rief er. »Barrabas wird zufrieden sein. Aber etwas fehlt noch. Die Kinder! Holt sie!«

Plötzlich krampfte sich Sukos Magen zusammen...

Ich schüttelte die Todesangst ab. Verdammt, ich hatte schon in zahlreichen brenzligen Situationen gesteckt und war immer davongekommen. Das wollte ich auch hier.

Plötzlich konnte ich wieder klar denken, achtete auf den Ritter, der sein Schwert vorstieß.

Ich zuckte zurück, die Spitze traf nicht.

Rufus lachte. Er machte sich jetzt einen Spaß daraus, mit mir zu spielen.

Meine Hand glitt hoch zum Kreuz.

»Das nützt dir nichts«, grollte er. »Ich bin schneller!«

»John Sinclair!«

Myxins Ruf hallte über den Burghof. Die Stimme kippte fast über, so strengte er sich an.

Rufus und ich wandten die Köpfe. Auch der Ritter war durch diesen Schrei erschreckt worden.

Der kleine Magier rannte auf die Mauer zu. Seinen rechten Arm hielt er hoch erhoben, und zwischen seinen Fingern sah ich meinen silbernen Bumerang.

Ich begriff.

»Wirf ihn her!« brüllte ich.

Myxin reagierte sofort. Er schleuderte den halbmondförmigen Gegenstand auf mich zu, und bevor sich Rufus gedreht und überhaupt begriffen hatte, war eigentlich los war, da hielt ich die Waffe schon in der Hand.

Rufus fuhr herum. Nicht sehr schnell, denn die schwere Rüstung behinderte ihn. Er wollte noch in der Drehung zuschlagen, als ich den Bumerang schleuderte.

Die Distanz war gering, der Ritter kaum zu verfehlen.

Die Waffe sang durch die Luft.

Und sie traf!

Der silberne Bumerang sägte den Schädel des unheimlichen Ritters vom Rumpf. Ich hörte noch einen erstickt klingenden Schrei, dann rollte der Kopf nach links weg und fiel den Hang hinunter.

Der Körper kippte ebenfalls. Allerdings zur anderen Seite. Schwer fiel er zu Boden und blieb liegen.

Hoch streckte ich den Arm und fing die zurückkehrende Waffe wieder auf.

Das war geschafft.

Rufus, der letzte der grausamen Ritter, existierte nicht mehr!

Ich sprang von der Mauer – und wäre fast hingefallen, so sehr zitterten mir die Knie.

Myxin kam mir entgegen, ein verloren wirkendes Lächeln lag auf seinem Gesicht.

Ich reichte ihm die Hand. »Danke«, sagte ich heiser, »ohne dich hätte es wieder bitter ausgesehen.«

Er winkte ab. »Ich war dumm, daß mir die Sache mit dem Bumerang nicht früher eingefallen ist.«

Ich steckte die Waffe wieder weg. »Aber gerade noch rechtzeitig. Und das ist die Hauptsache.«

Er nickte.

Ich schaute mich um, blickte auf die Rüstung. Beim Fall war ein Handschuh von den Fingern gestreift worden.

Soeben lösten sich die letzten Reste der Hand auf. Die Knochen fielen zusammen, sie wurden zu Staub, den der Wind hochschleuderte und über den Burgplatz verteilte.

Aus der Traum.

Ich hatte es tatsächlich geschafft. Die Ritter existierten nicht mehr.

Aber die Gefahr war nicht gebannt. Ich hatte von Barrabas gehört, wußte aber nicht, welches Grauen sich unten im Tal abspielte. Der Gedanke daran, daß finstere Mächte in Gulbine eine Hölle entfesselten, machte mich halb wahnsinnig.

»Wir müssen hier weg«, sagte ich zu Myxin. »Und zwar so schnell wie möglich.«

»Glaubst du eigentlich, daß du noch etwas retten kannst?« fragte er zurück.

Ich schaute ihn an. »Eins merke dir mal«, erwiderte ich. »Solange man nicht gestorben ist, gibt es immer noch eine Hoffnung auf Rettung. Zudem ist Suko kein heuriger Hase. Er wird sich schon seiner Haut zu wehren wissen.«

»Ich habe da meine Zweifel«, meinte Myxin.

Die hatte ich ja auch, doch ich wagte nicht, die Worte offen auszusprechen. Ich wollte mir nicht selbst den Mut nehmen. »Gehen wir«, schlug ich vor, »der Weg ist verdammt lang.«

Der kleine Magier wies zum Himmel. »Da.«

Ich folgte seinem ausgestreckten Zeigefinger, sah aber nichts, nur düstere Wolken.

»Sieh genauer hin!« forderte Myxin. »Zwischen den Rändern der beiden dicken Wolkenberge.«

Ja, jetzt sah ich es auch.

Es war ein dunklerer Punkt, der aussah wie ein Vogel, jedoch sehr schnell flog und rasch größer wurde.

Nein, ein Vogel war es nicht. Auch kein Adler oder Falke. Mir rann ein kühler Schauer über den Rücken, und meine Lippen bildeten einen harten Strich.

Dieses Tier in der Luft war – ein Drache!

Ja, ein riesiges, urwelthaftes Tier mit zwei gewaltigen Flügeln, die es ausbreitete und sich von den Aufwinden tragen ließ.

»Barrabas«, flüsterte Myxin. Er nahm mir praktisch das Wort aus dem Mund.

Noch schien er uns nicht entdeckt zu haben, denn er kreiste östlich der Burg. Dort flog er seine gewaltigen Bogen, mal höher, mal tiefer.

Ich hatte ein ungutes Gefühl und schaute mich schon nach einer Deckung um.

Die Hälfte des Burghofes war eingesackt, die Trümmer lagen in den Gewölben, und auch der Eingang war verschüttet.

Wo konnten wir uns verstecken?

Plötzlich änderte der Drache seine Flugrichtung. Das geschah durch eine blitzschnelle Drehung, dann ein Schlag mit dem Flügelpaar, und einen Herzschlag später jagte er auf sein neues Ziel zu.

Das war die Burg – und damit auch wir!

Die Nervosität der drei Frauen steigerte sich von Minute zu Minute. Immer häufiger blickte Shao auf die Uhr. Die Zeit verging, und von Suko keine Spur.

Diana Redford stand am Fenster. In fast regelmäßigen Intervallen schob sie den Vorhang ein Stück zur Seite und blickte nach draußen.

Zu sehen war nichts.

Nur der Garten lag einsam und verlassen hinter dem Haus.

Mrs. Redford hockte am Tisch, hatte die Ellbogen aufgestützt und beide Hände vor ihr Gesicht geschlagen. Sie war tief deprimiert. Noch immer hatte sie den Angriff auf Shao nicht überwunden. Die Chinesin hatte ihrer Tochter nichts davon gesagt. Diana sollte nicht noch mehr belastet werden.

»Ob er es schafft?« flüsterte Diana zum wiederholten Male.

Shao nickte. »Sicher, so leicht ist Suko nicht unterzukriegen.«

»Aber die Zeit ist schon längst um.«

»Wir haben keinen Termin für die Rückkehr ausgemacht.« Shao wußte, daß sie sich selbst belog, doch was sollte sie sonst machen? Sie konnte einfach nicht dasitzen und Trübsal blasen. Es mußte weitergehen, irgendwie...

»Wenn man nur wüßte, wo die Kinder stecken«, überlegte sie laut. »Wissen Sie denn keine Lösung, Mrs. Redford?«

Die Frau löste ihre Hände vom Gesicht, legte sie flach auf den Tisch und blickte Shao an. »Nein, ich weiß nichts.«

»Überlege doch, Mutter!« Diana legte der Frau eine Hand auf die Schultern. »Bitte, denk nach. Du lebst doch am längsten hier im Ort. Wo können die Kinder noch eingesperrt sein, wenn nicht in King Cutlers Haus?«

»Ich weiß es nicht.«

Diana atmete seufzend auf und blickte Shao verzweifelt an. Sie wußte auch nicht mehr weiter.

Die Chinesin überlegte. Dann hatte sie eine Idee. »Gibt es hier denn keine öffentlichen Gebäude?« erkundigte sie sich.

»Wie meinst du das?«

»Ich denke da an irgendwelche Säle, wo auch Feiern stattfinden. So Festhallen.«

»Nein!« Diana schüttelte den Kopf. »In diesem Dorf gibt es nichts zu feiern, wir liegen viel zu abgelegen.«

Da meldete sich ihre Mutter. »Doch, es gibt etwas.«

Shao und Diana blickten sie überrascht an. »Wo?« fragten sie wie aus einem Munde.

»Das alte Spritzenhaus am Rande von Gulbine!«

Sekundenlang sprach niemand ein Wort. Dann schlug sich Diana gegen die Stirn. »Himmel, daß ich daran nicht gedacht habe. Natürlich, du hast recht. Das Spritzenhaus!«

»Ist es weit von hier?« fragte die Chinesin sofort.

»Was ist in Gulbine schon weit? Wir können in ein paar Minuten dort sein.«

»Laß uns gehen.«

Diana warf einen fragenden Blick auf ihre Mutter, doch Mrs. Redford lächelte. »Geht ihr ruhig. Schließlich müßt ihr die Kinder retten, falls sie dort sind.«

»Danke, Mam«, hauchte Diana.

»Sollen wir auch aus dem Fenster klettern?« fragte Shao.

»Wäre vielleicht besser.« Diana ging vor und zog den Stoff zur Seite. Im Zimmer wurde es heller. Das Girl warf einen Blick nach draußen, fand die Luft rein und nickte.

»Komm!«

Shao öffnete das Fenster. Rasch stiegen die beiden Mädchen nach draußen, versanken wie auch Suko zuvor in der lehmigen Gartenerde, wandten sich jedoch nach links und nicht nach rechts, wie der Chinese es getan hatte.

Diana ging vor. Sie blieb nicht auf gleicher Höhe, sondern lief schräg den Hang hinunter.

Shao blieb ihr dicht auf den Fersen. Schon bei der Ankunft hatte sie den schmalen Bach gesehen, der am Ortsende unter einer Brücke herschäumte.

Auf diesen Bach liefen sie jetzt zu.

Diana machte es geschickt. Sie hielt sich immer dicht am Hang, so daß sie von oben nicht so leicht gesehen werden konnten. Es war wesentlich kälter geworden, und die Chinesin fror. Am liebsten hätte sie sich Wintersachen angezogen.

Wenige Minuten später sprangen die Mädchen über das Wasser. Oberhalb lag die Brücke. Vor ihnen standen drei schuppenähnliche Gebäude.

»Das mittlere ist es!« wisperte Diana.

»Okay.«

Rasch liefen die beiden auf den Schuppen zu. Sie stiegen ein paar Yards bergan, erreichten die Vorderseite des Gebäudes und somit auch die Tür.

Sie war verschlossen. Ein Riegel und ein Schloß sorgten für die Sicherung.

»Mist!« schimpfte Diana.

»Sind denn hier keine Fenster?« fragte Shao.

»An der Hinterseite. Aber durch die Hanglage liegt es ziemlich hoch.«

»Trotzdem, wir müssen es versuchen.« Die Chinesin gab nicht auf. Nicht so dicht vor dem Ziel.

»Vielleicht sind die Kinder gar nicht im Schuppen.«

Shao klopfte kurzentschlossen gegen die Tür. Zweimal, dreimal, dann nahm sie die Faust, weil sich nichts gerührt hatte.

Und sie erhielt Antwort. Eine schwache Jungenstimme fragte: »Wer ist denn da?«

Die Chinesin gab Diana ein Zeichen. Das Mädchen wußte, was es zu tun hatte.

»Ich bin Diana Redford. Ihr kennt mich doch.«

»Ja.«

»Seid ihr alle dort drinnen?«

»Ja.«

»Okay, paßt genau auf. Wir holen euch da raus!«

Schweigen.

»Habt ihr gehört?«

Wieder wurde mit »Ja« geantwortet.

Diana erklärte, daß sie zum rückwärtigen Fenster gehen wollte. Die Kinder sagten nichts.

Shao war schon unterwegs. Sie warf auch einen Blick zurück, doch vom Dorf her schien sich niemand für sie zu interessieren. Alles lag ruhig und friedlich.

Die Frauen atmeten auf.

Als sie das Fenster erreicht hatten, erlebten sie die erste Enttäuschung.

Es lag wirklich zu hoch.

»Das ist auch mit einem Sprung nicht zu schaffen«, bemerkte Diana Redford.

»Nein.« Shao schaute sich um. »Und eine Leiter gibt es hier auch nicht.«

»Wenn ich dir helfe?«

Shao lächelte. »Das wollte ich gerade vorschlagen.« Sie bückte sich und hob einen Stein vom Boden auf. »Mit dem schlage ich die Scheibe ein. Außerdem bin ich viel größer als du. Das ist von Vorteil.«

Diana gab keine Antwort. Sie baute eine ›Leiter‹, so daß Shao auf ihre Hände steigen konnte. Diana preßte sich mit dem Rücken gegen die Schuppenwand und drückte ihre Absätze tief in das Erdreich. So hatte sie den bestmöglichen Halt in dieser Position.

Shao stieg auf Dianas Hände. Das machte sie mit dem linken Fuß, mit dem rechten stieß sie sich ab.

Ein kräftiger Ruck – und...

Shao erreichte das Fenster. Mit der linken Hand konnte sie sich an dem unter der Scheibe entlanglaufenden kleinen Vorsprung klammern. Mit der rechten Hand holte sie aus und schleuderte den Stein gegen die schmutzige Scheibe.

Sie zerbrach, und sofort vernahmen die beiden Frauen helle Kinderstimmen.

»Kannst du noch?« fragte Shao.

»Ja.« Die Antwort klang gepreßt.

Shao hatte Glück gehabt. Der Stein hatte fast die gesamte Scheibe zerstört. Wenigstens hingen an der unteren Rahmenführung keine Glasreste mehr, so daß Shao sich dort festklammern konnte. Sie nahm auch die andere Hand zu Hilfe.

»Jetzt kannst du loslassen!«

Diana folgte der Aufforderung. Sie dachte jedoch nicht daran, Shao im Stich zu lassen, sondern hob beide Arme und stützte Shaos Füße mit ihren Händen ab.

Es war eine gute Hilfe für die schwarzhaarige Chinesin.

»Geht es?« fragte Diana. Ihre Stimme zitterte dabei.

»Ja.« Shao packte noch fester zu und verzog das Gesicht, weil eine kleine Scherbe in ihren rechten Handballen gedrungen war. Dann zog sie sich mit einem Klimmzug hoch und stützte sich dabei mit den Fußspitzen an der Holzwand ab. Sie fand kaum Halt, weil die Wand sehr glatt war und es wenig Ritzen oder Fugen gab. Sie rutschte ein paarmal ab und prellte sich böse beide Knie.

Schließlich hatte sie es geschafft. Sie konnte sich auf die Hände stützen und benötigte auch nicht mehr die Hilfe des Mädchens.

Shao befand sich mit ihrem Oberkörper in Höhe des Fensters und beugte sich nun vor.

Sie schaute in blasse Kindergesichter, die zu ihr hochstarrten. »Geht weg!« rief sie zischend. »Ich muß springen.«

Die Kinder traten zur Seite.

Shao schwang ein Bein über die schmale Fensterbrüstung. Dabei zog sie die Schulter hoch und drückte mit der Rundung noch eine spitze Scherbe aus dem Rahmen. Sie zersplitterte.

Shao sprang.

Für eine unendlich lange Sekunde hatte sie Angst, sich den Knöchel zu verstauchen, doch sie kam gut auf.

Alles ging glatt.

Shao federte in den Knien nach, ging einen weiteren Schritt vor und stand.

Es war dämmrig. Die Chinesin sah sich um und blickte in blasse Gesichter mit großen, ängstlichen Augen.

»Wer bist du?« wurde sie gefragt. An der Stimme erkannte sie den Jungen, der mit Diana Redford gesprochen hatte. »Du bist doch nicht Diana Redford.«

Die Chinesin lächelte. »Nein, das bin ich nicht, aber Diana wartet draußen. Sie ist nicht so gelenkig wie ich, deshalb hat sie mich vorgeschickt.«

Der Junge sah sie schräg an. Er hatte helles Haar und einen pfiffigen Gesichtsausdruck. »Wir glauben dir nicht!«

»Das kann ich verstehen.« Shao faßte nach dem Arm des Jungen. Er wollte erst zurückzucken, überlegte es sich dann und ließ die Berührung geschehen. »Wie heißt du?« wollte Shao wissen.

»Ich bin Ian.«

»Okay, Ian, mein Name ist Shao, und ich komme aus China, lebe aber jetzt in London. Es ist klar, daß du mißtrauisch bist. Schließlich hast du ja die Verantwortung für die übrigen Kinder, wie ich sehe. Tritt ans Fenster und ruf Dianas Namen.«

Der Junge nickte, ging ein paar Schritte vor und rief nach Diana.

Sie antwortete. »Es ist alles okay. Ihr könnt euch auf Shao verlassen, sie ist wirklich nur gekommen, um euch zu helfen.«

»Danke, Diana.«

Shao hatte inzwischen auf die anderen Kinder beruhigend eingesprochen. Jetzt wandte sie sich wieder Ian zu. »Wir müssen überlegen, wie wir hier herauskommen«, sagte sie. »Was meinst du? Du hast dich doch sicher hier schon umgesehen.«

Der Junge nickte.

»Habt ihr vielleicht eine Leiter entdeckt, auf die man klettern könnte?«

»Nein.«

Eine Hoffnung zerbrach. Shao hatte darauf spekuliert, denn sie befand sich schließlich in einem Spritzenhaus, doch die Entführer mußten damit gerechnet haben, daß die Kinder einen Ausbruch versuchen würden, und hatten vorsorglich alle Dinge entfernt.

»Gibt es etwas anderes, auf das man klettern kann?«

Da meldete sich ein Mädchen. Es hatte ebenfalls blondes Haar, das glatt auf dem Kopf lag und an den Seiten von zwei Zöpfen eingerahmt wurde.

»Es gibt doch da noch Fässer.«

»Wo?« Shao war wie elektrisiert.

»Da hinten an der Wand. Die habe ich selbst gesehen.« Die Kleine deutete mit dem Arm in die Dunkelheit.

Shao nahm ihre Hand. »Führ mich hin.«

Gemeinsam schritten sie vor. Die anderen Kinder folgten. Sie flüsterten miteinander. Shao hörte aus den Gesprächen, daß sie das Ganze mehr als ein Abenteuer auffaßten. Über die wahren Sachverhalte hatte man sie wahrscheinlich gar nicht aufgeklärt.

Zum Glück...

Shao hatte auch nicht vor, auf dementsprechende Fragen korrekte Antworten zu geben.

Das Mädchen blieb stehen. »Da sind sie!«

Shao schaute genauer hin. In der Tat waren mehrere Fässer nebeneinander gestellt worden. Wenn man die unter das Fenster schaffte und übereinanderstapelte, dann mußte es gelingen, durch die Luke zu klettern.

Shao sprach mit den Kindern darüber.

Die waren sofort einverstanden und wollten sich auch die Arbeit machen. Alle stürzten los, doch Shao gebot ihnen Einhalt. »Immer der Reihe nach«, sagte sie. »Zuerst nehmen wir das Faß, das am nächsten steht.«

Es war zum Glück leer und bereitete keine Schwierigkeiten, es unter das Fenster zu schaffen.

Das nächste Faß folgte, dann ein drittes und ein viertes anschließend.

»Halt«, sagte Shao, als sie sah, daß die Kinder noch ein weiteres Faß herbeischaffen wollten. »Wir werden sehen, ob es auch so klappt.«

Es wurde schwierig, die Fässer so aufeinanderzustellen, daß noch ein genügend großer Rand blieb, damit man hinaufklettern konnte. Auch leere Blechfässer haben ihr Gewicht, das merkten Shao und die Kinder sehr deutlich.

Das dritte Faß auf das zweite zu stellen, war schon Schwerarbeit. Die Arme der Kinder waren zu kurz, es gelang Shao nur mit Mühe, das Faß so hinzustellen, daß es nicht kippte.

»Geschafft!« stöhnte sie. »Wer klettert zuerst?«

»Die Mädchen«, sagte Ian.

Die Chinesin lächelte und strich dem Jungen über den Kopf. »Kleiner Kavalier, was?«

Ein Mädchen machte den Anfang. Shao half ihr, hochzuklettern. »Und gib acht, damit du dich nicht an den Scherben schneidest, die noch steckengeblieben sind.«

»Okay.«

Die Chinesin gab der draußen wartenden Diana Redford Bescheid, daß die Kinder jetzt kommen würden.

Das erste Mädchen hatte es geschafft und das dritte Faß erreicht. Gespannt schauten alle drei ihr nach. Jetzt griff die Kleine nach dem Fenster, machte eine hastige Bewegung, und die Fässer gerieten ins Wanken.

Sofort packten die anderen zu und stabilisierten den riskanten Aufbau.

»Vorsichtig!« rief Shao.

Das Kind schaffte es. Es schwang sich aus dem Fenster, und Shao hörte, wie Diana Redford der Kleinen Mut zusprach.

»Ich fange dich auf. Spring, Ellen.«

Das Girl ließ sich fallen.

Wenige Sekunden später tönte Dianas Stimme. »Alles klargegangen!«

Shao atmete auf.

Das nächste Kind kam an die Reihe, die anderen folgten. Die Chinesin wunderte sich, wie diszipliniert sich die Kinder verhielten. Keines tanzte aus der Reihe, keines machte irgendwelchen Krach, alles ging glatt und reibungslos.

Als vorletzter kletterte Ian, auch er verschwand durch die Fensterluke.

Danach machte sich Shao daran, diese ungastliche Stätte zu verlassen. Bei ihrem Gewicht wackelten die aufeinandergestellten Fässer bedrohlich, doch die Konstruktion hielt.

Shao erreichte das Fenster.

Unten sah sie die Kinder stehen und zu ihr hochschauen.

Sie lächelte zuversichtlich, doch dieses Lächeln verging ihr, als sie den Blick hob und über das Land schaute.

Die Männer kamen. Sie gingen quer durchs Gelände, und es war klar, welches Ziel sie hatten.

Das Spritzenhaus!

»Weg, in Deckung!« brüllte ich Myxin zu, als der Drache uns direkt anflog.

Der kleine Magier warf sich zu Boden, ich lief noch ein paar Schritte und hechtete dann hinter eine Mauer.

Wir hörten das Rauschen der gewaltigen Flügel. Große Staubwolken wirbelten auf, als der Drache über den Burghof segelte und ein schauriges Fauchen ausstieß.

Dann war Barrabas vorbei.

Ich erhob mich halb und kniete nieder.

Myxin stand ebenfalls auf und suchte sich eine bessere Deckung, denn Barrabas flog bereits einen zweiten Angriff.

Er rauschte heran, kam aus der Dämmerung, ein mörderischer, urwelthafter Schatten.

Mir rieselte die Gänsehaut über den Rücken, als ich ihn so sah, trotzdem zog ich meine Waffe.

Mit der Beretta kam ich mir eigentlich lächerlich vor, die Kugeln würden an seinem Panzer abprallen.

Ich kam gar nicht erst zum Schuß.

Plötzlich öffnete der Drache sein gewaltiges Maul und schleuderte eine Feuerlohe hervor.

Eine glühende, gewaltige Wand raste auf mich zu. Ich flog hinter meine Mauer, und doch spürte ich diesen Odem der Hölle, als die Flammenwand an mir und der Mauer entlangstrich.

Oh, das war knapp gewesen.

Der Drache drehte ab.

Zurück ließ er verbrannte Erde. Wo die Feuerlohe den Burghof getroffen hatte, stand kein Grashalm mehr.

Nur allmählich ebbte die Hitze ab. Zum Glück war das Mauerstück breit genug, so daß mir nichts passiert war. Aber lange würde ich den Angriffen wohl nicht standhalten können, irgendwann hatte der Drache herausgefunden, wie er mich packen konnte.

Ich lugte um die Steine herum.

Barrabas befand sich hoch über uns. Er drehte einen Kreis und fiel wie ein Stein der Erde entgegen.

Beinahe senkrecht raste er dem Burghof entgegen. Ich riß den Kopf in den Nacken.

Barrabas bot schon einen schaurigen Anblick. Er hatte das Maul weit geöffnet. Ich konnte hineinschauen in einen gierigen Schlund mit mörderischen Zähnen und einer gespaltenen Zunge.

Da feuerte ich.

Ich jagte zwei Kugeln aus der Beretta, doch Barrabas schien geahnt zu haben, daß die Geschosse sein Maul treffen sollten, denn er klappte die Kiefer zusammen.

Die Kugeln schrammten nur über seine dicke gepanzerte Haut, sonst taten sie ihm nichts.

Der Drache drehte ab. Er schleuderte auch keine Feuerlohe mehr auf mich. Bevor er den Burghof erreichte, drehte er in einer eleganten Kurve ab und schoß wieder in die Höhe. Dabei hatte er seine riesigen Schwingen ausgebreitet und ließ sich von den Aufwinden tragen.

Ich erhob mich und füllte das Magazin mit Ersatzkugeln auf. Ich hatte zuerst an den Bumerang gedacht, vielleicht hätte ich ihn schleudern sollen, doch dann war mir diese Waffe zu wertvoll gewesen. Ich kannte sie noch nicht gut genug, wußte nicht hundertprozentig über die Kräfte Bescheid. Aber irgendwann würde ich das Rätsel auch noch lösen, dessen war ich mir sicher.

Der Drache kehrte nicht mehr zurück. Er flog am grauen Himmel eine Acht, ging dann tiefer und segelte davon. Ich merkte mir die Richtung. Er streifte über die Bergkuppe, wo Rocco sein Leben verloren hatte, und mir war klar, welches Ziel der gefährliche Drache nun anflog.

Gulbine!

Und wir standen hier auf dem einsamen Burghof, während sich unten im Dorf sicherlich die Hölle abspielte.

Das wußte auch Myxin. »Was sollen wir tun?« fragte er und trat auf mich zu.

»Keine Ahnung«, erwiderte ich wahrheitsgemäß. »Wir können nicht verhindern, daß der Drache in Gulbine einfällt.«

»Dann nichts wie hin!«

Ich nickte. »Richtig, das ist die einzige Alternative. Fragt sich nur, ob wir es noch schaffen. Ich bin den verdammten Weg einmal gegangen und weiß, wie anstrengend das ist.«

»Seit wann bist du so deprimiert, John Sinclair?« fragte mich der kleine Magier.

Ich lächelte verloren. »Seit ich gesehen habe, wie... na ja, lassen wir das.«

»Sprich dich aus!« forderte Myxin.

»Es ist wie ein Kampf mit der Hydra. Da schlägst du irgendwo einen Kopf ab, und sofort wachsen zwei neue nach. Die Ritter haben wir besiegt, aber der Drache verhöhnt uns, weil wir so wehrlos sind.«

Wir waren während des Gesprächs nicht auf dem Burghof stehengeblieben, sondern weitergegangen, bis zu der Mauer, auf deren Krone ich gekämpft hatte.

Ich schaute ins Tal.

Alles grau in grau. Nicht mehr lange, dann würde es anfangen zu regnen. Kein schönes Maiwetter hier oben in Schottland. Aber die Natur paßte sich meiner Stimmung an. Vielleicht war es auch umgekehrt. Ich wußte es nicht und hatte auch keine Lust, darüber nachzudenken. Dafür machte ich mich an den Abstieg. Vielleicht wurde mein seelischer Akku unterwegs wieder aufgeladen.

Zumindest bestand die Hoffnung.

Suko fühlte sich, als würde er auf einem Grill liegen. Die Bohlen drückten hart in sein Kreuz, und durch die festgezurrten Stricke wurde er hart gegen das Holz gepreßt.

Die anderen Männer aus dem Dorf gönnten ihm kaum einen Blick. Sie waren mit der Vorbereitung für die Vampirtaufe beschäftigt. Es war sowieso nur noch die Hälfte übriggeblieben, die anderen hatten sich aufgemacht, um die Kinder zu holen.

Davor hatte der Chinese am meisten Angst. Nicht so sehr um sein eigenes Leben, er wußte, daß er mit dem Tod immer auf vertrautem Fuß stand und eines Tages etwas schiefgehen konnte, aber die Kinder mußten gerettet werden.

Suko dachte auch an Shao und an Diana Redford, die sich so selbstlos geopfert hatte, um anderen zu helfen. Wie mochte es den Mädchen ergehen? Hatten Sie es geschafft? Waren sie dem Mob aus dem Dorf entkommen?

Wahrscheinlich, denn sonst hätte man die beiden Frauen sicherlich im Triumphzug zu diesem Platz geführt, um sie als Beute zu präsentieren.

Unter der Plattform vernahm Suko das geschäftigte Hin- und Herlaufen der Drachendiener. King Cutler war nicht dabei, er führte die Gruppe an, die die Kinder holte.

Suko holte tief Luft, soweit das die Stricke zuließen, und spannte anschließend die Muskeln. Durch diesen Druck wollte er versuchen, die Fesseln zu lockern.

Ohne Erfolg.

Die Knoten waren so raffiniert geknüpft, daß sie nicht um einen Zoll nachgaben, geschweige denn aufplatzten.

Weit über ihm lag noch immer ein düsterer grauer Himmel. Der Wind spielte mit den Wolken und brachte ihnen immer neue Tänze bei.

Der Chinese dachte auch an Asmodina, die Teufelstochter. Sie war verschwunden, hatte sich zurückgezogen, und Suko fragte sich, wo sie wohl stecken mochte.

In ihrem Reich? War sie wieder in die Dimensionen des Schreckens zurückgekehrt, und würde sie erst zurückkommen, wenn die Drachentaufe begann? Suko konnte sich gut vorstellen, daß sich Asmodina solch ein Ereignis nicht entgehenlassen würde.

Wenn Suko die Augen verdrehte, schaute er hoch zu dem Bergrücken, wo sein Freund John Sinclair hingegangen war. Sogar die Schäferhütte am Hang sah er, wenn er seine Augen anstrengte.

Wie mochte es John gehen?

Suko selbst hatte es erlebt, wie gefährlich die grausamen Ritter waren. Für einen einzelnen bestand kaum die Chance, sie zu besiegen, auch nicht, wenn der Mann John Sinclair hieß.

Dann wurde Sukos Blick abgelenkt. Zwischen den Wolken sah er einen dunkleren Punkt, der rasch größer wurde und sich sehr schnell als ein gewaltiges Tier herauskristallisierte.

Barrabas kehrte zurück!

Schon bald hörte Suko das Rauschen der riesigen schwarzen Flügel, so nahe war der Drache schon.

Die Männer hatten ihre Arbeit im Stich gelassen. Sie schauten hoch und erwarteten die Ankunft ihres Götzen.

Barrabas kam.

Er rauschte in das Tal, eine immense Erscheinung, groß wie ein Flugzeug. Seine Flügel klappten zusammen, er landete.

Vor der Holzplattform blieb er hoch aufgerichtet stehen. Suko konnte ihn genau beobachten, und er fühlte sich nicht gerade wohl in seiner Haut.

Barrabas sah ungeheuer gefährlich aus. Er kam Suko hoch wie ein Haus vor, und der Chinese hoffte, daß er sein Maul nicht aufreißen würde, um Feuer zu speien.

Ehrfurchtsvoll blieben seine Diener vor ihm stehen. Niemand sprach, alle starrten diese Riesenechse an.

Die Augen des Drachen funkelten gelb, seine mächtigen Kiefer waren zusammengeklappt, die dicke, schuppige Haut schimmerte grün. Wie konnte man solch ein Untier besiegen?

Das fragte sich Suko nicht zum erstenmal. Eine Antwort hatte er bisher nicht gefunden.

Der Drache öffnete sein Maul.

Suko rechnete damit, in einer Feuerwolke zu verbrennen, doch nur heißer Atem strich über ihn hinweg. Es war ein Gruß aus der Hölle, er stank nach Schwefel und Pestilenz.

Der Chinese hielt die Luft an. Noch hatte er eine Galgenfrist, denn die Drachentaufe würde nicht vor Mitternacht über die Bühne gehen. Wie viele Stunden das noch waren, wußte der Chinese nicht zu sagen, er konnte nicht auf seine Uhr schauen, das ließen die straffen Fesseln nicht zu . . .

Noch waren die Männer so weit entfernt, daß vielleicht eine Fluchtchance bestand. Sie hatten es auch nicht eilig, denn wie Shao sah, liefen sie nicht einmal schnell.

Aber die Kinder mußten weg.

Die Chinesin schaute noch einmal hin und entdeckte an der Spitze der Gruppe ein Ungeheuer.

Ein Mensch mit einem Drachenschädel.

Shao schluckte hart.

Auch Diana hatte etwas bemerkt. Ihr war Shaos Veränderung nicht entgangen.

»Was ist?« fragte sie.

»Sie kommen!« erklärte Shao.

»Nein!« Diana preßte die Hand vor den Mund.

Shao beeilte sich jetzt, aus dem Fenster zu klettern. Es war gar nicht so leicht.

Als sie sich schließlich fallen ließ, war Diana da und stützte sie ab.

»Was machen wir jetzt?« fragte das Girl.

»Zuerst einmal hinter den Schuppen«, schlug Shao vor.

Diana nickte.

Natürlich hatten die Kinder begriffen, daß etwas nicht stimmte. Und sie waren von dem Vorschlag, wegzulaufen, nicht gerade begeistert. Ian meinte: »Aber die kennen wir doch alle. Mein Vater ist auch dabei.«

Das war die Tragik. Die Kinder kannten die Menschen aus dem Dorf. Zum Teil zählten ihre Eltern zu den Drachendienern, und Shao brachte es nicht übers Herz, den Kindern klarzumachen, was die Erwachsenen wirklich von ihnen wollten, daß sie von einem unheimlichen Bann befallen waren, der sogar das Töten der eigenen Familienmitglieder nicht ausschloß.

Ein grausamer Gedanke – aber eine Tatsache, der Shao und die anderen ins Auge sehen mußten.

»Wißt ihr kein Versteck?« fragte sie.

»Hier?«

»Ja, schnell, wir haben nicht viel Zeit.«

Die Kinder schauten sich an, und auch Diana Redford dachte scharf nach.

»Vielleicht unten am Bach«, meinte ein kleines Mädchen.

»Wieso?«

»Da gibt es Höhlen.«

Shao blickte Diana an. »Stimmt das?«

»Soviel ich weiß, ja. Ich war zwar selbst noch nicht dort, aber die Kinder kennen sich aus.«

»Okay, dann kommt.« Shao gab der Gruppe noch einige Verhaltensregeln, und sie liefen los.

Keiner von ihnen schritt aufrecht. Sie gingen geduckt weiter und blieben im Schatten des Berghangs. Dann mußten sie die Richtung ändern, denn jetzt ging es bergauf. Wie Shao gehört hatte, befanden sich die Höhlen unterhalb der Brücke, also direkt am Bach. Hoffentlich waren sie groß genug.

Shao blickte sich öfter um, doch die Verfolger waren nicht zu sehen, da der Schuppen zwischen ihnen und der Gruppe lag. Diana Redford ging neben ihr her. Ihr Gesicht war blaß, die Lippen hatte sie fest zusammengepreßt. Für sie mußte es noch unbegreiflicher sein, daß Menschen, mit denen sie jahrelang zusammengelebt hatte, sich so verändern konnten. Es war nicht zu fassen.

»Woran denkst du?« fragte Shao.

»An Rocco.«

»Deinen Freund?«

Diana nickte. »Ja. Er ist vielleicht schon tot.«

»Nein, Diana, du darfst die Hoffnung nicht aufgeben. Ebensogut könnte ich das von Suko behaupten oder von John Sinclair. Ich vertraue immer noch auf ihn.«

»Aber Rocco ist kein Kämpfer. Er hat doch keine Erfahrung. Er ist ein Mensch, der sich abgesondert hat.«

»Hat er gehaßt?« erkundigte sich die Chinesin.

»Ja.«

»Haß ist eine schlimme Sache.«

»Du hast nicht hier gelebt«, erwiderte Diana. »Und du warst nicht dabei, wie sie ihn fertigmachten. Ob du es glaubst oder nicht, aber sie haben ihm des öfteren den Tod angedroht. Er war ein Außenseiter, ein Fremdkörper, er paßte nicht in diese schreckliche Gemeinschaft.«

»Ja, so etwas gibt es«, erwiderte Shao.

Die Kinder blieben stehen, denn sie hatten ihr Ziel erreicht.

Dicht vor ihnen befand sich die Brücke. Um sie zu erreichen, mußten sie durch den Bach waten und dann einen kleinen Hang hochklettern. Doch die Brücke war nicht ihr Ziel, sondern die Höhlen.

Shao sah drei.

Die Eingänge lagen nicht frei. Sie waren mit Steinen abgedeckt worden.

Die ersten Kinder begannen bereits die Steine wegzuräumen.

Shao und Diana schauten sich um.

Schwach drangen Stimmen an ihre Ohren. Die Männer mußten jetzt den Schuppen erreicht und gesehen haben, daß die Kinder geflohen waren. Shao konnte sich vorstellen, was nun in ihnen vorging.

»Beeilt euch!« rief sie und packte selbst mit an, ebenso wie Diana Redford.

Schließlich war soviel vom Eingang freigelegt worden, daß die ersten Kinder in die Höhle klettern konnten. Wieder waren es die Mädchen, die verschwanden.

Plötzlich rief einer der Jungen: »Guck mal, da oben!«

Shao, Diana und ein paar Kinder hoben ihre Köpfe.

Der Junge hatte ihn gesehen!

Barrabas!

Plötzlich klopfte Shaos Herz schneller. Wenn der Drache sie entdeckte, war es aus.

Sie hatte Mühe, ihre Nerven unter Kontrolle zu halten. »Schneller!« rief sie. »Schneller!«

Shao drückte die Kinder förmlich in die Höhle hinein. Als vorletzte ging Diana Redford. Bevor die Chinesin folgte, warf sie noch einen Blick zurück.

Sie sah die Verfolger jetzt deutlicher. Sie standen zusammen und sprachen. Auch das Ungeheuer mit dem Drachenkopf war dabei. Wahrscheinlich diskutierten sie über einen Plan, wo sie die Kinder am besten suchen konnten.

Shao schlüpfte in die enge Höhle. Die Kinder hockten dicht aneinandergedrängt auf dem Boden. Keines von ihnen sprach. Ob Junge oder Mädchen, sie wußten, daß sie sich in einer großen Gefahr befanden.

Diana und Shao blieben nicht ruhig hocken, sondern packten Steine und türmten sie wieder aufeinander, damit der Höhleneingang verdeckt war.

»Jetzt können wir nur noch beten«, flüsterte Diana.

Shao nickte.

Bis auf das Atmen der Flüchtlinge war es ruhig. Manchmal rieselte Shao von der niedrigen Decke her Dreck in den Nacken und rollte über ihren Rücken.

Würden die Verfolger sie hier finden? Über diese Frage dachten nicht nur die Erwachsenen nach. Und auch der Drache durfte nicht außer acht gelassen werden. Vielleicht hatte er die Flüchtlinge gesehen und konnte seinen Dienern Hinweise geben.

Wenn das eintraf, waren sie verloren.

Shao und Diana lauschten, die Kinder verhielten sich still. Niemand weinte.

Noch waren keine Stimmen in der Nähe zu hören. Wohl aber ein fernes Rufen, wenn die Männer sich verständigten.

Shao konnte durch die Ritze zwischen zwei übereinandergetürmten Steinen schauen. Allerdings war der Blickwinkel so schlecht, daß sie nicht nach rechts oder links sehen konnte, sondern nur geradeaus.

Manchmal sah sie einen Verfolger durch ihr Blickfeld huschen. Dann schlug ihr Herz jedesmal schneller.

Plötzlich jedoch geschah etwas, was alle Chancen zunichte machte. Ein gewaltiges Rauschen war zu vernehmen, dann verdunkelte sich der Eingang für einen Augenblick, und alle hörten sie das urwelthafte Fauchen.

Jeder wußte Bescheid.

Barrabas war da!

Wir mußten den gleichen Weg wieder zurück, den ich gekommen war. Eine Schinderei.

Es ging erst einmal bergab, aber das kann auch anstrengend sein, wie bei mir, wenn man das Laufen in den Bergen nicht so gewohnt ist. Myxin hielt sich außerordentlich tapfer. Er klagte nicht, er sagte nichts. Trotzdem las ich an seinem

Gesicht ab, daß er sich über sein weiteres Schicksal große Sorgen machte.

Ich sprach ihn nicht darauf an, denn damit mußte er selbst fertig werden. Klar, daß es ihm schwerfiel. Seit unendlich langer Zeit hatte er auf der anderen Seite gestanden, schon damals vor 10 000 Jahren, als der Kontinent Atlantis noch existierte. Damals waren er und der Schwarze Tod erbitterte Feinde, denn jeder kämpfte um die Vorherrschaft im Reich des Bösen.

Myxin hatte den Kampf verloren und war vom Schwarzen Tod in einen 10 000jährigen Schlaf versetzt worden, aus dem wir ihn geweckt hatten.

Myxin hatte die alte Feindschaft nicht vergessen. Auch nach seiner Erweckung bekämpfte er den Schwarzen Tod weiter, und uns hatte er so manchen Tip gegeben, obwohl er eigentlich nicht auf unserer Seite stand. Aber den Schwarzen Tod vernichtet zu sehen war ihm wichtiger. Dieser Gegner lebte nicht mehr, dafür war Asmodina erschienen, und Myxin, der gedacht hatte, im Reich der Magie herrschen zu können, war der Verlierer.

Er hatte plötzlich einen noch mächtigeren Feind bekommen.

Asmodina, die Teufelstochter!

Sie war jetzt die große Herrscherin im Reich der Finsternis. Und sie hatte sich mit dem König der Schatten, dem Spuk, verbündet. So hörten ganze Heerscharen von Dämonen auf sie. Für uns stellte sich wirklich die Frage, ob wir diesen Kampf gewinnen konnten, wobei in letzter Zeit noch ein weiterer Gegner aufgetaucht war.

Dr. Tod.

Langsam hatte ich das Gefühl, daß wir regelrecht eingekreist wurden. Und wie stark Asmodina war, das hatte sie hinlänglich bewiesen, indem sie Myxin demütigte und ihn all seiner magischen Fähigkeiten beraubte.

Die Burg blieb hinter uns zurück. Noch immer schwammen die Mauern in den Wolken, aber die schrecklichen Ritter waren nur noch eine makabre Erinnerung. Sie würden kein Unheil mehr anrichten. Einen Teilsieg hatte ich geschafft.

Dieses Wissen gab mir wieder Auftrieb. Die deprimierenden Gedanken wurden aus meinem Schädel verscheucht, so etwas wie ein Ruck ging durch mein Inneres.

Ich wollte, und ich mußte es packen.

Auch Barrabas, den Drachen!

Der Weg führte wieder bergauf. Wir schritten quer über den steinigen Hang, einen Pfad gab es hier nicht. Wieder kam ich mir vor wie ein Bergsteiger, und mit jedem Schritt wurde es beschwerlicher. Myxin blieb etwas zurück, weil er das Tempo nicht so recht mithalten konnte. Ich trieb ihn auch nicht an oder blieb stehen. Er würde mir schon folgen.

Zwischendurch warf ich immer einen Blick hoch zum bleigrauen Himmel. Von Barrabas war nichts zu sehen. Er mußte in den Wolken verschwunden sein.

Schritt für Schritt kämpften wir uns dem Bergkamm entgegen. Ich atmete wie eine Dampflokomotive.

Schnaufend stieß ich die Luft aus. Oft trat ich gegen Steine oder stieß mit der Schuhspitze gegen aus dem Boden wachsende Buckel. Manchmal mußte ich auch schräg weitergehen, weil der Hang zu steil wurde.

Dieser Anstieg hatte schon seine Tücken.

Die letzten Yards wurden am schlimmsten. Der Kamm schien kaum näher zu rücken, doch als ich dann oben stand und tief durchatmete, lag das Schlimmste hinter uns.

Ich schaute ins Tal.

Myxin kam auch, blieb neben mir stehen und ließ seinen Blick ebenfalls schweifen.

Unten lag Gulbine.

Die Häuser waren nur als Flecken zu erkennen und mischten sich mit dem Grau einer hereinbrechenden Dämmerung. Kein Leben spielte sich in dem Ort ab.

Mir erschien er wie eine Geisterstadt.

Auf halber Strecke lag die Hütte des toten Schäfers. Die Schafe hatten sich nicht in alle Winde verstreut, sondern grasten friedlich am Berghang.

Ich suchte Menschen!

Mein Blick wanderte nach links, fuhr hinab in eine Talmulde, und dort glaubte ich auch, Menschen zu sehen, die sich hin- und herbewegten. Sie hielten sich in der Nähe des kleinen Bachs auf, der über die Bergwiesen schäumte.

Aber nicht nur Menschen befanden sich dort.

Plötzlich sah ich wieder den wie einen gewaltigen Vogel wirkenden Drachen, der aus den Wolken stürzte und ganz in der Nähe des Bachs zur Landung ansetzte.

Was wollte er dort?

Die Menschen hatten ihn ebenfalls gesehen. Sie liefen auf ihn zu. Etwas mußte dort im Gange sein.

»Hast du eine Erklärung?« fragte ich Myxin.

Der kleine Magier schüttelte den Kopf. »Mich hat man nicht eingeweiht.«

Ich schaute weiter. Dabei ärgerte ich mich, daß es so dämmrig war, doch das Licht reichte dennoch aus, um etwas erkennen zu können, was bei mir fast einen Herzstillstand zur Folge hatte.

Bei den Männern befand sich auf einmal eine Frau. Ich hatte nicht gesehen, woher sie gekommen war, doch an den Bewegungen erkannte ich sie genau.

Es war Shao!

»Jetzt haben sie uns!« wisperte Diana Redford. Jeder hörte die Angst in ihrer Stimme.

Shao sagte nichts. Ihr Verstand arbeitete verbissen. Wie konnten sie sich jetzt noch aus dieser Lage befreien? Sie dachte an die Kinder, die all ihre Hoffnungen auf Shao und Diana gesetzt hatte und die nun dem Drachen geopfert werden sollten.

Vor dem Versteck ertönte ein fürchterliches Fauchen. Dieses Geräusch unterbrach Shaos Gedanken.

Der Drache machte auf sich aufmerksam.

Einen Atemzug später fauchte eine Flammenwand an dem Höhleneingang vorbei. Sie war nicht direkt auf die Höhle gerichtet, aber Shao spürte die Hitze, die durch die Ritzen drang. Sie zuckte zurück.

»Wir müssen raus!« flüsterte Diana.

Die Chinesin nickte. Ja, es blieb ihnen keine andere Möglichkeit. Barrabas war schlauer gewesen als sie.

Und er hatte auch die Verfolger auf das Versteck aufmerksam gemacht. Shao hörte ihre Schreie und Stimmen. Beide wurden lauter, ein Zeichen, wie nahe sich die Verfolger bereits befanden.

»Raus da!« brüllte jemand.

Diana Redford nickte der Chinesin zu, und Shao wußte, was sie zu antworten hatte.

»Wir kommen!« rief sie.

Ein kleines Mädchen begann zu weinen. »Ich will aber nicht«, jammerte es. »Bitte, laßt mich...«

Die dünne Stimme schnitt Shao ins Herz, doch sie konnte nichts für die Kleine tun.

Diana drehte sich um. Sie blickte in blasse, ängstliche Gesichter und streichelte die Wange des Girls.

Da den Männern es wohl zu lange dauerte, räumten sie selbst die ersten Steine weg. Es knirschte und polterte. Schon bald lag der Eingang frei.

Nun schützte die Kinder nichts mehr.

Shao kroch als erste aus der Höhle.

Die bewaffneten Männer hatten einen Halbkreis gebildet und ihre Gewehre auf den Höhleneingang gerichtet. Für einen unendlich langen Augenblick hatte Shao das Gefühl, die Kerle würden schießen, doch dann atmete sie auf.

Hinter den Männer hockte der Drache.

Eine grausame stumme Drohung, gefährlich anzusehen und der personifizierte Tod.

Shao hatte plötzlich Angst. Sie wollte etwas sagen, doch sie brachte keinen Ton hervor.

Der Drachenmensch trat vor.

Nun erkannte Shao ihn.

Es war King Cutler, der Mann, der sie in Gulbine empfangen hatte.

Er trug keine Waffe, aber sein häßlicher Schädel war Drohung genug. Einen Schritt vor Shao blieb er stehen, öffnete sein Maul, und die Chinesin zuckte unwillkürlich zurück.

Cutler griff zu.

Er packte Shao und schüttelte sie durch.

»Barrabas entkommt niemand!« knirschte er. »Denn er ist der Herr in diesem Land. Und die, die es versuchen, werden grausam bestraft!«

Niemand widersprach ihm.

Und gerade das war so schlimm an der Sache. Da standen die Väter, deren Kinder ihre Lebenskraft dem Drachen geben sollten, damit dieser noch mächtiger wurde.

Eine unmögliche und schreckliche Situation, über die Shao gar nicht nachdenken durfte.

Cutler ließ sie los.

»Raus!« brüllte er. »Kommt alle her!«

Diana Redford verließ als erste die Höhle. Die Kinder folgten. Die Jungen zuerst, dann die Mädchen.

Shao beobachtete ihre Gesichter. Viele sahen ihre Väter unter den Männern, doch kein Erbarmen oder kein Mitleid funkelte in den Augen der Menschen.

Sie alle standen unter dem Drachenbann.

Die Kinder mußten sich aufstellen und wurden von ihren eigenen Vätern mit den Waffen bedroht. Einige Kinder versuchten ein Gespräch anzufangen, doch die barschen Antworten ließen sie verstummen.

Cutler überzeugte sich davon, ob wirklich alle die Höhle verlassen hatten. Als er zurückkehrte, bewegte er nickend seinen häßlichen, schuppigen Drachenschädel.

Er war zufrieden.

»Gehen wir!« befahl er und packte Shao hart am Arm. Seine Hand war wie eine Klammer. Die Chinesin spürte die Kälte, die von dem Drachenmenschen ausging. Da wußte sie, daß sie einen Dämon vor sich hatte und keinen Menschen mehr. Er ließ Shao los und schaute den Drachen an.

Barrabas war zufrieden. Er breitete seine Flügel aus und erhob sich in die Luft.

Als er über der Menschengruppe schwebte, öffnete er seinen Rachen und fauchte. Diesmal quoll eine Feuerwolke aus seinem Maul, die wie bei einem Flammenwerfer in die Dämmerung schlug und verpuffte.

Die Diener beobachteten mit glänzenden Augen dieses

Schauspiel, und auch die Kinder konnten ihre Blicke nicht abwenden. Für sie war es ebenfalls auf irgendeine Art und Weise faszinierend.

Barrabas flog davon.

Aber der Drachenmensch blieb. King Cutler fühlte sich jetzt für alle verantwortlich. Er war der Führer, und er genoß die Macht.

Sein häßlicher Schädel fuhr in die Runde. Er konnte ihn drehen wie eine Eule.

»Nehmt die Kinder!« befahl er.

Die Männer nickten stumm und gehorchten seinem Befehl. Bald hielten Väter ihre Söhne oder Töchter an der Hand. Shao wurde ebenfalls gepackt. Um sie kümmerte sich King Cutler persönlich. Er umfaßte hart ihre Schulter und drückte ihr die Finger ins Fleisch, wobei er dicht an ihrem Ohr zischte: »Halte dich ruhig, Chinesin, sonst bist du jetzt schon tot.«

Er schaute sie an, und Shao hielt seinem Blick stand. Sie hatte einen Punkt erreicht, an dem sie kämpfen wollte. Shao war an eine Grenze gestoßen. Wenn sie jetzt nichts unternahm, verlor sie ihre Selbstachtung.

Noch besaß sie ihre Waffen.

Einmal die Gnostische Gemme, die ihr Suko übergeben hatte, und die Beretta mit den Silberkugeln. Shao hatte sie an ihrem Rücken in den Hosenbund geschoben, und keiner ihrer Feinde hatte die Pistole bis jetzt entdeckt.

Die Chinesin haßte Gewalt, aber wenn es keine andere Möglichkeit mehr gab, dann mußte sie darauf zurückgreifen. Sie hatte alles mit den Kindern versucht, die anderen waren stärker gewesen.

Sie trat zurück. »Lassen Sie mich los!« zischte sie wie eine aufgeregte Schlange.

Der Drachenmensch lockerte tatsächlich seinen Griff. Shao entwand sich blitzschnell seiner Hand, sprang einen Schritt zurück, und bevor Cutler nachfassen konnte, hatte Shao ihre Pistole gezogen.

»Keinen Schritt weiter!« schrie sie.

Der Drachenmensch erstarrte. Er riß sein Maul weit auf wie ein Ungläubiger, der nicht begreifen konnte.

»Die Waffe ist mit Silberkugeln geladen«, erklärte Shao. »Sie werden auch dich töten.«

Ihre Stimme klang scharf und peitschend. Auch die anderen hatten sie gehört und schauten nur noch die Chinesin an.

Shao wußte, daß sie jetzt ungeheuer stark sein mußte. Sie hatte sich einmal dazu entschlossen, die Waffe zu ziehen, jetzt mußte sie durchhalten, um nicht unglaubwürdig zu werden.

Cutler lachte. »Glaubst du wirklich, daß du uns damit Angst einjagen kannst?«

»Ja.«

»Und wenn ich dir die Knarre wegnehme?«

»Versuche es!«

Der Drachenmensch zögerte. Shaos Ankündigung, auf ihn eine Silberkugel zu feuern, hatte ihn doch nervös gemacht. Er schien die Kraft des geweihten Metalls zu kennen und hielt sich deshalb zurück. Aber er war nicht allein.

Noch hatte er seine Männer.

Und die schickte er ins Spiel.

»Los!« rief er ihnen zu. »Packt sie. Geht zu ihr und nehmt ihr die Pistole ab!«

Diesen Befehl hatte Shao gefürchtet. Ihr war klar, daß sie gegen die Übermacht nichts ausrichten konnte. Die Kerle waren zwar alle bewaffnet, doch nachdem die Kinder aus der Höhle gekrochen waren, hatten sie ihre Schießprügel gesenkt, so daß die Mündungen zu Boden zeigten.

Shao bedrohte den Anführer. Aus den Augenwinkeln behielt sie auch die anderen im Blickfeld.

»Laßt die Kinder laufen!« rief sie laut. »Wenn nicht, schieße ich!«

Die Männer zögerten. Sie starrten Shao nur an. Böse, gemein, hinterlistig.

»Macht schon!« Jetzt kippte Shaos Stimme fast über. Sie fühlte sich der Situation nicht mehr gewachsen und begann zu zittern. Ihr Herz schlug hoch oben im Hals. Trotz ihrer Waffe kam sie sich verdammt schwach vor.

Da aber griff Diana Redford ein. Sie war nicht stehengeblieben, sondern hatte einen Bogen geschlagen. Dadurch gelangte sie in den Rücken der Männer, und mit einem blitzschnellen Griff wand sie einem das Gewehr aus der Faust.

Der Mann wollte nach Diana schlagen, doch das Girl drückte ihm blitzschnell den Waffenlauf in den Rücken. »Bleib nur stehen!« flüsterte sie rauh.

Der Mann gehorchte.

Diana trat einen Schritt zurück. Sie schaute zwischen den Drachendienern hindurch und rief: »Okay, Shao, jetzt sind wir am Drücker! Du kannst weitermachen!«

Der Chinesin fiel ein Stein vom Herzen.

Der Drachenmensch gab nicht auf. Er stemmte seine Arme in die Hüften und drehte sich um, so daß er Diana Redford anschauen konnte. Aus seinem Maul drang ein böses Lachen.

»Willst du auch sterben?« höhnte er. »Vielleicht wie dein sauberer Freund Rocco?«

Diana zuckte zusammen. »Was hast du mit ihm gemacht?« fragte sie mit einer Stimme, die so klang, als würde sie gar nicht mehr zu ihr gehören.

»Er hat das bekommen, was er verdiente. Eine Kugel!« schrie Cutler zurück.

Diana wurde blaß. Ihre Hände krampften sich um die Waffe.

King Cutler lachte.

Diana Redford ging zur Seite. Plötzlich hatte sie keinen Blick mehr für die Männer und die Kinder. Sie sah nur noch den Drachenmensch.

»Du hast ihn getötet!« keuchte sie. »Du Bestie, du Hund...«

»Diana, nicht!« rief Shao scharf, sie ahnte, was das Girl vorhatte. Doch Diana Redford war nicht mehr zu stoppen. Zorn, Trauer und Haß mischten sich zu einer gewaltigen Woge, die sie förmlich überschwemmte.

Sie drückte ab.

Laut peitschte der Schuß. Obwohl Diana noch nie geschossen hatte, traf sie.

Die Kugel klatschte gegen das Drachenmaul des menschlichen Ungeheuers. Cutler schrie wütend. Mit einem Satz sprang er vor – und genau in die Flugbahn der zweiten Kugel. Diesmal wurde er am Hals getroffen, aber dort, wo der Schuppenpanzer war und die Kugel ihm nichts antat.

Zu einem dritten Schuß ließ er Diana nicht mehr kommen. Er reagierte.

Shao hatte in den letzten Sekunden still auf ihrem Platz gestanden. Als Diana das zweite Mal schoß, erwachte auch sie aus ihrer Starre.

Sie warf sich nach vorn – und feuerte.

Genau in dem Augenblick, als Cutler sein Maul aufriß und eine Flammenlohe ausspie.

Das Silbergeschoß hieb in seinen häßlichen Schädel, die Feuersbrunst stockte auf halbem Weg, so daß Diana Redford nicht in Gefahr geriet, von ihr verbrannt zu werden.

Die Lohe drang nicht mehr aus dem Maul des Drachenmenschen, sondern erstickte zwischen den Kiefern. Cutler selbst stieß einen unartikulierten Schrei aus, warf die Arme hoch, schüttelte wild seinen Kopf und fiel dann zu Boden.

Er schrie und wälzte sich ein paarmal um die eigene Achse, während seine Freunde aus weit aufgerissenen Augen dem Todeskampf zusahen.

Cutler starb.

Plötzlich verlor der häßliche Schädel seine grüne Farbe. Die harte Haut wurde weich wie Gummi. Die Schuppen fielen ab, die Augen verschwanden in den Höhlen, und der gesamte Kopf schrumpfte zusammen.

Es war ein schrecklicher Anblick.

Die Kinder weinten. Sie drückten sich mit ihren Gesichtern gegen ihre Väter und schluchzten.

Diana und Shao hatten die Lippen zusammengepreßt. Das rothaarige Girl war gerettet worden, Shao hatte durch ihren Schuß den Drachenmenschen getötet.

Doch wie ging es weiter? Wie würden die anderen reagieren?

Noch standen sie stumm da und starrten auf ihren Anführer, dessen Kopf immer mehr schrumpfte und zum Schluß nicht größer war als eine Faust.

Dieser Zustand bedeutete das Ende des Drachenmenschen. King Cutler starb!

Shao atmete auf.

Und Diana Redford?

Sie blickte aus großen Augen auf das Etwas, was einmal King Cutler gewesen war. Ihr Mund stand halb offen, stoßweise ging der Atem, sie konnte nichts begreifen.

»Du hast es geschafft«, sagte Diana. Ihr Blick wurde von den Männern gefesselt, die ebenfalls auf ihren toten Anführer schauten. Nichtbegreifen und auch so etwas wie Verzweiflung standen in ihren Gesichtern zu lesen.

King Cutler war tot!

Und sie lebten.

Plötzlich ging ein Ruck durch die Versammelten. Sie hoben ihre Köpfe und schauten dem Himmel entgegen.

Auch Shao und Diana blickten in diese Richtung.

Zu sehen war nichts.

Noch nichts...

Dann aber tauchte er aus den Wolken auf. Barrabas, das Ungeheuer, der Grausame.

Aber er war nicht allein.

Auf seinem mächtigen Schuppenkörper hockte sie, die Tochter des Teufels, auch Asmodina genannt.

Und begleitet wurde sie von zwei ihrer Todesengeln, den unheimlichen Dämoninnen, die gleichzeitig ihre Leibwächterinnen waren. Sie flogen neben dem Drachen her. Im Vergleich zu seinen Flügeln wirkten ihre klein und winzig.

Barrabas rauschte heran.

Seine Flügel knatterten, als er sie bewegte, das Gras auf dem Boden bog sich unter dem Luftzug.

Dann landete er.

Shao hielt ihre Waffe noch in der Hand. Auch Diana umklammerte das Gewehr, doch sie wurde blitzschnell überwältigt.

Bevor Shao eine Warnung rufen konnte, waren die Todesengel in den Rücken des Girls geflogen.

Sofort griffen sie zu.

Diana hatte keine Chance gegen die mit den Kräften der Hölle ausgestatteten schwarzen Engel. Harte Finger gruben sich in die Schulter des Girls, und Diana wurde herumgerissen.

Sie fiel zu Boden.

Einen Herzschlag später waren die Todesengel über ihr. Ihre langen rostroten Haare flatterten wie Fahnen im Wind, die Flügel hatten sie eingeklappt, und mit ihren Fäusten drückten sie Diana am Boden nieder.

Noch schwebte der Drache in der Luft. Er schien dort an einem unsichtbaren Faden zu hängen, hatte die Flügel ausgebreitet und wartete darauf, daß die Teufelstochter einen Befehl gab.

Den gab sie auch. Doch er galt nicht dem Drachen, sondern dessen Dienern.

»Packt sie!« brüllte Asmodina. »Auf sie. Nehmt dieses Weib endlich fest!«

Damit war Shao gemeint.

Noch immer hielt sie ihre Beretta in der rechten Hand, aber sie traute sich nicht zu schießen. Auch nicht, als die Männer auf sie zukamen. Stumm, aber drohend.

Wie eine lebende Wand...

Shao hob die rechte Hand. Die Mündung zielte jetzt auf den Vater des kleinen Ian. Der Zeigefinger lag am Stecher. Eine winzige Bewegung, und der Druckpunkt war überwunden.

Der Mann kam näher...

Unbeirrbar. Er hatte einen Befehl erhalten, und dem allein gehorchte er.

Auch die anderen hielten sein Tempo mit. Shao wurde immer mehr in die Defensive gedrängt. Sie mußte zurück.

Sollte sie schießen?

Plötzlich sah sie die bittenden Blicke des kleinen Ian auf sich gerichtet, und sie dachte daran, daß die Männer vor ihr keine Dämonen waren, sondern irregeleitete Menschen.

Der Arm mit der Waffe sank nach unten.

Diese Bewegung wirkte wie ein Startschuß. Die Drachendiener rannten vor, stürzten sich auf Shao und begruben sie unter ihren Körpern. Die Chinesin wehrte sich nicht. So stachelte sie die Meute wenigstens nicht noch zu größerer Aktivität an. Sie versuchte nur, ihr Gesicht zu schützen.

Das gelang ihr auch, doch der übrige Teil des Kopfes lag frei. Aus den Augenwinkeln sah sie etwas Dunkles auf sich

774

zurasen, spürte einen harten Aufschlag an der linken Stirn, dann einen stechenden Schmerz und danach nichts mehr.

Shao fiel in den tiefen Schacht der Bewußtlosigkeit. Ihr heldenhafter Kampf war vergebens gewesen...

Meine Beine schienen von allein zu laufen. Ich spürte sie gar nicht mehr.

Und ich zählte auch nicht nach, wie oft ich unterwegs ausrutschte, hinfiel, mich wieder hochrappelte und dann weiterging.

Die Hütte hatten Myxin und ich passiert. Dort lagen noch immer die Hundekadaver. Den toten Schäfer hatten wir nicht gesehen. Ich rechnete damit, daß die Verfolger die Leiche des Mannes mitgenommen hatten.

Es wurde immer dunkler.

Obwohl wir gar nicht mehr so weit von Gulbine entfernt waren, verschwammen die Häuser im Grau der stärker werdenden Dämmerung. Da auch dort kein Licht brannte, rechnete ich damit, daß die Einwohner den Ort verlassen hatten.

Nur – wohin?

Wieder schweifte mein Blick in das weite Tal hinunter. Auf dem Kamm stehend hatte ich Shao zwar gesehen, doch dann war mir durch die Geländeform der Blick wieder genommen worden.

Wo mochte sie stecken?

»Kannst du dir vorstellen, wo man sie hingeschafft haben könnte?« wandte ich mich an Myxin.

»Nein!«

»Die Ritter haben also nichts gesagt.«

»Sie sprachen kaum von dem Drachen.«

Ja, das hätte ich mir eigentlich denken können. Die Ritter und der Drache waren zwei verschiedene Paar Schuhe, obwohl Asmodina an beiden Fällen beteiligt war.

Ich hob die Schultern. »Da bleibt uns wohl nichts anderes übrig. Wir müssen ins Dorf und dort nachfragen.«

»Man wird uns keine Auskunft geben.«

Ich grinste hart. »Das laß mal meine Sorge sein.«

Wir brauchten nicht bis ins Dorf. Etwas anderes erregte unsere Aufmerksamkeit.

Feuer!

Unten im Tal und östlich des Dorfes sahen wir den Widerschein der Flammen. Wie ein Warnsignal zuckten sie über den grauen Himmel und tauchten die tiefhängenden Wolken in einen blutigen Schleier.

»Da sind sie bestimmt«, sagte Myxin.

Der Meinung war ich auch. Die Leute aus Gulbine hatten ein Feuer angezündet. Vielleicht ein Opferfeuer. Ich brauchte kein Hellseher zu sein, um zu wissen, für wen.

Myxin ging schon vor. Er lief geradewegs auf das Feuer zu, kümmerte sich nicht um die Geländeform, sondern hatte es furchtbar eilig. Er wollte beweisen, wie sehr er auf meiner Seite stand.

Um so besser.

Ich lief ebenfalls los. Meinen Weg bahnte ich mir mitten durch die Herde grasender Schafe. Rücksicht war fehl am Platze. Es ging um Menschenleben!

Wenig später jagte ein schauriges Fauchen über den Himmel. Es schwang noch als Echo nach, und im selben Augenblick stieg dort, wo das Feuer leuchtete, der Drache in den Himmel.

In der Dämmerung und angeleuchtet vom Widerschein der Flammen, sah er noch schauriger aus.

Ich blieb stehen und blickte genau hin.

Eins war mir klar.

In der nächsten halben Stunde würde es zwischen ihm und mir zu einem mörderischen Duell kommen. Und ich war mir nicht sicher, wer Sieger bleiben würde...

Sie hatten alles vorbereitet.

Kleine Holzstapel bildeten einen Kreis um das rechteckige Gerüst. Zwischen den Stapeln befand sich soviel Zwischenraum, daß ein Mensch bequem hindurchgehen konnte.

Es roch penetrant nach Benzin, denn die Stapel waren mit dem Zeug getränkt worden.

Neben jedem Stoß stand ein Wärter. Geduldig warteten die Männer auf die Rückkehr der anderen.

Nach wie vor lag Suko gefesselt auf der Plattform. Er hatte alle Vorbereitungen mit ansehen müssen und immer wieder versucht, sich von den Fesseln zu befreien.

Es hatte nicht geklappt, aber durch das dauernde Drehen und das kräftige Ein- und Ausatmen hatte sich der Chinese ein wenig mehr Spielraum verschafft.

Die Stricke saßen nicht mehr ganz so fest, sie schnürten ihm auch kaum noch die Luft ab.

Suko konnte sogar seinen Arm bewegen.

Er hatte wieder Hoffnung.

Und bis Mitternacht rann noch viel Wasser die Themse hinunter.

Doch seine Hoffnungen wurden brutal zerstört, als die andere Gruppe zurückkehrte.

Die Männer brachten zwei Gefangene mit und eine Gruppe Kinder. Eine Gefangene wurde getragen und auf das Podest gehoben, wo Suko lag.

Die andere blieb unten. Sie schimpfte. An der Stimme erkannte der Chinese die rothaarige Diana Redford.

»Laßt mich frei!« brüllte sie. »Ihr seid doch verblendet, ihr seid Mörder...!«

Etwas klatschte, und das Girl verstummte.

Suko biß sich vor Wut auf die Lippen, und eine kalte Gänsehaut rann über seinen Rücken, als er sah, wen die Männer auf das Podest legten.

Shao!

Obwohl Suko damit gerechnet hatte, traf es ihn hart.

Sie hatten das Girl erwischt.

Und Shao sollte mit ihrem Freund zusammen sterben!

Oder war sie schon tot? So leblos, wie sie in den Armen der Bewacher lag, kam es ihm fast so vor. Die Männer legten die Chinesin neben ihren Freund.

Suko drehte den Kopf und schielte zu ihr hin.

Nein, Shao atmete. Sie war nicht tot.

Auch sie wurde gefesselt. Die Männer gingen geschickt zu

Werke. Sie banden die Fesseln jedoch vor Shaos Körper zusammen und nicht wie bei Suko auf dem Rücken.

Doch machte das einen Unterschied? Jetzt, wo es wirklich ums Ganze ging?

Kaum. Ihre Chancen sanken rapide. Zudem waren Sukos Befreiungsversuche noch nicht so weit geschritten, daß er die Fesseln hätte abstreifen können. Noch immer saßen sie zu fest.

Die Männer sprangen vom Podest und ließen ihre beiden Gefangenen allein zurück.

Suko zischte den Namen seiner Freundin.

Keine Reaktion.

Er rief ein zweites und ein drittes Mal – und hatte Erfolg. Shao öffnete die Augen.

»Ich bin's«, sagte Suko. Er lächelte sogar, was ihm in seiner Situation verdammt schwerfiel.

Shao verzog das Gesicht. Sie mußte starke Schmerzen haben, und wenn Suko genauer hinschaute, sah er das Blut zwischen ihren lackschwarzen Haaren schimmern. Plötzlich funkelten Tränen in ihren großen Augen, und sie fragte: »Müssen wir jetzt sterben?«

»Nein!«

»Du willst mich nur beruhigen«, erwiderte sie. »Ich sehe keine Chance mehr. Dabei habe ich alles getan, was in meinen Kräften stand, aber die anderen waren stärker. Es tut mir leid.«

»Was ist mit John?« fragte der Chinese.

»Ich weiß es nicht. Gesehen habe ich ihn nicht. Vielleicht ist er auch...«

»Mal den Teufel nicht an die Wand.«

»Dann sterben wir wenigstens zusammen«, flüsterte Shao. »Wenn es soweit sein sollte, dann wollte ich mit dir...« Sie sprach nicht mehr weiter, und auch Suko schwieg, denn er erste Holzstoß flammte auf. Ein zweiter folgte, ein dritter, und wenig später brannten sämtliche Holzhaufen. Sie bildeten einen feurigen Kreis.

Die zuckenden Flammen leckten mit ihren gierigen Fingern in die graue Dunkelheit, fuhren als Widerschein über das Podest, und Suko als auch Shao spürten bereits die Wärme des Feuers.

Jetzt wußte der Chinese, wie sie sterben sollten.

Man wollte Shao und ihn verbrennen!

Ein grausamer Tod, und Suko sah es Shaos Gesichtsausdruck an, daß sie ebenfalls so dachte.

Die Chinese zerrte wie ein Wilder an seinen Fesseln. Er ruckte hin und her. Wenn er schon sterben sollte, dann im Kampf und nicht auf diese elende Art und Weise.

Die Hitze nahm zu. Suko konnte sich dies nicht erklären, denn er sah von seiner Position aus nicht, daß die Männer die Holzstöße mit langen Stangen näher an das Podest heranschoben. Das Holz sollte Feuer fangen und ebenso brennen wie die beiden Gefangenen.

Ihre verbrannten Körper würden zusammen mit dem Podest nach unten in das Bassin mit Drachenblut fallen.

Das war also das Ende.

Und schon hatte der erste Pfosten Feuer gefangen...

Ich rannte.

Der flackernde Feuerschein wies mir den Weg. Mein Mund stand offen; ich ließ jede Rücksicht fahren, denn Zeit, mich anzuschleichen, hatte ich nicht mehr.

Ich konnte und durfte einem offenen Kampf nicht ausweichen.

Trotzdem verlangsamte ich meine Schritte, als ich in der Nähe des Feuers war. Bevor ich eingriff, mußte ich mir einen Überblick verschaffen.

Schattenhaft sah ich die Gestalten der Männer. Etwas abseits standen kleinere Menschen.

Die Kinder!

Ich zog meine Beretta. Noch einmal pumpte ich die Lungen voll Luft, dann holte ich zum Endspurt aus.

Ich kam über sie wie ein Wirbelsturm. Bevor jemand einen Warnruf ausstoßen konnte, hatte ich den äußeren Ring der Wächter durchbrochen, mir mit zwei Pistolenhieben die nötige Luft verschafft und stand dicht vor dem brennenden Podest.

Jemand kreischte: »Schießt! Schießt doch, verdammt!«

Die Kerle mußten ihre Waffen erst holen. Sie hatten sie

weggestellt. Einer sprang mich von der Seite an. Sein Gesicht – nur eine verzerrte Fratze – leuchtete rot. Er schlug mit einer Stange aus vollem Lauf zu.

Ich tauchte weg und schleuderte ihn mit einem Judogriff über die Schulter.

Er fiel zu Boden, und sofort leckten die ersten Flammen nach ihm.

Dann hörte ich eine Stimme: »John!«

Das war Suko.

Und er lag auf dem Podest, das bereits an mehreren Stellen brannte und jeden Augenblick einstürzen konnte.

Ich mußte hoch zu ihm.

Die Beretta nahm ich zwischen die Zähne, um beide Hände freizuhaben, packte die unterste Sprosse und zog mich mit einem Klimmzug in die Höhe.

Dann lag ich oben.

Suko war gefesselt und Shao ebenfalls.

»Erst sie!« schrie der Chinese.

Ich nickte, bückte mich, holte meinen silbernen Dolch hervor und säbelte an den Stricken.

Es kam jetzt auf Sekunden an, und als ich in Shaos Haut schnitt, verzog sie keine Miene. Sie wußte selbst, worum es ging.

Sie stand auf.

Sofort wandte ich mich Suko zu.

Wieder riß ich mit der scharfen Dolchklinge die hemmenden Stricke entzwei.

Ein Schuß krachte, doch der Winkel war schlecht, und die Kugel pfiff über uns hinweg.

»Bleib unten!« brüllte ich Shao zu. Dabei zerschnitt ich die letzte Fessel.

Geschafft?

Nein. Trotz des Prasselns der Flammen hörte ich das gewaltige Rauschen der Schwingen.

»Weg hier!« schrie ich Shao zu, als ich sah, daß der Drache das Podest anflog.

Als Shao nicht reagierte, packte Suko sie und sprang mit ihr von der Plattform...

Gleichzeitig mit dem Drachen sah ich auch meine Erzfeindin.

Asmodina, die Teufelstochter!

Sie hockte auf dem Rücken des Urwelttiers, wirkte wie ein Triumphator und wurde begleitet von zwei ihrer Todesengel, deren Gefährlichkeit ich bereits am eigenen Leben zu spüren bekommen hatte.

Rauchschwaden umhüllten mich, vernebelten mir die Sicht, aber ich blieb stehen.

Links hielt ich die Beretta, rechts den Bumerang.

Der Drache segelte näher, wurde größer und größer, wuchs ins Gigantische.

Ich hörte die Schreie seiner Diener, vernahm das Prasseln der Flammen, doch das alles nahm ich nicht bewußt wahr. Mich interessierte allein der Drache.

»Töte ihn!« kreischte die Stimme der Teufelstochter. Im selben Moment schwang sie sich wieder vom Rücken des Tieres und ließ den Drachen allein.

Er öffnete sein Maul.

Gleich würde die Lohe hervorstoßen und mich einhüllen. Ich warf den Arm zurück, schwang ihn wieder vor, und als sich der Schrei von meinen Lippen löste, flog der Bumerang auf den gefährlichen Drachen zu.

Der silberne Halbmond wirbelte durch die Luft, drehte sich – und traf.

Genau in dem Augenblick, als der Drache die feurige Brunst aus dem Maul stieß.

Mit einem weiten Hechtsprung flog ich von dem Podest, prallte auf zwei Menschen und warf sie mit zu Boden.

Sofort war ich wieder auf den Füßen.

Keine Sekunde zu früh.

Bei seiner Größe hatte der Drache ein immenses Gewicht. Die vom Feuer angesengten Balken hielten dem Druck nicht stand. Sie knickten weg wie Streichhölzer.

Feuer und Funken wirbelten hoch. Ein glühender Regen traf meinen Nacken.

Ich rannte weg. Neben mir sah ich die Schatten der anderen Männer. Ich hörte Sukos Stimme. Er suchte die Kinder zusammen und brachte sie in Sicherheit.

Ich wandte mich noch einmal um.

Barrabas verendete.

Er lag in seinem eigenen Drachenblut, schrumpfte zusammen und wurde gleichzeitig von den Flammen erfaßt und zerstört.

Er schrie, er brüllte, er röhrte.

Nichts half ihm.

Barrabas ging ein.

Seine Flügel schmolzen dahin. Die schuppige, brennende Haut spritzte nach allen Seiten weg. Wild warf er seinen Kopf hoch, die Zunge fuhr hervor wie ein zuckendes Bündel.

Noch einmal bäumte er sich auf, dann fiel er zusammen. Die Flammen fraßen die Reste.

Ich suchte Asmodina.

Sie war nicht da. Auch ihre beiden Todesengel nicht. Im letzten Moment hatten sie sich zurückgezogen.

Nur die Drachendiener standen stumm auf dem Fleck. Sie hatten die Köpfe gesenkt.

Ich fand meinen Bumerang unbeschädigt ein Stück entfernt, nahm ihn auf und ging zu meinen Freunden.

Sie standen zusammen.

Suko, Shao und ein rothaariges Mädchen, um das Shao einen Arm gelegt hatte.

»Das war's«, sagte ich und nickte.

Suko reichte mir die Hand. »Wenn du nicht gekommen wärst...«

»Vergiß es!« Ich wollte nichts hören. Ich wollte überhaupt nichts mehr von diesem Ort sehen – ich wollte nur weg.

Wir fuhren auch Stunden später.

Unseren Bentley fanden wir in einer leerstehenden Scheune. Diana Redford nahmen wir mit. Ihre Mutter ebenfalls. Sie wollten zu Verwandten, in Gulbine konnte keine der beiden länger leben. Verständlich.

Und Myxin? Von ihm sahen wir nichts. Er mußte erst mit sich und seinem Schicksal ins reine kommen. Dann würden wir sicherlich wieder von ihm hören...

ENDE

Band 73 914

Jason Dark
Im Reich
des Bösen

Dieser Band enthält folgende JOHN-SINCLAIR-Romane:

Die Geister-Braut
Augen des Grauens
Der Sensenmann als Hochzeitsgast
Das Buch der grausamen Träume
Tigerfrauen greifen an
Schrei, wenn dich die Schatten fressen
Die Werwolf-Insel
Jagd auf die Dämonenwölfe

Erleben Sie mit, wie John und Suko in die Klauen des Ghouls Mr. Grimes geraten – wie Sheila Conolly durch einen Dämon erblindet – wie Will Mallmann auf seiner Hochzeit seine Braut durch den Schwarzen Tod verliert – wie John vom Buch der grausamen Träume erfährt – wie die Hexe Serena Kyle stirbt – wie der Spuk John in sein Reich lockt – und wie John mit Bill Conolly Jagd auf die Dämonenwölfe macht ...

Sie erhalten diesen Band
im Buchhandel, bei Ihrem
Zeitschriftenhändler sowie
im Bahnhofsbuchhandel.

Band 73 204

Jason Dark
Das Engelsgrab
Originalausgabe

Wir wollten kaum glauben, was uns die Kollegin aus der Telefonzentrale zu berichten hatte. Jemand hatte den Schutzengel ihres elfjährigen Sohnes Toby getötet.
Wir gingen der Sache nach. Auf dem Friedhof der unschuldigen Kinder fanden wir, auf einem Grab liegend, den toten Engel. Ermordet durch zwei goldene Pfeile.
Für uns stand fest, daß jemand die Jagd auf die Schutzengel eröffnet hatte. Aber wer konnte diese Wesen so hassen, daß er sie umbrachte?
Die Lösung fanden wir rasch. Gefallen konnte sie uns nicht. Der Killer war ebenfalls ein Engel. Einer aus Luzifers Dunstkreis.
Unser Todfeind Belial . . .

Sie erhalten diesen Band im Buchhandel, bei Ihrem Zeitschriftenhändler sowie im Bahnhofsbuchhandel.